ANDREJ BELYJ

VERWANDELN DES LEBENS

ERINNERUNGEN AN RUDOLF STEINER

Andrej Belyj und Assja Turgenjewa, Dornach 1915

ANDREJ BELYI

VERWANDELN DES LEBENS

Erinnerungen an Rudolf Steiner

Aus dem Russischen von Swetlana Geier

Mit einem Nachwort von Wenzel Michael Götte
Herausgegeben von Taja Gut

FUTURUM

1. Auflage 2011

Durchgesehene, in Anmerkungen und Register erweiterte Neuauflage der erstmals 1975 im Zbinden Verlag, Basel, erschienene Ausgabe.

Satz: Verlag
Einbandgestaltung: Finken & Bumiller, Stuttgart
Druck und Bindung: fgb, freiburger graphische betriebe, Freiburg
Printed in Germany
ISBN 978-3-85636-225-6
www.futurumverlag.com

INHALT

*Klawdija Nikolajewna Wassiljewa widme ich das,
was sie zum Leben erweckt hat*

Zum Rohstoff meiner Erinnerungen

1

In diesen Erinnerungen schreibe ich nur über den Menschen Doktor Rudolf Steiner; nicht über die Individualität, sondern über die Person; ich habe das Material, seine Texte, studiert; und ich weiß: Die geringste Berührung ist eine riesige Arbeit, die seine Methodologie, seine Erkenntnistheorie klar erschließen müsste; in ihnen ist uns mit einer beispiellosen, logisch unanfechtbaren Kühnheit das Fundament eines immensen Systems vorgegeben; und diese Arbeit wäre erst die Einleitung zu weiteren, seiner Kulturphilosophie gewidmeten Arbeiten: Erkenntnistheorie, Psychologie, Ästhetik, Geschichtsphilosophie und Religionsphilosophie; mir stehen keine ruhigen Jahre mehr zur Verfügung (nicht einmal freie Stunden!); seine philosophischen Gedanken haben mir einst den entscheidenden Impuls gegeben und als bewegende Kraft im Laufe von vierzehn Jahren meine gesamte schöpferische Tätigkeit geprägt; und dennoch: Nicht ihnen widme ich mich.

Ich kenne noch kein Werk, das einen vollständigen Abriss seiner vielschichtigen Anschauungen widerspiegelte, aber es kommt uns, seinen Zeitgenossen, nicht zu, sie theoretisch widerzuspiegeln; die Darstellung seiner Philosophie müsste jahrelang reifen; dies darf mich nicht beirren; heute können seine Schüler oder die Fachphilosophen, die kalt und von außen das System seiner Anschauungen betrachten, eine vollkommene Spiegelung dieser Anschauungen nicht geben; die Bibliothek von Werken, die sich mit Rudolf Steiner befassen, wird weiter zunehmen. Und solange man die Hoffnung haben kann, dass das Textmaterial uns zugänglich bleibt (vielleicht werden in nächster Zukunft die Bibliotheken verschwinden), solange noch die Aussicht auf den Text besteht – so lange müssen wir warten: In zehn, in hundert Jahren werden die Bilder seiner Anschauungen sicherlich verstanden und widergespiegelt sein.

Aber eines wird nicht mehr widergespiegelt werden können – die Person; wenn nicht in den Erinnerungen jener Hunderte und Tausende von

Menschen, die ihm verpflichtet sind; wenn sie ihre Erinnerungen – wie vergeblich auch ihre Bemühungen ihnen selbst vorkommen mögen, den Feuerglanz dieser Person widerzuspiegeln – nicht festhielten, würde das gesamte Material für ein lebendiges Bild Rudolf Steiners der Zukunft verloren gehen. Das wäre ein Verbrechen an der Menschheit, an all jenen, die in der Zukunft von sich aus zu ihm kommen werden.

Es ist Pflicht aller, die ihn gesehen haben, wenigstens etwas von dem festzuhalten, was einst in ihren Seelen die Wogen von Ergebenheit, Bewunderung, Liebe erweckte.

Nur Achtung und *nur* Verehrung flüstern mir den listigen Gedanken ein: «Wie sollte ich in meiner Erinnerung das wiedergeben können, was uns am Doktor so mitgerissen hat?»

Aber die *Liebe* wird sich über dieses *nur* hinwegsetzen; sie wird sich anders zeigen: «Ich weiß es besser als jemand anderes: Nicht mir kommt es zu, dieses Gesicht zu bannen, das aus Licht, in einem Strahlenspiel gewoben zu sein scheint; will man es auf einem Blatt Papier festhalten, so bleibt das Blatt leer; und ich weiß sicher: Dutzende von mir beschriebener Blätter sind leere Blätter, mit unsichtbarer Tinte beschrieben; das Festhalten solcher *Erinnerungen* ist ein Hagel von Ausrufezeichen, von hochtönenden Epitheta. Vielleicht bleibt auf jeder hundertsten Seite immerhin die Andeutung irgendeiner Gebärde dieser Person; solche Andeutungen würden Berge von rohem und leerem Material, sämtliche Aufzeichnungen (von uns allen!) rechtfertigen; daraus werden sich ein bis zwei Dutzend vollwertiger Seiten auswählen lassen; die Geschichte wird sie aussortieren; und durch den Nebel wird sein Antlitz sich abzeichnen.»

Nicht Bewunderung, nein, nicht Pflicht, auch nicht Übereinstimmung mit der «Weltanschauung» führen mich zum Rohstoff meiner Erinnerungen, sondern die Liebe. *Nur Liebe.*

Heute noch trifft mich die Erinnerung an die Jahre, die ich in der Nähe von Doktor Steiner verbracht habe, wie ein Schlag; und in der Seele – die linkische und komische Geste einer heißen Liebe, durchaus nicht Sentimentalität, die pure «Vollkommenheit» verlangt; die Liebe quält, erregt, lebt und entreißt mir manchen bitteren und verständnislosen Ausruf! Ich frage mich: Womit lässt sich dieses Gefühl vergleichen? Es gibt nur einen einzigen Vergleich: Genauso ist die Liebe zu meiner Heimat; diese Liebe entriss mir einst bittere Worte, als ich den Geschicken meiner Heimat verständnislos gegenüberstand. Damals schrieb ich:

Dorthin, wo von Tod und Krankheit,
Sich hinzieht die elende Spur,
Verschwinde im Raume, verschwinde,
Russland, mein Russland!

Und dennoch schrieb ich über Russland zehn Jahre später:

Ich liebe, ich liebe, ich liebe!

Aber die Liebe zur Heimat richtet sich nicht auf ein menschliches Objekt; in meiner Liebe zu Doktor Steiner, der eines Sohnes, erlebte ich die konkrete Liebe: die Liebe von Mensch zu Mensch; einer Scham über diese natürliche Empfindung, eines Versuchs, den Rock zuzuknöpfen, müsste ich mich einfach schämen; es gibt sehr wenige Dinge, auf die ich stolz sein kann: Nüchtern erkenne ich die Kette meiner Verfehlungen; in der Liebe zu meiner Heimat und in der Liebe zu Doktor Steiner liegt vielleicht meine einzige Rechtfertigung.

Und so komme ich mühelos meiner Pflicht nach: *Aus Liebe und Freiheit,* und in diesen kaum zu vereinbarenden Begriffen, zu denen man sich durch Theorien hindurchquälen muss, liegt der Zielpunkt unserer Kultur: Unser Geheimnis ist die zehnte Hierarchie: die der *Liebe und Freiheit!*

Was Freiheit ist – das ahnen wir; aber wir sind nicht in der Lage, dieses Ahnen auch nur für eine Stunde festzuhalten; die Liebe bleibt uns völlig dunkel; doch wir bewegen uns durch die Verkörperungen hin zum Bewusstwerden der dunklen Ahnung.

Erst in der Begegnung mit der Person Doktor Steiners, erst mit dreißig Jahren, habe ich begriffen, dass ich die Freiheit nicht kenne, die Liebe nicht kenne und noch weniger die Verbindung von beiden; dabei hatte ich über die Liebe geschrieben; ebenfalls über die Freiheit; wir, die Schriftsteller, wir erkennen weder Liebe noch Freiheit dort, wo diese Worte im Leben der Person sich verwirklichen; denn die Erlebnisse «klarer» kühler Köpfe und feuriger, qualmender Herzen sind weder Liebe noch Freiheit; Liebe in Freiheit, Freiheit in Liebe – das ist das Feuer der Vernunft, das schon ins Herz versenkt ist.

Die Begegnung mit Steiner war für mich die erste Begegnung mit Wärmelicht, mögen es auch nur Sekunden des Erkennens gewesen sein; jene Sekunden sind die Marken für den Weg des «Ich» durch die Zeit. Und wenn ich später auch wieder erloschen bin, so war ich doch erfüllt von Wärme und von der Erfahrung eines klaren Blicks: im Herzen; und da ich es *war, werde* ich es wieder *sein:* Das in mir zum Leuchten Gebrachte kann nie mehr erlöschen.

Und deshalb erkenne ich im Betrachten der Vergangenheit die Zukunft: und schiebe einfach und entschieden jegliche Hieratik von bloßem «Verstand» oder «Herz» beiseite.

Ich weiß: Mir steht es nicht zu, das «Antlitz» der Person zu spiegeln; aus meinen 300 bis 400 Seiten wird die Geschichte lediglich wenige Zeilen entnehmen können; aber ich weiß nicht, was sich als «brauchbar» herausstellen wird und trage alles zusammen, was mir in den Sinn kommt; Farben für die Palette des künftigen «Geschichtsporträtisten»; ein Tropfen unter vielen Tropfen, ich bin überzeugt; ich trage «Rohstoff» zusammen, genauso wie es Hunderte von anderen Menschen, die mit Steiner im lebendigen Kontakt standen, in ihren Erinnerungen getan haben. Der regelmäßige Besuch seiner Vorträge stellte diesen Kontakt her; folglich ist jeder seiner Zuhörer mit Stoff überfüllt; dieser Stoff wird, soweit es nicht bereits geschehen ist, niedergeschrieben oder er wird niedergeschrieben werden.

Ich kann mir nicht denken, dass dieses Material nicht zusammenkommen wird; dass falscher Ehrgeiz, falsche Achtung oder falsche Reflexion die Menschheit um dieses Material bringen werden, aus dem die Geschichte die brauchbaren Seiten auswählen könnte; alle, die Rudolf Steiner gekannt haben, müssen ihre Pflicht erfüllen!

Dies weiß ich mit dem Kopf.

Das Herz souffliert noch anderes: seine Gestalt erscheinen zu lassen; und ihn von neuem zu erleben: «leuchtend»; für die, welche ihn persönlich erlebt haben, ist alles bewahrenswert, ohne Auswahl und Wertung; denn die Person Rudolf Steiners war so beschaffen, dass nicht zu entscheiden war, in welchem Detail seine der Beschreibung sich entziehenden Gebärden sich am deutlichsten spiegelten: am Rednerpult, im vertrauten Gespräch oder in der staubigen Baracke zwischen Kisten und Holzspänen beim Bau des «Goetheanum», im Witz oder im Sinnspruch.

Mich überkommt der unbeholfene Drang: die «Galaworte» über Bord zu werfen, die Pietät, die eigene Unzulänglichkeit, und sofort mit der Niederschrift zu beginnen; in den Skizzenbüchern der Maler ist alles nebeneinander zusammengetragen, ohne System: hier ein Baum, der ein angedeutetes Profil schneidet, dort Augen, Nase oder die Konturen einer gesichtslosen Figur; Embryonen von Linien, Porträts, Ornamenten; und erst später wählt der Maler aus, was er braucht.

Die Landschaft meiner Erinnerung ist übervoll; ich traue mir nicht zu, auch nur ein Drittel einzufangen: dies und jenes, Wichtiges, Unwiderstehliches, Kleinigkeiten; aber ich möchte gleich sagen: Die Details lassen sich am besten wiedergeben.

Das, was ich niederschreibe, ist lediglich ein Skizzenbuch; ich schreibe aus freiem Impuls (Lust ist stärker als Zwang); ich schreibe aus Liebe, wie es mir in die Feder kommt: anspruchslos, ohne Stil; das Gesamtbild wird erst entstehen, wenn man Hunderte von Erinnerungen hinzufügt, die mich ergänzen und verbessern werden. Den Rohstoff in einen Prunkrahmen zu setzen, wäre lächerlich und töricht.

Das alles gewährt mir Freiheit vom Zwang, ein System für meine Aufzeichnungen kann es nicht geben; wie könnte ich die Person Steiners «systematisieren»! Und wenn der Rohstoff in Kapitel mit Überschriften gegliedert ist, so bedeutet das lediglich, dass zwischen den Kapiteln Einschnitte liegen – Pausen; ohne Pausen kann die Flut der Seiten nicht fließen. Alle Überschriften sind gänzlich zufällig; sie können niemals die Facetten des Edelsteins wiedergeben, der Tausende von Facetten hat. Um die «Erscheinungsformen» Steiners zu katalogisieren, müsste man Hunderte von Kapiteln schreiben; diese Facetten werden aus Hunderten von Erinnerungen von Hunderten von Menschen gebildet werden und durchaus nicht nur aus meinen.

Die wichtigsten Augenblicke der Erinnerungen lassen sich *nicht niederschreiben;* selbst die Liebe und die Einsicht, dass alles und jedes über ihn festgehalten werden sollte, reichen dort nicht aus: *Doktor Steiner begann in den Herzen gerade dann erst zu sprechen, wenn alle Worte zu Ende waren.*

2

Der Augenblick meiner ersten Begegnung mit Rudolf Steiner lässt im Moment des Erinnerns sogleich das Thema sämtlicher Erinnerungen aufklingen; als er in die Ewigkeit fortgegangen war, verstand ich rückblickend, dass der erste Augenblick unserer Begegnung alles vorgeprägt hatte, was im Laufe der Jahre geschah.

Eine Ideologie – ich ging mit recht unsicheren Schritten auf sie zu in das Land seiner Gedanken hinein; bereits vor der Begegnung mit ihm; später stellte sich lediglich die Kontrolle ein, die kritische Bewusstmachung der Übereinstimmung. Die Ideologie gab es sowohl *nach* als auch *vor* der ersten Begegnung; nicht sie bestimmte meinen Willen; der gesamte Schwung seiner Tätigkeit und alles, was in den folgenden Jahren geschah – darin wuchs er für mich empor; der Sinn seiner Hinweise vertiefte sich.

Im Augenblick der ersten Begegnung lag alles, was sich im Laufe der Jahre entfalten sollte, noch taub und verborgen; es gab keine Worte; und die Rhetorik der Gefühle fehlte gänzlich; was ich erlebte, war mein Wille; ein in Freiheit vollzogener Akt; und er vollzog sich mit größter Plötzlichkeit, aber irgendwie weich, ohne alle Anzeichen einer Katastrophe; Katastrophenzeichen hat es sowohl *danach* als auch *davor* gegeben; *davor* hatte ich in einer permanenten Katastrophe gelebt – in dem Bewusstsein, dass die Ideen und Parolen, die unsere Lebenswirklichkeit in Russland bestimmten, völlig verwittert waren. Das ist es nicht –, sagte ich zu mir, während ich mich in äußerst interessante Bücher vertiefte und mit äußerst interessanten Persönlichkeiten verkehrte; zu keiner der Richtungen, die sich um Konkretheit bemühten, konnte ich das endgültige Ja sagen; ich habe qualvolle Jahre in der Erwartung meines bewussten Weges verbracht und konnte meine Gedanken nicht konkret in meinen Willen hineinleiten; der Wille, eine noch geschlossene Blüte, wartete stumm auf den Tau, um sich zu öffnen; mir wurde Willenlosigkeit vorgeworfen, wenn aus meinem partiellen Einverständnis mit gewissen Ideen von anderen auf einen weiteren gemeinsamen Weg geschlossen wurde; aber meine «Willenlosigkeit» war der Wille zu einer nüchternen, vollkommen freien Wahl; plötzlich öffnete sich gleichsam der Grund meines Willens dem Bewusstsein, plötzlich, wie einem Sonnenwärme ausstrahlenden Tautropfen, der in meine Seele fiel; bei klarem Verstand, in aller Nüchternheit, die sich mit den Lebensjahren klärte.

Später habe ich verstanden: Der Wille besteht in der Durchdringung jenes blinden Elements, das wir von außen tastend für unseren Willen halten, durch das Bewusstsein.

Dieser Bewusstseinsakt wurde laut in einem Wort, einem kurzen: «Das ist es. Ja!» Das «Nein, das ist es nicht» (Solowjow, Berdjajew, Blok, E. Medtner, Kant, Rickert, «Okkultismus», Mechanisierung, Öffentlichkeit, Theologie, «Theosophie» usw.), jahrelang instinktiv hervorgestoßen, war die Form meines Willenskampfes um einen Weg, um die Freiheit, die zwischen den formalen Imperativen der «Pflicht» (nur der Kopf) oder der Neigung des blinden «Gefühls» eingekeilt war. Aber die Aktivität aus «Neigung» oder aus abstrakter Überzeugung war in mir bereits versiegt; und darüber stand: «Das ist es nicht!»

Jahrelang wartete ich auf meine Resolution: das «Ja».

Drei Jahre vor der Begegnung mit Steiner schrieb ich über dieses ersehnte Ja: «Alles, was wir in unserem Schaffen erstreben, hat für sich selbst weder Sinn noch Wert. Unser alltägliches Leben? Es wird von der Wissenschaft in Staub verwandelt. Die Stäubchen des Lebens? Aber sie sind ein Spiel unserer Erkenntnis. Die Erkenntnis? Sie ist Pflicht. Die Pflicht? Die Pflicht liegt im Schaffen. Die schöpferische Form? Ihr Wert liegt im Entstehungsprozess. Das Schaffen von Formen? Aber dabei verwandelt man sich in ein ... gottähnliches Wesen. Die Götter? Aber sie sind Embleme eines Jenseits. Da blättern alle jemals erschienenen Träume wieder von uns ab: Sein, Wissenschaft, Erkenntnis, Kunst, Religion, Ästhetik, Theosophie ..., wir ... finden uns in einer absoluten Wüste ..., und hinabsinkend vernehmen wir die Stimme der Leere: ‹Das alles bin ich› ... In unserer Macht liegt es, zu sagen: ‹Es gibt nur das Nichts.› Aber wir sind doch nicht blind: Wir hören die Musik der jetzt mitten in der Seele leuchtenden Sonne, wir sehen ihr Bild im Spiegel des Himmelsgewölbes der Seele; und wir sagen: ‹Du bist!›»

Alles, was ich in diesem lyrischen Zitat wie in einem Resümee zusammengefasst, alles, was ich im tiefsten Grund meines der Entfaltung harrenden Willens angestrebt hatte, trat augenblicklich, aber weich in die Wirklichkeit, und ich sagte: «Das ist es!»

Die Zeichen für das Entfalten waren zwei sonnenhell leuchtende, warme, mich benetzende Tropfen – zwei Augen aus dem blauen Dunkel; das Dunkel – der Hintergrund eines mit dunkelblauem Stoff drapierten Zimmers;

vor diesem Blau die Konturen einer Gestalt, die langsam den gespannt wartenden Saal des Kölner Zweiges betritt: Steiner; zwei Augen, die nur eine Sekunde auf mich gerichtet sind; und – «da blättern alle jemals erschienenen Träume von uns ab», und «wir hören die Musik der jetzt mitten in der Seele leuchtenden Sonne» («Symbolismus»).

Diese Sonne ist der frei sich entfaltende Wille; auch das «Du bist» blätterte ab; für mich selbst und auch für die mir noch unbekannte Person, die sich im blauen Dunkel erhob, um mir dies deutlich zu machen; und dann ging auf: «Wo zwei sich so entgegentreten, dort ist selbst das Ich nicht mehr ein Ich, sondern – Christus!»

Dies ist ein Schatten von dem, was mir in der Sekunde geschah, als sich die Blicke trafen.

Noch konnte weder von einer Beeinflussung die Rede sein, noch von Sympathie oder Antipathie (Gefühl), von Übereinstimmung oder Differenz in den Ideen.

Die Seele hatte jahrelang auf diese Stunde gewartet; und sie trat ein!

Im ersten Augenblick unserer Begegnung formte sich in mir die These, die meine letzte geblieben ist: *«Steiner spricht dann in den Herzen, wenn alle Worte zu Ende sind.»* Alles Folgende war eine empirische Bestätigung dieses Apriori.

Jetzt, nach Jahren, sind diese Worte der Schlussstrich unter einer ganzen Reihe von Begegnungen.

Ich habe schon über diese Begegnung geschrieben; und habe, entsetzlich genug, die Erscheinung Steiners mit der Erscheinung eines «Elfen» verglichen (eine Geschmacklosigkeit!).

Ich könnte diese Begegnung auf die verschiedenste Weise beschreiben: Die Fülle dieses stillen Augenblicks entfaltete sich im Laufe der Jahre in unzähligen Projektionen; das Hervortreten aus dem blauen Dunkel des Gangs ruft in meinem Gedächtnis die Erinnerung an einen silbrigen Nebelfleck, das Gesicht, hervor; eine Sekunde vorher hatte ich gedacht: Gleich wird Steiner hereinkommen – von dort her – die Augen der Anwesenden waren erwartungsvoll nach dem blau verhängten Gang gerichtet –, und da erschien der durchscheinende Fleck des Gesichts über einer kaum erkennbaren jugendlichen Silhouette: Er trug einen Gehrock; und «jene» Krawatte, die ich so oft auf Bildern gesehen hatte, Bildern, die ich kannte und gerne mochte; eines davon war mir besonders teuer, es hatte mich drei Jahre lang begleitet: Ich hatte das Gesicht, das wie von Holbein gestochen war, genau studiert; das Netz der Falten, die sich zu einem eindrucksvollen Relief fügten, war mir vertraut.

Das aus dem Blau auftauchende silbrig-durchscheinende Gesicht ohne eine einzige Falte erinnerte nicht an das Porträt; das war nicht Steiner als reifer Mann; das war die unwägbare Leichte der Alterslosigkeit, die sich noch am ehesten mit der Jugend vergleichen lässt; deshalb floss mir damals der unlebendige Vergleich «Elf» aus der Feder, der lediglich bedeuten sollte: nicht «Mann», nicht «Führer», überhaupt nichts von «Lehrer», nicht «Doktor», sondern jemand, der mit seiner Gebärde vom Tanz der Planeten kündete; und nicht an Balmont schienen sich meine kindlichen Zeilen gerichtet zu haben:

Sprich von Welten,
Die den Reigen tanzen.

Sie richteten sich im Grunde auch an dieses «Wesen»; hier war die Leichte: der Mensch als Gestalt gewordener Rhythmus (alles, was ich später eurythmisch auslebte, war in jenen Augenblicken enthalten); daher meine Vergleiche mit Zarathustra, der nach Nietzsche ein «leichtfüßiger Tänzer» ist. Die Aphorismen Nietzsches verketteten sich, als ich später nach Analogien suchte: «Symbole sprechen nicht: Sie deuten nur hin»; und die Gedanken, die die heftigsten Stürme entfesseln, «kommen mit Taubenfüßen». Das «Du bist» und der vollkommen leichte Gang – das blieb, wenn man so will, von dem Aufleuchten im Augenblick der Begegnung zurück. Der auftauchende Fleck des Gesichts, die uns abtastenden Augen, der sich nähernde leichte Schritt: Er ging langsam zwischen den Stuhlreihen hindurch, indem er grüßte; dabei hatte ich den Eindruck, er ginge sehr schnell, das Gesicht sei plötzlich vor den blauen Vorhängen aufgetaucht; als er den Vortragsraum (der sehr gemütlich war) betreten hatte, war ich über die geringe Ähnlichkeit mit seinem Bild erstaunt: Er schien mir kleiner, wesentlich jünger und schlanker, als ich ihn mir vorgestellt hatte; eine leichte Nase, blasse Wangen (bei dieser Beleuchtung), die glatt frisierten, wie frisch gewaschenen runden Konturen seines Kopfes; Kopf, Nase, Hände, Taille,

Finger – alles leichter, schlanker, eleganter und dabei schlichter als auf dem Bild (erst abends trat die Ähnlichkeit mit dem Bild hervor, bei elektrischem Licht, im öffentlichen Vortrag).

Diese Leichte – das war ein seelischer Eindruck. Ich hatte schon immer Respekt vor den «Weisen» und Lehrern gehabt; sogar in den Augenblicken, als ich eine Autorität suchte, sagte ich mir: «Es ist unvorstellbar, bis jetzt hat es bei mir immer dieselbe Gebärde gegeben; auf jede Unterweisung habe ich mit einem frechen Ausfall reagiert.» Jeder Weise schien mir an der Last des Geistes zu tragen; eine Last konnte ich nicht ertragen; zwar streckte ich die Zunge nicht heraus, aber diese Gebärde war in meinem Unterbewusstsein, sobald ich einem «Weisen» gegenübertrat: mein Wille weigerte sich, geleitet zu werden; nur meine Einsicht sagte mir häufig: Es gibt vieles, was ein Unbekannter, den du suchst, weiß, aber du nicht. – Und dann überkam mich die peinliche Gewissheit, dass ich von diesem Wissenden, falls ich ihn fände, nichts übernehmen könnte, weil mein: Nein! Nein! Das ist es nicht! – mich weitertreiben würde. Und vor mir tauchte das Bild des «Kamels» auf, hochbepackt mit Regeln, die ihn und mich zu ehrbaren Lasttieren machten.

So verliefen meine Begegnungen mit den «Großen», wie sie der Volksmund nennt. In der Kindheit mit Tolstoj, in der Jugend mit Solowjow, später mit Jaurès, mit Männern, die ich achtete (mein Vater, L. I. Poliwanow).

Seit den Studentenjahren dichtete ich an meinem eigenen Mythos vom *anderen Weisen:* Sein Bild trug ich in mir; ihn kannte vollkommen der Geist meiner Seele; aber ich dachte, es sei bloß *mein* Mythos! Und die Sehnsucht nach dem «geistesverwandten Weisen» – dem Bruder, Freund, Lehrer, dem durch die große Tat Fröhlichen – floss manches Mal in meine Aufsätze ein: «Der Weise ist der Feinste ... Glückliche, Fröhliche, ernst und gewichtig nur für jene, die außerstande sind, Weisheit und Leicht-Sinn zu vereinen ... Er denkt frei, sein Gedanke schwebt schwerelos. Er ist Musik ... Nur vor Auserwählten lässt der Weise den Vorhang der Gleichmut fallen, der Ausdruck feuriger Macht und übermenschlicher Zärtlichkeit ... liegt auf dem strahlenden Antlitz ...» («Symbolismus als Weltanschauung», 1903, S. 229)

Worte sind Symbole: Unter «Fröhlichkeit» verstand ich das Licht des Geistes, und unter «Leicht-Sinn» – den Rhythmus; in diesen Jahren lebte in meinem Bewusstsein, dass «der Künstler ... kein Führer sein kann, es gilt einen anderen Führer zu suchen ... hinter dessen tragischen Zügen ... das neue ewige Antlitz hervortritt ..., ein Antlitz, das sich mit sanftem traurigem Lächeln uns zuwendet ... dessen leuchtende Züge durchscheinend sind vor Freude, Zärtlichkeit, Stille». («Arabesken», 1904.)

Die Sehnsucht nach dem «verwandten» Weisen war nicht gestillt; aber ich hielt ihn für einen Mythos, und lehnte jeden, der als Weiser galt, von vornherein ab.

Aber jene Sekunden, zwischen dem Auftauchen Steiners aus der blauen Dämmerung und seinem Erscheinen am Rednerpult hinter einem Strauß purpurroter Rosen, waren für mich epochal; die Sehnsucht vieler Jahre erschien hinter dem Pult, die Verkörperung meines Bildes: der Leichtfüßige! Das Sonnenlicht dieser Augen hinter der Trauer, dem Leid, das dem Leid der Welt entgegenlächelt: in meine Augen!

«Du bist!»

Der mir verborgene Grund meines Willens ging auf – das Bild meines eigenen Seelenantlitzes trat vor ihn hin!

Eigentlich war das, was ich erblickte – ich selbst, wie ich mich wollte (die Ideale, die wir uns vorstellen, sind wir selbst, in einem künftigen Sein); und er wurde, fünf Schritte entfernt, hinter dem Rednerpult, mein «Nächster».

Dieser Augenblick bis zum ersten Wort bestimmte mein «Schülerverhältnis», ich glaubte (man verzeihe mir diese Illusion): «Hier gibt es überhaupt nichts zu lernen, weil alles so ‹leicht› ist: alles Folgende, das wie Lernen aussieht, ist bereits im Leitmotiv gegeben: Alles Übrige sind nur Modulationen.» Sekunden, die mit solcher Leichtigkeit eintreten, bergen in sich die Gewalt künftiger Gewitter, Lichtexplosionen, Flüge, Stürze und Dornen! Im Evangelium heißt es schon: «Leichte Last!» Sie ist die Freiheit des Kreuzes; *Leichte und Schwere* sind Produkte seelischer Antinomie – der Geist kennt sie nicht!

«Leichte Last»! Man kann es verstehen, wenn man die plötzliche Veränderung der Seelenkoordinaten erlebt hat; die Tatsache, dass ich zu einem ständigen Besucher von Vorträgen und Stunden wurde, resultierte aus dem einleuchtenden und selbstverständlichen Sachverhalt: keine Reden, Schwüre, Pflichten oder irgendwelche Verrenkungen – alles ist klar und einleuchtend: Die Wahrheit des aufgenommenen anthroposophischen Impulses wurde unverrückbare Tatsache.

Diese Erscheinung aus dem blauen samtenen Dunkel war der Spiegel des höheren *Ich* des Menschen; als subjektive Imagination spiegelte er das «Geheimnis» aller meiner Lebensjahre; und ich freue mich, dass ich nicht angefangen habe zu reflektieren; wenn es im Leben keine gedankenlosen Handlungen gäbe, könnte sein Facit unter Umständen sinnlos sein; die Weisheit der Apostel reifte, als Christus nicht mehr unter ihnen war; aber der Geist kam über sie, weil sie dem Wort «Folge mir!» gefolgt waren. Ich war nur für drei Monate auf Reisen gegangen, war durch dringende Geschäfte an Moskau gebunden – und kehrte nicht nach Moskau zurück.

Bevor die ersten Worte zwischen uns gewechselt wurden, stand Steiner für mich bereits dort, wo alle Worte versagen: Heute, in der Endgültigkeit, in meinem «Hernach», in der Bewusstheit, zeigt sich die ganze große Wahrheit von jenem «Vorher».

Zwischen dem «Vorher» und «Hernach» – Worte, Gefühle, Erkenntnisse, Landschaften öffentlicher Tätigkeit, aber ihr Kreis ist geschlossen. «Hernach» und «Vorher» fielen in mir zusammen.

Ich wiederhole noch einmal: *Steiner sprach dann am eindringlichsten, wenn die Worte zu Ende waren!*

I

Rudolf Steiner und sein Wirken

«... die Voraussetzung soll man machen, dass man die *eine* Sache nicht durch das begreifen soll, was über sie selbst gesagt wird, sondern durch manches, was über ganz anderes mitgeteilt wird. Man wird so die Vorstellung erhalten, dass *nicht in einer* Wahrheit das Wesentliche liegt, sondern in dem Zusammenstimmen aller.»

Rudolf Steiner (aus der Vorrede zur dritten Auflage von *Wie erlangt man Erkenntnisse der höheren Welten?)*

«Weder durch einseitiges Beobachten, noch durch einseitiges Denken erkennt der Mensch die Wirklichkeit. Diese ist nicht als etwas Fertiges in der objektiven Welt vorhanden, sondern wird erst durch den menschlichen Geist in Verbindung mit den Dingen hervorgebracht.»

(Goethes Naturwissenschaftliche Schriften, Band IV, Zweite Abteilung, herausgegeben von Joseph Kürschner, 1897, S. 344)

«Wer eine allgemein gültige Wahrheit verlangt, versteht sich selbst nicht.»

Rudolf Steiner *(Goethes Naturwissenschaftliche Schriften,* Band IV, Zweite Abteilung, herausgegeben von Joseph Kürschner, 1897, S. 349)

«Je nach seiner Organisation hat jeder Mensch seine eigene Wahrheit ...»

Rudolf Steiner *(Goethes Naturwissenschaftliche Schriften,* Band IV, Zweite Abteilung, herausgegeben von Joseph Kürschner, 1897, S. 349)

«... so wahr ist es, dass ich es am liebsten hätte, wenn wir der anthroposophischen Bewegung jede Woche einen anderen Namen geben könnten. Ich weiß, es würde eine furchtbare Unordnung geben, aber dennoch, es wäre mir das allerliebste. ... es wäre das ... für die anthroposophische Bewegung etwas außerordentlich Gutes, wenn sie gar keinen ständigen Namen hätte ...»

Rudolf Steiner *(Gegenwärtiges Geistesleben und Erziehung,* Kurs in England 1923)

1

Rudolf Steiner und sein Wirken – dieses Thema wird von meinen Erinnerungen an ihn als Person bewusst eingeschränkt. Ich will nicht seine Ideen, das Besondere an ihnen, ihre Bedeutung für die Kultur charakterisieren; früher habe ich ein ganzes Jahr dazu gebraucht, sein Goethe-Bild zu untersuchen; das Ergebnis war ein Buch von über 300 Seiten*, welches das Thema nicht einmal zu einem Drittel erschöpft. Allein das Charakterisieren seiner Anschauungen würde mehrere hundert Seiten füllen, aber umfassen etwa diese «Anschauungen» sein gesamtes Wirkungsfeld? Allein der Vortragsredner – wie viele Tausende von Vorträgen hat er gehalten! Ein Titelverzeichnis sämtlicher gehaltenen Vorträge würde einen eigenen Band ausmachen; diese Vorträge bilden Berge von noch nicht geordnetem stenographischem Material; und der Organisator, und der Entdecker neuer Wege, und der Verfechter sozialer Reformen, und ... Ich muss mir selbst Einhalt gebieten ... Mein Thema führt an all dem vorüber; und wenn meine Erinnerungen ein Kapitel mit der konventionellen Überschrift «Rudolf Steiner und sein Wirken» enthalten, so ist das lediglich ein Hinweis auf das Tempo, durchaus keine Charakteristik dieses Wirkens; ich gehe bewusst auf die Melodien des Wirkens nicht ein, noch weniger auf ihre kontrapunktische Durchführung; ich bringe nur einen Hinweis auf die Tonalität; «As-Dur», zum Beispiel, und nicht «c-moll» ... Es ist von Bedeutung, dass das tief tragische Lied «Ich grolle nicht» von Schumann in Dur geschrieben wurde; und es ist von Bedeutung, dass das tief tragische Gesamtbild dieses umfassenden Wirkens in Dur gehalten war, trotz des Bewusstseins der Tragik; und mit dem Bewusstsein dieses Dur.

Das Kapitel «Rudolf Steiner und sein Wirken» enthält nur die notwendigsten Hinweise auf das persönliche Tempo; und auf die Wirkung dieses Tempos auf seine Umgebung.

*«Rudolf Steiner und Goethe in der Weltanschauung der Gegenwart», Verlag «Duchownogo Snanija», Moskau 1917, S. 344. [Sämtliche Fußnoten stammen vom Autor.]

Schleichen sich doch unüberwundene Gewohnheiten selbst in die freieste Diktion ein, eigentümliche Redeweisen, Refrains: Steiner hatte einen solchen Refrain bei seinen Vorträgen: das eingeschobene «Im Grunde genommen». Lediglich ein solcher Refrain, eine Einleitungsformel zu den Erinnerungen an die Person Steiners sollen auch diese Worte sein, eine willkürliche Aufzählung von Wirkungsweisen.

Unter den unzähligen, für mich persönlich wichtigen (ich betone: «persönlich», ohne anderen etwas aufdrängen zu wollen) Leistungen Rudolf Steiners nenne ich nur einige, die einen besonders großen Einfluss auf mich haben.

In dieses erste Kapitel gehört die erstaunliche, bislang noch von keinem erschöpfend verstandene Erkenntnistheorie. In gedrängten, fast kargen Thesen dargestellt und skizzenhaft in einer ganzen Anzahl von Büchern, Artikeln, Anmerkungen zu Goethe und Vorträgen eingestreut, bietet sie genügend Material für ein umfangreiches Werk oder eine Reihe von Werken, die Steiner selbst nicht geschrieben hat – aus Zeitmangel und aus Mangel an Interesse seitens der Anthroposophen; das hat er mir persönlich gesagt. Und sie ist bis heute von keinem seiner Schüler dargestellt worden. Ihre Bedeutung ist außerordentlich, selbst für Anthroposophen unübersehbar; es ist ein Wurzelgeflecht: in den intimsten Zyklen, im Bauplan des Goetheanum, in jeder Äußerung seines Wirkens sehe ich Übereinstimmung mit den formulierten grundlegenden erkenntnistheoretischen Sätzen; der Steiner von 1894 und der Steiner von 1925 sind sich erkenntnistheoretisch gleich; seine Thesen haben sich nur insofern geändert, als sich ihre Modulationen vertieft haben; in ihrem Licht erscheint das gesamte «esoterische» Material anders als ohne die Kenntnis wenigstens der wichtigsten Punkte dieser Gnoseologie. Während Steiner die Feinheiten seiner Angelologie vor uns entwickelt, bleibt er immer seiner «Wahrheit und Wissenschaft» treu, und während seine Umgebung dies vergisst und sich im mystischen Schnuppern an Engelslilien verliert, kehrt er in aller Nüchternheit zu «Wahrheit und Wissenschaft» zurück, etwa beim Hinweis auf die Beziehung zwischen Intellekt und sich selbst erkennender Seele in seiner Michaelslehre.

Bei Kant zum Beispiel ist die Erkenntnistheorie nicht aus einem Stück gehauen; bei Gegenüberstellung der «Kritik der reinen Vernunft» und der «Dritten», der «Kritik der Urteilskraft», wird man feststellen, dass diese Kritiken aus verschiedenartigem gnoseologischem Material ausgehauen sind; dagegen geht sie bei Steiner auf einen und denselben Grund zurück: in «Wahrheit und Wissenschaft», in den Arbeiten zu Goethe, in der Theorie der Meditation, in der Angelologie und im «Fünften Evangelium»; zwischen dem «Fünften Evangelium» und «Wahrheit und Wissenschaft» besteht eine direkte Beziehung. Darin liegt das Erstaunliche seiner Erkenntnistheorie: Sie ist in allem, und alles ist in ihr enthalten.

Ich persönlich gelangte zu dieser Erkenntnistheorie über einen langen Umweg, dessen wichtigste Stationen Schopenhauer, Kant und Rickert waren; jeder dieser Philosophen kostete mich jahrelanges Studium; und erst nach diesen Studien kam ich zu der «Erkenntnistheorie» Steiners; sie ist für mich nicht aus dem Nichts gewachsen; ihre Wurzeln liegen in der Geschichte der gnoseologischen Anschauungen; Steiner ist für mich bis heute ihre letzte Stufe.

Von seiner Grundthese ausgehend, stellt er seine unerläutert und verstreut gebliebenen, in einer Serie von Exkursen angedeuteten, verblüffend originellen Lehren auf: die Lehre von der Wahrnehmung, der Erkenntnis, vom Denken, von der Wirklichkeit und so weiter, ganz zu schweigen von der reichhaltigen Methodologie der Wissenschaften, die Lehre von den Weltanschauungen, die entweder skizziert (Zyklus XXIII) oder mit höchster Genauigkeit (in den Anmerkungen zu Goethe) dargestellt wird, aber ohne schlagwortähnliche Verallgemeinerung; das Nebeneinander von «Formel» und «Skizze» ergibt etwas Verblüffendes, geeignet, für Jahrzehnte die logische Richtung zu befruchten und nicht nur in einem «Backstein» in Buchform, sondern sich in einem ganzen Bücherschrank voller «Backsteine» niederzuschlagen.

Als Erkenntnistheoretiker öffnet Steiner die Tür zur Zukunft: Er liefert einen bedeutenden Beitrag in der rein philosophischen Sphäre.

Eine weitere seiner Wirkensäußerungen liegt in der Neuentdeckung Goethes: Goethe richtet sich zu voller Größe auf; ein ganzes Jahrhundert lang hatten ihn die vorüberziehenden Weltanschauungen überstempelt, bis zur Zeit Steiners von Goethe kaum noch etwas zu sehen war; und der Mann, der die Achsen des philosophischen Denkens mit Macht verlagert hatte, wurde zum fleißigen Restaurator, opferte der «Restaurierung» gute zehn Jahre seines Lebens, an deren Ende Goethe wie ein Phönix aus der Asche jener Stempel aufstieg und für unsere Zeit, Jahrhunderte übergreifend, sich als richtunggebend erwies.

Die Zahl der Arbeiten, die Steiner zur Goetheforschung beigetragen hat, einschließlich der Anmerkungen und Einführungen zu den Texten, ist sehr groß; nach einer früheren approximativen Schätzung kam ich auf etwa tausend Seiten vom Format der alten Ausgabe von «Goethes Weltanschauung».

In die Aufzählung der Tätigkeiten Steiners während seiner sogenannten vortheosophischen Periode gehört die Aktivität eines begabten, charaktervollen Publizisten und Kritikers, die gleichfalls bislang nicht genügend gewürdigt worden ist; nach einem flüchtigen Blick auf das Verzeichnis seiner Artikel, Notizen, Rezensionen werden Sie über die Fülle und Vielfalt der von ihm behandelten Themen staunen; von Notizen über die Eiszeit bis zu der für jene Zeit mutigen Anerkennung der Dichtung Rilkes und Hofmannsthals, die damals noch nicht viel galten. «Erkenntnistheoretiker», «Goetheanist», «Schreibtischgelehrter» – und temperamentvoller Publizist, Kritiker, Redakteur, Theaterkritiker, Vortragsredner. Schon diese erste Periode weist ihn als eine bedeutende Erscheinung der Kulturgeschichte aus.

Und seine Tätigkeit als Begründer der Theosophischen Sektion in Deutschland? Auch sie ist noch kaum untersucht worden; hier sehen wir in erster Linie den Generalsekretär, den Praktiker und Organisator, fähig, in wenigen Jahren aus einer Handvoll Menschen eine bedeutende Bewegung, der sich Tausende anschlossen, zu formen; auch hier ist sein Wirken dynamisch: in den Kontakten mit den anderen Sektionen, in seiner Eigenschaft als Deutscher Generalsekretär, in seinen Plänen zur Umgestaltung der inneren Struktur der Sektion; diese Wirkensperiode Steiners ist bestimmt durch eine Fülle von Schwierigkeiten und eine wahre Lawine von Vorträgen, wobei die theosophischen Vorträge Steiners durch die Freiheit und Unabhängigkeit auffallen, weil er theosophische Themen nicht spezifisch «theosophisch», sondern eigenständig angeht, und durch die Entschiedenheit, mit der er den «östlichen» Beigeschmack der Blavatsky'schen Ideen in seiner «Theosophie» eliminiert, die von den «östlichen» nicht nur geduldet, sondern weitgehend gebilligt wurde, obwohl er schon damals die Grundlage der Blavatsky durch seine Interpretation der Themen «Karma» und «Reinkarnation» erschüttert und das eigentliche Zentrum der «Theosophie» vom Vedanta ins Christentum verlagert hatte. Ebenfalls bezeichnend für ihn war, dass er niemals irgendwo ein- oder austrat, um Eigenes durchzusetzen, sondern aufgesucht, anerkannt, gehört wurde, bis der sektiererische Zug der «kanonischen» Theosophie ihn veranlasste, diese Symbiose aufzugeben; er ist nicht «gegangen worden», er hat vielmehr die Theosophische Gesellschaft als Ganzes veranlasst, sich von ihm zu trennen.

Auch damals, während seiner theosophischen Periode, blieb er sich treu und verhielt sich folgerichtig, während es den Theosophen an Folgerichtigkeit mangelte, da sie ihren «Glauben» mit seinen gnoseologischen Aufsätzen (etwa denen, die in der «Luzifer – Gnosis» erschienen) ohne weiteres vereinbaren konnten, Aufsätzen, in denen er den Gesichtspunkt von «Wahrheit und Wissenschaft» auch bei der erkenntnistheoretischen Analyse von Imagination, Inspiration und Intuition zur Geltung brachte; diese Analyse hätte die Position des «Sterns des Ostens», der sich bereits im Schoß der theosophischen Esoterik eingenistet hatte, allseits erschüttern müssen.

Rudolf Steiner sprach eindeutig theosophische «Irrlehren» aus, und die Theosophen verneigten sich und bedankten sich bei ihm.

Wenn man seine Anschauungen als Ganzes und darin die spezifisch «theosophischen» Äußerungen betrachtet, muss man zugeben, dass Rudolf Steiner die originellste Seite in der Geschichte der theosophischen Bewegung geschrieben hat, ohne je Theosoph im eigentlichen Sinne des Wortes gewesen zu sein. Seine «theosophischen» Zyklen kursieren noch heute unter den Theosophen, doch was an ihnen ist spezifisch theosophisch?

Die Originalität seines Wirkens in der Geschichte der Theosophie besteht darin, dass er Hunderte von Theosophen aus der Enge der Theosophie hinausgeführt hat, indem er sie in ihrer eigenen Sprache auf die Unzulänglichkeit einer «bloßen Theosophie» außerhalb der Kultur als Ganzes aufmerksam machte.

Sein Beitrag: Das eigentliche theosophische Schema der klassischen Siebenheit wird in der Interpretation Steiners zur Grundlage einer unerhört originellen Geschichts- und Kulturphilosophie, die von ein und demselben erkenntnistheoretischen Gerüst getragen ist.

Die Kulturphilosophie Steiners ist ebenfalls ein in einzelnen Exkursen gegebener «Backstein», vor dem die Kulturphilosophien der Spengler, Rickert und so weiter verblassen. Sie ist eine Auferstehung Hegels, eine neue kritische Form seiner dialektischen Methode; er weist auf die dialektische

Dreiheit in der Siebenheit hin, denn seine Siebenheit gliedert sich in zwei Dreiheiten, die sich in einem einzigen unwiederholbaren Vierten zu einem Ganzen durchdringen, gleichgültig, wie man dieses Ganze benennt – philosophisch, pythagoreisch, arithmologisch oder theosophisch; das theologische Dreieck, das mikrokosmische Dreieck plus dialektische Dreiheit – ein Ganzes durch den ihnen gemeinsamen einzigen unwiederholbaren Punkt, das Ich des Menschen, eine neue Lehre vom Menschen, Anthroposophie, eine Synthese, ein Symbol des Hegel'schen Ganzen, die Lehre von der Vierten Hypostase Gottes im Sinne der Theologie, als der Göttlichkeit des Menschen, nicht bloß des Gottmenschentums (seit alters her der Logos) oder des Menschengottes, der Gott gegenübertritt; von hier aus kann die Anthroposophie als eine originelle Theologie verstanden werden, als Geschichte, Phänomenologie des Geistes, Anthropologie, Kulturphilosophie, deren Wurzeln ein und dieselbe logisch unwiderlegliche Erkenntnistheorie und ein und dieselbe Übereinstimmung mit deren Schlüssen (Theorie der Wahrnehmung, des Denkens, der Wirklichkeit) bilden. Die erstaunliche eigenständige Ausbildung der anthroposophischen Ideen und der Aufweis ihres Wirkens als treibende Kraft in den europäischen Kulturimpulsen der letzten fünf Jahrhunderte macht den Namen Rudolf Steiners zu einem der bedeutendsten in der Geschichte der Kultur.

Das Eigenständige der Lehre Steiners vom «Ich» liegt darin, dass dieses Ich von der Dreiheit nicht zu trennen ist: einerseits von der biogenetischen Dreiheit (mineralische, pflanzliche und tierische Natur), der historischen (These, Antithese, Synthese) und den drei Vermögen (Denken, Fühlen, Wollen); andererseits von der theologischen und gnoseologischen Triade; beide Triaden berühren sich im «Ich» und kreisen um das «Ich»: 3 + 1 + 3 = 7. Dieselbe Lehre spiegelt sich in der Kulturgeschichte als die Lehre von den sieben Kulturepochen und in der Angelologie als Lehre von dem Anteil der sieben Hierarchien an den Offenbarungsformen des menschlichen Ich in den Kulturepochen; sämtliche historischen und angelologischen rechten und linken Dreiheiten der Siebenheit (3 + 1 + 3) lassen sich a priori aus der Lehre vom Ich ableiten als einer zum ersten Mal in der Geschichte entwickelten *Bewusstseinstheorie.*

Rudolf Steiner beginnt durch sein Wirken ein neues Kapitel in der Erschließungsgeschichte der Kultursphären: Die von ihm entdeckte neue

Sphäre bezeichne ich in Analogie zur Erkenntnistheorie als «Bewusstseinstheorie»; eine Erkenntnistheorie in unserem Sinne hat es vor Kant nicht gegeben; die Frage nach dem «Ich» als der Kultur in den Kulturen hat es vor Rudolf Steiner nicht gegeben.

Die von ihm aufgedeckte wechselseitige Beziehung zwischen Erkenntnistheorie und Bewusstseinstheorie rückt erneut die Frage nach der Kultur des «Ich» in den Vordergrund: In der Kultur des individuellen «Ich» ist die Praxis des Bewusstseins auf der Grundlage der Erkenntnistheorie selbst die Theorie gnoseologischer Praxis; die Originalität Rudolf Steiners besteht darin, dass seine Erkenntnistheorie in der einen Sphäre meditative Praxis ist und in der anderen – eine Theorie der Formen.

Daraus ergibt sich die Einmaligkeit seiner Stellung als «geistiger Lehrer»: Er ist der erste in der Geschichte auftretende Typus des «geistigen Führers», dessen Führung darin besteht, dass er sämtliche Typen der historischen «geistigen Führung» als dogmatische Voraussetzungen, als erkenntnis- und bewusstseinshemmende Vorurteile ablehnt; sein Wirken eröffnet eine neue Seite der Geschichte der «religiösen und geistigen Lehre», abgesehen davon, dass mit dieser Seite sämtliche bislang existierenden Vorstellungen von einem *Einweihungsweg* revolutioniert werden, wobei er auch in diesem revolutionierenden Tun, ebenso wie bei Goethe, sich als Restaurator des Christentums erweist, das von den ersten Jahrhunderten an durch Dogmen überstempelt wurde.

Seine Erkenntnistheorie, seine Logik, seine Kulturphilosophie, seine Anthropologie sind ebenso ein Bericht von dem Christus und dem Christus-Impuls im Menschen wie seine Erkenntnistheorie eine Entfaltung des Christus-Impulses darstellt, nur in der Sprache der Abstraktion. Lediglich in diesem neuen, noch nicht da gewesenen Sinne kann er als Religionsforscher ein «Christ par excellence» genannt werden.

Er schrieb eine neue Seite vom Wesen des Christentums in die Geschichte der christlichen Religion ein: seine einzigartige Christologie, in deren Licht die Elektronentheorie, Niels Bohr, der Bau der Materie neu gedeutet und tiefer verstanden werden könnten; oder die an Tiefe und Detailfülle einzigartige Angelologie, wo das von Dionysos Areopagita gesäte «Korn» sich phänomenologisch zu einer «gefüllten Rose» entfaltet; die bloße Aufzählung alles dessen, was Rudolf Steiner im Christentum an Neuem entdeckt hat, würde einen ganzen Band füllen; aber alles Neue ist nur der richtig gelesene, von allen Stempeln befreite, restaurierte Text der Evangelien.

Man hat versucht, Steiner mit dem Protestantismus oder mit dem historischen Gnostizismus auf einen Nenner zu bringen: Der Versuch erwies sich als naive Spielerei! Es ist durchaus möglich, auf Grund der beiden gemeinsamen zylindrischen Form das Rohr eines Teleskops mit einem Knüppel zu vergleichen; der Nutzen eines solchen Vergleichs ist gleich null!

Augenfällige Seiten dieses Wirkens sind die Texte der etwa sechzig Zyklen, von Hunderten von Vorträgen und so weiter. Ein System dieser Texte wäre eine Enzyklopädie, die weder von ihm noch von seinen Schülern ausgearbeitet worden ist; das Fehlen einer solchen Enzyklopädie schmälert sein Wirken keineswegs, im Gegenteil, es wird dadurch nur unterstrichen. Statt in einer Enzyklopädie den theoretischen Entwurf der Kultur vorzulegen, hat er sie geschaffen: in der Praxis der Kultur.

Damit schneidet man ein unerschöpfliches Thema an: Rudolf Steiner als Praktiker, als Erbauer der Fundamente einer neuen Kultur, wobei jeder von ihm gelegte Grundstein einer Dynamitladung gleicht, die durch unmittelbares Erschließen neuer Zugänge zu einer Synthese der Wissenschaften und Künste die Grenzen der Wissenschaft sprengt.

Was er auf diesem Gebiete geleistet hat, bleibt unübersehbar: Er sprach zum Beispiel von der Rolle der innersekretorischen Drüsen, die später experimentell nachgewiesen wurde, lange bevor dies Gemeingut der Wissenschaft wurde, und lieferte damit einen Beweis für den Wirklichkeitsbezug seiner wissenschaftlich-philosophischen Grundeinstellung; ein Zeugnis der neuen, von ihm geschaffenen Kultur des Wortes, der Bewegung und der darstellenden Künste bieten die *Eurythmie* und die neue Entwicklung der künstlerischen Techniken, die von ihm einen schöpferischen Impuls erhielten; die über tausend Schüler der Waldorfschule, einer viel diskutierten festen Einrichtung in Deutschland, England, Holland und der Schweiz, bestätigen die von ihm gegebenen neuen Prinzipien der Pädagogik; für den konkreten, tragfähigen Inhalt seiner medizinischen Kurse und therapeutischen Anweisungen spricht das Medizinisch-Therapeutische Institut; Nutzen und Bedeutung seiner Verbesserungsvorschläge für das Leben einer christlichen Gemeinde beweist die großartige Entwicklung der *Christengemeinschaft* unter der Leitung einer Gruppe von Priestern.

Dieses konkrete Hinwenden zum Leben der Kultur, zur Maschine, zum Handwerk, zu Kunst und Wissenschaft verhinderte den formalen Abschluss von Steiners theoretischem Wirken; gerade die Tatsache, dass er keine Enzyklopädie, kein System der Wissenschaften auf der Grundlage einer geistigen Kultur geschrieben hat, sondern aus seinem Gelehrtenzimmer in das Laboratorium hinaustrat, wo es experimentell verwirklicht wurde, weist auf den hervorstechendsten Zug im Wirken Steiners hin.

Und in diesem Punkt waren der Wissenschaftler und der lebendige Mensch, die Person, innig verbunden.

Deshalb verzichte ich, dieser Person, ihrem unbeschreiblichen Tempo mich zuwendend, auf eine Charakteristik und Würdigung der theoretischen Aspekte ihres Wirkens.

Sie liegen außerhalb dieser «Erinnerungen». Ich habe hier nur einige Verdienste Steiners angeführt, damit die Menschen, die sich zum Ziel gesetzt haben, mich mit meinen eigenen Worten zu überführen, wobei sie weniger den Sinn des Gesagten zu kritisieren als vielmehr in meinem Herzen zu lesen und das nicht Erwähnte zu verurteilen pflegen – damit diese Menschen aus dem vorstehenden, eigens für sie geschriebenen kleinen Kapitel erfahren: «Auch mir, Armem, ist die Bedeutung der theoretischen Arbeit des ‹*Schriftstellers*› Steiner nicht verborgen geblieben.»

2

Das äußere Leben Steiners ist ein Beispiel: ein aufrüttelndes Beispiel; die Erschütterung lebte sich in den zwei Extremen aus: *Begeisterung und Hass;* in unseren gemäßigten Gefühlen schlafen wir; er – *weckte* uns. Wenn Schlafende geweckt werden, hören sie die Stimme des Weckenden, aber sie können seine Worte nicht verstehen, manchmal drehen sie sich verärgert und schimpfend auf die andere Seite.

Der Hass, den Steiner erweckte – das war ein solches Sichumdrehen auf die andere Seite; ich kenne die Art und Weise dieses Sichumdrehens: Dem Doktor wurden geradezu die eigenen Fehler vorgeworfen. Man hätte Dutzende von Seiten mit dem Thema füllen können: «Doktor Steiner und die Persönlichkeit seiner Ankläger.» Eine ganze Galerie von Bekannten (guten

Bekannten) und sogar Freunden (nahen Freunden) und ihre persönlichen Vorwürfe: ein hochinteressantes Thema: wer Steiner etwas vorwarf und auf welche Weise, wer einen seelischen Defekt hatte und von welcher Art; ich habe dieses Thema in Gedanken oft aufgegriffen und bin dabei zu erstaunlichen Ergebnissen gekommen: Die erhobenen Anklagen gegen Steiner enthüllten sich als Karikaturen unterbewusster Seelengebärden der Ankläger.

«Hass» – das waren durch das Dasein Steiners bloßgelegte seelische Defekte.

Begeisterung scheint verständlich; aber Begeisterung ist nicht der richtige Stil für die Beziehung zu Steiner; in der Begeisterung zeigte sich die andere Möglichkeit, die bloße Bereitschaft zum Aufwachen, aber, trotz des guten Willens, ein Umdrehen auf die andere Seite und nur das geträumte: «Ich erwache.»

Für Doktor Steiner war Begeisterung zu wenig.

Der Hass war ihm bitter: die Menschen waren ihm nicht gleichgültig: Hieratisches Yoga, das eigentliches Zuhören ausschließt, war ihm fremd; hier zeigten sich sogar gewisse Schwächen, er verteidigte sich, er polemisierte – weil die Menschen ihm nicht gleichgültig waren, weil er sie konkret liebte. Er wollte nicht das bloße Sichumdrehen von einer Seite auf die andere, «Hass» oder «Begeisterung», sondern das Erwachen: eine Vorwärtsbewegung; mit ihm zusammen; er litt unter der Begeisterung, mit der er wie mit einem Strahl kochenden Wassers übergossen wurde, und unter dem Hass; unter dem «Gleichgewicht» verstand er durchaus nicht die Ruhe des Schlafs; er rief zur Ruhe und zum Kampf auf; zur Ruhe im Kampf; zum Tätigsein aus der Ruhe heraus; das Gleichgewicht, verstanden als die Ruhe des Kampfes, nannte er die «Einsicht»; und er stellte das Problem der konkreten Einsicht in seiner ganzen Bedeutung vor uns hin.

Er war das Feuer des Kampfes mit den «Hassern», den «Begeisterten» und den «Gleichgültigen», aber auch mit der Gesellschaft, die er ins Leben gerufen hatte, und den ihn umdrängenden Feinden, und gönnte Freunden und Feinden nicht die mindeste Ruhe.

Er hatte nichts an sich von einem Öldruck mit der Aufschrift: «Der Eingeweihte.» Und er wies darauf hin, dass unter den Bedingungen unserer Kultur dieses Bild eine romantische Versuchung und raffinierte Scharlatanerie darstellte; in seiner Deutung waren die traditionellen «Lehrer» nicht die Lehrer der «Einsicht», sondern die des geheimen Waltens; aber das geheime Walten entsprach früheren Bewusstseinszuständen; dem Bewusstsein hat sich ein anderer Weg aufgetan: zur Einsicht; für diesen Weg trat Steiner ein: gegen Begeisterungen und Hassgefühle.

Das neue Wissen ist nicht mehr der Ballast «geheimer» Mitteilungen, sondern ein in uns schlummerndes Organ; das Problem des modernen Einweihungsweges ist ein Weg, der zur Beherrschung der in uns liegenden, uns immanenten Erkenntnisse führt; und unser Nichtwissen in dieser Beziehung – ist Schlaftrunkenheit: Hinwendung zur Vergangenheit als Begeisterung (einer religiösen, mystischen, theosophischen) oder als Hass und Gleichgültigkeit.

Nur der Entwicklungsrhythmus, der unserer Zeit abgelauscht ist, kann der Schlüssel sein, der uns die Theosophie erschließt; aber nicht umgekehrt, wie die Theosophen es sich vorstellen; der Schlüssel liegt nicht in Indien, sondern in Berlin, Moskau, Petersburg, in Paris und London: vor dem Hintergrund der Fabriken, Autobusse, Lifte, unter den Alarmsignalen der sozialen Fragen.

Das ist eine Tatsache, ob es uns passt oder nicht: Auf diese Tatsache hat uns Steiner mit seiner ganzen Existenz und seiner Problemstellung hingewiesen. An diesem Punkt befiel Romantiker und Materialisten äußerster Widerwille: Entweder aus Begeisterung oder aus Hass kehrten sie dem Problem, vor das sie sich gestellt sahen, den Rücken zu.

Steiner hat das Kuriose und Paradoxe der romantischen Haltung deutlich aufgezeigt: Würden jetzt Buddha oder Krishna in die Welt herabsteigen, brächten sie uns keine «Sutta-Nipata» oder «Gita»: Diese Werke sind üppige Rosen, ein einziges Mal unwiederholbar erblüht; aber als volle entfaltete Blüte können wir sie nicht begreifen, sondern aus der Einsicht in ihre Entstehung aus einem Samen, der auch in uns liegt; es gilt, dieses Samenkorn zu ertasten, zum Keimen zu bringen, an dem emporwachsenden Stengel die Knospe zu gewahren und in ihr die Form der historischen üppigen «Rosen» zu erkennen.

Den Geist der Theosophie überführt Steiner der Schwärmerei und holt ihn auf die Erde zurück.

Viele waren bestrebt, Steiner abzuschütteln; die Theosophen sagten: «Er ist ein Goethe-Forscher, ein Fachphilosoph, aber kein Yogi.» Die Fachgelehrten hatten oft auszusetzen: «Natürlich, wenn er kein Mystiker wäre, dann hätte man sich im Phänomen der Erfahrung verstanden.»

Für viele war Steiner unerträglich: Das Neue des von ihm gewiesenen Weges empfanden sie als Unvollkommenheit.

Auf das Problem dieser Unvollkommenheit ist er selbst in der Erkenntnis jenes keimenden Samens als der Hefe der christlichen Kulturen eingegangen, am Beispiel des streitbaren Apostels Paulus, in dem der «Stachel» saß; er betonte, dass aus diesem Samen sich die Blüte künftiger Kulturen entfalten werde, die vollkommener sein würden als die «Gita».

Den «ungerechten» Paulus mit seinem feurigen Herzen liebte und verstand Steiner ganz besonders; und er verstand, dass Paulus den modernen Kulturmenschen als ein unerträglicher Rationalist und Sokratiker (Nietzsche) oder als ein vollkommener Tor (Tolstoj) erscheinen müsse. Er sah, dass es Paulus um den Samen des übermächtigen Ganzen ging; bis zu ihm hatte sich die Kultur nur als zwei Hälften verwirklicht: Osten und Westen; im Osten wurde der Pfad der Vollkommenheit gefunden, aber ohne die Deutlichkeit und Einsicht, die unserer Aufgabe entsprechen; dieses Heil war den Hellenen eine «Torheit», und die Einsicht der Römer und Hellenen von damals, die zur intellektuellen Einseitigkeit tendierte, wurde vom jüdischen Osten als bloßes «Ärgernis» abgelehnt; Paulus war der erste, der Torheit und Ärgernis das Bild des Ganzen entgegengehalten hat.

In der Anstrengung dieses Entgegenhaltens war er unerträglich, ein Umgetriebener; der Ausgeglichenheit des östlichen Yoga und der Ausgeglichenheit des griechischen Skeptiker-Philosophen stellte er die Unausgeglichenheit als Unterpfand des Ganzen gegenüber; statt der «Ruhe» (Osten) und statt des «Kampfes» (Westen) richtete er das Banner auf: «Ruhe des Kampfes.»

Das ist der Schlüssel zum richtigen Verstehen jener Verständnislosigkeit, die Steiner von «Christen», «Theosophen», «Gelehrten», «Philosophen», «Okkultisten» entgegengebracht wird: Steiner ist durch und durch ein Umgetriebener, der seine Nase überall hineinsteckt, ungerecht, emotionell, streitsüchtig und anscheinend eine in jeder Beziehung «verkrachte Existenz».

Aber wer den feurigen Geist von Paulus erkannt hat, der hat auch Steiner erkannt. Der hat auch sein Problem erkannt: das Problem des Samenkorns für künftige, noch nie dagewesene Blüten, das er allem «Gleichgewicht» des Yoga und den exaltierten «Gleichgewichtsstörungen» der modernen gebildeten Revolutionäre des Bewusstseins, des Denkens, der Moral und der Kunst vorzog.

Er trug das Zeichen des Feuers und der wirklichen «Einsicht» in das heute allgemein nicht gesehene und den noch aktuellste Problem: als «Denker», «Gelehrter», «Lehrer», «Yogi», «Okkultist», «Anarchist», «Ordenskanzler», «Gnostiker», «Kulturschaffender»; aber er fügt sich nicht in den Rahmen irgendeines Fachs!

Paulus war ein Umgetriebener: Steiner war das ebenfalls. Jener war ein Streiter; und dieser war auch ein Streiter.

Und wenn ich den Aufschrei des Paulus lese, er sei *allen alles gewesen,* um nur einige wenige aufzuwecken, dann sage ich mir: «Ja, ich verstehe das; denn ich habe Steiner gesehen!»

3

Steiner war – alles: Er war ein Spezialist als Techniker (er kannte sich gut in Physik, Mathematik und theoretischer Mechanik aus), als Literaturhistoriker (Schüler von Professor Schröer), als Theosoph (nicht er hat bei den Theosophen angeklopft, sondern sie haben ihn aufgesucht und ihn ermächtigt, im Namen der «Theosophie» zu sprechen); als minuziöser Goethe-Forscher (seine Arbeiten auf diesem Gebiet werden sogar von seinen Feinden anerkannt); als fähiger Vortragender an der Freien Arbeiterbildungsschule, bis Doktrinäre seine Arbeit zum größten Kummer der Arbeiter, die ihren Vortragenden sehr schätzten, unmöglich machten; als Kritiker (Literatur, Kunst und Theater), als Lehrer, Erzieher und Begründer von Schulen, als Theologe, der im Kreis hochgebildeter evangelischer Pastoren eine eigenständige Gemeinde ins Leben rief; er war Dramaturg, Dichter, Philosoph; er war Soziologe, leitete den Bau von zwei außergewöhnlichen Projekten (das Goetheanum wurde zweimal gebaut: aus Holz und in Beton); er war der Stifter einer Reihe neuer Kulturzweige: Er gab uns die Eurythmie und Anregungen für eine echte Revolution der Bühnenkunst (M. Tschechow hält ihn für einen Spezialisten in diesem Fach); ich halte ihn für einen Spezialisten in den Bemühungen um das Wort.

4

Er war alles für alle, damit einige wenige erwachten, um die Kultur als Ganzes *zu sehen*.

Ich kenne bereits die Antwort, in allen möglichen Schattierungen: «Hansdampf-in-allen-Gassen, unerträglich oberflächlich, nirgends in die Tiefe dringend ...» Ich kenne die Unerträglichkeit der Alleswisser. Aber was hat das alles mit ... Steiner zu tun?

Dieser Mensch hat sein ganzes Leben lang gelernt; er wusste mehr als viele andere und zeigte, wie weit der Mensch unserer Zeit seine Grenzen erweitern kann.

Auf das Märchen vom Hansdampf gibt es nur eine Antwort: «Möchten Sie, dass ein Mensch ein beschränkter Spezialist bleibt?» Wir kennen die Gefahren einer Spezialisierung, die nicht durch eine lebendige soziale Tendenz ausgeglichen wird. Über das Spezialistentum sind schreckliche Dinge geschrieben worden und werden weiterhin geschrieben; nicht von den Steinerianern; in dieser Frage sind sich alle einig: Nietzsche, Rickert, Spengler, die Sozialisten und – die Kommunisten! Das deutsche «Gelerterstwo» als Folge der Spezialisierung ist aller Welt bekannt!

Der Mensch muss einen Beruf haben; aber er sollte sich darum bemühen, den Kreis der angrenzenden Fachgebiete zu beherrschen: Goethe war nicht nur Künstler; Leonardo – war Ingenieur; Wundt hatte vier verschiedene Universitätsabschlüsse.

Es liegt in der eigentlichen Natur des Menschen, seinem Beruf nicht auf Kosten der gesamten Kultur nachzugehen; und in diesem Sinne war Steiner ein «Alleswisser»; er war nie nur Nase oder Augen; und nie nur Auge ohne Nase: Er hatte ein wohlausgebildetes Gesicht. Er war ein «Alleswisser», denn er hatte das Studium zweier Fakultäten abgeschlossen (Philosophische Fakultät und Polytechnikum); das ist nichts Außergewöhnliches; ein Plus und nicht ein Minus; so waren auch Kepler, Goethe, Leibniz, Descartes. Ein junger Mann, mit zwei Studien hinter sich, erringt nach zehnjähriger, sehr spezieller Arbeit einen Platz unter den besten Goethe-Kennern – ist das ein Hansdampf-in-allen-Gassen? Seine Leistung wurde von Kultur- und Geistesgeschichtlern gewürdigt. Also eine neue «Fachrichtung» Steiners: das Studium der «Naturwissenschaft» Goethes im Zusammenhang mit Goethes künstlerischem Schaffen; für diese Arbeit wurde ein Fachmann gesucht, der einerseits die naturwissenschaftlichen Methoden beherrschte, andererseits innerhalb der Geisteswissenschaft zu Hause war. Schröer konnte keinen anderen außer Steiner für diesen speziellen Zweck finden; diese Spezialisierung ergab sich aus seiner besonderen Lage: Er hatte sich Gedanken auf dem Gebiet der naturwissenschaftlichen Methodologie gemacht und war Schröer, dem Goethe-Herausgeber, bereits bekannt: Er hatte sich durch seine Literatur- und Theaterkritiken ausgewiesen, in denen er sich als einer der Ersten für Rilke, Hofmannsthal und andere der damals verpönten Jungen eingesetzt hat.

Zehn Jahre hat er gebraucht, um die von Schröer ihm anvertraute schwierige Aufgabe zu meistern – ist das nicht ein glänzendes Fachexamen? Und was hat das mit Dilettantismus und einem Hansdampf zu tun? ... Oder meint man damit seine pädagogische Tätigkeit?

Steiner, der sich vor uns als «Spezialist» ausgewiesen hat, war durch seine missliche finanzielle Lage gezwungen gewesen, sich als junger Mensch pädagogisch zu betätigen: als Hauslehrer und Erzieher; der glänzend gelungene Versuch, einen fast völligen Idioten durch erzieherische Einwirkungen zu einer normalen menschlichen Existenz zu führen, gibt ihm mehr als jedes Examen das Recht, in Fragen der Erziehung und Bildung mitzusprechen. Außerdem hielt er eine Reihe privater Lehrveranstaltungen ab, leitete Arbeiterbildungsgruppen bereits im vorigen Jahrhundert; und schließlich kann seine fünfundzwanzigjährige pädagogische Erfahrung im Umgang mit Menschen durch Tausende von Mitgliedern der Anthroposophischen Gesellschaft bestätigt werden, und von mir als erstem: Ich kann bezeugen, dass die Pädagogik Steiners, die er bei seinen Vorträgen, in den Gesprächen mit Schülern, in den «Esoterischen Stunden» praktizierte, einmalig war; kommt nicht die Tatsache, dass wir, die wir noch nie ein Schnitzmesser in Händen gehalten hatten, in zwei bis drei Monaten zu Holzschnitzern wurden, einer Magisterarbeit auch in diesem Fach gleich? Die Wirkung der geschnitzten Formen war eine unbestreitbare Tatsache; ich erinnere mich an die Ergriffenheit der nach der Mobilmachung in Dornach einquartierten Schweizer Soldaten, als wir sie durch das Goetheanum führten; der Eindruck, den diese Formen hervorriefen, war nicht das zufällige Produkt der Geschäftigkeit eines Hansdampf-in-allen-Gassen; aber genau so sicher ist auch, dass dieses Werk unserer Hände ein Zeugnis für seine die Grenze des

Möglichen sprengende Pädagogik ist, die unsere Hände zu «Künstlerhänden» machte. Schließlich wurde diese ihrem Wesen nach pädagogische Arbeit einer Gruppe von Menschen, die ihr Schicksal unter das Zeichen der Kultur gestellt hatten, von einem pädagogischen Erfolg in der Außenwelt gekrönt, von einem Buch über Pädagogik, das nicht von Steinerianern herausgegeben wurde.

5

Sein Schicksal war es, sich mit diesen beiden Berufen nicht zu begnügen, sondern in einem dritten sich zu beweisen; er spezialisierte sich in einem Fach, das vor ihm kein Fach war, in einer Wissenschaft, die nicht als Wissenschaft galt; er formulierte einen Weg der *geistigen Erkenntnis* im Sinne des 20. Jahrhunderts. Noch Tolstoj hatte beklagt, dass eine solche Erkenntnismöglichkeit fehle; sie wurde demnach dringend gesucht. Und die «Spezialisierung» Steiners in dieser Richtung besteht darin, dass er diese Möglichkeit als Frage nach der Verwirklichung dargestellt hat. Die Voraussetzungen (im Sinne der Erudition und im Sinne einer erfolgreichen geistigen Empirie), die er dafür mitbrachte, werden bestätigt:

1. durch ein Diplom, ausgestellt von den Theosophen, die jahrelang widerspruchslos seinen Ausführungen über das Thema der alten Kulturen folgten;

2. durch ein Diplom, bestehend aus einer Vielzahl von Arbeiten, Instituten, Büchern und Zeitschriften seiner Schüler, darunter Fachärzte, Künstler, Berufsseelsorger, Berufsmathematiker, Berufsphysiker und so weiter, wie etwa Noll, Peipers, Morgenstern, Weingartner, Rittelmeyer, Bock, Baravalle, Blümel, Kolisko, Steffen, M. Tschechow und viele andere, die einstimmig ihn als den *Professor* ihrer Reformbemühungen ansehen – sei es in der Mathematik, Medizin, Kunst oder Physik; eine ganze Phalanx gebildeter Kulturträger –, das ist der Ertrag jener Fragestellung, die Rudolf Steiner zu seinem speziellen Gebiet gemacht hat; mögen seine Schüler auch noch unterwegs sein, mögen sie sich sogar verirren; sie haben ihren Halt an der Tendenz der Anthroposophie: die Fähigkeit, ihre Fehler nüchtern zu erkennen und die bittere Wahrheit auszusprechen.

Ein hochgebildeter Mann mit zwei akademischen Abschlüssen erweist sich nach langjähriger Arbeit als wirklicher «Spezialist» auf drei Gebieten: als Goetheanist, Pädagoge und auf dem Gebiet der geistigen Erkenntnis.

Wo ist hier der Hansdampf?

Die Antwort: «Er tut so, als wüsste er alles auf der Welt, dabei wissen Sie doch selbst, dass man nicht alles wissen kann.» Aber das ist kein Argument, sondern eine Verleumdung Steiners und der Anthroposophie: als hätten sie jemals behauptet, er «wisse alles».

Selbstverständlich hat er unendlich mehr nicht gewusst, als er gewusst hat; aber er hat tatsächlich versucht, unendlich mehr als üblich zu erkennen (und er hat es tatsächlich im Sinne des äußeren Wissens erreicht); dies war ein Ergebnis der Kenntnis der Tatsachen und der Beherrschung von Methoden, die zum Entdecken von Tatsachen führen: Er ging den Tatsachen nach, er schürfte nach ihnen; und er drang tiefer als andere in sie ein; ohne ein *Spezialist* in jedem Fach zu sein, verstand er, die Hinweise seiner Schüler, Vertreter verschiedener Fachrichtungen, auszuwerten; und er verstand es, sie einzusetzen und die Spezialisten-Orchester zu dirigieren (er war ja ein Fachpädagoge!); es war das Gehirn Goethes (des Physikers, Zoologen, Botanikers, Dichters, Philosophen), gerüstet und gepanzert einmal durch das Vermögen, eine Erscheinung zu erfassen und methodisch zu bewältigen und ferner durch einen großen Hilfsapparat an Tatsachen.

Im Endeffekt war er das Zentrum eines riesigen Ganzen, in dem die durch das Bewusstsein der «Spezialisten» gefilterten Fakten zusammenströmten; dieses Material, bereichert durch persönliche Erfahrung, führte zu dem Phänomen des angeblichen «Hansdampf-in-allen-Gassen»!

Und zu dem Märchen vom «Hansdampf».

Steiner war nicht allwissend, aber er war in jedem Augenblick bereit, sich der Erforschung eines neuen «Erfahrungsmaterials» zuzuwenden; und er verfügte über eine über dem Durchschnitt liegende «Erfahrungsmenge», die sich nicht zu toten Halden auftürmte, wie in den Köpfen der Enzyklopädisten, sondern gestaltet wurde: Die anthroposophische Arbeit aller Fachleute besteht in der Gestaltung der Kultur.

Der Doktor war der Fachkoordinator sämtlicher Methoden – als absolut konkreter Logiker und als ein wirklich kluger Kopf, klüger als alle, denen ich bis jetzt begegnet bin.

Der «kluge Kopf» des Doktors war der «Spezialist unter den Spezialisten»!

Es gibt dafür Beispiele: Ein Fachmann schlägt sich mit einem speziellen Problem herum; erfolglos; Steiner – kein Fachmann – schlägt vor: «Versuchen Sie es doch so ...!» – «Aber wieso, ist denn das möglich?» – staunt der Fachmann. – «Ihnen als Fachmann ist natürlich bekannt, was in concreto möglich ist; aber ich denke, nach der Methode Ihrer Wissenschaft ergibt sich mein Vorschlag a priori.»

Ich könnte hier eine ganze Reihe von Beispielen anführen, wie «Unmöglichkeiten» Möglichkeiten wurden: Der Ingenieur Englert findet ein neues Prinzip für den Kuppelbau; Frau Kolisko, eine Biologin, entdeckt eine Funktion der Milz; Morgenstern und Belyj wagen das Abenteuer neuer sprachlicher Formen; Versuche einer Erneuerung der Kunst, der Medizin, des Erziehungswesens, der Unterrichtsmethoden und so weiter.

Diese Beherrschung der Fakten, die nichts Geheimnisvolles an sich hat, führte dazu, Steiner als allwissend erscheinen zu lassen: Bei dem Besuch einer Knopffabrik schrieb er dem Betriebschemiker, nachdem er sich einen Überblick über die chemische Seite der Produktion verschafft hatte, Formelreihen für einen Verbesserungsvorschlag auf; er hielt Vorträge für Landwirte und überraschte sie durch die vorgeschlagenen neuen, rein praktischen Methoden zur Bodenuntersuchung und zur Verbesserung der Düngemittel.

«Mystik – Düngemittel – Eurythmie – Knopffabrikation» – ist er nicht doch ein Hansdampf-in-allen-Gassen?

Nein. Da ist zunächst ein Wissen; und dann – eine Fähigkeit, dieses Wissen so anzuwenden, dass es nicht wie ein totes Kapital liegt, sondern Zinsen trägt und ein «Wissen vom Wissen» ist. Peter der Große beherrschte vierzig Handwerke; das war nicht Alleswisserei, sondern eine Notwendigkeit für den Reorganisator eines ganzen Landes. Steiner war in der gleichen Lage gegenüber einem anderen Land: der Kultur der Zukunft; seine Gebärde war ebenfalls hinweisend: «Sucht dort, und sucht so.»

Er war «Seemann und Tischler», wie Peter und der Apostel Paulus (der jüdische Schriftgelehrte und gleichzeitig der «Stilist und Hellenist», wie ihn Wilamowitz-Moellendorf nennt).

Peter der Große und *Paulus* – das ist das Schlüsselbild seines Wirkens; sein Wirken entsprang stets einem Gleichgewicht, einer Ruhe, die im Zentrum seines Bewusstseins das Licht des großen Impulses ausstrahlte: die Liebe zum Menschen.

Und darin erschien für uns, die ihn liebten und zu ihm hinstrebten, das Antlitz des Johannes.

Peter, Paulus, Johannes – drei Aspekte, drei Antlitze Steiners habe ich erlebt; und die Durchdringung dieser Antlitze war das schwer zu beschreibende, aber deutlich leuchtende «Zeichen», das ich mit meinem schwachen Stammeln wenigstens andeuten möchte.

Nur die Dogmatiker aller Richtungen haben dieses Zeichen an Steiner nicht gesehen, die «Petriner», die «freien reinen Denker» (Paulaner) und die «Mystiker», die durch ihre Art das Johanneische entstellten; alle diese Menschen empfanden das ihnen fremde Zeichen (hinter dem Antlitz des Paulus – den Johannes, oder im Antlitz des Johannes – den Paulus) als etwas Ärgerliches, das sie hinderte, es sich im Leben bequem zu machen; Steiner beunruhigte sie, und sie verließen ihn unter Verwünschungen: «Demagoge, Umgetriebener, Rationalist, Raisoneur, Besserwisser» – was wurde nicht alles gesagt.

Das jedoch, was nicht ausgesprochen wurde, lebte hinter allen Antlitzen und machte das Geheimnis seiner Wirkung auf uns aus, machte für jeden von uns die Begegnung mit ihm zu einem schwer zu beschreibenden Ereignis.

Darüber muss man sprechen, klar und deutlich; mehr noch – das muss man in die Welt hineinrufen.

6

Hier nur einige Einzelheiten über die öffentliche Tätigkeit Steiners, an die ich mich aus dem ersten Jahr meines Lebens in seiner Nähe erinnere.

Ich treffe ihn in Köln; er kommt direkt aus Helsingfors, wo er den Vortragszyklus «Die geistigen Wesenheiten in den Himmelskörpern und Naturreichen» gehalten hatte, und selbstverständlich liefen neben dem Kurs öffentliche Vorträge, Vorträge für Russen, Gespräche mit Schülern, Gespräche über die Probleme des Helsingforser Zweiges; so war es in jeder Stadt, die er besuchte: «Klassenstunden», öffentliche Vorträge,

Sprechstunden, eingehende Beschäftigung mit den Fragen des betreffenden Zweiges.

Vor Helsingfors lag ein Vortragszyklus in Kristiania «Der Mensch im Lichte von Okkultismus, Theosophie und Philosophie», und vor Kristiania, im Winter, in Köln, zwei Vorträge vor dem Zweig, ein öffentlicher und natürlich Esoterisches. Ich weiß nicht, was er im Mai und Juni noch getan hatte; Verhandlungen mit Adyar: Klärung der Beziehungen zur Theosophischen Gesellschaft, zu den übrigen Generalsekretären, zu Besant, Leadbeater, zum Orden des «Stern des Ostens», Vorbereitungen zur offiziellen Trennung von der Linie Besant; Misshelligkeiten mit den deutschen Theosophen: mit Hübbe-Schleiden, mit dem Leipziger Kreis, der Zwist um die Wohngemeinschaft «Der Fruchtkorb» in München, in den er verwickelt worden war.

In München (Anfang Juni), wo mein Leben in seiner Nähe begann – täglich zwei mehrstündige Proben (seines Mysteriendramas und einer Szene von Schuré); er war bei allen Proben anwesend und kümmerte sich um jedes Detail; zwischen den Proben hielt er seine Sprechstunden; nachts arbeitete er an seinem dritten Mysteriendrama, das gerade im Entstehen war: Man erzählte sich, dass er mehrere Nächte hintereinander nicht geschlafen habe; dabei las er immer viel: In den bald darauf stattfindenden Vorträgen erwähnte er im Zusammenhang mit der Psychologie von Franz Brentano das soeben erschienene Werk Rathenaus; einen Vortrag widmete er dem damals nicht populären Rathenau (Rathenau wurde erst später bekannt); er bereitete den nächsten Zyklus vor, verfolgte die Beiträge in den theosophischen Zeitschriften, auf die er sich in einer Reihe von Sitzungen bezog (auf der Münchner Mitgliederversammlung). Anlässlich der Versammlung: der Zyklus «Von der Initiation. Von Ewigkeit und Augenblick. Von Geisteslicht und Lebensdunkel», außerdem Einzelvorträge für die Auswärtigen; er eröffnete die Tagung, leitete sie und stellte eine Reihe von Fragen, die klare Entscheidungen verlangten; er fehlte bei keinem der von Mitgliedern gehaltenen Vorträgen; bei den Generalproben der Mysteriendramen steckte er eigenhändig die Falten der Kostüme ab und gab die Anweisungen für die Bühnenarbeiter, die von ihm ganz begeistert waren; und zwischendurch empfing er nicht weniger als dreihundert Mitglieder.

Zwischen der Münchener Tagung und dem Zyklus in Basel lagen höchstens zwei Wochen; wie man sagte, hatte er sich eine Woche lang irgendwo erholt; dann ging es weiter: die zehn Vorträge des Zyklus «Das Markus-Evangelium», zwei öffentliche Vorträge, rund dreihundert Besucher und so weiter.

Und weiter – nach Berlin.

Ich habe dann, starr vor Staunen nach all dem Gesehenen und Gehörten, den Faden dieses Lebens für zwei Monate verloren; bei der Rückkehr nach München finde ich genau dasselbe: Vorträge, öffentliche Vorträge, Gesellschaftsangelegenheiten, Polemik mit dem «Stern des Ostens».

Auch in Berlin erlebe ich von November bis März 1912 die gleiche überschäumende Fülle: ein- oder zweimal wöchentlich Vorträge für die Mitglieder; diese Vorträge bilden den nicht veröffentlichten Zyklus «Das Leben zwischen dem Tode und der neuen Geburt im Verhältnis zu den kosmischen Tatsachen». Alle zwei Wochen ein öffentlicher Vortrag; «Naturwissenschaft und Geistesforschung». Zwischen den Vorträgen, von Dienstag zu Dienstag, reist er durch Deutschland, ebenfalls mit Vorträgen: Hannover, Hamburg, Halle, Stuttgart, Düsseldorf und so weiter. Und wenn in Berlin eine Pause von zwei Wochen eintrat, so bedeutete das, dass der Bogen seiner Tournee nicht innerhalb der Woche zu Ende geführt werden konnte. Trotz alledem besprach er im Berliner Zweig alle Einzelheiten des Austritts aus der Theosophischen Gesellschaft und sämtliche Organisationsdetails der Anthroposophischen Gesellschaft; er gab für alles den Anstoß, und er bewegte alles; und überdies hielt er in dieser Zeit noch Vorträge in einigen Städten der Schweiz.

Ende Dezember bis Anfang Januar ist er in Köln; wieder ein Zyklus, Versammlungen, Sprechstunden; der Zyklus unter dem Titel «Die Bhagavad Gita und die Paulusbriefe» beweist ein gründliches Quellenstudium und enthält eine Moral: der richtige und der falsche Standpunkt gegenüber dem Osten (eine Stellungnahme gegen die Theosophen). Auch hier Organisationsfragen der Anthroposophischen Gesellschaft; und weiter – dasselbe: Vorträge, Sprechstunden, Vorträge. Wann kam er überhaupt zum Lesen? Unterwegs, im Zug: Er pflegte in einem eigenen Coupé zu reisen und seinen wissenschaftlichen Apparat in Koffern mitzuschleppen; ich habe sein Reisegepäck auf der Fahrt nach Köln gesehen: eine ganze Reihe von Koffern, dabei sollten wir nur eine Woche unterwegs sein.

Ich weiß, dass in Berlin ein ganzes Büro für ihn arbeitete: Junge Damen sahen Zeitschriften durch, stellten das Wichtigste zusammen; was er aus Zeitmangel nicht selbst lesen konnte, ließ er für sich exzerpieren, vortragen, vorlegen; dieses Büro leitete Marija Jakowlewna Sivers: Damals gab ich ihr «Symbolismus», «Arabesken», «Grüne Wiese» zu lesen; und bald darauf konnte ich in einem öffentlichen Vortrag seine Stellungnahme auf die Probleme der «Emblematik» in unpersönlicher Form hören; später überzeugte ich mich davon, dass Steiner die Lyrik Kolzows, Puschkins und Wladimir Solowjows kannte: Er ließ sich von Marija Jakowlewna laut vorlesen, auf russisch, und dann übersetzen.

Im Januar – ein Kurs in Köln, und Anfang Februar die Generalversammlung in Berlin; ein neuer Zyklus «Die Mysterien des Morgenlandes und des Christentums», ein Vortrag über die Anthroposophie; öffentliche Vorträge, die feierliche Gründung der Anthroposophischen Gesellschaft, Teilnahme an einer Unzahl von Vorträgen und einer Menge geschäftlicher Sitzungen; während der Gründungswoche sah sein Tag etwa so aus: um neun Uhr morgens beim ersten Vortrag vor fast leerem Saal in der ersten Reihe – Steiner, aufmerksam zuhörend; von neun Uhr vormittags bis acht Uhr abends herrschte in den Tagungsräumen lebhafter Betrieb; und Steiner war überall zugegen: nicht passiv, sondern tätig – er griff überall ein, protestierend und kritisierend, um seine schwerfälligen Mitglieder aufzurütteln; von acht bis halb elf abends hielt er seinen Zyklusvortrag; und unmittelbar nach der Tagung musste er wieder reisen; nach seiner Rückkehr sprach und empfing er viele Menschen wie immer; Ende März – ein Kurs in Den Haag: «Welche Bedeutung hat die okkulte Entwicklung des Menschen für seine Hüllen – physischen Leib, Ätherleib, Astralleib – und sein Selbst?», also der übliche Rhythmus, den wir aber nicht mehr erlebten, da wir nach Wolhynien gingen; ich weiß, dass er nach Den Haag in mehreren Städten gesprochen hat, wie es in unseren «Mitteilungen» stand; in dieser Zeit reifte eine neue große Aufgabe, der Bau des *Goetheanum:* Pläne, Beschaffung und Einteilung der Mittel und Arbeitskräfte, die Herstellung des Baumodells – das alles lag bei ihm; er formte das Modell, rührte Farben an, polemisierte mit Besant, gab der begabten Smits persönlich die ersten Anleitungen zur Eurythmie; was er sonst noch alles getan hat, weiß ich nicht; nur, dass er zwei Bücher geschrieben hat, die im folgenden Herbst erschienen: «Die Schwelle der geistigen Welt» und «Ein Weg zur Selbsterkenntnis des Menschen»; zur selben Zeit entstand auch das vierte Mysteriendrama.

Dasselbe brodelnde Leben treffe ich auch in Helsingfors an, Ende Mai: Sprechstunden, Vorträge, öffentlich und für die Mitglieder, Vorträge für Russen, Klassenstunden, auf die er sich besonders vorbereitete; und der Zyklus: «Die okkulten Grundlagen der Bhagavad Gita» (ganz anders als in Köln: ein anderer Ausgangspunkt und diesmal zehn Vorträge).

Und dann trat für mich wieder eine Pause ein, die ich in Wolhynien verbrachte; danach trafen wir ihn im August in München: Proben zu den Aufführungen, Unterricht in der Eurythmie, Vorträge, Konferenzen, Sprechstunden, ein Vortragszyklus über die Mysteriendramen; es kamen doppelt so viele Mitglieder als erwartet, die Plätze im Saal reichten nicht aus, und so teilte Steiner die Zuhörer in zwei Gruppen und sprach täglich zweimal: vormittags und abends.

Anschließend fuhren wir nach Ljan (Norwegen), er aber befasste sich mit dem Goetheanum-Bau, fuhr wiederholt nach Dornach, hielt Vorträge in Basel (ich weiß nicht, wo überall noch), arbeitete an den Details der künstlerischen Ausgestaltung des Baus, prüfte die Pläne, war bei der Grundsteinlegung des Goetheanum zugegen; Anfang Oktober wieder Vorträge. In Kristiania der Zyklus «Aus der Akasha-Forschung. Das fünfte Evangelium», in Bergen eine Serie von Vorträgen, öffentliche und Mitgliedervorträge in Kopenhagen; den Kopenhagener Vorträgen kommt in meiner Erinnerung eine einzigartige Bedeutung zu; als ich Ende Oktober von dieser Reise zurückkam, war ich am Ende meiner Kräfte.

Dies ist ein trockener und längst nicht vollständiger Überblick über die Tätigkeit Steiners, deren Augenzeugen wir waren; von Juli 1912 bis November 1913, ein Jahr unter fünfundzwanzig ähnlichen Jahren.

7

Von dieser Vortragsreise nach Berlin zurückgekehrt, zog sich Steiner für kurze Zeit zu einer wichtigen Arbeit zurück und ließ seine Schüler bitten, ihn nicht zu besuchen; diese Zeit war nur kurz (von Ende Oktober bis zum ersten Drittel des November); von November bis Weihnachten – eine wahre Explosion von Reisen, an die ich mich im Einzelnen nicht mehr erinnere, aber ich weiß, dass er zweimal nach Dornach fuhr, wo er die Bauarbeiten leitete und mit einer Unzahl den Bau betreffenden Einzelheiten belastet war; außerdem reiste er durch Deutschland, um den «Christus-Zyklus» zu wiederholen, den er für besonders wichtig hielt; in jeder Stadt trug er eine andere Fassung vor: Er variierte das Hauptthema überall auf eine besondere und einmalige Weise; wir begleiteten ihn nach München, Nürnberg und Stuttgart (er war außerdem noch in Köln); in München und Nürnberg hielt er öffentliche Vorträge; an den Stuttgarter Vortrag kann ich mich nicht mehr erinnern; in allen drei Städten hielt er je zwei Klassenstunden, ferner eine in Berlin: Von November bis Weihnachten nahmen wir an insgesamt sieben und im Oktober an vier Klassenstunden teil; elf Vorträge in drei Monaten entsprechen einem ganzen Zyklus; in Berlin liefen die festen Veranstaltungen des Berliner Zweiges weiter, ebenfalls alle zwei Wochen – die öffentlichen Vorträge im Architektenhaus (die Reihe der öffentlichen Vorträge dieser Zeit schließt sich ebenfalls zu einem Zyklus zusammen). Ich habe vergessen, wo überall er noch gewesen ist und gesprochen hat; aber das Angeführte genügt, um einen Eindruck von der Belastung zu gewinnen, unter der er in der Zeit zwischen November und Weihnachten stand.

Nach Weihnachten – ein neuer Höhepunkt der Anspannung und Leistung; den Anfang machte Berlin (Weihnachtsvortrag), anschließend der Leipziger Zyklus «Christus und die geistige Welt. Von der Suche nach dem heiligen Gral», esoterische Stunden, öffentliche Vorträge, Sprechstunden – das gesamte «außerplanmäßige» Programm. Die Hochspannung hielt in Berlin nach der Rückkehr aus Leipzig weiter an; die Mitgliedervorträge (über das Thema Parzival) und die öffentlichen (Michelangelo) waren ganz großartig. So ging es bis zur Generalversammlung in der zweiten Januarhälfte.

Noch vor der Tagung entlud sich ein Gewitter: der Konflikt mit dem Mitglied der Gesellschaft Boldt; Boldt hatte eine Broschüre über Steiner verfasst und darin dessen Ansichten mit denen Freuds verwechselt; er beharrte auf dieser Verwechslung; einige andere Mitglieder stellten sich auf seine Seite; die Mehrzahl verlangte, dass Boldt seine Ansichten öffentlich widerrufe; im Zusammenhang mit der Broschüre Boldts bildeten sich zum ersten Mal verschiedene Parteien innerhalb der Anthroposophischen Gesellschaft; Steiner griff in den «Streitfall» ein und unterstrich seine grundsätzliche Bedeutung, ganz abgesehen von der Persönlichkeit Boldts; in diesem Zusammenhang ging er auf die Bedeutung des Sexuellen ein und auf die exakte Abgrenzung dieser Bedeutung; in einer Reihe von Besprechungen äußerte er sich eindeutig gegen die Boldt'sche Richtung, die unter der Fahne der Anthroposophie sich breitmachen könnte, aber auch gegen die geifernden Rigoristen und oberflächlichen Moralisten und ihre Rückschlüsse auf die Person Boldts.

Im Zusammenhang mit diesem Vorfall wurde zum ersten Mal vor einem großen Auditorium die Frage des sozialen Gewissens öffentlich diskutiert; Steiner zeigte mit großem Engagement, wie man die brisantesten Fragen angehen kann, ohne in Rigorismus zu erstarren oder in zweideutiger Toleranz zu zerfließen.

Die Angelegenheit Boldt, die sich schon vor der Generalversammlung 1914 angebahnt hatte, bestimmte die ganze Tagung, sprengte die Tagesordnung und rief stürmische Debatten hervor.

Ich habe bereits damals gesehen, dass Steiner nicht verstanden wurde; die meisten nahmen seine Erklärungen mit kaschierter Verständnislosigkeit auf, hinter der starre Rückständigkeit sich verbarg; eine kleine Gruppe machte daraus keinen Hehl; es kamen Gerüchte auf; sie schwelten unter der Oberfläche, um im Sommer 1915 in Dornach als Flamme hochzuschlagen.

Die Generalversammlung bot dasselbe Bild wie 1913; Vorträge, Konferenzen, Konzerte, Tee-Empfänge, Begegnungen; in den Tagungsräumen wurde von neun Uhr vormittags bis elf Uhr abends gearbeitet; und wieder saß Steiner pünktlich um neun im schwachbesetzten Saal; er griff den ganzen Tag über mit Korrekturen und Vorschlägen in die Arbeit ein; ich erinnere mich, wie er nach dem Vortrag eines Wiener Malers namens Wagner über Dürer aufstand und eine Rede über Dürers Technik hielt, die alles im Vortrag Gesagte übertraf; jeden Abend sprach er über «Der menschliche und kosmische Gedanke».

Das zweite Thema der Versammlung war das Goetheanum: die Frage nach den Finanzierungsmöglichkeiten des sich immer mehr verteuernden Baues; die gespendeten Mittel reichten nicht aus; Steiner wandte sich mit einem feurigen Aufruf zum Opfer an uns; und er erreichte, dass die Mittel wieder flossen; die kritische finanzielle Lage war vorübergehend gemeistert.

Gegen den zwanzigsten Januar war die Generalversammlung beendet; Steiner und Marija Jakowlewna reisten nach Dornach ab, für immer; dort wurde er dringend erwartet.

Am einunddreißigsten Januar zogen auch wir nach Dornach.

Berlin war vorbei.

Vom ersten Februar an war ich in Dornach; hier erfasste mich eine neue Woge; die Baustelle war eine riesige, in sich abgeschlossene Welt; wir tauchten in ihr unter; allein in der Schreinerei, wo das Holz für das Gerüst des Baus, die Kuppeln und die Architrave vorgerichtet wurde, arbeiteten rund dreihundert Schreiner; ihre Zahl nahm ständig zu; außerdem liefen die Betonarbeiten (Fundament und erster Stock), die Zimmermannsarbeiten an den Wänden und an der Kuppel, die Arbeit im Zeichenbüro, die Vorarbeiten an den Teilen der sechsundzwanzig Säulen; alles wurde in den fünf Baubaracken im groben vorgerichtet; die Mitglieder (außer der eigentlichen Bauleitung) verteilten sich auf das Baubüro (Arbeitsverträge mit den Arbeitern, Lohnauszahlung, Kostenvoranschläge, Abrechnungen, Einkauf, Rechnungsprüfungsstelle – Lissaus Gebiet), das Zeichenbüro, wo die Detailpläne der einzelnen Bauabschnitte gezeichnet und durchgerechnet wurden; und die Werkstatt Maryon, wo die Gipsmodelle angefertigt wurden.

Alle nach Dornach Kommenden suchten sich ihren Platz und versanken in Arbeit bis über den Kopf; es wurden allein einige hundert Detailpläne gebraucht: durchgerechnet, gezeichnet und sauber koloriert mussten sie dem Ingenieur oder dem Chef der Holzarbeiten vorgelegt werden, damit die Formen in Holz oder Beton ausgeführt werden konnten; und während wir, auf einzelne Gruppen verteilt, uns keine Gedanken über das Wichtigste, das Verbindungsorgan, machten, war Steiner selbst dieses Verbindungsorgan.

Er beteiligte sich an der Arbeit jeder Gruppe dieses großen Unternehmens; man sah ihn in der Schreinerei im Gespräch mit dem Leiter der Schreinergruppe, Liedvogel, mit dem Ingenieur Englert und dem Architekten Schmid, mit dem Chef der Glasschleifer, Rychter, oder mit den Vorarbeitern der Holzschnitzer; jeder Arbeitszweig wuchs sich zu einem selbständigen Unternehmen aus; für die Arbeit an den Glasfenstern zum Beispiel musste eigens ein Haus gebaut, Spezialmaschinen und in Paris Spezialglas bestellt werden; die Entwürfe mussten auf die fertigen Modelle in der Größe der künftigen Fenster übertragen werden; dieser Teil der Arbeit unterstand Rychter, den ich nie anders als in atemloser Eile erlebt habe. Die Architrave unterstanden Kačer, der die Arbeit ebenfalls über den Kopf wuchs; die Kostenvoranschläge sprach Steiner mit Unger und Lissau durch;

die Finanzen mit Dr. Grosheintz; in dem Häuschen von Grosheintz, wo er damals wohnte, tagte die ständige Konferenz des Johannesbauvereins; und trotzdem machte er Entwürfe für die Glasfenster für Rychter, die Modelle der Architrave für Kačer, vertiefte sich in die Berichte Lissaus, war jeden Tag in der Werkstatt bei Maryon und bei den Zeichnern und besuchte mit Liedvogel die Schreiner.

In jeder freien Minute arbeitete er in einem eigens dafür bestimmten Zimmer im Hause Grosheintz persönlich an den Details des Gesamtmodells (von gut einem Sashen im Quadrat); dieses Modell war das verbindende Ganze, um dieses Modell rief Steiner die Arbeitsgruppen zusammen; in der Folge benutzten wir alle dieses Modell dazu, um das eine oder das andere Detail nachzumessen oder einfach anzusehen und den Zusammenhang des eigenen Arbeitsausschnitts mit den andern zu begreifen.

Wir, die «Gruppenmitglieder», konnten das Ganze nicht übersehen; er aber hatte immer das *Ganze* im Auge, wenn er vom Detail sprach; seine Anweisungen an Englert, Lissau, Rychter, Maryon, Kačer bestimmten Rhythmus und Perspektive der Arbeit.

Auf dem Höhepunkt der Arbeiten bildeten die Dornacher eine besondere Korporation, eine Gesellschaft in der Gesellschaft; an die Gesellschaft als Ganzes dachten sie kaum; Steiner aber, während er sich in die Details des Goetheanum vertiefte, reiste zwischen München, Berlin, Stuttgart, Leipzig, Paris usw. hin und her. In Leipzig brach damals ein neuer Konflikt innerhalb der Gesellschaft aus, der Steiner sehr beanspruchte.

In der zweiten Märzhälfte strömten in Dornach die Maler und künftigen Holzschnitzer zusammen; die Zeichengruppe verbreitete sich aus dem Zeichensaal über den ganzen Hügel; die Holzblöcke standen schon in den Schuppen bereit; wie sollten wir sie bewältigen? Wir hatten kein Vorbild und keine Methode; die Geschichte der letzten Jahrhunderte kennt solche Formen nicht; außerdem mussten sie mit größter Umsicht gearbeitet werden, entsprechend den Berechnungen von Architekt und Ingenieur; aus der Gruppe der Zeichner bildete sich eine besondere Gruppe, die Dutzende von Neuankommenden in die Anfangsgründe der Holzbearbeitung einführte; zu einer solchen Anfängergruppe der Holzschnitzer gehörten auch wir; auch «Alte» (Dubach, v. Heydebrand, ein Bruder der Pädagogin, Kačer u. a.) gehörten dazu; aber sowohl die Alten als auch wir hatten nur recht verschwommene Vorstellungen von unserer künftigen Arbeit; da kam Steiner und zeigte uns persönlich drei Tage lang in vielen, vielen Stunden, wie man das Schnitzmesser halten, ansetzen, die Festigkeit des Materials berücksichtigen muss; besonders aufmerksam sahen wir ihm bei der Arbeit an einem Kapitell zu; im Mai waren rund hundert Schnitzer bei der Arbeit, im Juni und Juli zweihundert, alles Mitglieder; aber der erste Schnitzer war Steiner selbst; später sah er nur ab und zu nach ihnen; von April an, nachdem die Arbeitsgruppen zusammengestellt und auf die Architrave verteilt worden waren, suchte Steiner jede Gruppe täglich ein- oder zweimal auf, blieb eine Weile und machte seine Zeichen; wo und wie viele Zentimeter Holz abgetragen werden sollten; sein Rundgang über die Baustelle begann um zehn Uhr vormittags; gegen elf Uhr war er bei den Architraven; von zehn bis zwölf ging er von einem zum anderen; um zwölf Uhr Mittagessen; und zwischen zwei und drei erschien Steiner wieder auf der Baustelle, um dort bis sechs oder sieben Uhr abends zu bleiben; er war im Büro, im Häuschen von Rychter, in der Malerwerkstatt, blieb immer lange in der Holzbaracke bei Englert und besprach mit ihm die Details der Kuppeln.

Anschließend ging er eilig nach Hause, um dort den Plan für das Heizhaus aus Beton fertig zu stellen und Kiseljowa und der jungen Wolfram Anweisungen für die Eurythmie zu geben; er fand außerdem noch Zeit, seine «Rätsel der Philosophie» (zwei Bände) zu überarbeiten, die literarischen Neuerscheinungen zu verfolgen und das Leben der verschiedenen Anthroposophischen Zweige nicht aus dem Auge zu verlieren; aus der Dornacher Hetze riss er sich für Vortragsreisen los: Am 31. Januar waren wir in Dornach angekommen, und im März waren wir mit Steiner in Stuttgart (Vorträge), in Pforzheim (Vorträge); im April hörten wir eine Reihe von Vorträgen in München, anschließend einen Zyklus in Wien unter dem Titel «Inneres Wesen des Menschen und Leben zwischen Tod und neuer Geburt» und einige öffentliche Vorträge; außerdem wirkte Steiner bei der Gründung irgendeines Vereins mit; von Wien ging es nach Prag (wir fuhren mit), dort wieder Mitgliedervorträge, ein öffentlicher Vortrag und Klassenstunden; wir kehrten gemeinsam nach Dornach zurück, aber er fuhr gleich nach Paris weiter; nach Paris sprach er in Berlin und Basel; von April bis Juli hielt er in Dornach eine Vortragsreihe für die Arbeiter am Goetheanum; entweder in der abends aufgeräumten Schreinerei oder im Hause Rychter; diese

Vortragsreihen unterschieden sich wesentlich von den in Deutschland gehaltenen Vorträgen; ihre Themen waren Architektur, Bildhauerei, Malerei, Glasmalerei, alles im Zusammenhang mit dem Bau; und das Goetheanum selbst – ein Vortrag war ausschließlich unserer Holzschnitzerei gewidmet.

Das waren die Schwerpunkte seiner Tätigkeit von Februar bis Juli 1914.

Anfang Juli – eine Reihe von Unannehmlichkeiten, das eindeutige Versagen des Architekten Schmid vor seinen Aufgaben am Goetheanum, Versagen des Baubüros, Veruntreuungen, Mängel in dem gelieferten Holz, Fehler in den Berechnungen; eine Anzahl von Formen erwies sich als unbrauchbar; sie mussten von Neuem berechnet und vorbereitet werden; die Umbesetzung im Baubüro bedrückte Steiner; er vertraute die Bauleitung Englert an; der Architekt Schmid verschwand aus unserem Gesichtskreis.

In der ersten Juliwoche begleiteten wir Steiner nach Schweden; er hielt einen Vortragszyklus in Norrköping und kehrte eilig nach Dornach zurück – in seinen Vorträgen rief er dazu auf, sich den feindseligen Emotionen zu widersetzen, die uns in alle Winde zerstreuen könnten.

8

Nach der Kriegserklärung lebte er ständig in Dornach, mit Ausnahme einiger weniger Reisen nach Deutschland. Gleich nach Kriegsausbruch ergaben sich neue Schwierigkeiten: Die Arbeiter und die meisten Männer unter den Mitgliedern, die als Schnitzer gearbeitet hatten, wurden eingezogen; die Arbeit musste neu geplant, die kriegerischen Gemüter unter den Dornachern (Deutsche, Russen, Engländer, Polen usw.) besänftigt werden; Steiner ging im «Familienleben» auf: Die Familie waren wir, die Dornacher, eine große Familie von Menschen aus neunzehn Nationalitäten. Diese Familie drohte zu zerfallen aus einem doppelten Grund. Erstens: die Spaltung nach Nationalitäten; zweitens: die Spaltung nach Aufnahmebereitschaft und Auffassung der Anthroposophie; zum ersten Mal traten sich die anthroposophische Jugend Dornachs (in erster Linie Boheme, darunter auch sechzigjährige «Jünglinge») und die anthroposophischen «Greise» (darunter auch dem Alter nach junge Menschen) gegenüber; die «Greise» und «Greisinnen», ein mystisch gesonnener Teil der Gesellschaft, zogen gegen uns (und gegen Steiner) mit einem Netz von Gerüchten zu Felde; es ging dabei nicht um den Generationenunterschied, sondern um den Unterschied von Lebensformen und Klassen; zum ersten Mal wurde Steiner von anthroposophischen Spießbürgern angegriffen; er gab ihnen Anlass auch durch seine uneingeschränkte Sympathie für die aller äußeren Devotion abgeneigte demokratische Jugend jener Zeit, die ihm heiße Liebe entgegenbrachte; bei den Dornacher Konflikten stand er immer auf der Seite der Habenichtse gegen die reichen «Scheinheiligen»; die reichen Rentnerinnen, die sich damals in komfortablen Häusern um das Goetheanum angesiedelt hatten, schwelgten beim Kaffee in mystischem und weniger mystischem Tratsch; die Jugend arbeitete, lärmte, lachte, verliebte sich und machte sich nichts aus Mystik: Man wollte Steiner nicht verzeihen, dass er diesen «Zigeunern» warme Zustimmung entgegenbrachte!

In der Enge Dornachs, unter den Bedingungen der unfreiwilligen Kommune, zeigten sich zum ersten Mal in aller Schärfe Spannungen unter den verschiedenen Schichten, aus denen die Gesellschaft bestand; seit dem Herbst 1914 musste Steiner die immer neu sich zuspitzenden Konflikte ausgleichen: zwischen Nationalitäten, Klassen, Lebensformen; sogar Lebensknoten und Tragödien lösen; und im Sommer 1915 ereignete sich auf Grund der Inkommensurabilität der Elemente die eigentliche Explosion, die die Anthroposophische Gesellschaft als Ganzes beinahe gesprengt hätte; die Gesellschaft begann, sich von den abgestandenen Begriffen zu befreien, die, aus der Außenwelt eingeschleppt, unter den besonderen Bedingungen des Dornacher Lebens in Fäulnis übergingen und sich zersetzten.

Unaufhörlich bemühte sich Steiner, neue Lebensformen für die Anthroposophische Gesellschaft in Dornach zu finden; zu den Sorgen um den Bau gesellte sich eine Menge neuer: um die Existenz der Dornacher Gruppe; das soziale Thema begann sich abzuzeichnen.

Seit Kriegsausbruch hatte er die Vorträge, die er für uns hielt, verdoppelt; er sprach zu uns jeden Samstag und Sonntag; er sprach an jedem Feiertag; Weihnachten und Ostern wurde die Zahl der Vorträge verdreifacht. Weihnachten 1914 sprach er in verschiedenen Städten der Schweiz; Ende 1914 hielt er für uns einen Zyklus über nationale Kulturen.

Mein Gedächtnis versagt bei der Aufzählung der Vortragsthemen; ich erinnere mich nur, dass im Frühjahr 1915 die Grundstimmung der Vorträge warnend und alarmierend war: sie wiesen auf die Kinderkrankheiten der Entwicklung hin; sie zeigten, welche Gefahren die Gesellschaft bedrohten, wenn diese Kinderkrankheiten nicht überwunden würden.

Im Jahre 1915 arbeitete er besonders intensiv mit der Eurythmiegruppe; jeden Sonntag fand eine Eurythmieaufführung statt, an mehreren Wochentagen Proben; vom Sommer ab allabendlich; Steiner war bei jeder Probe anwesend; die Proben dauerten mehrere Stunden.

Seine Aufmerksamkeit galt nicht minder den Details des Baus: der Gang über die Baustelle, Hinweise, die Gestaltung des Betons, der Plan für das Haus Grosheintz, das Geländer, die Gestaltung der Treppe und der Heizkörper – alles das lag in seinen Händen; nach Ostern 1915 reiste er nach Berlin und kehrte erst im Mai nach Dornach zurück.

Diese unzusammenhängenden Notizen zum Curriculum Vitae Steiners können niemals zum Ausdruck bringen, was dieser Mann geleistet hat; ich kenne sicher nicht einmal drei viertel seiner Sorgen in jener Zeit; ich weiß nicht, was er zu Hause gelesen hat: er las sehr viel; einmal erschien er zum Vortrag mit einem Arm voll neuer Bücher und Zeitschriften und fragte die Anwesenden, ob jemand das eine oder das andere Buch gelesen habe; er bedauerte, dass so wenig gelesen und der Fonds an Allgemeinbildung nicht erweitert würde, ohne den vieles in der Anthroposophie müßiger Luxus sei.

Von Ende Juli bis Mitte November 1915 kämpfte Steiner an mehreren Fronten gleichzeitig: Er kämpfte gegen unsere äußere Trägheit, und er unternahm viele Schritte, damit die Schweizer Regierung entgegen der beharrlichen Forderung gewisser Geheimdienste uns nicht des Landes verwiese; er kämpfte gegen verschiedene okkulte Strömungen, die durch offene und maskierte Verleumdung sein «Dornach» unterminierten (Jesuiten, Protestanten, verschiedene okkulte Gesellschaften); er kämpfte mit dem ihn einkreisenden Spießbürgertum und mit den spezifischen Krankheiten der Anthroposophischen Gesellschaft; er kämpfte mit dem Mangel an Geld und an Menschen, die fähig wären, den Bau zu vollenden; er kämpfte für die Jugend gegen die Alten; und er mäßigte unsere herausfordernde Haltung «den Alten zum Trotz»!

Ich werde die Zeit, in der diese Augiasställe gesäubert wurden, übergehen; bei dieser Arbeit standen ihm Bauer, M. J. Steiner und Sophie Stinde (bis zu ihrem Tod) mit mutigem Herzen zur Seite.

Von August bis November 1915 nahm er jeden Tag (werktags und feiertags) an Konferenzen teil; jeden Tag hielt er vor der Konferenz einen Vortrag; in drei Monaten hielt er nicht weniger als dreißig Vorträge; von November bis Weihnachten sprach er wieder «normal», das heißt zweimal wöchentlich; um Weihnachten wieder ein Strom von Vorträgen und Aufführungen.

Anfang 1916 reiste er für kurze Zeit nach Deutschland; wie ich hörte, hat er nur in Berlin gesprochen.

In der zweiten Junihälfte 1916 kehrte er wieder nach Dornach zurück und arbeitete in dem von mir bereits geschilderten Tempo weiter: er führte Szenen aus dem «Faust» auf, leitete Eurythmieproben, hielt mehrere Vorträge, besuchte die Baustelle, hielt Sprechstunden ab.

Wie ich später erfuhr, hat er bis Weihnachten fast täglich in Dornach gesprochen und nach den Vorträgen ausführliche Erläuterungen gegeben: zu politischen Fragen; und zur Frage der «Geheimen Gesellschaften». Er warnte die Mitglieder vor dem Eintritt in solche Gesellschaften (laut Trapesnikow, der später nach Russland zurückkehrte).

Dies ist eine gedrängte Übersicht über seine öffentliche Tätigkeit, deren Zeuge ich war: von Juni 1912 bis 1916 (die Zeit, die ich in seiner unmittelbaren Nähe verbrachte).

Dann reiste ich ab und konnte nicht mehr überblicken, was er von Monat zu Monat getan und wo er gesprochen hat. Ich weiß bloß, dass seine Tätigkeit sich verdreifachte.

Ich weiß ebenfalls, dass er schon vor 1912 als Generalsekretär der Deutschen Theosophischen Gesellschaft im gleichen Tempo gewirkt hat.

9

Um die Zeit meines Aufenthalts in Deutschland im November 1921 weitete sich das Wirkensfeld Steiners ins beinahe Unermessliche aus: Er übernahm eine Reihe von Aufgaben, die es früher nicht gegeben hatte; er interessierte sich für alle Details der Waldorfschule, für Lehrer und Schüler, die er alle persönlich kannte; er war durch seine verlegerische Tätigkeit in Anspruch genommen (ein Verlag und mehrere Zeitschriften); und endlich hatten sich zwei Zentren herausgebildet – Dornach und Stuttgart –, zwischen denen er im Auto pendeln musste; er war von neu entstandenen Institutionen umgeben, Klinisch-Therapeutisches Institut, soziale, religiöse, eurythmische Fachgruppe in der Gesellschaft; Versammlungen und Tagungen reihten sich aneinander; Hochschulwochen in verschiedenen Städten; eine Art mobiler Universität zog unter der Führung Steiners aus einer Stadt in die andere und ließ nach jeder Arbeitswoche neue Studentengruppen zurück.

Ich konnte ihm nicht mehr wie früher überallhin folgen; von seiner öffentlichen Tätigkeit erfuhr ich nur aus der Ferne und vieles davon überhaupt nicht; hier eine unvollständige Übersicht vom Herbst 1920 bis Juni 1923: September und Oktober 1920 – dreiwöchiger Hochschulkurs am Goetheanum in Dornach in der gewohnten Form; im April 1921 Vorträge und Seminare in Dornach, der Zyklus «Anthroposophie in Kunst, Wissenschaft und Praxis»; im Juni – achtzehn Vorträge für Theologiestudenten in Dornach; im Juli – Lehrgang für die Studierenden der Technischen Hochschule in Darmstadt mit einem Kurs von Steiner; im August Studienwoche für bildende Künste in Dornach mit einem Kurs von Steiner (vermutlich «Vom Wesen der Farben»); im Oktober eine Tagung in Stuttgart; im November eine Reihe von Mitgliedervorträgen in Deutschland (unter anderem auch in Berlin); anschließend die Generalversammlung in Kristiania mit mehreren Vorträgen Steiners; im Dezember ein pädagogischer Lehrgang am Goetheanum mit einem Kurs von Steiner.

Im Januar 1922 Vortragsreise Steiners durch Deutschland: München, Stuttgart, Frankfurt, Mannheim, Köln, Elberfeld, Hannover, Berlin, Bremen, Dresden und Breslau; im März 1922 eine Hochschulwoche in Berlin, an der ich teilgenommen habe; er hielt sieben Vorträge und einen Vortrag im Zweig, sprach bei den Eurythmieaufführungen und in den Hochschuldiskussionen; im April eine Tagung anthroposophischer Dozenten in Den Haag mit einem Kurs von Steiner; im April reiste Steiner nach England und hielt dort eine Reihe von Vorträgen; im Mai eine neue Vortragsreise durch Deutschland; im Juni der Kongress der Anthroposophischen Gesellschaft in Wien (mit einer ganzen Reihe von Vorträgen); im August der Nationalökonomische Kurs am Goetheanum; und anschließend, Mitte August, hielt er in England (Oxford) den Zyklus «Die geistig-seelischen Grundkräfte der Erziehungskunst»; unmittelbar nach der Rückkehr aus England sprach er in Dornach über «Philosophie, Kosmologie und Religion»; gleichzeitig leitete er einen Kurs für Theologen; im Oktober war Steiner in Stuttgart: erstens die «Medizinische Woche», zweitens eine Vortragsreihe über Pädagogik; im November eine zweite Reise durch Holland und England mit mehreren Vorträgen. Dezember – Januar 1922/23 eine Reihe von Seminaren in Dornach (vor und nach dem Goetheanumbrand) und der Zyklus «Der Entstehungsmoment der Naturwissenschaft in der Weltgeschichte»; im Februar 1923 mehrere stürmische Konferenzen in Stuttgart mit mehreren Vorträgen (nebst einigen Vorträgen in Berlin), und im März die Hochschulwoche mit Vorträgen in Stuttgart; im Mai war er wieder in Berlin (mit Vorträgen); weiter kann ich seine Tätigkeit nicht mehr verfolgen, ich weiß nur, dass er im September in Stuttgart gesprochen hat. Von Oktober ab war ich wieder in Russland: Ich weiß nichts mehr von ihm, ich hörte nur, dass er auch weiterhin in einem permanenten tempo accelerando lebte, das schlechthin schreckenerregend war.

Hier folgt ein Auszug aus einem Artikel von Marija Steiner, der Steiners letzter Tätigkeitsperiode gewidmet ist*:

«Es nahte September.** Schon schob sich London da hinein mit seinen Veranstaltungen. Am zweiten sollte die Tagung in Dornach beginnen unter riesigem Menschenandrang. Dazwischen waren Sitzungen für die Institutionen in Stuttgart notwendig. Abgemüht traf er ein in Dornach, um gleich wieder in der Nacht nach Stuttgart zu reisen und dort Tages- und Nachtsitzungen abzuhalten. Inzwischen übernahm ich in Dornach die Vorträge für die schon eingetroffenen Zuhörer des Sprachkursus und am fünften konnte Rudolf Steiner seine herrlichen Einführungen beginnen. Ohne sich nach den Stuttgarter Strapazen die geringste Ruhepause zu gönnen, ging er an die Arbeit. Zu gleicher Zeit führte er den Kursus für Pastoral-Medizin durch und den höchste Höhen der Offenbarung erklimmenden Kursus für die christliche Priestergemeinschaft. Täglich drei Kurse von einer unsäglichen Kraft des Geistesfluges, von überraschender Fülle der Gliederung und praktischer Anleitung. Daneben zumindest drei Vorträge wöchentlich über Anthroposophie und herrlichste Vorträge für die Arbeiter am Bau.*** ...

* Erschienen im Wochenblatt «Was in der Anthroposophischen Gesellschaft vorgeht», 4. Oktober 1926.

** 1924.

*** Dem zweiten Goetheanum.

Er selbst hat uns wiederholt gesagt, dass das, was ihn aufs Lager niederstreckte, die vielen Privatbesprechungen waren. ... Vierhundert Besucher zählte der Torwärter in der Zeit, wo er täglich vier Vorträge gab. ...

So brach das Geschick über uns herein. So trat er vor uns an diesem letzten 28. September mit müdem, schleppendem Schritt, er, der fast immer elastisch einhergeschritten war wie in Jugendjahren. So sprach er leise, langsam und mühsam. Aushauchend klang die Stimme ab.

Er brachte den Vortrag nicht so weit, wie er es ursprünglich gewollt hatte. ...»

10

Überall, wohin er kam, brachte er sein eigenes Tempo mit, bei dem mir der Kopf regelrecht schwindelte; beim Durchblättern meines Notizbuches finde ich eine Aufstellung der von mir mitgehörten Vorträge (abgesehen von anderen öffentlichen Äußerungen Steiners); im Oktober 1913 war ich bei 17 Vorträgen anwesend, im November bei 13, im Dezember bei 10, im Januar 1914 bei 16 und so weiter; was er auch in die Hand nahm – alles wuchs, entwickelte und verzweigte sich; Wissen wurde mobilisiert, Fachleute herangezogen, und sobald Steiner mit ihrem Vokabular vertraut war, ging er selbst an die Arbeit; die Aufgaben der Gesellschaft wurden zu Kulturaufgaben, wurden Kultur: Der Bau des Goetheanum bietet dafür das beste Beispiel; aus einer Begegnung mit Pastoren entstand eine religiöse Bewegung; Ähnliches gilt für Landwirtschaft, Medizin, Fabrikation von Knöpfen; aus allem ergab sich das Problem der «vierzig Handwerke» und die Notwendigkeit, «Seemann und Schreiner» zu sein. Das ist gewiss kein Zeichen eines Hansdampf-in-allen-Gassen; das ist der Blick für die Beziehung zwischen dem Ganzen der Kultur und ihren konkreten einzelnen Erscheinungen; wenn das Schicksal ihn in eine Schlosserwerkstatt geführt und vor die konkrete Frage gestellt hätte, wie Schlosserhandwerk und Geisteswissenschaft sich durchdringen könnten – Doktor Steiner hätte gelernt, Schlüssel und Schlösser anzufertigen und dann die überraschende Antwort gegeben.

Es war eigentlich ergreifend, dass er seine eigenen Arbeiten an den Bedürfnissen der Mitglieder ausrichtete. Wäre nicht Lory Smits gewesen, würde es keine Eurythmie geben; erst als Smits von sich aus auf die Beziehung von Bewegung und Wort gestoßen war, vertiefte auch er sich in dieses Problem, um ihr eine Antwort zu geben; je weiter die Eurythmie sich entwickelte, desto intensiver wurden seine persönlichen Bemühungen in dieser Sphäre; daraus erwuchs das Problem des Wortes, das zu dem großartigen Dramatischen Kurs führte. Hätten sich unter seinen Schülern begabte Erkenntnistheoretiker gefunden, würde im Laufe der Zeit ein monumentales erkenntnistheoretisches System sich entfaltet haben; seine konzentrierten erkenntnistheoretischen Thesen, seine methodologischen Exkurse haben zu ihrer Zeit kein angemessenes Verständnis gefunden; unter seinen Schülern fand sich keine ausgesprochene erkenntnistheoretische Begabung und kein Interesse; und er selbst, auf die Koordination der eigenen Arbeit mit der seiner Mitarbeiter bedacht, hat oft die eigenen wertvollen erkenntnistheoretischen Überlegungen nicht weiter verfolgt. Als ich im Jahre 1915 ihm einige Fragen zu seinen rein philosophischen Arbeiten stellte, sagte er: «Das, was ich zu sagen habe, wollte ich ursprünglich in einer philosophischen Form mitteilen: Aber das fand kein Echo.» Später, als sich Fachleute um ihn sammelten, sprach er über entsprechende Spezialthemen.

Sein Wirken wurde (bis in seine Vortragsweise hinein) durch die Bedürfnisse seiner Schülerschaft bestimmt. Er hatte nichts für abstrakte Dogmen übrig; das, was er klar wusste und detailliert wusste, das teilte er sein ganzes Leben hindurch mit, indem er es in die Sprachen der verschiedenen Kultursphären übersetzte; den babylonischen Turmbau der Fachrichtungen harmonisierte er zu der Symphonie eines gemeinsamen Werkes; und er bemühte sich, diesem gemeinsamen Werk zuliebe allen Alles zu sein.

In der unaufhörlichen Selbstbeschränkung zugunsten der anderen, diesem Kreuz, das er getragen hat, offenbart sich seine christliche Grundeinstellung.

Er bemühte sich mit ganzer Kraft, «allen Alles» zu sein und bezeugte diese Worte des Apostels Paulus durch sein ganzes Leben.

Seine Tätigkeit lässt sich mit einer nicht nachlassenden Vulkantätigkeit vergleichen, die von ständigen unterirdischen Stößen und Erschütterungen begleitet war, alles um ihn herum kam in Bewegung; auf Außenstehende, die dieses Tempo zum ersten Mal erlebten, wirkten seine Schüler fast bestürzt, mit verwunderten Gesichtern und seltsam erstaunten, aufgerissenen Augen; sie hatten ja in der Tat Grund zu staunen! Und diese weit aufgerissenen Augen waren nicht komisch, mit solchen Augen erlebt man ein Erdbeben; Steiner erschütterte die Grundfeste der Trägheit – mit jedem Tag seines eigenen Lebens.

Unaufhörlich war der Lavastrom seiner Vorträge; natürlich durfte man nach einer gewissen Zeit (bei manchen ein Jahr, bei anderen zwei) keine Vorträge mehr besuchen, oder doch nur selten; sonst wurde das Bewusstsein von dem ihm dargebotenen Material gleichsam zugeschüttet und das Aufnahmevermögen versagte; als Experiment einer Erschütterung des Bewusstseins war die Berührung mit dem Lavastrom der Vorträge unersetzlich; aber nach der Berührung galt es zu fliehen. Denn Steiner wandte sich ja auch nicht an dieselben Hörer; er wandte sich an die *ganze Welt;* mag auch diese Welt sich jetzt von ihm abwenden; er schien in den ihm zugemessenen fünfundzwanzig Jahren sich mit dem Aussprechen dessen zu beeilen, was in künftigen Jahrhunderten erkalten und zu fruchtbarem Boden werden konnte; und wenn manche, die Vorsicht außer Acht lassend, sich zu weit vorgewagt haben und am Lavastrom verglüht sind, so konnte doch Steiner den Strom nicht aufhalten, denn er sprach nicht nur für die Umstehenden, sondern für den ganzen Erdball, und er sprach nicht für ein Vierteljahrhundert, sondern für die Ewigkeit.

Er hat kaum ein Tausendstel des Gesprochenen, das schlecht und recht mitstenographiert wurde, selbst niederschreiben können; könnte man die Stenogramme (die durchgesehenen und die nicht durchgesehenen) auswerten, würden sie, meine ich, ein großes Zimmer vom Boden bis zur Decke mit dem wertvollsten Material füllen, mit Prognosen, Gedankenflügen und kleinsten Einzelheiten, mit «Welten» und Formeln; sie sind das Magma, der fruchtbare Boden kommender Jahrhunderte.

Er beeilte sich damit, seine «Stenogrammsammlung» auszusprechen; er durfte dabei nicht innehalten; über die Köpfe der ihn umgebenden Tausende hinweg sprach er für die Millionen, die ihn nicht hören konnten, für seine Zeitgenossen und für diejenigen, die nach ihnen geboren würden.

Daraus ergab sich der Widerspruch in seinem Wirken: mit dem konkreten Problem eines einzelnen Besuchers sich zu befassen und gleichzeitig ohne Rücksicht auf seine Umgebung (deren Reife oder Unreife, Verständnis oder Unverständnis) über die Köpfe hinweg für die Gesamtheit seines eigentlichen Auditoriums zu sprechen: für die ganze Menschheit.

Dieser Widerspruch zerriss ihn, den «Meister des Gleichgewichts», und er, der «Seelenarzt», zerriss die Seelen der ihn umgebenden Menschen.

Ich kenne niemanden, der über eine solche Fülle von Möglichkeiten verfügte und gleichzeitig so machtlos war, seine nächste Umgebung dazu zu bringen, diese Gaben in der richtigen Weise anzunehmen.

Und wieder drängt sich mir der Vergleich mit dem unausgeglichenen, auf seine Kraft und seine Ohnmacht stolzen Apostel Paulus auf, den Steiner so gut verstanden hat, dass jedes von ihm über den Apostel gesprochene Wort wie ein kleiner elektrischer Schlag auf mich wirkt.

Nochmals: Wie die dicken Steinbrocken aus dem Krater donnernd in den Himmel emporgeschleudert werden und aus der Höhe herabstürzen, so flogen hoch in den Himmel die großen, von ihm gestellten Aufgaben und genialen Ansätze: Eurythmie, Pädagogik, neues religiöses Bewusstsein, die Idee von der Aufhebung des Staates, das erste und das zweite Goetheanum; manche seiner Pläne stürzten wie die Vulkanbrocken auf ihn zurück: das Versagen seiner Schüler gegenüber seinen sozialen Ideen, das fast restlose Versagen der gesamten Anthroposophischen Gesellschaft, der Goetheanumbrand und so weiter. Diese herunterprasselnden Brocken deformierten, zerstörten das Leben des sie emporschleudernden Vulkans, aber er warf wieder und wieder neue großartige Ideen aus, hoch in den Himmel hinauf, bis der Tod seinem Wirken ein Ende setzte.

Ich habe niemals Schöneres erlebt: Vier Jahre lang konnte ich diesen Mann in allen seinen Äußerungen beobachten: in seiner Größe und Schlichtheit, ausgeglichen und unausgeglichen, in Liebe, Zorn und Schmerz, gerecht und ungerecht, lachend und scherzend. Ist sein Bild, das Bild eines einfachen Menschen, in mir getrübt worden? Nein, aus allem, was ich an ihm verstanden und nicht verstanden habe, stieg immer deutlicher das Hauptthema hervor: Begeisterung, Liebe, Vertrauen und die Freude, dass mir vom Schicksal beschieden war, ihm zu begegnen; er ist die eigentliche «unverhoffte Freude» meines Lebens, selbst in dem «Leid», das er mir ungewollt zufügte; dieses erlittene Leid ist ein Leid um die Welt, nicht um mein vergängliches Ich.

Er hat mich gezwungen, nachdem er meine alte schmerzliche Sehnsucht nach dem eigentlichen Menschen gestillt hatte, mich selbst zu überwinden; er hat mir die Größe des Menschen gezeigt, indem er das «Menschlein» in mir erniedrigte; aber diese Erniedrigung geschah zur Erhöhung der Wahrheit.

Meine erste Begegnung mit ihm im Jahre 1912 entlockte mir den Jubel der Begeisterung; heute, im Jahre 1928, während ich die Sätze dieser meiner Erinnerungen niederschreibe, kann ich bezeugen: Mit ungetrübter Freude gedenke ich Steiners: kein einziger Schatten, kein einziges Fleckchen des Zweifels!

Nicht viele meiner Altersgenossen haben das Glück, an den «Menschen als solchen» so glauben zu können, wie ich glaube – weil ich den «Menschen» mit eigenen Augen gesehen habe.

Die höchste Form aller Wirkungsformen Steiners war – der Mensch Steiner.

II

Der Mensch Rudolf Steiner

«Anthroposophie ... tritt im Menschen als Herzens- und Gefühlsbedürfnis auf.»

Rudolf Steiner *(Anthroposophische Leitsätze, 1924)*

«Deshalb wäre es so gut, wenn wir gar keinen Namen zu haben brauchten.»

Rudolf Steiner (*Gegenwärtiges Geistesleben und Erziehung,* Kurs in England 1923)

«... aber es ist wahr, ich schauderte ja selbst jeden Tag, wenn ich hereinkam und die Flut von Literatur sah – ich wäre froh, wenn es weniger gäbe ...»

Rudolf Steiner *(Gegenwärtiges Geistesleben und Erziehung,* Kurs in England 1923)

«Nein, das Mitleid hat keine Grenzen.»

Rudolf Steiner (nach Worten M. J. Steiners, vgl. ihre *Erinnerungen*)

«Sie lieben sie immer noch, aber sie hat mich gefragt: Wenn man liebt, fragt man nicht.»

Rudolf Steiner (zu einem Schüler, März 1923)

«Die Liebe ... ist eine gebende Fähigkeit; je mehr man gibt, desto mehr hat man zu geben.»

Rudolf Steiner (während eines Vortrags, 1912)

«Besser falsch denken als gar nicht denken.»

Rudolf Steiner (zu einem Schüler, 1914)

1

Alles, was ich hier aus der Erinnerung niederschreibe, kann einen wirklichen Eindruck von Steiner nicht vermitteln; ich habe mehr als einen Anlauf zur Niederschrift meiner Erinnerungen genommen, aber sie endeten alle mit einem Fiasko; die Gestalt Steiners in meiner «Heimkehr» ist ein eindeutiger Misserfolg; der Versuch einer Schilderung in «Der Beginn des Jahrhunderts» – ein Misserfolg; ich habe versucht, meine Beziehungen zu Steiner als meinem geistigen Lehrer für den eigenen Gebrauch zu skizzieren – auch das endete mit einem Misserfolg; nach diesem dreifachen Schiffbruch meiner «absichtsvollen Versuche» entschloss ich mich nun zu einem zwanglos skizzierten Durcheinander meiner Eindrücke vom «Doktor» (ich bitte um Erlaubnis, ihn so nennen zu dürfen, wie wir ihn damals genannt haben) und trage Wichtiges und Nebensächliches wahllos zusammen.

Um den Ausdruck des konkreten Lebens in Steiner zu erfassen, muss man seine eigenen Grenzen erweitern; ich aber stoße in meinen Beziehungen zu ihm gegen eine Grenze, und ich beschreibe sowohl ihn als auch im gleichen Maße die ärgerliche Empfindung der eigenen Beschränktheit.

Der Doktor stand vor uns in der Haltung dessen, der jeden Augenblick bereit war, uns zu antworten, jedem von uns; und wir standen vor ihm und konnten kaum den Drang zurückhalten, auf ihn zuzugehen; aber wir wussten nicht, wie wir auf ihn zugehen sollten; wir brachten es nicht fertig, auf ihn zuzugehen: aus unserer Seelenhaftigkeit hin zum Geist; und er konnte uns nicht von außen helfen: Seine Versuche wären gescheitert: Die Stacheln, mit denen wir bedeckt waren, wären wahrscheinlich in ihn eingedrungen; andererseits stießen wir in unserem Drang gegen die Schranke unseres eigenen Unvermögens zur konkreten Liebe (nicht bloß als Überschwang der Gefühle oder als intellektuelle Anerkennung); wir waren nicht imstande, ihn weise zu lieben, mit Taten der Liebe; dabei stellte sich heraus, dass die Empfindung der Liebe und die Gedanken über die Liebe häufig sehr egoistisch waren; der uns innewohnende Egoismus trat in vielen Formen in Erscheinung; wir hüllten, zum Beispiel, seine Worte auch dann in Liebe ein, wenn er uns bat, diese Worte kritisch entgegenzunehmen; in einer Gläubigenhaltung und in der Befangenheit vor seinen Gedanken machte sich eine falsche Liebe bemerkbar. Ich selbst ertappte mich bei folgenden Worten, die ich in meinem Inneren an ihn richtete: «Auch Du irrst, da Du *noch* ein Mensch bist; auch die Apostel irrten. Aber ich möchte die Folgen Deines Irrtums erfahren, denn ich möchte sie mit Dir teilen, weil sie Dein Karma sind, und weil ich Dich liebe.»

So stand ich ihm manches Mal gegenüber, alles gutheißend, was von ihm kam; aber mit den Jahren zeigten sich die Schattenseiten einer solchen Positivität: Da ich viel akzeptiert hatte, was für mich an ihm unklar war, bildete sich in mir der «Bodensatz aus Unklarheiten», der mich daran hinderte, mit ihm zusammen an unserer «gemeinsamen Aufgabe» zu arbeiten; und so wurde ich zu einem «Ballast» aus früheren Jahren, den er in den folgenden mitschleppen musste. Die stümperhafte Liebe hat mir geschadet.

Die Liebe, welche die Irrtümer Steiners akzeptierte, war nichts als Faulheit: Ich sentimentalisierte meinen Wunsch, das Karma seiner Fehler mit ihm zu teilen; einmal hat Steiner mit Bitterkeit zu Ellis gesagt: «Lassen Sie diese sentimentalen Kulturgedanken, Doktor Ellis: sie werden Ihnen nichts Gutes bringen.» Steiner sah die Liebe als tätiges Mitwirken, wenigstens an einem kleinen Punkt; der Wunsch, sein Karma mit ihm zu teilen, war eine verfeinerte Form von Faulheit: Mit der Bereitschaft, einst, nach Jahrtausenden, mitzuleiden, erkaufte man sich das Recht, im jetzigen Augenblick untätig vor dem Rednerpult Steiners im Sessel zu sitzen.

Eine andere Form des versteckten Egoismus der Liebe zu ihm zeigten die Schüler und Schülerinnen, die seine ausschließliche Aufmerksamkeit für ihre Person voraussetzten; sobald er (im persönlichen Leben immer herzlich) sich eine persönliche Äußerung gestattete (er war stets bereit, dem Handeln der Liebe zu vertrauen und sie mit zehnfachem Einsatz zu beantworten), verlangten diejenigen, denen sie galt, immer größere Aufmerksamkeit, die ausschließlich ihnen gelten sollte. Ich kenne Beispiele, wo die Teilnahme Steiners die Illusionen solcher «ganz besonderen Persönlichkeiten» nährte, die von «ganz besonderen Beziehungen» zu Steiner auf Kosten aller anderen träumten; und der *Liebe zuliebe* musste Steiner deren oberflächlichen Äußerungen eine Grenze setzen.

Und wie gut konnte er Grenzen setzen!

Aber bei den durch diese Grenzen Gekränkten schlug die These der Liebe in die Antithese des Hasses um, weil sie nicht erkennen konnten, dass die Synthese bereits vorlag: eben in der Grenze.

«Grenze» – das ist das Symbol der Synthese, denn hinter der Grenze pulsierte die grenzenlose Liebe Steiners zum Menschen; so war meine Begegnung mit Steiner eine Begegnung mit einem von Liebe erfüllten Christen; und sie war die Tragödie der Offenbarung der Liebe im Lichte der Selbsterkenntnis, Opferbereitschaft, Bereitschaft zur selbstlosen Tat und der Weisheit als Weg zu solcher Tat; er strahlte die Wärme der Liebe aus, aber er dämpfte das Strahlen durch den Helm der Weisheit und das Visier der Nüchternheit. Er litt an der Unmöglichkeit, das Liebesmahl mit seinen Schülern zu halten; und sah seine eigentliche Aufgabe in dem gemeinsamen Streben, dem Tempel der Liebe eine Stätte zu bereiten; aber der «Tempel» ging in luziferischen Seelen in Flammen auf, und die Strenge musste zur Forderung werden: zu arbeiten und auf den Trümmern der allgemeinen Brandstätte allmählich einen Zustand zu verwirklichen, den man «mit einem Schlag» hatte erreichen wollen.

Er kannte die Psychologie des «mit einem Schlag»; und er kannte die Gesetze, nach denen dieses «mit einem Schlag» zum Fehl-Schlag wird oder zu noch Schlimmerem.

Es gab auch Rück-Schläge: Anfängliche Liebe zum Doktor schlug endlich in Hass um, ursprünglich Liebende schlugen sich auf die Seite seiner Feinde.

Ich könnte eine ganze Reihe solcher Rück-Schläge hier anführen, beschränke mich aber auf ein Beispiel: den Fall Ellis.

2

Bei Ellis, einer luziferischen Natur, traten alle Ereignisse immer «mit einem Schlag» ein; und jedes Mal überschlug er sich, niemals kam er am Ziel seiner Sprünge an; der erste «Schlag»: von der Schulbank zu Karl Marx; er vertiefte sich in das Studium des «Kapitals», wobei er sich nachts am Sessel festbinden ließ, um nicht vor Müdigkeit mit dem Kopf vornüber auf den Tisch zu fallen; das Resultat: der «Um-Schlag» zu ... Baudelaire und Symbolismus, wo er «mit einem Schlag» «Kadaver» und «Himmelsrose» als Hälften des Lebens plausibel machen wollte; von Baudelaire ging er zu Dante und zur Interpretation «theosophischer Abgründe», das heißt, Dante diente als Umschlagspunkt: von Dante zu Steiner; im Jahre 1911 brach er nach Deutschland auf, ohne Geld, ohne Sprachkenntnisse, ohne Erfahrung; nach kurzem Aufenthalt bei Freunden in Berlin, die ihn betreuten und in jeder Hinsicht bemutterten, ist dieser «Superrusse» ein «Superdeutscher» geworden und macht es sich in der ersten Reihe des behaglichen Vortragsraumes des Berliner Zweiges in der Geisbergstraße bequem.

Der Doktor, übermüdet und überlastet, wundert sich verständlicherweise, solch einen «Typ» vor sich sitzen zu sehen, aber in seiner Herzlichkeit und Güte will er Ellis helfen, so gut er kann; als er seinen «Schlag» und sein wirres Bewusstsein erkennt, widmet er dem hilflosen Ellis mehr Aufmerksamkeit als seinen anderen Schülern; er empfängt ihn, hört sich seine «Berichte» an, denn Ellis beginnt seinen Weg mit dem Projekt: Moskau «mit einem Schlag» in eine Gemeinde von Steinerianern zu verwandeln; mit erstaunlicher Geduld versucht Steiner, den Schwung von Ellis zu dämpfen; Ellis möchte unbedingt fasten, der Doktor klopft ihm auf die Schulter, sieht ihn verständnisvoll von der Seite an (mit der «gutmütigen Nase», die Nase Steiners wirkte oft gutmütig): «Sie müssen schwerer und fester werden, Doktor Ellis, Sie müssen ordentlich viel Fleisch essen!» Eine große Beleidigung! Anthroposophen sind Vegetarier; Ellis möchte fasten, und er schlägt ihm Fleisch vor! Bei allen Versuchen, Steiner für das Projekt einer totalen Verwandlung Russlands durch seine Ideen zu gewinnen, redet Steiner Ellis geduldig zu: Es muss nicht alles «mit einem Schlag» geschehen, es wäre besser für Ellis, keine «Weltveränderungen» zu planen.

Ellis besaß eine erstaunliche Gabe, einem Menschen keine Ruhe zu gönnen, ihn auf Schritt und Tritt zu verfolgen; ich kenne das aus eigener Erfahrung. Trotz seiner Überlastung kümmert sich Steiner um den «überhitzten» Ellis und spricht mit ihm häufiger als mit den anderen; er beauftragt Freunde, sich in jeder Weise um ihn zu kümmern; er erlaubt, die Fragen an ihn in einem Heft zu notieren; selbstverständlich regnet es Fragen, sogar Hefte voll Fragen; Ellis zeigt sie herum; auf den Rändern – die Antworten Steiners.

Ellis wird sehr behutsam behandelt; Ellis, der schon in Moskau überall auffiel, wirkt inmitten der steifen Förmlichkeit der Deutschen einfach unmöglich; aber man ist nachsichtig; zuweilen lässt ihn irgendein entsetzter Deutscher einfach stehen: «Der unmögliche Herr». Aber dieser «Herr» macht sich keine Gedanken über seine Unmöglichkeit und wirft die Handtäschchen von den reservierten Stühlen der ersten Reihe (ein schrecklicher Fauxpas in Deutschland), um in der ersten Reihe vor glühender Liebe zu vergehen. Der Doktor hat zwar nie glühende Liebe gezeigt, aber alles getan, was die konkrete Liebe tut (einschließlich diskreter finanzieller Unterstützung); Ellis nahm alles wie etwas Selbstverständliches an und verlangte immer mehr – als «auserwählter» Schüler; seine Liebe nahm, wie alles bei ihm, entsetzliche Formen an: Steiner wurde zum wiederverkörperten Zarathustra; Ellis steigerte sich in Hass und Verachtung hinein, gegen alle, die des Doktors «unwürdig» waren; nur er und wir, die gerade angereist waren, und noch Frau Polman-Mooy waren Steiners «würdig»; auf Veranlassung Steiners, der ihr nahegelegt hatte, ihre überschüssigen Kräfte zum Schutz des schutzlosen Ellis einzusetzen, betreute ihn Frau Polman-Moy. Leidenschaftliche, glühende Verehrung pflegte bei Ellis zur Raserei auszuarten, die den Gegenstand der Verehrung oftmals zerfleischte.

Angesichts des überhitzten seelischen Zustands von Ellis versucht Steiner, ihm nach und nach alles zu entziehen, was seine Raserei weiter steigern könnte, angefangen mit den Meditationen: ein Rasender kann nicht meditieren; sauber gewaschen, gut gekleidet, gehegt und gepflegt, aber immer noch glühend vor Begeisterung, lässt Ellis Steiner nicht in Ruhe: Der Doktor habe Macht und Schönheit Luzifers unterschätzt; Steiner bemüht sich, Ellis behutsam zu «christianisieren». Aber Ellis bleibt taub: Er schürt das Luziferische im Bewusstsein von Frau Polman-Mooy, mischt sich in ihre Geschichten mit anderen Mitgliedern ein, droht plötzlich und greift zum Stock.

Im Hause Steiners wird Ellis zur Besinnung gebracht: Aber Anfang 1913 erklärt er, er habe vor, gegen die unwürdigen Schüler Steiners handgreiflich vorzugehen; er habe die Absicht, vor Beginn eines Vortrags jeden, der des Lehrers unwürdig sei, zur Rede zu stellen. Ich wundere mich über Steiners Geduld; wie sehr muss er die Menschen geliebt haben, um die Schwierigkeiten zu ertragen, die Ellis in der Gesellschaft heraufbeschwor. Da wird mir klar: Jetzt kommt ein neuer «Umschlag».

So war es auch. Innerhalb von drei Monaten lief der Gefühlsmechanismus ab: ich liebe den Doktor unaussprechlich; der Doktor versteht sich mit mir wie mit keinem anderen; wieso sind wir denn nicht alle vierundzwanzig Stunden des Tages zusammen? Niemand ist seiner wert; aber er hält zu ihnen; das ist beleidigend – ist es überhaupt noch christlich? Im Doktor lebt ein luziferischer Impuls und so weiter.

Und Ellis, seine eigene Preisung Luzifers und die Versuche Steiners, sie zu mäßigen, vergessend, tritt voller Vorwürfe gegen Steiner aus der Anthroposophischen Gesellschaft aus und zum Katholizismus über, wo er volle Freiheit hat, sich für Jesuitenparolen zu begeistern. Er verfasst sogar eine Schrift gegen Steiner; und mir schreibt er in einem Brief über den Doktor: «Unser Meister ist Tanzmeister geworden.» Er meinte die Eurythmie.

So endete das «Mit-einem-Schlag» mit einem Pasquill auf einen Menschen, der ihm mit lebendiger, tätiger Liebe beigestanden hatte.

Das ist ein Beispiel für diese Art feurigen Eifers, und der Fall Minzlowa? Und der Fall Sprengel? Es gibt Dutzende solcher Beispiele.

Steiner litt unter solchem feurigen Eifer, solcher menschlichen Blindheit, solcher menschlichen Unfähigkeit zu lieben – und setzte dem Grenzen, indem er das Visier vor seinem eigentlichen Gesicht schloss und an den Spruch erinnerte: «Erkenne dich selbst!»

3

Man könnte vieles über das Wirken Steiners, über diese Mission der Liebe und des Opfers sagen: Aber das wäre banal, denn über wen alles wird nicht Ähnliches geschrieben; das Opfer Steiners jedoch übertraf alle Vorstellungen, die man sich machen kann.

Ich will nur seine unwiderstehliche Herzlichkeit erwähnen; ihre Macht äußerte sich nicht in Gesten oder ausgesprochenen Worten; er sagte niemals: «Ich liebe, ich fühle.» Er ließ die Liebe in der Andeutung sichtbar werden: Kaum spürbar leuchtete Sonnenwärme um seinen Mund, um seine Augen, die Jahre überdauerte und in Augenblicken der Verzagtheit ihre Frucht zeitigte; er hatte, wenn man so will, ein therapeutisches Lächeln; das Gesicht blühte in der Fülle der vollkommenen Liebe zu einer großen, kaum wahrnehmbaren, Duft verströmenden Rose auf; er «schenkte» nur ein Lächeln, aber man spürte: Dem hatte man nichts entgegenzubringen. Er hatte die Gabe des Lächelns (ein Charmeur war er nie), die Fähigkeit zur unvermittelten herzlichen Äußerung, ein Riese an Kraft der Herzlichkeit! Sein Lächeln hätte erdrückend wirken können, wenn er es nicht gedämpft hätte, wo es angebracht war.

Sein Sonnenlächeln kannten viele; wir sprachen davon; von diesem Lächeln muss gesprochen werden: Kein einziges Bild von ihm gibt es wieder.

A. M. Pozzo hat mir erzählt: Als er zum ersten Mal (1910) zu einem Vortragszyklus Steiners nach Bern kam, hatte er nicht im Entferntesten die Absicht, Mitglied der Gesellschaft zu werden; er glaubte, seines eigenen Weges, eines anderen, sicher zu sein und fuhr nach Bern, nicht um zu finden, sondern um sich zu verabschieden und für das bereits Aufgenommene seine Dankbarkeit auszusprechen. Aber das war abstrakt gedacht, wie sich herausstellte. «Bis zum nächsten Mal», sagte der Doktor, und sein Gesicht wurde – wie Pozzo sich ausdrückte – zu einer «Rose» (der obige Vergleich mit der Rose stammt von ihm).

Über die Äußerungen seiner Herzlichkeit könnten Bände geschrieben werden. Die «Weisheit», die Liebe und Pflicht in sich aufhebt, war groß, aber die Kraft der Liebe überstieg zuweilen sogar die Weisheit; die Zahl der Sprechstunden nahm zu; in der Zeit, in der dem Aufnahmevermögen entsprechend vielleicht sechs Gespräche hätten geführt werden können, wurden zwölf Gespräche geführt; kam man zu Steiner (natürlich musste man sich vormerken lassen): eine Schlange von Wartenden; ging man von ihm: die gleiche Schlange; das Auto stand vor dem Haus, die Koffer waren gepackt, aber Steiner saß da und hörte zu; und *wie* er zuhörte!

So verlief unser letztes Wiedersehen; vor mir eine Menschenschlange und nach mir eine Menschenschlange; das Auto wartete (Steiner fuhr von Stuttgart nach Dornach zurück); er begrüßte mich und führte mich ins Zimmer, wir setzten uns an einen kleinen Tisch; Steiner war kreideweiß: Es ist nicht leicht, einer großen Anzahl von Menschen nacheinander zuzuhören, von denen jeder mit seinem Wichtigsten kommt; seine Antworten waren immer konkret, trafen das Wesentliche, aber sie erschlossen sich erst im Laufe der Jahre; das alles zog auch bei unserer letzten Begegnung an mir vorüber; er wandte mir sein übermüdetes Gesicht mit der gutmütigen

Adlernase zu und sagte mit seinem schwer zu beschreibenden Lächeln: «Wir haben nicht viel Zeit: versuchen Sie in Kürze alles zu sagen, was Sie auf dem Herzen haben.» Dieses zwanzigminütige Gespräch lebt in mir, als hätte es viele Stunden gedauert, nicht weil ich imstande gewesen wäre, *alles* zu sagen, sondern weil er jenseits der Worte auf alles geantwortet hat: Die Antwort ergab sich aus den Tatsachen der folgenden Lebensjahre.

Nur er war imstande, so zu antworten: hinter dem ausgesprochenen Wort den Leitgedanken von Monaten und Jahren zu erkennen; und hinter diesem Gedanken die Summe der Erfahrungen zu entdecken; und meinen Willen zu sehen, der mir selbst damals noch nicht deutlich war. Er hat mir damals also geantwortet auf meine Gedanken von heute; wie deutlich muss er mich «gesehen» haben! Wie konkret muss seine Beziehung zu mir gewesen sein.

Sie übertraf auch die Kraft meiner Liebe zu ihm.

Von Gefühlen – kein Wort; sie hatte er mir bereits vor unserem Gespräch gezeigt, bei der Tagung in Stuttgart (1923); durch die Art, wie er mich ansah, wie er mich im Gang am Ärmel hielt, mich am Ärmel zupfte, wie er mich zu sich bestellte und Tag und Stunde in das Notizbuch eintrug; er war hoffnungslos überlastet durch Hunderte von Gesprächen in der kleinsten Ritze freier Zeit zwischen zwei Vorträgen; und nicht er sollte mich damals ansprechen, sondern ich ihn; er bewies seine Liebe besonders deutlich dadurch, dass er mich bat, alles zu sagen, was ich auf dem Herzen hätte; und ich hatte viel auf dem Herzen, sogar manches harte Wort gegen ihn; in seinem gedämpften leichten Bass erklärte er mir, worin und wieso ich unrecht hätte; und ich empfand, wie seine Atmosphäre von Wärme und Glut auch mich einhüllte.

Alles, was ich aussprach, war nur dreidimensional; die Atmosphäre von Wärme und Glut aber, die mich von meinen Verfehlungen und meinem Schmerz reinigte, ließ sich nicht erfassen; das Erfassen entwickelte sich erst im Laufe der Jahre, als mein Bestes.

Von dieser Wärme, die unmittelbar dem Herzen zu entströmen schien, erzählte mir auch eine Freundin; sie war ganz unverhofft gekommen und musste bald und für lange Zeit wieder zurück; sie hatte den unbedingten Wunsch, von Steiner empfangen zu werden, aber der Doktor war überlastet; er konnte den ärgerlichen Ausruf nicht unterdrücken: «Warum kommen

Sie während der Tagung? Ich habe jetzt keine einzige freie Minute!» Die Freundin rief daraufhin aus: «Wir können nicht kommen, wann wir wollen, sondern nur, wenn wir können!» Sie drehte sich um und ging; da hörte sie hinter sich rufen: «Frau Sowieso!» Sie sah sich um: Doktor Steiner lief ihr mit ausgestreckten Armen nach; er fasste sie an beiden Händen und war voller Wärme.

Bewegt erzählte mir der verstorbene T. G. Trapesnikow von der Gewalt der inneren Teilnahme des Doktors an ihm: Nach einem Entschluss, den Trapesnikow gefasst hatte, war die Ergriffenheit des Doktors vor dem moralischen Prozess, den Trapesnikow durchgemacht hatte, so stark, dass ihm die Tränen kamen.

Da, wo eine herzliche Äußerung seinen Schülern nicht schaden konnte, baute seine Weisheit keine Schwelle zwischen ihnen auf.

Er war nicht im mindesten sentimental; er wirkte eher spröde, namentlich gegenüber den Versuchungen der Sentimentalität.

Und aus eben diesem Grunde war Trapesnikow von Steiners «Gabe der Tränen» so tief erschüttert.

4

Der Doktor förderte die Eigenständigkeit des Bewusstseins seiner Schüler und wartete stets einen günstigen Augenblick ab, in dem die Hilfe wirksam werden konnte; ich habe manches Mal geklagt: Die Kräfte lassen nach; die Umstände sind widrig; aber der Doktor schien alles das nicht zu beachten; bei den Begegnungen, während der Vorträge – keinerlei Zeichen der Aufmerksamkeit. Später habe ich eingesehen, dass diese Gebärde des Nichtbeachtens der Ausdruck der Einsicht war, dass die hilfesuchende Seele noch nicht zur Erkenntnis herangereift war und dass es weiter auszuharren galt, da die Kraft der Geduld noch nicht erschöpft war; seine Hilfe war stets ein Appell an das eigene Bewusstsein.

In jenen Augenblicken jedoch, da das Leben in Formen verlief, die Ausdruck seelischer Ereignisse waren, wenn sich die Frage Sein oder Nichtsein stellte – da griff Steiner entschlossen in das Spiel des Schicksals ein, mit einem mutigen, kräftespendenden: Sein! Und die Kollision gipfelte in einer Katharsis.

Durch sein besonnenes Verhalten vermochte er seine Schüler zum Schönen und Guten zu leiten, ohne in ihre Freiheit einzugreifen, indem er nur der Versuchung entgegenwirkte.

Im Herbst 1913, in München, hatte ich heftige innere Kämpfe durchzustehen; er aber gab sich betont gleichgültig; und sogar betont streng; in seinem Blick lag ein Vorwurf; später sah ich ein: er wusste, was er tat; er wollte, dass ich aus eigener Kraft die Wurzel des Übels in mir entdecke; eines Tages, während eines Konzerts, stieg vor mir das Bild meiner selbst auf: Voller Bitterkeit war ich bereit, die Waffen zu strecken; plötzlich erhob sich in der ersten Reihe Steiner und sah mich *so* an, dass jener Augenblick der Selbsterkenntnis lichtspendend wurde.

Er war ein prompter und wirksamer Helfer von Bewusstsein zu Bewusstsein; und er konnte lange auf einen günstigen Augenblick warten; vielleicht waren «Herrn Doktor Steiner» selbst die Motive seines Handelns in seinem Verstand nicht immer restlos klar, da er sich von einem geistigen Rhythmus tragen ließ, wie der von ihm in seinen Mysteriendramen beschriebene neue Lehrer.

Er erschien in Augenblicken, die seine Gegenwart erforderten; und ich habe mehr als einmal die seltsame Erfahrung gemacht, dass es Zeiten gab, in denen ich ihm nicht begegnete, obwohl er überall auftauchte: auf der Baustelle, bei den Vorträgen; nur ich, der ich ihm gegenüber wohnte, begegnete ihm nicht. Und dann schien er sich über die ganze Gegend zu verteilen: Doktor Steiner hier und Doktor Steiner dort; man begegnete ihm auf dem Weg zum Vortrag (ich überholte ihn oder er überholte mich); man begegnete ihm auf dem Spaziergang; auf dem Weg nach Arlesheim, wohin er manchmal wochenlang nicht kam, mit seinem Schirm und irgendwelchen Päckchen unter dem Arm; man begegnete ihm in Basel auf der Straße: plötzlich stand er ganz allein vor dem Schaufenster eines Buchladens; es schien einen seltsamen Rhythmus zu geben, nach dem er sich «vervielfältigte», um überall aufzutauchen, überall da zu sein.

Seine eigenen Worte fielen mir ein: «Wenn eine Inspiration in uns wirksam wird, ziehen uns die Muskeln ganz von selbst an die richtige Stelle, wo das Schicksal auf uns wartet.»

Im Frühjahr 1915, ich glaube, im März, klopfte mir jemand, als ich nach einem Vortrag die Schreinerei verließ, ziemlich kräftig auf die Schulter.

Ich drehte mich um – Steiner steht dicht hinter mir; sehr ernst und sehr gütig, fast väterlich; er zwinkert mir zu und sagt: «Mut, Herr Bugajew, keine Angst!» Aber – wovor sollte ich Angst haben? Ich hatte Zweifel, ich litt, ich wunderte mich – aber Angst?! Der Grund zeigte sich später; meine Angstzustände dauerten monatelang; eine düstere Zeit, während der ich nur eine einzige Gebärde war: hilfeflehend ihm zugewandt; aber er schien mich nicht zu hören; von April bis August wiederholten sich diese unbeschreiblichen Angstzustände; Steiner, der sie vorausgesehen hatte, hatte mich bereits damals zum bevorstehenden Kampf gegen das Gespenst der Angst gerüstet, als er auf mich zuging und mir auf die Schulter klopfte («Mut»).

Außer der inneren Hilfe erhielten wir von ihm auch äußere, soweit es in seinen Kräften stand: Als 1914–15 von überallher Menschen in Dornach zusammenströmten und Epidemien auftraten (Grippe, damals Influenza genannt), erhob sich die Frage nach einem anthroposophischen Arzt; wir wurden von Frau Dr. Fridkin behandelt, einer russischen Ärztin, die zwar eine Approbation besaß, aber noch nie praktiziert hatte; Fridkin musste Steiner über alle Kranken berichten; er war über den Krankheitsverlauf eines jeden genau unterrichtet, kümmerte sich um jedes Detail der Therapie von Frau Fridkin und beriet sie.

5

Die Elastizität Steiners, seine Fähigkeit, innerhalb einer halben Stunde sich zu verwandeln, war unvorstellbar; er besaß die Gabe, Offenbarungen vieler in ihm wohnender Persönlichkeiten zu einem Ganzen zu koordinieren, zu einer Organisation von Persönlichkeiten, zu einem Kollegium; dieses Kollegium von Persönlichkeiten, von denen jede einzelne sich unbeschränkt frei und aufrichtig offenbarte, zeichnete ein vollendet individueller Stil aus; das Individuum dieses Stils – das war das höhere Ich des Doktors; unser aller Ich offenbart sich in den Widersprüchen unserer sich erkennenden Seele (im Aufeinanderprallen der Persönlichkeiten innerhalb des sie zusammenfassenden Individuums); im Individuum Steiners lebte «Manas»; und Manas zeichnete seine Individualität vor anderen Individualitäten aus; sie wohnte gleichsam in einer anderen klimatischen Zone, über den Gewittern: im Glanz und Sonnenflimmern lachender schneebedeckter Gipfel; die Zone der sich selbst erkennenden Seele (in ihrer gewohnten Erscheinungsweise als individueller Zone) ist die Zone der Nebel; die Zone der Verstandesseele – das ist die sich tiefer ausbreitende Almlandschaft, die sich dem Blick als eine abstrakte geographische Karte öffnet; die Zone der Empfindungsseele – das sind die blühenden Wiesentäler am Fuß des Berges.

«Manas» des Doktors – das ist der Schneeglanz vor dem Abgrund des Himmels; aber der Doktor bewegte sich frei auf sämtlichen Seelenstufen unterhalb von Manas: sowohl in der Zone der Gewitter als auch auf den blühenden Wiesen; aus der Gewitterzone schleuderte er Blitze; auf der Wiese pflückte er Blumen; diese Zonen waren in ihm immer lebendig.

Ich erinnere mich:

Bei einer stürmischen und entscheidenden Versammlung in Dornach sagte Steiner den Mitgliedern der Anthroposophischen Gesellschaft, die Gesellschaft müsse aufgelöst werden, wenn sich kein Weg fände, die in ihr aufgetretenen Konflikte beizulegen; das würde bedeuten, dass die umfangreichen Arbeiten am Goetheanum-Bau eingestellt und wir unsere Koffer packen und abreisen würden; das eingerüstete Goetheanum müsse im herbstlichen Regen verlassen liegen bleiben; das war der Sinn seiner Rede; er sprach, wie nur er sprechen konnte; seine Worte waren wie Donnerschläge; und seine Augen wie mitleidlos versengende Blitze; seine Stimme klang in solchen Momenten wie Donner, im direkten Sinn dieses Wortes. Ich erinnere mich an unsere bedrückte Stimmung, als wir die Versammlung verließen. Am nächsten Tag mussten die Mitglieder des «Großen Rates» und die bei der Tagung Anwesenden einen gemeinsamen Beschluss fassen, der dem wochenlangen Auf-der-Stelle-Treten ein Ende machen sollte; dieses Auf-der-Stelle-Treten war eine fortlaufende Kette von Konflikten innerhalb der Dornacher Gruppe; jedes Lösen eines Knotens führte zu einer Reihe neuer; diese nicht abreißenden Konflikte wurzelten meiner Meinung nach in dem Misstrauen gegen die Dornacher Gruppe der Mitarbeiter Steiners; die «Tanten» verbreiteten in verschiedenen Zweigen Gerüchte über das angebliche Treiben in Dornach; von allen Seiten wurden Kontrolleure nach Dornach entsandt; man rief den «Großen Rat» zusammen; und es kam zu einer Kontrollaktion gegen das Zentralpräsidium (Unger, Marie Steiner, Bauer), das über die innenpolitischen Angelegenheiten von Dornach unterrichtet war; die Mitglieder des Präsidiums traten für die Dornacher Baugruppe ein, die mit Steiner zusammenarbeitete; die selbstherrlichen Kontrolleure schnüffelten taktlos in der Dornacher Sphäre; Marie Steiner trat aus dem Präsidium aus; die Schnüffelei des Großen Rates deckte eine Reihe von Konflikten auf, die sich jedoch alle als Klatschereien herausstellten; in Dornach entbrannten erbitterte Streitigkeiten. Mit jeder Gebärde schien Steiner zu sagen: «Lassen Sie doch die jungen Mitarbeiter in Frieden; sehen Sie denn nicht, was daraus wird?» Aber die seit Monaten umlaufenden Gerüchte nährten die allgemeine Voreingenommenheit gegen die Dornacher, die in manchen Zweigen das «Dornacher Gesindel» genannt wurden.

Die Gebärde des Doktors blieb unverstanden; die Affäre gipfelte in der Spaltung nicht nur von Alten und Jungen, sondern auch den Vertretern der Zweige und dem Präsidium mit der Dornacher Gruppe. Auf diesen Riss in der Leitung der Anthroposophischen Gesellschaft wollte Steiner aufmerksam machen.

Wie eine düstere Wolke stand er hinter dem Rednerpult und gab uns eine donnernde Mahnung mit auf den Weg.

Am nächsten Tag waren A. A. Turgenjewa und ich bei Steiner zum Abendessen eingeladen (nach der Sitzung); auf der Sitzung sollte ein endgültiger Beschluss gefasst werden; das wochenlange Entwirren von Zänkereien hatte uns alle (vor allem die am Goetheanum Arbeitenden) derart zermürbt, dass manche einen echten Nervenzusammenbruch erlitten; inzwischen stellte sich heraus, dass die endgültige Beilegung des Konflikts nicht mehr von den Verwirrern, sondern von den Entwirrern abhing, zu denen die auswärtigen Revisoren des Dornacher Lebens gehörten; die Letzteren mussten ihr eigenes Bewusstsein einer gründlichen Revision unterziehen und das Leben der Dornacher Arbeitsgruppe sich selbst überlassen; bei der Sitzung wurde deutlich, dass ein Ausweg aus der bestehenden Lage immer noch nicht zu sehen war. Steiner erschien zu der Sitzung mit blassem, erloschenem Gesicht und nahm seinen Platz in der ersten Reihe ein, mit dem betont gleichgültigen Ausdruck des schon nicht mehr zuständigen Beobachters; sein Blick schien zu sagen: Fragen Sie mich nicht. Ich habe Sie gewarnt; Sie wollten nicht hören. – An seiner Haltung (an der Art, wie er im Sessel saß) spürte man, dass er seine «Koffer gepackt» hatte und zum Aufbruch bereit war.

Sein Donnern war schrecklich; aber noch schrecklicher war die eisige Stille, die ihn umgab; in dieser Haltung erinnerte er an einen Gletscher vor dem Hintergrund der schwarzen bodenlosen Nacht.

Bei dieser Sitzung wurde immer noch keine Lösung gefunden und der Beschluss auf morgen verschoben.

Steiner kam, saß, stand auf und ging, ohne ein Wort zu sprechen; mit schmalen, zusammengekniffenen Lippen und einem verächtlichen, vernichtenden, ja, desinteressierten Blick! Er verließ die Sitzung mit einem Ausdruck, der zu sagen schien: Ich habe damit nichts zu tun!

Wir hatten das Gefühl, dass unsere Einladung ein Anachronismus sei; uns schien, unser Erscheinen käme einem Hereinplatzen in ein Haus gleich, wo ein Toter aufgebahrt liegt; dieser «Tote» war die Anthroposophische Gesellschaft, die Steiner ins Leben gerufen hatte.

Uns war beklommen zumute und wir ließen ihn und Marija Jakowlewna nach der Sitzung vorausgehen, kamen langsam nach und klingelten; wir traten beklommen ein, wie in ein Trauerhaus. Aber vom Flur aus sahen wir: In dem farbenfreudigen Esszimmer (um den Tisch standen große, sehr dekorative rote Sessel) saß Steiner, noch im Mantel, in einem dieser roten Sessel, und zog die Stiefel aus (draußen war es matschig); er schaute zu Fräulein Waller hoch, die wohl etwas Komisches gesagt hatte, und lachte aus vollem Herzen, wie ein Kind; ich werde nie seine Augen vergessen: In diesem Augenblick waren es die Augen eines Kindes; auf dem Tisch stand ein Strauß roter Rosen; und ich erinnere mich, wie er uns im Flur stehen sah und hinter diesem Strauß mit der Hand winkte, um uns ins Esszimmer hereinzuholen; und auch in dieser Gebärde mit der Hand lag kindliche Ausgelassenheit; den ganzen Abend war Steiner gut aufgelegt und scherzte; er lachte viel; oft scherzte er, als wollte er auch uns dazu ermuntern; nach dem Essen, beim Tee, sprang er mehrere Male vom Tisch auf: «Warten Sie, ich will Ihnen etwas zeigen ...», und verschwand, um etwas zu holen; ich kann mich nicht mehr an alles erinnern, aber ich weiß, dass es einmal ein Band Goethe war; vor den roten Rosen las er wunderbar Goethes Gedicht: «Röslein, Röslein ...»

A. A. Turgenjewa und Kiseljowa hatten dieses Gedicht übrigens vor kurzem auf der Dornacher Bühne in einer Eurythmieaufführung gebracht; auch das hatte Anlass zu allerlei Geraune gegeben: Der Untertext des Gedichtes sei obszön. Das Lesen und der Kommentar Steiners verliehen dem Gedicht einen kindlich unschuldigen Ton: In seiner Interpretation bekam es etwas schwebend Trauriges. Man erlebte eine blühende Wiese und ein Kind, das mit Blumen spielt; und über der Wiese und dem Kind lag ein Abglanz himmlischen Lichts.

Der Doktor dieses Abends nach der Sitzung lebt in meiner Erinnerung lachend und strahlend; fast ein Kind; vielleicht hatte ich ihn nie so fröhlich erlebt; aber der Doktor während der Sitzung lebt in meiner Erinnerung eisig und mitleidlos drohend; solch eine eisige Verachtung wie an jenem Abend hatte ich ebenfalls nie erlebt; die Pause zwischen Eiseskälte und Fröhlichkeit war die Zeit, in der man vom Dornacher Hügel bis zur Villa Hansi ging – genau fünf Minuten. Und in diesen fünf Minuten verwandelte sich das Wesen Steiners. Bei der Sitzung war er *eine* Persönlichkeit, bei sich zu Hause – eine völlig andere. Beide offenbarten sich in gegenseitiger Unabhängigkeit aufrichtig und bis auf den Grund; der Punkt, an dem sie sich berührten, lag, wenn man das so sagen will, oberhalb unseres Blickfeldes: oberhalb der Gewitterzone: im Funkeln weißer Schneegipfel: im Manas!

6

Steiner trug in sich etwas Strenges und Großes: etwas so Großes, dass er streng wirkte; und dieses Große, das er trug, konnte er nirgends hinstellen; stellen Sie sich das vor: Jemand kommt aus fernen Ländern und mit einer übergroßen kostbaren Last; er kommt, um diese kostbare Last zu verschenken; aber es zeigt sich, dass die Beschenkten keinen Platz bereit haben, wo er die kostbare Last hinstellen könnte; die «Stelle» für diese Gabe ist in Jahren des Schlafens verschüttet worden; das Versäumnis der Beschenkten macht den Sinn des Geschenks zunichte; und dieser Jemand muss mit seiner kostbaren Last stehen bleiben, obwohl er unter ihr fast zusammenbricht, und er muss sie halten, obwohl es ihn danach dürstet, sie hinzustellen, für die anderen.

Sein gesamtes Wirken, seine stürmische Tätigkeit in der Theosophischen und später Anthroposophischen Gesellschaft, das alles diente dazu, eine angemessene Stelle vorzubereiten, die die kostbare Last aufnehmen könnte;

der letzte Versuch, für dies Kostbare ein Haus zu bereiten, war der Bau eines solchen Hauses; das Goetheanum sollte dieses Haus sein; aber das Goetheanum brannte nieder. Die Einweihung des zweiten Goetheanum hat dieser Jemand, der mit der kostbaren Last gekommen war, nicht mehr erlebt; er ging, wie er gekommen war, und nahm das Wichtigste wieder mit; er hat zwar viel gegeben, vieles bereichert – für Dezennien; aber er hätte viel mehr schenken können, denn sein Schatz war für Größeres bestimmt. Diese kostbare Last, die der Jemand trug, gestaltete sich in mir oft zum Bild des Grals.

Der Doktor hat sein Leben lang den Gral vor sich getragen: Im Gehen und selbst schlafend hielt er die müden Arme mit dem Gral empor. Das ist der Grund für den Ton von Strenge und das Siegel des Leidens, eines unerträglichen Leidens an der Unmöglichkeit, das zu verwirklichen, was er in sich trug. Diese Strenge war gleichsam der Hintergrund sämtlicher seelischen Äußerungen; vor dem Hintergrund seiner Lebensmission wirkten diese Äußerungen des Doktors verfremdet; alles Periphere an ihm trat mit besonderer Schärfe hervor und so fremd, dass ich innerlich zusammenfuhr; und je äußerlicher der Doktor sich gab, desto heftiger fuhr ich innerlich zusammen.

7

Besonders fremd waren die von mir beobachteten, zuweilen unterdrückten Ausbrüche von Lachlust; der Doktor – es mag unwahrscheinlich klingen – war ausgesprochen lachlustig; er liebte das witzig Paradoxe; nur damit kann ich erklären, dass auf seine Veranlassung aus allen meinen Gedichten für die Eurythmie ausgerechnet jenes ausgewählt wurde, in dem ein graues buckliges Männchen am Rand eines Gletschers grölt:

In tiefem Bass
Und feuert in den Himmel
Eine Ananas.

Auf der einen Seite: «Doktor Steiner», geistige Bewegung, Einweihungsweg. Auf der anderen: der Übermut: «Und feuert in den Himmel / Eine Ananas.»

Der Spaßvogel in Steiner konnte ausrufen: «Ananas? Sehr schön! Auf die Bühne damit!» Ellis erzählte, wie er vor Steiner und Marija Jakowlewna einen jungen, über den Hof stolzierenden Hahn imitierte.

Eine junge Anthroposophin begegnete eines Tages im Gang vor dem WC dem Doktor; sie tat, als ginge sie hier nur zufällig vorbei; Steiner schien ihr mit seiner ernsten Miene zu bestätigen, dass sie selbstverständlich nur zufällig am WC vorbeiginge. Aber dem Schicksal gefiel es zu scherzen: Am selben Abend ging die junge Dame mit der gleichen Absicht zum selben WC; und – oh, Schreck! – vor derselben Tür kommt ihr wieder der Doktor entgegen; aber jetzt konnte er sich nicht mehr beherrschen; das ernste Gesicht, mit dem er das WC negiert hatte, war plötzlich voller Fältchen, und er musste es hinter der Hand verbergen, weil er sich vor Lachen, das er nicht mehr unterdrücken konnte, beinahe verschluckte; ja, er war lachlustig.

Ein anderes Beispiel: Eine Dame, die die Prätention hatte, ihren Mann am Gängelband zu führen, ging neben ihrem Gatten den Dornacher Hügel herunter und hielt ihn am leeren Ärmel seines über die Schultern geworfenen Mantels fest; sie begegneten dem Doktor; sie grüßten, er grüßte zurück; aber dann blieb er stehen, ließ sie vorbeigehen und sah sie erstaunt und aufmerksam an; als der Gatte der selbstbewussten Dame nach dem Doktor sich umdrehte, weil ihn sein aufmerksamer Blick stutzig gemacht hatte, sah er folgendes Bild: Der Doktor steht unbeweglich und schaut ihnen nach; er hält sich die Hand vor den Mund und lacht, ganz allein, vergnügt hinter ihnen her. Der Ehemann, erstaunt und einigermaßen erschüttert, fragte sich nach der Ursache dieses Gelächters; und da fiel ihm auf, dass seine junge Frau, die selbstsicher vor ihm herging und nicht ihren Mann, sondern den leeren Mantelärmel hinter sich herzog, eine recht komische Figur machte; und der Ehemann konnte sich vorstellen, dass er selbst wahrscheinlich ein langes Gesicht gemacht hatte, als er dem Doktor begegnet war.

Aber dieses komische Bild des am leeren Ärmel mitgezogenen Mantels (nicht des Menschen: Der Mensch ging von selbst, und es sah nur so aus, als ob er geführt würde) erwies sich für das Schicksal dieses Paares als symbolisch. Steiner lachte, weil er an einer äußeren Situation die komische Prätention auf Führung gesehen hatte.

Das Lachen Steiners hatte etwas Kindliches; aber manchmal waren die Äußerungen seiner Lachlust durch ihre Unmittelbarkeit bis zum Unheimlichen verfremdet.

Wenn der Doktor so recht lachlustig war, konnte er sogar ... sich über jemand lustig machen: Er zeigte mir einst das Bild einer Chimäre von Notre Dame und sagte verschmitzt: «Schauen Sie, Fräulein Sowieso behauptet, sie habe Ähnlichkeit mit dieser Chimäre.» Tatsächlich, diese Chimäre wirkte wie eine Karikatur von Fräulein Sowieso. Und damit nicht genug: Steiner stupste mich mit dem Finger an und fügte mit einem so angestrengt unschuldigen Gesicht, dass man nicht umhin konnte, diese Unschuld zu bezweifeln, hinzu: «Sie verstehen: Ich sage es nicht. Fräulein Sowieso hat das gesagt.»

Eines Tages kam Rychter zu mir gelaufen und fragte: «Haben Sie schon gehört, was der Doktor über die X. gesagt hat?» – «Nein.» – «Er kam zu mir ins Atelier, setzte sich in einen Sessel, stemmte die Hände auf die Knie und sagte: ‹Wissen Sie, Rychter, Frau X. hat zwei Paar Flügel.›» Dieses unvermittelte Paradox «zwei Paar Flügel» war selbstverständlich keine vertrauliche Mitteilung eines geisteswissenschaftlichen Faktums; als geistiger Führer hat Steiner nie über die Geheimnisse des geistigen Weges seiner Schüler gesprochen; «zwei Paar Flügel» bezog sich wahrscheinlich auf die erstaunliche Gespaltenheit der Interessen der X.: Sie strebte wie auf Flügeln zur Mystik und gleichzeitig, mit einem anderen Paar Flügel – zum Flirt; «zwei Paar Flügel», das war eine versteckte Missbilligung; und zudem ein Aphorismus des Doktors, der offenbar Frau X. bei ihren gleichzeitigen Ausflügen in entgegengesetzte Sphären interessiert beobachtete.

Nach einer Vorstandssitzung erzählte mir einmal Trapesnikow, wie Steiner mitten in der Erörterung ernster und verantwortlicher Angelegenheiten sich an einem Wortspiel delektierte, aus dem sich das Bild der wohlbeleibten Frau Scholl auf dem Schoß eines der recht hageren Anwesenden ergab; ich glaube, Frau Scholl war selbst dabei; ich weiß nicht, wie es zu dieser Groteske gekommen war, aber der Doktor hielt daran fest und kostete sie aus.

Eines Tages präsentierte ich Steiner eine Zeichnung, die zwei «Throne» darstellen sollte; bei meinem Unvermögen, ein menschliches Gesicht zu zeichnen, boten sich den Blicken Steiners zwei derbe Fratzen mit Pfannkuchenbacken, sorgfältig koloriert; über das Gesicht Steiners blitzte das Lachen, aber er beherrschte sich und sagte bloß: «Oho!» Er ging auf die Fratzen nicht ein, sondern erörterte den Sinn meines Schemas, aber auf seinem Gesicht sprühten noch lange die Funken des Lachens.

Die aufleuchtenden Funken seiner Lachlust, ihre Unaufhaltsamkeit, wirkten vor dem Hintergrund des ihn erfüllenden leidvollen Ernstes besonders auffallend und fremd. Ein heller Funken vor einem schwarzen Hintergrund erscheint leuchtender als vor einem farbigen. Die Funken der Heiterkeit ließen die hinter ihnen liegende, das Gewissen wortlos weckende Tiefe seines Ernstes ahnen.

8

Der Doktor lachte gern; ich habe bereits gesagt, warum seine Lachlust vor dem Hintergrund der trauernden Strenge, die ihn erfüllte, verfremdet erschien, bis zum Erschrecken; aber neben dem kindlichen Lachen lebte in ihm ein unterdrücktes schalkhaftes Lächeln.

In diesem Lächeln verriet sich seine Neigung zum Paradox, vielleicht sogar zur Verspieltheit; nur unter diesem Blickwinkel kann man begreifen, dass er, ohne je selbst ein Dekadent gewesen zu sein, in einigem mit den Dekadenten und Symbolisten übereinkam; für die Dekadenten war der Abgrund eine reale Erfahrung; ihr Abgrund war ein Bild für das Nichts, in das sie stürzten, wie Brjusow schrieb:

> Soll ich nicht straucheln,
> Um Sternschnuppe zu werden
> Am Firmament des Seins?

Bei den Dekadenten war der Augenblick ihres Aufleuchtens der Augenblick ihres Sturzes; der Augenblick des Aufleuchtens nach der Lehre Steiners ist eine Aufforderung zur Flugübung über dem Abgrund. Der Doktor stimmte mit den Dekadenten in der Behauptung überein, dass der Abgrund, in den man stürzt, wirklich sei und dass er sich auf getan habe; der Biedermann hat nichts von diesem Abgrund gewusst; und diese eine scharfe Grenze trennt den Doktor und die Dekadenten von den Menschen des letzten Jahrhunderts; daher auch die gelegentliche Übereinstimmung – zwischen dem Doktor und dem Dekadenten – durch eine Verfremdung, ein verfremdendes Lächeln; das meinte eines Tages auch Ellis, als ich ein Gespräch zwischen Steiner und mir wiedergab, und sagte lachend: «Ja, der Doktor ist der Dekadent des ‹sechsten Zeitraumes›; versuch doch mal, ihn durch eine Tollheit vor den Kopf zu stoßen; er wird, ohne mit der Wimper zu zucken, mit der gleichen Tollheit hoch x antworten, die einen Stier umwerfen könnte.»

Natürlich war Steiner kein Dekadent, aber er durchschaute das Wesen und den Hintergrund des Dekadententums als einer Krankheit so gut, dass man glauben konnte, er selbst sei durch das Dekadententum hindurchgegangen; ich meine dabei die Essenz des Dekadententums und nicht bloß die literarische Strömung, die den Boden für die Mimikry der Pose, des Snobismus und Ästhetizismus bildete. Wie sollte er den «Abgrund» Tjutschews und der Dekadenten («und den Abgrund zeigt an der Schmerz mit seiner Angst und Finsternis») nicht verstehen, wenn ein Abgrund der Ausgangspunkt der Geisteswissenschaft war: «So finde ich im Niedergang / Und in des Todes Nacht / Der Schöpfung neuen Anfang» (aus seinen Gedichten).

Die gnoseologische Grundlegung der normalen Erkenntnis geht (für den Spießbürger höchst anormal) nach Steiner von dem Prozess der Enthüllung der Vorurteile aus, so dass unter ihnen das bloß oberflächlich gebändigte Chaos der unmittelbaren Erfahrung zum Vorschein kommt; die Lehre von dieser Erfahrung wäre als bloße Erkenntnis eine «Lehre unter den anderen Lehren» geblieben; aber als eine zu vollziehende Erfahrung, zu der er aufrief, wurde sie zum Erleben des Abgrunds und der Erfahrung des Abgrunds; zu einem verfremdenden Faktor sämtlicher Wahrnehmungen; und der Doktor verfremdete die Wahrnehmungen bei jeder Gelegenheit, sein Lächeln war ein verfremdendes Lächeln; man musste ein Symbolist sein, um dieses Lächeln so zu sehen; die Nichtsymbolisten sahen darin nur ein höchst merkwürdiges Räsonieren, ein Spiel mit Sophismen.

Auf die «Abgrund»-Erfahrung seiner Schüler reagierte Steiner mit befremdlichen Ausbrüchen befremdlicher Lachlust; Margarita Wassiljewna Woloschina rümpfte einmal die Nase und sagte zu mir: «Ach, diese Späße des Doktors! Ich finde sie etwas plump ...» Sicher – aber hinter diesen etwas plumpen Späßen verbarg sich oft eine ganz feine Parodie.

Deshalb liebte er nicht nur die anthroposophischen Gedichte Morgensterns, sondern auch jene, die den zähnebleckenden Abgrund und den Absturz zur Groteske verfremden und damit belächeln; er reagierte lebhaft auf alle Nuancen der «Galgenlieder», dieses futuristischen Buches, das lange vor dem Auftreten des Futurismus von Morgenstern geschaffen wurde: Die Verbreitung dieser «Lieder» lag ihm am Herzen; er sah es gern, wenn seine Eurythmistinnen die Humoresken Morgensterns aufführten; in fast keiner Eurythmieaufführung der Jahre 1914–1915 fehlten «Galgenlieder».

Und so kam es, dass er auf meine «Ananas», als man ihm das Gedicht übersetzt hatte, mit dem Satz antwortete: «Aber das ist ja richtig!»

9

Eines Tages, als ich mit ihm beim Tee saß, unterbrach er mich – «Warten Sie, ich will Ihnen etwas zeigen ...» –, stand vom Tisch auf und verließ mit der ihm eigenen Leichtigkeit das Zimmer; ich hörte seine raschen Schritte, er lief die Treppe in den zweiten Stock der Villa Hansi hinauf, wo sein Arbeitszimmer lag; bald kam er mit einem großen Buch zurück. «Sehen Sie, das sind Bilder zu Khunrath; sehen Sie hier – ein Monstrum; und da auch; überall Monstren. Die Mystiker und die Ausleger Khunraths haben sich über die symbolische Bedeutung der Darstellungen oft den Kopf zerbrochen; dabei haben sie überhaupt nichts Symbolisches; und der ganze Tiefsinn, den man bei der Enträtselung der Bilder aufwendet, ist überflüssig. Die Sache ist die, dass diese Monstren Bekannte von Khunrath sind; in dieser Weise hat Khunrath seine Bekannten gesehen.»

Der Doktor sah mich mit einem leichten Lächeln an, er schien mir zuzuzwinkern; und dann wiederholte er traurig und mit Nachdruck: «Ja, so sah er die Menschen.» Und nach einem Schweigen: «Und er hat richtig gesehen. Auf dem Astralplan erscheinen die Menschen manchmal in dieser Weise; und Khunrath hat nur seine Wahrnehmungen zu Papier gebracht und verfestigt; und es entstanden Ungeheuer.» –

Er schwieg eine Weile und fügte dann hinzu:

«Ein Mensch ist für den anderen eine verschlossene Welt; im Menschen ist alles, auch das, was Khunrath sah.»

Es war so, dass ich ausgerechnet damals viele Menschen, die in der Anthroposophischen Gesellschaft aus und ein gingen, als Ungeheuer sah; ich sah mich immerzu von Fratzen umgeben; ich kann mir gut denken, dass dies der Grund war, weshalb der Doktor auf die Idee kam, mir die Fratzen der Bekannten Khunraths zu zeigen; und in diesem Hinweis auf die Ungeheuer und dem offenen Zuzwinkern, der Mensch sei für den anderen ein «schrecklicher Abgrund», zeigte sich jene mich schaudern machende, restlos verfremdete Lachlust des Doktors, die mit dem von mir beschriebenen kindlichen Lachen nichts mehr zu tun hatte.

Man könnte sagen, dies sei eine Herausforderung à la Majakowskij oder Brjusow aus der Zeit seiner «Chef-d'œuvres»; der Doktor verstand es glänzend, auch den Dekadenten eine Lehre zu erteilen, indem er mit ihnen in ihrer eigenen Sprache redete.

Er war allen alles; den Symbolisten ein Symbolist, den Dekadenten ein Dekadent.

Einige schalkhafte Äußerungen des Doktors hatten eine klar erkennbare symbolische Bedeutung; aber die Bedeutung des flüchtigen Lächelns, das unwillkürlich hinter dem Ernst aufleuchtete, zeigte sich mitunter erst später; so hatte ein Herr, der sich über die Kälte seiner Frau beklagte und diese ihrer außerordentlichen, hohen Geistigkeit zuschrieb, auf seine Frau hingezeigt und ausgerufen: «Herr Doktor, sie ist schon so weit wie der Montblanc!» – worauf Steiner mit einem seltsamen Lächeln antwortete: «Aber der Montblanc ist gar nicht so weit.» Von Dornach bis zum Montblanc war es gar nicht so weit; aber es ging nicht um den Montblanc, sondern darum, dass es mit der gerühmten Höhe, wie sich später herausstellte, durchaus nicht so weit her war; solange er seine Frau idealisierte, konnte Herr X. nicht begreifen, dass der Doktor ihn schalkhaft auf seine abstrakte Haltung aufmerksam machen wollte; wenn man das Wortspiel nicht auf diese Dame beziehen konnte (dazu war Herr X. damals nicht in der Lage), blieb der Witz völlig unverständlich.

Eine ebenso unpassende, befremdliche Antwort, gegeben mit einem Anflug von Lächeln und nicht ohne Mutwillen, waren die Worte Steiners auf meinen verzweifelten Ausruf, ich sei so unvollkommen: «Aber Sie haben doch ein gutes Buch geschrieben.» Wie oft habe ich mich über diese unpassende Bemerkung anstelle einer Antwort gewundert; wie oft hat sich in meiner Seele die Frage erhoben: Darf ein geistiger Führer mit solcher

Leichtfertigkeit auf die Fragen meines Bewusstseins antworten? Welche Bedeutung hat ein gut oder schlecht geschriebenes Buch, wenn ein Mensch seinen Weg wirklich verloren hat? – Ich glaubte, ich hätte meinen Weg verloren; und ich war schon über das Alter hinaus, wo der Sinn des Lebens in einem gut oder schlecht geschriebenen Buch gesehen wird. Ich fand die Worte Steiners beinahe herausfordernd, und die befremdliche Schalkhaftigkeit hatte für mich etwas Kränkendes.

Nach Jahren offenbarte die Antwort und der Ton dieser Antwort ihren Sinn; es war eine symbolische Antwort; und das Schalkhafte des Tonfalls war eine verfremdende Schalkhaftigkeit; und im selben Augenblick erinnerte ich mich meiner eigenen Worte vom Weisen, die ich zwölf Jahre vor dem Gespräch mit Steiner niedergeschrieben hatte: der Weise als Spaßvogel.

Der Doktor war ein solcher Spaßvogel; er war imstande, vor seinen Schülern, wenn er es für angebracht hielt, die Geisteswissenschaft wie die «Fröhliche Wissenschaft» zu betreiben; in solchen Augenblicken wirkte er leichtfüßig; nebenbei bemerkt: Er hatte einen sehr leichten Gang; wenn man ihn morgens den Dornacher Hügel hinaufsteigen sah, konnte man meinen: Da kommt ein schlanker Jüngling gelaufen; wie seltsam, dass dieser Jüngling einen Gehrock mit flatternden Schößen trägt; dann erst sah man, dass es der Doktor war; zügig und leicht stieg er den Hügel hinauf und eilte von einer Baracke zur anderen; mühelos kletterte er auf die Gerüste, bis unter die Kuppel, und dort noch höher, auf Kisten, um neben den Arbeitenden aufzutauchen und ihnen seine Gedanken über eine Form zu erläutern; wenn er Marija Jakowlewna begleitete, schwebte er, langsam, Arm in Arm mit ihr, neben ihr her; aber wenn er allein zurückkehrte, eilte er mit kurzen, leichten Schritten den Hügel hinab, er schien zu fliegen, überholte die langsam gehenden Arbeiter, bog stürmisch um die Ecke; eilte mit wehenden Rockschößen durch den Vorgarten der Villa Hansi; das ist ein Bild, das ich unzählige Male gesehen habe, weil unser Häuschen direkt gegenüber dem Häuschen von Steiner lag.

10

Die Eurythmistinnen behaupteten häufig, Steiner schritte eurythmisch; das war so gemeint: Eine der ersten eurythmischen Übungen ist die Arbeit am Gang, der im alltäglichen Leben vollständig entartet ist; wir treten gewöhnlich mit dem ganzen Fuß auf, in der Eurythmie mit der Fußspitze; wir stolpern herum, wie über ausgetrocknete Regenlöcher; der stolpernde Gang entsteht durch das Unvermögen, den Fuß zu heben, zu tragen und den anderen Fuß diesem Heben und Tragen anzupassen; das eurythmische Schreiten wird durch verschiedene Übungen erlernt; man bringt es nicht ohne weiteres fertig; im Idealfall geht der Rhythmus des Schreitens in Fleisch und Blut über und man schreitet durchs Leben wie in der Eurythmie. Der Doktor konnte bereits eurythmisch schreiten, bevor es eine Eurythmie gab; er trat mit der Fußspitze auf, hob und senkte den Fuß, freilich ohne an die eurythmischen Regeln zu denken oder sie eigens zu befolgen; und die Eigenheiten des eurythmischen Schreitens bedingten seine Haltung; aufrecht, gerade, Beine, Schultern und Ellbogen ruhig und locker; kerzengerade, ohne zu wippen, die Hände mit dem Regenschirm vor der Brust, mit angelegten Ellbogen, eilte er mit kleinen raschen Schritten dahin, die unwillkürlich an die Pas eines unbekannten Tanzes erinnerten.

Er war, wenn er ging, im wörtlichen Sinne ein leichtfüßiger Tänzer wie Zarathustra; und er war eben derselbe beflügelt leichte mutwillige Denker (in Symbolen, Paradoxa, Späßen); leicht und scharf.

Aber ich wiederhole: Sein Schalk war die Erscheinung einer höheren Ordnung: Man kann nur über ihn sprechen, wenn der Hintergrund dieses Schalks klar und deutlich feststeht; ein für alle Mal: Steiner ist grenzenloser Ernst, grenzenlose Strenge, grenzenloser Schmerz, grenzenlose Liebe.

Diese vier Eigenschaften machen die Substanz seiner sämtlichen Äußerungen aus: Lachlust und Schalk sind die gelegentlich aufflackernden Akzidenzien dieser Substanz; gelegentlich, nicht sehr oft, und vor allem nicht für alle!

11

Es gab Menschen, denen Steiner sein lachendes Antlitz niemals zeigte; die Schärfe und die Fremdheit dieses Antlitzes hätte sie verwirrt, der Doktor aber vermied es nach Möglichkeit, jemand zu verwirren.

Im Gegenteil: Er beruhigte alte Damen durch seine einfache Art; er hatte alte Damen gern; er mochte ihre Anspruchslosigkeit; gegenüber Fähigen fordernd und jeden gerade errungenen Erfolg mit einem «Exzelsior» beantwortend, stellte er gegenüber einfachen, friedlichen, herzlichen Menschen, die in der Anthroposophischen Gesellschaft ihr schlichtes Leben beschließen wollten, keine Forderungen; da flüstert ihm eine siebzigjährige Dame ins Ohr, dass sie im Traum eine Maus gesehen habe, und der Doktor neigt sein Ohr (er hörte auf einem Ohr schlecht) und wiederholt unendlich ernst und besorgt: «Sooo, sooo ... sooo ...» Im Neigen des Kopfes, im gutmütig-besorgten Zwinkern liegt aufrichtige Liebe zu der alten Dame.

Er ersparte den alten Damen Versuchungen und Verführungen, die ihre Kräfte überstiegen; die Witze, die er mit alten Damen machte, hatten einen völlig anderen Stil als die mit mir oder Ellis; zum Beispiel der Witz, den er in einem Vortrag über Eurythmie bezüglich der alten Damen unter seinen Zuhörern machte: «Die Eurythmie ist eine Kunst für Kinder und Jugendliche bis zu siebzig Jahren, so dass Fräulein Kittel sich durchaus der Eurythmie widmen kann.» Fräulein Kittel war eine reizende alte Dame, die Steiner von Stadt zu Stadt nachreiste. Man kann sagen, dass seine Vorliebe für alte Damen, die mich an Jaurès und dessen Vorliebe für Kater erinnerte, seine schwache Seite war; es gab eine Zeit, als er die Anthroposophische Gesellschaft mit alten Damen überschwemmte – zu seinem eigenen Nachteil.

12

Einen völlig anderen Stil hatten seine Beziehungen zu den «Tanten» und «Onkeln»; er liebte den Menschen, nicht aber den «Onkel» und die «Tante» im Menschen; seine Späße über die «Tanten» waren zuweilen grausam; aber er hat unter ihnen wirklich gelitten; als sich jemand beklagte, Frau Z. hielte sich für die wiederverkörperte Maria Magdalena, antwortete er seufzend: «Leider ist das der fünfzigste Fall in meiner Erfahrung.» Die «Tanten» überschütteten ihn mit der kochenden Brühe ihrer Ergebenheit, gemischt mit dem Dunst schwüler Verliebtheit, worüber er sich manches Mal vom Rednerpult aus beklagte, um mit der (zum wievielten Male?) erhaltenen Liebeserklärung in der erhobenen Hand zur Nüchternheit aufzurufen.

«Tante» – das war die Bezeichnung für eine Anthroposophin, die durch dogmatische Haltung die Anthroposophie zum Zerrbild machte; Steiner kämpfte sein Leben lang gegen die «Tante»; aber die «Tante» drängte sich unaufhaltsam in die Gesellschaft, wobei sie zwanzig Jahre lang sämtliche Hindernisse, die ihr im Weg standen, zu überwinden verstand; das heißt, es erschien zunächst nicht eine zudringliche «Tante», sondern eine Dame: nett, zuweilen nicht dumm, nicht einmal unbegabt, mit Ansätzen zu wirklicher Einsicht; aber nach zwei bis drei Jahren entpuppte sich die Dame als eine «Tante»; eine «Tante» ist das Produkt unbewältigter subjektiver Imagination; vielleicht hätte man eine «Tante» in die Anthroposophische Gesellschaft nicht aufgenommen; aufgenommen wurde ein Mensch weiblichen Geschlechts; Steiner unterstützte die Befreiung des «Menschen» in der Frau aus der Gewalt der deutschen Männerfaust; und dem «Menschen als Frau» standen die Tore der Gesellschaft weit offen; aber die kleinbürgerliche Umwelt, in der die Frau in Deutschland sich entwickelte, ließ sie unter der Einwirkung der anthroposophischen Nebelschwaden häufig zur «Tante» werden – zu einer bloßen «Tante»; die «Tante» kann das Verbrennungsprodukt verschiedener Stoffe sein; zur «Tante» konnten Malerinnen werden, aber auch ehemalige Köchinnen, Damen mit höherer Schulbildung, Damen aus Wohltätigkeitsvereinen; das Hoffräulein, die Kaufmanns- oder Beamtenfrau, die Schauspielerin, Haushälterin oder Sozialdemokratin formte sich innerlich in der Esse der Anthroposophischen Gesellschaft zur «Tante»; und für den Doktor ergab sich ein ernsthaftes Problem: die Befreiung von der «Tante»; man konnte sie doch nicht einfach vor die Tür setzen, weil sie ja ein Mensch war; solange sie nichts Übles tat, konnte man sie nicht aus der Gesellschaft ausschließen; ebenso wenig ließ sie sich einem Examen unterziehen, was außerdem sinnlos gewesen wäre, da viele «Tanten» einen von der Öffentlichkeit bestätigten hohen Bildungsstand aufzuweisen hatten; ein «geistiges Examen» hätte eine Verletzung jener Freiheit bedeutet, für die Steiner eintrat; und außerdem wäre ein «geistiges Examen» mit den Statuten der Anthroposophischen Gesellschaft als einer sozialen Organisation unvereinbar gewesen.

Mit einem Wort – es blieb kein anderer Ausweg als die Hoffnung, die «Tante» würde, enttäuscht von der Gesellschaft, diese mit einem freiwilligen Rückzug beglücken; aber unglücklicherweise endeten alle Versuche

Steiners, die «Tante» zu einem Rückzug aus der Gesellschaft zu veranlassen, mit einem totalen Misserfolg; die «Tante» ertrug in der Folge alle Unbill ihres Daseins innerhalb der Gesellschaft, nur um in der Nähe des Doktors bleiben zu können, einschließlich der Empörung gegen die «Tante», ihre Nachbarin, die ihrerseits von der ersten behauptete, diese sei die klassische «Tante». Unter den Peitschenhieben der «Tantenwitze» bezichtigten die «Tanten» sich gegenseitig des «Tantentums».

So verliefen alle Versuche im Sande, die «Tante» auszumerzen; die «Tante» hatte dabei nur die Mimikry gelernt und blieb «Tante», ohne es zu zeigen; sie legte ihre auffälligsten Merkmale ab, die sie in den Jahren 1908 bis 1914 ausgezeichnet hatten: kurzes Haar, grelle Stola, Tunika, Brille, lange Nase, starkes Kinn und das Kreuz mit Rosen auf der Brust; so saß sie in den ersten Reihen vor Steiner und lächelte verklärt bei seinen Witzen über die «Tanten».

Der Ausdruck «Tante» ist eine Erfindung von Steiner.

Im nächsten Jahrsiebt, 1915–1921, saß sie in den letzten Reihen, ohne Stola und ohne Kreuz; sie war bemüht, als Dame zu erscheinen, nur als Dame; die ersten Reihen füllten sich mit eifrigen, stets diskussionsbereiten «mittelalterlichen» Herren, oft mit Brille, glattrasiert, mit Aktentaschen unter dem Arm und einer Menge von Worten im Mund; sie traten nach Steiner an das Rednerpult und äußerten sich etwa so: «Ich bin derselben Meinung und in der Lage, anhand der Ergebnisse der ...-Wissenschaft, in der ich den Doktorgrad erworben habe, weitere Folgerungen aus dem von Doktor Steiner soeben Gesagten zu ziehen und zu beweisen ...» Das Auditorium war damals nicht mehr mit Kreuzen, sondern mit Formeln angefüllt.

Einmal sah sich Steiner um und sagte schalkhaft: «Wissen Sie, wir haben jetzt nicht nur ‹Tanten›, sondern auch ‹Onkel›.»

Die Lachlust des Doktors kannte keine Grenzen; und seine Witze über die «Onkel und Tanten», die in der Gesellschaft klassisch geworden sind, sind zahllos; und wenn ich heute von Außenstehenden höre, wie komisch die Anthroposophen sind, denke ich im Stillen: Der Aufwand, mit dem man über uns spottet, lohnt sich nicht; wenn man gehört hätte, wie wir uns über uns selbst lustig gemacht haben, wären die besten Witze gar nicht so gut.

Mit den besten Witzen belehrte uns über unsere Schwächen – der Doktor.

13

Die fröhlichen Späße über die Gesellschaft in der Anthroposophischen Gesellschaft, seine Fröhlichkeit überhaupt, grenzten an ein solches Leid, wie die Spötter über die Anthroposophie es sich nicht vorstellen können; als er schon krank war, hat er geäußert, dass ihn nicht die Arbeit und die Vorträge krank gemacht hätten, sondern die Besuche und die Gespräche; anthroposophische Besuche und anthroposophische Gespräche.

An diesem Punkt ging der Ton seiner Fröhlichkeit, die so unheimlich war, in dem Thema «Leid» auf, im Mysterium des Opfers, unter dessen Last er auf dem physischen Plan erlosch.

Es gab Augenblicke, in denen seine Gebärde: «Ich scherze», nichts anderes bedeutete als: «Ich leide, mit zusammengebissenen Zähnen.»

Und deshalb riefen die Funken dieser verfremdenden Lachlust bei mir ein Schaudern hervor.

Der Doktor hatte nicht die Spur einer polternden Fröhlichkeit an sich; in ihm lebte das Lachen des Kindes; in ihm lebte der Schalk, den ich als verhaltenes Lachen durch verhaltene Tränen empfand; sein Lachen war metamorphosiert und verfremdet: Diese Metamorphose und Verfremdung wurden vom Siegel des Doktors bewirkt, dem Siegel eines unaussprechlichen Ganzen, das ihn einerseits zwang, die gesamten Bewegungen seiner seelisch-geistigen Welt zu offenbaren und andererseits diese Offenbarungen zu beherrschen.

Er verstand es, die Welt seiner Äußerungen zu beherrschen; dafür war er ja Pädagoge; und ein Künstler der Äußerung.

14

So war es weiter nicht verwunderlich, dass in ihm auch ein großer Schauspieler steckte.

«Schauspieler» – das muss erläutert werden; Steiner war bis auf den Grund seiner Seele ehrlich, bis auf den Grund aufrichtig und wahrhaftig. Im Leben war er kein Schauspieler; im Leben war er bloß der Lenker seiner eigenen seelischen Regungen. Wenn ich vom Schauspieler rede, so meine ich nicht das Leben, sondern die Bühne.

Er wäre ein großartiger Berufsschauspieler geworden, wenn er in seiner Jugend zur Bühne gegangen wäre; zu den Namen Motschalow, Salvini, Rossi, Mounet-Sully hätte sich ein weiterer Name zugesellt, Steiner.

Und nur in diesem spezifischen Sinne bezeichne ich ihn als einen großen Schauspieler: nicht im übertragenen, sondern im wörtlichen.

15

Aus einem Gespräch mit Steiner: Dieses Gespräch findet bei Tisch statt, gegen Ende des Abendessens; der Doktor sitzt an der einen Tischseite; neben ihm sitze ich, auf der anderen Seite A. A. Turgenjewa und ihm gegenüber – Marija Jakowlewna und Fräulein Waller. Vor dem Doktor steht die Mandelmilch, die er während des Essens zu trinken pflegt; er sieht mich von der Seite an und schweigt erwartungsvoll; ich empfinde dies als eine Aufforderung und beginne über das Leben in Russland zu erzählen; A. A. Turgenjewa spielt mit einem Stück Papier: Steiner beobachtet sie eine ganze Weile, unterbricht mich plötzlich und zeigt mit dem Finger auf das Papier.

Steiner: «Wenn Frau T. auch weiterhin so wenig isst, wird sie bald noch dünner sein als dieses Papier.»

A. A. Turgenjewa – indem sie lachend auf mich zeigt: «Wenn Herr Bugajew weiterhin so viel raucht, wird er noch dünner sein als ich.»

Ich: «Ich habe mir vorgenommen, das Rauchen einzuschränken!»

Steiner (sieht mich mit komischem Ernst von unten an): «Ein Raucher, der die Gewohnheit hatte, täglich zehn Zigarren zu rauchen, versprach seinem Arzt, von nun an nur noch neun zu rauchen, worauf der Arzt meinte: ‹Ach nein, bleiben Sie ruhig bei Ihren zehn Zigarren; eine mehr oder weniger – das macht keinen Unterschied!›»

Das Gespräch nahm eine andere Wendung: Ich erzählte von einem Vorfall mit Rosanow, bei dem ein alter Mann erschien, der sich Zebaoth nannte und ihn zum Tee einlud; auf die Frage, wo er denn wohne, antwortete er: «Im brennenden Dornbusch.» Aber dann gab er doch die Adresse eines Gasthauses an; darauf erzählte der Doktor, wie einmal jemand einen anderen zum Mond eingeladen hatte; gemeint war das Gasthaus «Zum Mond».

16

Steiner liebte russisches Holzspielzeug; er brachte nach Dornach Spielsachen mit, die russische Kriegsgefangene schnitzten: Überall tauchten Holzkühe, Hunde und Pferdchen auf.

In seiner Wohnung gab es einen Samowar: Marija Jakowlewna hatte ihn aus Russland mitgebracht; bei unseren Besuchen tranken wir Tee aus dem Samowar.

Einmal brauchte er den «Ehernen Reiter» im Original; er fragte mich, ob ich den russischen Text habe. «Ich möchte hören», sagte er, «wie dieses Werk auf russisch klingt.»

Ein anderes Mal sagte er: «Sie haben einen Dichter, dessen Rhythmus erstaunlich ist ... Wie heißt er noch?», er runzelte angestrengt die Stirn, «Ko... Ko...», und sah mich hilfesuchend an. – «Kolzow?», sagte ich – «Ja. Ja.»

Er zitierte in seinen Vorträgen Solowjow; einmal sagte er: «Nicht das ‹Was›, sondern das ‹Wie› ist bei Solowjow originell und bedeutungsvoll; wenn man seine Gedanken im Einzelnen untersucht, so findet man, dass dieses von Baader, jenes von Schelling ist; aber die Verknüpfung des schon vor ihm Gesagten ist völlig einzigartig und für das westliche Ohr ungewöhnlich: man hat ein Gefühl, als ob man ein tropisches Gewächshaus betrete.»

Er gab sich alle Mühe, den Namen «Solowjow» so auszusprechen, dass das Anfangs-S stimmlos klang: er übertrieb dieses «SS» so sehr, dass man meinen konnte, der Name «Solowjow» habe mindestens ein fünffaches «S».

Er zitierte Minskij, Mereshkowskij, Wolynskij; einmal zitierte er öffentlich aus dem «Buch vom großen Zorn» und kritisierte es sehr heftig; aber wie war es erst, als er das Drama «Der Juden König» analysierte!

«Eine sentimentale Banalität!», rief er aus.

Eines Tages, als ich ihm erzählte, wie ich Mereshkowskij und Jaurès bekannt gemacht hatte, unterbrach er mich: «Warten Sie» und holte eine deutsche Zeitschrift mit der Übersetzung der Erinnerungen Mereshkowskijs an dieses Zusammentreffen; Steiner kommentierte: «Sehr kokett» und las mir die Worte Mereshkowskijs vor, die er an Jaurès gerichtet haben wollte. «Hat er das wirklich gesagt?», fragte Steiner; und ich musste gestehen, dass ich diese Worte nicht gehört hatte: mit Jaurès hatte sich Filosofow unterhalten und Mereshkowskij hatte geschwiegen ...

«Und was macht jetzt eigentlich», begann Steiner, «was macht jetzt Fi... Fi...», er sah sich mit gutmütig-verschmitzter, gespielter Hilflosigkeit um, «Fi... Filosofova ...?»; er meinte aber Dmitrij Filosofow und nicht dessen Mutter, die Theosophin.

Bei dieser Gelegenheit sagte er auch: «Mit Mereshkowskij kann man sich nicht unterhalten: Er hört nicht zu und verwechselt ‹common› mit ‹Kommunion›!» Er war Mereshkowskij im Jahre 1906 in Paris begegnet; von dieser Begegnung habe ich viel gehört (von den Mereshkowskijs, Minzlowa, Minskij und Steiner selbst).

17

Bei meinem Aufenthalt in Berlin im Jahre 1922 erzählte mir N. N. Minskij von seiner Unterhaltung mit Steiner, die seinen Worten nach im Jahre 1906 stattgefunden hatte; Minskij hatte den Doktor gefragt: «Wann kann man mit einer Revolution in Russland rechnen?» Steiner soll darauf geantwortet haben: «In etwa zwölf Jahren.» Minskij erzählte dies voller Bewunderung für den scharfen Blick Steiners.

18

Bei einer anderen Gelegenheit sagte Steiner: «Das wird erst dann geschehen, wenn der russische Intelligenzler in der Form, wie er heute auftritt, verschwunden ist: nervös, willenlos, mit Lockenhaar und verträumtem Blick. Das wird dann geschehen, wenn der neue Russe heiter ist, willensstark, mit kurzem glattem Haar ...» Diesen Ausspruch hörte ich von Margarita Wassiljewna Woloschina im Jahre 1915. Was soll dann geschehen? Ich weiß es nicht.

19

Bei Tisch liebte er das Paradox. Ich erinnere mich an eine seiner Antworten. Er hatte bei einem Vortrag die Mitglieder gebeten, seine Worte dann nicht mitzuschreiben, wenn er Empfindungen anspreche: «Ich begreife, dass Sie sich meine Gedankengänge notieren ... Aber wenn Sie einzelne Worte mitschreiben, dann können Sie nicht zuhören!» Beim nächsten Vortrag sprach Steiner mit großer Innigkeit; aber ich hatte wieder mitgeschrieben; anschließend zeigte ich ihm lächelnd mein Notizbuch: «Sie hatten gebeten, nicht mitzuschreiben, aber ich musste trotzdem mitschreiben.» Darauf Steiner, seelenruhig: «Aber natürlich, so ist es immer: Da Sie gebeten wurden, konnten Sie nichts anderes tun, als der Bitte entgegen zu handeln!»

20

Der verstorbene Trapesnikow erzählte mir, dass Steiner nach meiner Abreise aus Dornach oft über das Europa gefährdende politische Treiben gesprochen habe; unter anderem habe er eine lange vor dem Krieg gezeichnete Karte erwähnt, auf der das heutige Jugoslawien mit einer eigenen Farbe eingetragen war. Man beachte: Steiner sagte das 1916. Sein Urteil über die Tagespresse war eindeutig: «Es wird eine Parole ausgegeben, um die Köpfe zu verwirren, die Publizisten führen den Befehl ohne weiteres Nachdenken aus.» Er blieb bei dieser Ansicht über die Kriegsberichterstattung von den ersten Kriegstagen an; dafür wurde er von manchem Mitglied angefeindet; das ist auch der Grund für die Gerüchte, die von den Freunden der Entente verbreitet wurden, und für Verleumdungen in der deutschen Kriegspresse. Das Verhältnis der Zeitungen des späteren neuen Deutschland (1921–1922) zu Steiner spiegelte sich in der Behauptung: «Steiner – der Vaterlandsverräter.» Auf diese Weise rächte sich die Presse für sein Urteil.

21

Er kämpfte gegen die öffentliche Meinung; in einem Vortrag sagte er: «Das, was wir als öffentliche Meinung bezeichnen, ist die Offenbarung von in ihrer Entwicklung zurückgebliebenen geistigen Wesenheiten, die sich dem Zeitgeist widersetzen!» Er fürchtete alles Allgemeine; vor allem in der moralischen Sphäre; seine Lehre von der «Moralischen Phantasie» als

Gegengewicht zur «Pflicht» lehnt die Moral der Moralisten ab, was allerdings nicht bedeutete, dass er Zügellosigkeit guthieß; nur bei einem Verstoß gegen das soziale Gewissen war er unerbittlich; sein Verständnis bei persönlichen Verfehlungen war unbegrenzt, aber ein Vergehen gegen das kollektive Individuum verzieh er nicht; er war darin ein Muster an Strenge, aber er schränkte sie stets ein: «Unterscheiden Sie eine notwendig gewordene Ausschließung aus dem Kollektiv von einer persönlichen Verurteilung; wenn wir jemand ausschließen, wollen wir ihn nicht verurteilen: Wir müssen uns nur schützen.»

22

In seiner Güte mutete er sich selbst Unendliches zu. Marija Jakowlewna sagte zu ihm: «Das Mitleid hat Grenzen.» Er antwortete: «Nein, das Mitleid hat keine Grenzen.»

23

Über die Liebe sagte er: Sie ist eine gebende Fähigkeit; je mehr man gibt, desto mehr hat man zu geben; jede wirkliche Liebe hat, seinen Worten nach, die Eigenschaft unendlicher Ausdehnung.

Er dehnte sich aus.

24

Steiner hatte einen Stil, der jedem Moralismus entgegengesetzt war. Manchmal forderte er mich heraus, und an seinem Teetisch war ich oft zu Unsinn aufgelegt; ganz anders war er, wenn er einen Arbeitsbericht entgegennahm: streng, verantwortungsbewusst, unduldsam gegen die kleinste Nachlässigkeit; er verlangte, dass man zu seinen Vorträgen sich einige Zeit vor Beginn schweigend versammelte; hier wandte er sich an höhere Fähigkeiten; er sprach als höheres Ich zum höheren Ich. Direkt aus der täglichen

Hetze zum Vortrag zu kommen, bedeutete für ihn dasselbe, wie zu spät zur Kommunion zu kommen, hastig sich durch die Menge zu drängen und an den Kelch zu stürzen.

25

Als er in Dornach merkte, dass einige Mitglieder während des Vortrags in der Schreinerei aus und ein gingen, bat er darum, die Tür während der Vorträge geschlossen zu halten. Er war pünktlich bis zur Pedanterie: er erschien immer fünf Minuten vor Beginn des Vortrags; er begann auf die Minute genau; gebunden durch den Terminplan von Sitzungen, Kursen, Vorträgen, Klassenstunden in allen Städten Deutschlands, war er ständig unterwegs: Aber überall erschien er zur rechten Zeit; während der ganzen Zeit, die ich ihn begleitete, ist er nicht ein einziges Mal zu spät gekommen oder hat etwas ausfallen lassen; «Ich werde kommen», und er kam; es hieß, er habe einige Schüler aus der soeben eröffneten Hochschule ausgeschlossen, allein deshalb, weil sie sich verspätet hatten und dennoch in den Vortragsraum hereingekommen waren; er motivierte es so: Entweder will man kommen oder man will nicht kommen; aber man darf auf keinen Fall die Konzentration der Anwesenden stören; wer das nicht einsieht, beweist, dass es für ihn noch nicht an der Zeit ist, esoterisch zu arbeiten.

26

Verärgert durch die Untätigkeit des in Stuttgart residierenden Präsidiums schlug er nach einem ordentlichen Donnerwetter diesem vor, nach Wegen zur Überwindung der entstandenen misslichen Lage zu suchen; das Präsidium wurde erneut einberufen; Steiner kam dazu; alle glaubten, er brächte einen Plan mit; er nahm aber an der Seite Platz und wartete auf die Vorschläge des Präsidiums und die Debatte; es herrschte bedrückendes Schweigen; die Präsidiumsmitglieder spielten die Rolle Münchhausens, der sich am eigenen Zopf aus dem Sumpf zieht; so verging die ganze Nacht; die Gesichter waren verlegen, später gequält; Steiners Schweigen war tödlich, aber er hatte nicht die Absicht, Ratschläge zu erteilen: Das Präsidium sollte aktiv sein. Schließlich wandte sich Marija Jakowlewna zu ihm: «Warum quälen Sie sie?» Er antwortete: «Sie haben es verdient.»

Entweder vor dieser Sitzung oder nachher (ich weiß es nicht genau) stand er vor zweitausend Mitgliedern auf, zeigte mit der Hand auf das Präsidium und schleuderte in den Saal: «Sie haben alles Lebendige erstarren lassen; sie haben es so weit gebracht, dass die Besten fliehen; sie haben mich von der Gesellschaft isoliert; ich habe keinen Kontakt mit dem Leben.»

27

Bald nach der Reorganisation der Form der Gesellschaft übernahm er selbst den Vorsitz; das geschah kurz vor seiner Krankheit; bis dahin war er nicht einmal Mitglied der Anthroposophischen Gesellschaft; der Vorsitzende war Dr. Unger, nach Steiners Tod der Schriftsteller Albert Steffen.

Die bedingungslose Strenge hatte nichts von der Askese und dem Rigorismus eines Brand; sie erinnerte an einen Feldherrn, der während der Schlacht erkennt, dass nur außerordentliche Maßnahmen den Ausgang des Kampfes entscheiden könnten (was sein Stab nicht erkennt).

28

Während des oben erwähnten Vorfalls mit dem Präsidium hatten dessen Mitglieder sich mit dem Hinweis darauf zu verteidigen versucht, dass die Waldorfschule glänzend gedeihe, der Verlag «Der Kommende Tag» ein Buch nach dem anderen publiziere, das Klinisch-Therapeutische Institut arbeite, die Hochschulwochen von Stadt zu Stadt sich ausbreiteten, die Kurse sich vergrößerten und so weiter. Doch Steiner hatte nicht diese Einrichtungen angegriffen, sondern das Verlöschen des Lebens gemeint, das Verbürokratisieren, das Skelett, das den Organismus beherrschte.

Er klagte, er müsse auf sämtliche polemischen Angriffe persönlich antworten; niemand anders gehe darauf ein; er betonte: «Wenn Sie von mir geisteswissenschaftliche Arbeiten erwarten, dann nehmen Sie mir die Polemik ab!»

Unter den Lebensbedingungen des 20. Jahrhunderts ist es unmöglich, die Polemik zu ignorieren; das wäre ein falscher Aristokratismus, der Kampf gegen Ahriman muss mit der Waffe Ahrimans geführt werden, die ihm aus der Hand gerissen wird. Steiners Taktik hieß Angriff und nicht passive Verteidigung; er rief zu einer neuen Art von Polemik auf.

Er war das Beispiel: Er ging auf die Polemik ein und antwortete auf die Angriffe Leisegangs, Professor Dessoirs, ja, sogar des Pfarrers der Arlesheimer Gemeinde; ich erinnere mich, wie in dem Dorfblatt ein kurzer Artikel des Pfarrers erschien, der die Arlesheimer vor dem Gift der Anthroposophie warnte, allerdings in einem anständigen Ton; einige Tage später stand im Arlesheimer Blatt die Antwort des Doktors, der höflich, aber bestimmt den Punkt auf das i setzte. Als ich dieses Blatt mit dem Artikel Steiners sah, dachte ich im Stillen: Ist das nicht vielleicht kleinlich, einem Dorfpfarrer in einem Dorfblatt zu antworten? Ich hatte dabei nicht berücksichtigt, dass in der Nachbarschaft dieses Dorfes der Stab seiner Bewegung lag; hätte er sich mit dem Pfarrer nicht ausgesprochen, wären die hier sich ansiedelnden Anthroposophen über Jahre hinaus Misshelligkeiten ausgesetzt gewesen.

Es ist traurig, dass er persönlich darauf antworten musste: Keiner war auf die Idee gekommen, ihm diese Antwort abzunehmen.

Darüber hat er sich später beklagt.

Der Vorfall war damit abgeschlossen; der Pfarrer stattete Steiner einen Besuch ab; Steiner erwiderte den Besuch; zwischen den Protestanten und uns stellte sich ein Zustand bewaffneter Neutralität her; das war ein Plus; alle anderen Gruppen versuchten, unser Ansehen zu untergraben.

29

Die Art und Weise Steiners, den Sexus und seine Probleme zu behandeln, hatte etwas ausgesprochen Keusches; in seiner Fragestellung war er von Freud weit entfernt; Professor S. N. Bulgakow sagte mir einmal: «Die Ideologie Steiners ist geschlechtslos.» Das ist nicht wahr: Steiner hat nie vor der Bedeutung des Sexus die Augen verschlossen; er sagte: «Die geistigen Kräfte, die im Geschlechtlichen wirken ...», oder: «Die dem Geschlechtlichen innewohnenden Kräfte des Geistigen ...» Er betonte lediglich, dass der Sexus nicht selbst diese «Kräfte», sondern nur die Form ist, in der sie in Erscheinung treten; er betonte, dass es gefährlich sei, die Quelle der Kräfte und ihre Erscheinungsform zu vermengen; daraus entstünden die sexuellen Verzerrungen. Er verglich die Kräfte des Sexus mit den gen Himmel sich streckenden Ästen und ihre Erscheinungsformen mit den Wurzeln des Baumes; das Schwelgen in sexuellen Problemen sah er als müßige Neugierde an, die die Wurzeln entblößt; er selbst hat diese Wurzeln nie verleugnet.

Aber er betonte: Sowohl die Asketen als auch die Anhänger der Sexualphilosophie haben ein übertriebenes Interesse für die entblößten Wurzeln. Der mit den Wurzeln nach oben eingepflanzte Baum stirbt ab.

Die Verwandlung der Kräfte des Sexus geschieht durch die Steigerung der Funktionen der oberirdischen Teile, des Laubes, das auch die Wurzeln mit Nahrung versorgt.

Dieses Laub ist das Bewusstsein.

Der scheinbar abstrakte Idealismus Steiners ist konkret: Steiner tritt ein für die Verwandlung der geistigen Kräfte des Sexus durch die Kräfte des Ich, für die Verlagerung des Schwerpunkts im Geschlechtlichen; die eigentliche Entwicklung des Sexus ist seine Verwandlung.

30

Im alltäglichen Leben war er frei und unabhängig; und er begrüßte jede Unabhängigkeit; es wurde geflüstert, er zerstöre die Ehen; diese Verleumdung war nicht ganz ohne Grund, wie jede Entstellung: Die Verlogenheit der kleinbürgerlichen Ehe, die keine Ehe, sondern ein Geschäft auf sexueller oder wirtschaftlicher Basis ist, empörte ihn; unechte, kleinbürgerliche Ehen krachten bei der Berührung mit der Anthroposophie in allen Nähten und platzten; Menschen, die der Freiheit zuliebe sich trennten, wollte er nicht an den Ohren in die Ehe zurückschleppen; begeistert begrüßte er jede wirkliche Ehe.

31

Ein Beispiel seiner unabhängigen Haltung in Fragen der Liebe: Ein Ehemann beklagte sich über Steiner, der auf die Frage seiner Frau, ob sie zu ihrem Mann zurückkehren solle, davon abgeraten habe. Später sagte der Doktor zu diesem Ehemann: «Ich weiß, Sie haben sich über mich geärgert, weil ich Ihrer Frau nicht gesagt habe: ‹Fahren Sie hin!› Überlegen Sie bitte, ob ich das wirklich sagen konnte! Sie lieben sie immer noch, aber Ihre Frau hat gefragt: Wenn man liebt, fragt man nicht.» Der Ehemann, ein Bewunderer der «Philosophie der Freiheit», hat ihn daraufhin verstanden: Aus dem Vorwurf gegenüber dem Doktor wurde heiße Dankbarkeit.

32

Er meinte: Der Kampf mit der Eigenliebe besteht nicht in der Zerstörung der Wurzeln des Egoismus, sondern in der Korrektur seiner Deformation; die Wurzel des Egoismus ist im Ich, die Wurzel des Ich – im Geiste; die Kräfte des Ich sind versenkt, eingekeilt in die Person; bei einer positiven Entwicklung wird der Egoismus dadurch entgiftet, dass das Ich sich dort findet, wo es früher nur ein Du oder Er gefunden hat; das Du wird das Ich. Die asketische Abtötung des Egoismus durch moralische Dogmen, bloße Dogmen, kommt der Abtötung des Sexus durch Selbstkasteiung gleich; im Finden des Punkts, an dem der Egoismus berechtigt ist, sah Steiner das Ziel des Ringens mit dem Persönlichen: «Mag dieser Mensch», sagte er, «auf seinem Weg zur Wahrheit von einem kleinlichen Egoismus ausgegangen sein, das ist nicht wichtig; wichtig ist nur, dass er beim Betreten der Sphäre der Wahrheit diese entweder wird verlassen oder, wenn er sich für sie entscheidet, sein begrenztes ‹persönliches Leben› wird aufgeben müssen!»

Daraus erklärt sich, dass er eine Zeitlang ausgesprochene Egoisten nicht bloß in seiner Nähe geduldet, sondern sich ihnen sogar aufmerksam zugewandt hat; er glaubte an die Alchimie der Selbsterkenntnis; er wusste, dass in manchen Fällen der Weg zur Wahrheit über das sichtbare Hervortreten eines verborgenen Lasters führt; für Sünden aus Aktivität hatte er mehr Verständnis als für Sünden aus Trägheit, Verschlafenheit und Wohlergehen.

In der Anthroposophischen Gesellschaft tauchten zuweilen «Spinner» auf; er duldete sie, solange sie die Gesellschaft nicht überschwemmten, und erwartete auch bei ihnen das Wunder der Läuterung.

33

Er duldete nicht die Selbstzufriedenheit der bewahrten Tugenden.

Er pflegte zu sagen: «Besser falsch denken als gar nicht denken.» Er meinte damit die Ethik und nicht die Logik; Gedankenlosigkeit hielt er für die schlimmste aller Sünden: Der «stehengebliebene» Gedanke ist eine Gewohnheit; die «stehengebliebene» Gewohnheit ein Instinkt, der festgewurzelte Instinkt ist der Tod; Steiner wollte die Befreiung wenigstens unserer Gedanken, um den Tod in uns aufzuhalten; alles Stehenbleiben betrachtete er als eine Rückentwicklung, ein Absinken, und dieses Absinken beginnt mit dem selbstzufriedenen Gefühl der bewahrten Tugend.

Einige Anthroposophen hatten seiner Meinung nach «nicht gedacht», wenn sie glaubten, durch die Anthroposophie werde alles klar und überschaubar; gegen eine solche Schöngeisterei hat er in Dornach gewettert: «Das geht doch nicht, ständig mit solchen verklärten Gesichtern herumlaufen und meditieren, meditieren, meditieren! Sie könnten doch wenigstens einen Kreis zur Weiterbildung organisieren! Oder sich einfach zusammensetzen und ein bisschen lachen und sich gegenseitig parodieren!»

Er, der geistige Führer, der Meditationen aufgab, rief dazu auf, diese Meditationen zu parodieren; das kam nicht von ungefähr: Allzu «schön» gerieten damals die Meditationen manchen «Tanten», in denen die eine erfuhr, sie sei der wiederverkörperte Apostel Paulus, die andere sich als die Urmutter Eva erlebte. Der Schatten solch «schöner» Meditationen wurde immer dichter: er wurde zu Gerüchen, die die Dornacher Atmosphäre verpesteten.

Der Aufforderung zur Parodie hat eine der «Tanten» nicht standgehalten: ausgerechnet die Urmutter Eva; und wir erlebten, wie sie sich eines Tages verwandelte: Trotz ihres Kreuzes entpuppte sie sich als Hexe, die man aus der Gesellschaft ausschließen musste; der «Apostel Paulus» verhielt sich vernünftiger: Er setzte sich still in ein Eckchen und zog sich dann für ein volles Jahr aus Dornach zurück. (Ob er da wohl eine Parodie auf sich selbst verfasst hat?)

34

Wenn er bei jemandem ein aufkeimendes Interesse an diesem oder jenem Problem bemerkte, war er bereit, alles liegen zu lassen und zu helfen, soweit es in seinen Kräften stand.

Solche Hilfe habe ich persönlich erfahren, als ich mein Buch «Rudolf Steiner und Goethe» schrieb. Diese meine Antwort an Medtner musste wohl durchdacht sein; Medtner hatte sich jahrelang mit Goethe beschäftigt; für mich lagen Goethes naturwissenschaftliche Schriften und die Kommentare Steiners bis zu dem Augenblick, da es notwendig wurde, Medtner zu widersprechen, außerhalb meines eigentlichen Interessengebietes. Die Position Goethes ist kompliziert; noch komplizierter sind Steiners Kommentare zu dieser Position; kompliziert und verworren ist der Angriff Medtners; ich musste die dreifache Vorarbeit leisten: Goethe, Steiner, Medtner. Tausende von Fragen tauchten vor mir auf, einschließlich der Fragen aus den Gebieten der Naturwissenschaft, von der ich mich seit elf Jahren entfernt hatte. Steiner hatte unglaublich viel mit den Bauarbeiten am Goetheanum und mit allen möglichen Zersetzungssymptomen innerhalb der Gesellschaft zu tun. Ich wagte es einfach nicht, ihn wegen irgendeines Problems anzusprechen.

Ich ging mit meinen Fragen zu Mathilde Scholl, der «Schriftgelehrten» für Steiners Arbeiten über Goethe; aber außer der Kenntnis von Textstellen war bei ihr nichts zu finden; das Gespräch mit ihr war für mich nicht befriedigend; die Gespräche mit Dr. Goesch ebenfalls nicht.

Die grundlegenden Fragen, die die Methoden Goethes, Steiners und der Naturwissenschaft betrafen, blieben offen: Meine eigene Lösung kam mir gewagt vor. Steiner muss auf Umwegen von meinen Bedenken erfahren haben und stellte sich mir einen ganzen Abend (unbeschränkt viele Stunden) für peinlich genaue Fragen zur Verfügung. Ich brachte das Rohmaterial des Sachregisters und eine unendlich lange Liste von Dingen mit, nach denen ich ihn fragen wollte; jede einzelne Frage bildete einen besonderen Abschnitt: 1. Auszüge aus dem Kommentar, 2. meine Zusammenfassung, aus der sich zuweilen ein völlig neuer Schluss ergab, den ich bei Steiner noch nie gefunden hatte, 3. dieser Schluss konfrontierte mich mit einer Reihe spezieller naturwissenschaftlicher Probleme (Mechanik, Heliodynamik, einer neuen Elektronenphysik usw.), 4. und schließlich die Überlegungen zu einer wissenschaftlich sachgerechten Antwort an Medtner.

Steiner sprach eine Frage nach der anderen durch, wie einzelne Dokumente bei einem Verfahren durchgesprochen werden; er stützte die Arme auf den Tisch, legte den Kopf in die Hand und ließ mich über dem Gebirge meines Rohmaterials alle Feinheiten vergessen; mit zielsicheren knappen Strichen ließ er mein Eigentliches hervortreten, wobei ihn weniger mein fertiges Gemälde als der Prozess des Farbenreibens interessierte.

Ein Anliegen nach dem anderen kam zur Sprache: Immer deutlicher zeichneten sich Konturen ab; Lösungen gab er nie, die überließ er dem künftigen Verlauf meiner Arbeit; er steuerte das zusammengetragene Rohmaterial wie ein Boot mit dem Steuer seiner wenigen skizzenhaften Bemerkungen zu einzelnen Punkten hin, die das Urphänomen, die Idee und den Organismus betrafen. Zuweilen drehte sich die Unterhaltung um ein Detail dieser oder jener wissenschaftlichen Theorie. «Wissen Sie, was Planck in seinem letzten Buch gesagt hat?» Er nannte das Buch. «Schreiben Sie sich den Titel auf: Planck hat da einen äußerst interessanten Gedanken.» Als ich eine bestimmte Ansicht über die Materie wiedergeben wollte, musste ich mir die Stirn reiben: «Das sagt ein Engländer, wie heißt er noch ...» «Balfour», half mir Steiner. «Sie haben das in seinem Buch gelesen ...», er nannte den Titel und skizzierte den Gedanken Balfours.

Ähnliche Abschweifungen vom eigentlichen Thema meiner Fragen waren an jenem Abend häufig; diese Abschweifungen lenkten bei der späteren Niederschrift des Textes meine Gedanken in neue Bahnen; Steiner hat nicht meine Fragen beantwortet, sondern sich in das Werden der Grundeinstellung, aus der die Fragen erst entspringen, versenkt.

Als das Gespräch beendet war, habe ich mit Staunen festgestellt: Wir hatten uns vier Stunden unterhalten.

Beim Abschied sagte er: «Kurz vor dem Abschluss Ihres Buches kommen Sie wieder: Wir wollen uns noch einmal unterhalten.»

Und dann ließ er mich gehen, nachdem er mich für die bevorstehende Arbeit beflügelt und ihre Umrisse deutlich gemacht hatte, ohne apodiktisch zu werden. Das alles war viel mehr als eine Beantwortung von Fragen; was mir dieses Gespräch gegeben hat, hätte ich nicht einmal zu träumen gewagt; vor allem anderen aber blies er in mir ein Fünkchen Mut an; beim Abschied schien er mir zuzuzwinkern: «Keine Angst!»

Ich machte mich wieder an die Arbeit und warf alle «Angst» über Bord. Während das Gespräch mit der Scholl mich nur gedämpft hatte.

So vergingen anderthalb Monate eines nun völlig «angstfreien» Fluges, vor allem in dem Kapitel «Die Steigerung des Lichts in mono-duo-pluralistischen Emblemen bei Goethe». Ich dachte manchmal: «Vielleicht habe ich doch übertrieben?» Eines Tages traf ich den Doktor: «Fertig». Er nannte mir sofort einen Termin und bat: «Geben Sie eine Darstellung Ihres Buches aus der Vogelperspektive! Am Beispiel der Durchführung des Hauptgedankens.»

Ich ging mit einem Referat und einigen Zeichnungen zu Steiner. Er setzte sich an den Tisch, vertiefte sich in die Zeichnungen, ich fuchtelte mit dem Bleistift und hielt einen anderthalbstündigen Vortrag; plötzlich merkte ich, dass ich überhaupt nicht das sagte, was im Buch dargestellt war, sondern etwas anderes, etwas, das hinter dem Geschriebenen stand, sogar etwas, was ich jetzt, da das Buch fertig war, hätte schreiben mögen. Als ich fertig war, fragte ich: «Ist das denn nicht zu kühn? Ist das denn im Sinne der Anthroposophie?» Worauf Steiner herzlich, fast beschwörend, antwortete: «So dürfen Sie niemals fragen, Sie müssen nur sich selbst fragen, ob es organisch ist, das heißt, ob die Teile notwendig aus dem Ganzen folgen! Auf den Inhalt, wenn es sich so verhält, kommt es nicht an: Wie es auch ist, es ist Anthroposophie, solange es mit dem Ganzen übereinstimmt, und so ist Ihr Ganzes eine mögliche Erscheinungsform von Anthroposophie.»

So hat er mich über mich selbst beruhigt; mit großer Aufmerksamkeit hat er die dem Buch beigelegten Schemata studiert und sogar etwas hineingeschrieben.

Wieder hatte er mir großzügig einen Abend geopfert (er hatte ja so viel zu tun), noch mehr: Er behielt das Manuskript und sagte: «Marija Jakowlewna wird mir alles übersetzen, was Ihnen besonders schwierig vorkommt; nennen Sie mir die Kapitel, die Sie problematisch finden; ich werde sie lesen.» Ich nannte zwei Kapitel, die mir am meisten am Herzen lagen: «Rudolf

Steiner im Kreise unserer Anschauungen» und «Die Lichttheorie Goethes in mono-duo-pluralistischen Emblemen».

Zwei Wochen später traf ich ihn und Marija Jakowlewna auf der Kreuzung vor der Villa Hansi. Er ging auf mich zu und hielt mich an: «Abends lesen wir Ihr Buch.» – Er zeigte mit dem Finger auf Marija Jakowlewna und lächelte schalkhaft. – «Sie versteht es nicht, da muss ich ihr Ihren Gedanken erklären, ich verstehe ihn ... Wir lesen auch Ihre ‹Lichttheorie›.» Er warf den Kopf zurück: «Sehr gut!»

Er meinte vermutlich das dritte Kapitel: «Goethes Lichttheorie und Rudolf Steiner». Bald darauf, als ich mich bei ihm über meine inneren Schwierigkeiten und meine Verfehlungen beklagte, hellte er sich in einem Lächeln auf: «Aber Sie haben doch ein gutes Buch geschrieben!»

Er hat sich für meine Arbeit nicht nur interessiert, er hat mich nicht nur beflügelt (alle anderen haben mich gedämpft), er war auch der einzige, der sich direkt und positiv über dieses Buch ausgesprochen hat, während alle anderen Menschen in Dornach, denen ich Auszüge daraus vorlas, sich ausschwiegen, entweder aus Angst hereinzufallen – sie könnten ja ein Buch loben, das sich später als schlecht herausstellt –, oder aus Angst, ich könnte mir etwas darauf einbilden, oder einfach aus Gleichgültigkeit; in Russland ergab sich nach meiner Rückkehr das gleiche Bild: Das Buch blieb von einer Aureole des Schweigens umgeben; nur Professor S. N. Bulgakow hat sich anerkennend darüber geäußert und der Anthroposoph Ch. ausgerufen: «Aber was ist denn das für eine Anthroposophie?!»

Steiner hat mir immer Mut gemacht: als ich das Buch schrieb, und als er sich mit dem Buch auseinandersetzte.

Er hatte keine Angst, ich könnte mir etwas einbilden; er wusste besser als irgendein anderer, welch große Arbeit allein das Zusammentragen des Materials darstellte, und er sah deutlich meine Unsicherheit.

So wie er mir geholfen hat, half er auch Englert bei seinen Arbeiten für die Kuppeln und Smits bei der Eurythmie; und als er später sah, dass die geleistete Arbeit keine Anerkennung fand, war er gekränkt, wie er sich später auch für Frau Kolisko gekränkt fühlte, als man in der Gesellschaft ihre Arbeit über die Milz einfach nicht beachtete.

Er war aufmerksam sowohl dem Arbeiter gegenüber als auch dem «Menschen» im Arbeiter: Letzterem gegenüber ganz besonders.

Er war, wo er nur konnte, aufmerksam bis in die rührendsten Kleinigkeiten: Er lud uns zum Abendessen ein und verschwand dann aus der Villa Hansi; er kam mit einer Tüte frischer Walderdbeeren zurück, die er persönlich in Arlesheim geholt hatte: Er wollte uns mit den ersten Erdbeeren eine Freude machen.

Herkulessäulen hat er für uns errichtet – und an die «ersten Erdbeeren» für die Gäste gedacht.

35

Diese Aufmerksamkeit paarte sich mit einem sicheren Scharfblick: einer Fähigkeit, Kompliziertes zu entwirren und deutlich auszusprechen; ein Beispiel für diesen Scharfblick:

Es wird erzählt, dass in einem Eisenbahnknotenpunkt die Züge nicht fahrplanmäßig eintrafen; der Bahnhofsvorsteher stürzt entsetzt hinaus, ohne eine Möglichkeit zu sehen, die unvermeidliche Katastrophe abzuwenden; plötzlich erscheint neben ihm die Gestalt eines glattrasierten Herrn, dieser spricht ihn an, es vergeht keine Minute, und der Fremde hat die Situation entwirrt; noch eine weitere Minute, und der Bahnhofsvorsteher, den der Fremde auf einen Gedanken gebracht hat, gibt rasch die Befehle an die Weichensteller, die Weichen werden gestellt, und der Zug rast ohne Zwischenfall durch den Bahnhof. Der Fremde, der die Katastrophe abgewendet hat, war Steiner. Darin zeigt sich sein praktischer Zug, die Fähigkeit, sich in jedem Bereich zu orientieren: im Eisenbahneralltag und in Ideologien.

Denken Sie sich neben diesem Scharfblick auch noch den Scharfblick des geistigen Hellsehens: zwei gleichzeitig auf verschiedenem Plan wirksame Formen von Scharfsichtigkeit verfremdeten in entscheidenden und wichtigen Augenblicken das Antlitz Steiners und erlaubten ihm, mit blitzartiger Geschwindigkeit die Weichen für die sich überschneidenden Bewegungen seiner Seele zu stellen: eisiges, Unheil verkündendes Schweigen – fünf Minuten später der «brennende Dornbusch», und dann die Feststellung: Frau Sowieso trägt dieses oder jenes Kleid.

36

Er achtete darauf, wie eine Dame gekleidet war, und es gefiel ihm, wenn das Kleid geschmackvoll war; ich weiß noch, wie er auf Madame Péralté zuging und ihr ein Kompliment über ihr Hütchen machte.

Er selbst war immer einfach angezogen, sehr einfach; aber alles, was er trug, kleidete ihn gut: Der übliche Gehrock, in dem er bei Vorträgen und Tagungen erschien, war manchmal alles andere als funkelnagelneu, aber er wirkte elegant; ohne es zu beabsichtigen, verstand Steiner, ihn zu tragen: Dieser Gehrock erscheint mir als ein Teil seiner selbst, ebenso wie die in die Stirn fallende widerspenstige Haarsträhne, die er immer wieder zurückwarf, entweder mit der Hand – die den Zwicker hielt – oder durch eine Kopfbewegung; alles, was er tat, wirkte ungewollt elegant und liebenswürdig; und wir alle mochten – ebenso wie seine Nase oder seine Augen – seine weich und locker gebundene Krawatte, ein Stück schwarzer Seide mit wehenden Enden; ich habe ihn auch offiziell gekleidet erlebt, bei einer Beerdigung: in einem altmodischen Zylinder von eigenartiger Form, nicht zu hoch und nach oben breiter werdend; in diesem Zylinder wirkte er wie eine Gestalt aus einem Gemälde der vierziger Jahre; die vierziger Jahre des letzten Jahrhunderts, die Jahre des Idealismus – sie umgaben ihn mit einem Hauch von Altertümlichem, fast Altmodischem, das, verbunden mit den strahlenden Zeichen des neuen Menschen, des Menschen künftiger Jahrhunderte, seine gesamte Erscheinung so einprägsam machte; am wenigsten trat an ihm die Gegenwart hervor, sie schien vor der Zukunft sich aufzulösen; am stärksten lebte in ihm die Zukunft.

Aber er hatte auch die Gebärde des Künstlers: einen Hauch von Boheme – im guten, verloren gegangenen, nicht im modernen Kaffeehaus-Sinn; der freie Künstler, der Mann des freien Berufes machte sich deutlich bemerkbar; ich werde eine flüchtige Impression nie vergessen: München, eine Droschke rollte an mir vorbei, auffallend schnell (in München sind die Droschken sehr langsam), ich staune über die schnell fahrende Droschke und staune noch mehr über den Fahrgast: Ein glattrasierter junger Mann – das war der erste Eindruck – sitzt lässig zurückgelehnt, mit einem kecken, fast verwegenen Ausdruck, so schien es mir, in einem flatternden Umhang, ein Bein übergeschlagen und mit der Fußspitze wippend –, ein glattrasierter junger Mann stützt sich mit dem Ellbogen auf den Spazierstock und fordert, so schien es mir, von der Höhe seiner Droschke herab die ganze Welt zum Zweikampf auf; das kam mir im ersten Moment; und im zweiten, halbbewusst: Was ist los? Wo will der hin? Mit wem will der sich duellieren? Und endlich: Mein Gott! Wie konnte ich mich so irren: Das ist ja der Doktor! – Ich tat so, als würde ich den Doktor nicht sehen, um von ihm nicht gesehen zu werden.

Ich glaube, dass der Grund meiner Verlegenheit darin lag, dass ich in diesem Augenblick in Steiner zum ersten Mal den «freien Künstler», den «ewigen Studenten», vielleicht sogar einen «Wiener Intelligenzler» erspähte.

Der Eindruck von Verwegenheit war natürlich unrichtig: Es war in Wahrheit der Eindruck einer feurigen Jugendlichkeit, die sich so oft an ihm zeigte; so – wie er mir zu sein schien, bloß schien – war er zuweilen gewesen, vor rund zwanzig Jahren, im Kreise der unabhängigen Jugend: unter Rebellen, Anarchisten, revolutionären Künstlern und ewigen Studenten, so war er vielleicht im Kreis um den Anarchisten *Mackay* gewesen, dem er einst nahestand. Ich hoffe, dass meine Verehrung für Rudolf Steiner außerhalb aller Zweifel steht. Aber in diesem Moment wusste ich, dass mit diesem Ausdruck Wiener Studenten im Überschwang unbezähmbarer Jugendkraft Straßenlaternen demolieren und ungestraft den Polizisten an der Ecke Streiche spielen.

Aber ich habe Steiner auch in seinen «esoterischen Augenblicken» gesehen. Wo ist der Pinsel des Malers, der dieses Antlitz festhalten könnte: Wo finde ich in den Christus-Darstellungen Raffaels, Rembrandts, van Dycks das, was dabei auf dem Antlitz Steiners sich zeigte?

Auch in einem beschmutzten alten Rock sah ich den Doktor, wie er in hohen Stiefeln durch den Dornacher Lehm stampfte, da wirkte er alt: Das Gesicht war mit unzähligen Fältchen überzogen. Auch in diesem bescheidenen, gleichsam erloschenen Aufzug sah er wunderbar aus. Schön? Nein. Man sagt, er sei eine schöne Erscheinung gewesen – ich weiß es nicht, ich habe nie daran gedacht, wenn ich ihm gegenüberstand. Für mich sah er einfach wunderbar aus: immer!

37

Übrigens hatte er etwas ausgesprochen Ungarisches: etwas Feuriges, Glutvolles; sein Haar war, wie man so sagt, kohlpechrabenschwarz; manchem

«Späher» erschien es für sein Alter unschicklich schwarz: kein einziges graues Härchen. Und man flüsterte: «Er färbt sich das Haar.» Erst im Jahre 1923, bei unserer letzten Begegnung, stellte ich unbeabsichtigt fest: In dem Rabenschwarz seiner Haare schimmerte es grau. «Du Ärmster, auch damit ließ man dich nicht in Ruhe: Wie kannst du es wagen, keine grauen Haare zu bekommen?!» Der Anblick dieser grauen Haare erfüllte mein Herz mit plötzlicher Erschütterung, stürmischer Liebe, Freude darüber, dass ich diesen Menschen erlebt hatte, stürmischer Dankbarkeit; in meiner Seele tönte: «Dank, Dank, Dank, Dank, dir: für alles-alles-alles-alles! Und am meisten dafür, dass du so bist, wie du bist.»

Dann kam der Abschied; und ich schäme mich nicht zu gestehen, dass ich ihm die Hand geküsst habe. Denn diese unwillkürliche, nicht zu unterdrückende Gebärde war der Ausdruck einer Sohnesliebe.

Er hat das verstanden: war er es doch selbst, der im Jahre 1916 beim Abschied mich ebenso unwillkürlich umarmt, geküsst und bekreuzt hatte; das war der Ausdruck väterlicher Liebe.

38

Gewöhnlich sagte er beim Abschied: «Auf Wiedersehen!» Aber dieses Mal hat er das nicht gesagt; er konnte doch nicht lügen; von einem «Wiedersehen» konnte keine Rede sein, ich habe ihn nicht mehr wieder gesehen; er nahm mich am Ärmel und zog mich die Treppe hinauf in den nächsten Stock – stieß mich gegen die Tür und sagte: «Gehen Sie zu ihr!»

Und ich stürzte in das Zimmer der überraschten Marija Jakowlewna.

39

Die Zimmer, in denen Steiner wohnte, waren für mich alle ähnlich; das Gleichartige lag in der äußersten Bescheidenheit dieser immer kleinen, manchmal sogar engen Zimmer; niemand wäre von selbst auf den Gedanken gekommen, dass sie vom Doktor bewohnt würden: Ob er mich in einer Wohnung empfing, die ihm die Gräfin Kalckreuth in ihrem rosaroten Haus in München, Adalbertstraße, zur Verfügung gestellt hatte, in Bottmingen, einem Vorort von Basel, in der Wohnung der Leiterin des Kölner Zweiges – überall waren es die gleichen einfachen und kleinen Zimmer.

Nur ein einziges Mal empfing er mich in einem unverhältnismäßig großen Raum, von dem die Spuren seines Wohnens höchstens ein Sechstel beanspruchten; die übrigen fünf Sechstel waren mit den kalt und unpersönlich aufgestellten Möbeln ausgefüllt; das war im Hotel «Fennia» in Helsingfors; und Steiner – wenn man ihm gegenübersaß, wirkte er zierlich – schien sich in solcher Weitläufigkeit unwohl zu fühlen.

Eine weitere Eigenart seiner Räume: Es waren zufällig aufgeschlagene Zelte; ohne Anzeichen von Sesshaftigkeit; ohne die geringste Tendenz zum Komfort; nichts Überflüssiges; das heißt aber nicht, dass diese Zimmer ungemütlich gewesen wären; es heißt, dass er nichts weiter brauchte als einen Tisch, einen Stuhl, Bücher und einen Koffer, wenn er irgendwo zu Gast war, ein Bett: Das war alles! Allenfalls noch einen Vorhang vor der Tür.

Äußerste Einfachheit, äußerste Genügsamkeit!

Seine Berliner Wohnung, wo er viele Jahre verbracht hat, und wo der Pförtner ihn als Konstante betrachtete, wirkte wie eine Reihe von Zelten (alle klein), deren jedes eine notwendige Funktion erfüllte, für Arbeit oder für den Empfang bestimmt war; einige erinnerten an einen Feldstab, zum Beispiel ein kleines Zimmer mit der ewig klappernden Remington und den «Bürodamen»; aus diesem Zimmer kam Fräulein Lehmann oder Fräulein Hanna Mücke (ehemalige Sozialdemokratin), eine unersetzliche Kraft in der Bibliothek und im Philosophisch-Anthroposophischen Verlag (die im selben Treppenhaus in verschiedenen Stockwerken lagen, immer voller Besucher, geschäftlich oder privat), daher ständig der Eindruck atemloser Eile: aus dem Büro über den Korridor, durch den kleinen Flur zur Wohnungstür, ins Treppenhaus, und dort treppauf, treppab, aus einer Wohnung in die andere. Sämtliche Etagen dieses Treppenhauses waren von Anthroposophen bewohnt: hier die Wohnung von Selling, der auch schon früher da gewohnt hatte und ebenso wie Fräulein Mücke mit seinem ganzen Wesen dem Berliner Zweig, vor allem aber der «Motzstraße», verbunden war und überall als guter Geist mit einer Auskunft, mit einem Buch aus der Bibliothek sich als hilfreich erwies; hier war auch die Wohnung von Kurt Walther, eines fabelhaften, gescheiten und immer originellen Menschen und seiner lieben Frau; hier wohnte auch, wenn ich mich nicht täusche, Fräulein Hanna Mücke; in der Wohnung Steiners lebten die beiden Fräuleins Lehmann, die als Kinder von Steiner und Marija Jakowlewna aufgenommen worden waren, Marija von Sivers, seit Jahren Sekretärin, Vertraute, Begleiterin auf allen Vortragsreisen, Zeremonienmeisterin bei sämtlichen Begegnungen, Verwalterin von Nachschriften, Korrespondenz und Schreibmaschinen, und die noble, bis zur Extravaganz temperamentvolle Holländerin Waller, mit fliegenden kurzen Locken, ein Knappe voller Feuer, jederzeit bereit, zu überraschendem Angriff das Schwert zu ziehen oder voller Hingabe entgegenzukommen: Manchmal begleitete sie Steiner an Stelle von Marija Jakowlewna; manchmal, in den seltenen Fällen, wenn Marija Jakowlewna verreiste, war sie die Stütze Steiners, der im Alltag sehr zerstreut sein konnte – einmal legte er einen Hausschuh statt eines Buches in den Bücherschrank und bedauerte, dass er neue Pantoffeln kaufen müsste. Waller, die Tür zu Steiners Wohnung öffnend, Waller mit einem Rosenstrauß, Waller in einer weißen Tunika und einer ebensolchen Stola; Waller, sich über das Treppengeländer beugend und laut mit jemand im unteren Stockwerk sprechend, dahinter die offene Wohnungstür des Doktors – alles vertraute Bilder, die der Erinnerung so teuer sind.

Alle diese Hausbewohner unter und über Steiner hasteten in ständiger Eile von Stockwerk zu Stockwerk, mit Papieren und Durchschlägen, klapperten auf Schreibmaschinen und telefonierten. Mein Eindruck: Die Wohnung Steiners steht immer offen; sie wirkt wie die Zelle einer Kommune, wo man keinen Wert auf Komfort legt; jede Minute ist verplant; und Aufgaben – Aufgaben – Aufgaben – Aufgaben. Hier wird Korrektur gelesen, dort werden Eintrittskarten für einen Vortrag verteilt, dort Bücher ausgegeben, hier wird die Korrespondenz erledigt und zwischendurch etwas richtiggestellt oder irgend jemand geholfen. Das ganze Treppenhaus gehört zur Wohnung des Doktors; und umgekehrt: In seiner Wohnung sind mehrere Wohnungen.

Und an diesen verflochtenen, aufgeschreckten Wohnungen vorbei, die atemlosen jungen Damen bei der Arbeit aufhaltend, strömen, strömen und strömen all jene, die sich zu einem Gespräch mit Steiner angemeldet haben, Menschen, die diesem brodelnden Leben eigentlich fremd sind. Aber jeder von ihnen kommt mit einer Frage, die ihm wichtiger als alles ist: Manche kommen zum ersten Mal; sie kommen wie zur Beichte, in höchster Aufregung, und die meisten sind überrascht: Statt der erwarteten Feierlichkeit empfängt sie lautes brodelndes Leben, das ihnen zeremoniellwidrig vorkommt; sie klingeln mit Herzklopfen – aber die Tür steht offen; sie werden nicht von dem Hausmädchen empfangen, es gibt überhaupt kein Hausmädchen, sondern von jemand, der gerade zufällig da ist: Waller, Lehmann, manchmal von Marija Jakowlewna persönlich. Sie werden in ein kleines Wartezimmer geführt, wo sämtliche Polsterstühle von Wartenden besetzt sind. Das Zimmer ist klein: ein Tischchen, ein kleiner Schrank, Stühle, zwei Türen hinter kaffeebraunen Portièren, ganz schlicht und alles andere als neu; die eine Tür führt in den Flur und in den Korridor, von da gelangt man in ein kleines Esszimmer und ein noch kleineres, etwa drei Schritte im Quadrat messendes Nebenzimmerchen mit einem großen Sofa, wo Marija Jakowlewna mit mir unter vier Augen zu plaudern pflegt; vermutlich ist das der «Salon»; die andere Tür ist hier, direkt vor der Nase; dahinter erklingt ab und zu eine tiefe Stimme; der Besucher, der zum ersten Mal zur «Beichte» kommt, fährt unwillkürlich zusammen: Wie, der Doktor ist hier, gleich hinter der Wand? Man stellt sich den persönlichen Empfang bei dem «Lehrer» in einem gewissen feierlichen Rahmen vor; aber hier herrscht Einfachheit und eine dieses Lehrers und des beichtenden Schülers fast unwürdig alltägliche Atmosphäre intensiver Arbeit, wo für Feierlichkeiten kein Raum ist; in einem der Hinterzimmer stehen wahrscheinlich die offenen, unausgepackten Koffer herum – er kam gestern aus der Schweiz zurück und fährt morgen nach Hannover – und irgend jemand richtet sein Gepäck für eine neue Reise.

Und plötzlich, direkt vor der Nase, wird die Tür dieses «geheimnisvoll» einfachen Zimmers blitzschnell geöffnet, völlig geheimnislos; und es erscheint der Doktor, ein wenig zerzaust, mit müdem und blassem Gesicht, und geleitet, vollendeter Kavalier, charmant und weltmännisch, eine Dame – «Nun ja», «Es wird schon gehen», oder «Auf Wiedersehen» –, grüßt mit erhobener Hand von der Schwelle des Zimmers, falls er sie nicht persönlich in den Flur geleitet, wo er das Licht anknipst, ihr in den Mantel hilft und eigenhändig die Tür hinter der Dame schließt; und dann geht er schnell über den Korridor am Wartezimmer vorbei, steckt den Kopf durch die Portièren, mit einem lächelnden «einen Moment», und geht, statt zu den Besuchern, weiter ins Esszimmer: vielleicht um eine Tasse Kaffee zu trinken – seine Sprechstunden dauern stundenlang, er kommt weder zum Essen noch zum Trinken.

Der Besucher dieser Wohnung ist bestürzt: Alles ist mehr als einfach, mehr als nüchtern, mehr als bescheiden. Besonders verwunderlich das rasche Tempo des Doktors, die Ungezwungenheit, mit der er seinen Kopf in das Zimmer steckt, sein «weltmännisch» liebenswürdiger Ton. Manchmal ist es ihm nicht zum Lachen zumute, er geht eilig durch das Wartezimmer, sogar ohne aufzublicken, mit ernsten, strengen, traurigen Augen, um sofort wiederzukommen: «Wer ist der Nächste?» und sich mit dem Nächsten zurückzuziehen: manchmal für sehr lange, manchmal für fünf Minuten.

Zuweilen ist der Besucher ein Ausländer und spricht kein Wort deutsch; dann holt Steiner schnell Marija Jakowlewna; sie ist gleich zur Stelle; sie, die viele Sprachen spricht, ist seine ständige Dolmetscherin; er kann sich nur mit Mühe und starkem Akzent französisch verständigen. Er war nicht sprachbegabt: Dieser Zug an ihm rührte mich, fast freute ich mich darüber; er lernte ausgesprochen schwer fremde Sprachen, und aus diesem Unvermögen schöpfte ich sogar eine gewisse Sicherheit: Es wäre schrecklich, mit einem Menschen zu verkehren, der keinerlei Schwierigkeiten kennt.

Er trägt ein knappes, kurzes Jackett; ein nicht mehr neues Jackett; hin und wieder hat er Hausschuhe an; der Kneifer fliegt und tanzt am Bändchen und bleibt manchmal an den Portièren hängen, wenn er hindurch eilt.

Und dann ist man in seinem Empfangszimmer: ein kleines Zimmer, schwarze Möbel, Bücher, Tisch, ein Sessel; alles sehr bescheiden; hier würde ich beim Aufzählen der Gegenstände durcheinander kommen; wenn ich hier eintrat, verlor ich augenblicklich die Fähigkeit, etwas anderes wahrzunehmen außer ihm selbst, wie er sich neben mich setzt und mir das Ohr entgegenhält (er hörte auf einem Ohr schlecht): für das Thema meines Besuchs.

Und da bestürzt mich sein nahes Profil, mit den unzähligen Fältchen, nicht tief und wie von der Nadel eines Graveurs gezogen; eine solche Dichte, eine solche Beweglichkeit und ein solches unwillkürliches Spiel von Falten habe ich nie gesehen; sie ließen den Eindruck entstehen, dass sein Gesicht sich ständig verändere und dass es unmöglich sei, dieses Gesicht festzuhalten; aber schon auf fünfzehn Schritte Entfernung waren die Falten nicht mehr zu sehen, und das Gesicht wirkte ganz glatt.

Neben ihm sitzend – er hält die Wange, vielmehr das Ohr hin –, staunt man über die Falten; er scheint nicht fünfundfünfzig, sondern – fünfhundert Jahre alt zu sein; besonders scharf und deutlich springt die Nase hervor; plötzlich ist es eine Greifnase; aber es ist ein guter «Greif». Es gab aber auch blitzschnelle Übergänge, vielmehr gar keine Übergänge von dem bezaubernden Lächeln zu einem laut und deutlich, mit Bruststimme gesprochenen: «Das ist schlimm, das ist sehr schlimm»; über dieses: «Das ist schlimm», oft im gleichen Atemzug wieder gemildert, konnten Menschen nächtelang weinen und ihre Reue konnte nicht Monate, sondern Jahre anhalten.

Einfachheit bleibt Einfachheit, Güte bleibt Güte, aber in diesem schlichten Interieur spielten sich solche Dramen ab – in jedem Genre, schreckliche und freudige –, dass ... Aber es lohnt nicht, darüber zu sprechen, er war eben «Rudolf Steiner» und hatte die Gabe, jede Situation in einen unvergesslichen Augenblick zu verwandeln.

Er war ein Feind jedes Pomps.

Ich war mehr als ein Mal Besucher in seinem Empfangszimmer; ich musste oft «zu einer Tasse Kaffee» zu Marija Jakowlewna kommen. Da saß man in dem kleinen Esszimmer, das genau so einfach eingerichtet war wie alle anderen auch, setzte die Kaffeetasse an die Lippen und wusste: Gleich wird Steiner hereinkommen, vom Schreibtisch oder aus dem Empfangszimmer. Ich erinnere mich, wie er einmal aus dem Arbeitszimmer kam, den Kaffee, Marija Jakowlewna und mich sah und sich sofort zu uns setzte: Er schlürfte den Kaffee aus dem Tässchen, überführte mich einer Leichtsinnigkeit, rupfte mir ein paar Pfauenfedern aus, alles gleichsam im Vorübergehen, ohne den eigenen Gedanken ganz zu unterbrechen, und erhob sich, ohne den Kaffee ausgetrunken zu haben. Offenbar hatte er es eilig, zu seinem Schreibtisch zurückzukommen.

In vielen meiner Erinnerungsbilder lebt seine Wohnung in der Motzstraße in Berlin weiter, wo ich ihn und Marija Jakowlewna so oft besucht habe.

40

Berlin war vor Dornach das Zentrum der Bewegung, aber nur solange Steiner dort wohnte; Berlin hatte auch einen vor anderen ausgezeichneten

Zweig, denn er wurde von Steiner persönlich und von Marija Jakowlewna geleitet; das prägte den Stil, der Stil dieses Zweiges war – Schlichtheit. Man staunte, wenn man aus München, Köln, Leipzig nach Berlin kam; in Köln herrschte äußerste Konzentration; in München bestimmten die Kalckreuth und Stinde, dass im Zweigraum nicht gelärmt und nur das Nötigste gesprochen werden durfte; aber im Berliner Zweig herrschte Gedränge, Lärm, Lachen, Stimmengewirr: völlige Ungezwungenheit; und dabei Behaglichkeit; bei näherem Hinsehen zeigte sich, dass die lebendige, weltbejahende Behaglichkeit von Steiner ausstrahlte; er schlug diesen Ton an.

So blieben in meiner Erinnerung die engen Zweigräume in der Geisbergstraße, die mit ihrem geräuschvollen Treiben ein Gegenstück zu München bildeten, wo der Zweigraum mit Blumen geschmückt und so still war, dass man eine Fliege hätte hören können; Kalckreuth in Rosa und Stinde in Blau erschienen, schritten jede zu ihrem Harmonium und spielten etwas; dann wurde ein Vortrag gelesen. So war es in Abwesenheit Steiners üblich; es war eine gute und sinnvolle Stille, aber ein völlig anderer Stil.

Ich war auch in den Jahren 1921/22 im Berliner Zweig, damals schon in der Potsdamerstraße – ohne ihn; der Raum war dreimal so groß, aber er wirkte irgendwie kalt; weder die Stille von München – im positiven Sinne – noch die laute Behaglichkeit, ja, es war überhaupt nicht mehr laut; man kam, sprach, nahm Platz, hörte zu, ging wieder, wie bei einer beliebigen Veranstaltung.

Das lebhafte Gedränge während der Anwesenheit Steiners trug dazu bei, dass man das Gefühl hatte, nicht einen öffentlichen Raum zu betreten, sondern nach Hause zu kommen. Eben dieselbe gemütliche Atmosphäre traf man auch in der Motzstraße 17 an, sobald man das Treppenhaus betrat; ebenfalls in der kleinen Wohnung Steiners, die vielleicht zu stark mit dem Sekretariat verflochten war. Aber vielleicht war deshalb gerade im Nervenzentrum, im Apparat der Bewegung, im Sekretariat, in demselben Sekretariat, das im Jahre 1923 den Zorn Steiners auf sich ziehen sollte, auch nicht die geringste Spur von Bürokratie zu entdecken: Selling und Bürokratie – das war ein Ding der Unmöglichkeit! Er konnte in seinem Büro plötzlich in Feuer geraten, zwei Haarsträhnen zu Hörnern drehen und auf der Stelle, zwischen Bücherausgabe, Kartenverkauf und Ausstellen einer Beitragsquittung sich in den «Teufel» verwandeln, den Teufel der alten Weihnachtsspiele, den er im Jahre 1913 so herrlich gespielt hat; ich kann mir das Bild vorstellen: Ellis und Selling (sie waren oft zusammen). Natürlich kam es zu einem Zusammenstoß, und Selling war beleidigt: «Er ist komisch», erklärte Ellis, «er nimmt mir meine Marginalien in seinen Büchern übel!»

Selling setzte den Stil fort, den Steiner, der Hausherr des Zweiges, eingeführt hatte.

Die «Bürokratie» entstand später, in Stuttgart, wie es heißt, in entsetzlichen Dimensionen, sobald der «Apparat» aus der Wohnung des Doktors sich herausgelöst hatte – der Apparat wuchs mit der Zahl der Mitglieder, Zweige, Einrichtungen und so weiter; der ursprüngliche Apparat war im Kern die Wohnung Steiners, wo er, der Generalsekretär der Deutschen Sektion der Theosophischen Gesellschaft, eigenhändig, mit Marija Jakowlewna, alles erledigte, einschließlich der Korrekturen der «Luzifer – Gnosis», die er selbst in Körben auf die Post brachte und an die Abonnenten verschickte; selbstverständlich ging alles übrige (Adressieren, Frankieren) ebenso nach «Hausmacherart».

In Dornach wurde das Sekretariat in den Bau verlegt, noch zu meiner Zeit, und so die neue Wohnung des Doktors, die Villa Hansi, entlastet; die Form hatte sich verändert: Es gab keine Verwaltungshetze mehr, dafür aber – «Kunst»; jetzt kamen die Eurythmistinnen; und wenn Steiner und Marija Jakowlewna verreist waren, wurde sogar im kleinen Esszimmer der Tisch zur Seite gerückt und geprobt. Aber der Stil von beflügelter Eile blieb: Die Zimmer waren ebenso klein, nur glühten sie von Farben und Blumen: Es war wie im Atelier eines Malers, der aus nichts Farbigkeit entstehen lässt: hier ein achtlos hingeworfenes Tuch, dort ein mitten in den Raum gestellter Sessel. Von der Villa Hansi bleibt in meiner Erinnerung vor allem die liebenswerte Farbigkeit ihrer einfachen Einrichtung; statt der Remingtons – Rezitation und Blumen, die durch die offenen Fenster hereinschauten.

Ich halte mich bei der Beschreibung der Wohnung Steiners auf, weil eine Wohnung der Abdruck der Person ist, die in ihr wohnt; der Stil der Zimmer von Steiner, die ich gesehen habe, wies dieses unsichtbare Siegel auf: Anspruchslosigkeit, rasendes Arbeitstempo, ständiges Unterwegssein; und trotzdem ein Hauch Fröhlichkeit, bis zur Möglichkeit eines homerischen Gelächters in diesen Räumen. Und ich spürte ganz deutlich: Würde der Doktor in fest verwurzelte Lebensformen kommen, er würde alles umkrempeln; und sogar in seinem eigenen beflügelten Zuhause musste es jemand geben, der für ihn sorgte und ihn ... mäßigte. Es wird erzählt, dass er manchmal ... zurechtgewiesen wurde von Marija Jakowlewna; sie soll bei einer solchen Gelegenheit (wie mir berichtet wurde) laut ausgerufen haben: «Ach, was sind Sie für ein ...!» Das von ihr gebrauchte Wort war grotesk: Aber Marija Jakowlewna war eine stürmische, explosive Natur; ihr Wirken hatte seinen Anfang auf der Bühne genommen; unter der Selbstbeherrschung, die in manchen Augenblicken als kalter Stolz erscheinen konnte, glühte das Feuer eines echten Vulkans; sie konnte mit heißer, unaufhaltsam strömender Liebe überschütten, sie konnte mit einem unangenehmen Gesichtsausdruck jemand wegen einer Kleinigkeit schikanieren, sie konnte ein eisbedeckter Ätna sein; wenn manchmal das «Fräulein von Sivers» erschien – nur Eis, reserviert, Siverko (nicht umsonst hieß sie Sivers!). Aber unter dem Eis funkelten die großen Augen: in Zorn oder Liebe.

Ich gebe folgenden Vorfall wieder, wie er mir erzählt wurde: Außer sich vor Zorn über eine ihrer Verehrerinnen, die ihr eine Szene machte – bei aller Reserve war sie so, dass man ihr Szenen machen konnte –, warf Marija Jakowlewna irgendeinen Gegenstand nach ihr, den sie in die Hand bekam; die Verehrerin stürzte aus der Wohnung, Marija Jakowlewna hinter ihr her, laut rufend: «Bringen Sie mir diese Frau zurück, sie wird sich sonst noch etwas antun!»

Viele «Tanten» konnten diese Verbindung von stürmischer Hingabe und verschlossener Förmlichkeit nicht begreifen: Der «eisbedeckte Ätna» forderte eine Unzahl unwürdiger Vorwürfe heraus; und Marija Jakowlewna war auch nicht immer im Recht; aber dies alles wurde durch ihren herrlichen Schwung und die geistige Höhe, die Hingabe an die Sache und die Liebe zum Doktor kompensiert; wenn man diese Liebe zum Doktor und die Bereitschaft, mit der sie ihr Leben seiner Aufgabe opferte, im Auge behält, dann, nur dann, begreift man ihren Ausruf: «Ach, Sie sind ein ...»

Folgendes Beispiel beweist, dass der Doktor einen solchen Ausruf durchaus provozieren konnte: Eines Tages sah er auf der Straße einen kleinen verwahrlosten Jungen, dreckig und verstört; das Kind tat ihm leid, er nahm es an die Hand und brachte es mit nach Hause, beschäftigte sich liebevoll mit ihm und tröstete es; schließlich spielten die beiden zusammen. Marija Jakowlewna kam nach Hause, ihr bot sich folgendes Bild: Der

Doktor lacht selbstvergessen und rollt den Jungen auf ihrem Bett hin und her ... Bei dieser Gelegenheit entschlüpfte wohl Marija Jakowlewna jenes «Ach, Sie sind ein ...»

In jeder freien Minute «stellte er irgend etwas an»: Einmal wollte er Farben reiben: er selbst und das Zimmer waren von oben bis unten mit Farbe bedeckt.

Auch in ihm lebte ein leidenschaftlicher Schwung; er war kein «eisbedeckter Ätna», und es ist schwer, mit gängigen Worten seine Besonderheiten zu charakterisieren: «Romantiker» – das ist nicht das richtige, «Rebell» und «Anarchist» ebenso wenig; schon besser, wenn auch nicht treffend: ein kleines Kind, von ... zehntausend Jahren, und eine große Begabung, und ein Eingeweihter, und jemand, der in der Lage ist, in jedem Salon jeden Erkenntnistheoretiker und Sophisten in die Enge zu treiben; es wurde erzählt, dass er in früheren Jahren, als er noch Zeit hatte, in der «Gesellschaft» zu verkehren, bei Begegnungen mit ehrwürdigen, ihm ablehnend gegenüberstehenden Professoren unverzüglich ein Duell zu beginnen und sie in die Enge zu treiben pflegte; und die ehrwürdigen Herren beeilten sich, von der Bildfläche zu verschwinden.

Ein Beispiel für seine «romantische» Seite – im schönsten Sinne des Wortes: Als er in Dornach an dem Modell arbeitete, verlangte er, dass Marija Jakowlewna beim Modellieren immer dabei saß, und begründete dies so: «Sie sind meine Inspiratorin.» Als Marija Jakowlewna einmal verreiste, brachte der Doktor sie an die Bahn; man überreichte ihr Blumen; sie hielt den Strauß wie einen Säugling im Arm und betrachtete ihn mit gesenkten Augen; die Blumen gefielen ihr, und auf ihrem Gesicht lag kindliche Freude; der Doktor stützte sie am Ellenbogen und wollte beim Einsteigen helfen; auf seinem Gesicht spiegelte sich ihre Freude wider; er war offensichtlich glücklich; wer war in diesem Moment das größere Kind? Sie, die ihre Blumen zurechtlegte, oder er, der darüber so in Entzücken geriet, dass er (Verzeihung!) bereit schien, vor diesem Strauß einen Diener zu machen.

Man stelle sich dazu noch die Waller vor, die etwas von einem Wikinger, einer Bohemienne und Schauspielerin (ein ausgezeichneter Johannes Thomasius) an sich hatte, aber auch etwas von einem Mysten, der mit über der Brust gekreuzten Armen vor den «Toren» des Tempels steht, plötzlich das Schwert zieht und im «Vorhof» eine zünftige Rauferei veranstaltet.

Wenn man sich diese «Triade» der eigentlichen Bewohner der Villa Hansi vergegenwärtigt, hat man den schwer zu beschreibenden Stil dieses Hauses vor den Augen.

Es hatte etwas vom Stil des Doktors selbst; und sein Stil – das war die Kombination eines prachtvollen, üppigen Seidenschals, den er statt einer Krawatte trug, mit einem billigen Regenschirm und einem bejahrten Gehrock. Dieser Seidenschal hatte folgende Vorgeschichte: Von Jugend an stand der Doktor mit der Kunst des Krawattenbindens auf Kriegsfuß, was ihm oft von den Damen vorgehalten wurde, bis endlich eine von ihnen ein Seidentuch (vielleicht die eigene Schleife) nahm und es dem Doktor umband: Die Lösung war gefunden, die unglückseligen Krawatten für immer verbannt, der widerspenstige Knoten eliminiert, und er trug zeit seines Lebens eine seidene Schleife. Stellen Sie sich vor: ein Gehrock, eine prächtige wehende Schleife, ein alter Schirm, ein schwarzer breitkrempiger Hut und ... hohe Stiefel, die fast bis zum Knie reichen – an manchen Tagen war auf der Baustelle in Dornach vor Matsch nicht durchzukommen, und er musste hohe Stiefel tragen. Ein seltsamer, ungewöhnlicher Aufzug, aber als Ganzes wirkte er originell, elegant, ungekünstelt, schlicht und liebenswert.

Ich musste über den natürlichen, naiven Geschmack des Doktors staunen: Oh, das Essen war ihm durchaus nicht gleichgültig! Er hatte seine Lieblingsspeisen: Zwei von ihnen bekam auch ich bei ihm zu Hause vorgesetzt: gekochtes faseriges Gras (vielleicht Rhabarber) mit einem bitteren Nachgeschmack; und ein verknüllter Teig unter einem süßlichen Sößchen. Nachdem ich von diesen Speisen gekostet hatte, wurde ich verlegen: Welcher Aufwand mit unseren Delikatessen, mit unserer «guten Küche»! Er liebte Mandelmilch, sie war sein Hauptgetränk.

Er muss sehr gut ausgesehen haben, als er mit weißer Baskenmütze und schwarzer Samtjacke in Ljan spazieren ging; das war in jenen Jahren, als alles noch ganz einfach war; als manche von den heute Alten zu den Zyklen nach Norwegen oder Frankreich reisten und in einer Kommune gemeinsam mit dem Doktor wohnten, ohne Personal, und als er noch Zeit genug hatte, seine vertraute Schülerin, Mathilde Scholl, in höherer Mathematik zu unterrichten.

41

Der Doktor, der völlig unkonventionell verschiedene Kleidungsstücke kombinierte und damit unbeabsichtigt seinen eigenen Stil entwickelte, das war der eine Doktor; mit völliger Sicherheit das jeweils angemessene «comme il faut» zu treffen, auf der Ebene äußerlicher Gesellschaftlichkeit, das war der andere Doktor. Zum Beispiel bei der Beerdigung der Mutter von Marija Jakowlewna Sivers in München (Juli 1912): der Doktor, hochgeschossen, mit Handschuhen und Zylinder – und von Sivers, der Steiner ablehnte, ein steifer, kühler Petersburger Bürokrat, der zur Beerdigung aus Petersburg gekommen war. Man hätte sehen sollen, wie Steiner die Hand hob und wie die beiden gegenseitig ihre Finger berührten, bewusst trocken, mit betonter Überwindung; aber vorher hatte Steiner, ohne auch nur einen Schritt entgegenzukommen, nur leicht einen Fuß vorsetzend, ohne den Oberkörper zu bewegen, ohne von Sivers auch nur mit einem einzigen Blick zu streifen, die Hand seitlich ausgestreckt, von Sivers entgegen, der nun gezwungen war, drei bis vier Schritte weit auf Steiners Hand zuzugehen, um einen Händedruck (mit saurer Miene) zu markieren; von Sivers, erfahrener Formalist und Kenner sämtlicher Nuancen der Aufmerksamkeit und Missachtung, der, wie ich glaube, seine Antipathie Steiner gegenüber häufig und unverhohlen zum Ausdruck gebracht hatte, war damit gezwungen, das Duell der Nuancen auszutragen und wurde von Steiners Handbewegung durchbohrt; alles im Bruchteil einer Sekunde.

Zeugen berichteten von einer Lektion, die er einmal der Gräfin Moltke erteilt hat; Gräfin Moltke, Hofdame und Gattin eines der ersten Männer am Hofe Wilhelms II., wurde Schülerin von Steiner; das führte zu einem regelrechten Skandal bei Hofe; unwillkürlich, wie eine Schleppe, brachte sie in den Berliner Zweig ihre Selbstsicherheit mit, nebst der Gewissheit, dass alle Männer, einschließlich der höchsten Generalität, vor ihr kuschten; die Zeugen schildern folgende Szene: Steiner hat seinen Vortrag beendet und steht am Pult; Gräfin Moltke, in der ersten Reihe, erhebt sich und tritt an das Pult; im Gespräch mit dem Doktor stützt sie nonchalant die Ellbogen auf das Pult und legt das Kinn auf die Hände; Steiner tut parodierend dasselbe, sogar betont sans façon (er, der Damen gegenüber so höflich war!); auf seinem Gesicht die Andeutung eines mit Mühe unterdrückten Gähnens. Gräfin Moltke begriff die Lektion und nahm die Ellbogen vom Pult; sie stand fast wie ein Soldat vor seinem Offizier, die Hände an der Hosennaht.

Das geschah, lange bevor ich in der Gesellschaft auftauchte; zu meiner Zeit machte die Gräfin Moltke (ein sehr vornehmer Mensch!) den Eindruck eines Soldaten, der vor dem Doktor strammsteht.

Als bekannt wurde, dass die Frau des Grafen Moltke eine «Steinerianerin» geworden war, brachten Wilhelm II. und seine Umgebung den Grafen Moltke bis an den Rand des Selbstmords; er wollte sich erschießen; das Familienleben war ein permanentes Drama; eines Tages setzte der Doktor seinen Zylinder auf, nahm ein Automobil und fuhr beim Grafen Moltke vor. Sie schlossen sich in dessen Arbeitszimmer ein; niemand weiß, was dort gesprochen wurde; für den Grafen Moltke war das Drama damit zu Ende; er hüllte sich auf Jahre hinaus in mildes Schweigen; und die Gräfin soll, wie man sich erzählte, sogar Wilhelm II. angefahren haben, wenn er die Rede auf Steiner brachte.

Nach jahrelangem Schweigen, enttäuscht vom Krieg, von Wilhelm und von der Politik im allgemeinen, erschien Graf Moltke im Berliner Zweig; er hörte zu und schwieg; er starb als Mitglied der Anthroposophischen Gesellschaft.

Emilij Medtner hatte gegen Steiner ein scharfes Buch geschrieben, fast ein Pasquill; der Doktor wusste das; Medtner kam nach Dornach, nachdem dieses Buch erschienen war, und ich, der über einer Gegenschrift saß, musste Steiner um die Erlaubnis für Medtner bitten, die Weihnachtsvorträge für Mitglieder besuchen zu dürfen; Steiner gab diese Erlaubnis; nach dem Vortrag empfand Medtner das Bedürfnis, sich Steiner vorzustellen, um sich für die erteilte Erlaubnis persönlich zu bedanken; ich erinnere mich, wie Medtner rot wurde und undeutlich etwas stammelte, als er vor Steiner stand; ein Außenstehender hätte meinen können, dass dieser erbitterte Feind des Doktors einfach ein jugendlicher Verehrer sei. Steiners Wissen, dass Medtner nicht nur kein Schüler, sondern ein «Minusschüler» war, zeigte sich lediglich an der prononcierten weltmännischen Liebenswürdigkeit, die wie ein Nasenstüber wirkte; der Doktor war in diesem Augenblick ein Marquis.

Nur so äußerte sich eine gewisse schwebende Nuance seines Humors: bis zur Ironie.

Genau so sprach er mit Berdjajew in Helsingfors, der Steiners Position ablehnte (ich stand daneben): Eigentlich sprach er nicht, denn statt zu den

Fragen, die er im Zyklus behandelte und die für ihn und für Berdjajew sehr wichtig waren, äußerte er sich mit «liebenswürdiger» Bereitwilligkeit völlig unverbindlich zur Intuition bei Bergson – und ging sofort weiter; Berdjajew und ich blieben zurück; Berdjajew sagte: «Was für ein bezaubernder Mensch!» Aber wir anderen wussten, dass dies «Bezaubernde» ein spielerischer Nasenstüber gewesen war.

Nicht im mindesten bezaubernd, sondern vielmehr gütig war er mit meiner Mutter.

Er verstand sich darauf, wenn es nötig war, der sich selbst nicht durchschauenden, daher unverbesserlichen Eitelkeit ihren Tribut zu zollen; so reichte er den siebzigjährigen Schuré herum, der zu einem Zyklus gekommen war: zeremoniös, wie einen gefüllten Kapaunen. Aber er konnte ebenso gut überströmend liebevoll sein; ich erinnere mich an den todkranken Morgenstern, der in der letzten Reihe des großen, sehr warmen Saales saß und fröstelnd den Pelz zusammenzog; der Doktor bereitete ihm ein überraschendes Benefiz: Nachdem Marija Jakowlewna – vielleicht auch vorher, ich weiß es nicht mehr – seine Gedichte rezitiert hatte, sprach Steiner voll Feuer, Überzeugung und Zärtlichkeit unvergessliche Worte über die Bedeutung der Dichtung Morgensterns und ging dann vom Rednerpult auf der Bühne durch den ganzen Saal, mit ausgestreckten Armen, lächelnd, auf den kranken Dichter zu, um ihn zu umarmen, vor rund tausend Menschen, ohne die Pause abzuwarten!

Das war die Wegzehrung, die er dem anderen mitgab: Drei Monate später starb Morgenstern.

«Weltmännisch», «vorzügliche Contenance» – das sind nur ohnmächtige Worte, gemessen an dem Reichtum an Nuancen, über die er verfügte; und wenn er gegen den «guten Ton» zu verstoßen schien, so wiederum in einem «Ton», dessen Tonart nicht jedem Ohr vernehmlich war.

42

Hier kehre ich wieder zu der unermesslichen Skala der Persönlichkeitsäußerungen zurück, über die er verfügte; das Ganze ist nicht zu schildern; ich will trotzdem versuchen, einiges zu beschreiben, vom Konträren ausgehend, von Menschen, mit denen er keine Ähnlichkeit hatte, deren charakteristische Züge sich dennoch in einer vollkommenen Weise an ihm zeigten.

Er konnte ein viel krasserer Sophist sein als Walerij Brjusow; aber man muss hinzufügen, dass die Dialektik seiner «Sophismen» niemals wie bei Brjusow bis zur Skepsis herabsank, sondern beharrlich immer wieder den selben Punkt traf. Eine solche Beharrlichkeit in der unermüdlichen Wiederholung einer ein und für alle Mal als notwendig erkannten Maxime kenne ich nur bei Lew Tolstoj; aber Steiners «Mono-Intention» hatte tausend und aber tausend Varianten: Diese Intention richtete sich auf die Vielfalt, auf das Zusammenspiel von Facetten, auf die Erkenntnis, dass die Wahrheit zwar einfach, das Einfache jedoch schwer und nur auf Umwegen, durch das Komplizierte hindurch zu erreichen ist, das jedes Begriffs spottet; das Komplizierte wird einfach durch Kürzen von Zähler und Nenner; aber das geschieht nicht dann, wenn wir es wollen, sondern wenn die Möglichkeit des Kürzens sich ergibt!

In der Lehre von der «Viel-Saitigkeit» der Kultur war er ein konsequenterer Nietzscheaner als Nietzsche; nur Nietzsche fällt mir ein, wenn ich mir vergegenwärtige, wie die an Tolstoj gemahnende beharrliche Mono-Intention sich als funkelnde Vielseitigkeit entwickelte.

Aber Nietzsche war im Leben ein «Stiller», während Steiner mit der Beharrlichkeit Tolstojs zu hämmern und die «Viel-Saitigkeit» Nietzsches so stimmgewaltig zum Klingen zu bringen wusste, dass von allen von mir erlebten Persönlichkeiten ich einzig an Jean Jaurès denke, wie er im «Trocadero» wetterte. Aber Jaurès war im Vergleich zum Doktor ein «Hippopotamus»; er lief rot an, seine Bewegungen waren oft unmöglich; das Gesicht Steiners, der mühelos, mit selbstverständlichen leichten Gesten vor den dreitausend Menschen in der Berliner «Philharmonie» sprach, veränderte sich nicht; nur die Ader am Hals trat hervor.

Der Doktor donnerte ebenso wie Jaurès, viel-saitig; eigentlich noch viel-saitiger; aber am viel-saitigsten war sein Schweigen in den Pausen; ja, das Schweigen der Pausen! Und die «Stille» seines Auftretens bei den esoterischen Stunden! So ist wahrscheinlich die Stille der – Starzen.

Wo ist ein Modell für seine Gestik und Mimik? Merkwürdig: Das Gesicht war anders, die Augen anders, sämtliche Bewegungen anders, das Temperament völlig anders, aber eine Gemeinsamkeit trat manchmal hervor, in dem

Aufblitzen der Augen, manchmal in dem Brustklang seiner Bassstimme, in den beherrschten, leichten, blitzschnellen Bewegungen, trotz der vollkommen anderen Haltung, in der Zierlichkeit der Silhouette, in der Größe, eine Gemeinsamkeit mit – Michail Tschechow, wenn er in der zweiten Szene des ersten Aufzugs von «Hamlet», zum König sich wendend, sagt: «Nicht doch, mein Fürst, ich habe zu viel Sonne», wenn Hamlet seinen Vater anspricht, wenn Hamlet seiner Mutter ins Gewissen redet oder die sich nähernde Prozession mit Ophelias Leiche beobachtet; zuweilen sah der Doktor so aus, aber eben nicht auf der Bühne, sondern im Leben: Ich erinnere mich, wie er im Jahre 1914 bei der Generalversammlung hinter der Tür hervorschaute und irgend jemand suchte.

Stelle man sich die reiche Mimik Tschechows vor, umschließe diesen Reichtum mit der Hand, um einen Teil der kinetischen Energie in potentielle umzuwandeln, verzehnfache diese Energie und verankere sie in einem tiefen absoluten Zentrum – dann hat man ein «Modell» und kann etwas auch von Steiner einfangen.

Verbinde man dann den Schwung der Geste Tschechows mit der Handbewegung Nikischs – wenn man sich noch an ihn erinnert –, verkleinere Nikischs Radius, beschränke sich auf die kleinen Bewegungen des Stöckchens, das ein Orchester am Zügel führt, gebe ihm statt des Dirigentenstabs ein Kreuz oder den Hammer des Großmeisters einer Freimaurerloge, und man bekommt den Eindruck eines «Meisters des Kultus»; ich erinnere mich an den Bischof Trifon (Fürst von Turkestan) in einem Gottesdienst in der Erlöserkathedrale, der mich durch die geschmeidige Energie und Schönheit der priesterlichen Bewegungen seiner das Kreuz emporhebenden Hand tief bewegte; auch darin kann man, vom Konträren ausgehend, das heißt durch einen «Rikoschettschuss der Einbildungskraft» etwas vom Doktor finden, die Achse, um die sich die Gebärden konzentrierten.

Und wenn man ihm einen Gehrock anziehen, ihn mit der würdevollen Haltung einer Kraft panzern würde, die mit Überlegenheit den Ballast des Wissens trägt, dann käme etwas im besten Sinne Professorales dazu; solche elegante professorale «tenue» zeichnete früher, vor seinem Schlaganfall, Professor K. A. Timirjasew aus, wenn er, gemäß akademischer Tradition, beim Festakt mit dem Dreispitz in der Hand und purpurnem Ordensband über der Schulter erschien. Er verstand dieses Ordensband so zu tragen, dass es wie das Rot der Marseillaise erklang.

Seltsam, paradox (ein eigenartiger Rikoschettschuss!): Timirjasew und Rudolf Steiner! Unter Dutzenden von Facetten hatten beide eine gemeinsam: das Leichte, Feine, Elegante und – Mutige.

Aber womit, von allem was ich sah, könnte ich dieses wie mit einem Meißel durchgestaltete Gesicht vergleichen? Einmal habe ich ein solches Gesicht gesehen, im Dom von Monreale: ein betender Prälat in lila Seide mit einem Gesicht wie in Stein geschnitten, wie eine Kamee; aber in diesem Gesicht müsste man gleichzeitig das Gesicht des Erasmus von Rotterdam, mit wesentlich kleinerer Nase sehen, und das Gesicht jenes glattrasierten Derwischs in Kairuan, des Schlangenbeschwörers, diese Gesichter, drei Achsen eines Koordinatensystems, lassen die Grundstruktur seines Gesichts vor mir erstehen; manchmal gelingt es. Gewöhnlich ist es in Dutzende von Porträts zerstückelt; jedes enthält nur einen Zug, nicht aber das ganze Antlitz.

Und womit könnte ich sein Lachen – das offene oder das unterdrückte – vergleichen? Ein solches Lachen habe ich bei keinem anderen je erlebt: Es war zwar nicht das polternde Gelächter Wladimir Solowjows, aber die gleiche Vorliebe für Schalk, der sich mit Ernst verflocht und manchmal den höchsten Ernst verbarg: Der lachende Solowjow hatte einen schrecklichen Mund, der Mund Steiners war von hinreißendem Charme, er erweckte die Impression einer aufblühenden Rose.

Traurige Augen, aus der Nähe klein, schwarz, aus einiger Entfernung das ganze Gesicht beherrschend und wie Brillanten; die in die Stirn fallende Haarsträhne, die Kopfbewegung, mit der sie zurückgeworfen wurde – das alles hatte etwas von einem Komponisten; und manchmal erkannte ich im Pathos seiner gleichsam rein musikalischen Hingabe an ein Thema jenen Ausdruck, der mir einst auf einem Beethoven-Porträt aufgefallen war – im Einzelnen haben die Gesichtszüge nichts Gemeinsames.

Diese von mir gesehenen Farben zeigten sich noch in einer weiteren Nuance, in der Nuance des «Märchenhaften».

Der «freundliche Märchenerzähler» milderte den «Sophisten», die «Mono-Intention», den «Viel-Saitigen», den «Streiter», den «Stillen», den «Mimen», «Professor», «Meister» und so weiter; das Ganze, zu dem diese Facetten sich zusammenschlossen, war ein stilles und traurig-mildes Märchen.

Nein – ich gebe den Versuch auf, ein Negativ seines Porträts durch rikoschettierende Beschreibung anderer Personen herzustellen.

III

Rudolf Steiner als Vortragender und Pädagoge

«Und wenn ich dasjenige, was eigentlich nach einer bestimmten Seite hin Waldorfschul-Erziehung will, in ein paar Worten zusammenfassen will, so möchte ich zunächst präliminarisch selbstverständlich, nur heute sagen: Es handelt sich darum, die Doktorenerziehung zu einer Menschheitserziehung zu machen.»

Rudolf Steiner *(Gegenwärtiges Geistesleben und Erziehung)*

«Wir haben jetzt auch ‹Onkel›.»

Rudolf Steiner (zur Schülerin A. O.)

«Ich glaube genügend darauf hingewiesen zu haben, dass des Lehrers Autorität und der Glaube an ihn in der Geistesschulung keine andere Rolle spielen sollten, als dies der Fall ist auf irgendeinem anderen Gebiete des Wissens und Lebens.»

Rudolf Steiner (Aus der Vorrede zur fünften Auflage von *Wie erlangt man Erkenntnisse der höheren Welten?)*

«Der Geistesforscher tritt seinem Schüler entgegen mit der Zumutung: *Nicht glauben* sollst du, was ich dir sage, sondern es *denken* ...»

Rudolf Steiner *(Theosophie)*

«... darf der Mensch *sich selbst nicht verlieren.*»

Rudolf Steiner *(Wie erlangt man Erkenntnisse der höheren Welten?)*

«Tritt nun der Eingeweihte ... vor die Öffentlichkeit: Dann kommt für ihn sogleich ein drittes Gesetz in Betracht. Es ist dieses: Richte ... jedes deiner Worte so ein, dass durch dich in keines Menschen freien Willensentschluss eingegriffen wird.»

Rudolf Steiner *(Wie erlangt man Erkenntnisse der höheren Welten?)*

1

In Steiner lebte ein erstaunlicher Regisseur; die Tätigkeit eines Regisseurs besteht in der Koordination, ebenso wie die Tätigkeit eines Dirigenten; der Doktor war ein erstaunlicher «Dirigent» im weitesten Sinne des Wortes: Er dirigierte die Institutionen, die in der Gesellschaft ihren Anfang nahmen: Waldorfschule, Eurythmeum, Goetheanum, Jenaer Heilanstalt für seelenpflegebedürftige Kinder, Verlag «Der Kommende Tag» und so weiter. Seine Devise hieß überall: «Man muss ein Phänomen im Kreise anderer Phänomene sehen.» Er hatte die Gabe, ein Phänomen im Kreise anderer Phänomene zu sehen; der Horizont vieler Leute gleicht einem leeren Kreis; solche Menschen urteilen über alles, aber ihr Urteil ist leer; für ihn bestand der Kreis aus einer Fülle strömender und sich verflechtender Erscheinungen, im direkten und übertragenen Sinn des Wortes.

2

Wenn er in den überfüllen Vortragssaal kam, zog er es vor, dort zu bleiben, statt in das Dozenten- oder Künstlerzimmer zu gehen; wie vertraut war mir dieses Bild: Zehn Minuten vor Beginn des Vortrags stand in der Tür des überfüllten Saales der Doktor im aufgeknöpften Wintermantel mit Pelzkragen, eine Aktentasche oder ein Buch in der Hand, in Begleitung von Marija Jakowlewna oder Fräulein Waller; ich beobachtete das in Berlin, Kristiania, Leipzig, Dornach, Kopenhagen, Nürnberg; das von der frischen Luft leicht gerötete Gesicht, das charmante Lächeln – ein Winken mit der Hand, ein Kopfnicken, und er betrat den Saal; er legte meistens in einer der ersten Reihen vor dem Rednerpult seinen Mantel ab, zog ein Taschentuch hervor und putzte die Gläser seines Kneifers; setzte ihn mit einer raschen, eleganten Bewegung auf; mit erhobenem, leicht zurückgeworfenem Kopf blickte er geradeaus; der Gesichtsausdruck wechselnd – liebenswürdig, traurig, müde, gesund, drohend –, und die Gesichtsfarbe gleichfalls: rosig wie vom Widerschein der Morgenröte oder kreidebleich, mit zusammengepressten Lippen, gezeichnet von Trauer und bedingungsloser Entschlossenheit, oder grünlich-bleich, erschöpft, mutig dagegen ankämpfend; das Haar glatt zurückgekämmt, ein gerader Scheitel, eine widerspenstige Strähne, die sich nicht fügt und in die Stirn fällt; meistens sorgfältig frisiert; nur manchmal wirkt das Haar wirr, mit einem trotzigen Seitenwirbel. Das Haar, die Farbe und der Ausdruck des Gesichts wechseln, die Gesten bleiben dieselben: Er putzt die Gläser, hebt den Kopf, wirft den Kopf zurück; und der Blick geradeaus, der einen Punkt über den Köpfen der Anwesenden zu fixieren scheint, einen Punkt an der gegenüberliegenden Saalwand; als ob jemand zu ihm spräche; und er darauf antwortete; sein Selbst scheint vor ihm zu stehen. Ach, wie vertraut waren mir alle Nuancen seines Gesichts und der Ausdruck um die Lippen, nach über vierhundert gehörten Vorträgen! Manchmal schimmert durch seine Stimmung schon der Inhalt des Vortrags hindurch: der Ton des uns noch unbekannten Vortrags; ich habe den Eindruck gehabt, dass ich den jeweiligen Ton der grundlegenden Vorträge wie eine das Gesicht des Doktors umwehende Aura schon im Voraus wahrnahm. Oft dachte ich, wenn ich den Doktor in der beschriebenen Haltung dastehen sah: Es werden bedeutende Worte über Christus gesprochen werden. – Ein Etwas ging voraus, ein Etwas senkte sich über den Doktor; er schien streng, aber auch voller Wärme; ich möchte sagen – sogar heiß; seine Gesichtsfarbe, die unsichtbare, nur dem verfeinerten Bewusstsein sichtbar, war warm bis zum heißen Purpur glühender Rosen; natürlich ist alles, was ich jetzt sage, subjektiv; nicht subjektiv ist für mich nur die Tatsache, dass ich in gewissen Zeiten meines Lebens in der Nähe Steiners die Tonart des uns noch unbekannten Vortrags richtig erriet; den glühenden Purpur und die strenge, gütige und hingebungsvolle Liebe, die seiner Stirn, seinem Kehlkopf und seiner Brust entströmten, nahm ich – unabhängig von der Gesichtsfarbe – als ein «Wir werden von Christus sprechen» wahr.

Sobald er hinter dem Rednerpult stand, trat für mich immer deutlicher der Grundton des Vortrages hervor, begleitet von einer subjektiven Farbwahrnehmung, gleichsam einer Aura; eine bestimmte Atmosphäre verbreitete sich nach allen Seiten um ihn; Ton und Farbe dieser Atmosphäre waren für mich deutlich wahrnehmbar; selbstverständlich spreche ich nicht von einer optischen Wahrnehmung: sondern von einer inneren; aber sie wurde mir mit größter Zuverlässigkeit, wie ein Telegramm, vor Beginn eines Vortrags gesendet; der Doktor hatte sozusagen jeweils eine verschiedene Aura; außer dem glühenden Purpur seiner Worte über Christus konnte sie rosagolden, von blendendem Gold, rosa und weiß sein.

Das Gesicht Steiners spiegelte etwas von dem Inhalt des bevorstehenden Vortrags, der auch seine Gesichtsfarbe und die seelische Gebärde bestimmte und seiner Persönlichkeit jeweils etwas Hohes verlieh; er trug ein kaum zu beschreibendes Signum; und dieses Signum deckte sich mit dem Signum der Vorträge.

Ich will damit sagen, dass dieser Vorgedanke des Doktors wie ein Genius, fast sichtbar über seinem Kopf schwebte; ich hatte oft den Eindruck, als ob er – gehend, stehend, lesend oder liebenswürdig scherzend – im Gang zwischen den Reihen, am Rednerpult, in der Tür, auf der Bühne, von einer für uns unsichtbaren «Hütte» umgeben war. Da verstand ich das Wort des Evangeliums: «Herr, hier ist gut sein. Willst Du, so wollen wir hier drei Hütten machen.» So sagten die Apostel, als sie den verklärten Christus im Gespräch mit Elias und Moses schauten.

Bei manchen Vorträgen, noch vor Beginn, stand der Doktor da, leuchtenden Angesichts, leuchtend war nicht sein Gesichtsausdruck, nicht das Strahlen der Augen, nicht die optisch wahrgenommene physische Aura; das Leuchten war ein deutliches Zeichen seines Manas, des Berggipfels, der sich in anderen Klimazonen seelischer Regungen in Nebel hüllte; der Doktor, der in den Versammlungen Blitze schleudern konnte, hatte oft sein eigenes Strahlen gedämpft und war von dem Gipfel seines Selbst heruntergestiegen: in die Nebelsphäre der Gesellschaft; der Doktor beim Erläutern einer gnoseologischen Frage – ein weiterer Abstieg, in die Wolkenregion, wo der Ausblick auf die Landschaften des Bewusstseins und der Logik sich öffnete; der Doktor zu Hause oder als Regisseur, den die jungen Menschen ohne Scheu am Ärmel packten – das war der Doktor, der sich sozusagen auf den Wiesen erging.

Aber der Weg zu einem internen Mitgliedervortrag, einem Vortrag, der Licht in den Herzen entzünden sollte, war für Steiner die Besteigung des Gipfels seines Selbst; das war der Doktor, vor dem die Nebel und Wolkengürtel um die Gletscher sich teilten im Schein des klaren Gedankenhimmels; das Lichte über ihm war die «Hütte», in der er vor Beginn des Vortrags sich zu verwandeln und, sich verwandelnd, zu leuchten schien.

Vor diesen Doktor – wie gut wir ihn sonst kennen, wie oft wir uns mit ihm unterhalten mochten, vielleicht noch am selben Tag –, vor *diesen* Doktor traten wir mit dem Schauer höchster Ehrfurcht, denn jetzt war es nicht mehr die Person des Doktors, sondern das Individuum seines Geistes, in dessen Zentrum sich seine Person hineinbegab, und aus dessen Zentrum er sprach; Steiner war deutlich zu sehen; unsichtbar aber war die Umgebung seiner Person innerhalb der «Hütte», unerkannt, woher oder von wem dieser unsichtbare Schein auf den Doktor fiel, auf diesen Mann im schwarzen Gehrock mit der locker gebundenen schwarzen Seidenschleife; unklar blieb, zu wem er eigentlich sprach, außer den ihm zuhörenden Mitgliedern; zweifellos: Er sprach außerdem noch mit jemand anderem; ich lasse die Träume von Tanten, und nicht bloß von Tanten, beiseite, die öfters behaupteten, in Augenblicken höchster Spannung – in Kristiania, Leipzig, Köln und einmal in Helsingfors – Umrisse leuchtender, Steiner umgebender Gestalten gesehen zu haben; das ist wohl alles Romantik, Theosophie, das sind Ermüdungserscheinungen des Auges, «Nach-Bilder» (vielleicht nicht nur); für mich, einen achtundvierzigjährigen Mann, festigte sich nach langjährigem Nachdenken über verschiedene Momente der Vorträge die Überzeugung: Das leuchtende Angesicht war eine Realität; es war nicht das Leuchten eines seelischen Aufflammens; es war eine Erscheinung höherer, ich möchte sagen, geistiger Ordnung, die in Steiners Gegenwart nicht erwähnt werden durfte, und die in den «Mythen» der Tanten zum grob physiologischen Zerrbild gerann.

Man stand vor der Frage: Wer zelebriert mit ihm in der «Hütte» den Vortrag? – Und die Seele antwortete: Die himmlischen Heerscharen ... zelebrieren dort; und so ist das sich mir aufdrängende Bild der Hütte zu verstehen und der in uns, den Zuhörern, aufsteigende Wunsch, eine «Hütte zu machen», als sähen wir den Doktor, leuchtenden Angesichts, zwischen Moses und Elias.

Der Doktor der Dornacher Proben, der blitzeschleudernde oder als «lachlustig» erlebte Doktor, war ein ganz anderer als *dieser* Doktor; über *diesen* Doktor wagten wir nicht zu sprechen; *diesen* Doktor sahen wir, soweit wir nicht völlig blind waren, mit Augen.

Das war der Autor der Zyklen «Christus und die geistige Welt» (Leipzig), «Das fünfte Evangelium» (Kristiania), «Die Bhagavad Gita und die Paulusbriefe».

3

Und der «Herr Doktor» selbst, das heißt die Person, ein Mann mittlerer Größe, der schnell den Kneifer aufsetzte und mit einem Adlerblick den ganzen Saal erfasste – der «Herr Doktor» änderte sich nicht: dieselbe Höflichkeit, das gleiche freundliche oder reservierte Kopfnicken innerhalb des durch die Wände begrenzten Raumes; dieselbe unheimliche Fähigkeit, die vielfältigsten Verflechtungen zu erfassen: Personen, ihre Gesichter, Gesten, offenkundige und verborgene Äußerungen. Steiner sah tatsächlich alles: Während er den Saal betrat und den Blick nach vorne richtete, sah er: Herrn Sowieso, der dort in einer bestimmten Haltung Fräulein Sowieso ein Buch eines bestimmten Formats überreicht – nach dem Format erkannte er wahrscheinlich auch den Inhalt dieses Buches und den Anlass, aus dem es überreicht wurde –; dort eine Gruppe von Menschen, jeden einzeln, die scheinbar außerhalb seines Blickfeldes stehen; den verlegenen Herrn X., der vor seinem Blick nach der entgegengesetzten Seite des Raumes flüchtet, weil er sich seiner eigenen Gedanken schämt; er sah gleichfalls, wie jemand gekleidet war, in welcher Stimmung der sich befand, wer ihn sprechen und wer ihm aus dem Wege gehen wollte; und gleichzeitig unterhielt er sich mit den ihn umringenden Menschen und hatte den Inhalt des Vortrags vor Augen. Bei diesem Anblick konnte man denken: Das Ohr hört dem Sprechenden zu, aber die Augen sind auf den Gipfel des Berges Tabor gerichtet – und sehen nicht; um die zusammengepressten Lippen eine kaum merkliche Falte des Vorwurfs und Tadels: Ich sehe dich wohl, mein Freund; du hast allen Grund, dich zu verstecken! – die von dem sich versteckenden X. als bittere und strenge Mahnung empfunden wird und ihm manche schlaflose Nacht, bis zur Absolution beschert; und während all dem schien Steiner mit allen Poren die vielfältigen seelischen Voraussetzungen, die die Seelen der Versammelten ihm entgegenbrachten, in sich aufzunehmen; das alles bildete dann die Grundstruktur des Vortrags, indem es eine Verbindung mit dem Vor-Gedanken des Vortrags einging: Das eine blieb ungesagt, ein anderes wurde mehrfach variiert; einiges musste ungesagt bleiben wegen des zerstreuten Lebens des Herrn X. während der letzten Tage, einiges musste wiederholt werden für die alte Dame, die zu dem Vortrag aus der Nachbarstadt angereist war.

Jedem das Seine.

In den zehn Minuten, die dem Vortrag vorausgingen und die Steiner – so war es damals – im Vortragsraum zu verbringen pflegte, liefen automatisch ungeheure Arbeitsvorgänge ab: ein systematisches Aufnehmen von Informationen über die Aura des Auditoriums und die Zusammensetzung der Hörerschaft. Zu dem intuitiven Blick und zu der Fähigkeit, blitzschnell alle und alles aufzunehmen, kam bei Steiner ein unglaubliches Beobachtungsvermögen für das äußere Leben. Darüber hat er sich selbst des Öfteren geäußert: «Man meint, dass das Erkennen der Tatsachen der geistigen Welt irgendwo dort beginnt; aber es beginnt bereits hier; und der erste Schritt dazu ist verzehnfachte Aufmerksamkeit gegenüber den Einzelheiten!» Die Aufmerksamkeit gegenüber den Einzelheiten, die mancher als Kleinlichkeit auslegen könnte, machte das Besondere des Vortragsredners Steiner aus, unabhängig davon, ob er leuchtete oder nicht: Der «Herr Doktor» blieb sich immer gleich: Und wenn der ertappte X. auf Steiner zugegangen wäre, hätte sich nichts Auffallendes ereignet: Der Doktor hätte mit ihm genau so gesprochen wie immer.

Aber wir, die wir den Doktor so oft bei Mitglieder- und halböffentlichen Vorträgen erlebt haben, ließen uns nicht täuschen. Wir wussten, dass in den Augenblicken, da der leuchtende Aspekt Steiners in seinem Zwiegespräch mit der höheren Welt hervortrat, sein Blick für die Erscheinungen des physischen Plans nicht getrübt, sondern geschärft wurde; gerade diese Augenblicke waren es, in denen er das Verborgenste eines jeden von uns erkannte; in einem nicht zu beschreibenden, nicht festzuhaltenden Zug seines Gesichts, das regungslos zu sein schien, konnte jeder eine für ihn bestimmte Antwort ablesen; mit «jeder» meine ich jene, die wenigstens an einem einzigen Punkt ihrer seelischen Welt, und wenn auch nur ein einziges Mal, sich als «Schüler» Steiners erwiesen hatten.

Und auch darin, in dieser Verbindung von konzentrierter Ruhe und dem diese Ruhe umschwebenden flüchtigen, im Mienenspiel andeutungsweise zum Ausdruck kommenden Lächeln, Halblächeln, Zorn, der Traurigkeit, freundschaftlichen Teilnahme, mutspendenden Liebe und so weiter – in dieser Verbindung offenbarte sich uns allen die verfremdende Wirkung des Lehrers Steiner; man konnte mit seinen Büchern arbeiten; man konnte ihn zu Hause aufsuchen; in beiden Fällen erhielt man auf eine klar formulierte Frage eine erschöpfende klare Antwort; aber man konnte auch sein Gesicht studieren, sich allmählich mit diesem Gesicht verbinden; er forderte ja selbst den wachen Blick; und dann – dies ist eine Tatsache, die von Dutzenden vertrauenswürdiger Zeugnisse bestätigt wird –, dann begann das wortlose Gespräch des Doktors mit dem Betreffenden: «Symbole sprechen nicht, sie deuten nur hin.» In dem Zuhörer spielte sich vieles ab, bis plötzlich ein Ausdruck aus der Skala des fast unsichtbaren Mienenspiels einschlug wie ein Blitz, blendend, in seiner Seele stetig wachsend und über Wochen wirksam; und so wie wir beim Betrachten einer Photographie sagen: Dieses Gesicht drückt Zorn, Freude, Wohlwollen, Tadel aus, es mahnt zur Geduld –, ebenso besagte solch ein Zug, wenn er das Bewusstsein traf, deutlicher als alle Worte, dass er *dich* meinte, und nicht den Nachbarn; der Nachbar, der ebenso das Mienenspiel wahrnahm, sah diesen Blitz nicht, sondern bloß eine der Nuancen, die den Grund des Gesichts wie Wellen überspülten; ihn hatte möglicherweise der vorausgehende, der dich nicht berührende Ausdruck getroffen.

So konnte das Gesicht des Doktors in den Augenblicken des Leuchtens (während des Vortrags, vorher oder nachher) zu allen insgesamt und zu jedem Einzelnen sprechen.

Und im Gewissen der Menschen lebten als Freude oder Niedergeschlagenheit nicht die empirischen ausgesprochenen Worte des Doktors, sondern die gesehenen, unausgesprochenen Worte der Gebärden, in denen Steiner, über den «Herrn Doktor» hinausgehoben, vom Gipfel des Manas-Tabor mit dem wahrhaft geistigen Blick des Lehrers hinabschaute, einmal strafend, einmal segnend, aber immer voller Liebe, dem Gewissen immer Hilfe bringend.

Der Doktor wirkte in gewissen Momenten verfremdet durch die reale Verbindung von geistigem Scharfblick, der einer Hellsichtigkeit gleichkam, und dem nüchternen Scharfblick im gewöhnlichen, empirischen Sinn; er sah alles als aufmerksamer Beobachter; und er schien den Menschen zu durchschauen, wenn die Hütte über ihm war, in wichtigen und außerordentlichen Augenblicken.

Vor solchen Augenblicken und nachher konnte er vieles einfach übersehen; auf manches reagierte er einfach nicht.

4

Die Gebärden dieses Mannes waren wunderbar – als Ganzes und jede einzeln; ich habe seine Bewegungen während des Vortrags immer beobachtet, die willkürlichen und die unwillkürlichen: Sie sind nicht aufzuzählen; sie veränderten sich; aber manche wiederholten sich, wie das Thema in Variationen.

Jetzt tritt er hinter das Rednerpult, legt die Arme darauf, schließt die Hände um die Kanten des Pults, lässt den Blick langsam durch den Vortragssaal wandern, wendet dabei ebenso langsam den Kopf, um dann geradeaus zu blicken, die Augen leicht zusammenzukneifen und zu senken: Und dann ertönt das deutliche, laute, aber im Vergleich zu den Höhepunkten des Vortrags ganz leise: «Sehr verehrte Anwesende» – wenn es ein öffentlicher Vortrag ist – oder «Meine lieben anthroposophischen Freunde» – ein Mitgliedervortrag – und schließlich «Meine lieben Schwestern und Brüder» – bei einer esoterischen Stunde. Pause. Dann eine geschickte Einleitung, manchmal eine Anekdote, manchmal ein Hinweis auf Goethe, Novalis, Herman Grimm, einen zeitgenössischen Professor; ein frappierender Hinweis auf eine frappierende Episode – unter den Zuhörern Staunen, Gelächter, Spannung; und plötzlich – mit einer Wendung des Gedankens – der Einstieg in das Vortragsthema: in medias res.

Wie sehr liebte ich diese eleganten Einführungen, die manchmal voller Charme waren, manchmal hinter einem ausgefeilten Satz das kaum zu bändigende Thema ahnen ließen; wie oft bewunderte ich die Perfektion seiner Sätze, die ausgewogene Architektonik der Satzfolge in manch einem seiner öffentlichen Vorträge im Architektenhaus; in diesem Stadium (in den ersten zehn bis fünfzehn Minuten) hielt Steiner offensichtlich die Stimme, die aus seiner Brust drängen wollte, zurück; mit einer Hand, dann mit der anderen, die sich vom Pultrand löste, machte er eine ruhige und sichere Bewegung, einen mäßig großen Kreis, den er über dem Pult beschrieb; dann fasste die Hand von neuem den Pultrand, manchmal beugte er sich mehrmals nacheinander darüber, als wollte er sich vor jemandem verneigen; manchmal war die Verbeugung tief, rasch, unvermittelt; sie begleitete jeweils einen satirischen, aus dem Vortrag sich ergebenden Einfall: Ich erinnere mich, wie er am Anfang eines Vortrags den Begründer der Psychophysik, Fechner, erwähnte, den er offenbar schätzte, und eine Begebenheit aus dem Leben Fechners erzählte: «Aber die Mama Fechner dachte ganz anders ...» Dieses überraschende Auftauchen der Mama in der Studierstube eines Gelehrten, die, aus der Küche einer kleinen deutschen Wohnung kommend, ihre eigene Meinung zu einer wissenschaftlichen Frage äußert, nicht aus der Laboratoriums-, sondern aus der Küchenperspektive, das war, wie ich inzwischen wusste, ein überraschender Einstieg in das eigentliche Vortragsthema; plötzlich, noch bevor er weitersprach, funkelte Steiners lustiges, ein wenig verschmitztes Lächeln, er setzte den Kneifer auf, umklammerte mit beiden Händen die Pultkante, neigte sich tief und sagte prononciert: «Aber die Mama Fechner ...» – Pause, Gelächter.

«Aber, meine lieben Freunde, diese Antwort ist überhaupt nicht komisch: Die Mama Fechner hatte durchaus recht – von ihrem Standpunkt aus ...» – der Kneifer flog von der Nase, Steiner lehnte sich zurück: «Sehen Sie» ... – seine Stimme wurde lauter: Jetzt begann die energische Entwicklung des Themas aus einer Episode. In der Fähigkeit, eine weltweite Frage aus einer Anekdote zu entwickeln und umgekehrt, ein umfassendes Thema in eine Anekdote münden zu lassen, war Steiner unvergleichlich, die Gedankenzüge seiner Vorträge funkelten, interferierten, die Anekdoten waren Erholungspausen, die das Gewicht der aufgeworfenen Fragen dem Bewusstsein besonders fühlbar machten; er verfuhr allerdings nicht bei allen Vorträgen auf diese Weise, er verfügte über unzählige Nuancen des Vortrags.

Das Thema entwickelte sich; und er war ein anderer: nicht mehr zurückhaltend, nicht mehr bemüht, die Stimme zu dämpfen, nicht mehr bemüht, die Woge des Inhalts durch gemessene kreisförmige Bewegungen der fein geschnittenen Hand zu bändigen: Den Oberkörper weit zurückgelehnt, die Arme vom Pult weg, seitlich ausgestreckt, wirft er nach uns mit immer mehr anschwellender, gleichsam von Klippe zu Klippe in Abgrundtiefe stürzender Stimme; und das Satztempo steigert sich, steigert sich, es ist die Beschleunigung von in den Abgrund stürzenden Massen; die Augen leuchten und scheinen vor dem Unsinn der angeprangerten Philosophie oder quasi-wissenschaftlichen Meinung sich zu weiten – jetzt geht es nicht mehr um die Mama Fechner; die zu Hilfe gerufene Mama schwebt jetzt als zornige Erinnye über ihm; in solchen Augenblicken ist Steiners Stimme wie Donner, seine Halsader schwillt an, die Augen – Feuerräder – treffen uns mit sprühendem Leuchten, die Hände, von der Pultkante gelöst, emporgehoben und auf Kopfhöhe dem Himmel entgegengehalten, scheinen die Erinnye auf diesen stumpfsinnigen und abstrakten Punkt herabzubeschwören, gegen den er wettert; einen Moment später: Seine Augen sind nach oben gerichtet; die Stimme kommt dem Wirbelsturm des Gedankens nicht nach, erhebt sich noch einmal – und ebbt ab; es scheint, dass sie dort oben, wohin sie mit Blitzesschnelle aufgestiegen war, immer noch laut tönt. In solchen Momenten glaubte ich zu empfinden, dass Steiner, plötzlich über sich selbst sich erhebend, über seinen eigenen Kopf hinweg als rollender Donner auf uns zukam; die sich vornüber beugende Figur war nicht der Doktor; es war «jemand», der sich automatisch bewegte, dem Zeichen des «anderen», des höheren Doktors folgend; jetzt war er Jemand – großgeschrieben; jetzt galt es zu hören: Dem aufnehmenden Bewusstsein leuchtete plötzlich hinter der raschen Folge von Sätzen, Inhalten, Verknüpfungen, gleich dem Regenbogen in den zerstiebenden Tropfen einer Fontäne, verblüffend, blitzartig der Sinn des mit Worten nicht Ausgesprochenen auf; wie oft glaubte ich, dass in diesen Momenten etwas gesagt worden sei, was später in den Stenogrammen nicht wieder zu finden wäre; das war nicht bloß mein Eindruck, sondern galt für alle, die den Rhythmus seiner Vorträge wirklich kannten; der Hintergrund der Worte wurde deutlich und die unsichtbare Hütte, die ihn umgab, nahm auch uns auf: nein, nicht alle, sondern nur jene, die mit den anderen Ohren hörten; mitschreiben war sinnlos; er hat ja auch selbst gebeten: «Schreiben Sie nicht mit, sondern hören Sie.» Er meinte: Hören Sie mit den anderen Ohren.

Wenn der Flug seiner Gedanken nicht mehr ein Satz, viel mehr der Zickzack eines Blitzes war, dann senkte sich seine Stimme bis zum Flüstern; er neigte plötzlich die Stirn über das Rednerpult, wie ein Priester beim Gottesdienst vor dem Altar, vor dem, zu dem er sprach; die Hände umklammerten wieder das Pult; die Nase schien darüber einen Takt zu schlagen, die Augen schlossen sich; in solchen Momenten glaubte man, es sei völlig still: die Lautstärke und der Fluss seiner Rede seien gleich null; aber in Wirklichkeit waren dies die Augenblicke des Sturms; und da fielen mir die Worte Nietzsches ein: «Gedanken, die mit Taubenfüßen kommen, lenken die Welt.» Pause. Er verstummt über dem Pult. Und dann wieder gelassen, nur etwas blasser, automatisch nach dem an der Schnur baumelnden Kneifer greifend, musterte er die Anwesenden mit einem ernsten, unaussprechlich bedeutsamen, unaussprechlich leiderfüllten, manchmal strengen Blick; er schien auf etwas zu warten; vielleicht wartete er auf eine Welle, die von uns als Antwort auf die von ihm ausgesandte zurückströmte; vielleicht lauschte er den Herzen; wahrscheinlich nahm er mit seinem Herzen die Schritte jener «Taubenfüße» wahr, von denen Nietzsche spricht und die von vielen von uns in diesen «stillsten» Augenblicken zwischen dem Aufbranden während der Vorträge vernommen wurden. In der Erinnerung verbinden sich solche Momente für mich mit den Gedichten Wladimir Solowjows:

Im leisen Hauch der Lüfte
Erkannt' er Gott.

In solchen Augenblicken stand er vor uns – als Erkennender und schien zu lauschen, schien erkennen zu wollen: ob wir ebenfalls Erkennende wären; er blickte uns mit Augen an, die wie riesige, traurige Edelsteine waren, wie mit Tränen erfüllt, Tränen der Liebe und des Leids: der Liebe zu «dieser Welt», und des Leids, weil sie «im Argen liegt»; manchmal beendete er in einem solchen Augenblick den Vortrag; und wir, aufgerüttelt – der Ausdruck ist eigentlich zu schwach –, wir, die wir für einen Augenblick das Unbegreifliche begriffen und uns das nicht vor uns Seiende, aber in Wirklichkeit Seiende für einen Augenblick vergegenwärtigt hatten, wir versuchten erst gar nicht, uns gegenseitig durch Blicke darüber zu verständigen, was uns geschah; seltsamerweise konnten wir uns nach einem solchen Vortrag nicht trennen; aber wir konnten auch nicht darüber sprechen; so luden wir uns gegenseitig in ein Café ein; in einem Berliner Café, bei den banalen Klängen «dieser Welt», bei kreischender Geigenmusik, bei Chansons, erlebte mancher von uns die Wiedergeburt der Seele: Solche Augenblicke blieben unvergessen und wurden durchs ganze Leben hindurchgetragen; keine Symphonie hätte als würdige Begleitung eines solchen Moments genügen können; die Seele verlangte «positive Unendlichkeit» – da zogen wir die «negative Unendlichkeit» der Caféhausgeigen den leeren Worten vor; mancher von uns wurde zornig, wenn ihn zuweilen das Tantenwort erreichte: «Das war – so etwas, so etwas ...» Am liebsten hätten wir sie zum Schweigen gebracht.

5

In diesen stillen Augenblicken seines leisen, weißen Donners – oh, es waren nicht mehr Worte – waren auch seine Gebärden erstaunlich plastisch, präzis und völlig unwillkürlich: Sie fügten sich zu Zeichen zusammen; als Beispiel eine dieser Gebärden: Der hochgestreckte Arm zieht deutlich und langsam eine Linie nach unten; diese Gebärde ist eine natürliche Untermalung der Worte; dann eine Pause in der Gestikulation; und dann, mit demselben, diesmal seitwärts ausgestreckten Arm, zieht er vor sich eine Horizontale; und wieder ist die Linie eine unwillkürliche Untermalung des Gesagten; aber die so entstandenen, sich überschneidenden, sich exakt kreuzenden Linien entsprechen dem zwischen den Inhalten zweier benachbarten Sätze liegenden dritten Inhalt, einem bedeutungsvolleren, ebenso wie auch das Kreuz eine Figur ist und nicht bloß eine Summe von Linien; und wieder eine Pause; dann beschreibt er – ebenso unwillkürlich – einen Kreis um das Kreuz: Es entsteht ein eingeschriebenes Kreuz; und schließlich macht er, völlig natürlich, unreflektiert, einen einzigen Schritt – und steht in der Achse des eingezeichneten Kreuzes mit seitwärts ausgestreckten Armen und *ist* das eingeschriebene Kreuz.

Bewegungen dieser Art, unwillkürliche Bewegungen, waren nicht zu übersehen; im Moment der Bewusstseinserweiterung nahmen die Details an Bedeutung zu; das Beobachtungsvermögen steigerte sich; wir nahmen in solchen Momenten nicht nur die Regungen seines zu einem Antlitz geläuterten Gesichts wahr, sondern auch die Gebärden, die Summe der Gebärden und die daraus sich ergebende Figur.

Die Aufmerksamkeit erreichte in solchen Momenten ihre äußerste Grenze: Und es gab eine solche Grenze; manchmal hielten wir einen solchen Vortrag durch, und das Tagesbewusstsein blieb mit dem anderen, nicht verstandesmäßigen, dem Bilderbewusstsein gleichgeschaltet; aber es traten Augenblicke ein, in denen die beiden Bewusstseinsarten auseinanderklafften; dann wiegten wir uns im Rhythmus seiner donnernden Stimme und erzeugten Bilder: Da – ein Ball steigt auf; das ist die Sonne; da – ein Glanz entströmt ihr. Aber dann fuhr man zusammen: Träume ich? – Wie oft erlebte ich im Halbtraum solche auftauchenden Bilder, aber in solchen Momenten entstanden – ich konnte es rückblickend feststellen – keine beliebigen, sondern dem verpassten logischen Inhalt des soeben Gesagten entsprechende Bilder: Was träume ich da! Was ist das für eine Sonne? Nein, ich muss wieder zuhören: Der Doktor – was sagt er gerade? – Und da stellt sich heraus: Er spricht von der geistigen Sonne; und im Folgenden verknüpft er die Sonne mit der Herztätigkeit; und – mit Christus. Das ist es! Ich habe ja eben eine Sonne gesehen ... – man staunt und kehrt ins Tagesbewusstsein zurück.

Das, was ich hier skizziere, ist keine Einbildung: Es ist eine Tatsache, die von Dutzenden, von Hunderten von Zuhörern mit einer Erfahrung aus vielen verschiedenen Vorträgen bestätigt wurde; «es» begann nicht gleich beim ersten Vortrag: «Es» begann erst später; und schließlich wurde «es» überwunden: Man erlangte die Fähigkeit, mit zwei Paar Ohren zu hören, mit zwei Paar Augen zu sehen und auf zweierlei Weisen zu begreifen. Zahlreiche naive Zuhörer auf dem Höhepunkt seelischer Erschütterung wurden ausgerechnet in den Momenten starker Anspannung von einem unwiderstehlichen Schlafbedürfnis überwältigt; diese naiven Zuhörer schliefen dann ein, nicht aus mangelnder Aufmerksamkeit, sondern aus übersteigerter Aufmerksamkeit, die die eigentlichen, noch ungenügend entwickelten Aufmerksamkeitskräfte erschöpften; bei internen Vorträgen des Doktors konnte nur eine durch meditative Praxis gestärkte Aufmerksamkeit durchhalten; ohne eine solche Vorübung wurde man einfach vom Schlaf überwältigt; auch das ist eine durch Hunderte von Beispielen belegte Tatsache; es bildete sich sogar eine Tradition heraus: die Eingeschlafenen, die sich nachher schämten, zu trösten: «Beruhigen Sie sich, das ist kein gewöhnlicher Schlaf; und der Doktor wird es Ihnen bestimmt nicht übel nehmen, die anderen finden auch nichts dabei; es war bei allen so.» Auch ich wurde einmal so getröstet; und so tröstete ich andere. Dies wurde durch eine Verschiebung in den Rhythmen des Ätherleibes erklärt, der sich erst allmählich der starken Dosis Steiners anpasste.

Und schließlich gab es noch ein Phänomen, das nur bei den intimsten Mitgliedervorträgen, niemals bei öffentlichen, auftrat: Das waren Ohnmachten einer ganz bestimmten Art: ein plötzliches Auseinanderklaffen des höheren und niederen Bewusstseins; ein Mensch hörte zu und kippte plötzlich um; er wurde hinausgetragen; dieses Umkippen und Hinausgetragenwerden sah aus wie Epilepsie bei Nichtepileptikern; aber bei diesen Ohnmachtsanfällen gab es weder Krämpfe noch Übelkeit noch irgendwelche gesundheitsschädigenden Nachwirkungen; später ließ ich mich von solchen Zwischenfällen überhaupt nicht mehr stören; der Doktor sprach: Und ab und zu entstand hier und dort Unruhe; hier wurde jemand hinausgetragen, dort wurde jemand hinausgetragen; weder Steiner noch wir ließen uns dadurch stören; bei einer normalen Ohnmacht oder einem wirklichen Anfall war Steiner als Erster zur Stelle; aber bei Zwischenfällen dieser Art drehte er sich nicht einmal um. Hinausgetragen werden mussten solche Menschen, die mit der Kraft ihrer Aufmerksamkeit nicht bis zum Ende des Vortrags weise haushalten konnten, im Laufe der Zeit lernten wir, diese Kraft zu beherrschen; die Vorträge Steiners waren in erster Linie praktische Übungen in meditativer Aufmerksamkeit. Nachdem wir diese Art von Aufmerksamkeit bei seinen Vorträgen erlernt hatten, wandten wir sie auch beim Studium seiner Texte an.

Der ganze Leipziger Zyklus (1913–1914) war von solchen Zwischenfällen begleitet; auch ich, der schon über einige Erfahrung im Zuhören verfügte, wäre beinahe umgekippt; der verstorbene T. G. Trapesnikow musste hinausgetragen werden und war anschließend sehr verlegen, denn er war bereits ein langjähriger «Schüler». Alles in allem: Die Gewalt der Sprache, der Stimme, des Inhalts, der Gebärde und der Mimik des Doktors übertraf fast alles, was ich je gehört hatte, ausgenommen … den Zyklus von Kristiania vom Herbst 1913: In beiden Fällen sprach er von Christus.

So sprach er von Christus.

Oder – er sprach überhaupt nicht von Christus.

Und hier sollte ich noch einen seiner Wesenszüge erwähnen: seine tiefe, wahrhaft moderne Religiosität. Aber darüber später.

6

Seine Vortragszyklen sind unvergesslich; in ihnen bewies sich seine Einzigartigkeit. Man musste einige von ihnen gehört haben, um einzusehen: Nach einem einzigen Zyklus kann man weder über Steiner als Vortragenden noch über seine Vorträge urteilen. In jedem Zyklus war er ein anderer; ich meine nicht das Thema und auch nicht Einzelheiten der Gestik, Mimik, Intonation; eine C-Dur-Tonleiter enthält sieben Töne, und aller Reichtum der individuellen Melodien ist in diesen sieben Grundtönen, den Gebärden, vorgegeben; ich meine ein Gefüge von Intonationsgebärden, ein Phänomen, das ich an keinem anderen Redner beobachtet habe.

Wenn man einen Redner oft gehört hat, merkt man sich seine typischen Gesten; damit ist die Sache erledigt; später registriert man lediglich eine bestimmte Geste an einer bestimmten Stelle und stellt fest: Kenne ich schon.

Nur an Steiner konnte ich etwas beobachten, was ich an keinem anderen Redner beobachtet habe: die Melodie des Gebärdengefüges; in jedem Kurs war sie eine andere und jeder Zyklus hatte sein eigenes unwiederholbares Gestikulations-Thema.

Ich meine ein völlig unwillkürliches Verhalten, das man sich niemals künstlich aneignen kann; all dies – die Melodie des Mienenspiels, der Intonation, der unwillkürlichen Haltung – erschien mir als Folge einer staunenswerten Herrschaft des höheren Ichs über die psychophysiologische Organisation des Redners. Deshalb konnte man außer vom thematischen Inhalt des Zyklus auch von seiner «symphonischen» Instrumentation sprechen.

Ich erlebte diese Zyklen, abgesehen von ihrem moralischen und Ideengehalt, auch noch als «Symphonien»; die Kurse Steiners sind bis jetzt kaum als ästhetisches Phänomen untersucht worden; ebenso wenig die Tatsache, dass die einzelnen Vorträge so etwas wie Akte eines musikalischen Dramas bedeuten, bei dem Dichter, Komponist und Darsteller ein und dieselbe Person sind; genauso wie wir sagen: Tschechow hat einen neuen Chlestakow geschaffen –, können wir feststellen: Der Ausführende Steiner hat mit diesem Kurs einen neuen Typus geschaffen. – Die Wirkung dieser musikalisch-dramatischen Gestaltung zeigte sich so, dass die Vortragsthemen auf doppelte Weise in meiner Seele sich spiegelten:

als Ideengehalt und als ein bestimmtes musikalisches Thema, auf das ich in meinem Inneren mit eigenen Bildern und Farben reagierte; so, durch diese Farben und Bilder, beteiligte ich mich gleichsam am Thema des Zyklus, indem ich es mit meinen eigenen Farben ausmalte; und besonders erstaunlich ist die Tatsache, dass in Jahren der Erinnerung diese Kurse ausgerechnet in diesen meinen Farben, die dem Vortrag Neues hinzufügen, vor meiner Seele erschienen; und als ich in der Folge diese Zyklen las, erlebte ich sie als Negative jener Formen, die sich in mir aus dem Erleben der Musikalität des Zyklus gebildet hatten, seiner Melodie, der Gebärde, dem Unausgesprochenen, aus dem Funken neuer und in keinem Kontext stehender Sinngehalte.

Die veröffentlichten Texte der Zyklen sind lediglich Partituren erklingender Arien und Chöre, die bei bestimmten Voraussetzungen unhörbar waren, während sie bei anderen Voraussetzungen dominierten.

Jeder Kurs lebt in meiner Seele als eine völlig subjektive farbig-musikalische Impression, als Hintergrund für das Erleben des einen oder anderen Vortrags, der einen oder anderen Stelle.

Zum Beispiel der erste von mir in München gehörte Zyklus «Von der Initiation. Von Ewigkeit und Augenblick. Von Geisteslicht und Lebensdunkel» steht vor mir wie eine strenge Symphonie von tiefen, samtschwarzen Klängen des kosmischen Abgrunds, in dem unsere Leiber gebildet wurden; und der Mensch, zu einem Leib gebildet, hebt sich von diesem strengen, dunklen, bodenlosen Hintergrund ab, mit seinem blassen, unaussprechlich schönen, unaussprechlich traurigen Gesicht; er ist allein; er steht vor der schicksalhaften Entscheidung, entweder in den samtdunklen Abgrund zurückzusinken oder mit äußerster Anspannung und durch eine totale Revolution des Bewusstseins die graue Finsternis zu überwinden; und hier geht das Thema in ein Mysteriendrama dieses strengen, traurigen, einsamen, schönen Wesens über, mit dem durchscheinenden, vor äußerster Anspannung silberblassen Gesicht; alle Bewegungen bei diesem Ringen sind ruhig und langsam; aber sie sind komprimierte Stürme; er bahnt sich den Weg durch das samtene Dunkel: Plötzlich leuchtet er auf; ein unsichtbarer Purpurmantel scheint sich um seine Schultern zu legen und ein silberweißer Adler über seinem Haupte zu schweben; ein Punkt im samtenen Dunkel – aufleuchtende Sterne; und auch von ihm heraufleuchtende Sterne; Licht zu Licht; plötzlich schwebt ein Etwas hervor und wird, selbst ein Blitz, von Blitzen davon getragen; das Dunkel geht in ein Ornament aus Blitzen über.

Das Dunkel kosmischer Abgründe – das war der ständige Auftrag des Zyklus; der Ausführende, der Mensch, war der Doktor, ein Darsteller; der Moment des purpurnen Aufleuchtens – das Erwachen des Astralleibes über dem Ätherleib und das Aufgehen des Blitzes in Blitzen – der Sprung des Menschen in die astralische Welt.

Der Doktor, der Darsteller, führte mir den Zyklus «Von der Initiation. Von Ewigkeit und Augenblick. Von Geisteslicht und Lebensdunkel» vor.

Pantomimisch brachte er die Melodie zum Ausdruck, die den Kurs durchzog: «Mit Angst und Bangen tritt vor das Geheimnis der Nacht.»

Auch der Höhepunkt des Kurses, der folgenschwere Sprung: Das alles war dargestellt.

Wer nur diesen Zyklus gehört hätte, der könnte sich Steiner kaum anders als streng, fordernd, blass und traurig vorstellen; und der Doktor würde in ihm von Ehrfurcht und ... ein bisschen Angst umschauert weiterleben.

Zwei Wochen später – der Zyklus: «Das Markus-Evangelium». Kein einziger von den Tönen des vorhergehenden Zyklus; es sprach ein anderer Mensch, in einer anderen Tonart, auch die Farbe des Zyklus war eine andere; der Doktor ging auf der Bühne auf und ab, jung, rasch, frisch und irgendwie – «rosafarben»; das «Rosafarbene» war nicht seine Gesichtsfarbe, sondern ein gewisser Reflex, der auf ihn fiel; als ob er in rosafarbenen Strahlen stände, er schien sich darüber zu freuen, auf seinen Lippen blühte ein staunend-freudiges Lächeln über die sich eröffnenden historischen Perspektiven; die Armgebärde war nicht auf die Überwindung des kosmischen Dunkels gerichtet: In dem vorhergehenden Zyklus hatte er sich langsam bewegt, als ertaste er erst allmählich den gähnenden Abgrund des Nichts; aber diesmal riss er jugendlich unbekümmert die «Portièren» um unseren beschränkten Horizont herunter; auf die Bewegung der einen Hand stürzten die Mauern, aber er packte einige von uns mit der anderen und wies mit seltsamer Fröhlichkeit auf jene Stelle, wo eben noch die Schleier der Enge, der Pedanterie, der beschränkten Gesichtspunkte gegenüber der Geschichte und den verschiedenen «Evangelienkritiken» gehangen hatten; er schien zu sagen: «Wir wollen uns das zusammen ansehen – da, siehst du, siehst du? Du hast damit nicht gerechnet? Ich auch nicht! Aber – das ist Geschichte.»

So etwas gibt es nur in jenen seltenen Träumen, die man über Jahre behält und deren Inhalt bestürzt: Und ich habe gedacht ... Du sollst nicht denken, du sollst schauen! – glaubte man Steiner sagen zu hören; das rosafarbene Licht, in dem er stand, war die Sonne der Geschichte, die den Erkenntnisweg zum kaum Erkennbaren beschien, den er uns zeigte; am Horizont der trübe Dunst: Indien; und dort, wo der Weg seinen kaum sichtbaren Anfang nimmt: das alte Persien; dort beginnt das bewusste Erleben von Zeit.

Manchmal war es, als hätte er die Bühne verlassen, stände selbst mitten in der von ihm aufgezeigten Perspektive und ließe dort ein wahres Feuerwerk von Kometen steigen: beispielsweise seine Charakteristik von Buddha und Sokrates als zweier Kometen, die Köpfe einander zugewandt, die Schweife weit auseinanderstrebend: Buddhas Schweif ist das Dunkel der Zeiten; der des Sokrates fliegt auf uns zu. Und plötzlich fanden wir uns in dem alles durchdringenden Kometenschweif; und für einen Augenblick war Sokrates in jedem von uns; und mancher hatte das lichte Erlebnis des Schierlingsbechers; dieser Ausblick auf Sokrates war für mich der entscheidende Moment in meinem Verhältnis zu Sokrates: Die Schleier Nietzsches, die den griechischen Genius für mich verhängt hatten, fielen, und in den folgenden Jahren fand ich beim Studium der Literatur über Sokrates eine Reihe objektiver Bestätigungen für manches von dem, was ich blitzartig erlebt hatte; ebenso wurde mir Hamlet geschenkt.

Von Vortrag zu Vortrag verstärkte sich das Thema, dieses von mir als jung und rosafarben erlebte Licht, eine die Geschichte erleuchtende Atmosphäre; wir erlebten die «Atmosphäre» des Elias, die gleiche Manifestation des Lichtäthers, Steiner selbst, so jugendlich und rosafarben, schien in diesen ätherischen Kräften gesünder zu werden; dann wurden die Kräfte der Therapeuten gezeigt; und dann verschmolz all das Rosafarbene und Junge, das über der Geschichte und über ihm schwebend spielte, und warf ein neues Licht auf zwei oder drei Evangelienstellen. Aber warum hat das bis heute niemand gesehen? – fragte ich mich. Und schließlich wurde alles in Beziehung gesetzt: Sokrates, Buddha, Elias, Hamlet, Heraklit, Doktor Faust; freier Sprung über Jahrhunderte, rasches Herausgreifen von Bildern und Gestalten, neue Interpretation von Vertrautem durch «wörtliches Verständnis» verschiedener Stellen des Markus-Evangeliums ließen das «Antlitz des Jünglings» erscheinen, der in die Dunkelheit floh, als Jesus gefangengenommen wurde: Dieser Jüngling ist die Personifikation des Christus-Impulses.

Und die rosafarbene Jugendlichkeit des Doktors, wie ein Hauch von Pfirsichblüte, sein feuriges Tempo und etwas wie ein geistiges Frohlocken – das alles war der Widerschein dessen, wovon er sprach.

Er ließ uns etwas von dem Impuls in der Intonation der zehn Vorträge erleben, verjüngte uns, «spielte seine Rolle» als Therapeut und trat bescheiden von der Bühne, um wieder Doktor Steiner, der Doktor im Gehrock zu sein.

Wenn ich sage «Rolle», «Maske», so untertreibe ich ganz bewusst; die Theosophen hätten statt «Rolle» das Wort «Inkarnation» und statt «Maske» das Wort «riesige geistige Aura» gebraucht.

Steiner fürchtete solche «Walfisch-Wörter», und ich kann mir gut vorstellen, wie er dabei das Gesicht verzogen hätte; aber ich weiß, dass meine Worte – «Rolle», «Maske» – ihn nicht gekränkt hätten.

Denn das Wichtigste war vollbracht: Er sprach für uns in Gebärden etwas Unaussprechliches aus; aber man würde es vergeblich in der vervielfältigten Niederschrift des Vortrags suchen, in der Niederschrift der «Symphonie» ist nichts davon erhalten.

Das Hören des Zyklus «Das Markus-Evangelium» gab mir mehr als das Hören von Beethovens Neunter Symphonie.

Als nächster Kurs gelten für mich jene neun oder zehn Vorträge, die ich im Berliner Zweig gehört habe, alle Variationen des einen Themas, das nur formal als der Zustand der Seele nach dem Tode bezeichnet werden darf; er hat mehrere Kurse über dieses Thema gehalten; und jedes Mal sprach er anders.

In Berlin lag der Schwerpunkt nicht auf der Transzendenz, nicht auf dem Jenseits, sondern auf der Vertiefung des Themas «Der Tod im Diesseits»: Wir tragen den Tod in uns; während wir durch die Arbeit unseres Bewusstseins diesen «Tod in uns» vertiefen, tritt auch eine dritte Dimension ins Blickfeld: die Entwicklung des Themas «Der Tod in uns», der in Wahrheit nicht Tod ist, sondern jeweils eine Etappe in der Dialektik einer uns als Todespunkt am Himmel erscheinenden Linie.

Die musikalische Interpretation des Themas hatte nichts von Tod oder Jenseits; diese Vorträge hatten auf mich eine besondere Wirkung: Sie schienen mir die Genesis meines Bewusstseins aus der Unbewusstheit aufzuzeigen; und umgekehrt: Mir wurde gezeigt, wie das Bewusstsein beim Eindringen in das Unbewusste Bilder zum Leben erweckt, die gewöhnlich als Mythen angesprochen werden: Ich erlebte den Mythos meines Hindurchtauchens durch die Geburt wie durch einen Tod; mir wurde gezeigt mein Hineingeborenwerden in das Nachtodliche.

Die Bilder, die bei dieser einzigartigen Demonstration und Darstellung des Ausführenden auftauchten, hatten mit den vorhergehenden Kursen nichts Gemeinsames: das Farbleitmotiv – die Geburt weißgoldener Gebilde aus tiefblauem Dunkel, halb Menschen, halb mythische Wesen; ich dachte an die bizarren Konturen der Inseln des griechischen Archipels, die Drachen, Heroen und Halbgöttern gleichen; sie hätten die Modelle meiner Bilder gewesen sein können, beschworen durch die Intonation, die Pausen und den vielsagenden Blick des Doktors, den er mir manchmal zuwarf: «Verstehst du?» Wie diese vormenschlichen Formen im Rhythmus der sie aufbauenden Linien an die Rhythmen meines Erlebens erinnerten, so entsprachen die Rhythmen meines Erlebens den Rhythmen des Doktors, die gewisse Orientierungsschwierigkeiten unter anderen perspektivischen Verhältnissen andeuteten; diese anderen Perspektiven bezeichnen das sogenannte «Kamaloka»; die Frage nach dem Kamaloka stellte sich als Frage nach den Schwierigkeiten, die beim Überschneiden der dreidimensionalen Perspektive mit einer fünfdimensionalen auftreten; es handelte sich dabei nicht um ein mystisches, sondern um ein empirisches Verständnis; und das empirische Material, «Der Tod in uns», war unser eigenes Unterbewusstsein. Steiner, der uns auf die Probleme anderer Perspektiven hinwies, erschien mir als ein antiker griechischer Held, der mich im Umgang mit Chimären und Hydren, den Projektionen vieldimensionaler Gebilde in unserem Denken, unterwies; das Thema des «Todes» und der sogenannten nachtodlichen Existenz diente lediglich als Anstoß zu solchen perspektivischen Übungen. Kurz zuvor hatte ich Steiner mein Heft mit solchen perspektivischen Übungen, mit der graphischen Darstellung der gegenseitigen Beziehungen der Leiber gegeben; das Thema des Kursus war mir eine direkte Antwort auf das überreichte Heft; dass es so zu verstehen war, wurde mir klar, als Steiner mir das Heftchen zurückgab, ohne sich dazu zu äußern: Er äußerte sich dazu mit dem gesamten Zyklus, indem er meine Fragen mit den als Bildern gegebenen Antworten verknüpfte.

Aus den Erfahrungen meiner damaligen Übungen, aus dem Erleben des «Todes in mir» – des gleichzeitigen Absterbens der einen Perspektive und des Hineingeborenwerdens in die andere –, aus dem Nachdenken über den Zyklus, der eine unmittelbare musikalische Antwort gegeben hat, entstanden in meinem Inneren die Keime einer Reihe von Themen des «Kotik» und zu einem bestimmten Kapitel der «Krisis des Lebens», in dem ich über die Kultur des archaischen Griechenland spreche, weil das Wesen der archaischen Kultur mir durch diesen Zyklus Erlebnis geworden war, allerdings an einem anderen Gegenstand: als die Kultur der ersten Erlebnisse des Kamaloka, die sich aus den Orientierungsschwierigkeiten in neuen Verhältnissen ergeben.

Ich könnte durch ähnliche Impressionen die musikalischen Themen aller von uns gehörten Zyklen und das Spiel des Darstellers charakterisieren, seine «Maske», seine Gesten, seine Pausen, seine Farben, die durch ihn in meinem Inneren angeregten Bilder, all dies ist in den Niederschriften nicht enthalten, aber ein Katalog von Impressionen ist sinnlos, er hat keine allgemeine Bedeutung; dennoch ist er nicht nur eine Aufstellung von Subjektionen in der Seele dessen, der sie erlebt: Er fasst die subjektiven Imaginationen zusammen und erfüllt damit eine bedeutungsvolle Hilfsfunktion – vorausgesetzt, man versteht mit ihm umzugehen. Obwohl Steiner ständig die Bedingtheit der Imagination unterstrich, wollte er, dass man sich ihr hingebe, ohne freilich das kritische selbstbewusste Ich aufzugeben, im Gegenteil: Wenn jemand aus höherer Objektivität solche Subjektivität unterdrücken wollte, weil sie den geistigen Welten noch nicht adäquat wäre, würde ihm der Doktor zu verstehen geben: Man gelangt in die «Empfangsräume» nur über das «Vorzimmer», und im Vorzimmer hängen die Mäntel, dort herrscht drangvolle Enge.

Es kam auch vor, dass jemand aus Angst, sich mit «subjektivem Unsinn» zu kompromittieren, vor Steiner stumm dasaß, in der Erwartung, der Doktor würde ihm weissagen: Der Doktor aber saß und wartete – wenigstens auf einen «Unsinn»; bei solchen stolzen «Strebern» verkümmerte sogar der Wunsch, Steiner aufzusuchen, denn sie kamen mit leeren Händen, der Doktor aber schätzte es, durch Lebendigkeit aufgerüttelt zu werden.

Und er selbst wollte durch seine Kurse aufrütteln: Er appellierte bewusst an unser Einbildungsvermögen: Er wollte sich nicht nur mit vernünftigen

Sentenzen begnügen; nicht umsonst hat er seine Zyklen instrumentiert, er hat sie «gespielt».

Selbstverständlich, das war ein Spiel höherer, «göttlicher» Ordnung, wie ich es am liebsten nennen möchte, wenn ich nicht ein schiefes Lächeln zu gewärtigen hätte.

7

In diesem Punkt wurde er besonders häufig verkannt, vor allem von Menschen, die ihre Unabhängigkeit trotz der «hypnotischen Wirkung» seiner Vorträge zu behaupten trachteten. Zuweilen ließ Steiner ein wirkliches «Kunstwerk» entstehen: Unter den Zuhörern befand sich ein Gast, der normalerweise an den Madonnen in den Galerien und an der Musik Beethovens sich zu erfreuen liebte. Voll innerer Abwehr gegenüber dem Doktor, verwandelte sich ein solcher Mensch beim Zuhören in einen Klotz und war nur noch fähig, «ideologische Schemata» festzustellen und abzulehnen, ohne zu bemerken, dass ein Schema überhaupt nicht vorhanden war, dass in einem musikalischen Rhythmus «alles floss», dass der Doktor mit den von ihm geargwöhnten «Schemata» am allerwenigsten einverstanden gewesen wäre; dass alles, was er sah und hörte, am ehesten als «Kunst» zu verstehen war; er kam überhaupt nicht auf diese Idee und wunderte sich nur: Wie? Kunst? Ich bin gekommen, um einen Vortrag zu hören. Es soll Anthroposophie sein, aber doch keine Kunst! – Menschen, die in solchen Augenblicken durch ihre eigenen Vorurteile sich in Holzklötze verwandelten, kann ich nur mit jemand vergleichen, der auf die im Licht der untergehenden Sonne rosa leuchtende Erde hingewiesen wird und darauf antwortet: Es gibt keine rosa Erde.

Vor solchen Stumpflingen schlagen alle Künstler ein Kreuz; in der Rolle eines Kritikers der «anthroposophischen Ideologie» saßen sie mit wichtiger Miene in den Vorträgen Steiners.

Wir konnten ihnen ja nicht sagen: Väterchen, vergessen Sie die Ideologie, und haben Sie ein bisschen Spaß beim Zugucken! – und mussten uns das Märchen von unserer Kritiklosigkeit gegenüber der Anthroposophie gefallen lassen. Von einer solchen «Idiotie» wurden selbst die klügsten Menschen befallen.

Niemals werde ich den komischen Vorfall mit Berdjajew vergessen, der bei dem Kurs in Helsingfors anwesend sein durfte; während sämtlicher zehn Vorträge hat er weniger zugehört als vielmehr gegen eine mögliche Beeinflussung durch die «magische Ausstrahlung» Steiners sich gewehrt; und so hat er von dem ganzen Zyklus nichts mitbekommen – außer seinem eigenen Schema, das verständnislos, beinahe töricht war; man hörte im ganzen Saal immerfort sein ständiges Schnauben und Seufzen und das Knarren seines Stuhls; und wenn ich mich nach diesem Schnauben, Seufzen und Knarren umdrehte, sah ich nur eine heraushängende Zunge.

Berdjajew «kämpfte».

Später stellte sich heraus, was es eigentlich war, womit er gekämpft hatte: Die Vorträge fanden in einem gemieteten Raum statt, während in einem Nebenraum, der mit Steiners Veranstaltung nichts zu tun hatte, jemand höchst respektlos den «Flohwalzer» auf dem Klavier übte. Berdjajew sprach meinen Freund an: Sagen Sie, haben die Vorträge Steiners immer eine musikalische Untermalung? – Dieser Frage lag die Meinung zugrunde, dass die Musik zur Steigerung der mystischen Aufnahmebereitschaft beitragen sollte. – Aber das ist doch der Flohwalzer – antwortete mein Freund. Er dachte: Sie glauben wohl, dass Steiner den «Flohwalzer» als Begleitmusik braucht? Berdjajew wurde verlegen.

Der Kampf gegen die «Beeinflussung» hatte Berdjajews elementare Aufnahmefähigkeit für Musik gelähmt (er war ein guter Kenner Skrjabins).

8

Ein Beispiel für die Art seiner Beantwortung von Fragen von Mitgliedern der Anthroposophischen Gesellschaft während des Vortrags und für die Wirkung Steiners in den Augenblicken seiner «Verklärung und Entrückung»: Meine Mutter, die Steiner bei dem Wiener Kurs zum ersten Mal hörte, zwar wenig von dem Gesagten verstand, aber von dem sich vor ihr entfaltenden Mienenspiel erschüttert war, sprach ihn in ihrem Inneren an: Wenn du mich hören und sehen kannst, dann gib mir ein Zeichen: Wende dich zu mir und sieh mich an ... Ach nein, du wirst es nicht tun! – Aber Steiner wandte sich plötzlich in die Richtung, wo sie saß, suchte sie mit den

Augen und sah sie eindringlich an: Die kleinen Augen weiteten sich, wurden zu riesigen Lichtscheiben; und meine Mutter hatte das Gefühl: Noch einen Augenblick und ich halte es nicht aus; aber im nächsten Augenblick sah Steiner zu jemand anders hinüber.

So hat sie es erzählt.

Ein anderes Beispiel, aus meiner eigenen Erfahrung: Nach einer mit schlimmen Gedanken verbrachten Woche schleppte ich mich mit Überwindung zu einem Vortrag von Steiner; ich wusste, dass er mich sehen und, indem er mich sieht, alles Schlimme erkennen würde, was mich in den vergangenen Tagen erfüllte; und ich, der ich seine Hellsichtigkeit in den Momenten des Leuchtens während der Vorträge kannte, fürchtete mich vor seiner Antwort auf den Wirrwarr in meinem Innern; vor der wortlosen Antwort durch eine Gebärde, einen Zug des Gesichts. Nachdem ich den Vortragsraum betreten hatte, hielt ich mich auf der dem Doktor entgegengesetzten Seite und versteckte mich hinter dem Rücken der Mitglieder. Aber der Zufall wollte, dass die Wand von Rücken, die mich rettend verbarg, sich teilte; zwischen Steiner und mir entstand für einen Augenblick eine Lücke; durch diese Lücke warf Steiner, der sich gerade unterhielt, blitzschnell einen Blick: Und ich sah eine Grimasse, ich sah deutlich zwischen zwei Rücken vor mir die mir geltende «ausgestreckte Zunge»; ich weiß nicht, was der Doktor in diesem Augenblick getan hat: ob er vielleicht in meiner Richtung gehustet und hustend die Zungenspitze vorgestreckt hat; ich kann nur wiederholen: Ich sah die ausgestreckte Zunge, zwischen zwei Rücken, ganz exakt durch die entstandene Lücke; er schien eine Gerade zwischen zwei Punkten zu ziehen und mich mitten ins Gesicht zu treffen; im nächsten Moment schoben sich die Rücken wieder zusammen, ich konnte Steiner nicht mehr sehen; aber das war nun auch egal: Ich hatte bereits die Quittung des Doktors für meine schlimmen Tage – und für meine Feigheit. Möglicherweise bedeutete die Zunge außerdem: Freundchen, glaube ja nicht, du könntest dich verstecken: Ich sehe dich durch und durch! – Während des Vortrags geriet mein Gesicht plötzlich ins Blickfeld des Doktors, aber er sah mich nicht ein einziges Mal an; das bedeutete: Du brauchst keine Angst zu haben, dass ich dich unentwegt beobachten werde; den Nasenstüber hast du schon, das genügt!

9

So wirkte er auf uns in den Momenten des Leuchtens. Jedes Einzelne solcher Zwiegespräche mit dem Doktor (und es gab Tausende solcher Beispiele) könnte als eine subjektive Imagination betrachtet werden, aber das ist nicht wichtig; wichtig dagegen ist, dass hinter diesen Tausenden von Fällen etwas lag, was gründlich geprüft und untersucht werden muss. Wichtig war unsere Überzeugung in solchen Minuten: Er sieht uns durch und durch, und unser Zwiegespräch mit ihm war wie eine Beichte, vielmehr ein Zwiegespräch in der Hütte des Geistes, die um ihn war.

In solchen Minuten war er wahrhaft unser Lehrer, aber für manche, die sich nur in Sätzen und Worten mit ihm unterhielten, blieben diese Minuten unbefriedigend; von den Worten erwartete der «Herr Doktor» Klarheit, Deutlichkeit, Nüchternheit, Präzision; darin duldete er keine Mystik; mancher Mystiker aus unserem Kreis ging nach einem Gespräch mit dem Doktor unbefriedigt davon.

Und umgekehrt: Alte Schüler, wie zum Beispiel die verstorbene Stinde, suchten in all den Jahren kein persönliches Gespräch mit dem Doktor: viele behaupteten, sie hätten vom Doktor, ihrem Lehrer, auch ohne die Fragen auszusprechen, alles bekommen, was sie brauchten.

Man muss diese Worte in ihrem vollen Gewicht nehmen.

10

Der Doktor war ein Lehrer von großer Vielseitigkeit: Auf verschiedene Weisen rüttelte er unsere Selbständigkeit wach. In meiner Erinnerung sind es verschiedene «Schulen», in denen wir lernten, während keine davon in Wirklichkeit existierte.

Die Fähigkeit, dem Wassersturz von Vorträgen (öffentliche, für Mitglieder, Kurse, persönliche) standzuhalten, ergab sich als Ergebnis eines besonderen Lernprozesses: Wir lernten, das Hauptthema herauszuhören und in allen Modulationen durch verschiedene Tonarten, je nach Land und Stadt, zu verfolgen: verschieden für Schweizer, Finnen, Schweden, Deutsche; verschieden nach Städten: In Köln sprach er anders als in Berlin, in

Berlin anders als in München; der Keim des Themas verwandelte sich nicht bloß in der geographischen Horizontalen, sondern auch in der Vertikalen, wenn man so sagen will, indem er jeweils für jeden Menschen, für die Anthroposophen oder einen esoterischen Kreis, umgestaltet wurde; in den Klassenstunden wurde das Thema anders behandelt als in einem Mitgliedervortrag, und ganz anders während einer Tagung. Viele können nicht begreifen, was uns veranlasst hat, Steiner nachzureisen, aus einer Stadt in die andere. Ich, für meinen Teil, kann sagen, dass das Hören der Vorträge den Einblick in das Thema vermittelte, nicht durch das Was, sondern durch das Wie; und wenn auch nicht alle daraus lernen konnten, so erhielt ich, selbst Vortragender, einen einzigartigen Anschauungsunterricht zur Pädagogik der Kunst des Vortrags (und nicht bloß des Vortrags); ich lernte, wie die anfängliche Fragestellung später entwickelt wurde, in jeder Stadt, in jedem Zuhörerkreis verschieden. Nachdem unser Ohr an die Technik der Fragestellung sich gewöhnt hatte, konnten wir auch die verborgensten Obertöne der öffentlichen Vorträge heraushören.

Es wandelten sich sämtliche Vorstellungen von Esoterik und Exoterik. Wir erlebten ein esoterisches «Was», exoterisch in einer esoterischen Stunde entwickelt; und wir erlebten eine esoterische Unterweisung für die, die «Ohren haben», in einem überfüllten Auditorium vor wildfremdem Publikum.

Die Grenzen zwischen «für alle» und «für wenige» verwischten sich, je geübter unser Ohr wurde. Wir konnten niemals im Voraus wissen, wann der Doktor etwas für einen Einzelnen entscheidend Nötiges sagen würde; zuweilen vermisste man dieses Nötige in einem intimen, bedeutungsschweren «Was», und dann erlebte man dieses Nötige bei einer Wiederholung eines scheinbar längst ausgeschöpften Themas, zwischen völlig fremden Zuhörern in einer kleinen Stadt, wohin man mit Steiner auf der Durchreise geraten war. So erwies sich als für mich wichtig der Vortrag in Pforzheim, wo Steiner zwischen Stuttgart und Dornach ausgestiegen war.

Gerade in den Perioden, in denen man Steiner häufig hörte, konnte man sich schwer von ihm trennen; ihn ein- bis zweimal, und dann nach einer Pause wieder einige Male mit Unterbrechung zu hören – das war möglich, aber es bedeutete nichts im Hinblick auf den erwähnten Lernprozess; aber ihn mehrmals innerhalb einer Woche sprechen zu hören, bei der Geburt verschiedener Themen und ihrer Kontrapunkte anwesend zu sein, und ihm dann nicht aus Dornach nach Basel oder Zürich nachzureisen, das war für einen Menschen mit einem höher entwickelten Vortragsohr, dem es um das Wie ging, schlechterdings unmöglich; man wurde unwillkürlich zum Schüler in einer speziellen Klasse, der Klasse der «Thematik», «Sozialpsychologie», «Zuhörerpsychologie» oder wie man es sonst nennen mag. Das war eine Klasse für diejenigen von uns, die die Möglichkeit hatten, in Steiners Nähe zu leben. Sie lebten für das Studium in dieser offiziell nicht angekündigten Klasse.

Man konnte auf die persönlichen Gespräche mit dem Doktor verzichten, zeitweilig sogar auf das Studium seiner Werke, man brauchte ihm nur als Mitglied dieser Klasse zuzuhören, und man fand sich in einer wahren Universität, in der das Ohr, die Aufmerksamkeit, die Beweglichkeit der Auffassung ausgebildet wurden. Das Zuhören war keine passive Fähigkeit; mit wachsender Erfahrung stand der Studierende vor immer neuen Aufgaben zur Aktivierung seines Aufnahmevermögens; Ohren und Augen zu öffnen, ist kein stumpfes Sich-Gehenlassen, sondern eine äußerst schwierige Praxis: Es galt, die Ohren an der richtigen Stelle zu spitzen und an der richtigen wieder abzuschalten; das Sitzen mit weit aufgerissenen Augen endete in einem Einnicken von besonderer Art, wenn die passive Aufmerksamkeit mit jener anderen, an die der Doktor appellierte, nicht mehr Schritt halten konnte; die gewöhnliche Aufmerksamkeit war pausenlos darauf gerichtet, nichts von dem zu überhören und zu übersehen, was als Oberton des empirisch Wahrnehmbaren von Steiner zum Klingen gebracht wurde; meistens wurde dabei eine Leiter von Inhalten gebaut, auf der die empirische Aufmerksamkeit sich abrackerte; aber diese Leiter brach zusammen; die überanstrengte Aufmerksamkeit stürzte ab, in die Grube eines tauben «Schlafs». Und dann nahm man zuweilen das eigentliche Thema wahr, das eine gänzlich anders beschaffene Aufmerksamkeit forderte: eine bewegliche, schöpferische; der Doktor forderte unsere Mitarbeit: Unsere Aufmerksamkeit arbeitete mit.

Dabei ergaben sich komische Situationen: Zwei Menschen trafen sich nach einem Vortrag und kamen ins Gespräch: «Ganz ausgezeichnet, wie er das und das gesagt hat!» – «Aber erlauben Sie» – unterbrach ihn der andere –, «das hat er überhaupt nicht gesagt!» – «Aber natürlich hat er das gesagt ...»

Beide meinten etwas völlig Verschiedenes. Später erschien der gedruckte Text des Vortrags: In ihm stand weder das eine noch das andere.

Der Text war der Gegenstand für die gewöhnliche Aufmerksamkeit; das eine und das andere war das Resultat der Aktivität beider Zuhörer, die aus ihrem ätherischen Rhythmus heraus das entwickelten, was im ausgesprochenen Wort verborgen lag: Zwei subjektive Imaginationen waren das Resultat ihrer Aktivität, zwei Fußpfade, die vom empirischen Inhalt abzweigten, um auf den höheren zuzulaufen.

Die Aufmerksamkeit verwandelte sich in ein äußerst bewegliches Etwas, das sich zuweilen vom Text entfernte und einen kühnen Salto mortale ausführte, worunter der Text des Doktors zu leiden hatte; aber unbeirrt führte der Doktor auch diese Beweglichkeit zur Konfrontation mit der subjektiven Imagination (die während der Vorträge im Bruchteil eines Augenblicks ihre Flügel ausbreitete), um über dem imaginär Wahrgenommenen den empirischen Text mit den scheinbar zufällig entstehenden Bildern zu verbinden; es galt, die Konfrontation in eine Konjunktion zu verwandeln; bei aller Gewissenhaftigkeit wären wir ohne diese Konfrontation weit, weit von dem eigentlichen Thema des Textes entfernt geblieben; die Beweglichkeit des subjektiven Imaginationsvermögens kam der Wirkung eines Tele- oder Mikroobjektivs gleich: Ein Holzsplitterchen erscheint unter dem Mikroskop als eine Rolle Brüsseler Spitzen; der Text eines Vortrags, schwarz auf weiß, war derselbe für alle, die ihn lasen; aufgenommen während der «Klassenstunden» dieser offiziell nicht angekündigten Klasse, war er jeweils verschieden, jeweils anders, ein «Spitzenornament».

Dieses Stadium der Schulung trat beim fortgesetzten Hören ein, sobald der Vortrag zu einer «Sintflut von Inhalten» wurde und die Aufmerksamkeit mitten in den Strömungen entweder die Segel setzte, die Ohren spitzte oder zusammenfiel. Nun bewährte sich die Kunst des Segelns und Steuerns; die Schiffchen mit eingezogenem Segel und ohne Steuer liefen auf und gingen unter: im Schlaf oder in jenem Zustand, den ich «Umfallen» nannte: Der Mensch hörte zu – und fiel plötzlich um; das war meistens kein zufälliger Besucher, kein sporadisch auftauchender Hörer, der zu zwei oder drei Vorträgen angereist war, sondern immer einer von denen, die ich als «Kursteilnehmer» bezeichne. Ein solches Umfallen war ein Defekt in der «Steuerung der Aufmerksamkeit», ein Fehler beim Schuldiktat, der beim plötzlichen Gewahrwerden des Inhalts unterläuft.

Im Spaß nannten wir dieses Verlangen nach einem Mitschwingen: «Der Ätherleib juckt», oder: «Der Doktor kratzt den Ätherleib.» Ich glaube, das ist nicht einmal falsch: Die Ursache jenes seltsamen Zustandes, den wir beherrschen lernten, war ein Heilprozess unseres Äthergehirns; dieses Gehirn wurde in rhythmische Schwingungen versetzt, die sich fortpflanzten, ausbreiteten, bis sie auch einen Teil des Kopfes ergriffen und ihn sozusagen mitrissen; bei einem solchen stürmischen «Herausgerissenwerden» und Mitschwingen vom Kopf bis zum Herzen (einschließlich des Herzens) geschah jenes «Umfallen»; bei der Ausbreitung des Ätherrhythmus vom Kopf bis zu den Schultern (ohne das Herz) fiel der Mensch in Schlaf; die «Pirouette» der Aktivität begann mit einer einfachen Erhöhung des Aufnahmevermögens für die Inhalte und führte schließlich zu psychophysiologischen Folgen, die uns unmittelbar vor eine neue Aufgabe stellten: die Beherrschung unserer «Leiber».

Eine solche wichtige Praxis war das Resultat des «Ohrenspitzens» bei denjenigen von uns, die sich bei den Vorträgen als Lernende einer eurythmischen Unterweisung empfanden; wenn wir mit unserem Denken dem des Doktors folgten, entstand eine, ich möchte sagen, spezielle «Tanzkunst»: der Tanz des sich verwirklichenden Denkens und der Tanz des von ihm ergriffenen Ätherleibes; wenn der Zuhörer meditierte und ein persönlicher Schüler Steiners war, wurde das bloße Sitzen auf einem Stuhl zur Darstellung der geheimnisvollen Improvisationen eines eurythmischen Diktats.

Aber der Doktor verlangte den Besuch seiner Vorträge nur von solchen Mitgliedern, die sich als «Kursteilnehmer» empfanden; anders hätte man ihn auf die Dauer nicht ertragen können. Jeder andere hätte nach dem Besuch von einem Dutzend Vorträgen gesagt: «Jetzt habe ich genug, für lange!» Und jeder wäre nach Hause gegangen – in seinen Zweig oder an seine Arbeit.

Die «Kursteilnehmer» hörten Steiner täglich, monatelang, jahrelang, denn sie empfanden sich in einer «Klasse», daher der Brauch, dem Doktor in jede Stadt nachzureisen, wo er gerade sprach (eine mobile Schule, eine echte Schule der Übung des elementarischen Gehirns); und der Doktor hatte es gern, wenn wir plötzlich auftauchten, er freute sich, wenn die Menschen, die ihn eben noch in der Schweiz gehört hatten, plötzlich in Schweden vor ihm saßen. Andere Mitglieder blieben zu Hause – sie waren zu einer anderen Zeit mitgereist; manche waren eben «Kursteilnehmer», manche hatten die Absicht, später mitzureisen, manche hatten andere, ebenso ernstzunehmende Aufgaben in den anderen Klassen der von Steiner geschaffenen Universität. Ich sagte: ernstzunehmende Aufgaben: Es gab Mitglieder, die es nur lächerlich fanden, dem Doktor nachzureisen; für andere waren diese Reisen ernst zu nehmen, denn sie waren ihre von Steiner selbst gebilligten Klassenaufgaben, bis auch sie das Stadium der Überzeugung erreichten, dass dieser Kurs für sie zu Ende sei; der Mensch kehrte auf seinen Platz zurück, das heißt, er reiste ab und zog dem Doktor nicht länger nach. Die Dauer eines solchen Kurses war individuell verschieden: Mein Kurs dauerte rund drei Jahre; vier Jahre lang hörte ich den Doktor, in einer riesigen Dosis, aber bloß zweieinhalb Jahre hörte ich ihn, wie oben beschrieben: mit sämtlichen Ohren. Nach 1915 hörte ich Steiner wieder auf andere Weise: Ich hatte eine andere Aufgabe.

Für einen «Kursteilnehmer», der selbst Vorträge zu halten hat, ist das Sprechen ein ganz großes, nicht jedem Anthroposophen deutliches Problem.

Für die Aufgabe «Sprechen» waren die Vorträge Steiners eine wahre Fundgrube: Als ich nach vierjährigem Schweigen wieder öffentlich zu sprechen begann, war es ein ganz anderes Sprechen: Der «freie» und der bloß «abgelesene» Vortrag waren zur pädagogischen, methodisch restlos bewussten Aufgabe geworden; mancher hat heute den Eindruck, ich sei bei meinen Vorträgen völlig «unmittelbar», dabei komme ich mir vor wie ein Schaffner, der ständig zu lenken und zu bremsen hat; ich weiß genau, wann ich nüchtern sprechen, wann ich die Aufmerksamkeit durch Logik ermüden, wann ich bewusst auf Logik verzichten und der peripheren Schicht des Gehirns eine Atempause gönnen muss, um die Aufmerksamkeit im Rhythmus des Mythos zu wiegen, der wie eine Pinzette das Ätherhaar aus dem Schädel zieht, zuweilen ganz zart, zuweilen recht kräftig, ich weiß genau, wann ich so sprechen muss, dass man mir schlecht folgen, später wieder alles begreifen kann; das Nichtbegreifen ist ebenfalls nötig: Das Nichtbegreifen beginnt da, wo nicht das Bewusstsein, sondern das Unterbewusste der Hörer angesprochen wird, der Umgang mit dem Unterbewussten muss beherrscht werden.

Das Schwingen im ätherischen Rhythmus ist ein Üben des Äthergehirns; nach dem dritten oder vierten Vortrag eines Kurses zeichnet sich bereits ab, wen von den Hörern man anleiten kann, sich über das Gehirn zu erheben, und wen nicht: Im letzteren Fall gilt es nicht zu entkorken, sondern zuzukorken, indem man sich auf Abstraktionen beschränkt; alles das sind kleine notwendige Operationen bei der Verwirklichung eines Kurses, eine «Pädagogik», die auch beim Zahnziehen angewandt werden muss, dem Patienten aber verborgen bleibt: Jeder Zuhörer hat einen solchen Zahn: Einer wird gefüllt, ein anderer gezogen; die Extraktion eröffnet den Weg zum Erleben des elementarischen Leibes; die Füllung bedeutet das Sich-Einkapseln im Schädel; der Vortragsredner ist als Pädagoge auch ein bisschen Therapeut.

So wollte es der Doktor. So war das Bild des Vortragenden, das er vor uns hinstellte.

11

Wenn ich vor ihm saß und die Ohren spitzte, lernte ich das Lesen seiner Worte, das Schreiben von «Kotik Letajew», das Halten von Vorträgen und vieles andere, das sich nicht aufzählen lässt; alles, was ich kann, ist nur die bescheidene Auswertung eines kleinen Teils von dem, was er uns darbot: als Studienmaterial (ich spreche hier nicht von dem Was, sondern nur von dem Wie). Das Dabeisein, das Mitreisen von Stadt zu Stadt, war ein unvergleichlicher Kurs, ein Kurs, der, wenn auch vielleicht ungenügend, aber immerhin von mir absolviert wurde; wer sich nie vorgenommen hat, aufzunehmen und eine Zeitlang auf vorschnelle Urteile zu verzichten, kommt niemals zu einer selbständigen Aktivität in unserer Arbeit. Der Doktor rief zur höchsten Aufmerksamkeit auf, bis das zweite, dritte, vierte Ohr sich auftat, bis die «Ohren» von Hörigkeit und Schablone frei wurden; aber nur ein geringer Teil des uns Dargebotenen erreichte die «Ohren»; wenn das «zweite Ohr» nicht aufging, war alles umsonst; und mancher Anthroposoph erlebte nicht den eurythmischen Glanz, sondern hockte bloß über dem Text: «Der Doktor hat gesagt!» Sonst war nichts da.

Viele haben die *«Schule»* in den Vorträgen nicht erkannt.

Aber wer waren eigentlich die «Kursteilnehmer»? Zu meiner Zeit waren es meistens Ausländer, die die Möglichkeit hatten, in der Nähe Steiners zu leben; der Kern dieser mobilen Universität war recht bunt, viele hatten überhaupt keine Ahnung, dass sie studierten, weil sie Steiner nur aus Vergnügen zu begleiten glaubten; leider haben nicht alle, die gelernt haben, später selbst gelehrt; dagegen gab es auch Lehrende, die nichts gelernt hatten!

Einmal sagte der Doktor: «Wenn zwei oder drei Menschen mich verstanden hätten, könnte ich meine Aufgabe als erfüllt ansehen.» Aber auch diese zwei oder drei fehlten; zwei oder drei verstanden wohl ein bisschen, die Mehrzahl der «Klasse» verstand nichts, denn sie wusste nichts von einer «Klasse», während es doch eine Klasse und auch einige «Studierende» gab. Steiner machte einen deutlichen Unterschied zwischen den Menschen: «Das ist unser verehrter ..., ... und das hier ist mein Schüler ...» Es gab keine Trennung zwischen «Eso- und Exoterikern», sondern lediglich zwei Gruppen von Zuhörern; die eine bestand aus den Mitgliedern in einer bestimmten Stadt, einer Versammlung, eines Zweiges oder aus Menschen, die angereist waren; die andere aus «Schülern und Schülerinnen» auf eine bestimmte Zeit.

Im Laufe der Jahre veränderte sich die Gruppe; ewig sitzen bleiben war schlecht, aber eine geraume Weile musste man da bleiben; denn dieses Sitzen war ein Wandern, innerlich und äußerlich: ein Wandern von Stadt zu Stadt; es waren wirkliche Wanderjahre, der erste Abschnitt der Lehrjahre; man zog von Stadt zu Stadt, von Land zu Land, von Kultur zu Kultur, von Bibliothek zu Bibliothek; die Landschaften, die Natur änderten sich; man hörte den Doktor am Meer, im Gebirge, in Städten, mitten im Grünen; das alles beeinflusste das Wie seiner Vorträge; man musste erlebt haben, wie ein Thema am Wasser, in der Stadt, in den Bergen keimte, in Berlin, mitten auf dem Asphalt, die ersten grünen Triebe zeigte, um auf den Hügeln in Dornach voll zu erblühen. Eine beiläufige Andeutung wurde im nächsten Vortrag zu einem ganzen Abschnitt, bald darauf zum Inhalt eines ganzen Vortrags und verzweigte sich schließlich zu einem Zyklus; es gab nur solche «Kurse»: jeder die Krone eines Baumes, dessen Stamm in vielen verschiedenen Vorträgen wächst und dessen Wurzeln tief im Boden des gesamten eso- und exoterisch Mitgeteilten liegen; die Beobachtung, wie um den Doktor von Monat zu Monat neue Themen sich verzweigten, war eine einmalig wertvolle Erfahrung, die schließlich dazu führte, dass diese Themen sich auch im Hörer weiter verästelten, seine Lektüre, seine moralische Phantasie, ja selbst seinen Blick beim Museumsbesuch unwillkürlich beeinflussten; der Vortrag wurde Leben, das Leben – Vortrag; man hatte eine schwer zu beschreibende Empfindung: ein Flug mit dem Doktor, der einen bei der Hand fasst und sich über alle Länder, alle Kulturen erhebt.

Später war das Umgekehrte notwendig: die Befreiung von den Themen des Doktors; sonst büßte man die Selbständigkeit im Umgang mit dem Thema aller Themen ein: der Anthroposophie. In jedem Fall war ungeteilter Einsatz nötig: während des Flugs mit dem Doktor und ebenso bei der Ausbildung der eigenen Flügel.

So etwa kann ich in kümmerlichen Worten das Wesen einer der «Klassen» zusammendrängen, in denen Steiner lehrte.

12

Eine andere «Klasse», über die ich wenigstens auch ein paar Worte sagen möchte, waren die «Esoterischen Stunden». Dort trafen sich Menschen, die unter Steiners Anleitung arbeiteten; zwar hatte alles, was Steiner sagte, einen esoterischen Grundton – um so feiner, je populärer er sprach –, in den esoterischen Stunden aber trat dieses Thema konzentriert hervor: Das Wie war hier das Was, die eingehende Untersuchung eines Punktes der meditativen Praxis oder typischer Erscheinungen des «Weges», die Analyse der Wirkungen von Meditationen auf das seelische und physische Leben; die Zyklen (Den Haag, Hannover, Kristiania) sind von dem Thema: «Der Mensch im Lichte des Okkultismus» gesättigt; man braucht sie nur sich auskristallisieren zu lassen, um das Was der esoterischen Stunden zu erhalten; einen äußerlichen Unterschied zwischen den Vorträgen und diesen Stunden gab es nicht; der Unterschied lag darin, dass das Thema der Stunde sich unmittelbar auf die Fragen der im Augenblick anwesenden Hörer bezog: Aus der persönlichen Kenntnis der Schüler, aus der Einsicht in den Zustand ihrer «Seelen» und «Leiber», aus den Einblicken, die ihm persönliche Unterhaltungen gewährten, aus den ihnen empfohlenen, in seinem Notizbüchlein notierten Meditationen, gruppierte Steiner um das Hauptthema alles das, was Herr A, B und C hätten fragen können, und es war Sache von A, B und C, diese Antwort aufzunehmen.

Solche Anleitung konnte man auch bei anderen Vorträgen finden: aber in den «Esoterischen Stunden» wurde sie ausdrücklich erteilt; wir erfuhren hier Details über die Beziehung der geistigen Entwicklung zum alltäglichen Leben, die innerhalb eines anderen «Kurses» unverständlich geblieben wären; diese Details bezogen sich auf die intimste Arbeit der Anwesenden: Die zu diesen «Stunden» sich Versammelnden sprach der Doktor als «Schwestern» und «Brüder» an; selbstverständlich erlebte man die Details der eigenen Entwicklung in Beziehung zu dem sich abzeichnenden Weg des anderen; der Doktor beschenkte uns mit einer solchen Fülle von Material für die persönliche Arbeit, dass ich mich heute noch wundere, warum manche von uns im Anschluss an diese «Stunden» auch noch um ein persönliches Gespräch baten. Konnte es noch mehr vermitteln? Nein, nicht immer. Natürlich, ein persönliches Gespräch vermittelte ein Etwas, das die «Stunden» nicht geben konnten; aber das lag in einer ganz anderen Sphäre: Es konnten beispielsweise rein persönliche Hinweise zur äußeren Biographie sein; die innere Biographie erhielt ihre Leitlinien zur Genüge in den «Esoterischen Stunden».

Ein weiterer Grund, dem Doktor nachzureisen: In jeder Stadt, wo er sprach (öffentlich und im Zweig), hielt er, wenn ein esoterischer Kreis bestand, auch eine «Esoterische Stunde» ab; wir, die augenblicklichen Schüler und «Esoteriker», hatten das Recht, bei sämtlichen «Stunden», wo sie auch stattfanden, anwesend zu sein und konnten daher auf der Reise ungefähr viermal mehr «Stunden» erleben: Während meiner Zeit im Berliner Zweig im ersten Halbjahr 1913–1914, vom Herbst bis zum 1. Februar, fanden dort zwei Klassenstunden statt; da ich aber mit Steiner reiste, konnte ich nicht bloß an zwei, sondern an mindestens zwölf «Stunden» teilnehmen, die allein schon einen esoterischen Zyklus von höchster Bedeutsamkeit ausmachten. Die Aufgabe in der Klasse des Hörens war die Schulung der Aufmerksamkeit für das Wie, die Aufgabe einer «Esoterischen Stunde» war sowohl das Was als auch das Wie, man könnte sagen: Das Wie wurde dabei zum Was.

In dem Wie des Hörens zeigte sich der Unterschied: Die «Esoteriker» waren ein Kreis von «Vernehmenden»: von Menschen, die bestimmte Dinge vernehmen konnten; in den anderen Vorträgen verschleierte manchmal die Unachtsamkeit des Kollektivs den Gegenstand der Aufmerksamkeit; aber in den «Stunden» geschah das Aufnehmen «mit allen Ohren», bedingungslos; die «Esoteriker» waren ihrem Wesen nach «Vernehmende».

Was «vernahmen» sie eigentlich?

Selbstverständlich zunächst «Worte». Aber darüber hinaus – das «Schweigen» des Doktors, das hinter den Worten die Sprache der Intonation sprach; sie vernahmen Gebärden, Zeichen und vieles andere, völlig Unwägbare; der individuellen, in der Gemeinschaft der «Vernehmenden» gesteigerten Aufmerksamkeit erschien das Gehörte fast wie eine Aura; die Aura der Stille, gewoben aus den Auren der schweigend Vernehmenden, beflügelte die Aufmerksamkeit jedes einzelnen; er wurde angesprochen, geweckt, Gegenständen seiner Aufmerksamkeit gegenübergestellt durch das beflügelnde Schweigen des Doktors.

Eine exakte Grenze zwischen einer «Esoterischen Stunde» und einem Vortrag lässt sich nicht ziehen; aber wenn man eine solche Grenze ziehen will – denn auf dem physischen Plan hat es eine solche Grenze gegeben: Der «Nichtesoteriker» wusste nicht, wer «Esoteriker» war, was in einer «Esoterischen Stunde» vorging, wann und wo sie stattfand; wenn man also eine solche Grenze ziehen will, so könnte man sagen: In den Vorträgen lernten wir die Worte des Doktors zu vernehmen, den Sinn ihres Sinns, der in uns imaginative Eindrücke hinterließ; in den «Esoterischen Stunden» lernten wir das hinter dem Wort tönende Schweigen im Doktor zu vernehmen, das uns aufrief, diesem Tönen durch die subjektive Imagination hindurch entgegenzuwachsen; da tönte der Nachklang eines inspirativen Eindrucks.

Die Summe der hier in Gemeinschaft mit anderen verbrachten Stunden hinterließ die Erinnerung an eine «Stimme des Schweigens», an jenes, was durch diese Stimme ausgelöst wurde, die nicht dir, der du neben Herrn Sowieso auf einem Stuhl saßest, in einer bestimmten Stadt, in einem bestimmten Haus, nicht dir, der du hier saßest, Antwort gab, sondern dir, der du im tiefsten Grund deiner Seele standest, die von dem Fazit aller deiner Meditationen, von dem Ertrag des bisher Erfahrenen umgepflügt worden war; in diesem Sinne erwies sich jede «Esoterische Stunde» nicht bloß als ein Examen durch Steiner, der dich an dem Fazit des von dir Geleisteten erkannte, an der «Aura» deines Schweigens, nein, man prüfte sich selbst, weil erfolglose Meditationen oder der Bodensatz des Alltags sich wie eine lästige und beschämende Wolke zwischen dich und Steiner gelegt hatte;

hier wurde die Summe des Erfahrenen lebendig, wurde ein Ganzes, ein Organismus, mit dem Antworten auf Fragen wahrgenommen wurden, die nicht mehr vom Tagesbewusstsein gestellt werden, sondern aus einer nur halbergriffenen Erfahrung des Nachtbewusstseins, das sich nur zuweilen zwischen Schlafen und Wachen auftut; die Stimme richtete sich nicht an dich, der du auf dem Stuhl saßest, sondern an dich, der du vielleicht vor einer Woche etwas Bestimmtes in jenem Augenblick wahrgenommen hattest, in dem Augenblick, da der Astralleib beginnt, sich zurückzuziehen; du hattest es halb verschlafen, aber etwas, ein erhaschter Blick, eine Frage, war geblieben; und jetzt erhob sich in der Stille die Stimme: die Stimme der Antwort! Erinnere man sich an Baratynskij:

> Es gibt ein Sein, doch welcher Name
> Kann ihm gegeben werden: nicht Schlaf, nicht Wachen:
> Es liegt dazwischen. Einsicht
> Und Wahn liegen im Menschen Seite an Seite.
> Er steht in voller Klarheit des Bewusstseins,
> Doch Gesichte strömen wie die Wellen
> Von allen Seiten auf ihn zu ...

Hier beschreibt Baratynskij genau jenen Zustand, den der Doktor als den Zustand «zwischen Wachen und Schlafen» beschreibt; er empfahl vielen die Meditation vor dem Einschlafen, damit das Ergebnis der Meditation mit dem Übergang in den Schlaf zusammenfalle und von der Hetze des Tages nicht überschattet werde; nach einiger Anstrengung erlangte man die Fähigkeit, mit dem meditativen Bewusstsein wie mit einem Scheinwerfer den Vorgang des Einschlafens und sogar die Randschichten des Schlafs auszuleuchten; das heißt, man durchdrang mit dem Bewusstsein das Halbbewusste und lernte, die «Traumbilder» in ihrer Entstehung zu beobachten; in diesem Licht erschienen sie als eine elementarisch-astralische Wirklichkeit, und die normalen Traumassoziationen als ein zu entzifferndes Alphabet. Das, was dabei entziffert werden kann, hat Baratynskij mit mathematischer Exaktheit charakterisiert: «Es gibt ein Sein, ... nicht Schlaf, nicht Wachen: Es liegt dazwischen ...», in ihm «liegen Wahn und Einsicht Seite an Seite ...», der Mensch «steht in der Klarheit des Bewusstseins, doch Gesichte strömen wie die Wellen von allen Seiten auf ihn zu ...» Das, was unter gewöhnlichen Umständen bloß als «halbgeträumte Gesichte» erscheinen würde, erscheint in solchem Zustand als «Wellentextur», mit der Unterlage der «Tagesnüchternheit» verwoben. So entsteht eine plastische Struktur: aus der Ebene der «nur Phantasie» und der Ebene des «nur Verstandes» eine Ebene des «nicht nur, sondern auch».

In den persönlichen und in den «Esoterischen Stunden» unterstrich Rudolf Steiner mit besonderem Nachdruck, dass das Erreichen solcher Zustände uns in eine Art Laborpraxis einführt; das Labor, das heißt das Instrumentarium, das wir zunächst nur unvollkommen ausbauen können, ist der Keim künftiger Organe für eine «höhere Erkenntnis».

13

In den «Esoterischen Stunden», die wir nach vorbereitenden Meditationen und Konzentrationsübungen besuchten, in einem Raum, in dem wir lange, bevor Steiner ihn betrat, im Zustand meditativer Scharfsichtigkeit verweilten, das heißt «nicht schlafend, nicht wachend», aber «in voller Klarheit des Bewusstseins», konnte er auch in Worten jene Obertöne anklingen lassen, die uns nicht nur den Verstand, sondern auch das selbstgebaute «Mikroskop», das wir im Augenblick hatten, betätigen ließen.

In diesem Sinne waren die «Esoterischen Stunden», Vorträge der Form nach, auch noch Übungen mit dem erarbeiteten Material; man wurde aufgefordert: «Werfen Sie doch einen Blick durchs Mikroskop! Sie werden gewisse Dinge wahrnehmen.» Das Mikroskop ist der besondere Bewusstseinszustand, der in die Stunde mitgebracht wird; der klare Blick – das Resultat der meditativen Übungen zu Hause.

Deshalb saßen hier nicht alle, sondern nur jene, denen ein Minimum an Begabung zur Erkenntnis des «Seins», wie sie Baratynskij schildert, eigen war. Besonders peinlich war es, wenn einem plötzlich das Wenige, das man in monatelangen Bemühungen erreicht hatte, abhanden kam; ein zerstreutes Leben wirkte sich sofort als vorübergehender oder anhaltender Verlust der Scharfsichtigkeit aus: Dann starrte man buchstäblich ins Leere, und die «Esoterischen Stunden» waren eine Qual, zum Davonlaufen.

Das «Was» einer solchen Stunde, wie groß es auch sein mochte, verlor seine Bedeutung gegenüber dem, was der Doktor durch sein Schweigen in die Worte hineinlegte: Wenn man dieses Schweigen überhörte, blieben nur Worte, die «Esoterische Stunde» wurde zu einem gewöhnlichen Vortrag. Man wurde nicht ohne weiteres zu den Stunden zugelassen, man konnte sich nicht dazu melden: Die Aufforderung sprach der Doktor persönlich aus.

Lange bevor der Doktor erschien, versenkten wir uns in tätiges Schweigen, um das Höchstmaß an Wachheit zu erreichen; wenn man unmittelbar von der Straße in diesen stillen Raum hereingeschneit kam, konnte man sich die Stirn an dem «donnernden» Schweigen wundstoßen: Es hing in der Luft – für den Zerstreuten; für den Konzentrierten war das anders – ein Entspannen der Atmosphäre.

Der Doktor trat in diese Atmosphäre ein, ebenso vorbereitet durch Schweigen. Seine ersten und seine letzten Worte bildeten gleichsam einen Rahmen, der sich um uns legte und uns von dieser Welt schied, erstaunliche Worte, mit einer schwer zu beschreibenden Stimme rhythmisch gesprochen, die aus dem Kosmos zu kommen schien und einen «Zusammenklang» ansprach; überhaupt war der «Zusammenklang», der inspirative (nicht bildhafte) Eindruck eine notwendige Bedingung für die Verwandlung des Was der Worte des Doktors. Ohne das geübte «zweite Ohr» war eine Teilnahme an den «Esoterischen Stunden» sinnlos; ein solcher Teilnehmer störte durch seine Anwesenheit den «Zusammenklang», und entfernte sich mit dem Gefühl, Prügel bezogen zu haben (sozusagen mit ätherischen blauen Flecken).

So etwa lässt sich die Stimmung dieser Stunden andeuten. Auch sie summierten sich zu einer «Klasse» gleich der oben geschilderten Klasse.

14

Und schließlich gab es noch eine besondere Klasse, in die einige von uns aufgenommen wurden; ich erwähne sie, weil der Doktor in seinem Buch öffentlich darüber spricht; zu diesen Stunden wurden wir zugelassen, nachdem die Erfahrungen der «Esoterischen Stunden» in unseren Seelen sich gefestigt hatten. Ich sehe es nicht als meine Aufgabe an, etwas darüber zu sagen, ja, ich halte es sogar für zwecklos; während wir in den «Esoterischen Stunden» lernten, den Sinn hinter den Worten Steiners zu vernehmen, lernten wir in diesen Stunden, auf Legendensymbole zu achten, als auf eine kosmische (astralische) Realität in den kultischen Gebärden des Menschen.

15

Neben den geschilderten möchte ich noch eine «Klasse» erwähnen: Diese Klasse war eine Aufgabe, die Steiner persönlich stellte und über die man ihm persönlich berichtete; man erstattete Bericht, während eines persönlichen Gesprächs; jeder konnte mit Eigenem hingehen, jeder kam mit einer anderen Antwort zurück; es gab keinerlei feste Regeln: Wenn jemand das Bedürfnis hatte, anderen über seine Arbeit mit Steiner etwas mitzuteilen, konnte er dieses erwähnen, jenes verschweigen, nur sein persönliches Taktgefühl entschied darüber. Ich möchte nur einen Aspekt einer Reihe von Gesprächen im Laufe von vier Jahren kennzeichnen, da dieser Aspekt diese Art von Schule charakterisiert: Ich weiß, dass Steiner dieselbe Aufgabe, die er mir stellte, auch einigen anderen, nicht allen, stellte; demnach könnte eine ganze Gruppe von Menschen sich mit Ähnlichem beschäftigt haben wie ich; dies war durchaus keine ausschließlich esoterisch ausgerichtete Klasse: Uns ging es nicht um Esoterik, sondern um eine Entwicklung sui generis; das heißt, mir ging es darum, auch manchen anderen, vielen jedoch nicht.

Warum? Das können wir nicht wissen.

Nach meiner ersten Unterredung mit dem Doktor (Juni 1912) bestellte er mich immer wieder, zuerst jede Woche, später seltener und immer seltener, um ihm von meinen Meditationsübungen und ihren Wirkungen zu berichten: auf das Erkenntnisleben, die inneren Erfahrungen, die moralische Phantasie, sogar auf die Welt einfacher Empfindungen; es hatte sich ergeben, dass mein erster Bericht über die mir gestellte Aufgabe die Form mehrerer stummer Skizzen angenommen hatte, Schemata, die den Versuch darstellten, das Resultat dieser Übungen auch erkenntnismäßig zu verarbeiten: des Erfahrens und Nichterfahrens. Außerdem führte ich ein besonderes «Buch» über den Meditationsrohstoff, wenn dieser Ausdruck erlaubt ist; Einblicke, Halbeinblicke, Bilder, Fastbilder, reflektierte Empfindungen, klar und unklar, ursprüngliche Empfindungen, meist sehr komisch gezeichnet, als Symbole; die Sprache der Zeichen, eine spezielle Hieroglyphik, aus der später alle meine Schemata sich entwickelten, einschließlich der für die Vorträge.

Ich erinnere mich, wie schwer es mir fiel, das erste Mal mit dem Extrakt der ersten Woche zu ihm zu gehen; aber er hatte ja gesagt: «Kommen Sie in einer Woche wieder und erzählen Sie mir, was Sie bei Ihren Bemühungen erreicht haben.» Ich musste Schemata, Zeichen, Skizzen zu Hilfe nehmen, da mir eine Unterhaltung auf Deutsch (mangels Übung) einige Schwierigkeiten bereitete; die Notwendigkeit, exakt, ja, pedantisch zu sein, löste mir nicht die Zunge, sondern die Hand. Zu meinem Erstaunen war der Doktor mit der ihm vorgelegten Sprache der Zeichen einverstanden; aus meinen Schemata suchte er einige heraus, stellte mir Aufgaben, erläuterte sogar das Spezifische an ihnen, in einer Woche sollte ich mit der Lösung wiederkommen; lächelnd betrachtete er die Blätter mit den Schemata, zeigte mit dem Finger darauf und sagte: «Es wird alles noch viel komplizierter!» Dabei hatte ich mir, auf dem Weg zu ihm, einzig wegen der erkenntnistheoretischen Kompliziertheit Sorgen gemacht: Aber gerade sie war es, die bei ihm eine Geste der Anerkennung auslöste.

16

Sie können es sich nicht vorstellen, wie unerschrocken und eifrig ich die ganze folgende Woche, von morgens bis abends, über meinen eigenen, mit seinen korrigierenden Strichen versehenen Schemata brütete, sie noch komplizierter machte, damit sie lebendig wurden; in der nächsten Woche erschien ich nicht mehr nur mit einigen Blättern, sondern – mit einer ganzen Tasche voll; und wieder betrachteten wir sie gemeinsam; jene, die sich auf das Erkannte bezogen, und jene, die einen Auszug des «Tagebuchs» darstellten, das heißt Schemata, die noch im Empfinden, im Chaos des ersten Gewahrwerdens brodelten.

Während das Erkannte den Anblick exakter Zeichnungen bot, alle Kreise mit dem Zirkel, alle Geraden mit dem Lineal gezogen, alle sich überschneidenden Flächen mit farbiger Tusche koloriert (die Fläschchenbatterie auf Tisch und Fensterbank wuchs bedenklich an), bestand der «Rohstoff» aus unbeholfenen Schmierereien, Chimären und Grotesken, kommentiert durch einen ebenfalls grotesken Text, grotesk sowohl nach Inhalt als nach der erschreckenden Anzahl etymologischer und syntaktischer Fehler.

Der Doktor nahm sich der ungestalten Zeichnungen mit liebevollem Ernst an; er betrachtete aufmerksam irgendein «Würmchen» mit Fühlern, die sich nach allen Seiten streckten und gab zu den sich darin symbolisierenden Empfindungen einen sehr genauen, mich erschütternden Kommentar; ich hatte nämlich befürchtet, dass in der behaarten Raupe mit ihren Fühlern nichts von dem zu erkennen sei, was sie symbolisieren sollte, vielleicht sogar das Gegenteil davon vermutet werden könne; aber als der Doktor, ohne zu lächeln, mit dem Finger auf den hässlichen Fühler deutete, mich ruhig und ernst anschaute und sagte: Das ist das und das – da fiel es mir wie Schuppen von den Augen, und alles, was ich an mir selbst wahrnahm, reichte als Material für jahrelanges Studium aus; so verwandelte sich ein kümmerlicher Versuch, den Ertrag von Imaginationen in Hieroglyphen zusammenzufassen, in eine Spirale, die bis auf den Grund der Realität durchdrang: Der Doktor legte diesen Grund bloß und brachte etwas damals für mich sehr Wichtiges so erschöpfend zur Sprache, wie keine Worte das hätten ausdrücken können. Aber die Hauptsache war, dass beim Betrachten dieser Blätter, während wir – er, ein Gigant, ich ein Pygmäe – uns zusammen über den Tisch beugten (der Doktor legte sich beinahe mit dem ganzen Oberkörper über den Tisch, ich stand da und fuchtelte mit einem Bleistift: «Und wissen Sie!») eine seltsame Situation entstand: als wären wir nicht erwachsene Leute, der «Herr Doktor» und ein «Schriftsteller», sondern «Petja» und «Wanja», die sich für irgendwelche Kritzeleien interessierten; ich «fürchtete» mich noch vor dem Doktor; manchmal bekam ich – pardon – Bauchschmerzen, aus Angst vor der nächsten Begegnung; aber in einem solchen Moment vergaß ich alles: Und das «Wissen Sie» dröhnte zwischen den Wänden; es lag etwas Kindliches in den zwinkernden Augen des Doktors, in der Linie seiner «gutmütigen» Nase, die sich über eine meiner Missgeburten beugte.

Die fehlende Distanz und seine Gebärde, die Gebärde des Auswählens, sollten den Bauchschmerzen vor künftigen Gesprächen vorbeugen.

In den ersten Stunden ging der Doktor wie ein Repetitor vor: Bei den Aufgaben, die er selbst gestellt hatte, half er geradezu ein; aber sobald die Arbeit ihren richtigen Gang nahm, wurde er strenger und bestellte den Schüler seltener; später ließ er mich monatelang im Schweiße meines Angesichts auf eine Unterredung mich vorbereiten, und schließlich meine Antworten und Fragen durch Jahre hindurch austragen.

17

Der Doktor war sehr streng. Und der Doktor war sehr gütig. Während er neben mir über meinen Aufgaben hockte, einen fast vertraulichen Ton anschlug, versetzte er mir manchen schmerzhaften Nasenstüber, da, wo ich in meiner Eitelkeit ein Pfauenrad schlug. Eines Tages – es war zur selben Zeit – sagte er, indem er mir einen bedeutungsvollen Blick zuwarf und mit der Fußspitze einen Kreis beschrieb (eine typische Geste): «Es war einmal ein Künstler, der glaubte, er habe Bedeutendes geschaffen, eigentlich aber sollte er das erst siebzehn Jahre später schaffen; während er jedoch so dachte, redete er sehr viel, und ein bestimmtes Wesen kroch ihm dabei in den Mund und beherrschte ihn.» Unter diesem «bestimmten Wesen» verstand er selbstverständlich ein zurückgebliebenes Geistwesen. In dem Ton, in dem er dies vorbrachte, lag ein eindeutiger Ausfall gegen mich, wie ich damals war; damals hatte ich mich seit gut zehn Jahren daran gewöhnt, mich beinahe für den «Führer des Symbolismus» zu halten; während dieser zehn Jahre habe ich den Mund weit, weit aufgerissen, mit dem Resultat, dass ... ein «bestimmtes Wesen» ... mir in den Mund kroch ...

Das tat weh!

Und später überfiel mich gelegentlich in Anwesenheit Steiners die Furcht, der «Führer des Symbolismus» könnte wieder in Erscheinung treten; und diese Befürchtung ließ mich manches Mal in das andere Extrem fallen: Ich schwieg, als hätte ich die Zunge verschluckt, auch dann, wenn man nicht hätte schweigen sollen. Hingegen fehlte jede Scheu gerade da, wo ich von einer Unterstützung nicht einmal zu träumen wagte: beim Anfertigen jener unendlichen Mengen von Skizzen für den Doktor, einschließlich der … Missgeburten, aus der Gewissheit, dass er alles mit Ernst und Aufmerksamkeit aufnehmen würde.

So veränderte sich nach den ersten persönlichen Stunden bei Steiner die Tendenz meiner Selbsteinschätzung, meines Verhältnisses zu ihm und meines Weges: stärkeres Selbstvertrauen in der Meditation und in den Erfahrungen mit meinen eigenen Leibern, aber auch stärkeres Misstrauen gegenüber den Erfahrungen des «Schriftstellers», des «öffentlichen Wirkens» und so weiter. Bis jetzt hatte ich als «emsiger Autor» überzeugt, und man hätte allgemein die Achseln gezuckt, wenn ich versichert hätte, dass ich einiges mehr im Zusammenhang mit «Wie erlangt man …» zu erreichen hoffte; durch den Umgang mit dem Doktor wurden die Vorzeichen vertauscht: Der potentielle «Esoteriker» in mir erwachte zum Leben, und der «Schriftsteller Belyj» begann zu schrumpfen.

Das alles erschütterte mich.

18

Der Doktor setzte höchstes Vertrauen in meine «anthroposophischen» Kühnheiten, in *meine eigenen* Gedanken in der Anthroposophie; um so misstrauischer war er gegen einen bestimmten Beigeschmack, den meine Stellung als Schriftsteller in der Öffentlichkeit hatte; manchmal bestürzte er mich, weil er meinem meditativen Erkenntnisstreben überhaupt keine Schranken setzte; ich habe nie von ihm gehört: «Seien Sie vorsichtig!», von den «Freunden» allerdings hörte ich es oft. Vom Doktor hörte ich nur das eine: «Seien Sie tätig!» Das In-die-Schranken-Weisen erfolgte erst später – durch die Gebärde des Schweigens.

Aber in der «Klasse» dieser Arbeit, die ich hier zu charakterisieren mich bemühe, hörte ich nur «mehr Mut!»

Ich erinnere mich an ein Schema, das meine künftige Aufgabe symbolisieren sollte; darin ein schnörkeliger Zickzack, ein Pfeil, der das Ganze in Bewegung setzt und dessen spiralförmige Entwicklung darstellt, bei der alles drunter und drüber geht. Und eine Aufschrift: «Hier muss man etwas schöpferisch machen!» Wie hätte ich nach zwei Wochen Meditation auch nur im Entferntesten daran denken dürfen, in der Anthroposophie … schöpferisch werden zu können?! Der Doktor lächelte leise, nicht im mindesten sarkastisch, sondern freundlich, sogar teilnahmsvoll.

19

Eines verlangte er: volle Wahrhaftigkeit, selbst wenn sie unbeholfen, selbst wenn sie töricht war; und eines duldete er nicht: Unwahrhaftigkeit sich selbst gegenüber: offenkundige, versteckte, als Selbsterniedrigung, Sentimentalität und so fort.

Ich glaube, dass die törichte, völlig hilflose Wahrhaftigkeit jene Minuten rechtfertigt, die wir gemeinsam über der ihm vorgelegten «Missgeburt» verbrachten.

Es ist besser, in Wahrhaftigkeit seine «Raupen» zu zeichnen, als in einem steifen Korsett zu posieren.

Einmal entlarvte mich der Doktor, als ich mich leichtsinnig vor ihm in Positur warf und ganz nebenbei fallen ließ: «Bacon sagt, wie man weiß ...» (ich erinnere mich nicht mehr genau, was). – «Welcher Bacon?» – fiel er mir ins Wort, sehr streng und fast hart.

Plötzlich trat Schweigen ein, ein Schweigen, das lange von keinem unterbrochen wurde: Ich hatte früher meine Nase auch ein wenig in Francis Bacon gesteckt, aber die Schriften von Roger Bacon kannte ich nicht und wusste nicht mit Sicherheit, welcher Bacon es gesagt haben könnte (beide haben eine Theorie der Erfahrung entwickelt); dabei meinte ich Roger Bacon, das heißt gerade jenen, von dem ich nur wenig wusste; vom Doktor ertappt, wohl wissend, dass eine feuilletonistische Antwort mir wenig nützen würde und vor einem Menschen, der in den Herzen lesen konnte, auch sinnlos wäre, musste ich verstummen; aber er kam mir nicht zu Hilfe; ich wurde rot; ich rutschte auf meinem Stuhl hin und her; er blieb ruhig sitzen, unerbittlich, streng, und gab mir zu verstehen, dass man, um en passant über Bacon reden zu können, eine Reihe von Büchern zur englischen Kulturgeschichte des 13. bis 17. Jahrhundert bewältigt haben müsste. Aber wir Schriftsteller, denen Artikel und Feuilletons leicht aus der Feder flossen, sparten uns diesen Aufwand. Ich brauchte nur für einen Augenblick in seiner Gegenwart ein «schriftstellerisches Sendungsbewusstsein» hervorzukehren, um augenblicklich vom Podium heruntergerissen zu werden – mit einer mitleidlosen, grausamen und starken Hand.

Die bei dieser Szene anwesende Marija Jakowlewna sah mich gefangen wie eine Maus in der Mausefalle und warf mir über den Tisch einen unbeschreiblich gütigen Blick zu, um mir in meiner ausweglosen Lage beizustehen (aber es gab keinen Ausweg).

Nachdem er mich eine Weile hatte zappeln lassen, sagte er in einem Ton, als wäre nichts vorgefallen: «Sie denken also, das sagt *Francis* Bacon?» – mit der Betonung auf «Francis». Und ich hatte an Roger gedacht. Darin bestand die «Lektion»; nachdem sie erteilt war, war er wieder die Güte selbst.

Fünf Minuten später schob er das Kaffeetässchen beiseite, erhob sich und verließ das Zimmer; Marija Jakowlewna und ich blieben allein zurück.

Er duldete nicht die geringste Arroganz (die Neunmalklugen, die eine Sentenz nach der anderen herunterrasseln, mögen es zur Kenntnis nehmen); er schätzte wahrheitsliebenden Mut; man konnte ihm die kühnsten Phantasien, man konnte ihm «Throne» aufzeichnen, er sagte nie: «Woher wollen Sie das wissen? Vorsicht!»

Ich erinnere mich, wie er während einer meiner ersten Stunden ein bestimmtes Blatt mit einem Schema beiseite legte und es nicht mehr ansah: «Das können Sie in einem Schema noch nicht richtig ausdrücken», sagte er.

Aber diese Gebärde des Beiseitelegens schreckte mich nicht ab, sondern festigte nur den Entschluss, ihm gegenüber wahrheitsliebend und mutig zu sein, weil alles andere, von ihm Akzeptierte, zum Fundament für mein «Eigenes» wurde; das Beiseitelegen dieses einen Blattes bedeutete: «Bis hierhin liegt Ihren Schemata eine Erfahrung zugrunde, aber von da an sind sie intellektuelle Spielerei.»

Das war mit Nachdruck gesagt, einfach und sachlich, mit dem Anflug eines gütigen Lächelns. Und als ich mich auf die nächste Stunde vorbereitete, fuhr ich mit ungebrochenem Mut fort, zu zeichnen, zu malen und zu kolorieren; «Gold» und «Silber» traten damals noch nicht in Erscheinung; sie kamen erst in einer späteren Phase dazu, als es schwierig wurde, meine Arbeit in dieser Weise dem Doktor vorzulegen: Beim letzten Mal erschien ich mit einer prall gefüllten Aktenmappe, deren Inhalt ausgebreitet für eine ganze «Belyj-Ausstellung» gereicht hätte; für den nächsten Besuch beim Doktor hätte ich einen Handkarren gebraucht, wenn es so weiter gegangen wäre.

20

Das war also auch eine «Klasse» unter den vielen bestehenden Klassen; eine «Klasse», die durch die besondere Art der Berichterstattung über die eigene Arbeit und die Korrekturen Steiners beim Erlernen einer selbständigen Methode charakterisiert war; nicht alle gehörten zu dieser Klasse; ich gehörte dazu, und andere, die er auf ähnliche Weise anleitete, gehörten auch dazu; aber es gab viele, die von ihm anders geführt wurden; es gab eine Anzahl solcher Klassen für individuelle Arbeiten, von denen mir wenig bekannt ist; eine für Eurythmie, eine für Pfarrer und so weiter.

Ich will nicht im Einzelnen aufzählen, was ich in dieser Klasse gewonnen habe, an «Esoterischem» und «Exoterischem»; ich möchte nur sagen, dass mein Buch «Geschichte der Bewusstseinsseele», an dem ich 1929 arbeitete, auf das Jahr 1913 zurückgeht, auf das erkennende Bewältigen des Kerns der ersten Arbeitswoche mit Steiner. Das Gesagte stellt nur den Versuch dar, wenigstens anzudeuten, warum wir zeitweilig dem Doktor überallhin nachreisten und ihm kaum von der Seite wichen; das sah manchmal so aus, als hätten wir nichts zu tun; in Wirklichkeit aber hatten wir «alle Hände voll zu tun». Wir lernten all jenes, was ich erwähnt habe, und vieles andere mehr.

Und später lernten wir, «nicht mehr zu lernen», sondern fortzugehen und ohne ihn auszukommen.

Auch darum habe ich meine «persönliche Klasse» während der ersten Jahre bei Steiner erwähnen müssen, weil sie für mich die Verknüpfung verschiedener Zielrichtungen bedeutete: 1. Studium der Literatur, 2. Training der Aufmerksamkeit, 3. Erkennendes Erfassen von Meditationsinhalten, 4. Zusammenführung aller Zielrichtungen in einem Ganzen, wo die esoterischen und exoterischen Linien verschmolzen. Dort reifte meine persönliche Erfahrung der übersinnlichen Leiber, dort reifte mein Goethebuch; das eigene Suchen innerhalb der Anthroposophie wurde bestärkt durch solche Besuche bei Steiner und durch seine Hinweise zum selbständigen Lesen in Tatsachen, Hinweise, die später fast wie ein Abweisen wirkten.

Für mich ist die Ausbildung meiner eigenen anthroposophischen Stimme das Verdienst des Doktors.

21

Er stand mir in den Geburtswehen meiner Selbständigkeit bei; und wie oft ist er anderen in ihren Geburtswehen beigestanden! Und jedes Mal auf eine besondere Weise.

Von dieser besonderen Weise wollte ich hier wenigstens andeutungsweise berichten.

22

Zu der beschriebenen Schulungsarbeit mit dem Doktor – außerhalb der bekannten Klassen, dennoch regelrechte Schulungsarbeit – waren mehrere von uns aufgefordert worden; ich kannte einige Menschen, die Pinsel und Stift beherrschten und Inhalte ihrer Meditationen und Imaginationen malend und zeichnend festhielten, in Form von Tagebüchern (ihnen hatte ich mich mit meinen «Missgeburten» angeschlossen); ihr Schulungsbericht war eine gezeichnete Bestandsaufnahme des Wahrgenommenen; der Doktor gab wertvolle Erläuterungen: Er leitete uns an, aus den Farbtönen und dem Ganzen der Linienführung einen Zusammenhang der «imaginativen Ab-Drücke» mit den Besonderheiten einer ätherischen und astralischen Organisation abzulesen; mit diesem Abwenden der Aufmerksamkeit von der «Mystik» einer Zeichnung und dem Hinwenden zu ihrer «Physiologie» öffnete er der Aufmerksamkeit seiner Schüler einen neuen Aspekt: Noch ist es sinnlos, von der unmittelbaren Wahrnehmung geistiger Wesenheiten zu reden, diese Wahrnehmung geschieht nicht unmittelbar; man muss von Zwischenphasen des Wahrnehmens sprechen, denn das sich öffnende «Auge» nimmt nicht das «Wesen» wahr, sondern die Einwirkung, gleichsam den «Druck» dieses Wesens auf das entsprechende Organ des Ätherleibes, das durch ein Aufleuchten von Formen und Farben reagiert; durch das Aktivieren des Ätherleibes und die zunehmende Emanzipation von der sinnlichen

Wahrnehmung erwächst die Möglichkeit einer Wahrnehmung von Wesen, die keinen physischen, sondern lediglich einen Ätherleib haben (Elementarwesen, Engel). Der Schüler muss entwickeln: Erstens die Fähigkeit, eine sinnliche Wahrnehmung bis zu ihrer Wirkung im Ätherleib zu verfolgen; zweitens die Fähigkeit, die verschiedenen Stadien dieses Vorgangs als Bilder bewusst festzuhalten; drittens die Fähigkeit, das wahrgenommene Bild nicht mit dem es bewirkenden Wesen zu verwechseln; das Bild ist eine sinnliche Subjektivierung, ausgelöst durch ein subjektives Reagieren eines Ätherorgans – eines Klingelknopfs, auf den eine «Hand» drückt. Theoretisch war in den Werken des Doktors dies alles enthalten; in der Praxis jedoch war es sehr schwer, die Grenze der Nüchternheit gegenüber den wahrgenommenen Meditationsbildern nicht zu überschreiten und in ihnen eben nicht das «Wesen» selbst, sondern bloß einen Ausschnitt des ätherischen Rhythmus zu sehen, entsprechend dem Hals, der Leber, dem Darm. Ein ahrimanischer Mensch hatte es schwer, die eigene Wahrnehmung trotz ihrer Subjektivität als eine Pforte jener Welt anzuerkennen (nicht als das Wesen selbst, sondern lediglich als ein von diesem Wesen im Organismus ausgelöstes Signal). Ein luziferischer Mensch dagegen verwechselte in seiner Ekstase das Zeichen mit seiner geistigen Ursache und gab sich der Wirkung dieses Zeichens haltlos hin.

Mit dem Hinweis zum Durchschauen des subjektiven Niederschlags stellten die Korrekturen des Doktors etwas Drittes dar, das sowohl die luziferische Gläubigkeit als auch den ahrimanischen Unglauben aufhob. Seine nüchternen, konkreten Hinweise, die an das Verfahren eines Arztes beim Stellen einer Diagnose erinnerten, öffneten den ahrimanischen Menschen eine erste Möglichkeit des Glaubens, denn vor ihnen wurde ihr eigenes, im Experiment von ihnen gewonnenes Material – ätherische Impulse und «Temperatur» des Bildes – ausgebreitet, das allein durch die Bewegung des Gedankens restlos verarbeitet werden konnte (die Bewegung des Gedankens setzte sich im Ätherleib fort); da die Analyse dieser ersten Einblicke sie durch wissenschaftliche Nüchternheit überzeugte, löste sich der Bann ihrer Angst vor der «Subjektivität», und die einzelnen Schritte einer solchen Untersuchung bahnten ihnen allmählich den Weg, den sie sich bislang selbst abgeschnitten hatten.

Umgekehrt: Den luziferischen Menschen erhellte der deutende Blick des Doktors, dass die ersten Beziehungen zu jener Welt reine Physiologie (Diesseitigkeit) sind; es handelt sich dabei weder um Engel noch Teufel, sondern um Hals, Darm und Gehirn – sogar jene Rhythmen, die nicht durch einen sinnlichen Impuls, sondern durch einen Gedanken ausgelöst werden, können ohne ein entsprechendes Alphabet, das heißt ohne Physiologie, überhaupt nicht wahrgenommen werden.

Wir alle sind Luziferiker und Ahrimaniker, gleichzeitig haltlos und sklerotisiert: In unserem «mystischen» und in unserem «skeptischen» Verhalten; wir unterliegen dem Schein materialistischer «Objektivität» und dem Schein mystischer Illusionen. Erinnern Sie sich: Der erste Schritt der Selbsterkenntnis des Helden in dem Mysteriendrama Steiners hat die Erscheinung Luzifers und Ahrimans zur Folge; die Methode, die Steiner uns vermittelte, bestand in der Schulung der Aufmerksamkeit für jene Sphäre, in der eine Antwort auf die Frage: «Was nehme ich wahr?» jeweils gefunden werden konnte.

Es ging um die Beherrschung der Aufmerksamkeit: «Wie nehme ich wahr?» Das wahrgenommene «Was» war durch das «Wie» des Wahrnehmens bestimmt; und der Luziferiker befreite sich von dem Wahn eines mystischen «Hie» und erkannte, dass er nicht «übersinnliche Wesen» erlebte, sondern seine eigenen Organe; aber sein berechtigter Mut zur Beurteilung des Wahrgenommenen blieb unangetastet. Der Doktor sagte niemals: «Wie kommen Sie dazu, dies oder jenes wahrzunehmen!» Im Gegenteil: Nachdem er auf den subjektiven Aspekt der Bilder aufmerksam gemacht hatte, betonte er die Wichtigkeit eines weiteren Schritts: Analyse der Subjektivität nicht durch intellektuelle, sondern durch imaginative Spekulation, das heißt, durch die innere Dialektik des Bilderschaffens, die wir beherrschen lernen müssen, wie der Klavierspieler die Tasten.

Dabei ging es ihm nicht darum, dem Wahn auszuweichen, vielmehr schickte er uns den Wahnbildern entgegen: Wenn man bis zum ewigen Schnee vordringen will, darf man vor den Nebeln der Wolkenzone nicht zurückschrecken. Er forderte alle denkbaren Fehler und Aberrationen heraus (um es paradox zu sagen), weil es ihm um etwas anderes ging: nicht um das Lesen der Offenbarungen jener Welt, sondern um schrittweises Erforschen des Äther- und Astralleibes, wenn auch nur mit Hilfe eines Imaginations-Tagebuchs. Als er einmal in meiner Gegenwart die Bilder einer Malerin betrachtete, ließ er die geflügelten Nashörner, Lichtbündel und dämonischen Drachen in Bilder physischer Organe sich verwandeln – Leber, Rachen, Magen –, jedoch nicht in ihrer statischen physischen Form, sondern in der dynamischen des ätherischen Rhythmus; die bildnerische Fähigkeit, durch die Meditation angeregt, wurde unversehens von einer bislang noch nicht wirksam gewordenen Ursache verändert; das war die Wirkung des aktivierten Ätherleibes. Den Zeichenblock schließend, ergriffen von der Ergriffenheit seiner Schülerin, der er gerade ein neues Amerika gezeigt hatte, neigte der Doktor das gütige Gesicht mit den halbgeschlossenen Augen und sprach, ein wenig gedehnt, als würde er selbst dem Satz zuhören: «So muss der Mensch zuerst lernen, sich selbst wahrzunehmen, um dann das Wahrgenommene zu beherrschen.»

Meine Anwesenheit während dieser Stunde hatte ihren Sinn: Ich sollte das hören, was ich hörte; und es ist mir zum Leitfaden geworden.

23

Hinweise dieser Art waren auch für den Ahrimaniker von Bedeutung – aber auf andere Weise; sie befreiten ihn von einem anderen «Trug»: der Furcht vor dem «Trugbild»; ein Luziferiker ist fähig, das Trugbild für eine Wirklichkeit zu halten; bei einem Ahrimaniker ist es umgekehrt: Es ist möglich, dass er etwas sieht, ohne es zu sehen; er kann ein Signal der Elementarwelt aufnehmen und es für ein Ohrensausen halten; er begreift nicht, dass auch ein Ohrensausen seine Bedeutung haben kann; nach Jahren keuscher Zurückhaltung gegenüber der Versuchung, den Inhalt seiner Meditation wenigstens andeutungsweise zu interpretieren, konnte ein meditierender Ahrimaniker wichtige Symptome in seiner Seele übersehen, die ihn aufforderten, mutig in die ihm verhüllte Sphäre einzudringen; ihm schien der Doktor zu bedeuten: Alles ist Trug; aber der größte Trug ist mangelndes Vertrauen zu sich selbst, in die eigenen imaginativen Kräfte; denn dieser Unglaube entsteht aus dem Glauben an den Wahn, zu dem sein Maßstab der Nüchternheit geworden ist; der compte rond, wie ihn der Doktor dem Ahrimaniker vorlegte, spornte diesen an, selbständig auf das Bildermeer hinauszusegeln; dem skeptischen: «Wie komme ich dazu ...» hielt der Doktor die Forderung nach einer kritischen Analyse dieses «Wie komme ich dazu ...» entgegen und betonte: Die geistige Welt ist überall, auch das «Wie komme ich dazu ...» ist ein Gerinnsel jener Welt; er forderte eine kritische Auflösung dieses Gerinnsels, um über diesen «Wahn», der uns beherrscht, Herr zu werden; aber dies kann nur innerhalb der imaginativen Bilderwelt geschehen, in der die Wurzeln sämtlicher Prozesse liegen, unter anderem auch die der rein ahrimanischen Verweigerung vor den eigenen imaginativen Früchten.

Das, was der Doktor in diesem Punkt, bei den ersten ihm vorgelegten «Früchten» der Imagination, uns zu sagen hatte, war für den Luziferiker und den Ahrimaniker schlechthin überraschend – «das Kästchen war ganz leicht zu öffnen» –, wenn der Doktor es öffnete, war man bestürzt; die Hand des Doktors, die dort zupackte, wo später jeder von uns sich um das «Öffnen» selbst mühen sollte, die Hand des Doktors war manchmal absolut nötig. Und es ist schade, dass viele sich gerade hier vor ihm genierten und seine kostbare Gegenwart nicht ausnutzten; ein luziferischer lügnerischer Appell an die Hellsichtigkeit des Doktors, die eine Antwort auf die nicht realisierte Erfahrung diktieren sollte, und die ahrimanische lügnerische Bescheidenheit, die mit den «Mücken» aus dem imaginativen Bilderkabinett den Doktor nicht belästigen mochte, haben dazu geführt, dass die «Elefanten», künftige Möglichkeiten einer aktiven Arbeit, unbeachtet blieben; das ahrimanische Bewusstsein macht oft aus dem Elefanten künftiger Erkenntnisse eine Mücke, indem es auf seine vorgestreckte Rüsselspitze fixiert bleibt.

Ich habe oft beobachtet, dass der Doktor auf kühne Fragen und auf den Mut wartete, der ihm das Bilderkabinett irgendeiner Erfahrung (die am Anfang selbstverständlich «hinkte») aufschloss; vor jeder noch so hinkenden Erfahrung eines Schülers wurde er ganz konkret; wenn aber eine Frage «im Großen und Ganzen» formuliert wurde, blieb die Antwort entsprechend allgemein. Er freute sich immer über die «Mücken» der Erfahrung, auch wenn diese noch so fehlerhaft war, denn er sagte: «Lieber falsch denken, als gar nicht denken», «lieber irgend etwas sehen, als vor einem Trugbild zurückschrecken.» Man hätte ihm von einem Trugbild berichten können, er hätte auch da einen Anknüpfungspunkt gefunden.

Eines Tages brachte ich ihm eine komplizierte Zeichnung; im Zentrum die Sonne, darin eine grinsende Fratze; er wurde lebhaft und sagte: «An dieser Wahrnehmung können Sie erkennen, wie das Subjektive sich über das Nichtsubjektive schiebt; so ist das gesehen worden, aber das Subjektive hat sich darüber gelegt – so.» Und er wies auf die dumme Fratze. Demnach ist auch das imaginative Trugbild Gegenstand der Erkenntnis, wenn am Anfang des Weges nur ein Trugbild sich zeigt; wie kann man darauf verzichten wollen? Ein solcher Verzicht käme dem Abschneiden der «Wege» gleich, einem Stagnieren in toter «Objektivität». Für den Doktor lag die Frage auf einer ganz anderen Ebene: er stellte die Frage nach einem den Trugbildern zugrunde liegenden Ganzen und tastete die Fäden ab, die zu dem Netz der Täuschungen sich verknüpften: Das war Luzifer, das war Ahriman. Die konkrete, genaue Kenntnis der Wirkungen dieser Wesen – das war der untrügliche Ariadnefaden.

24

Der Doktor war ein erstaunlicher Pädagoge im Bereich der Seele; aber sein pädagogischer Blick drang auch – wenn es nötig war, streng oder liebevoll, aber ohne je in die Freiheit der Schüler einzugreifen – aus dem Arbeitszimmer, wo er «lehrte», bis in das äußere Leben seiner Schüler. So erfuhren wir seine Aufmerksamkeit, zuerst ohne es zu merken, in den ersten Monaten unserer Münchener Zeit (im Jahre 1912); diese Aufmerksamkeit äußerte sich dadurch, dass er Frau Polman-Mooy, seine «intime» Schülerin, die manchmal in seinem Auftrag gewisse esoterische Stunden durchführte, zu Ellis schickte; wir drei standen alle in engem Kontakt mit ihr; in den ersten Monaten bewährte sie sich als die ausgezeichnete Assistentin eines «Professors»; der Doktor gab uns die Erlaubnis, sie in Fragen der Meditation zu konsultieren und unsere meditativen Erfahrungen mit ihr zu besprechen; sie hatte die Erlaubnis, uns anzuhören, wenn nötig, zu helfen. Ellis referierte die von ihm bereits gehörten Vorträge – er war ein glänzender Referent. Außerdem erklärte sich Frau Mathilde Scholl, eine sehr kluge, ebenfalls «intime» Schülerin des Doktors, überraschenderweise bereit, uns im Deutschen zu unterrichten, das heißt uns das deutsche Vokabular der Vorträge zu vermitteln; zu einem regelrechten deutschen Sprachunterricht ist es allerdings nicht gekommen: Es fanden sehr interessante, zwanglose und funkensprühende Fragestunden über die verschiedensten Gegenstände statt: über die Hierarchien, die Lichttheorie, die Leiber und so weiter. Jeden Tag suchten wir die Scholl auf und nahmen zu dritt auf dem winzigen Kanapee Platz; sie saß in einem Sessel von ungeheuren Ausmaßen uns gegenüber; manchmal war es umgekehrt: Sie setzte sich auf das Sofa und nahm dort den ganzen Platz ein, der sonst für uns drei voll ausreichte.

Diese Stunden bei der Scholl waren für uns von immensem Nutzen.

Und dann kam die offene Hilfe von Steiner: Die Aufführung der Mysteriendramen stand bevor: Die Sprache der Mysteriendramen ist sehr schwierig. Der Doktor meinte, dass ich den Text unbedingt vorher kennenlernen müsste (eine der ersten Meditationen, die er mir gegeben hatte, war die Paraphrase eines Textes aus einem Mysteriendrama); eine Folge dieser Äußerung Steiners war das Erscheinen von Fräulein Johanna, die gut Russisch sprach; sie diktierte täglich den Text einiger Szenen, den ich eilig notierte, um ihn in einer wörtlichen (eigenen) Übersetzung vor der Aufführung zu studieren.

Das erwies sich als notwendig: Während der Aufführung der Mysteriendramen konnte ich im Text, in der Einheit von Rhythmus, Farben, Gewändern, in der Platzierung von Requisiten etwas erleben, was in direkter Beziehung zu der Welt meiner Meditationen stand, auch zu einigen meiner Schemata, die ich Steiner vorgelegt hatte.

Nimmt man alles zusammen: erstens Meditationen, zweitens Vorbereitungen der Arbeitsberichte für Steiner, drittens Referate von Ellis, viertens Gespräche mit Frau Polman-Mooy, fünftens obligatorische Stunden bei Mathilde Scholl, täglich, sechstens Stunden bei Fräulein Johanna, täglich – dann reichte der Tag nicht aus; wir wurden in großer Eile auf die Aufführung der Mysteriendramen vorbereitet; über diesem ganzen Nachhilfeunterricht wachte unsichtbar das Auge des Pädagogen Steiner.

Erst später habe ich verstanden, wie exakt alle «Stunden» in ihrer Gesamtheit sich zu einem System fügten, dessen Kern uns der Doktor selbst in seinem Arbeitszimmer nahe brachte.

Nach der Aufführung bestellte er uns seltener, jedoch immer noch ziemlich oft, aber gerade in den Bildern der Mysteriendramen, in dem während der Aufführungen Wahrgenommenen, wurde der Grund für alles Weitere gelegt, für meine selbständigen Bemühungen in der Zukunft; und ich begriff: Der Doktor hat uns persönlich auf die Aufführung vorbereitet.

Diese Sorge für den gesamten Komplex der «Stunden», die äußerlich keinerlei Beziehung zu seiner «Stunde» hatten, wies ihn als einen Pädagogen von höchster Wirkungskraft aus: als einen Pädagogen, dem es um die Freiheit der «Sicht» geht, vor allem in Fällen, in denen seine Autorität hätte hemmend wirken können.

Während er sich in diesem Punkt um jedes Detail kümmerte, schien er uns gleichzeitig zu zeigen, dass wir in einer anderen Beziehung «vergessen» waren. Wir hatten tatsächlich etwas vergessen, und alle anderen ebenfalls: Wir hatten vergessen, dass wir nicht Mitglieder waren, keine Mitgliedskarten hatten und nach den Statuten weder Vorträge kaufen noch Mitgliedervorträge besuchen noch bei der Aufführung der Mysteriendramen anwesend sein durften. Alle hatten uns vergessen: Sechs Monate waren wir – ohne Mitgliedskarte – überall dabei: in München, Köln, Basel, Berlin; ich weiß nicht mehr, ich habe vergessen, wie das ermöglicht wurde. Wir hatten «vergessen», dass die Aufnahme nur nach einem obligatorischen Einführungskurs stattfinden konnte, und alle hatten vergessen, dass wir einen solchen Kurs zu absolvieren hatten.

Als uns im Dezember endlich auffiel, dass wir keine Mitglieder waren, war uns das sehr peinlich, denn seit Juni lebten wir ständig innerhalb der Gesellschaft. Ich glaube, dass dieses Vergessen auf der einen und das Nichtvergessen auf der anderen Seite eine besonders subtile und taktvolle pädagogische Maßnahme war.

Der Doktor konnte entgegenkommend, gütig und taktvoll sein; aber er konnte auch entschieden durchgreifen, zuweilen völlig überraschend: Als die Dame aus unserem gerade angekommenen «Triumvirat» auf seine Bitte hin einige biographische Daten aufgeschrieben hatte, sagte der Doktor beim Anblick des Zettels: «Wenn Sie außerstande sind, dieses Wenige in einer lesbaren Handschrift zu schreiben, sehe ich mich außerstande, mit Ihnen weiterzuarbeiten!»

Freiheit, Vergessen – die eine Seite; Genauigkeit, ja, Pedanterie – die andere.

Die Synthese war die Steigerung jenes pädagogischen Ganzen, dessen einzelne Züge wir nicht immer überschauen konnten.

25

Rudolf Steiner war ein Erzieher auch im üblichen, rein äußerlichen Sinn: In seiner Jugend hat er unterrichtet; er hat ein geistig stark behindertes Kind für das Leben erzogen, ein Kind, das man für völlig debil hielt und aufgegeben hatte; diese Erziehungsarbeit an einem «Idioten» geschah zu einer Zeit, in der er an seiner eigenen wissenschaftlichen und pädagogischen Ausbildung arbeitete. Auch später unterrichtete er gern: Scholl in höherer Mathematik, Smits in Eurythmie, Marija Jakowlewna Steiner in Rezitation.

Außerdem: Seine – veröffentlichten – Gedanken über die Erziehung des Kindes zeichnen sich durch Originalität aus und haben eine pädagogische Bewegung ins Leben gerufen, in deren Schulen seine Ideen zur konkreten Umgestaltung des Unterrichtsprogramms wirksam werden: in Geschichte, Mathematik, Physik, Kunstgeschichte, Handwerk. Er hielt großartige Kurse – zum Teil veröffentlicht – für Pädagogen ab; aber er beschränkte sich nicht auf die Erziehung der Erzieher: Er kümmerte sich persönlich um den Ausbildungsgang der Schüler der Waldorfschule; er kannte sie mit Namen, besuchte sie oft und beobachtete ihre Entwicklung; die Lehrer unterrichteten ihn über sämtliche Details des Lebens der Schule. Kurz vor seinem Tod beschäftigte er sich mit dem Problem einer neuartigen Hochschule für die Absolventen der Waldorfschule (zwölf Schuljahre).

Jedoch würde eine Charakteristik seiner pädagogischen Ideen, eine Beschreibung der Unterrichtsmethoden für die einzelnen Fächer und ihrer Auswahl eine pädagogische Spezialuntersuchung erfordern, das heißt, einen jener Bände, auf die ich von vornherein verzichtet habe, denn mein Thema ist die Person des Erziehers; daher gilt für mich der Begriff «Pädagoge» nicht im akademischen, sondern im persönlichen, inneren Sinn.

26

In dem «Seelenlehrer» Rudolf Steiner trat ein Pädagoge vor uns hin, der seine Schüler unmerklich zur Freiheit und Vorurteilslosigkeit beflügelte; hier traf sich der Pädagoge mit dem Denker; der Autor der «Philosophie der Freiheit» bewies seinen Schülern in den Jahren des Umgangs mit diesen Schülern, dass der Prozess des Sich-Einlebens in eine Philosophie der Freiheit nicht mehr nur Philosophie, sondern unser Weg zur Freiheit selbst ist; dieser Weg fällt mit einem Einweihungsweg zusammen; mehr noch: In unserer Zeit ist der Einweihungsweg ein Einweihungsweg zur Freiheit; in seinen christologischen Kursen zeigte er anschaulich, dass die wahrhaft menschliche Freiheit zum ersten Mal in der Person Jesu als Freiheit vom Karma Wirklichkeit geworden ist; ihrem Wesen nach sind unsere sämtlichen Unfreiheiten – Umwelt, Konvention, öffentliche Meinung – Folgen eines sozialen Karmas, dessen Wurzeln in dem Karma der Individualität liegen; aber der Weg der Befreiung ist nicht nur der Weg einer Befreiung «wovon», sondern auch «wozu»; dieses «wozu» ist das Mitwirken an der Wirklichkeit einer vollkommeneren Welt, mit der wir erst dann eins werden, wenn wir uns ein Ideal setzen; ein Ideal lebt verborgen in jeder unserer Ideen; die «Philosophie der Freiheit» sagt uns, dass der abstrakte Idealismus, der in Ideen gegeben ist, den Keim einer Konkretheit in sich trägt, die nicht mehr Idealismus, sondern «Ideo-Realismus» genannt werden muss, das übergeordnete Ganze eines Runds abstrakter Weltanschauungen. Die Freiheit in der Verwirklichung des Ideals, das heißt nicht die Freiheit «wovon», wie im Buddhismus, sondern «wozu», ist in sich eine neue Philosophie und eine historisch «neue» Auffassung des Problems des Weges überhaupt.

In seinem Buch «Wie erlangt man Erkenntnisse der höheren Welten?» formuliert der Lehrer Steiner seinen philosophischen Grundsatz als eine Regel des Einweihungsweges: Man ist nicht eher Geheimschüler, bevor man diese Regel befolgt: «Jede Idee, die dir nicht zum Ideal wird, ertötet in deiner Seele eine Kraft; jede Idee, die aber zum Ideal wird, erschafft in dir Lebenskräfte.»

Der Philosoph der Freiheit war von der tiefen Überzeugung durchdrungen: Das Streben nach der Freiheit, wenn auch nur im unvoreingenommenen Denken der Freiheit, ist bereits ein Weg der Geheimschulung; sobald wir in uns die Götzenbilder der Ideen stürzen, werden wir ihre Auferstehung als Lebensideale in unserem Inneren gewahr, und sobald wir uns diesen «Idealen» nähern, können wir erkennen, dass sie in Wahrheit «Wesenheiten» der geistigen Welt sind. In diesem Sinn bezeichnete er das innerste Wesen unseres erwachenden, nach Stirner und Nietzsche immer mächtiger hervorbrechenden Freiheitssuchens als Michael-Impuls, als Impuls des den Drachen bekämpfenden Erzengels: Der Drache, Ahriman, ist die Macht des Weltenkarmas; solange wir nicht einsehen lernen, dass wir diesem Drachen weniger im Physischen als im Moralischen unterliegen, werden wir das Wesen des Karmas nicht begreifen; das äußere Karma ist nur eine im Laufe der Jahrtausende fortschreitende Sklerotisierung des Inneren; das, was zu einem grauenhaften Kerker um uns sich verfestigt hat, tragen wir als Unwägbares allgegenwärtig in uns: als die Herrschaft der nicht zum «Ideal» erweckten «Ideen». Hier lag der Berührungspunkt des Lehrers Steiner mit dem freien Denker; und die von ihm als Lehrer empfohlenen Regeln bedeuten etwas völlig anderes als zum Beispiel die Dogmen oder Kants «Kategorischer Imperativ» der Pflicht.

Die gesamte Buchhaltung (Einnahmen – Ausgaben) des «Dogmatismus» und «Imperativismus», dieses Bewusstseins-«Imperialismus», verwandelte er in ein, ich möchte sagen, empirisches Problem: Man kann sich nicht frei bewegen, frei auftreten, solange man Fesseln trägt. Fesseln – das ist ein dehnbarer Begriff: Der Mensch kann auch durch ein Hühnerauge gefesselt sein, das durch falsches Auftreten, durch ein Vergehen sich bildet; schwerwiegende Folgen eines Vergehens können als ein «Schuldschein» angesehen werden, aber man darf nicht vergessen, dass bei dieser Buchführung der Schuldner und der Gläubiger dieselbe Person, ein und dasselbe Ich sind, das seine Freiheit verloren hat. Und daher halte ich für die wichtigsten Worte des Lehrers Steiner jene, die er an sich selbst gerichtet und bis ans Ende befolgt hat: «Richte jede deiner Taten, jedes deiner Worte so ein, dass durch dich in keines Menschen freien Willensentschluss eingegriffen wird.»

Viele konnten bis zu seinem Tod nicht begreifen: Wie wäre es denkbar, dass der «Lehrer» Steiner in den Willensentschluss seiner Schüler nicht eingegriffen haben sollte? Und wie steht es mit den Anthroposophen, die an Händen und Füßen mit Steiner-Worten gefesselt sind? Diesen Menschen kann ich nur meine tiefste Überzeugung entgegenhalten: Jemand, für den Steiner zur Fessel wurde, kann niemals ein Schüler Steiners gewesen sein. Sie waren Mitglieder der Anthroposophischen Gesellschaft, und der «Lehrer der Freiheit» konnte sie nicht von der Gesellschaft fernhalten, aber er selbst brauchte nicht Mitglied dieser Gesellschaft zu sein.

Und er ist es auch nicht gewesen, bis kurz vor seinem Tod.

Alles an meinen Beziehungen zu dem «Lehrer» Steiner war durch das qualvolle Verlangen nach einer Harmonie zwischen «meinem Lehrer» und dem «Freien Philosophen» in meiner Seele bestimmt. In seiner Seele war diese Einheit Realität, aber in meiner lebte nur die Frage nach einer solchen Einheit, deren Antwort in jahrelangem Ringen Schritt für Schritt erkämpft werden musste.

Sogar meine Fahrt zu ihm nach Köln war nicht von dem Wunsch motiviert, jemals sein Schüler zu werden – im Gegenteil, damals konnte ich seine Auffassung vom Christentum mit meiner Ideologie nicht überzeugend in Übereinstimmung bringen; ich war gekommen, um ihn zu fragen, ob ich den traditionellen Pfad der Geheimschülerschaft betreten sollte. Ich wollte ihn um Rat fragen, als einen Menschen, von dessen Ehrlichkeit und Integrität ich überzeugt war. Meine Frage an ihn war eine zweischneidige Frage: Er wusste von seiner Wirkung auf die Menschen, und er erkannte, dass ich in ihm eine gewaltige moralische Kraft sah: Würde er ja sagen, müsste er gegen seine eigene Überzeugung handeln, denn nach seiner Überzeugung war die Zeit der historischen, traditionellen Einweihungswege vorbei, er konnte nicht ja sagen; aber sein Nein hätte ein Eingreifen in meinen Entschluss bedeutet. – Er hat mir nicht geantwortet.

Ich werde niemals meine Bestürzung vergessen: Ein Mann reist von Brüssel nach Köln, um sich einen Rat zu holen; ein Mann legt ihm fast eine halbe Stunde lang die ernsten und gewichtigen Gründe dar, die ihn veranlassen, zu kommen und zu fragen, ob er «jenen», von denen er sich angezogen fühlt, die in seiner Vorstellung als die «wahren Lehrer» erscheinen, sich anvertrauen könne oder nicht – Steiner wird dabei nicht als Lehrer, sondern als «aufrichtiger Ratgeber» betrachtet –, und die Antwort ist tödliches Schweigen; für Steiner hieß dieses Schweigen: «Richte jedes deiner Worte so ein, dass durch dich in keines Menschen freien Willensentschluss eingegriffen wird.»

Nach einer langen Pause: «Haben Sie vielleicht im Juli Zeit?» – «Ja.» – «Möchten Sie vielleicht nach München kommen? Besuchen Sie uns. In München hätten wir mehr Zeit, um uns über solche Fragen zu unterhalten.» Eine absolut weltliche, ungezwungene Einladung eines unabhängigen

Menschen an einen anderen ebenso unabhängigen Menschen; aber keine Antwort auf meine direkte Frage, in der vielleicht eine listige Versuchung hätte liegen können, wie in der Frage der Pharisäer an Christus: «Ist's recht, dass man dem Kaiser Zins zahle?»

Die Antwort war eine Gebärde, die mich durch eine eigene Verbindung von «Freiheit» und «Wahrheitspflicht» erschütterte.

Die Antwort meines Gewissens erfolgte wieder in Brüssel: Nach dieser Gebärde, die ich in Köln erlebt hatte, nach diesem schwerelosen Auf-Treten (der leichtfüßige Weise) zerrannen mir bald die bis dahin verlockenden Vorstellungen von «Hirten», «Geheimlehrern», «Lehrern», von «Wahrern», «Hütern» und «Rettern».

Ich ging nach München.

Beim zweiten Gespräch, diesmal in München, schlug er mir gewisse «Übungen» vor. In meiner Vorstellung verbanden sich alle Übungen dieser Art immer noch mit hieratischer Ordnung, drückender Last, Verpflichtungen; kurz, im selben Augenblick sah sich ein traditioneller «Schüler» einem traditionellen «Lehrer» gegenüber. Und ich antwortete durch und durch aufrichtig: «Aber ich weiß ja gar nicht, ob ich das kann, ob ich das mit meinen schwachen Kräften überhaupt schaffen werde!!!» Unter diesem Wort von den «schwachen Kräften» schlängelte sich in meinem Unterbewusstsein eine Mischung von Furcht und einer Selbsterniedrigung, die schlimmer als jeder Stolz ist. Es muss ihn seltsam angeweht haben, ähnlich wie: «Herr, was soll ich tun?» Aber er hörte dahinter einfach Operette: «Und des Meisters Zauberhut macht die Leiden wieder gut!»

Und blitzschnell, streng, beinahe zornig schnitt er ab: «Hier wird nicht gefragt, sondern gehandelt.» Er hatte offensichtlich gesehen, wie stark das Wort «Übungen» sich in mir mit den traditionellen Vorstellungen von indischen Yogis, hieratischen magischen Praktiken und all dem verband, was er, der Philosoph der Freiheit, so wenig schätzte; es war ihm klar, dass ich durch die abstrakte Tradition meiner Vergangenheit und meine grobsinnlichen Vorstellungen von der Übungspraxis die übende Pflege des Gedankens und den Strom des lebendigen Denkens in mir abgedrosselt hatte, es war ihm klar, dass die übende Pflege meines Selbst durch Voreingenommenheit blockiert war; und seine Antwort war:

«Versuche es trotzdem!»

Das Resultat dieses Versuchs: Alles, was in meiner Jugend 1901–1902 in den Rhythmen und Themen der «Symphonien» und «Gedichte» gesungen hatte, alles, was meine nicht unvoreingenommenen kulturschaffenden Freunde zum Stocken gebracht hatten, das alles strömte 1912 auf eine neue Weise in meinem Inneren!

Alle weiteren intimen Erläuterungen und Hilfen bei der Praxis der Befreiung des Gedankens, der Gefühle und Willensimpulse hatten überhaupt keine Beziehung mehr zu meiner Biographie, zu den Gesetzmäßigkeiten des äußeren Lebens, zu den Menschen. Er war in mir wirksam dort, wo meine Persönlichkeit sich um ein Gespräch mit dem eigenen Ich als dem Ideal bemühte und das «Individuum», das Ich, befragte, und nicht Herrn Doktor Steiner.

Als experimentierender Forscher, der uns den Gebrauch des Mikroskops, aber auch höchste Zurückhaltung in den eigenen Schlüssen auf weiträumige Landschaften lehrte, war er fordernd, konkret und von einer stets verblüffenden Sorgfalt im Detail. Aber als ich vor einem entscheidenden Entschluss aus «Freiheit» stand, vor einem Entschluss, der große Wirkungen auf das Schicksal mir nahestehender Menschen haben musste, konnte ich ihn, obwohl ich ihm die intimen Tagebücher meiner esoterischen Erlebnisse vorlegte, nicht um Rat fragen. Und ich wollte es auch nicht, denn ich hatte inzwischen gelernt, «das Haupt frei zu tragen»; außerdem wusste ich: Wenn ich mich gehen ließe, wenn ich der Versuchung, bei ihm Zuflucht zu suchen, erläge, würde ich den Philosophen der Freiheit enttäuschen.

So wurde diese für meine Biographie bedeutsame Frage als eine rein methodische vorgetragen: Es war das Gespräch eines Schülers mit seinem Lehrer; und die Termini dieses Gesprächs, von dem verschiedene Schicksale abhingen – meines und das von anderen –, waren erkenntnistheoretische Termini.

Es war in Dornach an einem dunklen Abend. Wir gingen zu seinem Vortrag. Plötzlich blieb er stehen, sah mich scharf an – er wusste, was ich in concreto meinte – und sagte bloß: «Tragen Sie durch das Schweigen und die Meditation Ihren Entschluss hindurch, der sich aus der Fragestellung ergibt, und handeln Sie entsprechend Ihrer Weltanschauung!»

Das bedeutete: Richten Sie sich nach Ihrem höheren Ich!

Keine Einflussnahme, keine Belehrung; ein ruhiger, strenger, ein wenig trauriger Blick; er wusste, dass mein Entschluss, sobald er verwirklicht würde, Menschen, deren Lehrer er war, unendlich tief, ja unheilbar verletzen musste; aber er konnte mir nicht sagen: «Geben Sie ihn auf!», denn er wusste, hier wirkte Karma.

Ich erwog noch einmal alles, prüfte es in meiner Seele: Die Handlung, die meine Nächsten «gemordet» hätte, wurde nicht ausgeführt; später dachte ich wiederholt:

Wieso hat er mich von solchem Wahnsinn nicht zurückgehalten?

Und jedes Mal musste ich mir antworten:

Er konnte mich nicht zurückhalten: er ist der Lehrer der Freiheit, der Philosoph eines Einweihungsweges.

So strömte uns von dem Lehrer ein Hauch der Freiheit zu; so wurde der Philosoph der Freiheit zu unserem wahrhaften «inneren Lehrer».

27

In der Person Rudolf Steiners begegneten sich der Denker, der Pädagoge, der Lehrer und der praktisch tätige Mensch. Er blieb sich treu bis an sein Ende. Er sagte: «Die Welt wird nicht durch die Deutung der Erscheinungen erklärt, sondern durch das Vergegenwärtigen der Funktion dieser Erscheinungen.» Obwohl er mehrere Einführungswerke geschrieben hatte, legte er wenig Wert auf methodische und systematische Wegweiser, die moderne «Gelehrte» am besten «verstehen», ohne zu verstehen, dass ihr «Verstehen» in der Beherrschung der Nomenklatur sich erschöpft, und nach Steiner nicht Verstehen, sondern Verständnislosigkeit bedeutet. Steiner schrieb keine «verständlichen» Bücher, das heißt Werke, die von der modernen «Verständnislosigkeit» bewältigt werden können, sondern war immer bestrebt, seine Thesen in ihrem Wirksamwerden einleuchtend zu machen; die Gesamtheit des durch ihn zur Wirksamkeit Gebrachten ist die Anthroposophie – ein Kulturorganismus; und die von ihm geweckte Wirksamkeit ist die Arbeit seiner wahren Schüler. Unter einem Schüler verstand er nicht ein Mitglied der Gesellschaft, sondern eine Person: «Die Wahrheit liegt in der Persönlichkeit als einem Ganzen», sagte er.

Dort, wo das Problem der Gesellschaft, des Apparats, der Statuten begann, dort galt ein anderes Wort: «Wer eine allgemeingültige Wahrheit verlangt, versteht sich selbst nicht.» Ein Mitglied der Anthroposophischen Gesellschaft, das die anthroposophischen Grundsätze im Allgemeinen bejahte, das mit den Mitgliederversammlungen, den Statuten und der eigenen Mitgliedsmoral völlig zufrieden war, schloss sich von dem realen Umgang mit dem Lehrer aus, weil es diesen nicht verstand. Und der Lehrer und Denker beklagte sich über solche Verständnislosigkeit: «Sie riegeln mich vom Leben ab!» rief er zornig in Stuttgart aus. Er wurde abgeschnitten durch die «allgemeingültige» Wahrheit, durch die Rechthaberei der Anthroposophen; der Anthroposoph, der mit einem Steiner-Zitat auftrumpft, hat immer und unter allen Umständen recht, aber ein solcher Anthroposoph ist kein wahrer Schüler Steiners. Über die Traktate selbstgerechter Anthroposophen, die jederzeit zu jedem Problem eine fertige Lösung parat hatten, äußerte er: «Ich habe wahrhaft geschaudert, als ich auf dem Wege hierher die Flut von Büchern gesehen habe, die unsere Tische bedecken.* Ich wäre froh, wir hätten weniger davon.» Wenn ich immerfort die Vokabeln «schöpferisch», «schöpfen», «Schöpfer» aus dem Munde anthroposophischer «Doktoren» höre, oder zähle, wie oft in der Minute sie das Wort «Anthroposophie» wiederholen, sehe ich Steiner vor mir, der in einem Zyklus über die Erziehung sagt, dass er «... am liebsten hätte, wenn wir der anthroposophischen Bewegung jede Woche einen anderen Namen geben könnten ...» In diesen Worten, die manche Anthroposophen wohl sehr gern aus dem Werk Steiners tilgen würden, verbirgt sich die Kraft der Auflehnung gegen die «Allgemeingültigkeit», sei es als absoluten Wahrheitsanspruch, sei es als Gesellschaft oder öffentliche Meinung, diesen giftigen Dunst, den zurückgebliebene Geistwesen absondern und verbreiten; manche Anthroposophen glaubten und glauben heute noch, dass solche Worte sich auf jede andere Gesellschaft außer ... der Anthroposophischen bezögen; dabei beziehen sich diese Worte auf die Anthroposophische Gesellschaft und im weiteren Sinne auf deren Anspruch auf Allgemeingültigkeit. Ich unterstreiche diese Zitate, weil meine vierjährige Beziehung zu Rudolf Steiner, die Beziehung zwischen einem «Schüler» und einem «Lehrer», auf eine Ablehnung jeder Allgemeingültigkeit gründete, während ich in einer Umgebung lebte, die allem, was Namen, Terminus und Titel heißt, krampfhaft übertriebene Bedeutung zumaß.

* Gemeint ist «anthroposophische» Literatur.

Es war komisch: Wir Russen, die wir als «Kandidaten der Wissenschaften» von der Universität kamen, waren, der deutschen Rangordnung entsprechend, «Doktoren»; aber bei uns in Russland ist der Doktorentitel seltener als der Professorentitel, denn ein «Doktor» muss das Universitätsstudium mit einer Arbeit abschließen, eine Magisterarbeit schreiben, seine Fachausbildung durch einen Auslandsaufenthalt erweitern, zwei wissenschaftliche Veröffentlichungen vorlegen und sie in öffentlichen Diskussionen verteidigen.

Ich fand es komisch, mit welcher Würde die deutschen anthroposophischen «Doktoren» ihren Titel zur Schau trugen, und mit welcher Herablassung sie ihren russischen Kollegen gerade noch die Fingerspitzen hinhielten, die längst vergessen hatten, dass auch sie solche «Doktoren» waren, weil bei uns der «deutsche Doktor» nicht gebräuchlich und wenig geschätzt war. Und deshalb kam den «Doktoren» Petrowskij, Sisow, Bugajew und anderen, die in der Gesellschaft der «Dr.» und «Herrn Dr.» untergingen, ihre eigene akademische Würde niemals in den Sinn; und das war bedauerlich, denn in der engen nationalen deutschen «Allgemeingültigkeit» konnte es passieren, dass man von manchem anthroposophischen «Doktor» kein einziges menschliches Wort zu hören bekam, solange man nicht den eigenen Doktorgrad hervorkehrte. Das meinte Steiner, als er das Ziel des Erziehungssystems der Waldorfschule charakterisierte: «Es geht darum, das Ideal des Doktors durch das Ideal des Menschen zu ersetzen.» Zur Ehre Russlands muss gesagt werden, dass bei uns der «Doktor-Titel» schon lange keinen Eindruck mehr macht: und in Deutschland als «Doktor» uns anreden zu lassen, kam uns genau so absurd vor wie ein Ring, den man sich als Schmuck durch die Nase zieht.

Selbstverständlich findet man den «inneren» Schüler Steiners nicht in dem verbreiteten deutschen «Doktor», sondern in dem einzelnen Menschen, der zufällig auch den Doktortitel tragen kann. Der verbreitete «anthroposophische» Doktor ist keineswegs der Typus eines solchen Schülers; und so war Rudolf Steiner über die Masse der von jenem veröffentlichten anthroposophischen Literatur wenig glücklich.

Ein durchschnittliches Mitglied der Anthroposophischen Gesellschaft konnte oft die wahre Schülerschaft nicht leisten, die im Individualisieren eines Textes oder Zitats von Steiner besteht, im eigenen schöpferischen

Nachbilden des in Thema und Rhythmus ergriffenen Textes oder der Zitate als Ganzes, das ins Innere versenkt und dort nacherlebt wird, wo das Aufgenommene keimt, frei von aller «Steinerschen» Terminologie, wo selbst das Wort «Anthroposophie» nicht nur keine Bedingung, sondern zuweilen ein Hindernis ist («... wenn wir der anthroposophischen Bewegung jede Woche einen anderen Namen geben könnten ...»). Hier sei kurz an das Leitmotiv sämtlicher Aussagen Steiners zur Frage der Weltanschauung erinnert: «Nicht in *einer* Wahrheit liegt das Wesentliche, sondern in dem Zusammenstimmen *aller*.» Das sagt ein Autor, der das Bild von zwölf Weltanschauungen, die sieben mal drei mal variiert werden, entwirft, der 12 x 7 x 3, das heißt 252 Spielarten für möglich hält, «nur beispielsweise»; wir aber fassen ihn so auf, als ob dieses «252 Spielarten» mit der Axt in Holz gehauen («252» und unter keinen Umständen «253») und eine einzige weitere Variante schon «anthroposophische Häresie» wäre. Man muss es aussprechen, dass die Mitglieder der Anthroposophischen Gesellschaft (die Doktoren und Nicht-Doktoren) in ihrer Mehrzahl Steiner ständig auf eben diese Weise verstanden haben: Sonst hätte er in Dornach nicht ausgerufen: «Wenn doch wenigstens zwei oder drei Menschen mich verstanden hätten!» Er appellierte an den Menschen, der mutig genug war, seiner Autorität sich nicht in leerer Gläubigkeit zu beugen, und der sich so verhielt, wie er es von einem «Schüler des Pfades» erwartete: «Der Geistesforscher tritt seinem Schüler entgegen mit der Zumutung: *Nicht glauben* sollst du, was ich dir sage, sondern es *denken*.»

Ich habe niemals erlebt, dass ein Mitglied der Anthroposophischen Gesellschaft sich erkühnt hätte, Steiner mit offenem Zweifel entgegenzutreten; ich meine nicht den Verdacht einer Unwahrhaftigkeit, sondern jene Hartnäckigkeit Lomonossows, deren Kehrseite Wahrheitsliebe ist, und die Gewissheit, dass ein entschlossenes In-Frage-Stellen einer Behauptung, die nicht kritisch, durch den Kopf, aufgenommen worden ist, einen direkten Weg zur kritischen Erschließung und Aneignung darstellt. Wie oft habe ich methodisch die Worte Steiners in Frage gestellt: «Angenommen, es verhält sich nicht so.» Das fruchtbarste Verständnis der kompliziertesten Thesen seines Systems, seiner Ideen, entsprang aus meiner Abneigung, alles bloß auf blinden Glauben zu gründen; aber jedes Mal wurde mein «angenommen, es verhält sich nicht so», von der Herde der Gesellschaft als Rebellion aufgefasst: Augenblicklich tauchten «Ordnungshüter» auf, ja sogar «Polizisten» und «Verleumder».

Keine meiner «Rebellionen» geschah hinter dem Rücken von Rudolf Steiner; vor ihm scheute ich mich am wenigsten, gegenüber der einen oder anderen seiner Äußerungen Skepsis an den Tag zu legen; ich scheute mich auch nicht vor seinen wahrhaften inneren Schülern Bauer, Stinde, Trapesnikow. Aber ich fürchtete mich vor den «allgemeingültigen», allem und jedem zustimmenden Mitgliedern der Anthroposophischen Gesellschaft, selbst wenn solche Mitglieder mir persönlich nahestanden: Das «allgemeingültige Mitglied» obsiegte in solchen Fällen sogar über einen «Nahestehenden». Vor Steiner fürchtete ich mich nicht, denn ich wusste, wie sehr er von seinen Worten durchdrungen war, dass «des Lehrers Autorität und der Glaube an ihn in der Geistesschulung keine andere Rolle spielen sollten, als dies der Fall ist auf irgendeinem anderen Gebiete des Wissens und Lebens.» Und ich wusste: Mein innerer Lehrer weiß, dass ich in meiner «Rebellion» seine Worte zu verwirklichen suchte, dass «diejenigen Menschen auch am besten verstehen das Haupt frei zu tragen, die verehren gelernt haben da, wo Verehrung am Platze ist. Und am Platze ist sie überall da, wo sie aus den Tiefen des Herzens entspringt.»

Die Tiefen des Herzens sind stumm; und zuweilen entfacht die Liebe dort ein Feuer von «Kritik» und «Zweifel» an Inhalten, die nur kritisch aufgenommen werden sollen; wie kann Erkenntnis sein, wenn der Zweifel mit Bann belegt wird?

Das bedingungslose blinde Fürwahrhalten alles dessen, was Steiner uns vorlegte, war und bleibt eine beschämende Tatsache: Ein solches «Aufnehmen» war etwas ganz Äußerliches, und manche «Aufnehmende» liefen Steiner davon, weil sie unter anderem nie lernten, im richtigen Moment «das Haupt frei zu tragen».

Auch Christus «zweifelte» und konnte nicht sofort der Versuchung Ahrimans begegnen, wie Steiner darlegt; auch der Apostel Paulus war manches Mal im Irrtum. Wollte man eine kosmische Unfehlbarkeit Steiners statuieren, würde man ihn über Christus und den Apostel erheben. Einen Text von ihm aus dem Zusammenhang reißen und mit ihm hausieren gehen – das kommt einer Verunglimpfung des Ganzen seiner Texte gleich, und dieses zum Fetisch gemachte Zitat einer Verneinung dieses Ganzen. Wie viele miserable «Doktorarbeiten» sind von solchen «Schülern» verfasst worden, allein deshalb miserabel, weil sie mit einem isolierten Zitat anfangen. Sie ließen das Ganze außer Acht, das Leitmotiv in allem Gesagten: «Die Wahrheit ist eine individuelle Wahrheit.» Ein Anthroposoph, der den Rhythmus des Systems Steiners organisch, das heißt hörend aufnahm, konnte schon deshalb auf die magische Wirkung der Zitate verzichten, weil er wusste: Der Schüler, in dessen Inneren das Aufgenommene in Stille sich zu regen beginnt, trägt den Keim einer neuen Anthroposophie in sich, einer Anthroposophie, die nicht mehr die gleiche ist wie die aufgenommene, denn «es wäre am besten, wenn wir der Anthroposophie jede Woche einen anderen Namen geben könnten» (der Impuls des Aufgenommenen und der Impuls der eigenen Seele vereinen sich außerhalb der Äußerlichkeit einer Bezeichnung, und «Anthroposophie», die sich mit dem «Geiste der Seele» nicht verbindet, ist ohnehin keine «Anthroposophie»). «Nur in seiner eigenen Seele kann der Mensch die Mittel finden, die ihm den Mund der Eingeweihten öffnen.» So sagt Steiner.

Diesem Satz kann man unter anderem entnehmen, dass dieser Mund sonst ewig geschlossen bleibt. – «Sie dürfen mich nicht fragen ... Sie müssen sich selbst fragen ...» – Steiner schrie diese Worte beinahe heraus, als ich ihn fragte, ob meine Folgerungen aus dem von ihm Gesagten noch «anthroposophisch» seien. «Sie müssen sich selbst fragen» – das war seine Antwort. Meine «Folgerungen» wurden veröffentlicht: Und viele Mitglieder stellten die Frage: «Ist das denn überhaupt noch Anthroposophie?»*

Mit welcher Bitterkeit teilte er seinem Schüler mit, dass dessen Frau ihn gefragt habe, ob sie zu ihrem Mann fahren solle oder nicht: «Wenn man liebt, dann fragt man nicht!»

Weil er nicht auf die richtige Weise gefragt und nicht auf die richtige Weise gehört wurde, rief er aus: «Fragen Sie nicht! ... Sie dürfen mich nicht fragen!»

Beim Zuhören horchte man nicht auf, sondern gehorchte: In diesem kleinen «ge-» liegt das Übel der allgemeingültigen Wahrheit der allgemeingültigen «Gesellschaft».

Und ich glaube, dass man sein Schüler nicht über die Gesellschaft wurde, nicht über Statuten und Gehorsam, nicht durch Dienstjahre und ein-

* Andrej Belyj: «Rudolf Steiner und Goethe in der Weltanschauung der Gegenwart».

wandfreie Gesinnung auf Kosten eines selbständigen Denkens, und dass seine Worte: «Lieber schlecht denken als überhaupt nicht denken», solche anthroposophischen Musterknaben meinten.

Und ich glaube, dass Lomonossow durch seinen Ausspruch, dass er selbst vor dem lieben Gott nicht als Tor dastehen möchte, sich als jenen Schüler ausgewiesen hatte, den Steiner jahrelang gesucht hat.

Leider wäre für einen solchen Schüler kein Platz gewesen; die westeuropäische Rangordnung, derzufolge ein «von», ein «Dr.», ein «der Doktor» als notwendige Voraussetzungen des Einweihungspfades angesehen werden, stand zwischen Rudolf Steiner und vielen der «Besten», worüber er sich ebenfalls bitter beklagte.

Aber trotz allem fanden sich auch diese «Besten» in der Gesellschaft, und wie zwei aufeinander senkrecht stehende Flächen sich in einer Linie schneiden, so zog sich über die weite «Fläche» der Gesellschaft eine Spur esoterischer Vertiefung.

In den Schülern, in dem Ganzen ihrer Persönlichkeit, in ihrem individuellen Wesen, und nicht in der Allgemeingültigkeit, lebt und entfaltet sich sein unsterbliches Werk.

IV

Die Schüler Rudolf Steiners

«Selbst der Irrende hat in dem Streben nach dem Wahren eine Kraft, die ihn von der unrichtigen Bahn ablenkt.»

Rudolf Steiner *(Theosophie)*

«Um die Tatsachen zu *erforschen*, muss man die Fähigkeit haben, in die übersinnlichen Welten hineinzutreten.»

Rudolf Steiner (aus der Vorrede zur dritten Auflage von *Wie erlangt man Erkenntnisse der höheren Welten?*)

«Nur in seiner eigenen Seele kann der Mensch die Mittel finden, die ihm den Mund der Eingeweihten öffnen.»

Rudolf Steiner *(Wie erlangt man Erkenntnisse der höheren Welten?)*

«Was nämlich der Einzuweihende mitbringen muss, ist ein in gewisser Beziehung ausgebildeter *Mut* und *Furchtlosigkeit.»*

Rudolf Steiner *(Wie erlangt man Erkenntnisse der höheren Welten?)*

«Der Eingeweihte ist über den Aberglauben hinaus ...»

Rudolf Steiner *(Theosophie)*

«... dass diejenigen Menschen auch am besten verstehen, das Haupt frei zu tragen, die verehren gelernt haben da, wo Verehrung am Platze ist. Und am Platze ist sie überall da, wo sie aus den Tiefen des Herzens entspringt.»

Rudolf Steiner *(Wie erlangt man Erkenntnisse der höheren Welten?)*

1

In seinem öffentlichen Wirken und als Pädagoge ist Rudolf Steiner für mich unzertrennlich verbunden mit einigen Menschen, von denen ich sagen möchte: Das waren seine Schüler und Helfer.

Ohne auf die intimen Nuancen seiner Beziehungen zu jedem Einzelnen einzugehen – solche Nuancen ließen sich zu Hunderten aufzählen –, möchte ich hier lediglich einige Personen nennen, von denen man eindeutig sagen kann, dass sie wirklich Schüler Steiners waren, in ihrem öffentlichen Wirken, in ihrer persönlichen Entfaltung und im Beschreiten der von ihm gewiesenen Wege; sie waren seine Schüler im äußeren und inneren Sinne, Menschen, deren «esoterisches» und «exoterisches» Wirken untrennbar verflochten war, in deren äußerer Tätigkeit der «Ton» ihrer inneren Entwicklung mitschwang; und dieser mitschwingende Ton, der von denen, die Ohren hatten, vernommen wurde, ließ sie uns unwillkürlich als die «Älteren» erscheinen, um so mehr, als die meisten aus dieser Gruppe durch ihre Erfahrung, durch viele in der Nähe des Doktors verbrachte Jahre und durch ihre verantwortungsvolle Arbeit zu meiner Zeit, zwischen 1912 und 1916, in der ersten Reihe der Gesellschaft standen.

Da war an erster Stelle Michael Bauer aus Nürnberg, ich glaube ein Bauernsohn aus der Nürnberger Gegend, der bei seiner Begegnung mit Steiner schon auf eine jahrelange pädagogische Tätigkeit zurückblicken konnte, und der sich eine gründliche Kenntnis der Mystik erarbeitet hatte (Böhme, Eckhart, Angelus Silesius): sowohl im Sinne eines äußeren Wissens als auch einer verinnerlichten Einsicht in ihre Probleme; ein Liebhaber der Naturwissenschaften, Botaniker und Blumenzüchter, ein Philosoph mit einem entschiedenen logischen Verstand und eigenständigen Fragestellungen, ein Mensch mit einem subtilen Sinn für Poesie, für «Stil», sein Leben lang den Fragen der klassischen und neuen Literatur aufgeschlossen – dieser Mensch konnte, auch wenn er kein Schüler Steiners gewesen wäre, als eine selten schöne Verkörperung der Kultur im höchsten, «viel-saitigen» Sinne angesehen werden. Aber das Kostbarste an Bauer war seine entschlossene christliche Haltung, die sich durch sein ganzes Leben bezeugte; sein Leben war seine Weltanschauung, seine Weltanschauung war sein Leben. Es erübrigt sich zu erwähnen, dass diese «Weltanschauung» die Anthroposophie war, und dass die Anthroposophie in ihm als «Anthroposophie» lebte, das heißt nicht als Leihgabe Steiners, sondern in seiner ausgeprägten großartigen Individualität verwurzelt; die Zyklen Steiners, das aktive Lernen und die spätere Mitarbeit bei ihm waren lediglich mineralische Salze, die den Acker seines Inneren fruchtbar machten, auf dem seine Seele eine wunderbare und reiche Blüte zog: Wenn ich an die geheimnisvolle «Blaue Blume» denke, sehe ich Michael Bauer vor mir: hochaufgeschossen, hager, leicht gebeugt, mit einem kastanienfarbigen Spitzbärtchen, scharf geschnittener Nase und strengen, herrlich blauen Augen, von jener Tiefe und jenem Blau, die der Himmel hat, wenn man lange genug hinaufschaut; die «Blaue Blume» blickte aus den Augen Bauers: Die Verbindung von zarter Güte, den schönen, strengen, zurückhaltenden Zügen einer Ikone und der leicht polternden Bassstimme war besonders überraschend.

Schon 1912 wurde von Bauer erzählt, er sei der erste Schüler Steiners, der einen selbständigen Weg gehe und eine selbständige geisteswissenschaftliche Forschung betreibe. Während der Zeit, die ich in unmittelbarer Nähe Steiners verbrachte, gehörte er zu dem Triumvirat, das die Anthroposophische Gesellschaft leitete (dieses Triumvirat war das Präsidium); seit 1915 wurde mir das Glück zuteil, Michael Bauer näher kennenzulernen, ihn besuchen und ihn um Rat fragen zu dürfen; und obwohl ich damals den Doktor aufsuchen konnte, muss ich gestehen: Die Ratschläge Bauers, die Gespräche mit ihm, sein weisheitsvolles, unauslotbar tiefes Wort, das manchmal die Form des fast derben, «gepfefferten» Volksspruchs annahm, aber innere Wärme und Güte ausstrahlte – das alles war unersetzlich; das, was ich von Bauer empfing, konnte selbst der Doktor mir nicht geben: Ich meine die typische, individuelle Bauersche «Tonalität»; sie könnte etwa so charakterisiert werden: Wenn Meister Eckhart dem Doktor begegnen würde und sich von ihm überzeugen ließe, dass der Rhythmus der Zeit nach anthroposophischer Ausgestaltung des Eckhartschen Anliegens verlange, dann würde Eckhart, ohne sich selbst aufzugeben, Michael Bauer sein.

Bauer war ein bewundernswerter Redner; mancher seiner Vorträge lebt in meinem Gedächtnis neben den besten, den stärksten Vorträgen Steiners; aber er sprach anders: Die anthroposophischen Fragen entfalteten sich bei ihm ohne anthroposophische Nomenklatur: Er sprach auf dem Grund des «Intuitivismus» Eckharts, die Sprache einer Logos-Philosophie, geschliffen und zu einem aphoristischen Pfeil zugespitzt: Vor Nietzsche, Stirner, Morgenstern und Steiner hätte man so nicht sprechen können. Sein Vortrag «Über die Liebe», den er bei der Generalversammlung 1914 gehalten hat, bleibt eines der tiefsten Ereignisse meines Lebens, ebenso seine Vorträge in Dornach. Eine Zeitlang hielt er viele öffentliche Vorträge in der Schweiz, mit großem Erfolg; mancher Schweizer zog ihn Steiner vor; und ich muss sagen, dass ich sie verstehen kann – ohne ihre Meinung zu teilen –, weil gerade der Schweizer von Bauer besonders stark angesprochen werde konnte; in seinen makellos klar aufgebauten Vorträgen war die Gnosis eine Logos-Gnosis, die als unmittelbar aus der Erfahrung der Raison du cœur entspringend dargestellt wurde; der Doktor war viel bunter; er setzte auf den Säulenschaft des Themas ein «korinthisches Kapitell», während Bauer ihn mit einem «dorischen» krönte. Auch in seinen Fragestellungen war er ein Klassiker im Vergleich mit dem Doktor, sein Vorgehen war eher nachvollziehbar – als das Steiners –, in allem spürte man die Tradition Eckharts (im schönsten Sinne), die durch das Taufbecken der Anthroposophie gegangen war.

So hatte Bauer gesprochen. Ich sage: «Er hatte gesprochen», weil eine Krankheit ihn schon lange an einen Ort fesselte (Ammersee bei München), und so Europa eines bewundernswürdigen Vortragsredners und die Anthroposophische Gesellschaft eines Kämpfers und Führers beraubte. Bauer wird um Rat angegangen, er wird besucht, aber er tritt nicht mehr in der Öffentlichkeit auf. Bereits 1912 hieß es, es sei ein Wunder, dass er überhaupt noch lebe (ohne beide Lungen); seitdem sind vierzehn Jahre vergangen; das «Wunder» dauert an, aber die Tätigkeit Bauers ist kupiert; er wurde ein Schweiger, ein Einsiedler, ein anthroposophischer Starez (ein moderner Starez); ich habe ihn seit 1916, als er mich durch seine Weisheit und Tiefe erschütterte, nicht mehr gesehen; wahrscheinlich ist er jetzt, nach zwölf Jahren vielfältiger «Arbeit» noch bewundernswerter geworden. In einem Gedicht nenne ich ihn «Meister Eckhart unseres Jahrhunderts», in Erinnerung an den Michael Bauer der Jahre 1915 und 1916. Nachdem A. M. Remisow 1923 Bauer besucht hatte, rief er aus: «Aber das ist ja ein deutscher Amwrosij Optinskij!» In der Tat, aber mit dem Unterschied, dass dieser «Amwrosij» in seiner Zurückgezogenheit Morgenstern herausgibt, Erkenntnistheorie und – zu seiner Erholung – Botanik treibt, in der er ausgebreitete Kenntnisse besitzt.

Bauer war sehr aktiv als Praktiker und als hervorragender Vortragsredner, aber er hat fast nichts geschrieben: Der Grund dafür ist in einer ungewöhnlichen Strenge sich selbst gegenüber, in einer ungewöhnlichen Bescheidenheit zu suchen; ich bedaure, dass seine Worte nicht von Jahr zu Jahr aufgezeichnet wurden; wäre wenigstens ein Teil des von ihm Gesprochenen erhalten, wäre die Kulturgeschichte um das Werk eines Autors reicher, dessen Stil eine eigentümliche Verbindung der Reflexionen Eckharts, Baaders und Steiners mit der lapidaren, aphoristischen Schärfe Nietzsches, Novalis' und Angelus Silesius' darstellt.

Das war Bauer. Im Folgenden, in dem Kapitel «Rudolf Steiner und das Problem des Christentums», werde ich versuchen, ein Bild jener Wirkung zu vermitteln, die die Person des Christen Rudolf Steiner auf mich ausgeübt hat; in dieser Sphäre sehe ich neben ihm Michael Bauer und Rittelmeyer; und Bauer steht dort fast auf einer Stufe mit Steiner. Er ist für mich der erste, der «Lieblingsschüler», nicht auf Grund der ihm vom Doktor entgegengebrachten Aufmerksamkeit, sondern auf Grund der durch ihn ausgelösten imaginativen Bilder in meinem Inneren.

Er ist ein «Schüler» Steiners bis in die tiefste Tiefe. Das betont er vor jedem, der ihn besuchen kommt. Ich muss gestehen, dass auch ich Zeiten hatte, in denen ich den Doktor nicht verstehen konnte; ich habe es sogar Bauer gestanden, in einem Brief, im Jahr 1922. Und sowohl 1915 als auch 1922 hörte ich den dumpfen Bass Bauers mit aller Kraft seiner Wahrheit sagen: «Glauben Sie dem Doktor.» Unter «Glauben» verstand er untrügliches Wissen, in Erfahrung gründendes Wissen, eigene geistige Erkenntnis, die ihn befähigte, neben Steiner zu stehen, Seite an Seite, und ihn – zu prüfen.

2

Unmittelbar neben Bauer steht vor mir eine andere bewundernswürdige Persönlichkeit, eine Arbeiterin «bis zum Umfallen», die jahrelang das komplizierte Rad des Münchener Zentrums antrieb; Tempo und Gestaltung der Arbeit in München konkurrierte mit Berlin, selbst zu der Zeit, als Steiner dort wohnte; das war das Verdienst von Sophie Stinde: Sie war die Achse des Münchener Rades und bewegte es in einer Weise, dass man wahrhaftig zweifeln konnte: Wo liegt das eigentliche Zentrum der Bewegung – in München, bei Sophie Stinde, oder in Berlin, bei Rudolf Steiner? Sie entwickelte eine echte Aktivität im äußeren Leben, indem sie «tiefe Esoterik» mit der im äußersten Tempo betriebenen Sorgsamkeit der «Martha» verband, eine Aktivität, die so weit ging, dass sie sich manches Mal angekleidet zum Schlafen legen und jahrelang auf ein «Schülergespräch» mit Steiner verzichten musste, um die ihr zugemessene Zeit für einen Neuling zur Verfügung zu stellen, für den eine solche Begegnung vielleicht wichtiger war; selbstverständlich gründete eine solche Zurückhaltung gegenüber dem Doktor in einer starken und tiefen esoterischen Erfahrung; deshalb hatte die äußere Tätigkeit von Sophie Stinde einen verborgenen inneren Bezug: Die «Martha» war auch der «Nathanael», den Steiner «unter dem Feigenbaum» traf, und sie sprach mit dem Doktor «unter dem Feigenbaum»: In diesem Fall ist unter dem «Feigenbaum» der Ätherleib zu verstehen; es ist meine volle Überzeugung: Mit der Zeit, während ich Stinde näher kennenlernte, begann ich zu glauben, sie habe die Gabe, «unabhängig vom physischen Leib», im Ätherischen mit dem Doktor zu verkehren; während an Bauer das «Geheime», die Esoterik, sofort auffiel, blieb das «Geheime» von Stinde tief verborgen: Man musste ein gut geübtes Auge und ein gut geübtes Ohr haben, um an dieser pedantisch, streng und nüchtern wirkenden Frau, die fordernd, ja kleinlich auf der Erfüllung der Erdenpflichten bestand, den samtenen taubengleichen Blick eines mittäglichen, von der weißen Woge menschlichen Hinaufschwebens verschleierten Himmels zu erkennen; während Bauer manchmal so wirkte, als schreite er «verklärt» durchs Leben, konnte ich in meinen seltenen scharfsichtigen Augenblicken an Sophie Stinde das taghelle Hinaufschweben in die blauen Tiefen himmlischer Geheimnisse wahrnehmen, mitten aus dem rußigen Rauch, der sie für manches Auge geschwärzt hatte: mit dem Ruß trockener Pedanterie und fordernder Strenge. Wenn ich mein Bild von Sophie Stinde und die Etappen des «Pfades der Einweihung» nebeneinander sehe, möchte ich sagen, dass ihre Art zu arbeiten dem «kontinuierlichen Bewusstsein» entsprach, das auch im Schlafe sich nicht verliert und im Wachen den Faden der Inspiration nicht loslässt.

Ich muss gestehen, dass ich eine Weile gebraucht habe, um Sophie Stinde zu begreifen: Im Jahre 1912, als ich nach München kam, sah ich in ihr eine interne «Hüterin der Schwelle», die sich zwischen den Doktor und mich drängte: Er hatte uns nach München eingeladen; er hatte gebeten, ihm unsere Ankunft mitzuteilen, aber Kalckreuth und Stinde, vielmehr Stinde durch Kalckreuth, verheimlichten dem Doktor unsere Ankunft; ganze zehn Tage lang «verging ich vor brennender Ungeduld», ohne den Doktor zu sehen, während die Stinde überall neugierig ihre Nase hineinsteckte: Wir mussten den Münchener Zweig aufsuchen, für den ich mich damals überhaupt nicht interessierte, sie fragte, ob wir gut untergekommen wären, was wir bereits gelesen hätten und was wir im Augenblick läsen, ob wir uns einsam fühlten; Menschen kamen zu uns, «von Stinde», unter anderen der reizende Taddäus Rychter, ein polnischer Maler, den ich in meinem Drang zu Steiner zunächst übersah, dann aber als einen Freund, als einen Bruder und auch als einen «Älteren» erlebte. Monatelang hielt ich diese unermüdliche «Martha», die keinen Neuling in Ruhe lassen konnte, für eine «Tante», pedantisch, dogmatisch und ganz einfach neugierig; zu meiner Schande muss ich gestehen, dass ich sie als den anthroposophischen Polizeimeister Münchens ansah, bis ich begriff: Ihre «Polizeimeisterei» war das Handeln des «guten Hirten», für den jeder Fremde ein potentieller Wegbruder ist; und für diesen Bruder muss gesorgt werden: Ob er sich auch nicht einsam fühlt, langweilt, ob er nicht verzweifelt oder etwa – mittellos – seine Armut verbirgt? Weil aber die helfende Geste unter keinen Umständen sich aufdrängen sollte, geschah alles unter der Maske der Trockenheit; später war ich von den «guten Werken» der Stinde unterrichtet, die immer vor dem Menschen, dem sie galten, verheimlicht wurden; sie erstreckten sich sogar auf das Strümpfestricken und Wäschekaufen für stolze und eigenwillige Hungerleider, die es nach München verschlagen hatte und die sich über die Pedantin Stinde mokierten, ohne zu ahnen, dass das zufällig frei gewordene Zimmer, die plötzlich – ausgerechnet vor Einbruch des Winters – für jemand überflüssig gewordenen (zum Wegwerfen!) warmen Strümpfe, auf das stille Treiben von Stinde zurückzuführen waren, die mit größter Mühe Pfennig um Pfennig zusammentrug, um einen von ihr bemerkten Mangel zu beheben. Niemand ahnte auch nur das Geringste, und schöpfte jemand Verdacht, wo die Quelle der Hilfe, manches Mal auch einer inneren Hilfe, zu suchen wäre, war Sophie Stinde fähig, ihm auf eine solche Weise «die Meinung zu sagen», dass jeder Verdacht in sich zusammenfiel; und zu dem Epitheton «trockene Pedantin» kamen noch andere: Tante, Aristokratin, überheblich. Aristokratin! – Eine arme Künstlerin, ein klarer Kopf, unabhängig, beinahe Anarchistin, die zu den Ersten gehörte, die sich Steiner angeschlossen hatten, und in jahrelanger unermüdlicher Arbeit eine «alte Pedantin» geworden war.

Die Münchener kannten ihre Stinde; im Laufe der Zeit war es schließlich allen aufgegangen, was sie ihr zu verdanken hatten; sie hielten München, das heißt ihrer Stinde, die Treue. Ich war dank Stinde, mit der ich nur wenig direkten Kontakt hatte, in die «inoffizielle» Liste der für Dornach mobilisierten Mitglieder aufgenommen worden; und Menschen, die mir damals nahestanden, verdankten Sophie Stinde die Möglichkeit, während der Kriegsjahre in Dornach zu leben.

Nicht «Polizeimeister», sondern «guter Hirte» – sie erinnerte mich später an einen urchristlichen Bischof, der sich zu «den Niedrigen herunterhält», der sehr wohl im Stande war, seine Schafe mit fester Hand zu «weiden», aber innerhalb der «Umfriedung» nicht mit dem Stab, sondern mit dem Agapanthus regierte, zu dem der Stab bei der Agape erblühte, deren unsichtbares Licht manchmal über dem Münchener Leben schwebte; deshalb zogen viele nach München, obwohl der Doktor in Berlin wohnte.

Sophie Stinde hatte nichts Dogmatisches: Was an ihr zuweilen dogmatisch wirkte, war der kritische und bewusste Entschluss (sie war ein «klarer Kopf»), sich für die Sache auf dem physischen Plan einzusetzen, das heißt zu kehren und Staub zu wischen; und sobald irgendwo Staub – physisch oder seelisch – zu sehen war, erschien Stinde mit einem Staublappen und hinterließ den Eindruck, sie sei pedantisch; die Wurzel ihres Willens, der sie zu «der Stinde» gemacht hatte, ist eine Philosophie der Freiheit, Anarchismus, Schwung, Aufruhr; und wenn es nötig war – in Dornach bestätigte es sich endgültig –, stand sie, die Pedantin, an der Spitze der Jugend, in der ersten Reihe, zuweilen kühner als alle anderen, mit den Parolen: Verwandeln des Lebens, neue Lebensformen, moralische Phantasie; darin offenbarte sich die «ergraute Künstlerin» Stinde, der Herold der Revolution, ein weiblicher

Herold, und tief dahinter lag die bischöfliche Ruhe der kindlich-weisen Augen, des trockenen und bleichen, mit einem Netz von Falten überzogenen Gesichts – das Antlitz eines Bischofs!

Eine Urchristin!

Der Tod von Sophie Stinde war ein Schlag für mich, für meine Nächsten, für uns alle, die wir am Goetheanum arbeiteten, ein unersetzlicher Verlust für München, für die gesamte künftige Bewegung; wäre Bauer gesund und wäre Stinde am Leben geblieben – vieles von dem Geschehenen wäre nicht geschehen.

Das war Stinde, die treue Schülerin des Doktors: klug, praktisch, ein freiheitsliebender, ein neuer Mensch und ein «Esoteriker» durch und durch!

In einem einzigen Punkt war die unanfechtbare und trockene Sophie Stinde verletzbar und empfindlich: in ihrer «Freundschaft», nein, noch mehr: in der rituellen «Bruderschaft», vielmehr «Schwesternschaft» mit der Gräfin Kalckreuth; sie stellten eine «zweieinige» Person dar: «Stinde» und «Kalckreuth», «Denken und Wollen» – bar allen Fühlens – und «Fühlen», unwahrscheinlich nuanciert und blühend im schönsten Sinne; das gesunde Blühen des «Fühlens» – seine tropischen Formen eingeschlossen – hat nichts mit Sentimentalität zu tun, die nichts ist als Mangel an Gefühl; die Gräfin Kalckreuth aber war «Gefühl» ohne eine Spur von Sentimentalität: «Gefühl», das bis zur reinen geistigen Form erhöht und auf dem esoterischen Pfad geläutert worden ist.

Hochgewachsen, hager, unglaublich durchgeformt, mit einer Gesichtsfarbe, die zuweilen einen purpurnen Lichtschein ausströmte, mit sehr großen, strengen, blauen Augen und einem Engelslächeln um den kleinen rosenfarbenen Mund, ohne ein einziges graues Härchen, in rosafarbener oder purpurner Tunika mit einem Kreuz auf der Brust, schien sie mir in ihren besonders strahlenden Augenblicken, nach Vorträgen oder «Esoterischen Stunden», wie nicht aus dieser Welt, wie aus dem Paradies zu kommen, alterslos, ein junges Mädchen; dabei war sie, als wir uns kennenlernten, bereits über fünfzig, Freundin und Förderin des Münchener Zweiges, eine «Maria», die als «Zweite Martha» waltete: Stinde und Kalckreuth oder Kalckreuth und Stinde.

Etwas war merkwürdig: In den Augenblicken des Leuchtens bekam die Kalckreuth ein Engelsgesicht, aber ihre Augen weiteten sich und wurden streng, ich hatte den Eindruck, dass ihr Blau sich bis zum Blauschwarz vertiefte; und aus ihnen blickte mich die strenge Stinde an; während das strenge, nüchterne, unschöne Gesicht von Stinde verschwand, wenn man ihr in die Augen schaute: Man versank in dem taubensanften gütigen Blick; aus diesen Augen blickte die «gütige» Kalckreuth; und noch etwas: Kalckreuth war lang, überlang, blond, rosig; die Stinde dagegen klein, eckig, grauhaarig, bläulich-blass, übermüdet, mit blauen Schatten unter den Augen; man kann sich Sophie Stinde nicht anders als in blauer Tunika und Stola vorstellen, und Gräfin Kalckreuth in Purpurrosa; in beiden lebte etwas Weißes; Weiß, Azur, Purpur schlossen sich in ihnen zu einem «esoterischen» Dreieck zusammen; und dieses Dreieck – das Ganze ihrer Aura vielleicht – erlebte ich als die Krippe, in die der Doktor den Christus-Impuls hineinlegte. Und während ich in Bauer diesen Impuls in seiner Individualisierung erlebte, manifestierte er sich in Stinde-Kalckreuth als die soziale Tatsache einer christlichen Gemeinschaft und machte München für uns «Berliner» – ich hatte ja in Berlin angefangen – heimatlich und vertraut; und man wusste nicht, wer zu dieser «Alchimie» den auslösenden Impuls gab: Sophie Stinde den Impuls der überlegenen, weisen Bewältigung der Arbeitslast an Gräfin Kalckreuth oder Gräfin Kalckreuth den Impuls der die Arbeit durchleuchtenden Liebe an Stinde.

Auch Gräfin Kalckreuth arbeitete Tag und Nacht; selbstverständlich wohnten die beiden Freundinnen zusammen, in dem rosaroten Haus der Kalckreuth.

Gräfin Kalckreuth, ein ehemaliges Hoffräulein, war die Tochter eines Mannes, der Wilhelm I. nahegestanden hatte; als Kind hatte sie zwei Kaiser, Wilhelm I. und Alexander II., gesehen, als sie ihren Vater privat besuchten (sie hat es mir selbst erzählt); aber sie war eben eine «Ehemalige»: Zu meiner Zeit unterhielt sie keine Beziehungen mehr zum Hof; und es war völlig unmöglich, sie sich außerhalb des Münchener Zweiges vorzustellen, ohne Eintrittskarten, die sie zu verteilen, ohne Adressen, die sie zu schreiben hatte, ohne die helfende Sorge um die anderen; sie war immer in Geldnot, denn sie opferte der Sache und ihren Freunden alles, was sie besaß. Ich sehe sie – ebenso wie Sophie Stinde – als vollkommene Christin und «Kommunistin».

Stinde und Kalckreuth, die eine links, die andere rechts, in Rosa und Blau, standen am Eingang und prüften die Eintrittskarten vor der Aufführrung der Mysteriendramen, sie spielten Duette auf zwei Harmonien vor den Mitgliederversammlungen in München.

Zwei «Ehemalige» – ein ehemaliges Hoffräulein und eine ehemalige Künstlerin, Rebellin – wurden durch ihre Arbeit zu Vorläufern für die neue Kultur.

Ich habe Kalckreuth als eine wirklich Eingeweihte und ihre esoterische Intention als eine «Angelologie» erlebt; sicher verfügte sie über eigene «angelologische» Erfahrungen und wäre, hätte Sophie Stinde sie nicht an die Erde gebunden, längst in die Himmel entschwebt; bei Stinde lag der Schwerpunkt auf der Anthropo-Sophia, sie war in ihrer Konkretheit vielleicht die erste «Anthroposophin» (bei Bauer wurde der «Anthroposophismus» von der Mystik oder von der Philosophie überlagert).

Aber weder bei dem einen noch bei den beiden anderen fiel mir etwas typisch «Theosophisches», «Okkultes» auf, alle drei erlebte ich als beispielhaft ausgezeichnete, kräftige, seelisch und geistig gesunde Menschen, auch wenn bei Bauer das Denken, bei Stinde der Wille und bei Kalckreuth das Gefühl dominierten; bei jedem von ihnen war die spezifische Eigenart organisch verwurzelt und normal ausbalanciert.

Daher war allen dreien eine schöne Nüchternheit eigen, die den «gesunden» Stil der Anthroposophischen Gesellschaft bestimmte, solange sie «aktiv tätig» waren.

3

Bauer ist Bayer, Kalckreuth-Stinde wirkten in Bayern, und so will ich ordnungshalber bei den «bayerischen» Mitgliedern bleiben.

Der Nächste, der nicht unerwähnt bleiben darf, der zwischen 1912 und 1916 eine unvergleichlich «innere» Leistung erbracht und die Anthroposophische Gesellschaft entscheidend mitbestimmt hat, der auf mich stets einen bedeutenden Eindruck machte, dessen Wille und Edelmut groß waren und dem man vertrauen konnte – der Nächste ist Dr. Peipers; er trat fast niemals öffentlich auf und war, wenn er einen Vortrag hielt, verlegen, begann zu stottern und hatte es eilig, zum Schluss zu kommen; er hat, wie auch Kalckreuth und Stinde, nichts Anthroposophisches geschrieben, aber es erwies sich, dass die Bewegung auf ihn schicksalhaft angewiesen und er mit den innersten Nerven der Bewegung verwachsen war; das zeigte sich bei den internen Mitgliederversammlungen, wo er unvorstellbar über sich selbst hinauswuchs; ich habe ihn privat selten erlebt: Er schloss nur schwer neue Bekanntschaften, und ich meinerseits «scheute» während meiner Münchener Zeit alle «Älteren»; aber «innerlich» erlebte ich ihn sehr stark und achtete ihn hoch.

Ich glaube, dass dieser Eindruck durch die von ihm ausströmende verborgene Kraft und den Edelmut, Wirkungen seiner Aura, hervorgerufen wurde; seine nahen Freunde bewunderten ihn als Menschen und erzählten interessante Dinge aus seiner – «voranthroposophischen» – Biographie; Doktor der Medizin, unabhängig, ein Original, ein vielseitig gebildeter Naturwissenschaftler, Weltreisender, der lange Zeit auf irgendwelchen afrikanischen Inseln, dem Ort der früheren Atlantis, gelebt, dort die interessantesten Beobachtungen gemacht und Sammlungen angelegt hatte, war er innerhalb der eigenen Wände und in seiner Forschungsklinik ein unendlich origineller und gedankenvoller Gesprächspartner, aber verlegen und verschlossen, sobald er den Fuß über die Schwelle seines Hauses setzte; er arbeitete viel innerhalb des «Rates» und seine schmale, schlanke, strenge Figur wirkte auf der Bühne, im Präsidium, auf natürliche Weise so imponierend und würdevoll, dass man meinen konnte, er sei es, der den «inneren» Vorsitz innehätte.

Sicher war dieses kraftvolle Selbstbewusstsein der Ausdruck innerer Arbeit (er war ein fortgeschrittener «Schüler»): Er hatte etwas von einem Yogi, vom Zeremonienmeister eines Mysterienkults, was bei einem Naturwissenschaftler besonders seltsam anmutete; sein eigenes Arbeitsgebiet war die Erforschung der Nervenkrankheiten und Entwicklung neuer Behandlungsmethoden – durch Licht und Ton; zweifellos verwertete er bei seiner Therapie eigene anthroposophische Erfahrungen, und seine Erfahrungen auf diesem Gebiet waren zweifellos umfassend; wenn Bauer ein «Mystiker» war, der zur Anthroposophie gekommen war und sie durch seine «weltliche» philosophische Potenz bereichert hatte, so war Peipers ein zur Anthroposophie gekommener Naturforscher und Yogi (der wissenschaftlich erfasste Yoga in der Anthroposophie könnte einen neuen Zugang zu den Problemen des historischen Okkultismus eröffnen); auch Peipers erlebte ich als einen völlig «normalen» Menschen, mit stark ausgeprägtem Willen zur Veränderung (in erster Linie) seiner eigenen Person, der mit größter Behutsamkeit seine eigene Yogi-Erfahrung für die wenigen Patienten-Anthroposophen wirksam werden ließ.

Seine persönlichen «okkulten» Fähigkeiten offenbarten sich in seiner erstaunlichen Darstellung des Benediktus in den Mysteriendramen Steiners. Manches von dem, was sich in seinen Gebärden manifestierte, sprengte den Rahmen eines Spiels und wurde Kultus; es gab Augenblicke, in denen er wirklich der Hierophant war und uns die «Mysterien» als Mysterien (ohne Anführungszeichen) erleben ließ. Das hinter seiner Wortkargheit tief verschlossene innere Leben trat als herrliche Hieratik vor meine inneren Augen, ich sah ihn – hochgewachsen, hager, jugendlich, mit hohlen Wangen, lockigem blonden Haar und unbeweglichen blauen Augen – nicht in seinem obligaten bis oben zugeknöpften Gehrock, sondern in einer Rüstung: als Tempelritter.

Ich glaube, dass damit der Grundwesenszug Peipers ausgesprochen ist: Er war «Ritter», in einer völlig neuen Bedeutung; und seine Zurückhaltung auf dem äußeren Kampffeld (Vorträge, Aufsätze, leitende Funktionen) war offenbar durch das innere Wachehalten bedingt.

Ich weiß nicht, wo er jetzt ist: Zwischen 1921 und 1923 bin ich ihm nicht begegnet und habe keine Zeile von ihm zu Gesicht bekommen; in den ersten Reihen machten sich Scharen völlig andersgearteter Aktivisten zu schaffen, und ich vermisste Peipers mit Trauer.

Oder hat er sein Wachen verdreifacht?

4

Beim Aufzählen der einflussreichen bayerischen Mitglieder der «älteren Generation» muss ich auch Graf Lerchenfeld erwähnen; in Peipers, dem Naturwissenschaftler, sah ich einen verborgenen Ritter und einen verborgenen Romantiker, den Erneuerer eines Ritterordens; Lerchenfeld sah ich als offenkundigen Romantiker; im 12. Jahrhundert hätte er an der Spitze einer Ritterschar gegen die Sarazenen gekämpft, Ende des 18. Jahrhunderts wäre er die vollkommene Ausprägung einer «Göttinger Seele» gewesen;

wenn ich Lerchenfeld gegenüberstand, trat ich in die Epoche Schillers, später Schellings ein; groß, blauäugig, ein kräftiger Teutone, Aristokrat nicht durch den Titel, sondern kraft rein biologischer Merkmale – Gesundheit, nie ausgelebte und daher geschmeidig-weich wirkende physische Kraft –, ein Deutscher von untadeliger Erziehung, mit einer unwillkürlichen Neigung zur französischen Courtoisie, ein Deutscher aus der Zeit vor dem verhängnisvollen Pangermanismus, aus der Zeit vor Bismarck, deshalb ein radikaler Bayer, oppositionell, Antiwilhelmist, der ausgezeichnet in den Kreis um den jungen Ludwig von Bayern, bis zu dessen reaktionärer Kehrtwendung, gepasst hätte; Nachkomme eines uralten Geschlechts bayerischen Hofadels, der dem Hofe längst den Rücken gekehrt und der romantischen Dichtung und Philosophie sich zugewandt hatte, mit starkem Interesse an religionsphilosophischen Fragen, das ihn sogar bis zur Bekanntschaft mit den Werken von Sergej und Jewgenij Trubezkoj* führte – den Letzteren kannte er persönlich –, von seiner langjährigen glühenden Begeisterung für Wladimir Solowjow ganz zu schweigen, die in der Ausgabe einer Reihe von Werken Solowjows in deutscher Übersetzung sich konkretisierte (Lerchenfeld hat diese Ausgabe finanziert); in der anhaltenden aktiven Hinwendung Lerchenfelds zur russischen Kultur machte sich ein gewisser Konservatismus bemerkbar, der der Position des bürgerlichen Imperialismus in Deutschland und dessen Ablehnung Russlands und Frankreichs ein entschiedenes Nein entgegensetzte; in den Gesprächen mit Lerchenfeld erstand aufs neue jene Zeit, in der die russischen Hegelianer aus dem Kreis um Stankewitsch bei den Deutschen in die Schule gingen und die Deutschen über die russischen Jünglinge und ihre lückenlose Kenntnis Hegels staunten; und ich erinnere mich: in München lebte viele Jahre lang F. I. Tjutschew, als enger Freund einer Familie Lerchenfeld (es ist dieselbe Familie).

Diese im schönsten Sinne spätromantischen Züge (des Deutschland vor 1848), unberührt von den späteren Entartungserscheinungen der deutschen Kultur, verschmolzen in Lerchenfeld mit einem vorwärtsgerichteten kulturrevolutionären Schwung, einer furchtlosen Beziehung zum Proletariat, mit Feuer und Bekenntnismut und machten einen durch die höfisch-katholische Familientradition gebundenen «Grafen» zum tatkräftigen «Schüler» Steiners und zu dessen Helfer bei der Verwirklichung einer Reihe

* Jurist, Professor an der Universität Sankt Petersburg.

anthroposophischer Kulturvorhaben; für seine «Treue» zu Steiner musste Lerchenfeld in einem permanenten Drama büßen, das im engsten Familienkreis seinen Anfang nahm, wo selbst seine Gattin und seine Kinder sich auf die Seite der verbissenen Feinde der Anthroposophie stellten und wo die Jesuiten ihr Wesen trieben; der Kampf um eine Lebensform setzte sich in der weiteren Familie und in dem traditionellen Bekanntenkreis fort; für Lerchenfeld war es nicht einfach, in München zu wohnen und zu arbeiten, wo die gesamte Familie Lerchenfeld, seine Gattin an der Spitze, mit Jesuiten und bayerischen Bonzen gemeinsame Sache machte. Es sei hier angemerkt, dass im Weltkrieg die bayerische Generalität sich als unüberbietbar brutal zeigte – der eingezogene Oberst Lerchenfeld saß im Schützengraben hinter seiner klappernden Schreibmaschine und schrieb Solowjows «Russland und die Ökumene» ab; ein anderer Lerchenfeld, sein Verwandter, war Erster Minister von Bayern und arbeitete gegen die bayerische Räterepublik – der Steinerianer Lerchenfeld setzte sich für «Räte»-Bayern ein, vertrat später die soziale Dreigliederung Steiners und wurde wie Steiner zum Vaterlandsverräter erklärt.

Lerchenfeld brach mit seiner sozialen Umwelt und schloss sich der Anthroposophie an, um dort tiefe Wurzeln zu schlagen; ich kann mir Lerchenfeld nicht anders vorstellen, als mit Leib und Seele den Belangen der Anthroposophie hingegeben, von seinem Vermögen ganz zu schweigen: Er hat der Gesellschaft buchstäblich alles geschenkt, was er besaß – außer einer bestimmten, für den Unterhalt seiner Familie notwendigen Summe, und lebte ohne Mittel und ohne «Haus»; sein «Haus» war der Münchener Zweig (ich glaube, er ist später in die Schweiz übergesiedelt); ein «Isgoj», ein «Proletarier», verkörperte er eine erstaunliche Verbindung von Vornehmheit, Rasse, natürlicher Würde, Eleganz der Umgangsformen mit einer Schlichtheit bis zur Unscheinbarkeit; seine Schlichtheit war höchste Erscheinung des Weltmännischen, er war Weltmann aus Reinheit und schönster Schlichtheit seines Wesens; ein geistreicher und einfühlsamer Gesprächspartner, hochgebildet und den Jargon der idealistischen Philosophie beherrschend, repräsentierte er für mich die vorhegelsche Phase der deutschen Kultur im Lichte der Anthroposophie. Wenn auch die Kulturvergangenheit ihn bei der Realisierung zukunftsgerichteter Impulse hemmte, reinigte das Fluidum der «Blauen Blume» des Novalis, das durch ihn in die Anthroposophie einströmte, die «mittelständische» Atmosphäre der Gesellschaft von der ihr anhaftenden Spießbürgerlichkeit, Enge und dem Merkantilismus. Lerchenfeld, der mit der Aristokratie gebrochen und sich im Bürgertum nicht assimiliert hatte, erinnerte mich an Herzen; hätte Lerchenfeld sich ausschließlich mit sozialen Problemen beschäftigt, wäre seine Richtung diejenige Herzens und er selbst ein ebenso «eigenständiger» Sozialist wie Herzen gewesen. Ich war sehr gern mit Lerchenfeld zusammen, wir haben manches Mal gemütlich zusammen gegessen und uns über die «Prinzipien der Einsicht» bei Solowjow unterhalten; am meisten jedoch schätzte ich nicht den Verstand Lerchenfelds, sondern den reinen, edlen Herzenston und jene moralische Phantasie, mit der er eine wahrhaft neue und kühne Lebensform gestaltete, schöpferisch durch die Kraft des Leidens und der Liebe.

Ich fühle mich nicht berufen, etwas über seine «innere» Beziehung zu Steiner zu sagen: In äußerster Bescheidenheit verbarg er sein «Allerheiligstes» vor jedem Einblick, mit seinem Kopf war er bei den Problemen der idealistischen Philosophie, mit seinem Herzen bei den Fragen der Gestaltung des Lebens aus der Anthroposophie, sein Wille lebte in der moralischen und materiellen Beteiligung an allen Unternehmungen in München und Dornach. Die Bescheidenheit Lerchenfelds ließ ihn für viele verborgen bleiben; Trapesnikow war der Erste, der ihn mir gezeigt und mich mit ihm bekannt gemacht hat; je länger ich ihn kannte, desto höher wuchs er in meinen Augen, desto originellere Züge entdeckte ich an ihm.

In meiner Aufzählung der Schüler Steiners darf er nicht fehlen.

5

Ich bin kein Kenner der Biographie Morgensterns; wenn mein Gedächtnis mich nicht täuscht, war sein letzter Lebensabschnitt mit Bayern verbunden, folglich auch mit dem anthroposophischen München. Ich will mich hier nicht über den Dichter äußern, sondern über den Anthroposophen. Morgenstern ist eine außerordentliche Erscheinung; in seinem letzten Lebensabschnitt schien ein feuriger Seraphim aus seinem Inneren zu leuchten; als herrliche, überwältigende Lichterscheinung, ähnlich jenem «Licht» und «Feuer», aus dem die Engel zu den Hirten auf dem Felde sprachen, als «gute Mär» schwebte er in die Geisteswelten hinauf; seinen Tod erlebten wir im Zeichen des Morgensterns; und Christian Morgenstern wurde zum «Christ-Morgenstern», seine Gedichte verwandelten sich, sie erhoben sich über Romantik, über Futurismus und erreichten jene eigenartige neue Transparenz, die für mich nichts Klassizistisches hat; ein Etwas inkarnierte sich in seinen Zeilen; und Menschen, die ihn in seinen letzten Jahren erlebt haben, sagen, dass in ihm die konkrete Anthroposophie völlig verkörpert war; einen Augenblick stand er in der Sechsten Kulturepoche, wenn der Geist Zarathustras, Licht und Flamme der neuen Liebe in Erdenformen sich inkarnieren werden; und als er so war, leuchtete er auf und erhob sich als große Flamme gen Himmel.

Ich glaube Rudolf Steiner vorbehaltlos, denn ich konnte mich aus eigener Erfahrung überzeugen, wie zutreffend seine Bemerkungen über diesen oder jenen waren, und ich sah deutlich, dass sogar Steiner von Morgenstern erschüttert war; die Wirkung der Anthroposophie in Morgenstern übertraf alles, was er erwarten konnte; eine Art Staunen (fast Bewunderung) bemächtigte sich des Lehrers angesichts der Lichterscheinungen in den letzten Lebensmonaten seines «Schülers»; und dem Lehrer entschlüpfte der Ausruf: Nicht umsonst trage der durch den Tod Verklärte den Namen *Christian Morgenstern.* Ich erinnere mich an die Worte Steiners (bald nach dem Ableben des Dichters), dass die «ätherische Aura» Morgensterns von *dort* aus uns *hier* wie die *Hütte* beschütze, uns helfe und führe (den genauen Wortlaut weiß ich nicht mehr, dies ist der Sinn). Der Verstorbene hatte nichts «Okkultistisches», nichts von einem «Yogi»; Morgenstern und ein «Schüler des Pfades» – das wollte nicht zusammenpassen: Man braucht nur an die unbekümmerten, zuweilen bissigen Einfälle der futuristischen «Galgenlieder» zu denken; Morgenstern war «Paradoxist», «Superanarchist» lange vor Majakowskij; und nun: «deutscher Majakowskij» und ein «Schüler des Pfades!» Aber es geschah noch weit Größeres! Dem «deutschen Majakowskij» wurden die Augen aufgetan für das Mysterium von Golgatha und er rief aus: «Herr, gedenke an mich!» Und sogleich wurde ihm ganz laut die Antwort: «Heute wirst du mit mir im Paradiese sein!» Die Antwort war so laut, dass mancher von uns, der Ohren hatte, diese Stimme ebenfalls hörte; und mancher machte sich auf den Weg (wie die Weisen aus dem Morgenland oder wie die Hirten), dem Lichte folgend, denn ein Licht leuchtete plötzlich auf;

Licht als Antwort auf die Stimme; und dieses Licht war die Flammenspur eines herrlichen Lebens, das jener Stimme augenblicklich gefolgt war. Und in Leipzig trat Doktor Steiner an das Rednerpult und ließ uns durch seine Gebärde wissen, an wen diese Stimme gerichtet war.

Und alle wandten sich nach Morgenstern um, der sich in einer der letzten Reihen fröstelnd in seinen Pelz hüllte, krank, fiebernd, schon ohne Stimme.

In jenen Tagen bot er einen wunderbaren Anblick: Ich habe nie eine solche Harmonie von innerer und äußerer Schönheit gesehen; eine geistige Schönheit durchlichtete sein Gesicht wie ein Hauch Morgenröte; solche Augen habe ich bei keinem Menschen gesehen. Nur der Pinsel Raffaels hätte ihn photographieren können, ich sage ausdrücklich: photographieren, weil die Bilder Raffaels Abbilder des Originals sind. Ich sehe ihn vor dem Doktor, mager, zart, und auf eine beglückende Weise schön – schon ein Sterbender; und neben ihm seine Frau, Margareta Morgenstern, mit einem ruhigen, verklärten, pfirsichfarben leuchtenden, begeisterten Gesicht – der Sterbende war ihr Mann; diese drei sind unvergesslich: Steiner und das Ehepaar Morgenstern erschienen mir wie die Zukunft der Menschheit, die bei Raffael angedeutet ist, wie Gestalten aus Bildern Raffaels, die aus dem Rahmen des Dresdener Museums herabgestiegen waren! Und ich erinnere mich an die hohe Freude dieser Tage: an die Freude, Morgenstern persönlich kennenzulernen (ich weiß nicht mehr, wer mich vorgestellt hat); sein Lächeln strahlte mir entgegen, er deutete dabei auf seinen Hals, er konnte nicht mehr sprechen; er konnte nur heiser hervorbringen: «Ich freue mich ... ich freue mich, aber ich kann nicht sprechen.» Und ich hatte irgendwie den Eindruck, dass dieses «Ich freue mich» bedeutungsvoll sei, dass Morgenstern mich kenne. Erst später, als ich die Gattin des Dichters kennenlernte, erfuhr ich, dass ich damals recht hatte: Morgenstern kannte mich tatsächlich; sie fand im Tagebuch des Verstorbenen eine Eintragung, die sich auf unsere voranthroposophische Zeit bezog: Die ersten Besprechungen des Dichters Belyj, die in Deutschland – in Zeitschriften, für nur wenige – auftauchten, hatten das Interesse Morgensterns geweckt, und er hatte seinen Wunsch notiert, mein dichterisches Werk näher kennenzulernen.

Wir standen uns gegenüber, lächelten und drückten einander die Hand; man könnte meinen, das sei nicht eben viel: Aber wir beide – er und ich –

standen gerade in jenen Tagen «Auf dem Berg», beide in gleicher Weise vom Zyklus «Christus und die geistige Welt» emporgetragen. Und ich fühlte: Es gab keinen Vorhang, zwei innere Welten berührten sich fast hüllenlos – bis heute bin ich davon überzeugt; was Morgenstern in mir gesehen hat, weiß ich nicht; aber das, was mir von ihm entgegenwehte, lässt sich mit einem heißen Lichtstrom vergleichen, der mich wie ein Mantel umhüllte und die Seele für einen Augenblick in die *Hütte* führte (am liebsten hätte ich ausgerufen: «Lasst uns eine Hütte machen!»); er strömte eine Kraft aus, vor der die Kraft eines gewöhnlichen Okkultisten ein Nichts ist. Die Kraft des Christus-Impulses durchdrang mich wie ein Windstoß, fuhr durch Mark und Bein. Und als der Doktor später von dieser Kraft in Morgenstern sprach, die ihn nach seinem Tode zum «unsichtbaren Helfer» mache, wunderte ich mich nicht, jener Minute gedenkend, als ich vor ihm stand, seine Hand in der meinen, und nicht in ein Paar Augen schaute, sondern in die Tiefen des Himmels.

Fünf Jahre später fügte sich die Erinnerung jenes Augenblicks in folgende Verse:

Das blaue Blitzen deiner Augen
Ist über mir – dem stummen Dichter –
Du lachst dein unbeschwertes Lachen
Und reichst mir die durchscheinende Hand.

Und weiter:

Steh auf in mir *wie damals,*
Werde Flamme und hauche
In den gewitterträchtigen Tagen
Dein lichtdurchwirktes Lied zu mir herab.

Die Erinnerung an das, was er mir einhauchte, kam später als ein unzulängliches Stammeln:

Ein Ruf –
Der Fluss
Der Himmelsmilch …

Tropfender Tau
Von zitternden Lidern ...
Immer wieder
Über den Menschen
Türkisblau
Die Ewigkeit!

Erkenne,
Mensch:
Christus
ist erstanden!

Später habe ich oft mit seiner Witwe gesprochen, die reinste Vornehmheit und demütigsten Opferwillen verkörperte, hingebungsvoll tätig in Werken der Liebe und Hilfe; ich habe ihre Gastfreundschaft genossen, den kranken Bauer und die ihn pflegende Frau Morgenstern gesehen, beide in das Ordnen der Handschriften Morgensterns vertieft, beide von anthroposophischer Höhenluft umweht, und neben ihnen den schwerkranken T. G. Trapesnikow, von seiner Krankheit in ihre Nähe getrieben, auf dauernde regelmäßige Pflege angewiesen; eine gescheite Frau mit super-modernistischem Geschmack, tief überzeugte Christin, trug Margareta Morgenstern ihr schweres Kreuz mit Lächeln: Umgeben von Manuskripten, empfing sie die Pilger, die zu Michael Bauer kamen, verhandelte mit Verlagen, wurde zerrieben zwischen der Notwendigkeit, ein Bad für Trapesnikow zu bereiten oder Bauer einzureiben und fand dennoch Zeit, innerlich zu arbeiten und an einem Kurs des Doktors teilzunehmen.

In den schwersten Augenblicken meines Lebens (1921–1922), als es so aussah, als hätte ich mich selbst, meinen Weg, die Freunde rechts und links verloren, als mich die Anthroposophen (in Berlin und in Stuttgart) beschimpften, als mich die Emigranten beschimpften, als man mich in der Sowjetunion beschimpfte, in Dornach und in Moskau («Aha, also doch, er hält nicht durch!»), als ich mich gegen den Doktor selbst auflehnte und keinen einzigen Menschen neben mir hatte – da traf überraschend ein Brief vom Ammersee ein, und die tiefe Stimme Bauers erreichte als einzige meine Seele; später erfuhr ich, dass Frau Morgenstern den Doktor irgendwo abgefangen und ihm einige warme Worte zu «meiner Verteidigung» gesagt habe. Dabei haben wir uns damals nicht gesehen, sie hat mich aus der Ferne verstanden!

Auf ihre Initiative geht auch die Übersetzung von «Petersburg» zurück, München 1914. Damals lebte ich noch in Dornach.

Während ich mir das Bild Margareta Morgensterns vergegenwärtige, kann ich nur stammeln, überwältigt von Bewunderung, heißer Dankbarkeit und Freude, dass es auf der Welt solche Menschen gibt! Ich sage nur, dass sie, vielseitiges feines Empfinden für moderne Kunst mit der urchristlichen Pflicht vereinend, aus Liebe dem Nächsten zu dienen, dem Leidenden zu helfen und dem in der Ferne Verzweifelnden die Träne zu trocknen, für mich der Typ der künftigen Christin geworden ist: der «Urchristin» im Sinne einer neuen Erschließung, vielleicht der ersten Erschließung der Fundamente der christlichen Moral des 21. Jahrhunderts.

Auch sie ist eine treue Schülerin des Doktors.

6

Und hier, da ich an die Münchener denke, möchte ich der «Analogie des Kontrasts» wegen einige Worte über die Baronin von Eckardtstein sagen, eine extravagante, kapriziöse, begabte, gespaltene, unstete, aber manchmal zweifellos «entrückte» Frau. Sehr gescheit und klarsichtig, mit einem Drang nach wahrem Christentum unter grellem Aufschreien rein luziferischer Farben – ich meine hier «luziferisch» nicht im banalen Sinn, sondern im vollendeten, in dem der erhabene Luzifer, der Mystiker Luzifer sich manifestiert –, fiel sie mir durch das Format auf, mit dem sie ihre eigene, unvollkommen begriffene Anthroposophie überall zur Schau stellte; nie aber und vor niemand stellte sie zur Schau jene unter dem Mantel von Ästhetizismus und «clairvoyance pour clairvoyance» verborgene Kreuzesqual, den Leidensweg des noch nicht gekreuzigten, ungewöhnlich schönen Übeltäters «zur Linken», der sein Schicksal, das «Herr, gedenke an mich!» der bis auf den Grund ergriffenen Seele und das seinen Weg einst krönende Kreuz schon ahnte; das unschön bleiche, irgendwie verknitterte Gesicht mit den wunderbaren phosphorgrün leuchtenden Augen (einst werden sie blau sein) –

ich habe sie immer als eine der bedeutendsten Persönlichkeiten erlebt, die, trotz allem, durch eine im Geheimen wirkende, wohltätige, ihr selbst verborgen bleibende Kraft in den Wirbel der anthroposophischen Bewegung hinein gezogen, nun als eine der «esoterischen» Schülerinnen neben dem Doktor stand. Der Doktor, der den Niagara von Widersprüchen in der Eckardtstein sah, erkannte in ihr aber auch den christlichen sprudelnden Quell; sehen wir doch neben Christus nicht nur Johannes, sondern auch den Besessenen von Gerasa. Ich möchte nicht gerade behaupten, Eckardtstein sei besessen gewesen, aber sie wirkte auf mich luziferisch verkrampft; die Ursache dieses Krampfes war etwas «Geschautes» und etwas Verstandenes, eine instinktive Intuition, die von der «gescheiten Frau», von einer bloß «gescheiten Frau», verzerrt wurde; souverän, wie sie war, schämte sie sich ihres luziferischen Gefieders nicht und war ein ausgezeichneter Luzifer in Steiners Mysteriendramen (wie gut wusste Steiner, wem er welche Rolle anvertrauen konnte!).

Der Doktor war ihr ausgesprochen wohlgesinnt und ließ sie nicht ohne Anteilnahme in ihrer Farbigkeit gewähren (er kannte das «Luziferische» und wusste von der Bestimmung des Dämonischen in einer luziferischen Erscheinung); die «Anteilnahme» erwuchs aus der Einsicht in die «Geheimnisse des Weges», die «unerforschlich» sind.

Vermutlich war diese Verbindung von «Luziferischem» und echtem «anthroposophischem Impuls» Ausdruck eines elementaren Kampfes, dessen guter Ausgang sich in der Folge von Inkarnationen abzeichnet; das, was Morgenstern in dieser Verkörperung geschehen war, kann Baronin von Eckardtstein vielleicht in der nächsten geschehen.

Der Doktor sah ihre «äußere» Gebärde wohl und führte sie dennoch in den internen Kreis ein, aber er beobachtete sie jedes Mal misstrauisch und besorgt, sobald sie ihre Aktivität auf sozialem Gebiet entfaltete, im Umgang mit Menschen; sie konnte oft zur «Verführerin» werden, natürlich nicht im vulgären Sinne, sondern sehr sublimiert, indem sie ihre Freunde an der Achillesferse traf und deren Egoismus, Ästhetizismus und sogar Exaltation aufstachelte.

Auch mir gegenüber hat sie die Rolle der Verführerin gespielt, indem sie mich zu ihrem Architrav schleppte und mir dort eine Arbeit auflud, die meine Möglichkeiten überstieg, indem sie mir einredete, ich hätte ein fabelhaftes Verständnis für den «Stil», und mich mit diesem «Stilverständnis» dem Zorn des Doktors auslieferte. Oder: Eines Tages kam sie auf die Idee, meine Augen zu zeichnen, für eine Skizze des Hauptfensters, auf dem ein Eingeweihter dargestellt werden sollte; und während der Sitzungen sang sie ihren Sirenengesang, weil sie alles darauf anlegte, den Funken des Eigendünkels in mir zu entfachen; aber damals durchschaute ich schon ihr Spiel in der Rolle des Luzifer, die sie von der Münchener Szene in die Dornacher Baubaracke herübergetragen hatte.

Ich habe sie in ihrer Verkrampfung erlebt und war dennoch von ihrem Übersprudeln begeistert; sie war ein kluger Gesprächspartner und hat mir Gedichte von Uhland wunderbar vorgelesen. Plötzlich hatte sie sich mir zugewandt, ohne jeden Anlass, in einer jener seltsamen Launen, die sie unmotiviert Beziehungen anknüpfen ließ, Beziehungen, die später in einem Konflikt endeten.

Durch alles hindurch blickten aus stummer Tiefe herrliche, menschlich leidende Augen unverwandt in das Geheimnis des Weges; und schon vor ihrem «Damaskus» sah, erkannte und erlebte sie, was einem Nichtesoteriker verborgen bleibt.

In ihrer vergänglichen Gestalt gehörte sie schon zu den wenigen, die in «weißen Kleidern» wandeln.

7

Indem ich die führenden Mitglieder der Anthroposophischen Bewegung in Bayern aufzähle, hauptsächlich Münchener, verteilt auf die Zweige von Peipers, Stinde und der Baronin von Gumppenberg, einer ehrwürdigen alten Dame, über die ich nichts sagen kann, da ich keinen Einblick in ihre Wirkenssphäre hatte, möchte ich noch einmal betonen: Über allem schwebte unsichtbar der Geist von Sophie Stinde; der Geist eines Menschen mit makellos reiner Gesinnung und eines hochbegabten Organisators. Einer ganzen Reihe von Personen kann ich keinen Raum widmen, es würde mich von meinem Thema wegführen, aber ich kann nicht unterlassen zu erwähnen, dass ich in München dem Schweizer Uehli begegnet bin, dem künftigen Vorsitzenden der Anthroposophischen Gesellschaft – sozusagen unter den Fittichen von Sophie Stinde; für mich ist Uehli mit München verbunden: Die ersten anthroposophischen Vorträge, die ich vor der Begegnung mit Steiner hörte, waren die Vorträge von Uehli; sie hinterließen einen starken Eindruck durch die Verbindung von Innerlichkeit und temperamentvoller, künstlerischer, fast chaotischer Exposition des Themas («Die Elementarkräfte»). Der schwere Hammer, den Steiner 1923 gegen das Präsidium schwang, sauste gegen den Kopf des armen Uehli, der plötzlich als das Haupt der Bürokraten dastand; eigentlich ließ sich das mit der Persönlichkeit Uehlis, eines stillen und schüchternen Enthusiasten mit einsiedlerischer Neigung («beten und studieren»), nicht vereinbaren, und Uehli schien im Jahre 1923 ein gebrochener Mann; ich sah ihn im März: Seine offenkundige Erschütterung und Verwirrung, sein «Sich-Zurückziehen von allen Geschäften» ließ mich vor Mitgefühl und Sympathie erschauern: Unsere Begegnung war sehr herzlich.

Er war kein Bürokrat, er wurde zum «Bürokraten» gemacht, von einer Reihe ausgesprochener «Apparatschiks», deren er nicht Herr werden konnte, ebenso wenig wie des sich immer vergrößernden Mechanismus der Gesellschaft. Er wurde einfach «geführt, wohin er nicht wollte»; und aus reiner Hilflosigkeit und Mimikry fand sich ein Mann, der «nicht von dieser Welt» war, plötzlich an der Spitze einer bürokratischen Maschinerie; der Doktor «strafte» ihn vermutlich wegen seiner Hilflosigkeit. Ich sehe Uehli im 12. Jahrhundert, als gelehrten Mönch, ganz der Kunst hingegeben, der in seiner Zelle zwischen Gebet und Messe auf neue Mittel und Wege sinnt; von gewandten Freunden verführt, wurde er – ein neuer Mensch – in ein suspektes Spiel verwickelt, in dem ihm die Rolle zufiel, ausgerechnet das zu verdammen, was er selbst in seiner Zelle entwickelt hatte; ein «Novator» innerhalb seiner vier Wände, agierte er auf dem Präsidentenstuhl als «Konservator»: So erlebte ich Uehli im Jahre 1923.

Seine Vorträge waren neu und interessant, die von ihm verfassten Bücher im Hinblick auf das Tatsachenmaterial beachtlich, dem Ideengehalt nach viel schwächer, schwächer als die Ideen, die «Uehli» selbst hatte; alles, was T. G. Trapesnikow mir von ihm erzählte, alles, was ich selbst nach den wenigen Gesprächen mit ihm sagen kann, die Wirkung, die er ausübte, schließlich die schlanke, seltsam gebeugte Gestalt, der flachsblonde Bart, das blasse Gesicht mit den blicklosen, aber plötzlich mehr als andere sehenden Augen – das alles schrie es heraus, dass Uehli ein tiefer, interessanter Mensch sei, der wahrscheinlich über bestimmte eigene Erfahrungen verfügte, aber in einer ihm völlig unangemessenen Rolle auftreten musste: ein Wagner-Kenner, ein engagiert philosophierender Anthroposoph, der es nach Möglichkeit vermied, öffentlich zu sprechen, aber gelegentlich gute Vorträge hielt, ein Mystiker, ein Mönch, ein Platoniker aus Chartres, der durch die Begegnung mit der Anthroposophie aus seiner Klause herausgerissen wurde. Sein Versagen vor der sozialen Frage – gab es denn jemanden, der nicht ebenso versagte? – nimmt ihm nicht das Recht, zu den «inneren» Schülern Steiners gezählt und als Beispiel eines aufrichtigen, reinen Anthroposophen «ohne Furcht und Tadel» angesehen zu werden; man begegnet nicht oft solchen Menschen.

Wie könnte man ferner den stürmischen Bohemien vergessen, den Maler Taddäus Rychter, den treuen Palladin, diesen überall auftauchenden frohen und wohlmeinenden Boten von Steiner und Sophie Stinde, der über allem wachte – im guten Sinne – und müßig herumzulaufen schien, während er über und über beschäftigt war, mit zuweilen seltsamen, unwägbar diffizilen Aufgaben, die niemand anderem anvertraut werden konnten außer Rychter. Er hatte nicht studiert, er hatte nichts gelesen, aber er überraschte mich mit verblüffenden Eingebungen des Gefühls oder der ungeahnten Schärfe eines plötzlich hervorschießenden und dann wieder hinter der Maske der Unbekümmertheit verschwindenden Intellekts. Bereits nach einem Jahr war mein Verhalten ihm gegenüber nicht mehr ganz unbefangen, da ich ständig im Bewusstsein trug, dass er in dem entscheidenden Punkt der «Ältere» war, in der auf eigenem Weg errungenen «Erfahrung» und in der Bewältigung seines ganzen Lebens: ein Einsiedler unter der Maske des sorglosen Bohemien und ein streitbarer Mönch, der den Feind mit Narrenpossen abwehrte; er konnte plötzlich ins Zimmer stürzen: «So, Borija (er sagte: Borija), guliajt, raus aus der Stadt» und den anschließenden Spaziergang zu einer «inneren Stunde» werden lassen; seine «äußeren Stunden» waren von recht bescheidener Qualität; er las zwar keine klugen Bücher, aber er war mir dort überlegen, wo die «Esoterik» anfing (wie oft haben wir uns angebrüllt!). Der Doktor und Stinde liebten ihn: Sie liebten ihn fast zärtlich. Und ich kann mir auch den Grund denken: Der einfältig wirkende Rychter war gewiss ein Esoteriker, was ich von Stein oder Kolisko niemals behaupten würde.

Wo Rychter gegenwärtig lebt, was er jetzt macht – das weiß ich nicht: Nach 1915 haben wir uns kaum mehr gesehen.

Wie könnte man übersehen, dass Schubert, ein Russophile, ein extremer «Linker», der durch seine verantwortungsbewusste Arbeit und durch die Kraft seiner christlichen Gesinnung überraschte, ebenfalls aus München kam – ich hatte persönlich keinen Kontakt zu ihm; wie könnte man übersehen, dass der von uns allen verehrte Senior der Bewegung, der fast siebzigjährige, selten vornehme, selten gütige Wagner ebenfalls ein Münchener war, Münchener ebenso wie der verstorbene Trapesnikow, der spätere Dornacher und Moskauer. Aber Trapesnikow blieb in allem ein Münchener, das heißt, man merkte ihm die Schule von Sophie Stinde an (es war tatsächlich eine Schule); dies äußerte sich in seiner Toleranz und der bis zur Pedanterie konsequenten Freiheitsliebe, in seiner romantischen Liebe zu Einsamkeit und Schweigen, wobei er trotzdem nicht nur selbst sehr fleißig war, sondern auch fähig, andere zur Arbeit anzuspornen und Forderungen zu stellen; das alles hat sich während seiner Tätigkeit für den Denkmalschutz bewährt. Und wer den Ton «Stinde» kannte, der konnte ihn in allem Individuellen des uns so teuren Verstorbenen nicht überhören, bis auf die beiden eigene besondere taubenblaue Tiefe des Blicks: Aus den Augen Trapesnikows sahen mich manchmal die Augen von Stinde an, und nicht zufällig (Trapesnikow tat niemals etwas zufällig) hat er mir ein Bild von Stinde geschenkt; dieses Bild ist die Visitenkarte Trapesnikows, den ich, ohne zu zaudern, für einen «Esoteriker» halte, da ich ihn im Westen in jenen unvergesslichen Augenblicken erlebt habe, in der «Hütte», bei Steiner, in Augenblicken, die in Russland überhaupt nicht möglich wären, in denen Seelen sich gegenseitig ohne Hüllen erleben.

Als die Stunde geschlagen hatte und es nötig wurde, in Dornach einen Kern aus jüngeren Menschen zu bilden, entstand dieser Kern hauptsächlich aus der Münchener Jugend, die unter den Fittichen der «alten» Stinde groß geworden war; die grauhaarige «Tante Stinde» in ihrer blauen Stola war immer dabei, wenn nicht auf den staubigen Baugerüsten, so in Ausschüssen, immer auf Seiten der Jugend, immer bereit, diese gemeinsam mit Steiner und Bauer gegen böswillige Angriffe zu verteidigen.

Ich erinnere mich, wie sie in Berlin nach einem Vortrag über das Goetheanum auf mich zukam, mich bedeutungsvoll ansah und sagte: «Der Johannesbau ist ein Mensch: der Neue Mensch.» Und dann ging sie weiter.

Ich wusste bereits, dass sie mich schon im Herbst auf die Dornacher «Liste» gesetzt hatte, und ihr Bote Rychter, der uns für Dornach begeisterte («Nach Dornach, Borija!»), war in einem gewissen Sinne der Bote des Schicksals; die künftige russische Gruppe in Dornach bestand zum größten Teil aus «Münchenern»: Trapesnikow, Kemper*, das Ehepaar Dubach, Bogojawlenskaja, Iljina, Kiseljowa und andere.

«München» verlagerte sich nach «Dornach», wurde dort eingeschmolzen und umgeprägt; aber sein Geist blieb dort erhalten, der Geist von Sophie Stinde.

Von ihr bin ich bei der Charakteristik Münchens ausgegangen, mit ihr will ich sie abschließen.

8

Ein anderes Zentrum, in dem sich bedeutende Schüler Steiners zusammengeschlossen hatten, war bereits zu meiner Zeit Stuttgart, die Hauptstadt Württembergs. Die Württemberger, Freiburger und Heidelberger waren zu meiner Zeit die eigentlich freiheitsliebenden Deutschen; für einen Württemberger war es typisch, die imperialistischen Zentren Deutschlands nicht anzuerkennen und Berlin beinahe zu hassen. Unter den Württembergern gab es die meisten freien Philosophen Deutschlands, ich brauche nur daran zu erinnern, dass Heidelberg und Freiburg eigentlich den Mittelpunkt der deutschen Philosophie darstellten, dort wirkten Windelband, Rickert, Lask, Cohen, Christiansen, dorthin – und keineswegs nach Berlin – pilgerten die Russen (Studenten), dort blühten Philosophie und Kunstphilosophie; dort studierten Stepun, Prof. Hessen, Prof. W. A. Kistjakowskij, Jakowenko, B. P. Grigorjow, T. G. Trapesnikow, G. G. Schpett und andere. Ich spielte bis 1906 ebenfalls mit dem Gedanken, dorthin zu gehen, in die südwestliche Ecke Deutschlands. Stuttgart war außerdem ein wichtiges Industriezentrum, mit einer tatkräftigen liberalen Bourgeoisie, die manchen sozialen Reformen aufgeschlossen war; weder der bayerische Katholizismus noch der Geist des preußischen Junkertums konnten in Stuttgart Fuß fassen; und wenn ich zu des Kaisers Zeiten nach Stuttgart kam, spürte ich sofort eine

* Carl Kemper, Doktor der Philosophie und Künstler.

Atmosphäre größerer Freiheit und zugleich der Unzufriedenheit mit dem steifen Berlin, die zuweilen in offene Auflehnung überging.

So ist es nicht weiter verwunderlich, dass die Anregungen Steiners, des Autors einer Philosophie der Freiheit, hier bereits 1912 starken Anklang gefunden haben. So ist es nicht weiter verwunderlich, dass gerade dort später die «anthroposophischen Doktoren», Philosophen, Methodologen und die Begründer der Waldorfschule sich versammelten: Stein, Kolisko, v. Baravalle, Husemann, Stockmeyer, Schwebsch, v. Heydebrand und so weiter.

So ist es nicht verwunderlich, dass gerade dort Praktiker bereit waren, eine Reihe neuer, «freier» Impulse zu verwirklichen, dass die neue Generation der fortschrittlichen Bourgeoisie sich dort stärker für die Anthroposophie einsetzte als in den anderen Zentren der Bewegung: Dr. Carl Unger, Molt und andere. So ist es nicht verwunderlich, dass sich gerade dort der freiheitlich gesinnte hochbegabte Pastor Rittelmeyer eingefunden hat, ein «linker» Protestant und überzeugter Anthroposoph, der später an der Spitze der Christengemeinschaft stehen sollte.

Man hätte, vom Charakter Stuttgarts ausgehend, voraussagen können, dass dort auch ohne ein solches Organisationsgenie, wie Stinde es war, anthroposophische Anregungen Gestalt bekommen, und dazu Ideologen, Praktiker und auch die Mittel sich finden würden.

So war es auch.

Bereits 1912 wurde in Stuttgart emsig gearbeitet; die ersten Schritte, die uns den Zugang zur anthroposophischen Literatur ermöglichen sollten, wurden in Stuttgart getan; hier wurden die stenographierten Vorträge Steiners «als Manuskript gedruckt»; solider Einband, gutes Papier, deutlicher Druck und sorgfältige Korrektur – sie konnten in jeder Bibliothek stehen und wurden in Tausenden von Exemplaren gedruckt. Das alles haben wir einem einzigen Mann zu verdanken: dem Stuttgarter Arenson, der mutig und mit größter Ausdauer diese riesige Arbeit auf sich nahm. Schlagen Sie ein Exemplar aus jener Zeit auf, jedes trägt den Vermerk: «Durchgesehen. Arenson.» Wäre Arenson nicht auf diese glückliche Idee gekommen, müssten wir eine Bibliothek von sechzig ausgezeichnet vervielfältigten Zyklen entbehren. Das gleiche gilt für die Waldorfschule. Wäre nicht der Großunternehmer Molt auf die Idee gekommen, den gesamten Gewinn seiner Zigarettenfabrik Waldorf-Astoria für eine Schulgründung zur Verfügung zu stellen, hätte die Waldorfschulidee nicht verwirklicht werden können. Hätte nicht Dr. Carl Unger, ein bedeutender Unternehmer aus Süd-Württemberg, sein Organisationstalent in die Finanz- und Verwaltungsarbeit investiert, die der Bau des Goetheanum mit sich brachte, würde das Goetheanum nicht dastehen, trotz des großen Zustroms von Arbeitern; ich habe nur drei Wochen im Finanzbüro des Goetheanum gearbeitet, aber ich weiß, was das für ein Apparat war; allein in der Schreinerei waren über dreihundert Schreiner beschäftigt; in diesem Büro konzentrierte sich der Papierstrom bei Lissau; hinter der Schulter Lissaus beugte sich über Rechnungen und Kostenvoranschläge der Kopf Dr. Ungers. Weder die arbeitsfreudige Jugend noch Stinde, noch der begabte Baumeister Englert, nicht einmal der Doktor selbst hätten das Goetheanum verwirklichen können ohne Dr. Carl Unger, der aus seiner eigenen philosophischen Denkarbeit, aus seinen eigenen bedeutenden Geschäftsaufgaben, aus der Aufbauarbeit eines anthroposophisch orientierten sozialen Lebens herausgerissen wurde, um auf dem uninteressanten, prosaischsten Sektor des Baus buchstäblich Kleinarbeit zu leisten: Er, ein freiheitsliebender Philosoph, im Herzen Musiker, ein großer «Geschäftsmann», ein Mann des öffentlichen Lebens und ein «Esoteriker», er hatte weniger als irgend jemand Lust, bis über den Kopf in «Bürostaub», in Rechnungen, Nachprüfen, Revision, Kontrolle zu versinken; aber er trug unbeirrbar dieses unscheinbare Kreuz.

9

Bei ihm möchte ich noch ein wenig verweilen.

Einer der (zeitlich) ersten Schüler Steiners, machte er bei oberflächlicher Bekanntschaft den Eindruck eines trockenen, fast pedantischen Menschen; bei näherem Hinsehen gewahrte man hinter der Maske der Pedanterie eine große Bescheidenheit, erstaunliche Großzügigkeit und Ehrlichkeit, eine feurige «Treue» zu den grundlegenden philosophischen Ideen Steiners und eine bis an die Grenzen des Unmöglichen gehende Bemühung, sich nicht um der Versenkung in die Bilder der geistigen Welt willen von dieser Welt zurückzuziehen. Ein Bewunderer der «Philosophie der Freiheit», selbst Philosoph, der eine eigenständige erkenntnistheoretische Basis der Anthroposophie aufbaute, zeichnete er sich selbst eine kaum zu verwirklichende «Devise» vor: dem Teufel, der Abstraktion, Zahlen, Maschinen, Fabriken, Geld und Banken in seine Macht bekommen hat, Gedanken, Zahlen, Maschinen und Fabriken zu entreißen und mit den diabolischen Grimassen der «Banken» fertig zu werden. Jeder Anthroposoph verwirklichte, seiner Selbstbestimmung folgend, lediglich die eine oder andere Facette der anthroposophischen Kultur: Wenn ich die Arbeit Michael Bauers im rhythmischen System, im Herzen des Organismus «Anthroposophie» erlebe, wenn ich dann die «Doktoren» als Mitgestalter des zentralen Nervensystems dieses Organismus sehe, das Wirken Rittelmeyers als «Luft- und Atemsystem» und Stinde als Bindegewebe, so fiel Dr. Unger das Knochengerüst zu, das am wenigsten dankbare Arbeitsgebiet: Er musste sich mit allen nur möglichen Arten sklerotischer Prozesse befassen. Rittelmeyer, dessen Element die blaue, die Lungen mit Sauerstoff versorgende Luft ist, scheint selbst, in ein Blau gehüllt, in die Höhen zu entschweben; Bauer steht vor mir im Purpur der inneren Flamme des schlagenden Herzens; Stinde schafft die Grundlage für innersekretorische Funktionen, und Dr. Unger mühte sich Jahre hindurch, den Knochen zu präformieren, arbeitete mit dem Anorganischen, den härtesten Salzen, die sich im Inneren des Organismus absetzen, ausgestreut aus der beinernen toten Welt der «Prozesse», «Banken», «Eisenhütten», und setzte sich in dieser Sphäre des «Umschmelzbaren» mit dem Feuer des Philosophen und Musikers ein, mit der gesamten Erfahrung eines «inneren Schülers», mit allem Schwung der Freiheitsliebe und Unvoreingenommenheit, auf dass, kraft der in der Natur des Eisens, mit dem er zu tun hatte, liegenden «ehernen Gesetze», neun Zehntel seiner Anstrengungen beim Schmelzprozess verloren gingen, aber wenigstens ein «Tropfen» Schmelzgut erbracht würde.

Erinnern wir uns: Der «Teufel», der die äußere Welt mit der Einrichtung des Staates und der staatlich gelenkten Öffentlichkeit erobert hat, schmilzt erst zuletzt, aber dennoch gilt es, daran zu arbeiten; dabei muss man wissen: Wenn man sich als Anthroposoph vornimmt, in dieser Welt einen einzigen Tropfen zum Schmelzen zu bringen, entspricht der Sieg bestenfalls einem Zehntel der Bemühungen; neun Zehntel der Anstrengungen verschlingt der Schmelzprozess, und es sieht so aus, als ob alle Unternehmungen mit Niederlage und Rückzug endeten; die Taktik des «künftigen» Sieges fällt hier besonders schwer, die Taktik des Barclay de Tolly – vorsätzlicher Rückzug. Und ich sehe Dr. Carl Unger immer auf dem Rückzug, halb geschlagen, erschöpft, aber ohne das Recht, seine Erschöpfung einzugestehen, getreu der in Freiheit gewählten, schweren und bitteren Rolle: permanenter Rückzug, geduldiges Ertragen sämtlicher Vorwürfe (Unfähigkeit, Trockenheit, Formalismus, Konservatismus) und des Zorns der zurückgehenden Armee; erinnern wir uns daran, dass niemand anderes als Barclay de Tolly die späteren Siege Kutusows vorbereitet hat; er hat Napoleon «durch Kutusow» besiegt, denn Kutusow war die von ihm beharrlich geschmiedete Waffe.

So war auch Dr. Unger: Lange vor den eloquenten und auf allen Gebieten der Methodologie, des Gedankenlebens und der sozialen Grundlagen bewanderten «Doktoren» der zwanziger Jahre (1922–1928), einem «Kollegium» mit getrennten spezialisierten Funktionen, lange vorher verkörperte Dr. Carl Unger ein ganzes Kollegium, das heißt, er war beinahe der einzige unter den Schülern, der sich auf den so harten Kampf um die Stoffe der «äußeren» Kultur einließ: Er kochte «Knochen» aus, wobei der stickige Geruch eines «Büros» aufstieg, um schließlich aus dem Extrakt einen einzigen Tropfen des von der Anthroposophie verheißenen Balsams zu gewinnen; lange hat er hervorragende Arbeit geleistet, jedoch wurden seine Mühen stets mit dem leichtfertigen Ausspruch quittiert: «Ja, ja, Stinde, Bauer, Morgenstern, ja, das sind unsere Leuchten, aber Dr. Carl Unger ist etwas ganz anderes, der ist ziemlich trocken und langweilig.»

Der von vielen als langweilig und anthroposophisch konservativ verschriene Dr. Unger führte ein Rückzugsgefecht nach dem anderen, ohne jedoch die anthroposophische Front in irgendeinem Abschnitt zusammenbrechen zu lassen. Der Rückzug wurde registriert. Nicht registriert wurde die gehaltene Front, das heißt die geschickte Führung der Anthroposophischen Gesellschaft und Bewältigung der ungeheuer komplizierten Organisation, die den Bau des Goetheanum unter den damaligen Verhältnissen ermöglichte – trotz einer feindlichen Umgebung, trotz der gegebenen Struktur der Gesellschaft, im Kampf gegen viele die Gesellschaft beherrschenden Vorurteile; der Umstand, dass die Anthroposophische Gesellschaft den Weltkrieg überstanden hat, ohne zu zerfallen, ist zum größten Teil das Verdienst des ersten Vorsitzenden der Anthroposophischen Gesellschaft, der sich für die schwierige, undankbare Taktik Barclays entschloss und später von den kampflustigen jüngeren «Doktoren» abgelöst wurde, die alle vorhatten, den permanenten Rückzug in einen Sieg über «Napoleon» zu verwandeln, aber mit der Idee der Dreigliederung sofort scheiterten und ihre Spezialistenarbeiten mit sozusagen «neoscholastischem» Bodensatz auffüllten; Dr. Carl Unger, scheinbar ihnen ausgeliefert und bloß formal, als eines der Präsidiumsmitglieder, an der Niederlage der Stuttgarter beteiligt, bekam ebenso wie Uehli den ganzen Zorn Steiners zu spüren, der eigentlich über ihre Köpfe hinweg sich gegen die «Doktoren» richtete, die nichts Geringeres als die Eroberung der Welt proklamierten. Und Dr. Carl Unger überließ seinen Befehlsstand einem ganzen Stab anthroposophischer «Generäle» und zog sich auf seinen alten Posten zurück, den Posten eines inneren Schülers, der seine Erfahrung, seine Liebe zur Freiheit in die allerschwerste Aufgabe, in die verfluchte Aufgabe investierte: Auskochen der toten Knochen dieser Welt, um einen Tropfen Balsam daraus zu gewinnen. Und als 1926, bereits nach Steiners Tod, der Zusammenbruch der anthroposophischen Front offenkundig war und ihre auseinander gerissenen Flügel weder von einem neu gebildeten Rat, noch von den «Doktoren» zusammengeflickt werden konnten, da hörte man Stimmen, es gäbe ja Carl Unger, den altbewährten «Cunctator», der das Präsidium übernehmen könne. Und so griff man im Jahre 1926 auf das Jahr 1912 zurück, als Dr. Unger zum ersten Mal den Vorsitz der Anthroposophischen Gesellschaft übernommen hatte. In der Taktik Barclays muss die Taktik Kutusows einbegriffen gewesen sein; und sollte es der Anthroposophischen Gesellschaft je beschieden sein, «Napoleon», Ahriman, auf ihrem Feld in die Flucht zu schlagen, so sind die wesentlichen Voraussetzungen dafür von Unger geschaffen worden.

So sehe ich diesen hochgesinnten, bescheidenen, nüchternen, in seiner Seele «freiheitsliebenden», nach außen «traditionellen», in seiner Seele esoterischen, nach außen abstrakt spekulierenden echten Steiner-Schüler, und zähle ihn, gegen den ich früher aufbegehrt habe, zu der «Alten Garde» Steiners. Und als man mir von Spannungen und alten Missständen im neuen Vorstand erzählte, erinnerte ich mich voll Bitterkeit an die Zeilen «Der Kaiser, der Kaiser gefangen!»; ich sah das Erbe Steiners in der Gefangenschaft Ahrimans. Aber schon kamen mir auch die anderen Zeilen in den Sinn:

> Nach Frankreich zogen zwei Grenadier'
> Sie waren in Russland gefangen ...

Diese «zwei» sind bewährte alte Soldaten, die mit Steiner an den Fundamenten seiner Sache gearbeitet hatten. Und ich sah zwei Gestalten, die irgendwo um die Rettung der Kultur des Geistes kämpften; Michael Bauer und Carl Unger; der eine ist von einer schweren Krankheit getroffen, die ihn ans Bett fesselt, der andere noch schwerer verwundet, moralisch, durch den Zusammenbruch all seiner Bemühungen im Jahre 1923. Die Kehrseite dieser «Niederlage» war ein Sieg der Bescheidenheit und der Standhaftigkeit, mit der Carl Unger seine «Demissionierung» trug, wegen einer Schuld, die höchstens ein Zehntel des Versagens der «Doktoren» ausmachte; ich weiß, dass seine Verdienste der vorhergehenden Jahre, ja sogar die Bereitschaft, seinen Kopf dem «Hammer» Steiners hinzuhalten, vor dem er übrigens stolz und bis zur Schärfe unabhängig seine eigene Meinung behauptete – ein Charakterzug, der mir außerordentlich gut gefiel –, dass diese Verdienste die äußere Niederlage auf einem anderen Plan in einen Sieg sui generis verwandeln; dieser Sieg ist schon daran erkennbar, dass heute, 1928, von Dr. Carl Unger mit Wärme, Dankbarkeit und Herzlichkeit gesprochen wird – nicht nur von mir.

Schlank, schmal, mit wachsbleichem Gesicht, langem, schmalem schwarzen Chinesenbart, eine besondere Kombination von typischem Süddeutschen, Juden und Tibetaner (ja, etwas von einem Tibetaner), mit schnellen, sparsamen, entschiedenen Bewegungen, mit schwarzen, scharfen und lebendigen Augen, die einen seltsamen Kontrast zu der germanisch-jüdisch-tibetanischen Reglosigkeit der Gesichtszüge und zu der korrekten, formvollendeten Gesamterscheinung bildeten, einmal in Zylinder und schwarzem Mantel mit weißem Schal – vom Begräbnis kommend, dann im hochgeknöpften Gehrock – bei der Eröffnung einer Tagung, einer Zusammenkunft von Tausenden von Menschen, oder mit Melone und Regenschirm – unterwegs zu einer Sitzung, in der Kolonnen von Zahlen besprochen werden sollten, eine ganze Nacht hindurch, nicht etwa nur eine oder zwei Stunden; dann sehe ich ihn im eleganten grauen Sommeranzug, immer mit weißer Weste und einem farbigen Tuch in der Brusttasche, auf seinem Rundgang durch die Büros. Er schien gefühllos, ein «Zwieback»; aber dann ereignete sich das Unbegreifliche: Der «Zwieback» gerät, wie hilflos, außer sich und fährt eine würdige alte Dame an: «Was für ein Unfug!» Was ist das? Wollte er sie abkanzeln? Keineswegs: Es ist ein Gefühlsausbruch; die würdige Dame hat folgenschweren «Unfug» gemacht; in der Gesellschaft wuchert ein solcher «Unfug» wie eine Klette, die er, Carl Unger, der Vorsitzende der Anthroposophischen Gesellschaft, ausreißen muss, im Interesse der Jugend, der Unvoreingenommenheit, der Zukunft und der Gewissensfreiheit! Er, der als konservativ verschrien ist? Ja, ja, er!

Und so ändert sich das Gesamtbild Ungers: der «trockene» Vorsitzende, der «Bürger» im Zylinder und der «Dandy» mit der weißen Weste.

Und zum Schluss noch ein Aspekt: Dornach, es ist Sommer; wir sind zu einer Familienfeier eingeladen, sitzen auf einer Terrasse, jemand bemüht sich angestrengt, ein Gespräch in Gang zu bringen, aber das Gespräch will nicht zustande kommen; Dr. Unger blinzelt ins Leere, steckt plötzlich die Hand in die Tasche seiner weißen Weste (eine typische Geste) und pfeift plötzlich, wie losgelassen, ein Motiv von Beethoven, den er besonders liebt: «Ach, ist das schön!» Das ganze Gesicht ist in Bewegung: jung, hingegeben an die Melodie, die Augen zwinkern, lebendige, schwarze und gütige Augen. Auch das ist Unger: jünglingshafte Aufnahmefähigkeit!

Ja, dieses berüchtigte Pfeifen, einem Mitglied direkt ins Gesicht; er pfiff manchmal auch mir ins Gesicht: Mich kränkte dieses Pfeifen und die Hochnäsigkeit, die daraus sprach, da ich dieses Pfeifen auf mich persönlich bezog. Später erklärte man mir: Dr. Unger pfeift aus Verlegenheit.

Später lernte ich den weichen und bescheidenen Menschen kennen und glaubte nicht mehr an den Aspekt «nur Geschäftsmann».

Ich habe die Aufsätze Ungers gelesen; ich kenne das erkenntnistheoretische Buch Ungers; er ist kein glänzender Stilist; der Gegenstand seiner Gedanken wird in einer auf den ersten Blick unvorteilhaften Form dargestellt: kühl, intellektuell und sparsam. Aber nachdem man sich durch die Form durchgekämpft hat, stößt man auf den originellen, starken, das Fangnetz der Intellektualität zerreißenden Gedanken, auf dem Flug zur «Philosophie der Freiheit». Unger denkt absolut eigenständig und verzichtet bewusst auf den herkömmlichen Weg der Philosophiegeschichte; er scheint ein philosophierender Dilettant; aber das ist nur der oberflächliche Eindruck: Er ist ein Wegbereiter einer möglichen, noch nicht verwirklichten Philosophie der Anthroposophie. Michael Bauer steht mit seinem Denken in der Tradition der Mystik und des deutschen Idealismus; er ist «neu» als Anthroposoph und traditionell als Philosoph; während Dr. Carl Unger der Trediakowskij eines originalen anthroposophischen Systems ist, das einst von den künftigen Lomonossow und Puschkin ausgeführt werden wird; in gewissen Zügen seines, des Ungerschen, Denkens ist er origineller als der glänzende Stein, weil die Fragmente des von ihm noch nicht ausgeführten Systems seiner innersten Denkerfahrung entstammen, und das sie umgebende intellektuelle Gerüst als Rammbock das Gerüst der Intellektualität überhaupt zum Einsturz bringen soll: Das Denken Ungers ist eine in Intellektualität sich panzernde Meditation; sein «Ja» ist ein schwieriger und steiler Weg; es ist bescheiden ausgedrückt, aber – lapidar.

Deshalb schreibt er mühsam und wenig. Aber eine «durchmeditierte» Druckseite Unger zwingt zum Verweilen: «Man müsste sie durchackern, dieser Mann hat das nicht umsonst gedruckt.» Und aus diesem «nicht umsonst» spricht das Vertrauen zum Denken Ungers, eben weil er nicht ein anthroposophischer Schriftsteller ist, sondern ein Anthroposoph, der zur Feder greift.

Meine Meinung über das Denken Ungers bildete sich auch unter dem Einfluss verschiedener Vorträge, die ich in Dornach von ihm gehört habe; sie haben mir außerordentlich viel gegeben – wie kaum ein Vortrag von Stein! –: Sie gaben mir so viel, weil sie die intimsten, ja «esoterischen» Tiefen meines Ich berührten; äußerlich recht trocken, nüchtern und logisch bis zur Pedanterie, drangen sie dennoch tief in mich ein, bis zum Erschrecken tief, wie ein Messer. Das geschah in den Tagen heftiger Erschütterungen, diesmal auf dem Gebiet des alltäglichen Lebens und der moralischen Phantasie; ich werde nie vergessen, wie Dr. Unger damals nach einem seiner Vorträge, die mich so stark berührten, auf mich zutrat – als hätte er etwas gemerkt – und mit unerwarteter brüderlicher Herzlichkeit, mit einem liebevollen Blick der gütigen schwarzen Augen fragte: «Verstehen Sie, wenn ich rede?» Und als ich mit «ja» antwortete, drückte er mir herzlich, fast zärtlich die Hand. Erstaunlich war, dass er in seinen Vorträgen davon sprach, wie man die ahrimanischen Wesenheiten in den Lebensorganismus einbeziehen sollte, ohne selbst Ahriman zu verfallen; eben in jenen Tagen wäre ich beinahe in die Krallen Ahrimans geraten; Unger konnte das nicht wissen. Diese erste innere Begegnung mit ihm konnte nur die Begegnung mit einem «Esoteriker» sein, der mir brüderlich zu Hilfe kam.

Bei den intimen Zusammenkünften wurde das «Geheime» von Unger offenbar: Es wurde offenbar, dass er zu dem engsten Schülerkreis Rudolf Steiners gehört.

Im Jahre 1923, das für Unger so schwierig war, wohnte ich ungefähr eine Woche in seinem Haus, in einem mir liebenswürdig zur Verfügung gestellten Zimmer; mittags und abends, nach den Abendvorträgen Steiners, haben wir gemeinsam gegessen und uns zwanglos unterhalten; dabei wurde mir an dem Menschen Unger etwas klar, was ich schon längst vermutete: Er war ein netter, einfacher, bescheidener und herzlicher Mann, sehr, sehr gütig. Dass er ein «Kopf» war, daran bestand keinerlei Zweifel; hatte ihn doch Rudolf Steiner einen «starken Denker» genannt; dass er der vornehmste, ehrlichste, ein der Sache Steiners völlig ergebener Mensch war, wurde nicht einmal von seinen «anthroposophischen» Feinden aus dem Lager der «Onkel» angezweifelt; dass er ein «Esoteriker» war – dies kann ich aus allen mir zuteil gewordenen, wenn auch noch so kümmerlichen Erfahrungen bestätigen.

Die drei des ersten Vorstands (Bauer, Unger, Frl. v. Sivers) waren die «großen» drei – alte, intime Schüler; solange sie an der Spitze der Gesellschaft standen, merkte man nichts von Apparat, beinahe nichts von «Gesellschaft» in dem Sinne, der längst zu einem abwertenden Epitheton geworden ist. Diese «konservativen» drei hatten sich damals mutig für das junge, das Künstler-Dornach eingesetzt; und solange Unger in Dornach arbeitete (Ende 1915 wurde er für die Industrie «mobilisiert» und musste in Stuttgart für die «Verteidigung» arbeiten), fühlten wir (damals die «Jungen») uns unter seinen Fittichen sicher, ebenso wie unter den Fittichen von Sophie Stinde, Bauer, Frau Dr. Steiner und Steiner selbst. Und sogar der gereizte Vorwurf, den er jener grauhaarigen Dame machte («Was für ein Unfug!»), diente indirekt dem Schutz der Freiheit in Dornach, der Freiheit Steiners und von uns allen.

In den subjektiven Imaginationen, in denen mir die Vergangenheit erscheint, assoziieren sich für mich die Gestalten der Mysteriendramen Steiners mit seinen intimen Schülern, und in den drei von Benedictus angeführten Hierophanten sah ich am Altar des Gefühls in der Rolle des Theodosius Michael Bauer, in der Rolle des Romanus (am Altar des Willens) Dr. Peipers und in der Rolle des vierten Hierophanten, der die schwierigste und undankbarste Aufgabe hat, in der Rolle des Retardus, sah ich Dr. Carl Unger.

Lange, ehe die ersten «Doktoren» dazukamen, ehe Unternehmen oder kulturelle Institutionen gegründet wurden, stand Dr. Unger in Stuttgart an der Spitze einer Unger-Schule, die ihre Aufgaben auf dem Gebiet der Kultur sah, in dieser Welt, für den «Anthropos» – den ersten Teil des zusammengesetzten Wortes Anthroposophie –, zu einer Zeit, als der Terminus «Anthroposophie» in den Vorträgen Steiners zwar auftauchte, aber mehr im Hintergrund, in Klammern, hinter «Theosophie»; damals machten die Ansätze Dr. Ungers ihn zum Haupt einer jungen Schule, die im Schoß der Theosophie revolutionär wirkte; nimmt man Blavatsky, Schuré, Besant – und hält man ein Heftchen von Unger daneben: zwei völlig unvereinbare Stilebenen; mit Michael Bauer hätte ein typischer Theosoph zur Not noch eine gemeinsame Sprache finden können (über Jakob Böhme), aber mit Carl Unger wäre er auf keinen grünen Zweig gekommen. In der Zeit der Trennung von Besant trat Dr. Unger, in Übereinstimmung mit Steiner, mit kühnen Herausforderungen gegen die «östliche Mystik» hervor und wies sich als «christlicher» Christ, als Streiter Gottes aus, und nicht als Christ von Krischnas Gnaden.

10

Ihm schloss sich eine Reihe sehr interessanter Stuttgarter an, deren Namen ich nicht mehr erwähnen will, da ich mich ohnehin schon von meinem eigentlichen Thema, dem Thema Steiner, entfernt habe. Ich möchte nur nicht unterlassen, den alten Arenson zu erwähnen, mit dessen Tochter Dr. Unger verheiratet war: Arenson war ebenfalls ein echter innerer Schüler, der sich an den Themen der Kabbala orientierte, des Buches Sohar, die er unkonventionell in das Ganze der anthroposophischen Denkkultur integrierte; seine von mir gehörten Vorträge zeichneten sich durch großen Ernst aus, durch gründliche Kenntnis der Quellen und Zurückhaltung in «eigenen» Schlussfolgerungen; außerdem war Arenson ein begabter Komponist; er hat eine sehr gute Musik zu den Mysteriendramen geschrieben und erweist sich darin als Neuerer in der Instrumentation; die Verbindung von neuer Musik und der tausendjährigen Tradition jüdischer Gnosis in dem sehr zierlichen, grauhaarigen, runzligen Mann, der mich an einen getrockneten Pilz erinnerte, rührte mich; die kleinen Augen in dem nur faustgroßen Gesicht leuchteten grundehrlich und klug, voller Güte und ganz kindlich; seine

Gegenwart wirkte beruhigend: «Arenson ist auch gekommen. – Da sitzt er. – Vielleicht wird er etwas vorlesen.» Und in der Seele regte sich Dankbarkeit ihm gegenüber, der die Reihe der lithographierten Zyklen ins Leben gerufen hat, dieses Geschenk an viele Tausende.

Eine andere Schule, Unger und seinen Freunden entgegengesetzt, nistete im selben Stuttgart (entgegengesetzt hier im Sinne einer diametral entgegengesetzten Methode, nicht im Sinne persönlicher Feindschaft); das war die Schule von Toni Völker, in der ausdrücklich «esoterische» Themen und der Problemkreis des Yoga gepflegt wurden, im Was der Vorträge und im Wie der Darstellung und Ausübung. Toni Völker verkörperte die orthodoxe, bis zu den klassischen, ewigen Wahrheiten restaurierte östliche Theosophie, die sich von Besant abgewandt und die Anthroposophie aufgenommen hatte, aber entschieden auf den Kampf mit Ahriman in dieser Welt verzichten wollte und sich deshalb in die luziferische innere Tiefe des «Lichts auf dem Weg», hinter Collins und so weiter zurückzog. Gegen die «Theosophie» von Toni Völker war nichts einzuwenden, denn sie war in einem reinen, tiefen, inneren Sinne berechtigt und schön; man könnte nur einschränkend hinzufügen: Eine solche Marien-Existenz ist nur dann möglich, wenn es auch eine Martha gibt, die die lästige Funktion übernimmt, für Toni Völker die äußeren Voraussetzungen zu schaffen, die es ihr ermöglichen, mit ihrem Blick ausschließlich bei schwebenden Engeln zu verweilen (sie hatte erstaunliche, fast überirdische Augen); der Ingenieur, der eine Festung um sie her aufbaute, war eben der trockene und nüchterne Unger, mit dem sie theoretisch so wenig übereinstimmte.

In München waren Maria und Martha sich begegnet und wurden Martha-Maria, Stinde-Kalckreuth; in Stuttgart hingegen hat Maria ihre Martha nicht erkannt, sich brüsk von ihr abgewandt und sich auf die an sich bewundernswürdige Vertiefung des Weges nach innen beschränkt; alle, die früher Vorträge von Toni Völker gehört hatten, stimmten in ihrer Begeisterung überein, über ihre Dimension und vor allem über sie selbst, die diese Dimension aufzeigte; sie war selbst eine verkörperte Collins der anthroposophischen Bewegung; natürlich hatte sie Schüler und Schülerinnen, die sie vergötterten. Ich selbst habe sie leider nie gehört (ich war nur selten in Stuttgart, und bei den Tagungen, auf denen sie sprach, gab es meistens in einigen Sektionen mehrere mich unmittelbar interessierende

Themen, die mich abhielten, sie zu hören); aber ich erinnere mich deutlich an ihre schmale, asketische Silhouette, an das dunkle, irgendwie indisch wirkende Gesicht und die riesigen schönen Augen: ich erlebte sie nur schweigend; sie sprach nie hinter einem Rednerpult; ihre Tribüne war ein Opferstein oder ein Altar, und die waren in Stuttgart – ich spreche allegorisch; das allgemeine Urteil lautete: «tief esoterisch»; die eindeutige Frucht ihrer Tätigkeit: völliger Verlust sozialer Orientierung. Jemand, der sie 1926 gehört hat, erzählte mir, dass sie heute noch «ihre» Kurse in «ihrer» Gruppe durchführe und dass diese Gruppe gesellschaftlich nicht in das Jahr 1926, sondern 1906 gehöre, in die gute alte «theosophische» Zeit.

Jedem das Seine, die Anthroposophie hat viele Wohnungen, und gegen die «Tonalität» Toni Völker lässt sich nichts einwenden, solange jemand anders die weniger dankbaren Arbeiten übernimmt und ihr dadurch ermöglicht, mit ihren schlanken Händen, in unbefleckter Reinheit, für wenige Auserwählte das «Licht auf dem Weg» hochzuhalten.

11

Eine völlig andere Linie, die weder an Unger noch Toni Völker anschloss, verfolgte in Stuttgart schon seit langem der Pfarrer Rittelmeyer; und diese Linie schlug üppig aus, sie wurde erst ein Zweig und dann der selbständige Stamm der Christengemeinschaftsbewegung, einer Bewegung, die nur in ihren Wurzeln mit der Anthroposophischen Gesellschaft zusammenhängt, nämlich durch die Gruppe der Pfarrer-Anthroposophen, persönlicher Schüler Steiners und Freunde Michael Bauers, der vom Ammersee aus mit seiner ganzen Seele an dieser Bewegung teilnahm – bei einiger Reserve gegenüber der Gesellschaft; die Persönlichkeit, von der aus diese Bewegung sich verzweigte, war die Persönlichkeit Rittelmeyers.

Er war mir schon lange aufgefallen, ehe ich seinen Namen kannte. Am allerwenigsten konnte ich vermuten, dass dieser außergewöhnlich frei und originell redende Mann, ein Mann, frei von jedem «Stempel», ein protestantischer Pfarrer sei. Er verblüffte mich immer durch seine Freiheit, Originalität und den vornehmen Mut, mit dem er gegen jede Spur von Tradition – anthroposophischer Tradition natürlich – auftrat, die zuweilen selbst bei den Besten der öffentlich sprechenden Schüler Steiners nicht zu übersehen war: niemals Schlagworte, etwa «Ätherleib» oder «Astralleib», niemals «Doktor Steiner hat gesagt». Seine Vorträge waren ausgezeichnet aufgebaut, er sprach völlig frei, beherrschte die Rhetorik – sie drückte sich auch in der Symbolsprache der verhalten feurigen, vornehm beseelten Gesten aus –, die runden Bewegungen der Hände, die mächtige Stimme, die große und kräftige Gestalt mit dem bleichen, unschönen, während des Vortrags wunderbaren Gesicht, einem Gesicht, das, unbewusst-stolz zurückgeworfen, von einem krausen blonden Bart und prachtvollem flachsblonden Haupthaar eingerahmt war, mit großen blauen, kindlich reinen Augen unter der großen Stirn, auf der manchmal im Zorn eine tiefe Längsfalte sich eingrub, dies alles machte diesen Mann, sobald er hinter das Rednerpult trat, für mich besonders faszinierend. Und er faszinierte mich vollends, wenn er mit einer Entgegnung, mit einer Antwort, angreifend oder einen Angriff abwehrend, auf dem Podium erschien, bei Gelegenheit irgendeines verwickelten Falles aus dem Alltag der Gesellschaft, an dem alle bereits herumlaboriert hatten. Dann ertönte in dem tausend Menschen fassenden Saal das überall gut vernehmbare, ruhig-bewegte, wohlgesetzte und vornehme Wort – und ich hatte das Gefühl: «Endlich! Ein lebendiges, kristallklares, wahrhaftiges Wort nach diesen Strömen schmutzigen Wassers!» Später erfuhr ich, dass dieser Mann ein Mitglied war, Rittelmeyer; noch später hörte ich, er sei Pfarrer, in ganz Deutschland wegen seiner unerschrockenen Freiheitsliebe bekannt, die sich beispielsweise darin äußerte, dass er, eine bedeutende Persönlichkeit innerhalb der protestantischen Kirche, zu Rudolf Steiner kam, um ein konsequenter Anthroposoph, ein innerer Schüler zu werden, ohne das Seelsorgeamt aufzugeben, den Anfeindungen seiner Amtsbrüder standhaltend, unermüdlich seine nichtanthroposophischen Gemeindeglieder aufrüttelnd, sammelnd und organisierend; außerdem fand er Zeit, sich für interne Fragen der Anthroposophischen Gesellschaft zu engagieren, Tagungsvorträge zu halten und an Diskussionen teilzunehmen. Dann musste ich mit Bestürzung erfahren, dass dieser originelle, tiefe, freie, reine und kluge Mensch, den Steiner sehr gern hatte, den Durchschnittsanthroposophen – deren es Tausende gab – «gegen den Strich ging»; die Gesellschaft verhielt sich recht kühl gegenüber diesem «Störenfried», der eine Gemeinschaft außerhalb der Gesellschaft anstrebte. Es hieß: «Er ist kein Anthroposoph, er ist etwas ganz anderes!» In jenen Jahren war Rittelmeyer für viele ein Buch mit sieben Siegeln, ein Außenseiter und Einzelgänger, während er in Wirklichkeit mit Steiner und seinen nächsten intimsten Schülern eng verbunden war; inmitten anthroposophischer «Doktoren», die unter der Last der Tradition «pastoral» wirkten, sah Rittelmeyer wie ein durch und durch weltlicher «Doktor» aus, der uns aus dem Sitzungssaal an die frische Luft holte, heraus in die Natur, unter den freien Himmel.

Blauäugig, luftumweht, vor dem Hintergrund des blauen Tageshimmels, mit einer Handbewegung, die in die «Uferlosigkeit» unserer Zukunft zu deuten schien, so erlebte ich ihn – natürlich musste er in der «Gesellschaft» eine zur spöttischen Grimasse werdende Befremdung hervorrufen. Aber die Menschen, die ihn als Pfarrer der neu gegründeten Christengemeinschaft erlebten, wo er den ewig gültigen christlichen Gottesdienst auf eine neue Art zelebrierte, mit neuen, bis zur Erschütterung wirksamen Zeichen und Worten, die in den überzeitlichen Ritus eingeflossen sind, diese Menschen, die den «Pfarrer» Rittelmeyer bei den Menschenweihehandlungen, bei Taufen, Beerdigungen, bei der Spendung der Sakramente erlebten, haben noch eine andere Erinnerung an ihn: Die «Uferlosigkeit» seiner Gebärden ist die konzentrierte Sonnenkraft des durch ihn wirksam werdenden Christus-Impulses, und die blaue Tiefe des Himmels ist die einzigartige Macht seiner freien Predigten im Gottesdienst, in denen er beispielsweise den antiken griechischen Mythos aus der Taufe hob, der, durch das Licht des Ereignisses von Golgatha erweckt, zu neuem Leben ersteht; der Höllenfahrt Christi eingedenk, die den schmachtenden Schatten Erlösung brachte, stieg Rittelmeyer ohne Zaudern, gehüllt in den Glanz der künftigen Sonne, das Kreuz des «Seelenhirten» in der Hand, in den Erebos hinab, um die Schatten der antiken Mythen zu befreien.

Er erwies sich außerdem als ein hervorragender Organisator: Die Gruppe seiner Pfarrer, die aus dem historischen Protestantismus hervorgegangen ist, und die neu geweihten Priester, darunter auch Frauen, leisteten ausgezeichnete Arbeit sowohl innerhalb der neu gebildeten Gemeinden als auch an der «äußeren Front»: Die Christengemeinschaft verfügt über einen eigenen Fonds, über einen eigenen Verlag, führt eigene Tagungen durch. Ihr gehören bedeutende Menschen an, die ich persönlich nicht kennengelernt habe – Pfarrer Bock und eine Frau, die Pfarrerin Spörri.

Ihre Mitglieder sammeln Material zur Frühgeschichte der Kirche, fahren zum Athos, vertiefen sich dort in die Annalen, studieren die frühe Kirchenmusik, alles im Sinne der neuen Gemeinde; Rudolf Steiner hält für sie eine Reihe besonderer Vorträge – außerhalb der Gesellschaft –, Michael Bauer erscheint in ihrer Mitte, das heißt Rittelmeyer und seine Pfarrer pilgern zu Michael Bauer und bleiben ganze Wochen am Ammersee, um sämtliche Details im Leben der wachsenden Gemeinde durchzudenken.

Rittelmeyer, der scheinbar außerhalb der «Gesellschaft» – in der «Gemeinschaft» – steht, und Michael Bauer, der sich scheinbar von der Gesellschaft zurückgezogen hat und, von ihr unbemerkt, ein neuer Starez geworden ist, haben eines gemeinsam: die esoterische Tiefe. Wenn Stinde-Kalckreuth (Martha-Maria) die wunderbare These einer vergangenen, patriarchalischen, «vorgesellschaftlichen», inneren Anthroposophie, wenn Dr. Unger und Toni Völker die sich abzeichnende Antithese in Stuttgart repräsentierten, wo die Gesellschaft zum «Apparat» wurde, in dem nur Rudimente jenes «Gemeinschaftsimpulses» aus Ungers praxisbezogenem «Kollegium» lebten, aus dem der Geist in die Zelle Toni Völkers entwichen war, die um den Preis des Verzichts auf die vanitas vanitatum den Weg suchte, dann sehe ich ein künftiges Wiederaufleben im Geiste eines neuen Kulturganzen in Bauer und Rittelmeyer, die sich, jeder auf seine Art, *scheinbar* außerhalb aller Querelen der Gesellschaft behaupteten, in diesem «Außerhalb-Innerhalb» der beiden Verbündeten.

Ich habe mit Bauer angefangen: Wenn ich von Rittelmeyer spreche, muss ich wieder auf Bauer zurückkommen und auch Sophie Stinde erwähnen; die bloße Erwähnung der Gruppe der intimen Schüler, der echten «Esoteriker», lässt in meiner Erinnerung unmittelbar neben Rudolf Steiner die drei erscheinen: Bauer-Stinde-Rittelmeyer.

12

Man kann unmöglich über München und Stuttgart sprechen und dabei Berlin übergehen, wo Steiner lange gewohnt hat, wo 1912 der Zweig mindestens vierhundert Mitglieder zählte, darunter echte innere Schüler Steiners.

Ich denke dabei in erster Linie an Selling, der zu meiner Zeit im Berliner Zweig inkorporiert war, den Freund all jener Zugvögel, die, von weither kommend – aus Russland, Norwegen, London, Amerika – in dem alptraumartigen Berlin, dieser riesigen, fünf Millionen Menschen beherbergenden Stadt, ohne Bekannte und häufig auch ohne Geld ihre Zelte irgendwo in der Nähe der Motzstraße, in der Luther- oder Augsburgerstraße aufschlugen, in der Nachbarschaft von Bars, Bierstuben, verdächtig aufgedonnerten Damen, der in Lichterglanz gehüllten Scala und des irrsinnigen Ka-De-We. Für sie war Selling ein Leuchtturm, der ihnen leuchtete und sie wärmte, an dem sie aber nie zerschellen konnten wie andere Zugvögel an anderen Leuchttürmen. Selling kümmerte sich sofort um sie, versorgte sie mit Adressen, mit Büchern, erschien, völlig unerwartet, in ihrem Quartier: «Nun, wie haben Sie sich zurechtgefunden? Sie sind nicht gut logiert.» Und wenn sie bald darauf im Zweigraum oder in der Bibliothek, wo sie ein Buch leihen wollten, die kleine bewegliche Figur unter den vielen allgemein-korrekten und allgemein-kühlen Menschen – so ist der Berliner – entdeckten, seufzten sie erleichtert: «Das ist Selling»; und sie fühlten sich nicht in der Motzstraße, wo sich Bar an Bar reihte, sondern wie «zu Hause». Dem Russen schien Selling ein Russe: «Aber erlauben Sie! Er kommt ja direkt aus Moskau: Hat ja immer etwas Aufregendes zu erzählen, ist immer eilig und macht seine Witze!» Mich erinnerte er zunächst an G. A. Ratschinskij (an dessen beste Seiten); dem Norweger kam er vermutlich wie ein Landsmann aus Bergen vor, und der Deutsche sah in ihm das Prachtexemplar eines Deutschen, jenen «gemütlichen» Weihnachtsmann, der in Begleitung von Knecht Ruprecht am Heiligen Abend an die Tür kommt, einen Deutschen, wie ihn die Kinder sich nach reichlicher Lektüre von Grimms oder Andersens Märchen vorstellen; tatsächlich lebte in Selling etwas Urgermanisches, nicht bloß Deutsches, sondern Nordisch-Germanisches.

Man musste ihn sofort gern haben und aufrichtig zu ihm sein, man lernte seine Befürchtungen und Freuden vor ihm auszusprechen und die knappen gutmütig-spöttischen, freundlichen und strengen Antworten entgegenzunehmen, seine Ausrufe und jenen unmotivierten Wechsel von «Du» und «Sie», der so gut zu ihm passte. «Wissen Sie, Herr Bugajew», und dann: «Ach, du gute Seele» – man wunderte sich darüber genauso wenig, wie über die temperamentvollen Attacken Sellings, wenn er mit zu Berge stehendem kastanienbraunem Haar und zornig glühenden dunkelblauen Augen hinter funkelnden Brillengläsern einen wahren Sturzbach bissiger Vorwürfe, alle im Superlativ, auf seinen Gesprächspartner niederprasseln ließ; ich hatte immer Angst, dass Selling, nachdem er mir auf die Schulter geklopft hatte, plötzlich seinen Schuh vom Fuß zöge und mir auf der Stelle, vor allen Anwesenden, damit auf den Kopf schlüge! Aber das machte nichts aus. Sellings Attacken wehrte man ab, manchmal gab es auch Streit. Aber Streit und Freundschaft spielten sich auf einer gemütvollen, märchengleichen Ebene ab, auf der die dreidimensionale logische Analyse versagte; er legte keinen Wert auf «Musterknaben» und fühlte sich mehr zu den ungebärdigen, aus dem Rahmen fallenden Wahrheitssagern und Rebellen hingezogen, die über die Stränge schlagen konnten, was wiederum auf Selling kaum Eindruck machte; er erzählte öfter von sich selbst recht seltsame Dinge, wobei er von sich in der dritten Person sprach: «Der alte Selling.»

Man könnte meinen, es sei von einem zerstreuten Sonderling die Rede; keineswegs. Selling hatte viele und verantwortungsvolle Aufgaben zu erfüllen: In der Bibliothek herrschte peinlichste Ordnung; im Berliner Zweig herrschte überhaupt peinlichste Ordnung; so sehr, dass man hätte denken können, irgendwo säße ein trockener «Apparatschik», der dieses lebhafte, scheltende, spaßende Männchen und seine Scherze und Herzensergießungen im Zaume hielte; aber in Wirklichkeit war er selber die Ordnung: ein fließender, ein fliegender «Apparat». Er konnte durchaus gelegentlich auf Recht und Ordnung pochen, Schrecken verbreiten und einem Missstand ein Ende machen. Aber das alles geschah wie von selbst.

Rudolf Steiner hat darauf hingewiesen, dass die neue Logik, die der Mensch der Zukunft entwickeln wird, nicht mehr auf einem festen System von Vorstellungen gründen, sondern fließend sein würde: Selling hatte kein System, die Ordnung floss: in unerschöpflich sprudelnden Metamorphosen; besser gesagt, nicht «Ordnung um der Ordnung willen» war seine Ordnung, sondern das, was wir mit diesem Wort bezeichnen, war ein kleiner Teil jenes Großen, das er erreicht hatte: konkrete Imagination und moralische Phantasie, im täglichen Leben verwirklicht.

Was ihn zunächst als Sonderling und Märchenfigur, als anspruchslos, einfach, fast kindisch erscheinen ließ, war ein besonderes, schweres Tun, ähnlich dem Tun eines Narren, eine Linie des neuen Lebens, von der er nie abwich, deretwegen er von Uneinsichtigen viel auszustehen hatte, ein Rittertum, unter dessen Panzer konkrete Weisheit sich verbarg.

Er war in allem das Gegenteil von Dr. Unger: hier – ein Logisieren, dort – der Verzicht auf intellektualisierte Logik, trotz ausgeprägter Vernunft, hier – Abwägen und Abmessen bei jedem Schritt – dort nichts von Wägen und Messen, sondern Improvisation aus der Kraft eines inspirierten Herzens. – «Wissen Sie, wie ich spreche?» erklärte einmal Selling, als er nach Dornach kam und bei uns zu Abend aß. – «Ich mache den Mund auf – nichts. Aber ich weiß, dass ein Etwas, das ich aussprechen muss, bereits da ist. Es ist dann hier», er zeigte auf sein Herz. «Und dann warte ich, damit die äußeren Gedanken es nicht trüben; mir wird Zeit gelassen. Der große Gedanke stellt sich noch nicht ein. Aber plötzlich fühle ich: Ich muss sprechen. Und dann spricht nicht der alte Selling, sondern jemand anders. Sobald das vorbei ist, bin ich wieder der alte Selling.» Während er mir erzählte, sprang er vom Tisch auf und ging unwillkürlich beinahe in die Hocke, den Blick der großen, strengen, blauen Augen auf mich geheftet, Augen, die sich in unaussprechlichem Empfinden weiteten und mir auf der Stelle ein Ikonenantlitz der Nowgoroder Schule ins Gedächtnis riefen, einen restaurierten, vom Ruß befreiten Engel von der Hand Rubljows. Seltsam: ein glattrasierter Mann in den Fünfzigern, mit starker Nase, Brille, im Gehrock, der in einer komischen Pose vor mir hockte, und – ein Engel von Rubljow; aber ich wiederhole: In diesem Augenblick konnte ich ihn nur mit der alten Ikonendarstellung vergleichen: Der Ausdruck «Engel» bedeutet nicht «lieblich», «hübsch», «süß», sondern dorische Strenge, Erhabenheit und eine Art von «Gottesfurcht», mit der er sein Bekenntnis aussprach, als wollte er mahnen: «Gib meine Worte nicht dem Geiste der Finsternis preis, damit mein Bekenntnis in deiner Seele nicht zur Versuchung werde.» Und nicht ihm hätte es geziemt, sich vor mir niederzuhocken, sondern ich hätte mit gefalteten Händen zu seinen Füßen sitzen und dem mir zugesprochenen Geheimnis der Weisheit lauschen müssen, einer Weisheit, deren er bereits teilhaftig war, ich jedoch – nicht.

In meiner Erinnerung dieses flüchtigen Augenblicks korrespondiert der strenge Selling, ein Hüter vor der Schwelle des Tempels, ein geflügelter Ritter (unsichtbare Purpurflügel hinter den Schultern) mit der Erscheinung des heiligen Benedictus vor Capesius (im dritten Mysteriendrama), von Dr.

Peipers dargestellt; ich erinnere mich, wie Peipers, in fliegenden purpurroten Gewändern auf seltsame Weise schwebend – mit weit in den Raum ausgestreckten Armen und Beinen –, fast zwanzig Minuten verharrte und mich durch diese Gebärde erschütterte. Das strenge Gesicht Sellings, das ich in dem Augenblick seines «Bekenntnisses» gesehen habe, erschütterte mich noch stärker, das «Bekenntnis» wurde eine Belehrung.

Und so lebte er auch weiter: als Ritter, der mit dem Schwert in der Hand den Eingang zum Montsalvatsch bewacht.

Immer glattrasiert, immer im Gehrock mit flatternder Schleife auf der Brust, große Nase, schwarzgeränderte Brille, dichter, buschiger, graumelierter Haarschopf – so eilt er von dem Tischchen mit den Eintrittskarten in das Zimmer des Vortragenden, die Nase gesenkt, und schleudert über den Brillenrand strenge, fast wütende Blicke aus blauen, halb erschrocken, halb vorwurfsvoll aufgerissenen Augen. Oder er dreht zwei Haarsträhnen zu Hörnern, hängt ein Schwänzchen an die Rockschöße und ist der Teufel der Weihnachtsspiele; oder er rast, den Hut mit einer auffallend breiten Krempe tief in die Stirn gedrückt, über den Bahnsteig der Untergrundbahn am Nollendorfplatz und zieht seine Frau hinter sich her – Schwedin, geborene Flack, Eurythmistin, ein wunderbares, weises Wesen; die beiden sehen mich nicht, ich sehe sie und denke: «Das Paar ist ein wahrer Sturmwind!» Und was denkt das «Publikum?» Das Publikum denkt überhaupt nichts; und wenn es etwas dächte, müsste es innehalten und sich fragen: «Aus welcher Welt, in welche Welt fliegen diese zwei geistigen Wesen, die auf ihrem Flug die Erdbahn in dem Punkt Berlin kreuzen?»

So sehe ich Selling. Auf dem Flug von Stern zu Stern über Berlin, wo aufgeschreckte Menschen seine Spur säumen, die mit dem rasenden Tempo fließender Vorstellungen nicht zurechtkommen können und dieses Tempo für Alogismus, eigentlich für Exaltation halten, im Gegensatz zum Doktor, der ihn auszeichnet und bei den internen Zusammenkünften sehr hoch einstuft; wer das Glück hatte, daran teilzunehmen, wird die Rolle Sellings nicht mehr vergessen und verstehen, dass der strenge, blaue Ikonenblick über den Brillenrand, der aus Selling, der guten Seele, aus Selling, dem Spaßvogel, aus Selling, der alle Hände voll zu tun hatte, hervorbrach – der leidvolle Engelsblick ist, auf den Dunst des Bösen in dieser Welt gerichtet, dieser Welt das strenge, zornige, unversöhnliche Wort zusprechend:

– Das sei ferne: Walte Feuer und Schwert!

Das war der strenge Selling, der in der «guten Seele» wohnte: der Esoteriker Selling.

Dieser nun ergraute alte Mann, der Älteste unter den Älteren (den alten Schülern), der eine Zeitlang den Berliner Zweig verkörperte, so dass ich manchmal meinte, der Zweig selbst trüge Brille, Gehrock, Schleife und müsse sich jeden Tag rasieren, dieser alte Mann grollte im Jahre 1923 dem «Zweig», besuchte keine Mitgliederversammlungen mehr, stand an der Spitze der revoltierenden Jugend, die ultralinke Parolen verkündete, erklomm das Podium und donnerte mit erhobenem Arm über die Köpfe der ehrbaren und von sich überzeugten Versammlung hinweg: «Ja, unter euch gibt es eine Anzahl wandernder Kloaken.» Lärm, Empörung, die Aufforderung, das soeben Gesagte zurückzunehmen. Aber Selling sprang erneut auf das Podium, lieferte eine glänzende Begründung für seine Behauptung und schloss mit dem gleichen Knalleffekt: «Wandernde Kloaken!»

Dies wurde mir von einem seiner Auftritte im Jahre 1923 berichtet; und damals dachte ich: «Das ist Selling, jener Selling, vor dessen Zorn ich mich schon immer fürchtete; sein Zorn ist gerecht, Selling ist ein Gerechter!»

Ich meine das nicht in übertragener, sondern in des Wortes eigentlichster Bedeutung.

Zu dieser Zeit widmete sich Selling – außer der Jugendarbeit – der Toneurythmie, unter der Anleitung seiner Gattin, einer Eurythmielehrerin; eine Bekannte, die bei seiner Frau Unterricht hatte, erzählte mir, mit welchem Feuer und welcher Hingabe der «alte», ergraute Selling, nachdem er sich seines Gehrocks entledigt hatte, Eurythmie machte: Seine Bewegungen, die so leicht, fast zu leicht waren, wirkten nicht komisch: Man spürte Kraft, Leichtigkeit und Hingabe an die Sache.

Damals begegnete ich Selling auf der Motzstraße; er hielt mich am Arm fest: «Wir sind ja fast Nachbarn. Ich denke, wir müssten uns mindestens zwei Mal in der Woche sehen. Warum sehen wir uns nicht?» Ich, der ich damals im Dunkel und in der Verzweiflung eines Verschütteten lebte, entriss ihm meinen Arm und schrie ihn beinahe an: «Sie alle haben es gut, Sie Glücklichen! Lassen Sie uns in Ruhe, uns, die Einsamen und Verlorenen!» – «Nein, so lasse ich Sie nicht gehen!» – rief Selling. Zwischen uns kam es beinahe zu einem Handgemenge, und im Endresultat fand ich mich zwei Tage später bei Selling, vor dem ich alles aussprach, was mein Herz nach zweijährigem Schweigen in seiner unmittelbaren Nachbarschaft – wir wohnten in derselben Straße – beschwerte. Und ich hörte von ihm Erstaunliches, Weises, Herzliches, voller Liebe und Verständnis; damals sprach zu mir weder der Spaßvogel, noch der «Engel», noch der Träumer Selling, sondern der weise, sehr weise, alte, leidgeprüfte, alles verstehende Christ.

Und wenn ich jetzt nach Berlin käme, würde mich mein erster Gang zu Selling führen, um ihn zu umarmen und mich zu bedanken: Seine Worte hatten sich in mir eingebrannt!

So sengend kann nur ein Esoteriker sein.

So sprechen konnte nur ein intimer Schüler Steiners.

13

Ein anderer Berliner, der sich wie von selbst von der Menge der Anthroposophen abhob, Kurt Walther, wohnte ebenso wie Selling in der Motzstraße siebzehn.

Untersetzt, etwas schwerfällig, mit einem abstehenden Schnurrbart und nachdenklichen klugen Augen, die unter der gesenkten Stirn gerade vor sich hinblickten und nichts wahrzunehmen schienen, wurde er allen, die nach Berlin zogen, sehr bald vertraut: «Unser Walther», hätte man sagen mögen.

Walther war das genaue Gegenteil von Selling: Er rannte nicht herum, er machte sich nicht überall zu schaffen, er opferte nicht seine Tage und Nächte für die Anthroposophische Gesellschaft, er war Postbeamter und wartete auf seine Pensionierung; einige Jahre vorher hatte er einen Schlaganfall gehabt, seitdem blieben alle sichtbaren Zeichen seiner Beteiligung am Leben der Gesellschaft stark reduziert; er war zerstreut, er suchte keine Kontakte, er wirkte ungesellig – und dennoch war er ein Zentrum: «Ich gehe zu Walther» – man saß, man redete, man hörte ihm zu; in seinen vier Wänden war dieser bärbeißige Sonderling ein herzlicher, gastfreundlicher Hausherr, ließ den Besucher in seinem sehr engen Arbeitszimmer im Sessel Platz nehmen und fuhr fort – ohne auf den Gast einzugehen – laut darüber nachzudenken, worüber er vor dem Eintreffen des Gastes nachgedacht hatte; dieses selbstversunkene Nachdenken Walthers zog die Menschen an. Früher sprach er manchmal öffentlich; jetzt hielt er kaum noch Vorträge; er war eine seltsame Mischung von Peripatetiker und Diogenes – nicht weil er in einem Fass wohnte, seine kleine, gemütliche Wohnung hatte nichts von einem Fass, sondern weil für Walther, ebenso wie für Diogenes, der auf nichts angewiesen war, weniger entscheidend war, dass er in seiner Wohnung philosophierte, als dass er überhaupt philosophierte: Und hätte man ihn in ein Fass, auf einen Trottoirpfosten mitten in Moskau oder neben ein Gleisdreieck gesetzt, er hätte nicht gemerkt, wo er sich befand; er lebte im Denken, sein Denken lebte – sein Denken war konkret –, und mit diesem lebendigen Denken leuchtete er den Raum ab: Er suchte den Menschen, den Anthroposophen, er suchte das Zeichen der Menschenweisheit und wurde ein anderer, sobald er es zu entdecken glaubte: Der mürrische Ausdruck, mit dem er manchmal mitten im Vortragsraum den Menschen im Weg stand, verschwand, er strahlte und ging mit einem breiten Lächeln, wackelnd wie ein Bär, auf einen zu und hielt einem die warme, breite und kräftige Hand hin.

Später, als ich ihn besser kannte, dachte ich oft, wenn ich ihn mit finsterer Miene stehen sah: «Der Fischer wirft die Angel aus. Der Fischer angelt.» Und wenn Walther lebendig wurde und, in tiefem Bass brummend, auf jemand zuging, wobei er unweigerlich jemand anders zur Seite stieß, dachte ich: «Angebissen.»

Sein versonnener Blick war die Laterne des Diogenes; die finstere, zerfurchte, leidvolle Stirn, die mit dem oft bärbeißig-stechenden schwarzen Schnurrbart kontrastierte, das Denken – das war die eigentliche Wohnung Walthers, wo er sich ständig aufhielt, wo er ging, aß und schlief, wo ununterbrochen etwas vorging, etwas gesucht und gestaltet wurde. Wenn Unger ein abstrakter Theoretiker war, der aus der Meditationserfahrung die Gedankensubstanz gewann und sie zum Begriff zuspitzte, begnügte sich die Meditationserfahrung Kurt Walthers nicht mit dem Dasein des in ihm lebenden Gedankens, sondern suchte Bestätigungen, historische Fakten, Zitate zur Artikulation «seines Systems», obwohl es unausgesprochen und ungeschrieben bleiben würde, und zu dem er den Weg erst bahnte. Das Bedeutende an ihm war gerade dieses Ringen um die Artikulation eines Gedankens – ohne

Anfang und ohne Ende –, ein Gärungsprozess, von dem man in seiner Gegenwart augenblicklich angesteckt wurde. Kommt man zu ihm, so bietet er, ziemlich mürrisch, einen Sessel an und setzt sein Selbstgespräch fort: «Ich habe schon immer gedacht, dass bei Mehring ...» Und plötzlich geht dem Gast die Welt Mehrings auf und wird lebendig. Der Gast ist angeregt und Kurt Walther ebenfalls; alles und jedes bietet einen neuen beweglichen Gesichtspunkt zu einer möglichen anthroposophischen Orientierung, von der die meisten Anthroposophen nichts ahnen; beim nächsten Besuch greift Kurt Walther seine dialektische Methode wieder auf: «Hier, sehen Sie sich mal genau den Nostradamus an: hier, dieser Text, keiner kennt ihn richtig ...» Und erstaunlicherweise wird auch Nostradamus interessant, lebendig und modern.

In den Jahren 1912 und 1913 hat er oft vor dem Berliner Zweig gesprochen: Seine Vorträge waren ausgezeichnet, aber das allgemeine Urteil hieß: «Es ist zu kompliziert, Kurt Walther ist völlig unverständlich.» Es stimmt, seine Gedankenführung war kompliziert, doch für die meisten bestand das Komplizierteste darin, dass er keinen einzigen Gedanken Steiners wiederholte, das heißt, er war selbst Steinersches Denken, denn das Charakteristische dieses Denkens ist seine Kraft, die Vorurteile in den Köpfen anderer zu sprengen und aus den Schädeln herauszukatapultieren. Ebendies geschah mit Walther: Herausgerissen aus dem «alten Schädel», kochte er in seinen Vorträgen über, verwirrte sich, schleuderte tiefsinnige Ausblicke um sich her und schrie uns an, ohne uns zu sehen, wie ein Anarchist, wenn er die Bombe schleudert; ich schrak zusammen und ließ mich mitreißen in die Welt der Vergleiche, geometrischen Figuren, tastenden Überlegungen und dachte: «Walther spricht gut, sehr gut sogar», um anschließend hören zu müssen: «Es war so verschwommen, weiß er überhaupt etwas?»

Wenn die fließenden Vorstellungen bei Selling das Leben seines Herzens bestimmten, indem sie es weise machten, brachten sie bei Kurt Walther die Krusten seines Gehirns zum Schmelzen und überschwemmten ihn mit sich auskristallisierenden Bildern, sein Denken mit Wärme und Herzlichkeit durchpulsend; Walther dachte bis ins Herz hinein, Sellings Herz reichte bis in den Kopf hinauf, beide begegneten sich in einem, das zwischen ihnen sich abzeichnet: Kopf-Fühlen und Herz-Denken sind beides Stufen des Hinabsteigens: vom Kopf in das Herz.

Im persönlichen Leben war Kurt Walther ein außerordentlich gütiger Mensch, der seine Wohnung ständig durchreisenden Freunden zur Verfügung stellte: entweder Eurythmistinnen, auf der Durchreise von Norwegen nach Dornach, oder sonst irgend jemand. Ich treffe in Berlin A. A. Turgenjewa: «Wo werden wir wohnen?» «Natürlich bei Walther, er hat mir seinen Wohnungsschlüssel gegeben. Walthers sind verreist.» Ich treffe in Berlin N. A. Pozzo: «Kommst du mit? Zu mir? Eigentlich zu Walthers, ich wohne dort.» Ich gehe mit. Walther ist nicht zu sehen. Plötzlich ein leises Anklopfen: «Darf ich?» Walther steckt den Kopf durch die Tür. «Kann ich mich einen Moment dazusetzen?»

In eindrucksvoller Weise zeigte sich bei Walther das freie Philosophieren im Sprengen der Fesseln, in denen der intellektuelle Gedanke liegt; die Denkerfahrung Walthers verwandelte sich in das Mysterium des Einweihungsweges und führte ihn an jene Grenze, wo die «Prüfung des Denkens» – ein Akt der Einweihung ist. Sowohl 1912 als auch 1923 erinnerte er mich an die verschiedenen Stadien einer Figur, die uns, den Anthroposophen, bekannt sein muss: an den Professor Capesius aus den Mysteriendramen Steiners; beim Anblick Walthers, der mitten im überfüllten Saal sein «häusliches» Leben, das Denk-Leben fortsetzte, dachte ich: «Jetzt sieht er, der Professor Capesius, durch das Denken hindurch»:

Der Engel flog über den nächtlichen Himmel
Und sang ein stilles Lied.

Professor Capesius ist ein Professor, Kurt Walther war kein Professor, kein Doktor, sondern ein bescheidener Postbeamter, aber er wog ein Dutzend Professoren samt ihren Büchern und Vorlesungen auf, denn er dachte, er machte sich eigene Gedanken über ein Problem, von Anfang bis zu Ende, und orientierte sich erst dann in der Literatur, bei den Klassikern darüber, was dieser oder jener zu dem ihn beschäftigenden Problem gesagt hat.

Die Leser der Mysteriendramen Steiners sehen Professor Capesius vor dem Altar des Hierophanten im Sonnentempel; ich sehe Kurt Walther vor dem Altar eines unsichtbaren Tempels, denn er ist ein intimer Schüler Steiners.

14

Spricht man von den Berlinern, so muss auch der Mensch erwähnt werden, der eigentlich weder nach Berlin, nach Stuttgart, nicht einmal nach Dornach gehörte, der aber lange mit Steiner in Berlin gelebt und gearbeitet hat: seine treue Schülerin, seine langjährige Sekretärin, seine Freundin, seine Beschützerin und später seine Frau,* Frau Dr. Steiner, geborene von Sivers, für die Russen «Marija Jakowlewna».

Sie ist mit keinem geographischen Zentrum verbunden, denn sie ist selbst ein Zentrum, ein großes Zentrum.

In der «Größe» dieses schwer überschaubaren Zentrums, das zuweilen nicht nur Mittelpunkt, sondern Mittelpunkt und Peripherie zugleich ist – das bedeutet fünfundneunzig über die ganze Welt verteilte Zweige, einschließlich Kairo und Australien –, liegen auch seine Probleme. Vor Jahren beschrieb ich in «Erste Begegnung», wie wir, noch ganz grüne Jungen, auf dem Arbat herumliefen, um uns zu unterhalten

Über Brahma,
Über die Ewigkeit, die große Dame, –

und plötzlich vom Arbat in die Ewigkeit starteten: Marija Jakowlewna erschien manchmal als Große Dame, das heißt, eine Dame mit einer riesigen Aura, einer Art Sonnenscheibe, so dass die Menschen mit zusammengekniffenen Augen herumliefen, mit den Händen fuchtelnd, und stöhnten: «Was haben Sie?» – «Oh, Oh! Marija Jakowlewna!» Ich kannte diese «Oh's». Sie blendete, sie versengte einen mit einer Sonnenatmosphäre von vielen tausend Grad, ohne dass die Umherstehenden es merkten. Und so blieb die «Große Dame» das Schwert, das von Anfang an in zwei Parteien trennte: die, welche Marija Jakowlewna nie im Strahlenglanz, verklärt, in ihrer Aura gesehen, und die anderen, die sie so gesehen hatten oder von der Pfauenfeder ihrer sonnenhaften Ausstrahlung berührt worden waren, wenn sie, einen Rosen- oder Maiglöckchenstrauß in der Hand, mit leuchtend blauen Augen und leuchtend goldenem Haar vorüberging und huldvoll lächelte, ein Lächeln, das manchmal wie die Sonne selbst war. So war sie für die

* Der Doktor ließ sich offiziell mit ihr trauen, um sie und sich vor ungehörigem Gerede zu bewahren.

«Sehenden». Die «Nichtsehenden» jedoch sahen zuweilen ganz andere Seiten an Marija Jakowlewna: «Eine trockene, pedantische, ungerechte Deutsche!» Das sagten Russen. Die Deutschen sagten etwas anderes: «Eine trockene, pedantische, ungerechte Russin!»

Der Streit zwischen diesen «Parteien» hielt jahrelang an!

Der Doktor liebte sie vorbehaltlos. Und sie liebte ihn, den wir alle mit höchster Hingabe liebten, mehr als wir alle: als ihren «inneren» Lehrer, als eine außerordentliche Welterscheinung; diese weißglühende Liebe wurde manchmal zu sengendem Eis, sobald sie vermutete, diese Erscheinung werde nicht in der rechten Weise gewürdigt. «So ist es, sie überbrühen den Doktor mit ihrer Liebe, um ihn dann im Stich zu lassen!», pflegte sie zu sagen, wenn sie unsere vor Begeisterung funkelnden Augen sah: Sie hat in ihrem Leben vieles gesehen.

Rudolf Steiner schreibt in seinem Buch «Wie erlangt man Erkenntnisse der höheren Welten?», dass die dort vorgeschlagenen instruktiven «Wegzeichen» als «Wegzeichen» für einen normalen, durchschnittlichen Menschen taugen könnten, dass es selbstverständlich auch andere Wege gebe, die als seltene Ausnahmen jedoch unerwähnt bleiben sollten. Manchmal denke ich, Marija Jakowlewna war eine solche Ausnahme, die sich überhaupt nicht erfassen ließ, nicht einmal vom anthroposophischen Standpunkt aus – in ihren strahlenden Vorzügen ebenso wenig wie in ihren scharf konturierten Mängeln.

An dieser Stelle setze ich einen Punkt. Was ich hier gebe, ist keine Charakteristik, sondern der Verzicht darauf oder ein Übergang zu anderen Charakteristiken, die mir eher möglich sind.

15

Ohne auf weitere bemerkenswerte Mitglieder des Berliner Zweiges einzugehen – vornehme Menschen, aktive Schüler und Schülerinnen, wie Gräfin Moltke, oder verschiedene Redner, wie Beckh, Professor an der Berliner Universität, oder der damals in Berlin wohnende Walter Kühne, ein Norddeutscher, der sich besonders für das Slawentum interessierte, oder Meyer, einer der «inneren» Schüler Steiners, von 1921 bis 1923 in Berlin –, möchte ich nur erwähnen, dass eine Reihe tief in die Anthroposophie Rudolf Steiners eingedrungener Schüler, auf verschiedene Städte Deutschlands verteilt, in den dortigen Zweigen arbeiteten und nur sporadisch zu Vorträgen oder Diskussionen in den Zentren erschienen, um bald wieder für längere Zeit zu verschwinden; über viele von ihnen kann ich überhaupt nichts Genaues sagen, außer: Frau van Dray, beispielsweise, machte auf mich einen angenehmen Eindruck, dagegen die Vorsitzende des Leipziger Zweiges, eine Schriftstellerin, Frau Wolfram, die ein Buch über Paracelsus geschrieben hat, einen äußerst unangenehmen, weil sie eine penetrante Mischung von literarischer «Sezession» und mystischer «Kommunion» über einem Abgrund von Bosheit verkörperte.

Aber wie kann ich, wenn man über Bauer, Stinde, Unger spricht, des Doktors alte Schülerin Mathilde Scholl übergehen?

Die Leiterin des Kölner Zweiges, eine sympathische blasse Dame, ich habe ihren Namen vergessen, ich glaube, sie hieß Diener, befolgte in allem die Worte Scholls; Mathilde Scholl war die eigentliche Wurzel des Kölner Zweiges – ebenfalls eines Zentrums; aber charakteristischerweise übernahm sie nicht den Vorsitz; ihrem Stil entsprach es, trotz stärkster Verwurzelung in dem Menschenkreis, der sich um Steiner scharte, jeder öffentlichen Aufgabe aus dem Wege zu gehen; es passte nicht zu ihr, eine Sitzung zu leiten und zu tagen; ich sehe sie als bedeutende Intelligenz, als Individualistin, die es offen ablehnt, Opfer zu bringen, die sich mitnichten vor den schweren Karren der Gesellschaft spannen lässt – wie Unger –, sondern mit einem gewissen Recht dem Getümmel den Rücken kehrt. Man hat mir erzählt, dass sie sich einmal Folgendes geleistet hat (ich gebe wieder, was ich hörte, und bürge nicht für die Wahrheit): Mathilde Scholl sollte einen Zweig aufsuchen, wo eine leitende Hand fehlte, aber die Arbeit weitergeführt werden musste; es gab dort niemand, der sich verantwortlich fühlte; Scholl wurde dorthin abkommandiert, aber zum größten Kummer Steiners und der Menschen, die ihr diese wichtige öffentliche Arbeit anvertraut hatten, lief sie davon.

Ich weiß nicht, was davon Wahrheit ist und was Dichtung; nehmen wir an, es sei Dichtung; auch dann würde diese Anekdote ganz deutlich eine Seite von Mathilde Scholl spiegeln: Anarchie, Hartnäckigkeit, eine gewisse Dickköpfigkeit, die zuweilen wie Faulheit wirkte; natürlich entstanden diese Züge als Folge tiefen Nachdenkens über größere Zusammenhänge, ebenso ihre Zerstreutheit; ihr eigenstes Gebiet war die Mathematik; vor «Urzeiten» hatte Rudolf Steiner persönlich sie in höherer Mathematik unterrichtet, der sie sich völlig ergeben hat; das ist der Schlüssel zu ihrem Wesen. In meiner Kindheit habe ich viele Mathematiker gekannt, angefangen mit meinem Vater; allen Mathematikern haftet etwas an, was sie von den Menschen isoliert; ich rieche einen Mathematiker eine Werst gegen den Wind.

Bei der ersten Begegnung mit Scholl glaubte ich, sie schon einmal gesehen zu haben: Etwas längst Vertrautes, längst Bekanntes wehte mir entgegen, und als ich hörte, dass Mathematik ihre «Schwäche» sei, wurde mir alles klar: Zerstreutheit, unbeirrbare Selbständigkeit, Weltabgewandtheit und etwas, was leicht als Faulheit angesehen werden kann; aber es ist keine Faulheit, sondern eine spezifische Art innerer Anschauung, eine Versunkenheit, der sie sich nicht einmal mit Gewalt für eine äußere Aufgabe entreißen konnte. Einmal habe ich einen Vortrag von Mathilde Scholl gehört, in dem sie die wechselseitigen Beziehungen der drei Dimensionen untersuchte, einen sehr schwierigen Vortrag, formal etwas roh und öde, aber steil aufragend; was darin für mich aufleuchtete, riss mich mit, wie ein Strudel, aber dieser Strudel war aus pädagogischer Absicht mit populär-anthroposophischem Vokabular getarnt; Mathilde Scholl traute ihren Zuhörern nichts zu und verpackte die dargereichten Pillen in allzu grelle Bonbonpapierchen, wie für kleine Kinder. Sie hatte recht: Das durchschnittliche Niveau der Anthroposophischen Gesellschaft ist nicht hoch; es scheint mir, dass Mathilde Scholl dies nur allzu gut registrierte und sich von der Arbeit zurückzog; sie war in Köln das innere «Alles», zog es aber vor, die Leitung nicht zu übernehmen, sondern seelenruhig hinter der blassen, zuverlässigen, sehr bescheidenen Zweigleiterin zu sitzen (ich glaube, Diener).

Der Eindruck von Scholl: Sie sitzt, sie sitzt sehr gewichtig; und wahrscheinlich in zwei Sesseln – an jedem ist je eine Seitenlehne entfernt worden, damit sie eine durchgehende Sitzgelegenheit bilden: den Scholl-Sessel – in einem gewöhnlichen Sessel wäre sie stecken geblieben; und wenn die riesige Scholl sich durch die Menge bewegte, konnte man sie von überall her sehen, denn sie überragte alle wenigstens um einen Kopf; sie bewegte sich langsam und wurde immer gestützt, aber auch dann hatte man den Eindruck, sie säße in zwei Sesseln und würde von Miss Ricardo und Miss Harris getragen.

Sie wich gesellschaftlichen Opfern aus, aber sie brachte individuelle Opfer, indem sie ihre Aufmerksamkeit auf jemand konzentrierte, sich mit jemand befreundete und ihm ihre Zeit, ihre Erfahrung, ihr Wissen schenkte; zu meiner Zeit lebte sie zusammen und war befreundet mit zwei interessanten Amerikanerinnen, die im Kreise des Doktors an dem «Kurs des Lebens» teilnahmen und von Mathilde Scholl wahrscheinlich «erzogen» wurden, Miss Ricardo und Miss Harris; vielleicht bereitete sie künftige Zweigleiter für Amerika vor. Eine Zeitlang bestellte Fräulein Mathilde Scholl uns (A. A. Turgenjewa, N. A. Pozzo und mich) täglich zu sich und entrollte vor uns die interessantesten Perspektiven, als Einführung in die Anthroposophie, ohne sich um irgendwelche «Einführungskurse» zu kümmern: Hierarchien, Farbenlehre, alles sehr unvermittelt, sehr unpopulär und glanzvoll; es war genau das richtige für uns. Das alles lief unter dem Motto: deutsche Nachhilfestunde; von Deutsch war dabei überhaupt keine Rede, es war reinste, farbigste Anthroposophie aus dem Munde einer sehr farbigen, berufenen Schülerin der Anthroposophie.

Uns gegenüber gab sich Mathilde Scholl ausgesprochen liebenswürdig, mehr noch: selbstlos; aber auch das war ein besonderer Fall.

Ich möchte nicht sagen, dass Scholl nicht eine gewichtige Rolle spielte; aber sie wirkte nicht bis in die Peripherie, sondern blieb an der Wurzel der Bewegung, wo sie die vernünftigsten Ratschläge geben und die verantwortlichsten Entscheidungen treffen konnte; nach außen hin jedoch gab sie sich reserviert; und ich kann sie gut verstehen: Ich könnte ebenso wenig mit anderen in einem Topf rühren; dazu musste man Unger sein, das heißt ein Mensch, der sich darauf versteht, Knochen auszukochen, oder Stinde, das heißt ein geborener frühchristlicher Bischof; aber Scholl war keines von beiden; sie erinnerte mich am ehesten an Hypatia, wie sie im Separäum sitzt und Geometrie im Sinne des Neoplatonismus lehrt.

Riesengroß, mehr als korpulent, auf einer gigantischen Basis, einem überdimensionalen Fundament sozusagen, rosig, blond, mit kleinen zusammengekniffenen, leicht ironischen Augen hinter einem goldgeränderten Pincenez, aber mit liebenswürdigem und gutherzigem Lächeln, saß sie meistens; wenn sie stand, beugte sie sich vor, musste sich immer vorbeugen, denn alle waren kleiner als sie; überall, wo eine entscheidende Stunde der Anthroposophischen Gesellschaft schlug, sehe ich ihren glattfrisierten

Kopf, Mittelscheitel und schlichter Nackenknoten, und ihre Seidenbluse von einem reinen Violett oder Blau; sie ließ sich durch nichts verwirren; immer ausgeglichen, liebenswürdig, blühend, zerstreut; und wahrscheinlich ständig in die Betrachtung eines schwindelerregenden Kreisens begriffen, vielleicht eines Ikosaeders um drei Achsen.

Miss Harris und Miss Ricardo liebten sie über alles, und ich kenne keinen Menschen, der je etwas Schlechtes über sie gesagt hätte. Sie wurde von allen geachtet, ihre Intelligenz und ihre Erfahrungen wurden allgemein anerkannt; und alle wussten: Scholl ist eine der intimsten Schülerinnen.

Und doch war es unverkennbar: Sie verfügte über eine beträchtliche exoterische Intelligenz; ich weiß nicht, ob es an einer bestimmten *tenue* lag, an ihrer Art, sich zu geben, oder ob ihr Verstand tatsächlich stärker war als eine «esoterische Vernunft». Sie wirkte eben wie eine gelehrte Frau, und man ahnte in ihr eine Sofja Kowalewskaja, die nicht zur Entfaltung gekommen war; hätte sie ihr ganzes Leben der Mathematik gewidmet, wäre ihr Name sicherlich in die Geschichte der Mathematik eingegangen.

Scholl – das war meine erste Begegnung mit Anthroposophen; an dem Tag, als ich zu Steiner nach Köln kam, lernte ich Mathilde Scholl kennen; sie war der «Bote des Friedens»: Ich wusste nicht, ob Steiner mich empfangen würde – er hatte furchtbar viel zu tun –, aber nach dem öffentlichen Vortrag, im bereits leeren Saal, schwebte Mathilde Scholl auf mich zu, ließ sich auf einen Stuhl neben mir nieder, wandte mir das rosige, ruhige, liebenswürdig lächelnde Gesicht zu und sagte: «Der Doktor erwartet Sie: morgen!»

Später, als ich über Goethe arbeitete und erfuhr, dass auch sie sich mit Goethes naturwissenschaftlichen Schriften und den Kommentaren Steiners beschäftigt hatte, wandte ich mich mit verschiedenen Fragen an sie: Es ging mir um das Verständnis und vor allem um die Folgerungen gewisser methodischer Besonderheiten. Sie überraschte mich durch genaue Kenntnis der Texte, Fußnoten, Kommentare und Zitate, aber gleichzeitig ging sie auf meine persönlichen Fragen nicht ein; sie hatte sich offenbar vor längerer Zeit intensiv damit beschäftigt, aber inzwischen die Beziehung zu diesem Arbeitsgebiet Steiners verloren; ich fand bei ihr Belesenheit, aber keine Hilfe; eigentlich war es zu verstehen: Ich hatte mich zu sehr spezialisiert, Goethe war für mich die Waffe, mit der ich zum Angriff gegen verschiedene Stellungen des modernen Bewusstseins überging.

Bald nach diesem Gespräch erschien Scholl bei mir mit der Bitte, ihr einen Band Goethe, in der Kürschnerschen Ausgabe, zu leihen, da sie in Dornach die naturwissenschaftlichen Schriften nicht zur Hand habe: Da merkte ich, dass ich eine Saite in ihr berührt hatte, vielleicht die Erinnerung an ihre jahrelange Beschäftigung mit den gleichen Fragen und den Wunsch, für sich selbst weiterzuarbeiten. In ihr regte sich plötzlich der Forscherdrang; ich bin überzeugt: Wäre die Dissertation über die Goethe-Arbeiten Steiners nicht von Stein, sondern von Scholl geschrieben worden, würde die Welt um eine wissenschaftliche Leistung reicher sein.

Aber Scholl schrieb – wie die meisten Urschüler Steiners – erstaunlich wenig; um so mehr dachte sie; hätten die neuen anthroposophischen «Doktoren» weniger geschrieben, aber mehr nachgedacht und ihre Gedanken destilliert, wie Scholl, Unger, Walther, Bauer, Peipers es taten, und hätten die letzteren mehr geschrieben und die allzu strengen Forderungen an sich selbst gemildert, dann wäre das spezifische Gewicht der anthroposophischen Literatur größer; ich bin überzeugt, dass Scholl, Bauer, Walther und Unger bei den Vorbereitungsarbeiten im Laboratorium eines neuen Denkens mehr geleistet haben als die leicht redenden und leicht schreibenden, häufig sogar begabten und entschlossenen «Stein und Genossen», und dass wir dann nicht eine Schriftenreihe von «Ausblicken» auf das Neue in Mathematik, Physik, Chemie und Geschichte hätten, sondern möglicherweise «Grundsteine» für eine neue Mathematik, Physik und Chemie.

Natürlich hätten wir dann auch eine neue Weltgeschichte.

16

Ich konnte hier mit kargen Worten nur eine kleine Gruppe von Deutschen aus der Zeit zwischen 1912 und 1916 erwähnen; natürlich gab es in Deutschland noch viele andere innere Schüler Steiners, sowohl vorher als auch nachher; ich sehe mich auch außerstande, hier Persönlichkeiten zu schildern, die zu anderen Zentren gehörten, etwa die Schweden: Baron Walleen, oder die kluge, gebildete und interessante Frau Geelmuyden, Zweigleiterin in Oslo, oder die hochherzige Gräfin Hamilton; ich erinnere mich an den herzlichen Harry Collison, der sich in England von Anfang an mit Begeisterung für das Werk Steiners einsetzte; ich erinnere mich an viele aus der ersten Reihe der anthroposophischen Bewegung, die ich mehr oder weniger gut gekannt habe. Sie alle waren ausgeprägte, originelle, starke Persönlichkeiten. Jedes Mal, wenn ich den Vorwurf hörte, Steiner habe keine profilierten Schüler, musste ich lächeln, denn nirgendwo habe ich eine vergleichbare innere Originalität und Vielfalt erlebt: Die «Esoteriker» meiner Zeit waren Repräsentanten der mannigfaltigsten Berufe, Klassen, Neigungen; ein Mystikerphilosoph (Bauer), eine ausübende Künstlerin (Stinde), ein Naturwissenschaftler (Dr. Peipers), ein Dichter (Morgenstern), eine Mathematikerin (Scholl), ein freier Denker (Walther), ein Systematiker (Unger), eine Theosophin (Völker) und ein Theologe (Rittelmeyer) – wo findet man eine vergleichbare Konstellation, Menschen, die, aus verschiedenen Kultursektoren kommend, mit Erfolg die Praxis der Selbsterkenntnis übten? Darin vereinten sie sich, und die Gesamtkomposition, das Kollektiv, das Ganze spiegelte den Geist Rudolf Steiners; jeder, der zu diesem Kollegium gehörte, trug ein schwer zu definierendes Zeichen, das sich kaum in Worte fassen lässt: «Der Wind bläst, wo er will und du hörest sein Sausen wohl, aber du weißt nicht, von wannen er kommt und wohin er fährt.» Nur so lässt sich die äußere Wirkung eines «Esoterikers» charakterisieren; und das Ungreifbare, das was «kommt» und «fährt», was nicht in Worte zu fassen, nicht mit Händen zu greifen und am allerwenigsten durch «Verdienste» zu messen ist – das ist der «konkrete Geist».

Die Herztöne dieses Geistes vernahmen wir in der Nähe Steiners; aber es war nicht Steiner allein; es war Steiner mit seinen Schülern, und manchmal waren es die Schüler Steiners. Jeder von ihnen hatte wiederum seine eigenen «sichtbaren» oder «unsichtbaren» Schüler. Es waren jene, deren Seelen man hüllenlos erleben durfte in den Augenblicken, in denen man über sich selbst hinauswuchs; ich muss sagen, dass ich den Kreis dieser Seelen, als dessen Teil ich mich in meinen besten Momenten empfand, als einen Schutzwall um einen zu errichtenden unsichtbaren Tempel erlebte, keineswegs als eine «Gesellschaft», da alles von mir Beschriebene jenseits von Statuten, Paragraphen, jenseits der Mehrheitsbeschlüsse, jenseits des festgelegten Alltags lag. Es war wirksam, tröstete, spendete Mut und verjüngte außerhalb des Rahmens der Gesellschaft, wo jeder Dummkopf nicht weniger galt als Michael Bauer, und wo Bauer, wenn man sich einmal festgefahren hatte, auf den Beschluss der «Anthroposophischen Gesellschaft» keinerlei Einfluss hatte.

Dieser Kreis von Seelen, von dem ich spreche, der eigentliche «Leiter» des anthroposophischen Impulses, trat nirgends in Erscheinung; man suche nicht in den Annalen der Bewegung nach einer Bestätigung für meine Worte: Die Annalen enthalten nur platte Tatsachen, Beschlüsse, Resolutionen. Nichts «Esoterisches».

17

Je größer die Anthroposophische Gesellschaft wurde, je stärker sie sich in der Außenwelt engagierte, desto weniger wurde das Medium der Gesellschaft von den darin aufgehobenen außerordentlichen, esoterisch bedeutenden Persönlichkeiten bestimmt, bis es nach und nach das Purpurrot des zum Licht verklärten Blutes einbüßte, zum Rosarot verblasste, ein dünner, wässriger Saft, bedeckt mit einem Schaum von Büchern, Tagungen und Menschen, die nach den gängigen Maßstäben als begabt angesehen werden mussten, aber immer mehr jenes inneren Stiles entbehrten, den ich in der Anthroposophischen Gesellschaft angetroffen hatte und der vermutlich vor meiner Zeit noch spürbarer war, solange die Anthroposophische Gesellschaft nur einige Hundert Mitglieder zählte, Mitglieder, die von der Aura der inneren Schüler durchdrungen waren, sie von selbst anerkannten, sie von selbst als die «Älteren» respektierten und ihnen als Älteren jede Möglichkeit zum Wirken in der Gesellschaft einräumten.

Ein «Esoteriker», durch Abstimmung von «Nichtesoterikern» gewählt, kann ohne weiteres an der Spitze einer sozialen Einrichtung stehen; aber sein Einfluss kann sich nicht auf die freie Entfaltung der sozialen Neigungen des Einzelnen erstrecken. Und als der Durchschnitt mit anormaler Geschwindigkeit zunahm, sich ausbreitete und die Tiefe überlagerte, wurden die Augen des Durchschnitts blind – für alle Erscheinungen, in denen der «lebendige Odem» spürbar war. Da zogen sich die «Esoteriker» still und ohne Aufhebens zurück: Bauer, der sich am Ammersee niederließ, und Peipers, der aus dem Horizont der Gesellschaft verschwand, und Unger, der «demissioniert» wurde, und Rittelmeyer, der seine «Aufgabe» außerhalb der

Anthroposophischen Gesellschaft fand, und Stinde, die starb, und ... ich könnte unzählige «und» hinzufügen, die ich bereits 1916 heraufkommen sah. Angesichts einer Flut von Vorträgen, Büchern, Editionen, angesichts florierender Betriebe, konnte ich dieses «Und ... und ... und» nicht übersehen und klagte mein Leid einem alten Schüler Steiners, A. V. S. Er antwortete: «Kürzlich habe ich den Doktor gefragt: Wo wird das Esoterische bleiben? Und wissen Sie, was der Doktor mir antwortete? Er trat auf mich zu, sah mich schweigend an, zuckte mit den Schultern und sagte traurig: ‹Sagen Sie mir zuerst: Wo ist das Esoterische?› Das war seine Antwort.»

Es gab «Esoteriker»; aber von einem bestimmten Moment an blieben sie unsichtbar; es gehört zum Wesen des Esoterikers, unsichtbar zu sein, wenn das Offenbaren seines «Stils», seines «Zeichens», zur Versuchung, zum störenden Faktor zu werden droht, zum Hindernis für die breit angelegte öffentliche Arbeit des Apparats der Anthroposophischen Gesellschaft.

«Esoterik» und «Gesellschaft» – das ist eine Contradictio in adjecto: aber das esoterische Element kann eine Gesellschaft beflügeln, wenn die Gesellschaft Augen hat, um «Flügel» wahrzunehmen; für das Verlagsgeschäft allerdings ist es nicht geeignet.

18

Der Zustand, in dem ich die Gesellschaft im Jahre 1912 antraf, hatte mit einer Gesellschaft wenig gemein: Es war ein prähistorischer, ein patriarchalischer Zustand, der keine Aristokratie, keine Bourgeoisie, keine Demokratie kannte; was uns anzog, war klassenlos; was uns anzog, war das Innere der Lehre Steiners; was uns anzog, waren seine «inneren» Schüler; natürlich gab es auch eine Organisation, aber sie war kaum zu spüren, ihr Stil wurde durch keine Statuten reglementiert; lange vor dem Bruch mit der Theosophischen Gesellschaft war bezeichnenderweise nicht die geringste Ähnlichkeit mit der Theosophischen Gesellschaft in der inneren «Assoziation» um Steiner zu entdecken, die sich aus seinen Schülern und den Schülern der Schüler zusammensetzte, Menschen, die Ohren und Augen für einen inneren Rhythmus hatten und entsprechende Chladnische Figuren bildeten, und schon damals gab es die «Masse», die auf diesen Rhythmus nicht reagierte, da sie ihn nicht vernahm; und diese Masse setzte sich am Rumpf des Schiffes an, auf dem Steiner, seine Schüler und jene, die «Ohren hatten», sich befanden und damals noch keine Notiz von ihr nahmen.

Dasselbe gilt für die «theosophischen» Leistungen Steiners, etwa für seine Angelologie auf der Grundlage des Dionysius Areopagites: Was kann eine Interpretation historischer Probleme der auf den Apostel Paulus zurückgehenden Schule von Athen mit den Traktaten von Leadbeater, Mead, des Brahmanen Chandra Sen oder ähnlicher «Mitglieder» gemein haben?

Es gab keine Gesellschaft, es wirkte vielmehr die in ihr aufgehobene Florentinische Akademie, die ihre Mitglieder aus der Theosophischen Gesellschaft hinausführte.

Ich wiederhole: Die Statuten der Anthroposophischen Gesellschaft bildeten sich aus der Notwendigkeit, dem Wirken einer ihrem Wesen nach «unstrukturierten» Akademie, einer freien Vereinigung, eine äußere Form zu geben. Das ganze Jahr 1913 segelten wir mit einem «approximativen» Statut, solange, bis sich beim Manövrieren eine gewisse Schwerfälligkeit bemerkbar machte; der Rumpf wurde untersucht: Mollusken, Seetang hatten sich als gestaltlose Masse an ihm festgesetzt, sie musste beseitigt oder geformt werden.

Meiner Meinung nach war der erste Schritt zur «Gesellschaft» in ihrem irdisch-unzulänglichen Aspekt nicht die theoretische Ausarbeitung der Statuten, sondern die praktische Konsequenz, die sich aus der Frage ergab: Wie bewältigt man die unvermeidliche Vermassung?

Was setzte sich alles an und wie kam es dazu?

In erster Linie war es das zufällige Publikum, das unaufhaltsam sämtliche formalen Schutzwälle überrannte; was sollte man auch mit einem Menschen machen, der von Steiner erschüttert und zu allem bereit war, was man von ihm verlangte: «Sie müssen die einschlägige Literatur kennenlernen!» Er las und lernte sie auswendig. Er war in der Lage, die verschiedensten Angaben ohne Stocken zu rekapitulieren. «Sie müssen einen Einführungskurs mitmachen!» Er ging hin und machte den Einführungskurs mit, bereit, jeden Paragraphen des Statuts zu akzeptieren und gegen die Sünden dieser Welt Sturm zu laufen. Achtzig Prozent solcher Neuankömmlinge hatten außerdem ein persönliches Motiv, eine familiäre Tragödie, eine Enttäuschung oder – in der Mehrzahl der Fälle – ein unbezwingbares Verlangen nach «innerer» Arbeit. Kurz, wie oft ich mir auch den Kopf zerbrach, um sichere Kriterien für die Auswahl der Mitglieder zu finden, konnte ich doch kein Mittel ausfindig machen, um Steiner vor dem Eindringen ihm fremder Menschen zu bewahren. Sein Standpunkt war: «Ich spreche in der Welt und für die Welt; für mich gibt es keinen Unterschied zwischen einem Professor, einem Arbeiter und einer Köchin, denn es ist möglich, dass die Köchin auf dem Schulungsweg schnellere Fortschritte macht als der Professor.» Dieses an sich richtige Apriori erwies sich bei seiner Realisierung als verhängnisvoll, und Steiner war einer ganzen Flut zufällig heranströmender Menschen ausgeliefert; diese Flut trat zunächst nicht als Flut in Erscheinung, sondern als tropfenweises Einsickern von Einzelgängern in Dutzenden von Zweigen in verschiedenen Ländern; plötzlich kamen sie alle bei einer Generalversammlung zusammen und bildeten eine vielköpfige stimmberechtigte Menge, die einen Steiner feindlichen Ton in der Anthroposophischen Bewegung durchsetzte.

Eine Zeitlang blieb die Organisation unbehindert und frei, mit gewählten Vertretern, Gruppen, beratenden Arbeitskreisen, bei einem Minimum an «Staatlichkeit». Die «Staatlichkeit» sollte Steiner die Wege zur Verwirklichung seines Kulturanliegens bahnen, das im Vergleich mit anderen Erscheinungen des landläufigen öffentlichen Lebens eher anarchisch zu nennen war (1912 bis 1914 gestaltete sich die Organisation innerhalb der Anthroposophischen Gesellschaft als eine Art Mimikry; das Lebensproblem der Gesellschaft war der Bau des Goetheanum, eine Verwirklichung ihres Kulturimpulses mit fast «anarchischen» Mitteln).

Eine Antwort auf die zunehmende «Staatlichkeit» innerhalb des Verbandes seiner Schüler war Steiners soziale Utopie der Überwindung des Staates von innen her; ich nenne seine Idee eine Utopie, nicht weil ich sie für wirklichkeitsfremd halte, sondern im Sinne eines skizzenhaften Entwurfs, einer Aufforderung, die Prinzipien eines neuen sozialen Lebens zu konkretisieren.

Aber das brachte keine Lösung für die Probleme der wachsenden Gesellschaft und der ihr angeschlossenen Institutionen, zumal es für sie eine ausgesprochen erfolgreiche Zeit gegeben hat. Wie diese zuversichtliche Stimmung damals entstanden war? Nicht nur durch die rasche Verbreitung der Ideen Steiners – sie verbreiteten sich unter einem zufälligen und bunten Publikum –, sondern durch das Auftauchen von im konventionellen Sinne «begabten» Gesellschaftsfunktionären und Arbeitstieren, welche die vor den unzumutbaren Belastungen der «Parteilichkeit» und «Politiker» flüchtenden Esoteriker ablösten und reibungslos funktionierende, nach alten Mustern funktionierende Apparate, Kanzleien, Redaktionen und so weiter in Gang setzten.

Und es ist nur folgerichtig, dass der «begabte» Demokrat, der die «unbegabte» innere Linie zurückdrängte, der unausbleiblichen Sklerose zum Ausbruch verhalf, jener Sklerose, gegen die Steiner am 10. Dezember 1922 in Dornach und Ende Februar 1923 in Stuttgart wetterte.

Zwischen diesen beiden Zornesausbrüchen brannte das Goetheanum nieder: das Kulturanliegen der Anthroposophie.

19

Alles, was ich über die Anthroposophische Gesellschaft als Gesellschaft im Zusammenhang mit dem sozialen Problem und dem Symbolismus geschrieben habe, ist eine feste Überzeugung, die sich – und das ist wichtig – im Laufe mehrerer Jahre gebildet hat; vier Jahre Beobachtungen aus dem Leben des Berliner, des Münchener und des Dornacher Zweiges, wiederholte Besuche der anderen Zentren und die fünfjährige Erfahrung des Lebens in der Moskauer Gruppe, 1916–1921, lieferten ausreichendes Material; ich hatte genügend Zeit, um über verschiedene Krankheiten der Gesellschaft nachzudenken; das ist besser, als zu allem und jedem Ja und Amen zu sagen, aber später den anthroposophischen Impuls aufzugeben.

Es ist sehr bedauerlich, dass oft gerade die begabtesten, wertvollsten Menschen sich aus der Anthroposophischen Gesellschaft zurückziehen und verschwinden; aber ebenso bedauerlich sind die spezifischen Krankheiten, die ich innerhalb der Anthroposophischen Gesellschaft beobachten konnte.

Bei einem komplizierten chemischen Prozess entstehen zwischen dem Ausgangs- und Endprodukt eine Reihe schnell zerfallender Zwischenprodukte, von denen manche in höchstem Grade giftig sind (ein solches giftiges Zwischenprodukt ist zum Beispiel das Kohlenoxyd). Wenn wir von Prüfungen durch Luft, Wasser und Feuer lesen, so glauben wir, diese Prüfungen vollzögen sich irgendwo, in einer Torricellischen Leere, nicht aber im alltäglichen Leben. Deshalb erkennen wir weder den Zeitpunkt einer solchen Prüfung noch ihr Wesen. Innerhalb der Anthroposophischen Gesellschaft werden solche Prüfungen vor allem dem Esoteriker zuteil; diese Prüfungen sind schwer: das Versagen, die Art des Versagens, drückt sich augenblicklich in einer katastrophalen Verfremdung der Biographie aus, unter Umständen sogar als eine Zerstörung von Schicksalen.

Ich muss sagen, dass in der Zeit einer solchen Prüfung die Frage der inneren Haltung gegenüber der Gesellschaft durchaus nicht so leicht zu lösen ist, wie es den Anschein haben könnte; gerade an diesem Punkt bilden sich im Bewusstsein Zwischenprodukte ähnlich dem Kohlenoxyd, die das Bewusstsein der Besten, der Prüfung Würdigen, vergiften. Jeder weiß, dass die Kohlenoxydvergiftung ein schleichender, unmerklicher Prozess ist; und jeder weiß, dass die Wirkung des Kohlenoxyds durch Salmiakgeist neutralisiert wird. Aber man stellt sich auf eine Prüfung ein, die sich durch «Blitz und Donner» anmeldet; während die Prüfung in der Möglichkeit einer Vergiftung durch unsichtbares, geruchloses, unwahrnehmbares Gift besteht; ebenso wenig kann das Gegenmittel, der rettende Salmiakgeist, durch Heruntermurmeln von Meditationen ersetzt werden.

Deshalb findet sich unter den Besten, den ersten Schülern, die bedeutende Fortschritte auf dem ersten Abschnitt des «Weges» gemacht haben, ein beträchtlicher Prozentsatz, für den die Prüfung mit einer Selbstvergiftung endete; und es ist nur zu verständlich, dass sie ihre Kohlenoxydvergiftung als Versagen der Anthroposophie oder Steiners interpretierten.

20

Ich verließ Dornach im Jahre 1916.

Bald nach meiner Abreise begann die Zahl der Mitglieder der Anthroposophischen Gesellschaft rapide zuzunehmen, und sie trat in jenes Stadium ein, in dem das Interesse für Kunst- und Sozialwissenschaften kultiviert wurde, die okkulte Praxis nach und nach atrophierte und der Apparat immer größer wurde.

Von den Mitgliedern des nach Steiners Weisung eingesetzten neuen Vorstandes kannte ich Fräulein Vreede, eine der ständigen Mitreisenden bei unseren Reisen mit Steiner, später eine eingesessene Dornacherin. Zierlich, schlank, blass, zerstreut, sehr intelligent (Astronomin und Mathematikerin), hat sie nie meine Aufmerksamkeit erregt. Sie kam mir gebildet, gescheit, aber langweilig vor.

Ein anderes Vorstandsmitglied, Miss Maryon, ein hoch aufgeschossenes, stilles und sanftes Mädchen, das nur aus Haut und Knochen zu bestehen schien und bald darauf starb, war eine unserer ersten Dornacher Bekannten; für mich war sie «nicht von dieser Welt», und ich wunderte mich, dass sie im Vorstand war.

Ita Wegman lebte zu unserer Zeit ständig in Dornach; die Tatsache, dass ich ihren Namen nicht kannte, charakterisiert ihre damalige Rolle in Dornach; es gab eine Menge netter, stiller, vom Sehen bekannter Anthroposophinnen – einige grüßte ich, mit einigen wechselte ich gelegentlich ein paar Worte, mit anderen unterhielten wir uns –, die, abseits vom Kern der Dornacher Arbeitsgruppe, unauffällig und unbeirrbar ihren eigenen stillen Aufgaben nachgingen. Und als ich in meinem Gedächtnis nach Ita Wegman suchte, indem ich eine ganze Galerie von Porträts, wohlbekannte Freunde und noch besser bekannte Feinde, an mir vorüberziehen ließ, tauchte sehr bald das angenehme Gesicht einer jungen, großen und schlanken Frau vor mir auf: Sie ging etwas gebeugt, nach vorne und rechts, das war kein Konstitutionsfehler, sondern ihre Haltung. Sie hatte schöne braune Augen, einen aufmerksamen Blick und herrliches Haar (einen großen Knoten); sie trug niemals eine Stola, hielt sich immer reserviert abseits, wirkte jedoch keineswegs unfreundlich. Sie beobachtete die anderen mit wohlwollender Neugierde, ohne jemand Einblick in das eigene «stille Kämmerlein» zu gewähren. Zu meiner Beschreibung sagte man allgemein: «Das stimmt, das ist die Wegman.»

Wenn das stimmt, dann kenne ich sie sehr genau, ohne je mit ihr bekannt geworden zu sein; über ein Jahr saß sie bei den Vorträgen Steiners in der Schreinerei uns gegenüber, am Fenster, meistens in weißer Bluse und schwarzem Rock; ich glaube, sie war immer allein. Wir begegneten ihr fast jeden Tag. In meiner Erinnerung empfinde ich ihr Bild als wohltuend.

Mehr weiß ich über sie nicht zu sagen.

An Steffen kann ich mich nur dunkel erinnern: Man zeigte ihn mir. Zu meiner Zeit tauchte er nur sporadisch in Dornach auf und arbeitete an dem Bau nicht mit.

Den fähigen Wachsmuth, dessen Buch ein gutes Beispiel anthroposophischer Kulturleistung ist, kenne ich überhaupt nicht; ich kenne seinen an sozialen Problemen interessierten Bruder, ohne über ihn etwas Näheres sagen zu können, ebenso wenig wie über Leinhas, dem ich nur flüchtig begegnet bin.

Ganz fremd sind mir die führenden Mitglieder von heute: Kolisko, Schwebsch, Stein, Stockmeyer und so weiter. Möglicherweise sind sie «tiefe Esoteriker» – ich kann es nicht sagen. Ihren Aufsätzen, ihren Vorträgen kann ich es nicht entnehmen. Kein «Wehen», kein «Zeichen» kann ich an ihnen entdecken; Kolisko und «Zeichen» – das ist einfach komisch: höchstens der kleine Verlagsstempel: «Der Kommende Tag», ein Stempel, den ich 1921 bis 1923 an so vielen gesehen habe.

21

Ich bin von den inneren Schülern des Doktors ausgegangen und komme nun an einen Punkt, wo ihre Linie abzureißen scheint: zur *Gesellschaft,* die zuerst nur aus dem am Schiffsrumpf sich ansetzendem Ballast bestand und dann zum Apparat wurde. Damit ist auch mein Thema erschöpft.

Ich weiß, dass Rudolf Steiner ein Pädagoge war, ein Lehrer im inneren Sinne; er war gewiss kein «Politiker». Kann aber jemand, der in einer «Gesellschaft» wirksam werden will, auf Politik verzichten?

Die Beziehung Steiners zur Gesellschaft war von besonderer Art. Wenn er von der Gesellschaft sprach, so meinte er nicht eine «Gesellschaft», sondern ein fernes, erst nach Generationen zu verwirklichendes Ideal, und seine *Dreigliederungsideen* sind nur als Prolegomena zu verstehen – die übrigens in der Schreibtischschublade der Gesellschaft liegen geblieben sind.

Der unausweichliche, tragische Moment, auf den die «Staatlichkeit» folgen musste, war für ihn meiner Meinung nach Dornach; er meldete sich kaum hörbar an; auf große Entfernung klang der ihn begleitende Ton sogar harmonisch, auch das Sirenengeheul klingt aus großer Entfernung harmonisch.

Diesen Moment nenne ich eine «Geburt der Tragödie aus dem Geiste der Musik». Ihr Schauplatz ist Dornach.

Ich wende mich Dornach zu.

V

Rudolf Steiner und Dornach

«... das Haus der Sprache, das sprechende Haus ...»

Rudolf Steiner (aus einem Vortragskurs im Frühling und Sommer 1914)

«... Gebäude, die jetzt aufgeführt worden sind in unserer Zeit ...: Man fühlt sich in ihnen nicht ..., weil sie stumm sind, weil sie nicht sprechen ...»

Rudolf Steiner (Ebenda)

«... das lebendige Negativ dessen, was da gesprochen und getan werden soll. Das ist das Prinzip der Innendekoration. ... Denken Sie sich einen Teil unseres lebendigen geisteswissenschaftlichen Wortes an diese Wände anstoßend, diese Wand in seinem ureigentlichen Wortsinne so aushöhlend – dann entsteht die Form, die dem Worte entspricht.»

Rudolf Steiner (Ebenda)

«Denken Sie sich einen Teil unseres lebendigen geisteswissenschaftlichen Wortes an diese Wände anstoßend, diese Wand in seinem ureigentlichen Wortsinne so aushöhlend – dann entsteht die Form, die dem Worte entspricht.»

Rudolf Steiner (Ebenda)

«... der wird unseren Bau verstehen, ... der fühlen wird das Werden der Formen und das Sein der Formen ..., wie wirklich das geistige Wesen Form geworden ist ...»

Rudolf Steiner (Ebenda; es geht hier um das Verständnis der Ellipse als Addition, der Hyperbel als Subtraktion, der Lemniskate als Multiplikation und des Kreises als Division)

«Was die Götter der Natur dem Menschen mit seinem Kehlkopf gegeben haben, wir fügen es dem Weltenganzen ein, wenn wir die rechten künstlerischen Formen finden; die sind dann das, wodurch die Götter zu uns sprechen.»

Rudolf Steiner (Ebenda)

«... belauschen wir unsere Formen ...»

Rudolf Steiner (Ebenda)

«... der eigentlichen Aufgabe sind wir ... doch wirklich recht wenig gewachsen ...»

Rudolf Steiner (Ebenda)

1

Der Doktor und Dornach – eine Alliteration, die zwei Bilder verbindet: das Bild Steiners und das Bild des *«Goetheanum»;* meine Erinnerungen an die Persönlichkeit Steiners überschauend, stelle ich fest, dass ihre Resultante Dornach ist.

Nicht in Dornach trat der unaussprechliche Blick des Individuums hervor, das hinter der Persönlichkeit des Doktors lebte; nein, dieses Individuum ist für mich mit Leipzig, mit Schweden und Norwegen verbunden. Aber das Individuum im Doktor – das ist eine überhaupt nicht zu beschreibende Erscheinung: Es ist im Bild nicht wiederzugeben. Das Bild bezieht sich auf die Fassade, und sie kommt in den Erinnerungen, die der Persönlichkeit gewidmet sind, in erster Linie zur Sprache.

In Dornach trat die Persönlichkeit des Doktors plastisch hervor: Unerwartet schnell ging sie in die verschiedensten Tagessorgen und in das Leben anderer Persönlichkeiten ein.

Doktor Steiner hinter dem Vortragspult und ich unten vor ihm sitzend – das war etwas Inkommensurables: Wer war *Er?* Wer war «Ich»? Der Doktor während einer Klassenstunde war zwar nicht «Herr Doktor», aber etwas völlig Unfassbares; *jemand,* der von *Geist zu Geist* sprach, über die Person hinweg. Der Doktor bei einem persönlichen Gespräch innerhalb seiner vier Wände – das war eine «Person», die einen bestimmten Gesamteindruck, wie jede «Person», hinterließ.

Der Doktor in Dornach – das war eine Person mit einer breiten Skala konkreter, charakteristischer Züge, die wir nie außerhalb Dornachs erlebt hätten; dort war ich Zeuge einer unglaublichen Fülle farbigster Äußerungen, von rein subjektiven Regungen wie Zorn, Trauer, Freude, Übermut und rein objektivem Streben. Niemals habe ich mit solcher Deutlichkeit den *Menschen* erlebt. Nur den Menschen, in kleinen, ergreifend rührenden Zeichen menschlicher Güte und Herzlichkeit, in den –

ich sage es offen – kleinen Ungerechtigkeiten; in Dornach schlugen sich die rein menschlichen, subjektiven Eigenarten Steiners in einer Skala mannigfaltiger Gebärden nieder, in sämtlichen Komparativstufen: vom Positiv bis zum Superlativ, vom Pianissimo bis zum Fortissimo; in Dornach bin ich manches Mal mit dem Doktor «aneinandergeraten», aber in Dornach fühlte ich mich in seinem Haus wie – zu Hause: ungezwungen – menschlich.

In Dornach haben viele von uns sich von der Beklommenheit durch seine Gegenwart befreit, einem durchaus verständlichen Gefühl angesichts der zwischen uns und ihm immerhin bestehenden Grenze. In Dornach trat etwas Erstaunliches ein: Im persönlichen Kontakt zwischen den Arbeitenden und dem Leiter der Arbeit verschwand diese Grenze. Ich habe bereits oben bemerkt, dass diese Grenze durch unsere Unfähigkeit entstand, einen Ansatzpunkt zu einer gemeinsamen Arbeit zu finden; in Dornach wurde jeder, der real am Goetheanum mitwirkte, zu Steiners Mitarbeiter; und in dieser Zusammenarbeit wurde auch jene Grenze überwunden, alle Beziehungen vereinfachten sich, der Umgang mit Steiner wurde leicht, fast zur Gewohnheit.

Für mich bekam diese Gewohnheit eine besondere Note, da ich unversehens sein Nachbar wurde; das Schicksal wollte es, dass wir in ein kleines Häuschen, direkt gegenüber, einzogen; unser Grundstück war nicht eingezäunt; einige Apfelbäume und ein schmaler Fußweg trennten uns von einem niedrigen Gitter, hinter dem ein Blumenbeet lag und Kieswege auf die zweistöckige Villa Hansi zuführten, die Marija Jakowlewna gekauft hatte. Diese Nachbarschaft machte mich zunächst verlegen, aber es war nichts zu machen; eine andere Wohnung gab es nicht, und unsere alte mussten wir räumen.

So wurden wir unmittelbare Nachbarn. Das bedeutete: Man sah ihn nicht nur bei den Vorträgen oder auf seinen Gängen über die Baustelle, sondern täglich beim Verlassen des Hauses oder auf dem Heimweg, und man hörte häufig seine Bassstimme durch die offenen Fenster der Villa Hansi. Das bedeutete: Die Bewohner dieser Villa konnten durch meinen beträchtlichen Stimmaufwand bei den viele Stunden dauernden Disputen gestört werden, Disputen, die wir bis in die tiefe Nacht auf der Terrasse führten, direkt gegenüber den Fenstern der Villa Hansi. Hier verbrachten wir im Sommer die mondklaren Nächte und die Frühlingsabende bis zum Sonnenuntergang, von hier hatten wir einen herrlichen Blick auf die Goetheanumkuppel, entweder phosphor-leuchtend im Mondschein oder chrysolit-rosa im Abendrot, zwischen blühenden Kirschbäumen; hier hörten wir das Schlagen der Nachtigall und durch die offenen Fenster der Villa Hansi drang zu uns die Bruststimme Marija Jakowlewnas, die sich auf einen Rezitationsabend vorbereitete.

Am Anfang war es uns unbehaglich, auf der Terrasse zu sitzen und uns mit L. oder jemand anders, der abends bei uns vorbeikam, lautstark zu unterhalten; aber das einfache Leben in Dornach und die einfachen Beziehungen, die sich zwischen dem Doktor und den Dornachern herausgebildet hatten, halfen sehr bald diese Unbehaglichkeit zu vergessen; im Gegenteil: Diese Nachbarschaft hatte etwas ausgesprochen Wohltuendes.

In diese Zeit gehört auch die Erinnerung an die «zweckfreien» Besuche beim Doktor: Zuweilen erhielten wir aus der Villa Hansi eine Einladung zum Tee oder zum Abendessen, völlig unoffiziell, und der Gesprächston war leicht und sprühend.

Diese Leichtigkeit im persönlichen Kontakt mit dem Doktor hatte nichts Betontes, Unterstrichenes, nichts von einem «Berechtigungsdiplom» zum persönlichen Umgang. Jeder andere, der an unserem Platz gewesen wäre, hätte dieselbe Berechtigung gehabt: im Einklang mit der «Person» des Doktors, im Zusammenarbeiten.

Wir lebten in der glückhaften Empfindung, dass der Doktor uns vertraute und uns, seine Mitarbeiter, liebte, nicht unschätzbarer Verdienste, sondern der Aufrichtigkeit unserer Einstellung wegen: zuerst das Goetheanum, und dann, erst in zweiter Linie, alles andere. Zu diesem anderen gehörte damals – kaum zu glauben – auch die Person des Doktors; es drehte sich nicht mehr alles um ihn, es gab so viel Dringendes zu tun! Und da es auch dem Doktor selbst manchmal gar nicht um die Meditationsübungen seiner Schüler und deren Ergebenheitsäußerungen ging, sondern beispielsweise um eine Säule, trafen sie sich unverhofft in dem gemeinsamen Anliegen, in der *Sache.* Wir spürten, dass er uns vertraute und uns sogar gern hatte; und so geschah es, dass unsere Biographien, unsere persönlichen Freuden und Leiden, die eigentlich außerhalb des Goetheanum lagen, auf einmal in seinen Interessenkreis traten: unmerklich und ganz von selbst.

Viele konnten das nicht verstehen: Sie konnten nicht verstehen, dass angesehene Mitglieder, die sich für intime Schüler hielten und «hierarchisch» über uns standen, plötzlich in Dornach sich als fünftes Rad am Wagen vorkommen mussten, während der Doktor sich mit einer bunt zusammengewürfelten Gruppe abgab, die aus den offenbar finstersten Winkeln Europas kam. Man registrierte unsere gegenseitige Verbundenheit und konnte sie nicht begreifen. Es ist beschämend: Manche vergingen vor Eifersucht, und die Gerüchte, die damals in Deutschland über das «Dornacher Gesindel» umliefen, müssen teilweise darauf zurückgeführt werden. Man erzählte sich, Steiner züchte unter den Russen Agenten gegen Deutschland, und sowohl die Deutschen als auch Kreise der Entente verdächtigten uns irgendwelcher nicht existierender Verbrechen. Nachdem dieses Gerücht in Dornach Wurzeln geschlagen hatte, trieb es spezifische Dornacher «Dornen»; Dornach wurde zum «Dorn», zur Dornenkrone für manchen von uns, so wie der Goetheanumbrand zur Dornenkrone des Doktors wurde.

Damals war Steiner voller Fürsorge uns gegenüber, mit Wort und Tat; manches Mal stieg er auf das Podium und wetterte zum Schutze seiner Mitarbeiter.

Viele von uns, und auch der Doktor, standen in Dornach, vom alltäglichen Ärger ganz abgesehen, in einem Hagel von Unheil, wie aus der Büchse der Pandora, vor dem tragischen Hintergrund des Weltkrieges, der für uns durchaus kein allegorischer Hintergrund, sondern der wirkliche Horizont war, mit Kanonendonner und dem Wetterleuchten der Scheinwerfer, während bei Dornach Militärübungen stattfanden und das lästige Rattern der Maschinengewehre nicht verstummte; das Rattern der Maschinengewehre verband sich für mich mit dem Gerede der Dornacher und Arlesheimer Spießbürger, und der ferne Donner, der unsere Fensterscheiben zum Klirren brachte, mit der unserer Lebensaufgabe drohenden Vernichtung. Der unruhige Wind, der von November bis Ende Mai von der Rheinebene herauffegte und gegen unsere Fensterscheiben pochte, schien auch durch unser Inneres zu streichen; die Seele litt wie im Durchzug.

Das klägliche Klirren der Fensterscheiben und das Trommeln der Regentropfen wurde durch herrliche, feierliche Klänge übertönt.

– Was ist das?

– Orchesterprobe für den «Faust»!

Gemeinsames Unglück bringt die Menschen einander näher. Der tragische Hintergrund eines Lebens wie im Schützengraben – wir mussten uns eingraben: vor den Anthroposophen, den Schweizern, den Geheimdiensten, und einfach vor dem «bösen Blick» –, auch das war ein Grund des Einklangs mit dem Doktor.

Gleiche Freuden – gleiche Leiden.

2

Der Doktor und Dornach bleiben besonders eng verknüpft: *Dornach* – das ist das *Goetheanum,* eine sichtbare Verkörperung des Individuums des Doktors; die «Person» des Doktors, der sich so offenkundig in das Ganze einfügte, war mitten unter uns; im Goetheanum begegneten wir dem Doktor; im Doktor – dem Goetheanum. Es fand eine Art Umkehrung statt: Der Doktor stieg vom Vortragspult herab und kletterte zum Schnitzen auf eine staubige Kiste unter ein Kapitell, mitten unter uns; und wir fanden uns oben unter der Kuppel des «Tempels», über der «Pforte», mit einer Laterne in der Hand, als Wächter des Goetheanum – der «Sache» des Doktors.

In dieser Verschiebung der Perspektiven, in der Antinomie von Freudentaumel und Pechsträhnen lag etwas Irreales; überall machte sich das Besondere unserer Situation bemerkbar: verstaubte Kisten – und das Faust-Mysterium; die verblüffende Silhouette des Goetheanum, wie eine Verheißung in die Berglandschaft eingelassen – und die es von allen Seiten einkreisenden Burgruinen, lauter Eulen und Uhus; die einzigartigen Erscheinungen des Doktors, Marija Jakowlewnas, Bauers – und die verschlafenen Spießer, die ihre Federbetten aus den Fenstern ihrer Häuschen schüttelten, die Köpfe zusammensteckten und wisperten:

– Sie machen dort schon wieder Musik!

– Sie tanzen ja immer, wie die Mormonen.

– Deshalb haben sie hier auch mehr Frauen als Männer! Die Mormonen haben ja Vielweiberei! (Das Letztere sagte man, als die meisten Männer eingezogen waren.) Eine ununterbrochene Flut von Vorträgen und – anschließend Wanderungen in der Landschaft um Dornach (über Aesch), zwischen Bächen, Steinen, Burgen:

Rauschender Strom!
Brausender Wald!
Starrender Fels!

Alles fügte sich zu dem Grundthema «Dornach» zusammen – über allem Unglück in der Welt, in der Gesellschaft und in meinem persönlichen Leben: reale, nie dagewesene Romantik!

Ich verstehe hier «Romantik» nicht pejorativ: Die Romantik hat ja zwei Seiten: eine hohl-mystische und eine realistische; in den Literaturgeschichten wird die Romantik als Übergang vom Klassizismus zum Realismus dargestellt. Ich sehe Dornach als Übergang aus der pseudoklassischen theosophischen Periode der Anthroposophie zum Realismus künftiger Ansätze in Kunst und Wissenschaft. Die Trennung von der Theosophischen Gesellschaft im Jahre 1912 war ein notwendiges äußeres Zeichen der Abgrenzung von einer Richtung, die inzwischen sektiererisch und antichristlich geworden war; die Wirklichkeit Dornachs bewies, dass viele Mitglieder den falschen Stil der inneren Theosophie noch lange nicht überwunden hatten und dass dieser zum «inneren Feind» der Anthroposophie wurde: Das begann in Dornach.

In den Kampf gegen ihn – während viele wichtige Zentren ihm huldigten – zogen zusammen mit dem Doktor und den älteren Freunden auch Repräsentanten des Dornacher «Fußvolks», die bald zu aktiven Mitarbeitern Steiners heranwuchsen, darunter mehrere künftige Waldorflehrer (Strauss, Wolffhügel, Strakosch, v. Heydebrand) und die künftigen Vorstandsmitglieder Vreede, Maryon, Ita Wegman.

Dornach ist der Übergang von der Pseudoklassik, die nur mit Meditation und übersinnlicher Schau auszukommen glaubte und auf Laboratorien und Experimente als Wege zu einer neuen Kunst und neuen wissenschaftlichen Ideen verzichtete, zu der Welt neuer Apparate, neuer Farbversuche, mathematischer Berechnungen, medizinischer Versuche und neuer handwerklicher Techniken, die das Leben selbst forderte.

Dornach kann auch als eigenartiger Übergang vom «Mittelalter» zum «Humanismus» und zur «Renaissance» der Anthroposophie aufgefasst werden; die Krankheiten des Mittelalters sind namentlich in Dornach zum Ausbruch gekommen, und viele «Medi-Tanten» aus Berlin, München,

Stuttgart zeigten in Dornach ihr wahres Hexengesicht; in Dornach traten die Krankheitssymptome der neuen Entwicklungsstufe, der Renaissance, auf; die einzelne Persönlichkeit rückte in den Vordergrund, im guten und schlimmen Sinne; ihre begründeten Rechte und Forderungen, aber auch ihre Hypertrophie, wurden deutlich; es wurde notwendig, sie unserem Lebenskreis zu integrieren; vor Dornach war die Persönlichkeit noch «persona», durch die hindurch die «hyperpersönlichen» Seelen dem Individuum des Lehrers lauschten; in Dornach führte der Lehrer uns gleichsam aus dem gotischen Dom heraus ins Freie, seine eigene und unsere Person ins Licht rückend; die symbolische Bestätigung unserer Person – einschließlich der des Doktors – waren romantische Freundschaften und Feindschaften, Verliebtheit und Trennung, eine Romantik, die zu Ehen und Geburten führte, oder zum offiziellen Austritt und Bruch mit der Gesellschaft – Menschen, die zufällig dazu gestoßen und dieser Zufälligkeit eine Weile lang sich nicht bewusst gewesen waren.

Nicht zufällig hat die standesamtliche Trauung Steiners mit Marija Jakowlewna v. Sivers in Dornach stattgefunden.

Ich erinnere mich an Dornach als Kinderinsel; bislang hatte man in keinem Zweig «Anthroposophenkinder» erlebt; hier wimmelte es von Kindern: Sie spielten auf den grünen Wiesenhängen, quietschten vergnügt in der Kantine. Sie schossen wie Pilze zwischen den Holzspänen des Goetheanum hervor: Herr A heiratete Fräulein B; Fräulein C heiratete Herrn D; und nach einem Jahr hieß es: «Sie hat einen Jungen bekommen», «Er hat jetzt eine kleine Tochter.» Der Doktor blieb auf dem Weg zum Goetheanum stehen, bückte sich zu einem spielenden Knirps hinab und strich ihm zärtlich über den Kopf. Einmal sah ich ihn in der Kantine: Er saß an einem kleinen Tisch, zwischen seinen Knien spielte ein blonder Junge; er hörte jemand aufmerksam zu, während seine Hand liebevoll das Kind streichelte.

Die Kinder spielten rund um das Goetheanum, ein fröhlicher Ring: Es war wie eine Insel, eine Kinderinsel. War das nicht der Anfang der Waldorfschulidee?

Auch wir erlebten Augenblicke, in denen wir uns so jung fühlten wie nie, wir, die wir bereits reife Männer waren; kaum klärte sich der Himmel auf, kaum war ein Stoß, den innere oder äußere Feinde gegen den Doktor geführt hatten, abgewehrt, kaum machten die spionierenden Klatschbasen eine Atempause – da lachten wir schon, scherzten, sangen oder spielten selbstvergessen: Der immer ernst dreinschauende russische Chemiestudent Malikow und Seefeld aus dem Büro lieferten sich eine Schneeballschlacht. In der Mittagspause rückte die Gruppe der Schnitzer vom rechten Flügel an (Kemper, Strauss, Ludwig, Wolffhügel, Dubach und Mitscher), mit offenem Hemdkragen und hochgekrempelten Ärmeln, stolz auf ihre Bräune und ihre Muskeln, stampfend wie beim Parademarsch – sie wurden bald eingezogen, Ludwig und Mitscher sind gefallen –, dann stürmte mit lautem Schnattern ein ganzer Schwarm Mädchen und junger Frauen in die Kantine, alle in kindlich bunten Stolen und Schals, blau, weiß und rosa; man aß mitten unter Blumen. Anschließend streckte man sich für eine halbe Stunde aus: der eine auf dem Tisch, der andere auf einer Bank, viele einfach im Gras, mit komisch gespreizten Beinen; manche kletterten auf den Kirschbaum, der für uns reserviert war, und taten sich gütlich; unter uns kursierte eine Menge Parodien, Gedichte und alle möglichen Wortspiele, zum größten Entsetzen mancher Mitglieder, nur nicht des Doktors. Er selbst gab den Ton an, wenn es ihm möglich war. Wir trieben Schabernack direkt unter den Augen des Doktors; manchmal trat er mitten in das dröhnende Kantinengelächter – und das Gelächter verstummte nicht; bald hörte man auch die Stimme des Doktors, der mit vergnügtem und zufriedenem Gesicht und blitzenden festen Zähnen einen Witz erzählte. Später ging er hinauf und lächelte immer noch vor sich hin; seine ganze Gestalt wirkte verjüngt. Man spürte keinerlei Herablassung: Er gehörte zur Jugend, mit all seinem Lächeln und Lachen. Natürlich beteiligte er sich nicht persönlich an unseren Streichen, aber er steigerte den Schabernack bis zum hohen Spiel und führte dieses Spiel in die besondere Atmosphäre der Eurythmieproben ein: Sobald die Eurythmistinnen sich versammelten, erzählte der Doktor ihnen irgend etwas mit einem jungen, frohen Lachen, und sie rannten herum und machten Spaß.

Aber dann begann die Probe, und alle waren ganz Auge und Ohr: Er sprach.

In den glücklichen Zeiten Dornachs waren wir alle oft voller Übermut; ich kletterte ständig dort herum, wo es verboten war; ich prahlte, ich würde eines Tages oben auf die große Kuppel steigen und über den Balken balancieren, der aus irgendeinem Grunde von der kleinen Kuppel zu der großen hinübergelegt worden war; eine Zeitlang konnte ich über halsbrecherische Bretterstege durch ein Loch oben in der großen Kuppel auf die Kuppel hinausklettern; dort war es unheimlich; nach allen Seiten – sich rundende Abhänge in den durchsonnten Abgrund der Luft. Später wurde es verboten, auf die Kuppel zu klettern, aber wir taten es doch: ich und Olga Nikolajewna Annenkowa; unten drohten uns kleine Menschen halb im Ernst mit dem Finger, und ich spielte weiter mit dem Gedanken: «Ich werde über den Balken balancieren!»

Eines Tages wurden wir dabei vom Doktor ertappt: Er ging unten vorbei und blickte unzufrieden nach oben; sein Tadel machte auf mich keinen Eindruck, am liebsten hätte ich den Doktor von der Kuppel herunter geneckt.

Aber das Loch wurde zugemacht; ich glaube auf Anordnung des Doktors. Seine Reaktionen auf unseren Schabernack waren niemals unangenehm; im schlimmsten Fall redete er uns ins Gewissen: Aber dabei zeigte sich mehr Güte als wirkliche Strenge. Genau so verhielt er sich gegenüber den verständlichen Streichen der Jugend, die bei vielen nur Empörung hervorriefen; dann konnte der Doktor von seinem Pult herunter donnern, als wollte er die bösen Zungen übertönen: «Das ist durchaus verständlich, dieser Mensch hat viel gearbeitet. Nach getaner Arbeit muss er Lebensfreude in seine Studierstube hereinlassen.» Er fügte einen schwer übersetzbaren deutschen Studentenspruch hinzu, und wirkte dabei selbst wie ein «Bursch», nicht wie Herr Doktor Steiner. So schützte er uns vor den Vorwürfen, er, der in so vielen Fällen unerbittlich war; aber allem, was wir aus Spieltrieb, Überschwang und überschäumenden Kräften verbrachen, begegnete er mit einer Nachsicht, die beinahe an Schwäche grenzte. Er liebte den Übermut.

Er liebte alles Junge und Laute.

Und er begrüßte die Romantik des Dornacher Frühlings.

Ein Hauch Romantik liegt für mich über Dornach, trotz allem, trotz der Dornen, die meine Seele zerfleischten, ersteht Dornach in mir wie ein Frühlingstag, in Morgenröten, in Kirschblüte eingehüllt, darüber die azurnen Kuppeln, über dem Perlmuttrosa geschliffener Eiche; oder ich sehe es in den Tagen der Rosenblüte; dort blühten die verschiedensten Sorten, besonders beliebt war die kleinblühende Polyanthe «Albert», deren üppige Blütendolden die Wege säumten und die Häuserwände bedeckten; im Juli war Dornach rosenfarben! Über die Rosen hinweg lächelte Steiner, gütig und wohlgelaunt, der leicht und sicher mit seinem breitkrempigen Hut durch die Blumen schritt; so war er 1914 und 1916; im Jahre 1915 war er in diesen Tagen ungewöhnlich düster: Dieses Jahr brachte ihm statt der Rosen nur Dornen.

Oder ich sehe Dornach in den phosphorhellen Vollmondnächten, wenn ich Wache hielt und mich als «Herr» dieser seltsamen Räume fühlte, die von der Kuppel beherrscht wurden. Oft blieb ich vor dem Goetheanum stehen, betrachtete seine seltsam sich schneidenden Flächen im Mondschein und fragte mich: «Wo bin ich? In einer fernen Vergangenheit? In einer fernen Zukunft?» Nur an die Gegenwart wurde ich nicht gemahnt; dann kletterte ich über die Gerüste – höher und höher, bis zu der Stirn des Hauptportals; dort kauerte ich mich hin, löschte meine kleine Laterne, legte die Arme um die angezogenen Beine und sah in die Landschaft hinaus: Am Horizont zwinkerten die Scheinwerfer der Front; unter mir lagen die schlafenden Häuschen; an den Lichtern konnte ich erkennen, wer schon schlief und wer noch wachte: Hier schläft Rychter, dort A. A. Turgenjewa, dort Frau X. Im Hause Steiners brannte noch immer das Licht; es wurde zwei, es wurde drei, und dieses Lichtchen sah mich immer noch an; da, kurz vor der Morgendämmerung erlosch es; und aus tiefster Seele wünschte ich: «Schlafe!»

Dann kletterte ich von meinem Wachtturm hinunter und ging, von der morgendlichen Kühle durchrieselt, ins Büro: Dort wartete auf mich Pozzo, mein Wachtgenosse, dort kochte ich mir einen Kaffee auf einer elektrischen Platte.

Dort war es gemütlich und – irreal!

3

Dornach bleibt für mich ein Symbol der «Geburt der Tragödie aus dem Geiste der Musik»; dieser Nietzsche-Titel kommt mir wie ein Epigraph für vieles vor, was in Dornach lebte; die Konturen eines rauhen und schrecklichen Realismus traten hinter der Dornacher Romantik hervor: die Tatsache der Umzingelung durch die Welt und der einsame Impuls Steiners in seinem Kampfe gegen die ganze Welt des Dunkels, ein Impuls, der bloß eine Handvoll versponnener und fast durchweg hilfloser Menschen erreichte, von denen in Dornach die einen, von den Krankheiten «dieser Welt» angesteckt, die Sache des Doktors zur Karikatur machten, während die anderen, Gesundgebliebenen, sich mit Leib und Seele den in Dornach erwachsenen komplizierten Aufgaben widmeten und dabei den Eindruck erweckten, als wollten sie aus einem brennenden Haus einen tonnenschweren Schatz retten.

Der Schatz ging in Flammen auf, trotz ihrer Bemühungen: Der Goetheanumbrand und der Tod Steiners – das sind die beiden Höhepunkte einer Tragödie, deren Ursprung schon in der Grundsteinlegung zu suchen ist; der Goetheanumbrand meldete sich damals als ferner, kaum hörbarer, ja sogar zärtlicher Ton: So meldete sich der Wahnsinn des großen Schumann schon früh in den herrlichen Klängen von «In der Nacht», der «Phantasie», der Klara Wieck gewidmeten Sonate und der «Dichterliebe». Unsere einmalige Liebe zum ersten Goetheanum und die Zärtlichkeit des Doktors sind vielleicht subjektiv, parteiisch gewesen, es lag sogar Leidenschaft in unserer Liebe zu den emporwachsenden Formen. Unser Unterbewusstsein schien zu wissen, was das Bewusstsein nicht wusste: Dieses frühlingshafte jugendliche Wesen wird nicht alt; wir konnten uns an ihm nicht satt sehen, wir umklammerten es mit der flehenden Gebärde: «Bleibe bei uns!»

Der Doktor teilte mit uns diese Gebärde: Er, der Lehrer, teilte mit uns das Menschliche, das Allzumenschliche; hier war er nicht nur Paulus, der Apostel der Freiheit, sondern auch jener Paulus, der sich seiner Schwächen bezichtigt: Paulus, der unausgeglichen sein musste, um in kommenden Äonen noch den Verfasser der Bhagavad Gita durch vollkommenes Gleichgewicht zu übertreffen.

Er schien fast stolz auf das Goetheanum; er liebte es brennend, er hätte am liebsten diesen riesigen Bau umarmt und ans Herz genommen; und dabei bedrückten ihn die musikalischen Vorzeichen der Tragödie; im Geist wusste er, dass der Weg unserer Bewegung in Dornach zu einem Dornenpfad werden musste.

Aber theoretisch zu wissen, dass ein Weg immer an Kreuzigung und Opfer vorbeiführt – das ist das eine: Auch Christus wusste, dass ihn das Kreuz erwartete; trotzdem feierte er die Hochzeit zu Kana; aber als seine Stunde kam, schauderte er und betete, dass «sein Schweiß wie Blutstropfen auf die Erde fiel». Und es war klar, weshalb der Doktor, der Geistesforscher, davor zurückschreckte, dem ersten Goetheanum die entsetzliche Diagnose zu stellen, die auch das Schicksal vieler gemeinsam mit ihm an das Goetheanum sich klammernder Menschen betraf – die berühmtesten Ärzte schrecken häufig vor einer erbarmungslosen Diagnose bei sich selbst oder bei der eigenen geliebten Frau zurück und wenden sich dazu an einen der Kollegen. Als er sich entschlossen hatte, das Schicksal des Goetheanum (nicht direkt, sondern verschleiert und mit einem Seufzer) auszusprechen – das Goetheanum werde in Flammen aufgehen – das sagte er unmissverständlich und klar –, da fügte er mildernd hinzu («Nimm diesen Kelch von mir!»): «Vielleicht in siebzig Jahren ...» In diesem Nachsatz lag ein Ausweichen vor der Endgültigkeit der Diagnose: nicht aus Unvermögen, sondern überwältigt von Schmerz, von allzumenschlicher, brennender Liebe zu dem wunderbaren Wesen.

Wir waren eins mit ihm in dieser brennenden, in des Wortes höchster Bedeutung leidenschaftlichen Liebe zum Goetheanum, aber schon die ersten Klänge dieser Liebe führten in uns nicht zu der Stimmung des «Du bist die Ruh'» Schuberts, sondern zu der Stimmung der «Dichterliebe» Schumanns.

Man vergegenwärtige sich die in jugendlicher Freude strahlenden ersten Lieder des herrlichen Zyklus, etwa «Die Kleine, die Reine ... »; über allem liegt Sonne, Jubel und Blumen; und Blumen, Sonne, Freude, Jugend, Romantik, Idealismus – das ist der Frühling 1914, die erste Kirschblüte in Dornach, das Goetheanum im weißen Blütenmeer, und der Doktor, der mit uns durch die Baracken geht, zwischen riesigen unberührten Blöcken duftenden Holzes: «Das werden wir schnitzen!»

Über allem, was wir damals taten, schwang der Ton:

> Das Wandern hielt mich munter hin
> Auf unwirtbarem Wege.*

Wenn die Formen Hals über Kopf berechnet wurden, wenn die Jüngeren beschlossen, die Bildhauerin Kačer abzusetzen und die Schnitzarbeiten selbständig weiterzuführen, wenn gar das «Schnitzer-Komitee» mich zum künstlerischen Leiter der Gruppe ernannte – für zwei Tage – und den rie-

* Schuberts Liederzyklus.

sigen Venusarchitrav (vor dem ich Reißaus nahm, wie Podkoljosin vor seiner Braut) meinem völligen Belieben auslieferte, alles das war Ausdruck überschäumender, ungebrochener Freude. Aber: Die Baracke, in der die Architrave geschnitzt wurden, brach unter einem heftigen Windstoß zusammen (in Basel war es windstill), alles andere blieb unbeschädigt, nur der Hauptnerv der Arbeit wurde verletzt; zur selben Zeit erhob der Doktor, der in Basel einen Vortrag hielt, sichtlich erregt, unvermittelt die Stimme, als drohe er einem furchtbaren unsichtbaren Feind; für einen Moment spürten alle den Schatten einer unsichtbaren aufziehenden Wolke. Niemand sprach über den Zusammenhang zwischen dem plötzlichen unruhigen Auffahren des Doktors und dem Sturmwind, der im selben Augenblick über einer Baracke in Dornach wütete und uns für zwei Wochen daraus vertrieb, aber man fühlte, dass wir alle für einen Augenblick tief berührt waren; und dann kehrten wieder Freude, Hoffnungen, Blumen, Frühlingsstimmung zurück, junge Ehen, Kinder und der fröhliche Doktor.

Eigentlich überfiel die besondere Dornacher Schwermut und Niedergeschlagenheit zeitweilig den einen oder anderen lange vor dem ersten alarmierenden Ton. Und nicht umsonst wiederholten die Initiatoren lange vor dem Umzug bei der Auswahl der für die Dornacher Arbeit geeigneten Personen mit verhaltener Stimme die Warnung der verstorbenen Stinde und des Doktors, das Hauptkriterium sollte weniger die praktische Leistungsfähigkeit als die innere Standfestigkeit sein, die auf Treue zur Sache und sogar auf Opferbereitschaft schließen lässt, da die Bedingungen in Dornach sehr hart werden und manchem über seine Kraft gehen würden.

Als Rychter, der bei der Auswahl mitgewirkt hatte, uns sagte, wir seien dabei und gehörten nun zu den «Dornachern», da schien er sich einerseits mitzufreuen, aber andererseits zu warnen: «Bleibt standhaft und denkt daran, dass Dornach eine Prüfung Eurer Entschlossenheit sein wird.»

In der Tat: Im Laufe der Zeit stellte sich heraus, dass viele Freiwillige, die unaufgefordert zum Leben und Arbeiten nach Dornach gekommen waren, scheiterten: Die Verlagerung sämtlicher Achsen und der Kurs auf neue Dimensionen des Bewusstseins führte zum Verlust des anthroposophischen Weges; auch die persönlichen Schicksale vieler Mitarbeiter veränderten sich in Dornach in erstaunlichem Maße: Das «Schwert des Geistes» legte überraschende karmische Zusammenhänge frei.

Dornach rückte für viele das Thema der «Schwelle» und des Karmas in den Vordergrund, des Karmas des Doktors in erster Linie; sein Weg dorthin an der Spitze einer Gruppe von Menschen, scheinbar abseits vom Geschehen des Weltkrieges, war in der Tat ein Bloßlegen der grausamen Wirklichkeit: Kämpfe, hohe Verluste an bis dahin «Treuen», ein Weg zur Feuerstätte, auf der die Sache seines Lebens in Flammen aufgehen sollte.

Ich muss gestehen, dass ich an unserem Ankunftstag trotz einer Fülle neuer Eindrücke niedergeschlagen war, ängstlich, voller Zweifel, absolut verwirrt in dem Gefühl, ich verlöre den Boden unter den Füßen; das war überhaupt nicht zu erklären, denn Rychter holte uns persönlich ab und begleitete A. A. Turgenjewa nach Dornach, während ich allein zurückblieb: Ich glaubte, meine Niedergeschlagenheit in Basel überwinden zu müssen.

Dabei bedeutete das Erscheinen Rychters auf dem Bahnsteig einen Willkommensgruß vom Doktor selbst, denn in jenen Tagen war Rychter im schönsten Sinne des Wortes der Emissär und Bevollmächtigte seiner «Sache».

So senkte sich über die vorfrühlingshafte Stimmung Schuberts ein Schumann-Thema; es wiederholte sich von Zeit zu Zeit, immer häufiger, immer drohender, bis es die Stimmen des Frühlings völlig übertönte.

Um bei der musikalischen Analogie der «Dichterliebe» zu bleiben: Ich konnte beim Doktor ein ihn überwältigendes, wenn auch durch freudige Positivität zurückgedrängtes Leitmotiv erlauschen, das ihn mit diesem Liederzyklus verbindet:

> Ich grolle nicht,
> Und wenn das Herz auch bricht,
> Ewig verlor'nes Lieb!

Dieses Thema, das 1915 sein Dasein bestimmte und den «gutgelaunten» Doktor vor harte Zerreißproben stellte, blickte aus seinen Augen, und diese anderen Augen schauten auf Dornach, auf die finsteren Burgen, auf die bald aufgedeckten Missstände im Büro und auf uns alle mit einem Ausdruck, als wollte er trotz tiefem Schmerz sagen: «Ich grolle nicht, denn gegen *dies alles* ist nichts zu machen; *darin* offenbart sich mein Kalvarienweg, der Weg meiner Nächsten, unser aller Weg, der Weg der Welt als Ganzes.»

Später hat Steiner mehrfach auf die offenkundige Eigenart Dornachs hingewiesen, deren Wurzel mir damals unbekannt war: Dornach bedeutet eine Belastung, eine unsägliche Belastung, und die Wurzel aller erklärbaren Zwischenfälle, überraschenden Erkrankungen, des unfasslichen Versagens, ist die Wurzel aller Wurzeln; diese Wurzel aller Wurzeln lässt sich folgendermaßen aussprechen: Vor Dornach hatte unsere Bewegung keinen geographischen Mittelpunkt; sie war überall und nirgends: in Berlin, München, Kristiania, Den Haag und so weiter. Dornach ist eine Markierung auf dem physischen Plan: ein Stabsquartier, und das Goetheanum eine ragende Spitze, wie ein Blitzableiter, ein Punkt, wo die Blitze Luzifers und Ahrimans und der in ihrer Einflusssphäre stehenden Gesellschaften und Kollektive einschlagen; das Leben in der unmittelbaren Nähe eines Blitzableiters ist nicht einfach und setzt eine besondere Selbstbeherrschung voraus, die Fähigkeit, jeden Angriff wie mit einem Degen durch die Art und Weise des eigenen Verhaltens abzuwehren.

Hierbei zeigte sich sehr bald das Besondere an Steiner: Während wir fortgesetzt strauchelten und darauf jedes Mal uns zurückzogen, um uns mit einem improvisierten Degen in der Fechtkunst zu vervollkommnen, war er gezwungen, den Degen zu ziehen und von sich, vom Goetheanum und von uns die ihm allein sichtbaren Gefahren abzuwehren, nicht die Wurzeln, sondern die Wurzel aller Wurzeln.

In Dornach schien er sich irgendwie zu teilen – in Person und Individuum; das Individuum erhob sich über die Kuppeln des Goetheanum und wehrte allein, Auge in Auge mit den furchtbaren Feinden in kosmischen Räumen das Übel von uns ab; er trat aus unserem Blickfeld heraus, da er jetzt nicht zu helfen, sondern zu kämpfen hatte: Er war Streiter und musste auf Ratschlag und Hilfe im Einzelfall verzichten; aber als Person griff er auf dem physischen Plan tief ein, über unsere wechselvollen Seelendramen und Freuden hinweg, um Tag und Nacht im Schweiße seines Angesichts zu arbeiten.

Er kämpfte auf dem physischen und auf dem geistigen Plan wie nie zuvor, und wir zeigten unsere «Nur-Seelenhaftigkeit», wir klammerten uns «seelenhaft» an ihn und konnten seine Gebärde des Nicht-darauf-Eingehens in tiefster Seele nicht begreifen.

Er schien gleichzeitig geistig zu wachsen und die endgültige Prägung im Physischen anzustreben, wodurch er manchmal derber zu werden schien, wenn man so sagen will; er hielt immer noch großartige Vorträge, aber er wiegte uns nicht mehr in behutsamen Rhythmen: Sie wurden packend und aufrüttelnd; mit anderen Worten: er gab unserem Denken unendlich viel zum Verständnis und zur Technik der Künste, während viele eine Hieratik erwarteten, oder Themen, die im Zusammenhang mit der Einweihung standen. Auf solche Themen ging er nur anhand der Skizzen oder Schnitzmodelle für den Bau ein: Es waren Motive gähnender Abgründe, steiler Hänge, unter denen furchtbares Getier wimmelte (Glasfenster); Goetheanum und Getier; der Einweihungsweg und eine starke Betonung des Motivs der Spaltung, der Krankheit und der Versuchung, die erkannt werden muss.

Der Gral war unsichtbar geworden, Monstren und Totenschädel traten in den Fenstermotiven auf. Manchmal fiel ich in die Sünde der Auflehnung: Ich glaubte, das wäre eine Doppeldeutigkeit, eine Zuspitzung, die bis an die Grenze des manichäischen Sündenbewusstseins reichte.

Damals hatte ich noch nicht gesehen, dass nicht der Doktor sich «doppeldeutig» verhielt, nicht die ihm Nahestehenden, das Doppeldeutige lag in der durch seine Devise (in Wirklichkeit eine Kampfansage an die Finsternis, die sich prompt um uns zusammenzog) heraufbeschworenen Konfrontation zweier Prinzipien: *Licht und Finsternis!*

Deshalb wurden wir im Voraus gewarnt: Deshalb wurden die Menschen, die sich mit dem Goetheanum verbinden sollten, sorgfältig ausgewählt.

Dabei dachte man nicht an die äußeren Schwierigkeiten.

Auf schicksalhafte Weise bildete der Kampf der Völker den Rahmen für unseren inneren Kampf, Kanonendonner begleitete die Melodien Schuberts und Schumanns, die auf dem Dornacher Hügel erklangen.

Erst später entdeckte ich bei der Interpretation der Aussagen Steiners über gewisse Gefahren des druidischen Einweihungsweges dieselben Forderungen, vor die wir in Dornach bedingungslos gestellt waren: an allem zu zweifeln, alles auseinander zu nehmen, allen Schrecken realer Angriffe uns auszusetzen.

Und allem standzuhalten!

Das war das zweite Thema Dornachs: Das erste Thema war die Romantik des Frühlings, das zweite die tragische Ernüchterung und der Übergang zum geistigen Realismus, der für sehr viele eine Negierung des Geistigen bedeutete.

Dies nannte ich eine «Geburt der Tragödie aus dem Geiste der Musik»: In Dornach erklangen sämtliche Motive dieses Nietzsche-Titels.

Der Dornacher Frühling war eine musikalische Offenbarung; daher das Gefühl des Romantischen; niemals stand unsere Bewegung so stark im Zeichen der Musik wie damals: In Dornach sang alles; es strömte Musik, es strömten eurythmische Gebärden; das Schnitzen am Goetheanum war ein Kreisen in einem Reigen von Formen; das Goetheanum ist Form aus der Bewegung; auch in seinem Umkreis war alles in Bewegung, und diese Bewegung setzte die Seelen einer ungeheuren Zerreißprobe aus: Barbarische, dionysische Finsternis zog über Dornach auf, die nur durch eine Säulenreihe und Gesetzesordnung abgewehrt werden konnte; die Finsternis: blutige Kriegsbacchanale draußen in der Welt, Aufruhr unbewusster Kräfte in uns (das Glasfenstermotiv: der Gang der Eingeweihten vorbei an einem dem Abgrund entsteigenden Monstrum); die Gesetzesordnung: Herausmeißeln von Kriterien eines sozialen Gewissens und einer Moral (entsprechend unserer Arbeit an Säulen und Kapitellen), das sich über das ganze Jahr 1915 erstreckte, mit lediglich vage sich abzeichnendem, auf keine Weise gesichertem Erfolg.

Damals formte sich das neue Apollinische und eine neue, seltsame Nüchternheit, die wir weitertrugen, während andere, Nichtdornacher, zuweilen heftig von ihr schockiert wurden.

Diese Nüchternheit zersetzte viele Seelen in Dornach.

Der Weg nach Dornach war ein Weg in die Nacht; das Thema Schumanns («In der Nacht») ist mehr als bloße Analogie.

Es kann kein bloßer Zufall sein, dass ich ausgerechnet in Dornach Schumann für mich entdeckte.

Den Doktor jener Zeit sehe ich oft mit einem Schumann-Ausdruck im Gesicht: mit einem in die Nacht gerichteten Blick.

Er war der erste Wächter: er wachte in der Nacht, und seine Übermüdung hätte uns am Tage auffallen und in uns die Frage wecken müssen:

«Was hat er eigentlich?»

4

Schlüsselworte für Dornach: Schubert und Schumann, frühlingshafter, leichter, entrückter, romantischer Idealismus und der bis zum Wahnsinn tragische Realismus des Dornacher Lebens, der von uns «Heldentaten» im Rahmen des nüchternen Alltags forderte, Novalis und Gogol, himmlische Erscheinungen und die aus allen Winkeln auftauchenden Fratzen und Rüssel.

Zwei Themen, sich begegnend, fügten sich in einen komplizierten, vielleicht noch nie dagewesenen Kontrapunkt, aus dem man – wie aus der doppelbödigen symbolistischen Anatomie der Köpfe Leonardos – heraushörte: «Das sind erst die Blüten, die Früchte kommen noch.»

Daher der wechselnde Blick des Doktors: einmal jung, mutig, wie Schuberts «Thema und Variationen» uns beflügelnd, und dahinter die anderen Augen, in das Dunkel der heraufziehenden Nacht gerichtet; daher der Doktor als Streiter mit gezogenem Schwert, und der andere Doktor, der vom Sockel herunterstieg und sich ganz hinten anstellte, um sich als Maler zu versuchen und bescheiden zu schweigen, wenn der «anerkannte» Maler Siedlecki achselzuckend erklärte: «Doktor Steiner brachte mir ein paar kindliche Skizzen für die Glasfenster, aber ich, ein wirklicher Maler, werde zeigen, was man daraus machen kann!»

Ein weiteres Schlüsselwort: das Bild des Doktors vor dem Hintergrund der Dornacher Landschaft, als höchste Steigerung seines Wirkens in Dornach; der Doktor als Dirigent, als Regisseur, Tempo und Thema der Arbeit bestimmend. Als nach dem Umzug aus München nach Dornach die Requisiten der Aufführung der Mysteriendramen in den Gängen abgestellt wurden, stießen wir uns während der Arbeit am Bau, wie wir das Goetheanum nannten, immer wieder an den verstaubten Altären der drei Hierophanten, die wir in München vom Zuschauerraum aus so ehrfurchtsvoll betrachtet hatten; die Altäre der Hierophanten standen nun nicht mehr oben, und die beiden roten Sessel, die auf der Bühne wie im Feuer geglüht hatten, standen plötzlich im Esszimmer des Doktors, wo Tee getrunken wurde: Sie wurden benutzt wie jedes andere Möbelstück auch, verliehen allerdings dem Raum eine künstlerische, extravagante Note.

Steiner selbst, von der Künstlerjugend getragen, pflegte diesen Stil, steigerte ihn und identifizierte sich mit ihm. Die dynamischen Möglichkeiten seiner Persönlichkeit lagen zwischen Fortissimo und Pianissimo, mit scharfen Pfeilen dazwischen: Ansteigen-Verebben, Ansteigen-Verebben, manchmal wechselten diametral entgegengesetzte Höhepunkte innerhalb einer halben Stunde; immer hielt sich im kompliziertesten Zickzack der Steigerungen (wie in «Varianten») das Thema dieser Variationen als Fixpunkt, als der Blickpunkt, in dem sich Schumann und Schubert in unerreichbaren geistigen Höhen schnitten. Hätten wir den eigentlichen Schnittpunkt dieses komplizierten Kontrapunkts wirklich gesehen, wir hätten mit Schaudern ein Kreuz – die dritte, sechste und neunte Stunde des Doktors – erkannt: Viele hätten bitterlich geweint, andere wären unsicher geworden und geflohen.

Ich spürte das, aber persönliche, außerordentlich komplizierte und tragische Erlebnisse lenkten in Dornach meine Aufmerksamkeit von diesem Aspekt des Doktors ab; immer wieder ging ich in den Traumbildern entfesselter Seelenhaftigkeit unter; der improvisierte Degen, mit dem ich mich privat in der Fechtkunst üben musste, bestand in persönlichen Dramen, die in meiner Seele ein Etwas fesseln sollten: Dieser Degen für den Hausgebrauch, mit dem ich für einen künftigen Kampf mit dem wirklichen Gegner trainierte, war, wie sich zeigte, Luzifer – eigentlich ein Paradox. Die Wirkung Luzifers war in Dornach deutlich zu spüren, aber eine luziferische Infizierung führt, sobald sie überwunden ist, zur Resistenz und Standfestigkeit im Kampf gegen den wirklichen Feind.

Dieser Feind war Ahriman.

Persönliche Spannungen, Romane, Leidenschaften, Tragödien, Skandalgeschichten hielten die Entwicklung in Dornach auf, aber nicht sie übermächtigten den Doktor, nicht sie ließen das Goetheanum in Flammen aufgehen. Im Vergleich mit den wirklichen geistig-physischen Gefahren, die das Goetheanum bedrohten, waren die luziferischen Seelenstürme wie Senfwickel.

Nicht Luzifer, sondern Ahriman marschierte auf Dornach.

So wie der Minuspol die positive Ladung des anderen Pols mobilisiert, so rief die nahende ahrimanische Gewitterwolke in Dornach eine Entladung luziferischer Kräfte über unseren Seelen hervor; dies war es, was sich als die vielgestaltige Dornacher «Romantik» äußerte: in den romantisch düsteren Mienen und Posen, mit denen wir uns vor dem Doktor in den «r-r-r-romantischen Mantel» hüllten, aber auch in der romantischen Empfindsamkeit, die von allen kultiviert und von manchem «Überkanditelten» übertrieben wurde, der, eine Karikatur seiner positivsten Seiten, als Don Quichotte durch Dornach wandelte; das ging so weit, dass verschiedene Mitglieder nicht zum Arbeiten nach Dornach kamen, sondern um die Holzwände mit dem Schnitzmesser zu berühren, in der Hoffnung, Chrisam werde aus der Wand auf sie niederträufeln; aber dann kam es zu dem unvermeidlichen Purzelbaum: von den aufgetürmten Kisten vor der Holzform herunter in den Staub und Bauschutt; solche «Salbungen» endeten meistens als «Operette». Zum Beispiel durfte nachts niemand das Baugelände um das Goetheanum betreten, außer den Wächtern; einem von uns Wächtern fiel auf, dass auf den Gerüsten hoch unter der Kuppel immer wieder Apfelsinenschalen und leere Seltersflaschen herumlagen. Irgend jemand versteckte sich wohl nach Feierabend auf der weitläufigen Baustelle und verbrachte dort die Nacht; ein Rundgang durch den Bau dauerte gut vierzig Minuten – es war ohne weiteres möglich, den Wächtern auszuweichen.

Wir veranstalteten eine Jagd – und ertappten in flagranti eine ehrwürdige, gebildete, sehr gescheite Amerikanerin. Was war passiert? Sie wollte eine romantische Nacht im Bau verbringen und war danach so begeistert, dass sie sich immer wieder vor den Wachen versteckte, um auf der Baustelle bleiben zu können.

Solche Don-Quichotterien waren in Dornach häufig; es gab Zeiten, da die Don Quichottes und die «tragischen Helden» (gestern und morgen normale Menschen) in der Überzahl waren (man darf nicht vergessen, dass dieselben Menschen unter anderen Umständen sich für Dornach einsetzten und nach Kräften mit anpackten), eine luziferisierende Wirkung der sich draußen zusammenballenden negativ geladenen Wolken. Ahriman rückte näher.

Später wurde es schlimmer, als negativ geladene Zonen sich im Inneren des Goetheanum bildeten und die zerstörenden Blitze nicht mehr außen einschlugen, sondern sich im Inneren entluden.

Die Kampfkraft des Doktors konzentrierte sich auf Ahriman; Luzifer beachtete er wenig: Luzifer war damals eine sekundäre Erscheinung, *Luzifer durch Ahriman!*

Wie dem auch sei, durch den Dunst meiner luziferischen Erlebnisse sah ich in manchen Augenblicken sogar Rudolf Steiner in einem luziferischen

Glanz: Ich gestehe es ganz offen. Es mussten Jahre vergehen, bis ich anfing, meine «luziferische» Phase in Dornach zu reflektieren; ich war abwechselnd ein Don Quichotte und ein «düsterer Held» gewesen; Don Quichotte träumte von dem Glück, das Karma Dornachs auf seine Schultern zu laden, und der «tragische Held» drohte, dass er in einem absichtlich verrückten Aufzug Steiner und Marija Jakowlewna entgegentreten wolle, allen, in erster Linie dem Doktor und Marija Jakowlewna zum Trotz; der Doktor erfuhr sehr schnell von meinen «mörderischen» Plänen, auch von den Vorwürfen, die ich ihm in dem einen oder anderen Punkt machte, und vor allem von meiner Absicht, *allen zu zeigen, was los ist! Allen, allen!*

Mit unvorstellbarer Güte und Geduld antwortete er auf dieses «allen!», indem er mich zum Abendessen einlud, mir auf die Schulter klopfte und sagte: «Das ist ein Buch, das in Ihrem Blut geistert, Sie müssen es schreiben.» Schließlich schickte er mich väterlich-mild, mit einem halb traurigen, halb verschmitzten Lächeln, in die Berge, weit fort von Dornach: «Fahren Sie! Gehen Sie, mindestens für sechs Wochen. Aber kommen Sie ja nicht ohne ein so-o-o dickes Manuskript zurück!» Und er zeigte, wie dick das Manuskript sein sollte; ich glaube, es hätte mindestens fünf Pud gewogen.

Natürlich machte er Spaß; aber ich blieb in den Bergen, reagierte meine «romantischen Stimmungen» nicht vor den Menschen, sondern vor den schneebedeckten Gipfeln ab und kehrte mit einem Manuskript nach Dornach zurück: Das war «Kotik Letajew», die reinste Frucht der Dornacher Monate; er ist an den Architraven mit herausgeschnitzt worden; die elektrische Spannung floss friedlich durch die Federspitze ab.

Vielen von uns ist es ähnlich ergangen.

Die Rolle des Doktors, des Zeugen unserer Dornacher Fieberanfälle, ist kaum in Worten auszudrücken; wir wurden immer gemeiner – in unseren eigenen Augen –, er wurde immer gütiger; auf unserer Aura traten alle möglichen Rostflecken hervor – er brachte uns eine immer tiefere Verbundenheit entgegen.

Wie ein richtiger Vater! – hätten wir manchmal am liebsten laut ausgerufen; er hat vielen «die Füße gewaschen», nicht im übertragenen Sinne, nicht hieratisch, sondern als gütiger – gütiger – gütiger, allverzeihender weiser alter Mann, der mit seiner inneren Wärme jedem von uns helfen konnte; aber mancher stieß seine Hand zurück – man schämt sich, es zu gestehen.

Niemals, nirgends sonst habe ich so viel reine Menschlichkeit an ihm erlebt.

Mit dieser Einschränkung: Sie bezog sich, um bei der Metapher zu bleiben, auf die Rostflecken unserer Aura; dieser Rost setzte sich beim Verbrennungsprozess an, ein Resultat des luziferischen Seelenfeuers in Dornach.

Eine ganz andere Haltung nahm er gegenüber den «blauen» Verwesungsflecken ein, die sich in Dornach zeigten; die durch ahrimanische Dünste ausgelöste Blutzersetzung, die Anfälligkeit für diese venösen Dünste weckte seinen höchsten Zorn. Niemals sah ich den Doktor so zornig, so aufgebracht, so drohend, wie damals, zur selben Zeit, als er immer verständnisvoller gegenüber den unzähligen Mängeln der anderen Kategorie wurde.

Die eine Krankheit heilte er durch behutsame Pflege; bei der anderen half nur eine erbarmungslose Amputation des erkrankten Gliedes: Unerbittlich stand er da, sein ausgestreckter Arm zeigte auf die Tür: «Hinaus!» sagte seine Gebärde, die manch einem galt.

Es gab auch eine Zeit, in der er immer stummer und eisiger wurde; wir wussten, dass er dieselbe Gebärde in sich trug, aber jetzt an die Gesellschaft als Ganzes gerichtet; uns wäre eigentlich nichts anderes übrig geblieben, als die Koffer zu packen und abzureisen, das unvollendete Goetheanum wäre, mit Brettern zugenagelt, verlassen im Regen stehen geblieben.

5

Damals waren alle seine Äußerungen von unerhörter Kraft, und seine Gebärden übertrafen jeden Superlativ.

So stürzte er einmal auf dem Heimweg vom Hügel an unserem Häuschen vorbei. Ich war in der Küche, die Tür zur Terrasse stand offen, ich trat an die Schwelle – was war das? Der Doktor läuft zwischen den Bäumen, mit offenem, im Winde wehenden Gehrock, mit gesenktem Kopf; seine ganze Gestalt – finstere Wut; stürmisches Flattern des schwarzen Tuchs, ein nach hinten gestreckter Arm mit geballter Faust. Ehe ich einen Schritt tun kann, ist er durch die Gartentür gerast – krach! –, sie schlägt zu, er fliegt in einem Satz über die Stufen zur Haustür, reißt sie mit einem Griff auf – krach! –, sie schlägt zu, und wieder – krach! –, diesmal im Haus, im zweiten Stock, wo sein Arbeitszimmer liegt; das alles innerhalb von zwei, drei Sekunden: Er muss die Treppe nicht hinaufgelaufen, sondern mit riesigen Sätzen hinaufgestürmt sein.

Dieses Krachen entsetzte mich: Es war die höchste Wut. Und ebenso das Rennen über den Gartenweg: So läuft ein verfolgter Mörder, oder jemand, der einen Mörder verfolgt, so läuft man nicht einmal, wenn es brennt.

Einige Minuten blieb ich erschrocken stehen: «Was ist geschehen?» Im Kontext der folgenden Tage fiel nichts Besonderes auf, das heißt, es gab sehr viel Besonderes, aber wir hatten uns damals daran gewöhnt. Und am meisten der Doktor.

Damals war er über das Geschwätz einiger Damen in Zorn geraten, die nichts zu tun hatten und gemeine Lügengeschichten über die Jüngeren verbreiteten; eine solche Geschichte über einen jungen nichts ahnenden Norweger sickerte aus der Gesellschaft in die Außenwelt durch und beschäftigte die Dornacher und Arlesheimer Bauern; als Steiner merkte, dass die Sache eine schlimme Wendung nahm und ein Schauermärchen den Ruf eines Unschuldigen zu zerstören drohte, ging er persönlich zu einer «Aufklärungskampagne» ins Dorf, und das Gerücht war mit Stumpf und Stiel ausgerottet.

Er hatte die Reputation dieses Norwegers gerettet.

Musste er, der Über-Über-Überbelastete, auch noch an die Türen der Bauernhäuser klopfen?

In denselben Tagen nahm ich an ihm noch eine weitere Gebärde wahr: die Gebärde «Exzelsior» über allem Kleinlichen, Schrecklichen, über allem Gespinst, den Wolken entgegen, durch die Wolken hindurch, zur Reinigung und Erhellung durch das Phänomen der Kunst, das während der Abschlussarbeiten an der kleinen Kuppel unsere Tage entscheidend bestimmte; es waren Tage, in denen er das Reifen eines geistigen Rhythmus erlauschte: Es wurden die Kuppeln den himmlischen Höhen dargebracht, ein Sühnopfer für die Sünde der Welt, und, konkreter, für jeden von uns.

Dieselbe Gebärde sollte in allen Seelen erweckt werden; aber die Seelen waren verunreinigt, verwirrt, erniedrigt, rostig; überall herrschte Zank und Streit, lange vorher ausgebrochen und erst viel später beigelegt – in diesen Tagen musste wenigstens eine Gruppe von Menschen den Faden der Ariadne in sich ertasten und so zum Seelentempel finden, ihn betreten und wenigstens durch eine einzige Geste das Werk der Liebe, das Schicksal des zerbrechenden Goetheanum rechtfertigen; solches geht über die menschlichen Kräfte: Ich sah, wie er die Steine des Goetheanum und uns alle, die wir gerade in jenen Tagen zu steinernen Götzen erstarrt waren, mit einer Hand erheben wollte.

Es ist ihm gelungen.

Diese Gebärde hätte man sehen sollen: keine übermäßige Anspannung – ein schwereloser eurythmischer Zickzack mit dem Arm: «Exzelsior!».

In den dionysischen Riss trat die Erscheinung Apollos (siehe «Die Geburt der Tragödie ...»).

Ein apollinischer Traum, ein Mythos, sind seine Goethe-Vorträge und die von ihm, dem Regisseur, uns allen geschenkte Aufführung der letzten Szene von «Faust II».

Eine Opfergebärde wurde Kunst, die Kunst bis zum Mysterium gesteigert!

Zwei Sphären durchdrangen sich in ihm in ihrer höchsten Steigerung; ich entdeckte am Doktor einen neuen Aspekt: den Aspekt des Regisseurs eines neuen, künftigen schauspielerischen Tuns.

Der Theaterkurs ist lediglich die spätere, abstrakte Ausformung dieser gelebten Gebärde.

Das Leiden jedoch, das hinter dieser Gebärde stand, blieb für uns verborgen: Während der Künstler in der Sphäre der Ästhetik gestaltete, führte der geistige Streiter einen erschöpfenden Kampf.

6

Die außerordentlich schwierige Situation Dornachs – wie soll man sie schildern? Es gab, dem vielgestaltigen Leben entsprechend, verschiedene sich überlagernde Schichten.

Von außen konnte man glauben: «Die haben es gut! Die sind mit Steiner zusammen, diese Egoisten genießen himmlische Harmonien, während überall das Blut in Strömen fließt!» Das war die erste Schwierigkeit für Menschen mit Bewusstsein und Gewissen, die den Ruf des Renegaten manchmal heroisch trugen; abstrakte Egoisten – das war der Positiv, Renegaten der Komparativ, und Vaterlandsverräter der Superlativ! Wir, die Dornacher, wussten am besten, wie das war: Jeder bekam Briefe aus seiner Heimat und konnte aus einer Andeutung sich ein Bild machen. Wenn es im Brief hieß: «Ich wundere mich über Dich», las ich: «Ich bin empört.» Wir «hartgesottenen Egoisten» gingen durch Dornach wie geschunden; wir reagierten überempfindlich auf den versteckten Inhalt der empfangenen Briefe, ohne darauf eingehen zu können: aus Rücksicht auf die Kriegszensur.

Und es erschien uns unverständlich, warum wir dort blieben.

Wir blieben, lasen sämtliche Zeitungen (russische, deutsche, französische usw.) und sahen deutlich: Alle beschimpften sich gegenseitig – die Franzosen, die Deutschen, alle redeten vom «Heldentum» der eigenen und den «Verbrechen» der feindlichen Truppen. Allein dadurch wurden wir – auch ohne Steiner und Anthroposophie – immun gegen die verschiedensten «patriotischen» Äußerungen, vielmehr ein kritisches Nichtverblendetsein befreite die Dornacher Anthroposophen, deren Mehrzahl ein Höchstmaß patriotischer Gefühle mitgebracht hatte, von «falscher» Vaterlandsliebe – die echte blieb, was sie war; alle drei bis vier Monate bestätigte sich dieselbe Erfahrung: Angehörige der Krieg führenden Länder, die ihre Heimat brennend liebten und nie vergaßen – haben wir etwa *kein* Heimweh gehabt? –, gerieten sich in die Haare, aber niemand wollte den anderen totschlagen oder auch bloß verprügeln; es gab bitteren Streit in der Kantine, man gönnte dem «anderen» nicht einen «Fußbreit Landes». Zu guter Letzt, als man alle Argumente für erschöpft und eine Verständigung für unmöglich hielt, marschierte man Schulter an Schulter an die gemeinsame Arbeitsfront; keiner zwang uns zu arbeiten, aber «die Lust ist zwingender als der Zwang»: Jeder von uns hatte vor Kriegsbeginn Arbeit in den Bau investiert, jeder von uns hatte seinen «Mars», den nur er fertig hämmern konnte, der schon so viel Mühe, Geduld und allbesiegende Liebe verschlungen hatte; es wäre für mich sehr schmerzlich gewesen, wenn man mir «Kotik Letajew» weggenommen hätte – unvollendet; aber jeder «Mars» war solch ein «Kotik Letajew»; man konnte ihn nicht mitnehmen, denn ein «Mars» war in den Bau eingefügt, der Doktor äußerte sich lobend über ihn, und es gab keinen anderen, der ihn hätte vollenden können; jeder hatte seinen eigenen «Mars», das alle «Marsformen» umfassende Ganze war das Goetheanum und die Sache des Doktors, die Sache der Liebe und des Friedens, dem Krieg entgegengestellt: «Friede auf Erden und den Menschen Wohlgefallen» – das bedeutete in den Tagen, als der Krieg auf der Erde wütete, diese «Erde» dem Geist und der Kultur entgegenzuführen, damit «keiner wider seinen Bruder etwas Arges denke». «Dann ist es also – abstrakter Pazifismus», sagte man achselzuckend, «dann sind sie keine Renegaten, sondern einfach dumm!»

Aber – waren wir denn wirklich dumm?

Dumm war damals, meine ich, die fatale Don-Quichotterie der russischen «patriotischen» Parolen, die das europäische Blutbad allein deshalb guthießen, weil ein achtzigjähriger Greis (Franz Joseph) in einem Anfall von Altersschwachsinn sich mit einem kleinen Land anlegen wollte, das den Mörder des Erzherzogs gestellt hatte, aber in Wirklichkeit ein Werkzeug der diplomatischen Drahtzieher der Entente war, ein wohlberechneter Anlass, um den Poseur Wilhelm in einen Krieg zu verwickeln und das Elsass einzustreichen; ein Buch mit dem Titel «Die Teilung Deutschlands» war 1912 an jedem Zeitungskiosk in Basel zu haben. Um die Gegenstimmen zum Schweigen zu bringen, wurde Jaurès getötet, Rasputin abgeschlachtet, Karl Liebknecht eingesperrt und so fort; im Handumdrehen wurden die verschiedensten Menschen automatisch zu Vaterlandsverrätern erklärt: der Bauer Rasputin, Jaurès, Liebknecht, der russische Schriftsteller Belyj, eine deutsche Gräfin Kalckreuth, später brachten die Deutschen auch Graf Moltke auf die Anklagebank, der Steiner (für die Deutschen ein Verräter, für die Entente ein Spion Deutschlands) hörig gewesen sein sollte. Man musste in den Chor russischer Holzköpfe einstimmen: Alles für die Entente! Millionen Bauern sollen im Trommelfeuer sterben, für Verdun, sie sollen die Zersplitterung der deutschen Kräfte mit ihrem Blut erkaufen! Im selben Moment erklärten die Franzosen und Engländer mit tödlicher Sachlichkeit: «Der nächste Krieg geht gegen euch Russen.» Er kam, dieser Krieg, und gegen das riesige Volk, das soeben Millionen Menschen für das Elsass geopfert hatte, wurde die Blockade verhängt; Hungertyphus und gezielter Mord an Millionen waren der Dank der Verbündeten für die Millionen der für Verdun und das Elsass Hingeschlachteten. Wer holte für die Franzosen das Elsass? Die russischen Patrioten. Und wer holte sich Bessarabien? Die Entente-«Patrioten».

Sie logen offenkundig: «Der Krieg ist für den Frieden», aber in solchem Frieden keimen neue Weltkriege. Sie entsetzten sich über schreckliche «chemische» Waffen und legten selbst Vorräte von Gasbomben an.

War ich denn «dumm», nur weil mir dieses Treiben bereits im Januar 1915 klar geworden war? Oder waren es die anderen, die laut geschrieen hatten, sie würden Berlin kassieren, aber drei bis vier Jahre später selbst von Berlin kassiert wurden, im moralischen Sinne, als sie dank der Bemühungen der deutschen Publizistik von Berlin aus in ganz Deutschland als «Russische Philosophen» in Mode kamen?

Es war wirklich fatal: den Feind auf jede Weise zu schmähen, um gleich darauf von ihm sich mit Lorbeeren kränzen zu lassen! Während uns Russen die Verlogenheit und Verblendung des billigen Patriotismus aufging, erkannten viele Deutsche das Billige der «Ludendorffs».

So schlug sich in Dornach die äußere Auseinandersetzung an den Fronten als innere Spaltung des patriotischen Gefühls nieder: wahrer Patriotismus und – «Falsifikat».

Jede der neunzehn Nationen, die unter den Goetheanumkuppeln versammelt waren, erlebte ihre eigene tiefe und schwere Tragödie. Auch darin vollzog sich eine «Geburt der Tragödie». Nur spielte sich in Dornach eine echte Tragödie ab, während der «Geist der Musik», der uns aus Briefen aus «unserer Heimat» entgegenwehte, von allen möglichen kakophonischen «Falsifikaten» inspiriert war, die Musik – ein Gebrüll, der Geist – ein übler Gestank.

Man muss bedenken, dass jeder der Dornacher Vaterlandsverräter in seiner Heimat Freunde, Väter, Mütter, Schwestern und Brüder hatte, die, von solchen Falsifikaten verhext, uns exkommunizierten, obwohl unsere Liebe zur Heimat trotz aller Schwierigkeiten immer stärker wurde. Zog es uns etwa nicht nach Hause? Aber gerade in solchem Drang erkannten wir trotz allem, dass wir um unseres «Hauses», unserer Liebe willen, unsere Aufgabe in Dornach nicht einfach im Stich lassen durften. Andere «Renegaten» lösten das Problem anders: Sie gingen zur Musterung und fielen im Feld. Hatten wir etwa nicht unter den deutschen Chauvinisten – die es auch gab – zu leiden? Und haben die deutschen Brüder etwa nicht gelitten, wenn ich sie in der Kantine mit Vorwürfen überschüttete? Und habe ich etwa nicht gelitten, als ich anschließend – nachdem ich einen in Deutschland ohnehin verleumdeten, an der Zerstörung von Kirchen völlig Unschuldigen mit Vorwürfen überhäuft hatte – zu Hause lesen musste, ich sei ein Verräter?

Die von uns allen durchgestandene Tragödie des Bewusstseins vor dem Hintergrund der Kriegsereignisse war wirksamer als sämtliche Vorwürfe, die uns in der Heimat gemacht wurden: aus der realen Überwindung erwuchs eine neue Verbundenheit mit den mitbeschuldigten Brüdern. Gerade in den Kriegsjahren ging in Dornach eine «typisch deutsche» Kultursaat auf, deren Ertrag heute zum Beispiel in England voll anerkannt wird (Pädagogik, Eurythmie usw.).

Indes kann die «alte» Kultur Europas die Erschütterungen des Krieges noch heute nicht überwinden.

Das wichtigste Symptom ist der «Untergang des Abendlandes».

Sie ist eine Kultur des Untergangs geworden.

Es fällt nicht schwer, heute darüber zu schreiben, aber es war unendlich schwer, es am eigenen Leib zu erleben.

Das war einer von den Dornacher «Dornen», ein Dorn, von dem am tiefsten Steiner verletzt wurde; für viele war es sonnenklar: Steiner ist ein deutscher Agent, das Goetheanum ein bloßer Vorwand, darunter liegt ein Betonklotz, ein getarnter deutscher Stützpunkt (dieses Gerücht kursierte in Russland und Frankreich); in Deutschland erklärten die offiziellen Militärstellen denselben «Agenten» zu einem Emissär der Entente.

Diese Verleumdungen waren in jenen Tagen sein Kreuz, das er zu tragen hatte, und wir, wir standen bloß herum.

Daraus ergab sich die widerliche Situation permanenter Bespitzelung durch sämtliche Abwehrdienste: Beschattung, Wohnortkontrollen, Späher vor den Fenstern, inoffizielle Hausdurchsuchungen während der Abwesenheit der verdächtigen Personen, Verschwinden von Zyklen, Briefen und anderen Dokumenten aus abgeschlossenen Schubladen und ähnliches mehr. Das sind Tatsachen. Die Umstände meiner Fahrt von Dornach nach Petersburg im Sommer 1916 sind keine Phantasie, sondern eine Skizze nach der Natur, was das «Nachspionieren» angeht. Sie trifft ebenso auf das Ende von 1914 zu.

Spione und Emissäre wurden auch in die Gesellschaft eingeschleust; sie ließen sich irgendwo in der Provinz in die Gesellschaft aufnehmen, trafen in Dornach als «Mitglieder» ein, saßen mit uns Seite an Seite und ließen sich nicht das kleinste Wort des Doktors entgehen, der besser als irgend jemand das Spiel durchschaute, aber machtlos war und uns nur das Zeichen geben konnte, zu schweigen. Wahrscheinlich wurden in Dornach nicht nur Geheimdienstagenten eingesetzt, sondern auch Provokateure mit abscheulichen Spezialaufträgen: uns «aufzuwiegeln» und Dornach zu unterminieren. Das ist eine Erklärung für die Bildung nationaler Grüppchen, die mit dem Arbeitskern in Konflikt gerieten.

Die Mitglieder, die zum Kern gehörten, verhielten sich wie der Deutsche Ludwig: Er lebte brüderlich mit allen zusammen, obwohl er dafür in seiner Heimat mit Sicherheit verdammt wurde; als seine Stunde geschlagen hatte, drückte er uns zum Abschied die Hand und ging nach Verdun, um dort durch eine französische Kugel zu fallen. –

So handelten die Verräter.

Die deutschen und französischen Patrioten kamen angereist und wisperten: «Unbegreiflich! Wie kann man nur?» Sie bespieen die Verräter (uns), nahmen ein «Bad» – in den Vorträgen des Doktors –, bestaunten das Resultat unseres verderblichen Treibens – das Goetheanum – und fuhren wieder nach Hause. Zuweilen taten sie dann etwas Übles: Sie schrieben Briefe mit den fatalsten Charakteristiken von uns ins Ausland; daraufhin wurden wir auf die Listen der Abwehrdienste gesetzt.

Schließlich riss Steiner die Geduld und er wetterte: «Wenn Sie unbedingt wollen, dass wir bald ausgewiesen werden, dann schreiben Sie nur zwanzig Seiten lange Briefe ins Ausland.»

Von nun an zwängten wir uns in das Korsett einer freiwilligen Selbstzensur, aber es war zu spät: Ich erhielt beispielsweise Briefe aus Frankreich, und bei meiner Rückreise nach Moskau durfte ich mich besonderer Aufmerksamkeit sowohl unterwegs als auch an sämtlichen Grenzübergängen erfreuen. Wir wurden nicht nur von unseren Landsleuten erniedrigt, sondern auch in Dornach, von den Gelegenheitsbesuchern und geschwätzigen Rentnerinnen, die sonst nichts zu tun hatten.

Dazu kam der dumpfe Hass verschiedener «Anthroposophen», die uns nicht verzeihen konnten, dass wir, luziferische «Don Quichottes» und «tragische Helden», erschöpfte, verwirrte, unscheinbare Existenzen, meistens bettelarm, in einer ausweglosen materiellen Lage, trotz allem Steiners Sympathien hatten und unter seinem Schutz standen.

Dazu kamen wachsende konkrete Schwierigkeiten bei unserer Arbeit, Verknappung des Materials und der Mittel, Nachlassen unserer Kräfte angesichts der zunehmenden Unsicherheit unserer Lage. Dazu kam der dichte Ring desinteressierter, ablehnender Spießbürger, die beim Bier, in der

Gastwirtschaft, «zum Spaß» sich Märchen und Gemeinheiten über uns erzählten und sich gegenseitig in eine dumpfe Ekstase steigerten: «Schlag zu, immer drauf los!» Dazu kamen die Jesuiten und verschiedene «okkulte» Feinde der Sache Steiners, die uns aus dem Hinterhalt mit unsichtbaren Maschinengewehren angriffen. Dazu kam, dass gerade in Dornach sämtliche Geschwüre aufbrachen; alles Kranke und Zersetzte, was, über die Länder Europas verteilt, ein ganzes Jahrzehnt hindurch unbemerkt geschwelt hatte, konzentrierte sich und reifte in Dornach; hier wurden die in Berlin, München oder Stuttgart vernachlässigten Ställe ausgemistet; und an uns blieb der Gestank hängen, obwohl wir mit dem Münchener Mist, wenn dieser Ausdruck erlaubt ist, nichts zu tun hatten; in Dornach traten aus der Gesellschaft Menschen aus, die wir erst gestern in den ersten Reihen gesehen hatten: warum ausgerechnet in Dornach und nicht in – Berlin? Wie kam es, dass wir, die Arbeiter am Bau, in Dinge verwickelt wurden, die mit dem Bau nichts, dagegen mit Wien sehr viel zu tun hatten, wie zum Beispiel die Gemeinheiten der Österreicherin von Tsch., die über uns als Sündenböcke hereinbrachen. Es gab Momente, da ganz Dornach vergiftet war, die Häuser und die Baustelle, nur der kleine Raum unter der Kuppel, wo wir arbeiteten, blieb frei; wir retteten uns, indem wir uns dorthin, unter die Kuppel zurückzogen. Dazu kam die schwer erklärliche Tatsache, dass die mit diesen Schwierigkeiten kämpfende Gruppe aus Menschen oder Familien bestand, die ausgerechnet hier von plötzlich kulminierenden Dramen überrascht wurden, Dramen, deren Wurzeln um Jahre zurücklagen, und nicht in Dornach.

Es ist nicht mein Gedanke, dass Dornach ein Indikator karmischer Zusammenhänge war – es ist der Gedanke der «Älteren», aber ich muss sagen: Mein Karma war durch Dornach bestimmt, für Jahre.

Das seltsame Zusammenfallen zahlreicher persönlicher Dramen beschleunigte die allgemeine Verdüsterung: Im Herbst 1915 sah man in Dornach niemand mehr, der nicht niedergedrückt war, und unter den düsteren Gesichtern mehrere eindeutig kranke; die Menschen litten an schwer diagnostizierbaren Nervenkrankheiten, von denen sie erst später genasen.

Und schließlich kam noch etwas dazu, was sich am schwersten erklären lässt: Damals häuften sich wahrhaft merkwürdige, wahrhaft schreckliche, gänzlich unerklärliche Zwischenfälle, Zufälle, «Zeichen und Wunder», wodurch die ohnehin verworrenen Fäden endgültig durcheinander gerieten. Ich wende mich hier an die Zeugen der damaligen Vorgänge und ich gebe zu: Außerhalb Dornachs wirkt man unglaubwürdig, wenn man dies ausspricht; aber auf die Gefahr hin, für abergläubisch gehalten zu werden, erkläre ich heute, nach dreizehn Jahren, dass ich im Herbst 1915 das Böse mit Augen zu sehen glaubte, und nicht nur ich allein: Der Ingenieur Englert verfügte zweifellos über die notwendige Standfestigkeit, aber auch er konnte diese «schreckliche» Stimmung im Stile Gogols nicht lange aushalten.

Fügt man dies alles zusammen, so wird man begreifen: Dornach – das waren außerordentliche Schwierigkeiten.

7

Ich verbrachte in Dornach zweieinhalb Jahre; später bin ich nicht mehr hingekommen; meine Erinnerungen sind weit zurückliegende Vergangenheit. Aber schon zu meiner Zeit formte sich der Typ des «Dornacher Anthroposophen», dem ich später, 1922 und 1923, begegnet bin; ja, es gab auch eine Periode, in der ich glaubte, für immer in Dornach Wurzel fassen zu können und selbst einige Merkmale eines «Dornachers» aufwies.

«Dornacher» – das ist eine Gruppe von Menschen, die, um das Goetheanum geschart, in den schwersten Jahren den schwersten Schlägen gegen die anthroposophische Bewegung standgehalten haben; sie verdienen die höchste Achtung, ja sogar Bewunderung; diese Menschen kamen nach Dornach, weil sie dem Gebot der Liebe folgten; und sie bewiesen durch die Tat, dass ihr Handeln nicht von dem Gelüst einer egoistischen Befriedigung durch einen Steiner-Vortrag, nicht einmal von dem Wunsch, «selbst zu lernen», bestimmt war, sondern von dem Willen, der Sache zu dienen. Das war ihr großes Plus. Und ein weiteres Plus: Für viele von ihnen bedeutete der Umzug nach Dornach einen immensen Aufwand an seelischen und materiellen Bemühungen.

Ein bedeutender Nachteil der Anthroposophischen Gesellschaft besteht darin, dass diese «Gesellschaft» in den Rahmen einer anderen Gesellschaft sich einfügen muss: der westeuropäischen, stagnierenden; mehrere anthroposophische Zentren waren durch und durch bürgerlich, und der Retter mit beschränktem Horizont ist leider keine Seltenheit unter den Anthroposophen. Zu meiner Zeit hob sich Dornach durch die Tendenz einer anderen sozialen Orientierung wohltuend ab: Der Dornacher Arbeitskern setzte sich damals aus (im Durchschnitt) Unbegüterten zusammen, für die das Leben in Dornach eine nahezu heroische Anstrengung bedeutete; ein «Lohnsystem» kam für uns nicht in Frage – selbst wenn man die jahrelange schwere Arbeit hätte bezahlen wollen, sie wäre unbezahlbar gewesen: Die Mittel der Anthroposophischen Gesellschaft hätten dafür nicht ausgereicht. In Katastrophenfällen wurden Ausnahmen gemacht, eine Unterstützung als Arbeitsentgelt, aber das war nicht die Regel, sondern eine Ausnahme. So stellte Kačer – um die damalige Situation an einem Beispiel zu demonstrieren – jene Kačer, gegen die unsere Schnitzer aufbegehrt hatten, einen gewissen, in langen Jahren mühsamer pädagogischer Arbeit zusammengesparten Betrag für das Leben in Dornach zur Verfügung. «Mein», «Dein», «nach mir die Sintflut» – das hatte in Dornach aufgehört. In politischer und kultureller Hinsicht standen die «Dornacher» zu meiner Zeit extrem links: ein weiterer Grund – in diesem Fall rein sozialer Natur – für die Antipathien der anthroposophischen Bourgeoisie.

Vielfältigen Schwierigkeiten ausgesetzt, Objekte eines unerhörten Experiments, waren sie den äußeren Anforderungen weitgehend gewachsen und formierten sich zu einer Phalanx von Kulturkämpfern neuen Typs; vor Dornach waren die meisten Mitglieder Deutsche; Deutschland war der Brennpunkt der Bewegung; die «Dornacher» kamen von überall her: Der Deutsche (Ludwig), der Finne (Lille), der Pole (Rychter), der Tscheche (Pollak), die Engländerin (Maryon), der Holländer (Ledeboer) – sie fühlten sich in Dornach nicht wie «auf Besuch», sondern wie zu Hause. Wie gastfreundlich wir auch in Deutschland aufgenommen wurden – wir spürten immer: Wir sind auf Besuch.

Die «Dornacher» waren international im besten Sinne des Wortes; sie befreiten sich von dem biologischen Nationalismus; dabei erwiesen sich die Erfahrungen des Krieges als hilfreich – die Isolation war ihre Schattenseite.

Und schließlich taten die «Dornacher» den ersten Schritt zu einer «neuen Schule» der Anthroposophie.

Das alles ist ein unübersehbares Plus, um so eindeutiger, als dieses Plus kein äußeres Abzeichen ist, keine Auszeichnung, die ihnen etwa von Steiner verliehen worden wäre, sondern etwas Organisches, etwas, das wie ein Hahnenkamm – man verzeihe mir den ulkigen Vergleich – weder abzulegen noch zu verheimlichen ist. Ein solches «arteigenes» Zeichen ist allen «Dornachern» gemeinsam, die unter keinen Umständen mit den Stuttgartern, Münchnern, Berlinern zu verwechseln sind; ein Berliner bleibt auch in Dornach ein Berliner, während ein «Dornacher», sogar wenn er früher von Berlin nach Dornach gekommen war, in Berlin ein «Dornacher» bleibt. Die Dornacher Kultur geht in «Fleisch und Blut» über – das ist ihre Eigentümlichkeit. Bis heute stelle ich an mir unwillkürliche «Dornacher» Allüren fest, dabei bin ich seit zwölf Jahren nicht mehr in Dornach gewesen.

Im Positiven ist ein «Dornacher» oder eine «Dornacherin» Schüler oder Schülerin einer besonderen «Klasse» des Doktors; bei der Aufzählung der Klassen habe ich die «Dornacher Klasse» ausgelassen; Dornach ist eine Schule besonderer Art.

Vielleicht sind durch den außerordentlichen Schwierigkeitsgrad dieser Klasse auch die Mängel zu erklären, die an den Schülern und Schülerinnen auffallen und für Fremde etwas Monströses haben; die als Monstrosität wirkenden organischen Mängel sind die dialektischen Umkehrungen positiver Leistungen. Im «Dornacher» leben These und Antithese. Die Antithese besteht darin, dass die Dornacher ihren «Hahnenkamm» unwillkürlich als Gardehelm und Plus zur Schau stellen, wie früher das Georgskreuz oder das Eiserne Kreuz getragen wurden: nicht willkürliches Verhalten, nicht Bewusstsein, sondern instinktive Geste. Die neue – sterilisierte – «Demokratie» wurde Aristokratie.

Dornach war eine schwere Klasse, denn die Grundübung dieser Klasse war der Kriegszustand: Die Dornacher waren im Feld. Sie lebten jahrelang im Schützengraben, wo sie das einzigartige, außerhalb Dornachs undenkbare Experiment durchführten. Dieses Experiment verlief unter feindlichem Beschuss, der zahlreiche Menschenleben forderte – ich glaube fast, dass Englert, Holzleitner, Dr. Goesch, Sprengel, N. N. Kiseljow und so weiter in Dornach durch «Geschützfeuer» aus den Reihen der Anthroposophen gerissen wurden; eine noch größere Gruppe trug lebensgefährliche Verletzungen davon; 1916, bei meiner Abreise aus Dornach, kannte ich nicht einen einzigen Dornacher, der nicht «verwundet» worden wäre und nicht im «Lazarett» gelegen hätte; es gab verschiedene Verwundungen: leichte bis tödliche, aber keiner wurde verschont.

Und viele blieben für den Rest ihres Lebens Krüppel.

Die Dornacher «Kriegskrüppel» verdienen tiefe Sympathie für ihren moralischen Mut, der sie bis in die Feuerlinien brachte; und es ist unmöglich, sich über sie lustig zu machen.

Die spezifische Dornacher Verwundung ist ein Kopf oder Herztrauma und eine weitere Erscheinung (selbstverständlich nicht bei allen), die fast wie eine geistige Behinderung wirkte: Auf einen Außenstehenden machte sie einen teils entsetzlichen, teils komischen Eindruck; für mich, der ich in Dornach eine Strecke Leben zurückgelegt habe, war sie nicht komisch, für mich war sie furchtbar und schrecklich im Sinne der stattgefundenen Tragödie, in deren Verlauf das Individuum, der geistige Kern, für eine Reihe künftiger Verkörperungen vielleicht gefestigt wurde, die Persönlichkeit hingegen atrophierte. Man sieht einen Krüppel, würdigt seine überstandenen Leiden, aber man schreckt unwillkürlich zurück, wenn er einem seine Verstümmelung vor die Nase hält, als sei das etwas besonders Schönes; Höcker und Löcher an Stelle fehlender Organe und Glieder sind keine Schande, sollten aber verhüllt und niemals zur Schau getragen werden. Die «Dornacher» haben die – instinktive – Neigung, ihre Mängel als Auszeichnungen zu betrachten, als prächtige Uniform, die sie als Mitglieder eines «Kommandos zur besonderen Verwendung» trugen. Sie sind außer Stande zu erkennen, dass ein mit den besonderen Bedingungen des Dornacher Lebens nicht vertrauter Mensch ihre bedauerlichen Auszeichnungen mit völlig anderen Augen ansehen muss, ein solcher Mensch kann nicht sagen: «Du hast gekämpft wie ein Held!», sondern nur: «Wem bist Du bloß nachgeschlagen?»

Angesichts dieser Lage in Dornach musste ich mich oft zusammennehmen: sowohl im Umgang mit den «Dornachern», die ihre fatale Situation nicht einsehen konnten als auch mit all denen, die sie einfach verurteilten. Ein solches Urteil ist flach.

Was ich meine, liegt tief, sehr tief verborgen; meine Worte können bloß Signale setzen; die Aufzählung von Mängeln nach äußeren Merkmalen ist eine Art Signalisieren; diese äußeren Merkmale entsprechen nicht immer dem inneren Bestand; dort sind sie noch etwas anderes.

Zu diesen Mängeln gehören die langen Schatten an sich positiver Impulse: Selbstlosigkeit und Opferwille haben in Dornach Menschen zu einem «Sonderkommando» zusammengeführt. Die Schattenseiten: Trockenheit, Hartherzigkeit und eine ganz bestimmte Art Mitleidlosigkeit gegenüber allem, was außerhalb der Sonderaufgaben existierte, und die daraus sich ergebende Unfähigkeit, einen andersgearteten Einsatz anzuerkennen, der unter alltäglichen Bedingungen außerhalb der pompösen Ausschließlichkeit Dornachs geleistet wurde. Die Liebe zu Steiner, eine glühende Liebe, und die daraus fließende zärtliche Liebe zum «Bau» materialisierte sich in vielen zum Götzendienst, einem Kult, der nicht dem Wesen galt, dessen bloßes Negativ die materielle Form repräsentierte, sondern dem materiellen Gerüst, Beton und Holz; diesem Beton, einem Moloch, wurden blutige Opfer dargebracht, indem Leben mit einbetoniert, dem Nächsten Liebe entzogen («Liebe – dafür habe ich keine Zeit mehr») und das persönliche Leben vernachlässigt wurde («Ordnung – dafür habe ich keine Zeit»); das «alles für die Sache» verkehrte sich in ein «in allem an der Sache vorbei», denn die Sache, der man zu dienen glaubte, war die Negativform von etwas anderem: einem Tempel liebender Seelen.

Amfortas' tödliche Wunde war nicht geheilt; und mancher Dornacher, berufen, Parzival in sich zu erwecken, wurde selbst ein bescheidener «Amfortas» (ohne Aussicht auf Heilung).

Ich habe in Dornach himmelschreiende Sünden gegen die reale Menschlichkeit im Namen abstrakter, bloß abstrakter Soziabilität erlebt; aber solche abstrakte Soziabilität konnte bis in die jüngste Zeit nichts anderes hervorbringen als Parteikämpfe.

Und dafür hat man andere in den Abgrund gestoßen und den Menschen in sich mumifiziert? Hieß das nicht, den Brandflammen auch jenes zu überantworten, in dessen Namen die sinnlosen Grausamkeiten verübt worden waren?

Man kann nicht im Überschwang und in der Permanenz «völlig einmaliger Momente» leben, ohne die Möglichkeit der kritischen Reflexion auch nur eines einzigen Moments. In Dornach, dem Ort sämtlicher überregionaler Tagungen der Gesellschaft, sämtlicher Kurse, verwandelte sich dank der durch äußere Umstände gesicherten Möglichkeit, an all diesen «völlig einmaligen Momenten» teilzunehmen, der nie abreißende Schwung und Sturm in eine schlechte Unendlichkeit; das war alles. Es gibt zweierlei Trägheit: die Trägheit der Ruhe und die der gleichförmigen Bewegung aller Punkte auf parallelen Bahnen; so sagt die Physik. Und es ist sehr bedauerlich, dass die Dornacher dies außer Acht ließen. Ihr Schicksal war es, nach einem Jahrzehnt «schwungvollen Strebens» entweder den Verstand zu verlieren (unter ihnen gibt es «Wahnsinnige»), oder einen Schutzanstrich aus Gleichgültigkeit und Passivität gegenüber allem Gehörten und Gesehenen sich zuzulegen: 1921, bei der Wiederbegegnung mit Dornachern nach fünfjähriger Abwesenheit, war ich überrascht, wie sehr sie verlernt hatten, Steiner-Vorträge kritisch aufzunehmen oder wenigstens einleuchtend darzustellen. Manche von ihnen waren nicht einmal in der Lage, überhaupt etwas klar wiederzugeben und konstatierten höchstens: Er hat gesagt, das sei so und so. Dabei wirkte dieses «so und so» in ihrem Munde so grau, dass ich es unmöglich Steiner zuschreiben konnte.

Interpretiert und kommentiert wurde in Stuttgart – ob schlecht oder recht, ist eine andere Frage; manchmal bemühte sich um kritische Vertiefung eines «Krümels» von Steiners Weisheit das in Hinsicht auf «Letzte Worte» rückständige Moskau.

Bei den Dornacher Veteranen erstarrten die «Letzten Worte» zu modischen Grimassen und Gesten; das war verständlich: Sie hatten alle Hände voll zu tun, in den Sektionen und im Kunsthandwerk; sie haben viel erreicht, dabei aber nicht bemerkt, dass ihnen nicht nur die Ideologie, sondern auch das Organ dafür abhanden gekommen war; alles war viel zu kompliziert, und niemand hatte Zeit: der Bau des ersten Goetheanum, des zweiten, die Eurythmie, die Glasfenster, zehn Jahre unter einem Sturzbach von Kursen, und in den schmalen Ritzen der nicht verplanten Zeit der heroische Versuch einer Bewältigung «absolut einmaliger Momente». Die Vorträge blieben unverarbeitet, das persönliche Leben ungeordnet, und die endlose Flut einmaliger Zustände artete zu Parteiquerelen aus.

Sogar der Internationalismus, eine konkrete Errungenschaft der Kriegsjahre, zog in vielen Seelen eine krankhafte Indifferenz gegenüber dem Vaterland in seiner tieferen Bedeutung nach sich; das Verharren im Zentrum der Bewegung machte blind für die Lebensveränderungen um sie her. Beim Gespräch mit manchem Dornacher habe ich 1921 bis 1923 gespürt: Das, was in Wirklichkeit geschieht, begreifen sie überhaupt nicht.

Sogar jene Nüchternheit, die zu meiner Zeit in der Überwindung der (mittelalterlichen) romantischen Träumereien vom «Einweihungsweg» sich herauskristallisierte, wurde in manchen Seelen von einer skeptischen, fast zynischen Stimmung überlagert; einige Dornacher Russen wirkten schon durch ihr Äußeres wie «Neonihilisten»: «Man kann sich auf keinen verlassen. Keiner ist besser als der andere. Eine Diskussion über anthroposophische Themen lohnt sich nicht; keiner, weder ich noch du, versteht etwas davon. Es lohnt sich nicht, in seinem Leben Ordnung zu halten, daher braucht man weder sein Zimmer zu fegen, noch die Aschenbecher zu leeren.»

Was bleibt übrig? Die saure Mühe eines Handwerkers, ohne den Einschlag der Inspiration, die nur von einer vertieften konkreten Ideologie ausstrahlen kann, und «Parteipolitik» – «Sind Sie für Kolisko oder für Unger? Für Wegman oder für Frau Doktor Steiner?» –

Arme Dornacher!

Dennoch: Das sind nur äußere, ins Auge springende Makel, dahinter scheint das Licht großer Leistungen; selbstverständlich hinken nicht alle Dornacher. Gerade unter ihnen finden sich die am schwersten Geprüften und – Geretteten. Ihre Wunde empfingen sie in den Feuerstürmen echter Schlachten. Alles Reden darüber, was die Dornacher von sich selbst und vom Leben außerhalb Dornachs nicht wissen, ist erst dann berechtigt, wenn vorher festgestellt wird: Sie wissen etwas, was sonst keiner weiß!

Zwei Töne, zwei Themen sind in dem einen Punkt «Romantik» vereinigt – Schubert und Schumann. Aber Schubert ist Ende des 18., Schumann Anfang des 19. Jahrhunderts geboren. Der Weg von Schubert zu Bach zurück ist kürzer als der zu Schumann; und Schumann hat Züge, die den Weg von ihm zu Skrjabin kürzer erscheinen lassen als den zu Schubert.

Schubert und Schumann, die ich in Dornach erlebte (eigentlich waren es Bach und Skrjabin, die hinter ihnen standen), diese qualvolle Antinomie und die blutigen Schlachten, in denen die Dornacher unter stärkstem Beschuss opferbereit kämpften – das waren die Ursachen jener tragischen Wunde – ob sie heute ausgeheilt ist, weiß ich nicht –, die ich nach zweieinhalb Jahren Dornach und fünf Jahren kritischer Verarbeitung der Dornacher Erfahrungen (in Russland) so deutlich sehe.

Damals fehlte mir der Mut, die Dinge beim Namen zu nennen, weil der mich mit Dornach verbindende Faden, im Guten und im Bösen, sich noch nicht aufgelöst hatte: Auch ich war ein Dornacher Krüppel. Erst 1926 bis 1928, nachdem sich einiges in mir gefestigt hatte, konnte ich mich Dornach unvoreingenommen zuwenden und im Geist zurückkehren, denn Dornach – als eine neue, vom Willen des Einzelnen getragene Kultur – ist überall; und Dornach selbst ist ein Baumodell. Das Positive daran muss erhalten, am Negativen muss gelernt werden.

In einer Unterhaltung sagte mir eine Dame, eine jener harmonischen «Dornacher», die, ohne verwundet zu werden, Bemerkenswertes erreichen: «Die Menschen sind schlecht, aber die Sache ist gut.» Hinter diesen Worten klang: «Man soll sein Leben opfern und sein Kreuz freudig tragen!» Sie hatte recht: Ich habe sie in Dornach gesehen; aber ich muss sagen: Ihre Worte lassen sich auf alle Fälle anwenden, in denen eigenes und fremdes Leben zerstört wurde, anfangs unter dem Zeichen der Liebe und des Opfers, dann unter dem Zeichen des Nihilismus und mit snobistischer Grimasse. In solchen Fällen bedeuten die Worte: «Die Menschen sind schlecht, aber die Sache ist gut» lediglich: «Der Berg hat eine Maus geboren.»

Der mich in Dornach verfolgende änigmatische «doppelte Blick» Steiners besagte, dass der Doktor sehr wohl sah, wie ein Berg von Bemühungen, der im Goetheanum-Bau gipfelte, zu einer Brutstätte von Mäusen wurde. Ahriman, der Herr der Fliegen und der Mäuse, meldete sich, symptomatisch für das künftige Schicksal der Bewegung. Den Punkt, an dem die Gerade der Zeit und die Gerade des Raumes sich schnitten, unterhöhlte er durch eine «Mäuseplage».

Er besagte ein uns allen verborgenes Entsetzen: das Wissen, dass die Besten keineswegs die Besten waren.

8

Illusionslos alles zu sehen, zu wissen: «Du wirst mich dreimal verleugnen», sein Wissen vor den Verleugnern zu verbergen, eine solche Liebe, einen so mächtigen Schwung dieser Verleugnung entgegenzustellen, dass sie, die Gefallenen und Verleugnenden, für eine Sache sich einsetzten, die sie im Grunde bereits verschlafen hatten, und etwas Großes mit ihren Händen zu erringen – das war ohne Beispiel. Aber was bedeutete dann das Eintreten des Doktors in die Gesellschaft, die nur als äußerer Rahmen für einen möglichen Ausbau seiner Arbeit entstanden war? Solange er nicht Mitglied einer mittlerweile morschen sozialen Formation war, gehörte er zur «Assoziation» der sichtbaren und unsichtbaren Arbeiter zum Wohl der ganzen Welt; sein Eintreten in die «Gesellschaft» sollte die morsche gesellschaftliche Form sprengen und für weltweite esoterische Impulse öffnen.

Die Gesellschaft war und bleibt selbstverständlich ein «Durchgangstor» zu etwas «Größerem», und der Doktor, der in diesem «Größeren» stand, brauchte nicht Mitglied der Gesellschaft zu werden.

Aber als sich herausstellte, dass der Weg zu ihm und zu den mit ihm Seienden von allen möglichen bewussten und unbewussten Verleumdungen blockiert war und das «Durchgangstor» sich in eine Schlafstätte verwandelte, trat er selbst zu den ihn durch Schlafen Verratenden ein und wurde um ihretwillen zum Gefangenen der Gesellschaft. So sehe ich die Mitgliedschaft Steiners.

Dornach war ein großer Entwurf; zu der Gesellschaft stießen Menschen, die nach Wegen und nach Schulung suchten; Steiner zeigte ihnen eine Reihe von Schulungsmöglichkeiten, innerer und äußerer Art; aber die «Schule aller Schulen», Höhepunkt und Aufhebung endlicher «gesellschaftlicher» Form, ist eine Schule, in der sämtliche inneren und äußeren Schulungserfahrungen sich summierten und die in die Welt, zum Dienst an der ganzen Welt, hinausführte.

Dornach sollte eine solche Schule werden; und zu Lebzeiten Steiners ist einiges davon Wirklichkeit gewesen: In Dornach flossen alle unterirdischen Strömungen aus verschiedenen Zweigen und Schulen zusammen – ihre Summe war die Gesellschaft –, um nicht mehr zurückzukehren und den Mittelpunkt Dornach als Pfeil in die Welt zu senden. Natürlich handelt es sich nicht um äußeres Kommen und Gehen, um Geographie, sondern um ein Hinauswachsen über die Grenzen einer bloßen Summe der verschiedenen regionalen Zentren.

Für mich war der Bezugspunkt der Gesellschaft Berlin. Aus Dornach kehrte ich nach Moskau zurück, das «anthroposophische Moskau» sah ich nicht als den «Moskauer Zweig», sondern als einen Zweig, der das Blühen im Umkreis förderte und die Sperrzone der Gesellschaft durchbrach; später verbrachte ich zwei weitere Jahre in Berlin, ohne jedoch dort – wie ursprünglich – den Bezugspunkt zu finden; der Berliner Zweig war für mich durch Dornach abgeschnitten. Der Doktor, ebenfalls ein «Berliner», kam zwar aus Dornach auch nach Berlin, war aber mehr in London – im inneren Sinne.

Ich stelle mir folgendes Bild vor: Die Summe der Zentren fügt sich zur Peripherie zusammen; in jener «Letzten Schule» wurde der illusionäre morbide Kreis der Gesellschaft durchstoßen und entrollte sich wie eine Spirale, die in Dornach, dem Mittelpunkt, entsprang; wenn man «richtig» nach Dornach kam, trat man in den Anfang dieser Spirale, denn Dornach ist nicht ein Punkt in der Schweiz, sondern der Ursprung einer Spirale, die ins Weltall führt, von Dornach fort.

Eine Kurve, die von den beiden Kuppeln des ersten Goetheanum aufstieg, sollte das Geschehen unter der Kleinen Kuppel in die Weltkugel hinausführen; aber man blieb unter der Großen Kuppel wie unter einem Kaffeewärmer sitzen und starrte bloß in die Kleine Kuppel hinein – der umgekehrte Erfolg!

Der Ansatzpunkt der Spirale, der die Gesellschaft aus ihrer Begrenztheit befreien und mit der Welt verbinden sollte, schrumpfte zu einem geographischen Punkt zusammen.

Die Architektonik dieses Vorhabens ist erstaunlich; das erste Goetheanum ist ein Monogramm der Weltenwahrheit; in «dieser» Zeit, von «diesen» Händen vollbracht, ist dieses Zeichen ein Beweis für die Riesenkraft Steiners.

Aber auch das äußere Bild des Goetheanum war beinahe unsäglich schön, trotz einigen störenden Flecken: Solche Flecken waren auf die Unterlassungssünden der Architekten zurückzuführen, die es nicht fertigbrachten, das Holz zu imprägnieren und barocke Nachthauben über den Portalen anbrachten; der fade Modernismus der Glasfenster – entgegen der Intention des Doktors – und die Hilflosigkeit der Maler, die Steiners Entwürfe für die Kuppelmalerei verdarben – das alles waren «Flecken», die das Ganze jedoch nicht verdecken konnten.

Trotz allem war dieses bei meiner Abreise noch nicht vollendete Ganze unsäglich schön, und, wie alles zusammen, es ließ sich nicht photographieren; unsäglich war das Licht-Schatten-Spiel der Formen, plus die verschiedenen Schattierungen von Holz, Beton und Schiefer, plus die Linien der

Gesamtsilhouette. Die photographierbaren Formen minus Farbschattierungen und Licht- und Schattenspiel sind einfach ärmlich im Vergleich mit der magischen Wirkung des Originals, die auf dem fließenden Zusammenklang von «formenden» Farben und «farbigen» Formen beruhte. Weil seine besondere Wirkung nur im unmittelbaren Wahrnehmen zustande kam, konnte sie durch einen Teileindruck nicht vermittelt werden, etwa durch einen quantitativen (ohne Qualität) oder einen qualitativen (ohne Quantität); eine Photographie vermittelt verzerrte Quantitäten; ich muss unwillkürlich wegsehen: Das soll das Goetheanum sein?

In der Tatsache, dass etwas zur Wahrnehmung gelangte, wie durch ein Wunder, an einer riesenhaften Form, die von Hunderten schwacher, komischer und ungeschickter Menschen verwirklicht wurde, die aber aus begeisternder Liebe sich einsetzten (viele schliefen später wieder ein) – darin liegt die große Regieleistung des Doktors.

Ich spreche von einer Regieleistung, weil der Doktor jedem von uns seinen Arbeitsplatz anwies und gleichzeitig unsere innere Arbeit leitete – als geistiger Lehrer, als Kämpfer, als unermüdlicher Arbeiter, als ein kluger Mann, als Lehrer oder einfach als Schnitzer, Glaser und so weiter.

Und der Mensch, in dessen Händen alle Fäden zusammenlaufen – das ist eben ein Dirigent, vielmehr ein Regisseur.

Die Dornacher Tragödie ist ein bedeutendes Kapitel in der Geschichte der geistigen Bewegung der letzten Jahrhunderte; der Regisseur wusste um den unvermeidbaren tragischen Ausgang der Inszenierung und wagte sie doch.

Das ist mit ein Grund, weshalb gerade die Bühnenarbeit an dem Ort der «Geburt der Tragödie» so intensiv gepflegt wurde; die Bühne stieg von der Bühne herab und trat aus dem Kleinen Kuppelraum in den Großen.

Deshalb kommt im Kontext meiner Erinnerungen an Dornach der Erfahrung des Regisseurs Steiner eine große Bedeutung zu.

9

Er liebte die Bühne und kannte die Bühne. Für ihn war es eine Erholung, wenn er den Problemen einer Aufführung sich widmen konnte, ob für die

Öffentlichkeit oder für einen internen, fast familiären Abend bestimmt, für wenige, für den engsten Kreis – unter einem Familienabend verstehe ich eine Aufführung in der Schreinerei, oder die schnell einstudierten bäuerlichen Weihnachtsspiele in der Weihnachtszeit. Wo immer die Idee einer Aufführung geboren wurde, da tauchte, sobald er nur konnte, auch der Doktor auf und kniete sich sofort in die Arbeit. Ich hatte das Glück, 1915–1916 wiederholt den Proben zu «Faust» auf der Dornacher Bühne beizuwohnen; und ich war Zeuge seiner unerschöpflichen Einfälle an Details, Gesten, Intonationen. Bei solchen Proben gab es keine gespannte Atmosphäre, kein überfülltes Auditorium, keine Gaffer, es gab keine «Tanten» und «alte Damen», hier dominierte das künstlerische Element – Marija Jakowlewna, Fräulein Waller, die Mitwirkenden (die damalige Dornacher Jugend beiderlei Geschlechts), ihre nächsten Freunde (ich wurde zugelassen, weil A. A. Turgenjewa bei allen Inszenierungen aktiv mitwirkte). Hier herrschte eine völlig andere Atmosphäre: nicht streng, nicht «vortragsmäßig», am wenigsten – okkult. Der Geist Goethes herrschte hier, und diese Proben erinnerten mich an «Wilhelm Meister»; keine Spur von Akademismus, aber auch keine Spur von Modernismus; hier wehte ein Etwas, das wahrhaft neu war, nach eigener Form strebend, und gleichzeitig uralt in des Wortes höchster Bedeutung; hier wehte ein Hauch des frühen 19. Jahrhunderts: Idealismus, Romantik; der Stil Goethes und Herman Grimms ging bei diesen Proben eine eigenartige Verbindung mit dem Stil Steiners ein.

Doktor Steiner wurde bei diesen Proben einfach zum «lieben Herrn Doktor», lustig, gütig, zum Scherz aufgelegt, aber auch fordernd und pedantisch – wenn es nötig war; der «Doktor» wurde zu einem zugänglichen Regisseur und Künstler. In seiner Gegenwart konnte man übermütig werden, ungeniert herumlaufen und von ihm von allen Seiten Erklärungen verlangen. Wenn man beobachtete, wie jemand ihn im Eifer des Gefechts am Ärmel packte und mit sich zog, dann staunte man, dass dieser einfache Mann ein tausendköpfiges Auditorium in Furcht und Zittern versetzen konnte.

So gutmütig und einfach sah er dann aus.

Aber auch dann hatte man Respekt vor ihm: Man hatte Respekt vor dem Regisseur – nicht vor dem «Lehrer».

Wenn es darauf ankam, konnte er unerbittlich sein, indem er an einem Tag kaum zu Bewältigendes zu lernen oder umzulernen aufgab.

Das Ergebnis war die wirklich erstaunliche Produktivität des Dornacher Zwergstudios – in Bezug auf Besetzung und Mittel: Zeitweilig gab es jeden Sonntag eine neue Aufführung; vormittags die Arbeit am Bau, wo die Schauspieler als Glaser, Schnitzer, Zeichner auftraten, abends die Proben mit dem Doktor und Marija Jakowlewna; dabei mussten sie auch noch die Zeit zum Rollenlernen für die nächste Probe aufbringen.

Man darf nicht vergessen, dass der soziale Hintergrund, vor dem diese Tages- und Probenarbeit sich abspielte, einem Vulkan glich, vor allem im Sommer und Herbst 1915, und die Schauspieler außerdem Mitglieder einer Gesellschaft waren, in der sehr Bedenkliches vorging.

Aber in den Proben erstand in Dornach eine andere, eine reine, unbeschwerte und sinnerfüllte Welt, vom Geist Goethes durchweht.

Über dieses künstlerische Leben innerhalb des Dornacher Lebens, über die herzlichen Beziehungen zwischen dem Doktor und dem Schauspielstudio gab es viel Tantengerede; die Tanten nahmen es übel, dass sie zu den Proben nicht zugelassen waren und verfolgten Steiner mit ihrer Eifersucht auf das in sich abgeschlossene Leben des Schauspielstudios.

10

Der Doktor als Regisseur – das war eine außerordentliche Erscheinung; man könnte Dutzende von Seiten über sein Improvisationstalent schreiben: aus dem Nichts in fünf Tagen eine Schauspielertruppe, mit wenigen Lappen eine Bühnendekoration, aus einigen musikalischen Laien ein Orchester zu schaffen, und diese Hausmacherkost dem aus der ganzen Schweiz zusammengeströmten anthroposophischen Publikum vorzusetzen, aber so, dass die Gäste aus Genf, Bern, Basel, Zürich, Lausanne ausriefen: «Ravissant!», «Schön!», «Großartig!».

11

Besonders liebte er das Christgeburtspiel, das bis heute in entlegenen Winkeln Deutschlands sich erhalten hat; der Text dieses Spiels geht bis ins

13. Jahrhundert zurück; er liebte seine Hirtenspäße, seine derben Gebärden, die mit der urwüchsig plastischen Bauernsprache so gut harmonieren. Er hat es zur Sitte gemacht, dass in der Weihnachtszeit diese «Mysterien» in allen größeren anthroposophischen Zentren zu sehen sind; 1914 habe ich sie zweimal erlebt: erst in Berlin, dann in Leipzig. In Leipzig hatte man an der Aufführung lange gearbeitet, ehe man sie Steiner zeigte; in Berlin führte der Doktor mit leichter Hand Regie, und in ein paar Tagen war das Spiel improvisiert.

Die Berliner Aufführung sah ich am 20. Dezember 1914, die Leipziger am 28., 29. Dezember; mein Gott, wie verschieden waren die beiden Abende!

Das Weihnachtsspiel in Leipzig:

Pompös, aufgeblasen, zeremoniös, in auffallend prunkvollen Kostümen, theatralisch in Pose und Deklamation: Deklamation, nichts als hohle Deklamation; im riesigen, taghell erleuchteten Saal fand eine Prozession, fast eine kultische Handlung statt. Aber das Ganze war falsch, hochtrabend und langweilig; das schlimmste war der Widerspruch zwischen dem Mysterienpomp und der einfachen, kräftigen Bauernsprache. Die Regie führte die Zweigleiterin, die eines guten Geschmacks sich rühmende Schriftstellerin Wolfram.

Das Weihnachtsspiel in Berlin:

Ungekünstelt und fröhlich, ohne jeden Aufwand mit Kostümen. Selling, der den Teufel spielte, drehte zwei Haarsträhnen zu Hörnern, heftete an seinen Gehrock einen Schwanz aus Papier – und schon war er ein echter «Teufel»: der Teufel der Volksspiele des 13. Jahrhunderts. Der Joseph war rührend, und Fräulein Waller, unverkennbar ein «Fräulein», in selbstgebastelter Goldkrone und mit einem Strahlenstern an einem großen Stock, mit dem sie laut auf den Boden klopfte, wenn sie sich den Weg zum Christuskind durch den Zuschauerraum bahnte, war ein echter Weiser aus dem Morgenlande, ein «König» vom Scheitel bis zur Sohle.

Ich ging nach dem Berliner Weihnachtsspiel tief ergriffen nach Hause, ergriffen wie nach einem Mysterienspiel, dank der bewussten Schlichtheit der Aufführung.

Der Doktor saß in der ersten Reihe und freute sich; er lachte über die Späße der Hirten und Könige, als wollte er zu dem «Salz» des Volkswitzes eine Prise des eigenen hinzufügen. Und man spürte: Sein Witz ist Volkswitz.

Er kam ja selbst aus dem Volk: Er war der Sohn eines kleinen Eisenbahnbeamten. 1915 und 1916 war ich wieder bei den Proben zum Weihnachtsspiel anwesend; jetzt hatte Steiner mehr Zeit, um die Aufführung vorzubereiten – in Berlin wurde alles in zwei Tagen improvisiert –, und es wurde ein wahres Wunder; der Herodes (Stuten) war in manchen Momenten einfach schreckenerregend, und der Teufel hatte nicht die geringste Ähnlichkeit mit dem «Teufelchen» Sellings: Das war der leibhaftige Teufel, entsprechend dem anderen, den Teufel im Teufel härter umreißenden Spiel. In Dornach trat das Dramatische, in Berlin das Gemütvolle der Texte in den Vordergrund. Übrigens sprang der Doktor während einer Probe auf die Bühne, nahm dem Schauspieler (einem Hirten) Textbuch und Stab aus der Hand und spielte selbst den Hirten, der die Christgeburt preist; er zeigte, wie dieser Hirt singt und, sich auf seinen Stab stützend, im Kreise springt. Der Doktor war kaum wiederzuerkennen. Seine ganze Haltung war verändert, mit rauher Stimme intonierte er den alten, schwer nachzuahmenden Dialekt.

Da sah ich, im Doktor lebte ein großartiger Schauspieler; wäre er nicht der «Doktor» geworden, dann wäre er ein Motschalow geworden.

Ein anderes Mal sah ich, wie er die Rolle des Mephisto übernahm, in jener Szene, in der Faust stirbt und Mephisto mit den Engeln um seine Seele streitet.

«Nein, so geht das nicht, das ist kein Mephisto!», rief er. Er sprang mit einem leichten Satz auf die Bühne, nahm fast ungeduldig das Buch aus den Händen des verdutzten Schauspielers und begann die Rolle des Mephisto zuerst begeistert zu lesen, dann zu spielen und stand schließlich als die Verkörperung Mephistos vor den Eurythmistinnen-Engeln. Ein widerwärtiger Greis stand auf der Bühne. Besonders abstoßend und unheimlich war er in dem Moment, als Mephisto von den Engeln mit Rosen beworfen wird und sich in sie verliebt: Vor den Engeln verwandelt sich der Teufel in einen Greis, in einen «ramolli», der den Engeln schmutzige und jämmerliche Liebeserklärungen zuflüstert; das war nicht mehr der Doktor, das war der Teufel.

Am Schluss des Monologs schien er selbst überrascht; er blieb auf der Bühne stehen und trocknete sich die Stirn. «So muss man spielen!» – das waren, glaube ich, seine Worte.

Das war große Schauspielkunst nicht mehr im potenziellen, sondern im ganz realen Sinne.

Am nächsten Tag sagte ich zum Doktor: «Herr Doktor, gestern, als Sie der Teufel waren, gab es Augenblicke, in denen ich Sie gehasst habe.»

Er lächelte bedeutungsvoll und antwortete mit einem Satz, dessen genauen Wortlaut ich nicht behalten habe; dem Sinne nach sagte er: «Wir sind ‹Okkultisten›, um die Manieren und Fratzen dieses Herrn kennenzulernen» (er meinte den Teufel).

Dieses Gespräch fand kurz vor meiner endgültigen Abreise nach Russland statt (1916). Das Bild des Bösen, wie er von Steiner dargestellt wurde, rüstete mich mit einem Wissen aus, das durch kein Buch vermittelt werden kann; jenes Spiel griff über die Bühne hinaus; man vergaß, dass es eine Improvisation war; in diesem Spiel war das Spiel aufgehoben.

Er war der Böse selbst.

Deshalb sage ich, dass Steiner ein großer Schauspieler war.

12

Er hatte dem Theater viel Kompetentes zu sagen – das bestätigte M. A. Tschechow durch seine Behauptung, der Dramatische Kurs gebe dem Schauspieler eine Antwort auf Detailfragen, von denen weder der Zuschauer noch die Mehrzahl der Theaterkritiker auch nur eine Ahnung hätten.

Der Doktor ist – nach der Meinung Tschechows, eines Fachmannes – ein wirklicher Fachmann.

13

Bei jeder Aufführung wuchsen neue Probleme wie die Pilze aus dem Boden: Sprache, Bewegung, Kostüm, Beleuchtung; alles das, was heute als feste Einrichtung in Dornach und Stuttgart existiert – das Eurythmeum mit dem fünfjährigen Ausbildungsprogramm, die Dornacher Sprachschule –, wurde bei den Dornacher Miniaufführungen von Steiner persönlich angepackt und gefördert. Man sieht das am Beispiel des atemberaubend kühnen

Versuchs einer neuen szenischen Lösung der Schlussszene des «Faust» nur als Gebärde; das Wort wurde danebengestellt und einem Sprecher anvertraut; der Sprecher war Marija Jakowlewna. Die Hierophanten und die Engelsgruppen wurden durch die Farben der Gewänder und Schleier charakterisiert. Eine besondere Bedeutung bekamen die Pausen. Für die Pausen brauchte man Musik. In Dornach waren zwar Vertreter aller möglichen Fachrichtungen versammelt, nur keine Berufsmusiker; aber es gab den Komponisten Stuten und einige Laien. Es gab einen Flügel, eine Geige, ein Cello, eine Trompete, später ließen sich noch zwei Trommeln und eine Pauke auftreiben. Für dieses Instrumentarium schrieb Stuten eine gar nicht so schlechte Musik und begann mit den Laien zu proben. Es entstand ein Orchester, aber es fehlte der zweite Schlagzeuger, der auch eine «mystische» Holzklapper bedienen sollte. Ich weiß heute selbst nicht mehr, wie ich dazu kam, mich damals freiwillig als Schlagzeuger zu melden, vermutlich aus dem brennenden Bedürfnis zu helfen. Es ging gut: Unter der Anleitung Stutens brachte ich den Donner und die erforderlichen grellen Paukenschläge zustande; das Publikum vernahm mystische Töne; die Orchestertrommel sollte bei den Zuschauern eine geheimnisvolle Spannung erregen.

Jede Einzelheit für sich genommen war ärmlich; die Kostüme bestanden aus Lappen, die Orchestermusiker waren, wie ich, «Zweite Schlagzeuger» – aber das Ganze hinterließ einen tiefen und starken Eindruck und bot vor allem eine Lösung für die Inszenierung der «mystischen» Schlussszene des «Faust».

Der Urheber des Ganzen war natürlich der Doktor.

14

Die erste Aufführung dieser Szene fand im August 1915 statt, zu einem kritischen Zeitpunkt des Dornacher Lebens, als unser Hügel von den überall außerhalb und innerhalb der Gesellschaft aufsteigenden Schwefeldünsten der Verleumdungen und Gerüchte eingehüllt wurde. Die Jüngeren verloren den Mut. Ich glaube, dass der Doktor, unter anderem, die Jüngeren ablenken und ihnen eine neue Aufgabe stellen wollte, aber die Wirkung dieser Faustszene übertraf seine eigene Absicht. Eine Mysterienwirkung wehte von der Bühne herab, trotz der Dürftigkeit der darstellerischen Möglichkeiten und

Mittel. Der Hauch des Mysteriums bannte alles Dunkle, die Atmosphäre verwandelte sich: Bis zum Aufführungstag war alles von Hoffnungslosigkeit bestimmt, dann begann der Kampf der guten und der bösen Kräfte; wir hofften auf einen Sieg und siegten.

Der Stimmungsumschlag geschah in der (durch die Wirkung der als Mysterium erlebten Faustszene) verwandelten Atmosphäre Dornachs.

Es war ein merkwürdiges Zusammentreffen: Zu Beginn der Vorstellung zog ein heftiges Gewitter auf; alle Farben erloschen, Donner und Blitz hinter den Fenstern begleiteten die Worte der drei Hierophanten und das Aufsteigen von «Faustens Unsterblichem». Aber im Augenblick des Erscheinens der Mater Gloriosa blickte die Sonne durch die sich verziehenden Wolken. Wir gingen zur Aufführung an einem drückenden Nachmittag unter drohenden Gewitterwolken; nach der Aufführung traten wir in einen strahlenden, erfrischten, sonnenklaren Tag hinaus. In dieser Szene stehen die Worte:

> Der Blitz, der flammend niederschlug,
> Die Atmosphäre zu verbessern ...

Als ich sie hörte, dachte ich: Ja, die Atmosphäre muss verbessert werden, die uns umgebende, aus Schwefeldünsten bestehende Atmosphäre. Während der Aufführung kam es durch die Kraft des Goethe-Wortes und die Regie des Doktors zu einer Verbesserung der Atmosphäre, in einer merkwürdigen Entsprechung zur Entladung atmosphärischer Elektrizität über Dornach.

Die Atmosphäre war gereinigt, die anwesenden Mitglieder gingen mit klaren Gesichtern, wie nach einem Mysterium, unter dem reinen Himmel auseinander. Vor uns, bereits am Fuße des Hügels, ging der Doktor. Auf die Entfernung wirkte seine schwarze Silhouette vor dem Hintergrund der grünen, regenfrischen Wiese besonders zierlich; plötzlich blieb er stehen und zeigte Marija Jakowlewna und Fräulein Waller mit erhobenem Arm den leuchtenden Himmel. Ich meinte zu hören, wie er sagte:

«Die Atmosphäre ist verbessert!»

Da glaubte ich, dass diese Gebärde des uns vorausgehenden, fröhlichen – am Vortage düsteren – Doktors, der mit dem Arm allen, die ihm folgten (nicht nur Marija Jakowlewna), die verbesserte Atmosphäre zeigte, die Gebärde eines großen Lebenskünstlers ist, der einmal durch das reinigende Wort der Vorträge, ein anderes Mal durch die reinigende Gebärde der Kunst wirkt.

Diese Faustszene, dargeboten in der kosmischen Gebärde der Eurythmie, war für mich in ihrer Wirkung etwas Größeres als Kunst: Weiße Magie, Theurgie, eine Beschwörung gegen die Macht des Drachens, der in unseren Seelen, in Dornach, seine Rachen gegen den Doktor auftat.

Ich wusste: Die Rachen sind bezwungen.

15

Hier berühre ich einen Punkt, der nur schwer in Worte zu fassen ist: In der Regietendenz des Doktors sehe ich den Versuch eines Stils der Deutlichkeit und des gemeinsamen Spiels, damit sich unter dem Schleier des Spiels Größeres ereigne.

Ich musste oft an den genialen Pechvogel d'Alheim denken, der das «Haus des Liedes» ins Leben gerufen und in seinen Vorstellungen manches mit Steiner gemeinsam hatte. In den letzten Jahren seines Lebens vertiefte er sich, ähnlich wie der Doktor, in die Möglichkeiten der Gebärde, einer Eurythmie, ohne darüber – im Gegensatz zu Steiner – Entscheidendes aussagen zu können. 1907–1908, als wir häufig zusammen waren, sagte er mir wiederholt: «Die höchste Magie der Kunst besteht darin, die quälenden Widersprüche des Lebens nicht in antinomischen Spekulationen aufzuheben, sondern durch den Rhythmus, in einer göttlichen, dem Spiel gleichen Leichtigkeit.» Unter härtesten Schicksalsschlägen, in völlig ausweglosen Momenten, rief d'Alheim uns, den damaligen Mitarbeitern des «Hauses des Liedes», zu: «Eh bien, jouons!»

Aber er selbst verstand sich nicht auf das «Spielen» und holte sich, wenn er spielen wollte, manchen blauen Flecken.

16

Unbewusst – oder vielleicht bewusst? – förderte der Doktor in den aussichtslos schweren Monaten des Dornacher Lebens das Spiel. In den Monaten zusammenbrechender Hoffnungen, der Zwistigkeiten, Verleumdungen und Kämpfe, in den Monaten, als mancher vom «Seelenpfad» abirrte, in den Monaten, als wir, die Russen, nur unter äußersten Schwierigkeiten überhaupt in Dornach bleiben konnten – Warschau, Brest-Litowsk, Iwangorod wurden damals geräumt –, in dieser Zeit unheimlicher Einkreisung tauchte der Doktor immer wieder für Stunden in die Kunst ein und erreichte bei den Mitwirkenden «göttliche Leichtigkeit», jenes «Spielen», ohne das niemand über den gähnenden Abgrund Dornachs hinübergelangt wäre. Es gab mehrere solcher «gähnenden Abgründe», das weiß ich; und ich weiß, dass ein einziger Schritt oft über die gesamte moralische Existenz entschied. Mancher von uns wäre, wenn er in die Tiefe unter seinen Füßen geblickt hätte, rettungslos verloren gewesen; man konnte dort nicht langsam gehen; man musste den Blick auf den über den Köpfen spielenden Strahl des Mythos richten und – laufen, man musste eurythmisch schreiten können.

Da stand vor den Menschen, deren Blick vom Abgrund gebannt war, der Doktor und zeigte ihnen das leichtfüßige Schreiten; er selbst lief uns voraus im «göttlichen Spiel», und wir liefen ihm nach. Da war er Orpheus, der die zu Stein Erstarrten tanzen ließ: A. A. Turgenjewa, die damals sich zur Eurythmie am wenigsten berufen fühlte, schwebte über die Bühne, und ich brachte die Zweite Trommel zum Dröhnen.

Der Künstler, der Regisseur Steiner geleitete uns über den Abgrund, indem er uns nicht zur Besinnung kommen ließ: Aufführung – Aufführung. In den Aufführungen überwältigte uns der Mythos, im Mythos verwandelte sich die Atmosphäre, und der Moment der Verwandlung war ein Sprung über die Abgründe.

Als wir zur Besinnung kamen – im Februar 1916 –, standen wir bereits auf der anderen Seite, die gefährlichen Absturzstellen lagen hinter uns; das äußere Leben in Dornach regelte sich, die äußeren Fronten waren stabilisiert.

Da verließ uns der Künstler Steiner, um für die Aufgaben und die Mitglieder der Gesellschaft an anderen Punkten zu kämpfen.

Manchmal ließ der Doktor den Künstler, den leichtfüßigen Tänzer als Orpheus-Maske eines neuen Eingeweihten erscheinen und das Mysterium der Neuen Einweihung in das Medium der Kunst einfließen.

Und ihm gelang das, was dem genialen Pechvogel d'Alheim nicht gelungen war.

Die Devise der Symbolisten, «Verwandeln des Lebens», trat durch die ihm innewohnende orphische Macht in schöpferischen Symbolen der verschiedenen, sich in ihm kreuzenden «Biographien» in Erscheinung.

17

Man könnte denken, ich möchte Steiner als «großen» Menschen darstellen. Keineswegs: Der Aspekt der «Größe», der «Größe» am Doktor, interessiert mich nicht im Geringsten; mich interessiert nicht die Quantität, sondern die Qualität, die Farbqualität seines «Bildes», abgesehen von der Größe der Leinwand, auf der die Farben aufgetragen sind.

Die Frage nach der Größe ist bei Steiner nicht angemessen; ich habe in meinem Leben manchen «Großen» gesehen, ohne an ihm etwas Besonderes entdecken zu können.

Der Funke, der in das Pulverfass fällt, ist klein – groß ist das Pulverfass.

Der Doktor ist der kleine Funke, der große Erschütterungen auslöst.

Die sogenannten «Großen» sind oft nur ein lauter Knall, ohne zündenden Funken, der sich als Rauchschwaden verzieht.

Der große Ruhm ist Schall und Rauch. So wurde der Doktor nicht von den Fittichen seines Ruhmes emporgetragen und ist sang- und klanglos von der Bühne verschwunden; er ist der zündende Funke, der lautlos wirkt; seine Wirkung ist – das Ozon der Atmosphäre!

18

Wenn man sich staunend die geniale Regieleistung Rudolf Steiners vergegenwärtigt, der die Gesellschaft nicht bloß die Inszenierung Goethes, sondern den gesamten Komplex des Goetheanum verdankt, darf man auch jene nicht unerwähnt lassen, die zur Verkörperung der Regieeinfälle in materiellen Formen – Beton, Holz, Schiefer –, zusammengeschweißt von mathematischen Formeln und unendlichen Reihen komplizierter, verantwortungsvoller Berechnungen, das Ihre beigetragen haben.

Ich sehe vor mir die tragische Gestalt des Ingenieurs Englert: zuerst von der lichten Melodie Schuberts umweht, darauf, ebenso wie der Doktor, von einer anderen, von der «Nacht» Schumanns gebannt. Später sind wir uns nicht mehr begegnet, ich habe nur über ihn Dinge erzählen hören, die ich nicht wiederholen möchte: Ich kenne die Manier der «kleinen Leute», mit Steinen nach jemand zu werfen, den sie oft genug als «unseren verehrten Freund» angeredet haben und dann unvermittelt fallen lassen, weil er angeblich ein Taschentuch aus ihrer Tasche gestohlen hat.

Das, was mir über Englert zu Ohren kam, kann das Bild dieser außerordentlichen Persönlichkeit nicht tangieren, eines Menschen mit Talent, Willen, warmer Offenheit und der Gabe unmittelbarer Herzlichkeit. Alles, was mir zu Ohren kam, charakterisiert in erster Linie die Zwischenträger. Ein Tiger kann einen Menschen zerfleischen, aber ein Tiger ist ein Tiger und keine Wanze. Ich habe eine gewisse Beobachtungsgabe, wenigstens als Schriftsteller, und ich merke, wenn ich schon mit Bildern aus dem Tierreich konfrontiert werde, ob es eine «Wanze» ist, die da stinkt. Aber Englert ist kein Tiger, keine Wanze, sondern ein ganz besonderer Mensch, um mehrere Köpfe alle die überragend, welche solche Schauermärchen über ihn verbreiten. Ihm ist ein «Unfall» zugestoßen: Er hat sich von Steiner getrennt, in Unfrieden, und er ist konvertiert, zum Katholizismus.

Dies ist eine Tragödie, die sich für Englert vielleicht bis in den Rhythmus der Wiederverkörperungen auswirken könnte, aber ich sehe darin den «Wahnsinn» Schumanns, der das Schubert-Thema der Morgenröte überwältigt hat.

In diesem Schicksal erkenne ich dich, Dornach!

Es ist das Schicksal dieser Landschaft: wo böse Burgen nach dem Goetheanum schielen, wo auch ich den «Teufel» erlebte, wo auch mein Schicksal, wo nicht nur mein Schicksal, sondern auch das von Nietzsche sich anbahnte: in der Niederschrift der «Geburt der Tragödie aus dem Geiste der Musik», in seinem Bruch mit Wagner, in seiner panischen Angst vor dem Spießer und der Vulgarität.

Eine schicksalsträchtige Landschaft!

In dieser schicksalshaften Landschaft sehe ich die schicksalhafte Gestalt des Baumeisters des Goetheanum, der das Goetheanum verflucht hat.

Man möchte sagen: Ecce Homo!

Aber auch: Lasst von ihm ab!

«Das ist Englert, ein sehr fähiger Ingenieur; er ist bis über den Kopf in die komplizierten Aufgaben des ‹Baus› versunken; es sind Aufgaben, die eine ganz neue, noch nirgends erprobte Bautechnik erfordern. Der Doktor schenkt ihm volles Vertrauen. Und das ist unser Architekt Schmid ...», und damit war die Charakteristik des Architekten Schmid beendet. Ich sah einen hochgewachsenen, arrogant wirkenden Mann mit dunklem Bart und unbeweglichem, stumpfem Blick, der als Architekt zu posieren schien. Und dann sah ich eine unscheinbare mittelgroße Gestalt mit kastanienbraunem Bart und Brille, mit dicken Lippen, gesunder Gesichtsfarbe, die sich, leicht gebückt, eilig den Weg durch die Menge bahnte.

Das war in Berlin gewesen.

Dieser mittelgroße Mann in der kurzen Jacke interessierte mich nicht; er wirkte nüchtern-alltäglich und geschäftig; er erinnerte mich an irgendein Werkzeug, das man nicht kennt, beim Arbeitsgang, den man nicht durchschaut; man kann nur verständnislos zugucken.

Der «Architekt» Schmid interessierte mich dagegen sehr: eine dorische Säule!

Aber die Werkzeuge werden gebraucht, und die Prunksäulen stehen nur da; im Laufe der Monate in Dornach erwies sich der «Architekt» Schmid als das, was er war: Er stand und bot ein gutes Bild. Das unscheinbare «Werkzeug» arbeitete immer weiter, bis sein Arbeitsfeld sich auch auf das Gebiet der Architektur ausdehnte, zumal da die Folgen des malerischen Dastehens des Architekten bereits auf der Hand lagen und man den Architekten nicht einmal wechseln konnte, denn er hatte gar keine Funktion: Die Mängel an der Baustelle waren nicht mehr zu übersehen, aber er griff nirgends ein; das «Werkzeug» Englert musste überall einspringen und das große Vorhaben auf seine Schultern laden.

Schmid verschwand: Schmid war wie nie da gewesen (ich weiß nicht, was mit ihm in Wirklichkeit passiert ist, ich gebe nur meinen subjektiven Eindruck wieder). Englert war überall. Erstaunt betrachteten wir alle diesen von Leben, Glanz, Einfällen, Berechnungen, Interessen überquellenden

Mann, den Steiner durch täglichen Besuch in seiner kleinen Baubaracke auszeichnete, wo Englert übrigens selten zu finden war, denn er war immer dort, wo gearbeitet wurde. Unscheinbar, gebückt, in einem schmutzigen Arbeitskittel, packte er mit den Arbeitern eine Riesenrippe für das Kuppelgerüst an, fror zwischen dem kalten Beton irgendwo unter der Erde, wo man über gigantische Eisenkrallen stolperte, denen seine besondere Behutsamkeit galt, kletterte auf dem Kuppelscheitel herum. Manchmal setzte er sich in der Pause zu den Schnitzern auf die Wiese; er hockte mit angezogenen Knien auf einem Balken, steckte sich eine Zigarre an und brachte alle mit fröhlichem und geistreichem Humor zum Lachen, bis er auf einmal, mitten im Satz, aufsprang und mit einem lauten «Halt!» auf eine Gruppe von Arbeitern zulief, um mit anzupacken, wobei er am lautesten palaverte. Von ferne konnte man glauben, er sei auch ein Arbeiter: «Ein Ingenieur? Aber nein! Wo gibt es denn das, ein Ingenieur, der höchstpersönlich einen schweren Brocken über die Baustelle schleppt?»

Unterdessen berichteten Schweizer technische Zeitschriften von dem erstaunlichen Versuch, zwei Kuppeln zu verbinden, eine Konstruktionslösung, die bis dahin für unmöglich gegolten hatte; die Kuppeln des Goetheanum wurden zum Objekt spezieller Untersuchungen.

– Erstaunlich!

– Erstmalig!

Das vollbrachte ein bescheidener Ingenieur, später Ingenieur und Architekt, und noch später Ingenieur, Architekt und Astronom, der dazu überging, die von ihm ausgeführten Bauformen astrologisch auszuwerten.

Plötzlich streikten in Dornach die Arbeiter: gegen die Missstände, gegen die bourgeoise Tendenz des «Büros». Englert, mitten unter ihnen, unterstützte ihre Forderungen und wetterte gegen die Bürobonzen; der Ingenieur, Architekt, Astronom, Astrologe setzte sich als extrem linkes Mitglied des Johannes-Bauvereins für die Behebung sozialer Konflikte ein.

Englert wuchs in den Monaten auf der Baustelle; er machte nicht viel Aufhebens von seiner Arbeit, aber er war unentbehrlich geworden: der lebendigste, begabteste, der arbeitsfähigste und zuverlässigste Mensch, der schlichteste und der herzlichste: nicht in seinen Worten, aber in seinen Taten.

Deshalb steht im Kapitel «Goetheanum» unmittelbar neben Steiner der Ingenieur Englert.

Unsere erste Begegnung in Dornach: Vorfrühlingsstimmung, eine Wiese, herumliegende Balken; ich will in der Pause Luft schnappen, draußen sitzen schon die «starken jungen Männer», sie haben ihre Jacken ausgebreitet und sitzen mit untergeschlagenen Beinen auf der Erde oder auf den Balken, zwischen ihnen jemand in einer billigen Cordsamtjacke, ohne Mütze, sonnenverbrannt; er sitzt mit gespreizten Beinen und wirkt lustig und gutgelaunt. Aber das kastanienbraune Bärtchen, der dichte Schnurrbart, die goldene Brille und vor allem der aufmerksame Blick der wunderbar gütigen, weit über die Köpfe der versammelten Gesellschaft hinweg gerichteten Augen, zerstören die Illusion der Jugend; hinter den unbekümmerten Reden spürt man einen unablässigen Gedanken, eine Reserve, etwas Prüfendes, Abwartendes, vielleicht sogar eine Erwartung, die er uns entgegenbringt; jeder merkt: Freilich, er ist lustig und unbeschwert, aber das ist nicht das Charakteristische dieses Menschen; er ist «ganz da», aber dadurch wird um so deutlicher, dass hinter diesem «Ganz-da-Sein» das Geheimnis einer sehr bedeutenden Individualität steht.

«Kommen Sie! Kommen Sie zu uns!», winkt mir dieser Mann zu. Und ich erkenne den Ingenieur Englert.

Ich setzte mich dazu; und bald war mir klar, dass Englert das Gespräch bewusst führte, als wollte er die um ihn versammelte Jugend prüfen: ihre Ziele, ihren Lebensinhalt, ihre Lektüre, ihr Reflexionsvermögen; ganz nebenbei, in einem Nebensatz hörten wir, was Nietzsche meint, was in der griechischen Medizin praktiziert wurde, oder was Abälard gesagt hat.

«Aha» – dachte ich –, «das ist jemand, der viel nachgedacht hat, ein Mann von großer Erudition, die er unter seinem Arbeitskittel versteckt, um zu messen, zu rechnen, auf den Gerüsten herumzuklettern, von einer Baracke zur anderen zu laufen und sich unter die Arbeiter zu mischen!»

So begann meine Bekanntschaft mit Englert; dabei fiel mir auf, dass er mir gleichsam «zuzwinkerte», in der früher in meiner «Symphonie» geschilderten Weise des «neuen» Menschen, der nach zwei abgeschlossenen Studiengängen sich in die Apokalypse vergräbt, sie in sich aufnimmt und in die alltägliche Praxis des neue Wege suchenden Lebens umsetzt; dieses «Zuzwinkern» fragte: «Bist du ein Weggenosse?»

Von allen Anthroposophen, die ich je getroffen habe, erinnerte mich Englert am meisten an eine Gestalt aus meiner «Symphonie», an einen

Sucher neuer Pfade, auch in der Anthroposophie, der er sich erst vor kurzem angeschlossen hatte, nach einem längeren, sehr individuellen Weg, der ihn immer weiter vom «Kollektiv» wegführte.

Ich glaubte, dass er auch aus seiner Begegnung mit Rudolf Steiner etwas Eigenes entwickeln würde, so wie Rittelmeyer den Weg zu seiner Christengemeinschaft, so wie Morgenstern den einzigartigen Ton seiner letzten Gedichte gefunden hat.

Ich muss ihm ebenfalls aufgefallen sein: Er zwinkerte mir zu und beobachtete mich offenbar; später, nach gut zwei Jahren, gestand er: «Jetzt verstehe ich Sie. Ich habe Sie richtig verstanden, nachdem ich Dostojewskij wieder gelesen habe.»

Bald erfuhr ich vieles über den Menschen Englert von Margarita Wassiljewna Woloschina, die sich mit ihm anfreundete; alles, was sie mir erzählte, bestätigte meinen ersten Eindruck: Englert – ein Medtner oder Ratschinskij, der zur Anthroposophie kommt und eine Menge Spannungen von den zurückgelegten Wegen mitbringt, die er hier harmonisieren muss, sonst – sonst – explodiert er.

Bereits im Juni versammelte sich auf Initiative von Margarita Wassiljewna Woloschina um Englert ein kleiner Kreis, der sich für Astronomie interessierte; dieser Kreis, zu dem auch ich gehörte, blieb nicht lange zusammen: Die Arbeiten am Bau nahmen die ganze Zeit Englerts in Anspruch.

Um diese Zeit kam es zwischen uns zu einer ersten Unterhaltung unter vier Augen, die mir sehr zu denken gab; er entdeckte mein früheres Interesse für das historische Rosenkreuzertum und sagte, während wir über Christian Rosenkreutz sprachen:

«Hören Sie, Bugajew, wenn Sie das und das erleben, kommen Sie zu mir und sagen Sie es mir.»

Erstaunlicherweise traf nach etwas über einem Jahr genau das ein, wovor Englert mich gewarnt hatte. Aber ich ging nicht zu ihm: 1915 waren unsere Beziehungen auf eine merkwürdige Weise gespannt, ebenso wie sie sich auf merkwürdige Weise geknüpft hatten; nein, eigentlich nicht gespannt – es war eine scheinbare Entfremdung eingetreten; ich sah Englert in einen seltsamen, unheimlichen Dunst eingehüllt, jenen Dunst, den ich bereits kurz beschrieben habe; ich ging ihm aus dem Weg, und er ging mir – ohne Verschulden meinerseits – ebenfalls aus dem Weg.

Schließlich grüßten wir uns nicht mehr – auch das war damals in Dornach möglich!

Anfang 1916 schlug die unmotivierte Entfremdung in eine ebenso unmotivierte Sympathie um; ich besuchte Englert in seiner Baubaracke, dort fanden die interessantesten Tête-à-têtes statt, und ich lernte Englert immer mehr als einen klugen, wahrhaftigen und vielseitigen Mann schätzen; aber immer stärker ahnte ich in ihm einen Gezeichneten und eine heimliche Tragik.

Immer deutlicher hörte ich das Motiv «In der Nacht», die Faszination durch den uns einkreisenden Abgrund.

Später erfuhr ich, dass er genau in den Tagen unserer instinktiven Entfremdung, in den Tagen der Dornacher «Alpträume», geklagt habe, er könne die deutlich spürbare Atmosphäre des «Teufels» kaum ertragen; aber auch mir ging es nicht anders.

Lag es an der gleichzeitigen Faszination durch den gähnenden «Abgrund» Dornachs, dass wir eine Zeitlang einander aus dem Weg gingen?

Vor meiner Abreise erzählte ich ihm von jenem seltsamen Ereignis, das er vorausgesagt hatte, worauf er, sich auf Steiner beziehend, leidenschaftlich, allzu leidenschaftlich, ausrief:

«Glauben Sie ihm!»

Dabei machte mich etwas verlegen: Ich fühlte mich seltsamerweise an die Minzlowa erinnert. Was konnten beide Gemeinsames haben: der nüchterne Mann, der Ingenieur – und diese exaltierte Frau? Mich wehte etwas an: wahrscheinlich das, was hinter den beiden stand.

Vielleicht die Abkehr von Steiner? Vielleicht das Gemeinsame ihrer «Tragödien»?

Aber was bedeutete das leidenschaftliche «Glauben Sie ihm!»?

Englert bleibt für mich eine «wissende» Ahnung; er sagte mir einiges voraus und knüpfte dadurch eine seltsame Verbindung zwischen uns an, trotzdem blieb er auch bei unserem herzlichen Abschied für mich ein «Änigma». Und auch sein weiteres Schicksal ist für mich änigmatisch: Der Baumeister des Goetheanum – das jedem anderen ein würdiges Denkmal hätte sein können –, der Baumeister des Goetheanum hat seinem Werk im Zorn abgeschworen. Frohlockte über den Brand – als die Katholiken über den Brand frohlockten – auch der «Katholik» Englert?

Englert war ein hilfsbereiter Mensch: Als die Engländer in Bern mir bei meiner Ausreise Schwierigkeiten machten, indem sie irgendwelche zusätzlichen Papiere verlangten, ließ Englert alles liegen und stehen, lief von Behörde zu Behörde und verschaffte mir alle Papiere (meiner Meinung nach nur eine Schikane der Engländer, die Schweizer schüttelten verwundert den Kopf), die ich ohne ihn niemals bekommen hätte.

Ein anderes Beispiel: Ein Russe kam in die Schweiz, ohne Papiere, ein politisch Verfolgter; er bekam in Dornach Arbeit; aber in der Schweiz kann man nicht ohne Papiere leben; Englert nahm sich der Sache an: Er erwirkte eine Sondergenehmigung, der Russe musste nur eine Erklärung unterschreiben, dass er gewisse Auflagen erfüllen würde.

Später erfuhr man, dass diese Genehmigung nur auf Grund einer von Englert gestellten hohen Kaution erteilt worden war; dies kostete ihn seine gesamten Ersparnisse (Englert war nicht reich), aber er erwähnte es mit keinem Wort und ließ dem Russen die Freiheit, sich über die unterschriebene Erklärung einfach hinwegzusetzen, das heißt ihn, Englert, um das dringend benötigte Geld zu bringen; der Russe, der nicht einmal ahnte, was Englert für ihn getan hatte, unterhielt sich mit mir manchmal darüber.

Diese Beispiele müssten deutlich machen, dass ein Mann, der so handelt, niemals von den kleinen Geistern verurteilt werden kann, die alle Menschen in zwei Gruppen einteilen: «Er gehört zu uns» – «Er gehört nicht zu uns». Wer «zu uns» gehört, ist ein anständiger Mensch, wer «nicht zu uns» gehört, dem ist nicht zu trauen.

Englert ist eine tragische, eine für mich rätselhafte Gestalt.

Aber auch Dornach ist für mich ein Rätsel.

19

Die erste Aufgabe, die Steiner uns gleich nach Kriegsausbruch in Dornach gestellt hatte, war die Pflege von Verwundeten. Er mobilisierte alle, die etwas davon verstanden; er verlangte von uns eine Ausbildung in Erster Hilfe. Damals war noch nicht abzusehen, welchen Verlauf die Kampfhandlungen nehmen würden; wir lebten direkt an der Grenze. Eine Woche lang rechnete man damit, dass der Krieg auch auf die Schweiz übergreifen würde.

Die deutschen Geschütze in Baden waren bereits auf uns gerichtet, weil das französische Korps, das dicht an der Grenze lag, auf dem Rückzug nach Belfort, einer französischen Festung, Schweizer Boden betreten und die Neutralität der Schweiz verletzen könnte; das Korps würde durch unser Tal marschieren, Baden würde das Feuer auf Arlesheim und Dornach eröffnen. Dem Doktor war das von vornherein klar, und er veranlasste uns zu lernen, wie man Verwundete verbindet und transportiert.

Es herrschte eine panische Stimmung; die Menschen stürzten schreiend aus ihren Häusern auf die Straße, der nahe Kanonendonner wollte nicht verstummen, man munkelte, die Grenze sei überschritten und in Basel würde auf den Straßen gekämpft. – In der Schweiz begann die allgemeine Mobilmachung, Bundesbahn und Straßenbahn sollten sofort beim Ausbruch der Kämpfe auf Schweizer Gebiet für militärische Zwecke eingesetzt werden, die Zivilbevölkerung sollte nach gegebenem Alarm sich in die Berge zurückziehen; die Verteidigung der Schweiz sollte oberhalb Dornach beginnen, unmittelbar über dem Goetheanum lag Artillerie; unsere Gegend war dem Krieg ausgeliefert.

Es wurde gepackt, Fuhrwerke wurden bereitgestellt, um für die Flucht in die Berge gerüstet zu sein; eines Tages wurden wir in die Kantine gerufen und gebeten, Geld und Reisegepäck griffbereit zu halten und nachts angekleidet zu schlafen. Der Alarm wurde nachts erwartet, wir sollten uns sogleich vor der Kantine versammeln und zusammen mit dem Doktor in die Berge aufbrechen.

Er war schweigsam, ruhig und traurig. Wir sahen ihn meistens in der Kantine, wo wir uns mittags, zum Nachmittagstee und abends versammelten; sonst war er nur selten dabei, aber jetzt kam er täglich: Er ging zwischen uns herum, setzte sich irgendwo auf eine Bank. Sein Blick war unendlich müde; er kam ohne einen direkten Anlass, nur mit dem Wunsch, uns durch seine Gegenwart Mut zu machen.

Aber es wurde klar: Das Leben in Dornach, das Goetheanum, wir alle waren in Gefahr.

In jenen Tagen zeigte sich seine wirkliche Bescheidenheit. Er fragte uns: «Was meinen Sie, wie geht es weiter?» Er wollte uns offensichtlich zu verstehen geben: Er konnte wohl eine Prognose stellen und aus dem Wissen um die einschneidende Bedeutung eines künftigen Weltereignisses warnen –

deshalb drängte er beim Bau des Goetheanum, deshalb bat er, die Bauarbeiten bis Juni abzuschließen, was uns nicht gelang, deshalb drängte er uns im Frühjahr und Sommer nach Kräften; aber über die Details des Kriegsgeschehens konnte er ohne schwierige Nachforschungen im Geistigen nichts wissen: er war kein Schamane; er forderte nüchterne Erkenntnis und nicht dumpfes Hellsehen, keine Eingeweidenschau; und er hatte viel zu tun; er hatte keine freie Minute: Der Bau verlangte seine Tage und Nächte.

Ich erinnere mich, wie er auch zu mir kam und mich fragte: «Denken Sie, dass es in Russland zu einer Revolution kommt?» – «Jetzt?» – «Ja!» – «Das glaube ich nicht!» Er wusste, dass es eine Revolution geben würde, aber er wusste nichts über den Zeitpunkt ihres Ausbruchs und über ihren Verlauf.

20

Ich erinnere mich an eine Begegnung mit ihm, in den Stunden, als wir den ersten Kanonendonner hörten. Wir wussten: Es ist Krieg; aber wir hatten das Gefühl: Er ist weit, weit weg, die Schweiz ein neutrales Land und wir haben ein Dach über dem Kopf.

Aber plötzlich, eines Abends, nach Arbeitsschluss, gingen A. A. Turgenjewa und ich den Hügel hinab nach Arlesheim; vor uns die friedlichen Häuschen Dornachs; dahinter die Ferne, die Ebene. An seltenen Tagen sieht man dort die Bergkämme des Elsass, aber meistens verliert sich die Ebene im Dunst; was ist das? Donner? Ein merkwürdig kurzes Grollen; auch der Dunststreifen ist anders als sonst; ist das Regen? Ist das Nebel? Oder Rauch? Wahrscheinlich ein aufziehendes Gewitter; und unten, zwischen Dornach und dem Hügel, steht eine einsame schwarze Gestalt; ein Mensch ist auf der Straße stehengeblieben, mit geneigtem Kopf, unschlüssig, als lausche er. Worauf wartet er? Etwa auf den Donner? Wir sehen uns an: Das ist ja der Doktor. Aber warum ist er *so* – ohne die gewohnte Sicherheit? Warum zaudert er und weiß nicht, ob er weitergehen soll oder nicht? Er bleibt stehen und lauscht auf den Donner. Ist das überhaupt Donner? Wir sind in der Schweiz, in einem friedlichen Land, es kann nichts anderes sein, ich will etwas ganz Bestimmtes nicht denken. Der Doktor, der uns gesehen hat, wartet auf uns; ohne zu grüßen, weist er mit den Augen in die grollende

Ferne, und ich höre seine tiefe Stimme: «Kanonendonner?» Es kann keinen Zweifel geben: Das ist Artillerie – um diese Zeit wurde bei Basel gekämpft und ein französisches Korps an die Schweizer Grenze abgedrängt.

Es war Kanonendonner. Schweigend standen wir zu dritt; dann wollten wir weitergehen; er erwiderte kaum unseren Abschiedsgruß und ging mit gesenktem Kopf, unentschlossen, das Ohr immer noch in der Richtung des dumpfen Grollens.

In Arlesheim wusste man bereits: Das sind Kanonen, das ist kein Gewitter; der Dunststreifen über der Ebene war Rauch.

Am nächsten Tag stand in den Zeitungen: «Die Schlacht bei Basel.»

21

Die erste Reaktion auf den Krieg: Wir müssen uns stärker für die gemeinsame Sache einsetzen; wir alle – Russen, Deutsche, Österreicher, Franzosen, Polen –, wir alle sind Brüder im Unglück, wir alle sind Opfer einer verbrecherischen Politik; unsere «Politik» war die Treue zu der gemeinsamen Sache, die Entschlossenheit, weiterzubauen; der Bayer Strauss schrieb sich, als er mobilisiert wurde und als Sanitäter einrücken musste, möglichst viele russische Worte auf, um verwundeten russischen Gefangenen helfen zu können. Die uns einigende Devise war: «Liebe, Solidarität, Verantwortung.» Noch stärker erlebten wir unsere Verbundenheit in den Tagen, als überall Panik ausbrach; die Erwartung eines Exodus, zusammen mit dem Doktor, hatte etwas Biblisches.

Aber nach und nach trat Beruhigung ein, Schweizer Truppen aller Waffengattungen wurden in unserer Gegend stationiert, und als eine Minensperre die Grenze abgeriegelt hatte, legte sich das Gefühl der Bedrohung; wir schnitzten an unserem Bau weiter in dem Bewusstsein, er könne jeden Augenblick durch Artilleriegranaten zerstört werden; neue Sorgen kamen dazu: Scharen von Soldaten, darunter auch betrunkene, zogen durch die Gegend; manchmal drangen sie bis hinter den Bauzaun vor, lachten und rauchten zwischen den Bergen von Holzspänen; das war äußerst gefährlich; der ganze Hügel hätte leicht in Flammen aufgehen können – fünf Holzbaracken, das Büro, das Goetheanum selbst und Berge von Spänen; die

Männer hielten umschichtig Wache, Tag und Nacht; an manchen Tagen, vor allem sonntags, kamen vom Gempen ganze Scharen von Artilleristen und versammelten sich vor dem Goetheanum: «Was ist los?» – «Wir wollen uns das ansehen!»

An einem Sonntag waren wir in der Kantine; der Doktor auch; man versammelte sich um ihn, die Zeitungen in der Hand, und besprach die neueste Lage. Er setzte den Kneifer auf und hörte zu. Ich erinnere mich nicht mehr, weshalb ich damals zur Baustelle musste. Zwischen der Kantine und dem Goetheanum stieg die Straße zum Gempen an; dort mündete der Fußpfad, der vom Hügel an den Baracken und Schreinereien vorbei zum Tor des Bauzauns führte. Ich sah vor diesem Tor eine Gruppe Soldaten, dreißig oder vierzig Mann, die unbedingt die Baustelle sehen wollten; unsere «Wache» – v. Heydebrand und noch jemand – ließ sie nicht herein: «Für Unbefugte Eintritt verboten!» Immer neue Soldaten kamen hinzu, bereits ärgerlich bestanden sie darauf, eingelassen zu werden. Ich überlegte: Das konnte unangenehme Folgen haben; entweder werden sie sich gewaltsam hineindrängen und mit ihren siebzig brennenden Zigaretten das Goetheanum in Brand setzen, oder unsere Beziehungen werden sich endgültig verschlechtern, was unabsehbare Schwierigkeiten nach sich ziehen würde! Unsere Wache war nicht eben geistesgegenwärtig, Soldaten müssen anders empfangen werden; ich drängte mich nach vorn, schob die Wachposten zur Seite und wandte mich an die Soldaten: «Kommen Sie herein, Freunde! Wir machen gleich für Sie eine Führung! Warten Sie einen Moment!» Ich sah die empörten Gesichter der Wachposten; ich sah immer neue Gruppen von Soldaten, die vom Gempen herunterkamen, und lief, so schnell ich konnte, die Straße zur Kantine, schon von weitem rufend: «Herr Doktor! Herr Doktor!» Der Doktor, der sofort verstanden hatte, dass etwas Besonderes vorgefallen sein musste, kam mir mit leichten schnellen Schritten, fast laufend, entgegen: «Was ist geschehen?» – Es klappte: Im Gehen, hastig, erklärte ich, was vorgefallen war und bestand darauf, die Soldaten hereinzulassen – es ging ja um den Bau, da war der Doktor selbst nicht die Hauptsache; er hatte sofort verstanden. Wir liefen zusammen hinauf, schon stand er mitten unter den Soldaten, lächelnd, freundlich, unbefangen und sagte, dass er sie persönlich führen würde. Wir betraten alle gemeinsam das Baugelände, alle Zigaretten wurden ausgemacht.

Steiner führte die Soldaten eine gute halbe Stunde; zum Schluss stieg er mit ihnen auf ein Gerüst, um ihnen die Formen zu zeigen und unsere Arbeitsweise zu demonstrieren: «Ich will es Ihnen zeigen: Holen Sie einen Meißel und einen Hammer!» Sie liefen und kamen mit Meißel und Hammer zurück; der Doktor fing selbst an zu schnitzen, damit sie es auf der Stelle sehen könnten; die Soldaten sahen ihm mit glänzenden Augen zu.

Als Freunde kehrten wir zurück: der Doktor, die Wachposten, ich und rund hundert Soldaten; ihre Gesichter waren offen und vergnügt, sie konnten offenbar schwer die richtigen Worte finden, um ihre Freude über die Aufmerksamkeit auszudrücken, mit der Steiner sie geführt und verabschiedet hatte.

Seitdem herrschten zwischen den stationierten Einheiten und uns die allerbesten Beziehungen; wir hatten feste Besuchszeiten, in denen jeder, der Lust dazu hatte, kommen konnte; wir führten und erklärten – auch ich musste solche Führungen übernehmen.

22

Der Kriegsausbruch hatte Steiner neue, besondere Sorgen gebracht; er musste die Ausbrüche des Nationalgefühls in vernünftige Bahnen lenken. Drei Wochen später war der erste Schwung unserer spontanen Solidarität deutlich gebrochen. Den ganzen September und den ganzen Oktober hindurch ließen die Stürme in der Kantine nicht nach: Engländer und Russen schlossen sich zu Grüppchen zusammen, die Deutschen bestanden manchmal sehr taktlos darauf, der Krieg sei durch die provokative Haltung Englands ausgelöst worden, die Russen parierten mit der Behauptung, Neutralitätsverletzung sei Barbarei. Bald schlugen theoretische Erörterungen in konkrete Zwischenfälle um und gefährdeten das ganze Dornacher Leben. Der Austritt Schurés aus der Anthroposophischen Gesellschaft, die üblen Gerüchte, die über die französische Schweiz aus Frankreich durchsickerten, die Doppelzüngigkeit mancher Polen – alles das wirkte sich sehr negativ aus. Aller Augen hingen am Doktor: Man hoffte insgeheim, dass er sich endlich äußern würde: «Deutschland ist im Recht!», oder: «Deutschland ist an allen Katastrophen schuld!» Er aber griff kein einziges Land an, sondern nur die Verlogenheit der Presse, und empfahl, den Sensationsmeldungen nicht zu glauben und unbeirrt an dem Menschlichen einer wahren Kultur zu arbeiten.

Ohne die Politik des imperialistischen Deutschland zu rechtfertigen, sah er deutlich, dass die provozierende Taktik der Entente den Ausbruch des Krieges herbeigeführt hatte; obwohl er sich dazu nur in der Gebärde äußerte, genügte es, um ihn aus dem Hinterhalt des Chauvinismus zu bezichtigen; und die deutschen «Tanten» sagten mit deplaciertem Nachdruck: «Er ist ein Deutscher!»

Alle warteten mit Spannung auf eine eindeutige Geste.

23

Eine solche Geste sind für mich seine fünf Vorträge über das Wesen der Kultur, die er im November in unserer Schreinerei gehalten hat.

Sie enthielten lebendige Bilder aus der italienischen, französischen, englischen und deutschen Kultur: Campanella, das 17. Jahrhundert in Frankreich, der deutsche «Franzose» in der Darstellung Steiners, Leibniz, Shakespeare, Newton, Schiller und Goethe. Es entstand das Bild eines Russland, das der Zukunft, dem Reich des Geistes, entgegenstrebt. Alle waren begeistert: Franzosen, Österreicher, Deutsche und Russen. Dem Doktor war es gelungen, die Wogen nationaler Leidenschaft zu glätten, indem er die Einheit der allen gemeinsamen, der großen Kultur aufzeigte. Im Licht seiner Worte wandten wir uns von neuem einander zu, die drückende Atmosphäre verwandelte sich; später traten andere Infektionen auf, aber das nationale Fieber war endgültig überwunden: Die Angehörigen der Krieg führenden Nationen lebten von da an in Frieden.

Nur die Schweizer fühlten sich gekränkt: Er sprach über die Deutschen, die Russen, die Engländer – und wie ist es mit der Schweiz? Der Doktor antwortete vor versammeltem Publikum, dass in dem Vortrag über Herman Grimm der «ideale Schweizer» dargestellt sei!

Er brachte der Torheit ein Opfer, aber er beklagte sich vernehmlich: In einer solchen Atmosphäre sei das Arbeiten für ihn fast unmöglich.

24

Das Jahr 1915 – ein Meer von Sorgen, die den andauernden Kriegsalltag überspülten; er machte sich auch in der Schweiz bemerkbar und wurde durch unsere spezifische Lage noch verschärft. Außerdem wuchsen die Verständigungsschwierigkeiten bei der konkreten Bewältigung künstlerischer Aufgaben, bedingt durch die dogmatische Haltung der akademisch, impressionistisch oder futuristisch orientierten Künstler. Bei der Ausarbeitung der von Steiner gestellten Aufgaben musste man Farbe bekennen; so bildeten sich zum Beispiel im Glashaus zwei Parteien: Die eine sah in den «kindlichen» Entwürfen zu den Glasfenstern die Äußerung eines originalen Stilwillens. Der Gegenstand – Symbole des Einweihungsweges – bezeugte, unabhängig von seinem ästhetischen Wert, den Autor dieser Skizzen als geistigen Führer; folglich musste der geistige Realismus bei der Behandlung der Details dieser Zeichnungen gewahrt bleiben. Das war die Meinung Thaddäus Rychters, dem Steiner noch vor der Grundsteinlegung die Glasfenster anvertraut hatte und der bis Herbst 1915 die Arbeiten im Glashaus leitete, das war die Meinung von Assja Turgenjewa, Ledeboers, der Berliner Malerin Fräulein von Orth (die später den Russen K. Ligskij heiratete), das war die Meinung Ligskijs, mit dem sich an Durchhaltevermögen und gestalterischem Einfallsreichtum keiner messen konnte. Aber Rychter wurde eingezogen und musste Dornach verlassen. Das Glashaus wurde dem Maler Siedlecki unterstellt, den Rychter aus Polen hatte kommen lassen und der von sich sehr eingenommen war. Nach seiner Meinung waren die Skizzen Steiners naiv und hilflos; er führte sie aus im Sinne eines äußerlich effektvollen, aber hohlen Modernismus à la Wyspiański und setzte sich damit gegen seine Mitarbeiter durch. Seine Mitarbeiter nämlich glaubten, dass der Gedanke des Doktors unbedingt erhalten werden müsste, dass einige der kostbaren Scheiben verdorben worden seien, da an ihnen nur billiger Modernismus und nichts mehr von der ursprünglichen Vorstellung Steiners zu entdecken war. Die Jüngeren versuchten, den Stil der Entwürfe nach Möglichkeit zu retten, und in der Werkstatt spielten sich fürchterliche Szenen ab. Auch ich habe manches Mal vor Zorn mit den Zähnen geknirscht, wenn ich mich mit dem platten Stumpfsinn des Warschauer «Genies» konfrontiert sah.

Die Gerüchte von den Spannungen im Glashaus mobilisierten die Obrigkeit aus dem Baubüro. Eines Tages erschien Dr. Grosheintz, um die Werkstatt zu inspizieren – aber was konnte er, der in seiner Zahnarztpraxis lauter Böcklins hängen hatte, davon verstehen? Siedlecki bereitete ihm einen pompösen Empfang und verstand es alsbald, ihn mit modernistischen Gemeinplätzen zu übertölpeln. Wir rauften uns vor Verzweiflung die Haare, als wir erfuhren, dass der Stil Siedleckis damit offiziell akzeptiert war; das bedeutete, dass der Stil Steiners ebenso offiziell verworfen wurde. Die neue, erstmalig angewandte Technik des Glasschleifens, das Material selbst, die großartige Leistung der Arbeitenden – das alles war höchst eindrucksvoll, nicht aber Siedlecki.

Und der Doktor selbst? Wie reagierte der Doktor darauf?

Wenn er in die Details der Schnitz-, Ingenieur- oder Betonarbeiten sich vertiefte, wenn er sich überall energisch einsetzte, dann kam er nur dem Wunsch der Arbeitenden nach, so zum Beispiel, als die Schnitzer den Wunsch äußerten, seine Entwürfe bis in den innersten Nerv zu durchdringen: Er kam täglich und blieb bei jeder Gruppe stehen, um mit Kohle einzelne Partien nachzuziehen. Er war überzeugt, dass er hier erwartet wurde und sein Hinweis die Arbeit tatsächlich erleichtern konnte. Um des direkten Kontakts willen hatten die Schnitzer die Leitung von Kačer – die von Steiner selbst eingesetzt worden war – abgelehnt, als sie merkten, dass sie den Intentionen des Doktors nicht gerecht wurde; die Befugnisse von Kačer übernahmen Vertreter aller Gruppen gemeinsam: Es gab die verschiedenen Gruppen und als Koordinator den Doktor. Die Arbeit ging glänzend vonstatten; die «Anarchie» rettete die Idee des Ganzen, die «Monarchie» hätte sie beinahe zerstört.

Dasselbe hätte auch im Glashaus geschehen können, die Glasschleifer träumten davon. Rychter war nicht «maître», sondern ein Kamerad, der Doktor besuchte ihn täglich. – Aber plötzlich erschien im «Rychterhaus», so nannten wir die Glasschleiferei, ein «Monarch», ein Genie, der einen Ton einführte, dass die Mitarbeiter nur mit den Zähnen knirschen konnten und der Doktor sich stillschweigend zurückzog; vor seiner Abreise setzte Rychter, der Siedlecki selbst aus Warschau hatte kommen lassen und nun seinen Fehler bereute, Himmel und Hölle in Bewegung, um Siedlecki als «Thronfolger» auszuschließen, und machte A. A. Turgenjewa den Vorschlag, die Werkstatt pro forma zu übernehmen, nur um die Autonomie der Glasschleifergruppe zu retten; aber A. A. Turgenjewa scheute die Verantwortung und die Ranküne des Warschauer Stars; der Vorschlag wurde nicht verwirklicht.

Der Doktor, der sehr bemüht war, jede Intrige zu vermeiden, die durch die Kriegssituation zusätzliche Komplikationen nach sich ziehen konnte, wusste sehr wohl, dass dieser «Pan» seine, Steiners, Sympathien für uns bereits kritisch registriert hatte und als «überzeugter Ententophile» katholischer Prägung ein politischer Gefahrenfaktor für Dornach werden könnte. Seine spitze Zunge hätte viel Unheil anrichten können, und es schlängelten sich schon genug Gerüchte um uns. Er verzichtete auf die Fenster zugunsten des gesamten Vorhabens. Er blieb weg, da man ihn nicht rief; er kam ab und zu vorbei, lediglich um der Form zu genügen, unterhielt sich unverbindlich und lobte die meisterhafte Ausführung. Siedleckis Arbeiten hatten einen oberflächlichen Glanz, einen gewissen Pfiff, den Schwung einer genialischen Natur. Und dem Doktor ging es darum, dass diese «Natur», die ihn ablehnte, in einem kritischen Moment die Arbeit nicht einfach liegen ließ.

Als auch im Glashaus der Konflikt mit den Jüngeren, die für die Absichten des Doktors eintraten, sich zuspitzte, zog er sich zurück. Das Schicksal der Glasfenster entschied ein Zahnarzt, dessen Geschmack sich nicht über die süßliche Penetranz Böcklins erhob. Das Feld der «Politik» überließ er anderen; er kümmerte sich in seiner direkten Art um das Nächstliegende.

25

Doktor Grosheintz, ein wohlhabender Zahnarzt mit Böcklins in den Praxisräumen – und junges Volk, Futuristen und Superfuturisten, darunter auch revoltierende ältere Semester – etwa der alte Wegelin –, dieses gemischte Publikum setzte sich mit Feuereifer ein, um das Goetheanum an «Gefahrenpunkten» verschiedenster Art glücklich vorbeizusteuern. Dabei kam es zu Kollisionen zwischen den jüngeren und den würdigen, an Jahren reicheren, an künstlerischer Erfahrung ärmeren Mitgliedern. Oft wurden dabei auf dem Proszenium Spannungen ausgetragen, deren Ursache weit hinter den Kulissen lag. Dr. Grosheintz war damals auf die Deutschen schlecht zu sprechen; die militanten «Deutschen» in unseren Reihen wiegelten nach und nach das «hochexplosive» junge Volk gegen Dr. Grosheintz auf, unter dem Vorwand, das Haus, das Dr. Grosheintz nach einem bereits existierenden Modell Steiners bauen wollte, rücke zu nahe an das Goetheanum heran und würde den Blick darauf versperren. In Wirklichkeit wollten sie Dr. Grosheintz einfach vom Hügel vertreiben. Der Funke zündete, die Explosion blieb nicht aus. Wir schlugen Alarm: «Wie, der Bürger Grosheintz will sein gutbürgerliches Einfamilienhaus vor unser Goetheanum setzen? Das werden wir nicht dulden! Wir werden unseren Hügel dem Eigentümer aus den Händen reißen!» Die Älteren schürten das Feuer und beriefen eine Versammlung der Holzschnitzer unter dem Vorsitz von Wegelin ein. Eine Resolution wurde verfasst: «Wir, die Künstler und Holzschnitzer, fordern, dass um das Goetheanum keine Privatbauten errichtet werden! Wir können nicht dulden, dass rund um den Kulturtempel die Wäsche auf der Leine trocknet!»

Dr. Grosheintz war betreten; er hüllte sich in Schweigen; das Baubüro sympathisierte mit uns.

Als Dr. Steiner von der Reise zurückkam und von dieser Geschichte hörte, brauste er auf. Mit allem Nachdruck machte er uns klar, dass unsere Resolution aus Vorurteilen bestehe: Der Stil des Hauses Grosheintz zerstöre den Stil des Ganzen nicht; eine Wäscheleine sei keine Entweihung des Goetheanum. Eine solche Behauptung könne nur einem mangelnden Verständnis für die Aufgabe des Goetheanum entspringen: die Wirklichkeit des neuen Lebens in jeder seiner Äußerungen anzustreben, den Tempel und das Leben zu vereinen. Eine Vorstellung, die den Tempel aus den Sorgen des Alltags, aus dem gewöhnlichen menschlichen Leben ausschalte, sei nichts als Sentimentalität. Das anthroposophische neue Leben schließe die Wäscheleinen um seinen Bau ein; ich glaube, er sagte damals: «Gerade hier müssen Windeln an der Leine flattern!»

Er kümmerte sich bei dieser Geschichte nicht um «Politik»; bei allen Unterschieden im sozialen Detail dienten das «junge Volk» und solche Menschen wie Dr. Grosheintz mit großer Selbstlosigkeit der gemeinsamen Sache. Dr. Grosheintz hat seinen Beitrag geleistet: Er opferte Grund und Boden; die Jugend den ihren: Sie opferte ihre Zeit, ihre Kräfte und ihre Gesundheit.

Die Intrige der «Politiker» war gescheitert.

26

Rudolf Steiner lebte sich in die konkreten Gegebenheiten der verschiedenen Arbeitsgebiete tief ein, ohne unsere Freiheit zu beschränken. Seine Beteiligung erstreckte sich nur auf die äußere Durchführung, auf die technischen Komponenten der Aufgabe. Bei der Interpretation seiner Gipsmodelle konnten wir unseren eigenen Intentionen frei nachgehen; ihre Maße waren im Vergleich zu den Holzblöcken verschwindend klein. An den Modellen waren weder die Kanten noch die Anzahl der Flächen erkennbar, auf die es ankam. Jede Form konnte verschieden aufgefasst werden; als ein Zusammenspiel von fünf, vier oder neun Flächen. Der Leiter einer Gruppe musste die Flächen der – potentiellen – Form ertasten, sie den Mitarbeitern erklären, berechnen, auf dem Holzblock markieren und herausmeißeln. Der Doktor griff in diesen Prozess nicht ein. Er besichtigte den Architrav, wenn seine Formen bereits erkennbar waren, und vertiefte sich dann gemeinsam mit den Schnitzern in das Spiel der sich schneidenden Flächen; er gab immer wieder den Rat, von der Fläche auszugehen und nicht von der Kante; die Kante entsteht von selbst, sobald die Flächen sich schneiden. In seinen Vorträgen gab er uns eine eingehende Begründung dieser Verfahrensweise. Zum Schluss, wenn die Form bereits hervortrat, stand man vor der Aufgabe, die Zahl der Flächen zu reduzieren oder zu vergrößern; auch dabei konnte man mit seinem Rat rechnen, auf sein scharfes Auge vertrauen; sein scharfes Auge war untrüglich.

27

Beim Schnitzen «von der Fläche aus» wirkte die Form ungekünstelt und frisch: Sie schälte sich wie von selbst aus dem Holzblock heraus. Man vermied geometrische Erstarrung. Das Schnitzen von «Kante zu Kante» wirkte unverkennbar kraftlos und statisch. Wenn man mit dem Hohlmesser von einer bereits vorgezeichneten Kante aus schnitzte, bildeten sich Buckel und Löcher, die wiederholte Korrekturen und Nachschnitzen verlangten. Bei einem solchen Nachkorrigieren trug man oft zu viel von der Form ab, dabei durfte jeder Punkt des riesigen Ganzen nicht tiefer als eine bestimmte Zahl von Zentimetern unterhalb der Fläche liegen, die im rechten Winkel unter dem höchsten Punkt verlief. Sämtliche Punkte mussten in ihren Proportionen stimmen. Wenn man an einer Stelle zwei Zentimeter abtrug, musste man an einer anderen vierzig, an einer dritten zehn, an einer weiteren drei und irgendwo sechzig Zentimeter abtragen. Ein «zu viel» an einem Punkt war ein «zu viel» überall. Die riesigen Formen sollten nahtlos ineinander übergehen; dieser nahtlose Übergang musste mit der statischen Funktion übereinstimmen; wir mussten diesen harmonischen nahtlosen Übergang stets im Bewusstsein behalten; im Zweifelsfall mussten wir eher etwas stehen lassen als zu viel abtragen, denn Stehengelassenes konnte man nachträglich ohne Schwierigkeiten korrigieren. Trug man zu viel ab, fehlten später wichtige Partien, die wieder angesetzt werden mussten: Das war nicht immer möglich und überdies sehr teuer (Holz und Schreinerarbeit). Im Krieg konnte aus Amerika keine Eiche für die Außenverkleidung importiert werden, und das eingelagerte Holz ging zu Ende.

Mit einem Wort, wir hüteten uns vor dem zu viel Abtragen wie vor dem Feuer; praktische Erfahrungen, nicht bloß ästhetische Überlegungen, bestätigten die Richtlinien des Doktors: von der Fläche aus arbeiten, ohne an die Kante zu denken.

So offenbarte sich an einer solchen Form ein völlig unerwarteter Rhythmus. In der Methode der Flächenführung kam dasselbe zum Ausdruck, was der Doktor in allem und jedem vertrat: Die Kanten, welche die Konturen der Form bestimmen, sind wie die Betonung im Vers oder die Note in der Melodie; die Fläche, die zwischen den Kanten benachbarter Facetten entsteht, entspricht der poetischen Pause oder dem Intervall. Später wies Steiner mit Nachdruck auf die Bedeutung der Pause im Sprachrhythmus und die Bedeutung des Intervalls hin, damals betonte er die Bedeutung der Fläche, der «Pause» zwischen den Kanten.

Die Geburt der Form aus dem Rhythmus – das war es, was er uns verkündete.

28

Er sagte immer wieder: «Wir versuchen beim Bauen einen Gesamtstil zu entwickeln, der nicht einer abstrakten Zielsetzung und auch nicht einer –

vielleicht sehr tiefgründigen – allegorisierenden Überlegung entspringt, sondern wir kochen sozusagen diesen Stil in seiner Tiefe aus, wo der Verstand schweigt und wo das Schöpferische lebt.»

Und ein anderes Mal sagte er: «Wir backen unseren Bau – verzeihen Sie diesen Ausdruck – wie einen Kuchen.» Er wollte damit sagen: Das Ganze geht auf wie ein Teig, es realisiert sich als ein Zusammenspiel verschiedener Ingredienzien; das Ergebnis dieses Zusammenspiels, der Gesamtstil, ist eine Überraschung.

Es ging ihm damals bei der Verwirklichung des Bauvorhabens um dieses Überraschungsmoment. Er war darin wie Nikisch, der in den Konzertproben den Musikern mit aller Ausführlichkeit ihre Aufgaben erläuterte, um im Konzert den Stil, als Resultat der Auseinandersetzung der Gemeinschaft der Musiker mit der Symphonie, hörbar zu machen und künstlerisch zu vollenden.

Ebenso dirigierte der Doktor die Entstehung des Baus; alle Arbeitsgebiete, Schnitzen, Glasschleifen, Malerei, Kuppelkonstruktion, Sockel, Säulenreihe – waren für ihn Instrumente, und er bemühte sich, im Zusammenspiel des Orchesters die Symphonie hörbar werden zu lassen. Mir war klar: Manche Musiker verstanden, worum es ihm ging; anderen (Siedlecki u. a.) ging es nicht um den Orchesterklang, sondern um das solistische Geigentremolo auf Kosten des Goetheanum.

29

Das Schnitzen ging sehr langsam vonstatten, und zwar aus einem bestimmten Grund: Wir schnitzten nicht in einem Zug, sondern erst im Groben, dann zum zweiten, zum dritten Mal, wir tasteten uns an die endgültige Form heran, zuweilen mit monatelangen Pausen dazwischen. Viele «Proben» – und dann das Examen, und unsere Arbeit war angenommen. Was man in einer Woche in einem Zug hätte schnitzen können, verschlang bei unserer minuziösen Arbeitsweise ungleich mehr Zeit. Wir schnitzten den Architrav zum Mars (Entsprechung zur Marssäule): Die Arbeit begann im April unter der Leitung von Kačer. Ihren unentschiedenen Anweisungen konnten wir nicht entnehmen, was sie eigentlich wollte; zaghaft setzten wir unsere

Schnitzmesser an den riesigen, aus Brettern zusammengeleimten Block. Erst später lernten wir, Holzschichten abzutragen. Unsere ersten Versuche waren kaum mehr als ein Kratzen, ohne Berechnungen und ohne Vorzeichnung; und doch lernten wir bei diesen Kratzversuchen den Umgang mit den verschiedenen Hohleisen. Mit jedem Hohleisen konnte man einen besonderen «Strich» erzeugen, jeder «Strich» veränderte die Oberflächenwirkung des Holzes; das eine Hohleisen betonte die Eigenschaften der Eiche, das andere verwischte sie. Dabei hatten wir keinerlei Anleitung bei der Wahl und Handhabung der Werkzeuge. Mit der Zeit merkten wir, dass ein großes, aber ziemlich flaches Hohleisen sich am besten bei Eiche bewährt, ein völlig flaches bei Kirsche und ein mittelgroßes, aber stark gehöhltes bei Buche; aber zunächst waren wir alle unsicher und verloren.

Nachdem man Kačer gestürzt und Gruppen gebildet hatte, überließ man das Messen, Einteilen, die Sorge um Flächen, «Striche» und Werkzeuge den Gruppenleitern; unsere Ratlosigkeit wuchs; da besuchte uns der Doktor, und wir konnten uns täglich an ihn wenden, wie früher an Kačer. Durch plötzliche Verschiebungen im Arbeitsplan mussten wir, es war bereits Mai, zwei Wochen an anderen Formen schnitzen und unseren Mars vergessen. Ende Mai nahmen wir ihn wieder in Angriff und lieferten ihn Mitte Juni ab. Der Mars wurde oben in die Kuppel gehoben. Erst im Herbst, als der Doktor die ganze Kuppel – dafür mussten die Gerüste abgebaut werden – sehen konnte, stellte sich heraus, dass man alles noch einmal überarbeiten musste: Den ganzen November und Dezember korrigierten wir den Mars. Zwischen Beginn und Abschluss der Arbeiten – von April bis Weihnachten – lagen acht Monate; acht Monate lang wurde eine Form ausgetragen; und der Doktor trug sie mit uns gemeinsam aus.

In ihm reifte langsam die endgültige Form heran; er beobachtete uns und retuschierte unsere Leistungen; wir waren die eigentlichen Objekte seines Versuchs.

Aber dieses Experimentieren bremste das Arbeitstempo.

30

Der Doktor hatte ein rasendes Arbeitstempo, aber vieles trug er Wochen und Monate hindurch aus: Dann war er nachdenklich, schweigsam, völlig in das Betrachten der halbfertigen Formen versunken, vorwiegend nach Arbeitsschluss, um nicht von Fragen bestürmt zu werden, die eine prompte Antwort verlangten; die Antwort stellte sich erst später ein.

Es war offenkundig, dass er im Laufe der Monate allmählich unsere Dornacher Gruppe ins Herz schloss. Man verband sich mit dieser Gruppe nicht auf Befehl, sondern in einem frei gewählten Arbeitsprozess. Einige, die anfangs mit großer Begeisterung dabei waren, sprangen wieder ab; einige hielten bei der Arbeit nicht durch. Ich erinnere mich an das Gastspiel des Ägyptologen Kolpaktchy eines gebildeten und dem Doktor ergebenen Menschen. Er stürzte sich mit Begeisterung in die Arbeit und wurde aufgefordert, die vorgeleimten Holzteile zu behauen. Physisch sehr kräftig, wie er war, arbeitete er in einem unwahrscheinlichen Tempo und hatte bald ganze Berge «vorpräpariert» (das war noch in der Epoche Kačer). Uns war sein Übereifer, mit dem er binnen einer Woche Architrave abnagte, suspekt, und später, als Kolpaktchy längst nach London weitergereist war, schlug man die Hände über dem Kopf zusammen: Hier fehlte ein Stück, dort fehlte ein Stück, überall mussten neue Schichten angeleimt werden. Monate hindurch stießen wir überall auf die Spuren Kolpaktchys.

Nicht alle «Fachleute», nicht alle Berufskünstler konnten das Leben in Dornach ertragen. Der «Berufsbildhauer» Stückgold, der in München die ersten Schnitzer für Dornach anleitete, konnte mit uns weder leben noch arbeiten. Menschen, die noch nie geschnitzt hatten, ließen nach drei bis vier Monaten hartnäckigen Mühens, nachdem sie sich in die Angaben Steiners hineingearbeitet hatten, die Fachleute weit hinter sich. Das war bei Natalija Pozzo der Fall, die vorher noch nie ein Schnitzmesser in der Hand gehabt hatte, aber nun in kurzer Zeit mit vollendeter Eleganz einen Teil des Marsarchitravs schnitzte, eine Leistung, die von Steiner vorbildlich genannt wurde. Später leitete sie, zusammen mit ihrer Schwester, die verantwortungsvolle Arbeit der Gesamtgestaltung des Hauptportals. Dasselbe gilt für Ligskij, der als Hilfsarbeiter in der Blechnerei angefangen hatte und plötzlich zum Fachmann im Glashaus avancierte; als der Doktor seine Fenster sah, sagte er: «Das ist ein begabter Mann!» Ähnlich ging es auch A. A. Turgenjewa.

Die russische Gruppe hat eine deutliche Spur am Goetheanum hinterlassen, ihre Leistung ist nicht zu übersehen. Eines der Außenportale ist das Werk der «Moskauer» Gruppe (A. S. Petrowskij, M. I. Sisow, Trapesnikow), der Russland-Schweizer Dubach war Vorarbeiter bei allen Schnitzarbeiten, seine hervorragende Leistung ist der Jupiterarchitrav der Großen Kuppel; N. Pozzo, A. Pozzo, A. Turgenjewa und ich haben den Marsarchitrav geschnitzt und einen Teil der Weißbuche für den Saturn; A. Turgenjewa und ich den Hauptteil des Jupiterarchitravs der Kleinen Kuppel. Außerdem beteiligten wir uns an anderen Aufgaben: Formen über den Fenstern, ein Säulensockel, ein Teil der Außenverkleidung am linken Eingang; mit Frau von Eckardtstein bearbeitete ich den «Mars» in der Kleinen Kuppel; Ligskij hat im Glashaus (unter Siedlecki) sechs riesige Fenster geschliffen.

Der Doktor vertraute offenbar dem Arbeitsrhythmus der als Schnitzer eingesetzten Russen. Vor einer längeren Reise soll er Holzleitner, der den Gesamtablauf der Arbeiten überwachte, gesagt haben: «Die Russen können Sie machen lassen, die werden schon selbst fertig.»

Auch an verschiedenen anderen Stellen lag die Arbeit in den Händen von Russen. Frau Ellram, früher Gymnasiumsdirektorin in Petersburg, hatte das Nachschleifen der Schnitzmesser übernommen, eine für uns alle wichtige Aufgabe. Die Schnitzmesser brachen zu Dutzenden ab, und im Sommer 1914 waren über hundertfünfzig Menschen mit Schnitzen beschäftigt. Die abgebrochenen Hohleisen und Schnitzmesser wanderten dutzendweise zu der armen Ellram, die schon auf weite Entfernung nach Petroleum roch. Die Petersburgerin F... sorgte in der Kantine mit einigen Köchinnen für ein kräftiges Essen für die Arbeiter am Bau; der Student Malikow, ein Chemiker, und Frau von Eckardtstein experimentierten im Labor, um spezielle Farben herzustellen. Von Zeit zu Zeit reiste aus Paris der russische Ingenieur Brasol an, um uns zu beraten. Die Ärztin Fridkin behandelte unsere Kranken und schnitzte mit uns, Frau Iljina klapperte für Marija Jakowlewna Steiner jahrelang auf der Schreibmaschine.

M. Woloschina arbeitete intensiv im Atelier mit und an den Entwürfen für die Malerei in der Kleinen Kuppel. T. W. Kiseljowa gründete eine Reihe von Eurythmiegruppen und arbeitete persönlich mit Steiner und Marija Jakowlewna weiter. Auch unsere Gäste aus Russland, die einige Monate oder kürzer in Dornach blieben, halfen nach Kräften bei den Arbeiten.

Auch zu den «Ureurythmistinnen» gehörten mehrere Russinnen: Kiseljowa, N. A. Pozzo, A. A. Turgenjewa, Frau Neuscheller aus Petersburg. Der

Beitrag, den die kleine russische Gruppe in monatelanger, zum Teil jahrelanger Arbeit auf verschiedenen Gebieten geleistet hat, summiert sich und ist sehr, sehr beachtlich.

Was die Gruppe der Schnitzer betrifft, so bildeten ihren Kern, solange es ihnen vom Schicksal vergönnt war, in Dornach zu leben: Dubach, Strauss, Mitscher, Kemper, Ludwig, Wegelin, Wolffhügel, Fadum, A. A. Turgenjewa, N. A. Pozzo, Frau Aisenpreis, v. Heydebrand, Kučerova, Druschke, Günther, Djubanek, Holzleitner, Bay. Ohne diese Menschen, die mit ihrem ganzen Bewusstsein in der Arbeit lebten und den Rhythmus des Schnitzens bestimmten, wäre das erste Goetheanum – diese Behauptung darf man sich erlauben – nicht fertig geworden. Außer der Arbeit gab es laufend Hunderte von Hindernissen und Nebensorgen: Es fehlte das Holz, man musste mit den Tischlern verhandeln und Arbeitspläne aufstellen und so weiter. Die oben Erwähnten führten und begeisterten uns bei der Arbeit, sie verwirklichten die Idee Steiners.

Das Glashaus ist ohne Thaddäus Rychter unvorstellbar: Er bestellte die Maschinen, er suchte die Mitarbeiter aus, er bereitete die Entwürfe vor, aber ebenso wenig vorstellbar ist es ohne den «Hauptschleifer» Ligskij, den Holländer Ledeboer, Fräulein von Orth, von May, ohne Wiga Siedlecki und eine andere reizende dunkelhaarige junge Frau, deren Name mir entfallen ist; leider ist es mir nicht möglich, die weiteren ständigen Mitarbeiter im Glashaus zu nennen – ich glaube, es war das Ehepaar de Jaager.

Im Architekten- und Baubüro wirkten Schmid, Englert, Aisenpreis und sporadisch Brasol aus Paris.

Unter denjenigen, die sich dauernd mit Fragen der angewandten Kunst befassten (Treppenhaus, Inneneinrichtung des Hauses Grosheintz), ist mir besonders K. H. Rosenberg aufgefallen.

Von der Malergilde, die intensiv die Skizzen für die Kuppelmalerei erarbeitete und später die Kuppeln ausmalte, müssen unbedingt Hermann Linde, Baronin von Eckardtstein, das Ehepaar Pollak, Luise Clason, Margarita Woloschina, Madame Péralté und ein Engländer, dessen Name mir entfallen ist (so ähnlich wie «Güldenstern und Rosenkranz») erwähnt werden; Edith Maryon und M. Kačer, die die Modelle und Negativformen plastizierten, arbeiteten als selbständige Gruppe.

Die Schreinerei unterstand Liedvogel.

Im chemischen Labor experimentierten Schmiedel, Malikow, von Eckardtstein.

Unvergessen bleibt die selbstlose und undankbare Tätigkeit unserer Köche. Die Kantine war ein besonderer Mittelpunkt: Man blieb dort stundenlang sitzen. Dort mussten jeden Tag Mittagessen und Abendbrot vorbereitet und zweimal Tee und Kaffee gekocht werden. Wenn man bedenkt, dass es einige Dutzend Tischgäste gab, zeitweise sogar mehrere Hundert, so war die Versorgung der körperlich schwer Arbeitenden nicht so einfach, wie es zunächst scheinen könnte. Bald wurde von der Kantine eine eigene Gärtnerei betrieben und eigenes Gemüse angebaut. Unsere tapferen, zuweilen sogar heroischen Wirtschaftsexpertinnen müssen besonders genannt werden: Gräfin Hamilton, Fräulein Mitscher, unsere Petersburgerin F... (bis zu ihrer Abreise) und eine hagere, unermüdlich tätige Dame aus Bergen.

Zu der künstlerischen und eurythmischen Sektion, die seit 1915 ihren festen Platz auf der Bühne in Dornach behauptete und ständig neue Programme erarbeitete, dem Keim mehrerer künftiger künstlerischer Kollektive, gehörten die Sängerin Ricardo, die Musiker Stuten und van der Pals, die Eurythmistinnen Kiseljowa, Bogojawlenskaja, Waller, die junge Wolfram, A. A. Turgenjewa, N. A. Pozzo, Sonklar, zeitweilig Leff, Aisenpreis, Smits, de Jaager, Abels.

Es wurden eine Bibliothek gegründet, ein Chor und sogar ein provisorisches Orchester.

Die Sektionen verzweigten sich, die Aufgaben nahmen zu; die Schnitzer trugen sich bereits mit dem Plan einer Werkstatt, durch die der Stil des Goetheanum ins tägliche Leben bis in die Gebrauchsgegenstände hineingetragen werden sollte (Aschenbecher, Bilderrahmen, Tische, Stühle).

Eine neue Kultur im Status nascendi keimte bereits Mitte 1916 um das Goetheanum, aber auch die Spannungen zwischen den Parteien, den Gruppen, vor allem zwischen den aktiv Arbeitenden, die auf ihren Schultern den Alltag des Goetheanum trugen, und den um das Goetheanum parasitierenden «Rentnerinnen», wurden immer spürbarer; jeden Samstag kamen nach Dornach Scharen von Schweizern – aus Basel, Zürich, Bern, aus der französischen und italienischen Schweiz –, ich nannte sie die «Sonntagsinvasoren»; und zu bestimmten Zeiten (Vortragsreihen von Steiner, Festaufführungen) gesellten sich zu den Schweizern Engländer, Österreicher, Deutsche, Franzosen. Dornach hallte vom Stimmengewirr einer Menge wider, die von unserer Arbeit keine Ahnung hatte, die ihre Informationen über das Leben in Dornach von den Klatschtanten bezog. Diese Menge fühlte sich berufen, überall dreinzureden und wirbelte überdies den Staub nationaler Affekte auf, die der Dornacher Kern längst überwunden hatte.

Wir mussten uns in Acht nehmen – vor uns selbst, vor unseren müßigen Nachbarn und vor den Sonntagsinvasoren. Wir konnten es verkraften, dass wir von verschiedenen Abwehrdiensten bespitzelt wurden, dass «okkulte» Gesellschaften und die Jesuiten, die während des Krieges die Schweiz überschwemmten, uns verleumdeten, wir konnten die kaum verhohlene Abneigung der protestantischen Kreise und die kühle Reserve der Schweizerischen Regierung verkraften – aber als unter den Anthroposophen die Anthropophagie ausbrach, lief der Krug über.

Dann gebärdete man sich wie ein Psychopath.

Das passierte immer wieder: Ein gesunder Mensch, nüchtern, vernünftig, der die zappeligen, nervösen Sonderlinge rechts und links belächelt – mit einem Schlag ist dieser Mensch wie ausgewechselt, führt wirre Reden, wirft seine Arbeit hin, versinkt in tiefe Depression, in Selbstzerfleischung, bezichtigt sich eingebildeter Verbrechen; oder er rast buchstäblich wie ein wilder Eber über den Hügel, mit Schlägel und Hohleisen fuchtelnd und drohend, und macht sogar vor dem Doktor nicht halt! Einen solchen am Dornacher Fieber erkrankten «Patienten» führten Freunde den Hügel hinunter: «Beruhigen Sie sich, das macht nichts, es wird schon besser werden ...» Und tatsächlich, es wurde bald besser, der «Patient» oder die «Patientin» erschienen wieder auf dem Hügel und waren die bescheidensten und vernünftigsten Menschen; und am nächsten Tag mussten sie selbst manchmal jene beschwichtigen, die ihnen gestern gut zugeredet hatten.

Wir hatten dafür einen Terminus technicus: «Rebellieren.» Man kam, fragte: «Wo ist X?» und erhielt die gelassene Antwort: «X rebelliert.» «Ach so!» Das war nichts Aufregendes, das kam und ging wie der Schnupfen.

Die Schnitzarbeit rief zuweilen rein mechanische Nervenerschütterungen hervor. Ich habe wiederholt, völlig außer mir, mit dem Hammer sinnlos auf meine eigene Arbeit eingeschlagen, meine Stimme hallte durch die ganze Baracke oder donnerte aus der Kantine, dann hörte man mich bis unter die Kuppel; man sah gleichgültig auf und meinte achselzuckend: «Aha, Herr Bugajew rebelliert. Nichts Besonderes.» Und wäre ich damals einem der «Führer» oder «Führerinnen» begegnet, hätte es bestimmt einen schlimmen Auftritt gegeben.

«Das macht nichts. Das Barometer ist gefallen», bemerkte die hochverehrte Gräfin Kalckreuth, als sie eines Tages mein Toben miterlebte. Ich brauchte mich vor ihr nicht zu genieren, da ich persönlich gesehen und gehört hatte, wie die vornehme, ausgeglichene alte Dame den Hammer gegen ihre Form feuerte, mit der sie nicht fertig werden konnte, und zu schreien anfing; sie rebellierte gegen den Doktor:

«Er hätte es wenigstens richtig erklären können!»

Daraufhin musste ich sie beschwichtigen und Öl (das «Barometer») auf die Wogen schütten: Ich sprang mit einem Satz vom Gerüst, lief zu «ihrem» Architrav, reichte ihr ehrerbietig den Arm und half ihr wortlos, vom Gerüst auf den Boden herabzusteigen, worauf sie sich bald beruhigte.

Keinem blieb ein solcher «Anfall», keinem blieb das brennende Bedürfnis erspart, sich zurückzuziehen und einige Tage in strenger Klausur zu verbringen: «Nach allem Vorgefallenen will ich hier niemand mehr sehen.»

Aber dann tauchte man doch wieder auf.

Das waren die Nerven.

Die Übermüdeten mussten auf besondere Weise vor unbefugten Angriffen beschützt werden. Sie mussten nicht «abgeurteilt», sondern von den «Älteren» freundschaftlich betreut, die kompliziertesten Knoten vorsichtig aufgelöst werden. Wo sonst wäre es möglich gewesen, schmunzelnd zuzusehen, wie eine neunzehnjährige Norwegerin sich mit einer sechzigjährigen Dame anlegte, einem altverdienten Mitglied, über «Meditationsübungen» ergraut und mit dem obligaten Kreuz auf der Brust? Wie dieses Mädchen gerechterweise ermutigt und die würdevolle Dame, die sich in dem «Zweikampf» einige Blößen gegeben hatte, trotz ihres hohen «geistigen Dienstalters» vom Hügel gebeten wurde?

Es gab viele solcher Knoten. Nicht ein «Gericht», sondern nur ein Rat, nur Menschen, die nicht nach dem Paragraphen, sondern nach der ihnen entgegengebrachten Achtung als Ältere angesehen wurden, vermochten solche Situationen zu meistern. Dazu gehörten Persönlichkeiten, die mich durch ihre Fähigkeit, das Steuer des Friedens fest in der Hand zu halten, immer frappiert haben: an erster Stelle Steiner selbst, dann Bauer, Peipers, Stinde, Dr. Unger, Mathilde Scholl (auch Trapesnikow gehörte dazu).

31

Ich hatte während des Schnitzens zwei besondere Erlebnisse mit dem Doktor. Das eine empfand ich damals als tief verletzend, das andere – ganz als Gegenteil. Es ist mir peinlich, ausführlich darüber zu sprechen, wie über jedes Lob, auch wenn es der Gruppe galt, in der man arbeitete; im Grunde galt dieses Lob nicht mir, es streifte mich nur wie eine rikoschettierende Kugel.

Zunächst das erste Erlebnis.

An ihm kann man deutlich erkennen, dass für den Doktor die Arbeitsmethode nicht von vornherein feststand; anderenfalls wäre von Eckardtstein und mir manches erspart geblieben.

Wir hatten keine eindeutigen Richtlinien.

Ich hatte mich Steiners Kritik ausgesetzt, weil jegliche Anweisung unserer Leiterin fehlte, während es an Lob der Baronin von Eckardtstein, deren große künstlerische Erfahrung in unserem Kreis nicht bezweifelt wurde, nicht fehlte. Meine eigenen Erfahrungen als Schnitzer waren keine acht Wochen alt.

Es kam so: Wir waren in einem Vortrag von Steiner in Basel. Währenddessen fegte über Dornach ein Sturm hinweg und ramponierte unsere Arbeitsbaracke; die Reparaturarbeiten daran sollten zwei Wochen dauern. Um keine Zeit zu verlieren, zogen wir in eine andere Baracke um, wo an den Formen der Kleinen Kuppel gearbeitet wurde, und schnitzten in provisorisch eingeteilten kleinen Gruppen mit. Ich blieb «arbeitslos»; da kam Frau von Eckardtstein auf mich zu und schlug mir vor, mit ihr zusammen an einer neuen Form zu schnitzen, die ich nur flüchtig kannte. Bei der Zusammenarbeit mit von Eckardtstein hielt ich mich, als ihr einziger Gehilfe, streng an ihre Anweisungen: Die Kostümbildnerin der Mysteriendramen, die Zeichnerin des Seelenkalenders, eine bevorzugte, eine, wie man sagte, hellsichtige Schülerin Steiners war über die Kritik von Kačer erhaben. Und Kačer, als sie mich mit von Eckardtstein sah, kam auch nicht mehr zu mir – wie sollte ich von Eckardtstein widersprechen!

Frau von Eckardtstein war ausgesprochen extravagant und voll kapriziöser Koketterie. Das fing schon bei ihrer Kleidung an: Die purpurrote Stola und eine Art Turban aus blauer Seide beschworen auf dem grünen Dornacher Hügel die Vision Luzifers – in einem ähnlichen Kostüm spielte sie den Luzifer in den Dramen Steiners. Sogar den Griff ihres Meißels malte sie purpurn an; die Hand mit dem Meißel in die Seite gestemmt, mit der anderen gebieterisch auf den Holzblock weisend, stand sie mit funkelnden phosphorgrünen Augen hinter mir und dirigierte – in den ersten Tagen unserer gemeinsamen Arbeit – mein Tun; dabei flüsterte sie mir die verwirrendsten Komplimente zu.

Es war ein sehr hartes Holz, und sie war nicht besonders stark. Sie veranlasste mich, den Meißel zu halten, und schlug selbst mit dem Schlägel zu; manchmal hielt sie selbst den Meißel und ich musste den Schlägel schwingen. Unser Duo erregte allgemeines Aufsehen – ihr Block war nahe am Gang. Alle blieben stehen, um dieses seltsame Bild anzustaunen. Die malerische von Eckardtstein, die auf den von mir gehaltenen Meißel malerisch einschlug, man zeigte auf uns, und wahrscheinlich hieß es allgemein: «Eine so erfahrene Künstlerin wird schon wissen, warum sie Herrn Bugajew zum Gehilfen erwählt!» Bald überließ von Eckardtstein mir alle Entscheidungen und griff nicht mehr in die Arbeit ein. Was ich auch tat, sie lobte nur: «Ungemein delikat, sehr geschmackvoll!» Mein Ansehen stieg: bei den Mitmenschen und auch bei mir selbst; ich glaubte Frau von Eckardtstein.

Schließlich zeigte sie sich überhaupt nicht mehr, und Kačer blieb ebenfalls weg; nun war das Schicksal der Form gänzlich in meine Hand gegeben. Ohne lange zu zaudern, aber auch ohne zu messen und ohne auf das wechselseitige Verhältnis der Flächen zu achten, rückte ich ihr zu Leibe und überließ mich hemmungslos der «künstlerischen Intuition», würdigte das Gipsmodell kaum eines flüchtigen Blicks und arbeitete gleich ins Reine, indem ich ziemlich viel abtrug; wenn man die Späne so fliegen sah, konnte man leicht denken: «Das ist ein Bildhauer, der sich auf sein Metier versteht.» So ähnlich dachten wohl die alten Damen, die mir bei der Arbeit zusahen, und ich muss gestehen: Das schmeichelte mir.

Ich glaubte, meine Arbeit müsse kurz vor der Vollendung stehen; ich kletterte vom Gerüst herab und konnte mich an ihr nicht satt sehen; ich streichelte sie und verglich meine Arbeitsweise mit der bei der Nachbarform angewandten, einem für meinen Geschmack trockenen kristallinen Gebilde. Für den größten Vorzug meiner Form hielt ich ihre ausgesprochene Rundheit.

Man erzählte mir, dass der Doktor in meiner Abwesenheit vor meinem Block stehengeblieben sei und ihn lange betrachtet habe.

Für den folgenden Sonntag wurde sein Vortrag über Schnitzen und Formen angekündigt.

Der Vortrag fand in unserer Arbeitsbaracke statt; das Tischchen für den Vortragenden wurde vor meine Form gerückt; mein Herz klopfte vor Aufregung, ich glaubte, der Doktor habe meine Form als Musterbeispiel gewählt. Die Zurückhaltung Kačers und die Schmeicheleien von Eckardtsteins hatten mir den Kopf verdreht.

Der Doktor hatte tatsächlich meine Form als Musterbeispiel gewählt – aber o Gott, was bekam ich nicht alles zu hören! Alles, was ich für einen Vorzug gehalten hatte, wurde von Steiner verworfen: das Runde – das war nun eine Geschmacklosigkeit, es war sogar ein «Fettpolster», das so schnell wie möglich zu verschwinden hatte; der Doktor rümpfte die Nase in meiner Richtung – so kam es mir vor –, wandte sich immer wieder nach meiner Form um, zeigte mit dem Finger darauf und rief aus: «Sehen Sie sich das an, das ist doch ein richtiger fetter Bauch!» Später fand ich beim Lesen der gedruckten Nachschrift dieser an mich gerichteten Strafpredigt eine bedeutend gemilderte Ausdrucksweise: Dort kommt der «fette» Bauch nicht vor – dieses Wort ist aber gefallen; dort fehlen die vernichtenden Grimassen des Doktors, als er voller Verachtung, wie mir vorkam, die Form kritisierte. Die meisten Anwesenden wussten, wer sie geschnitzt hatte. Hatte der Schnitzer doch in den vergangenen Tagen auf seinem Gerüst ein eindrucksvolles Bild geboten, mit der stolzen Sicherheit der Bewegungen und dem kühn geschwungenen Hammer.

Ich saß wie auf Kohlen, ja, ich war wütend; ich dachte: «Das ist mehr als Mord, das ist pure Schändung!» Ich fasste den festen Entschluss, nie mehr einen Meißel in die Hand zu nehmen.

Um das Maß der Erniedrigung voll zu machen, drehte sich der Doktor am Schluss des Vortrags nach der kristallinen Form um, an der ich so viel auszusetzen hatte, und sagte: «Hier – das ist das Beispiel einer richtigen Auffassung!»

So wurde zum ersten Mal das «Flächenprinzip» ausgesprochen – auf Kosten meiner zerschlagenen Hoffnungen.

32

Mein anderes Erlebnis, das ich bei der Schnitzarbeit mit dem Doktor hatte, nahm für uns, für die Gruppe, den entgegengesetzten Ausgang.

Die erste Stufe unserer Arbeit am Mars näherte sich dem Ende. Die Epoche «Kačer» war abgeschlossen; niemand gab uns Anweisungen, niemand teilte uns Aufgaben zu. A. A. Turgenjewa, die «Gruppensprecherin», gab uns in kollegialer Weise die nötigste Orientierung. Die Gruppe bestand aus vier Menschen: A. A. Turgenjewa, N. A. Pozzo, A. M. Pozzo und mir. A. A. Turgenjewa maß und berechnete die Proportionen; die Einzelaufgabe ergab sich als organische Folgerung unserer gemeinsamen Überlegungen. Unsere «Leiterin» war die Vermittlerin zwischen uns, dem Doktor und dem Ingenieur. Innerhalb der Gruppe waren wir gleichberechtigte Kollegen; N. A. Pozzo arbeitete am Kopf unserer «Schlange», A. A. Turgenjewa korrigierte die Windungen des Schlangenkörpers, A. M. Pozzo schnitzte die Formen vor, und mir fielen die Flächen am oberen Rand zu. Auch zu Hause tastete der Gedanke den Holzblock ab, die abendlichen Unterhaltungen drehten sich ausschließlich um die Form: Sollte man an dieser Stelle vielleicht noch eine Fläche einfügen? Immer wieder liefen wir zu dem Modell, um nachzumessen, das Ergebnis zu notieren und den Architrav daraufhin mit einem Zahlennetz zu überziehen: 5, 3, 10, 25 und so weiter: So viele Zentimeter mussten jeweils abgetragen werden.

Es blieb noch viel zu tun – am Grund, an den Ecken und am unteren Rand, unter der Form. Es ergab sich, dass ich diesen unteren Teil schnitzen musste; A. M. Pozzo, der, ein Bild labilen Gleichgewichts, auf mehreren übereinander gestellten Kisten balancierte, drohte jeden Augenblick uns unter seinen Kisten zu begraben und ließ Späne und Holzstaub niederregnen; unser Haar war grau vom Staub; A. A. Turgenjewa band sich einen Schal vor den Mund, um den Staub nicht einzuatmen.

Ich musste liegen, an einer schrecklichen Stelle: auf dem Boden, unter dem Block, eingeklemmt zwischen dem Gestell, ohne Möglichkeit, mit dem Schlägel auszuholen. Jedes Mal, wenn ich den Meißel verfehlte, bekam ich den fünf Pfund schweren Schlägel auf Stirn, Backenknochen und Nase zu spüren, in meine Augen regnete es Späne, und um nicht vom Staub völlig weiß zu werden, deckte ich mich mit Zeitungen zu. In dieser Lage arbeitete ich einige Tage und lief mit einem von blauen Flecken übersäten Gesicht herum; diese Arbeit war wirklich teuflisch, aber sie machte Spaß. Jeder, der vorbeiging, lachte bei meinem Anblick.

Plötzlich das Ultimatum der Bauleitung: «In drei Tagen müssen sämtliche Formen fertig sein!» Die Architrave sollten oben in die Kuppel gehoben werden; eine Verzögerung würde den gesamten Arbeitsablauf aufhalten.

In den Baracken brach höchste Aufregung aus; niemand war fertig, niemand hätte fertig sein können. Alle erklärten sich außerstande, die Arbeit abzuschließen; die Architrave mussten unfertig oben in der Kuppel aufgesetzt werden, was, wie sich später herausstellte, erhebliche Nachteile mit sich brachte.

Wir entschlossen uns zu einem Wettkampf, obwohl wir sahen, dass wir auch mit einem vorläufigen Abschluss nicht rechnen konnten; trotzdem warfen wir uns einen Blick zu und fassten Mut: «Es wird klappen!» Man schüttelte über uns den Kopf, auf manchem Gesicht zeigte sich ein spöttisches Lächeln:

«Sind das nicht komische Leute?»

Heißt man sich einen Pilz, muss man in den Korb. Wir holten Rosenberg zu Hilfe und beschlossen, die Arbeitszeit zu verdreifachen, nicht auf die Uhr zu schauen, bis zum letzten Moment; weder wir vier noch Rosenberg verfügten über große physische Reserven, dabei erklärten sich sogar die «Athleten» in unserer Nachbarschaft für außerstande, die Arbeit in den nächsten drei Tagen abzuschließen.

Unser Architrav knarrte und dröhnte zu der von fünf Schlägeln ausgeführten Tarantella. Wir gingen so stürmisch vor, als gelte es, eine Festung zu nehmen. Wir hatten keine Zeit, uns gegenseitig einen Blick zuzuwerfen oder mittags wenigstens hastig zu essen; man hörte bloß: «Rosenberg, hier, hauen Sie diese Ecke aus; Natascha – hier! Pozzo – da!» Die Meißel brachen, als wären sie aus Glas; Ellram, in das Geheimnis schadhaften Werkzeugs eingeweiht, unterstützte uns nach Kräften, indem sie unsere Meißel außer der Reihe nachschliff; alle warteten gespannt auf den Ausgang unseres

Vorhabens; mit dem ersten Morgenlicht standen wir vor unserer Form und verließen sie erst bei Dunkelheit. Die Arbeit ging immer schneller, aber die Tage überholten sie; die Blasen an den Händen wurden Wunden. Am Morgen konnte ich die abgestorbenen Finger kaum bewegen, der ganze Körper schmerzte.

Und dann kam der Stichtag. Wir sahen, dass eine riesige Arbeit geleistet und nur ein Zipfelchen unbewältigt geblieben war; da beschlossen wir, die ganze Nacht durchzuarbeiten. Für die Nachtzeit mussten wir eine Erlaubnis haben, das heißt, das Recht auf «Licht», das anzumachen streng untersagt war (Berge von Spänen). Wir bekamen diese Erlaubnis, und Ellram versprach, mit uns zu wachen und für das Werkzeug zu sorgen.

Vor Müdigkeit, Hustenreiz, Aufregung hatte ich einen «Anfall» nach dem anderen, und immer wieder hörte man mein donnerndes «tschorrrt», oder ich starrte plötzlich die Form an, ohne auch nur das Geringste an ihr begreifen zu können. Der freundliche Rosenberg führte mich dann vom Podest herab: «Setzen Sie sich einen Augenblick auf diesen Balken, Herr Bugajew!» Nach der Pause auf dem «Balken» stürzte ich mich wieder ins Gefecht.

Nachts gerieten wir in völlige Ekstase: Die leere dunkle Baracke hallte von unseren Hammerschlägen; Laternen standen um uns herum auf Kisten, Ellram knirschte mit den Meißeln.

Es war schon eins vorüber, als wir fertig wurden. Ich weiß nicht mehr, wie ich nach Hause kam, wie ich aufs Bett sank. Am nächsten Tag wachte ich um drei Uhr Nachmittags auf und war gegen vier im Goetheanum. Unsere Form schwebte bereits in schwindelerregender Höhe oben in der Kuppel. Vormittags, ehe die Form gehoben wurde, soll der Doktor gekommen sein: Er setzte sich vor sie, stützte den Kopf in die Hand und sah sie lange an.

Dann vergingen vier Monate. Im Oktober wurden die Gerüste entfernt; man konnte den Ring der Architrave von unten betrachten; der Doktor rief uns alle zusammen, um die Architrave anzusehen und besprach sie der Reihe nach. Die Vorzüge und Nachteile eines jeden wurden genau notiert. Schließlich kamen auch wir an die Reihe. Er sagte: «Diese Form ist am besten gelungen, sowohl ihre Expressivität als auch die Gestaltung des Details; Korrekturen sind kaum nötig, sie ist im Ganzen fertig.» Als er mit seinen Charakteristiken zu Ende war, wandte er sich noch einmal zum «Mars» und sagte: «Was diese hervorragende Form betrifft ...» Ich weiß nicht mehr, was er weiter sagte. Wir strahlten und schlugen die Augen nieder, wenn Außenstehende fragten: «Wer hat daran gearbeitet?»

Das Lob des Doktors entschädigte mich mit Zins und Zinseszins für die Blamage mit von Eckardtstein.

33

Mit Spannung pflegten wir Steiner in unserer Arbeitsbaracke zu erwarten: Oft kam er zusammen mit Marija Jakowlewna, die im Sommer in Weiß und Lila ging und einen weißen Sonnenschirm trug; sie blieb zurück, er trat vor die Form, der Leiter der Gruppe zeigte das zuletzt Geschnitzte; mit zurückgebeugtem Oberkörper trat Steiner zurück, betrachtete die Flächenkonfiguration, nahm dann ein Stückchen Kohle aus der Hand des Leiters und markierte mit schnellen Strichen auf einem Vorsprung: «Hier wegnehmen! Zwei Zentimeter ..., dreißig ..., dreißig ..., ganz richtig!» Die abgebrochenen Sätze kamen laut, in tiefem Bass. Aus dem Stegreif gab er eine neue Anregung, setzte das Pincenez auf und zielte mit dem Blick nach dem nächsten Architrav.

In solchen Momenten lösten sich manchmal Zweifel und Fragen, mit denen wir uns wochenlang geplagt hatten. Bei seinem täglichen Rundgang durch die Baracken kam er nicht immer zu uns; er wartete, bis genügend Material zum Besprechen sich angesammelt hatte. Manchmal hielt er inne, warf einen prüfenden Blick auf den Block und ging weiter. Wenn er eine bestimmte Aufgabe hatte, kam er öfter, kletterte auf das Gerüst und stieg auf die Kisten.

Wir kannten keine Befangenheit vor ihm als dem Bauleiter – ganz anders verhielt es sich mit uns vor dem geistigen Lehrer, wenn es um unsere Nachlässigkeit ging. Wir kannten keine Befangenheit, wenn uns etwas misslang, oder wenn er die Arbeitsmethode leidenschaftlich kritisierte.

Manchmal war er neugierig auf die Verflechtung der Flächen, griff nach dem Meißel und blieb, um seinen Gedanken deutlicher auszudrücken; dann arbeitete er eine halbe Stunde, um persönlich ein schwieriges Problem zu lösen; er arbeitete sehr elegant, mit einem mittelgroßen Meißel. Er war niemals hastig, holte mit dem Schlägel nur wenig aus, die Späne perlten förmlich unter dem Meißel. Die von ihm bearbeiteten kleinen Partien frappierten durch ihre vollendete Eleganz. Mich erinnerten sie an sein Gesicht, das mich durch die vollendete Eleganz der Muskulatur fesselte. Wir alle versammelten uns um die Arbeit des Doktors, zeichneten sie ab und studierten sie zu Hause.

34

Wenn er sich in der Baracke zeigte, wären wir alle am liebsten zu ihm gelaufen, aber wir beherrschten uns und warteten, bis er zu uns kam. Nur bei außerordentlichen Anlässen überfielen wir ihn sozusagen und holten ihn zu unserer Form. Von außen gesehen, hätte das wie Mangel an Distanz aussehen können, und unsere Art, ihn am Ärmel zu zupfen, wie Mangel an Pietät; aber alle äußeren Zeichen der Distanz waren damals außer Kurs: Es galt nur die Sache.

35

Bis zur Abreise aus Dornach arbeitete ich oben an der Decke über dem Hauptportal. Ich stand auf einem Gerüst, unmittelbar vor meinen Füßen schnitzte Ligskij an dem Fenster von außen; manchmal steckte er den Kopf hindurch, manchmal ich, und wir sprachen miteinander. Wenn ich den Kopf durch das Loch steckte, sah ich unten die betonierte Terrasse, den Hügel, Dornach, die Ferne. Der Doktor war immer noch nicht zurück – er war auf einer längeren Reise –, und der Gedanke, dass ich Dornach für lange verlassen würde, ohne ihn noch einmal gesehen zu haben, beunruhigte mich.

An einem schönen klaren Tag hörte man überall: «Der Doktor ist zurück!» Das Herz stockte: Ich sollte ihn noch einmal sehen. Gegen fünf Uhr nachmittags höre ich eine Stimme: «Der Doktor!» Verschmiert, staubig, den Meißel in der einen, den Schlägel in der anderen Hand, zwänge ich mich auf allen Vieren durch das Loch und sehe: Unten steht der Doktor, strahlend, fröhlich, in seinem Gehrock und dem schwarzen, breitkrempigen

Hut; neben ihm Marija Jakowlewna, in Rosa, mit ihrem golden leuchtenden Haar. Ich, noch immer auf allen Vieren, Meißel und Schlägel in der Hand, winke ihnen von oben; er hebt die Hand hoch über den Kopf, ein bezauberndes Lächeln, ein lautes «Grüß Gott!» In meiner, in seiner Spontaneität zeigte sich schlichte Herzlichkeit: So begegnen sich nahe Verwandte, Kinder und Eltern.

So begegneten wir uns, wenn er zu uns kam.

36

Es war am Anfang unserer Arbeit in den Baracken: Ich stand auf einem Gerüst, gut ein Sashen hoch, und bearbeitete selbstvergessen einen Ahornblock; plötzlich eine Stimme: «Der Doktor!» Ich mache einen Schritt an den Rand des Bretterstegs; unter mir – Marija Jakowlewna, drei Schritte weiter, mit dem Rücken zu mir, der Doktor; im selben Augenblick spüre ich: Die Füße verlieren den Halt, ich muss entweder fallen oder, wenn ich blaue Flecken vermeiden will – springen; ich springe, mit großem Gepolter, und finde mich am Boden liegend wieder, Marija Jakowlewna zu Füßen, immer noch den Schlägel und einen riesigen Meißel in der Hand; sie ist entsetzt: «Haben Sie sich verletzt?» Ich sprang auf, alle lachten. Der Doktor, der mit dem Rücken zu uns stand, zuckte nicht einmal: Er wandte mir das aufmerksame, für einen flüchtigen Moment vorwurfsvolle Gesicht zu und setzte gleich darauf das Gespräch fort; das von mir verursachte donnergleiche Poltern ließ alle zusammenschrecken – aber er verzog keine Miene.

So sehr beherrschte er sich.

37

Er liebte die «Schnitzergilde»; diese «persönliche» Sympathie für uns brach bei ihm öfter unwillkürlich hervor – etwa beim Entwirren von Intrigen, die gegen uns gesponnen wurden, und bei anderen Gelegenheiten. Gewöhnlich streng und fordernd, neigte er dazu, uns gelegentlich ohne äußeren Anlass zu loben: einfach aus überfließender Sympathie. In Norrköping (Schweden) schilderte er in einem Vortrag das Leben in Dornach; er tat es mit großer Herzlichkeit. Unter anderem sagte er, indem er mir zuzwinkerte: «Wenn man sich unsere verehrten Mitglieder hier ansieht ...» – das Wort «verehrte» sprach er mit einem komischen und wohlwollenden Unterton –, «kann man es sich kaum vorstellen, wie sie aussehen, wenn sie in ihrer Baracke nassgeschwitzt herumlaufen.» Das ging auf mich: In Schweden trug ich einen Gehrock und war sehr auf mein Äußeres bedacht, in krassem Kontrast zu Dornach, wo ich in einem aufgeknöpften Russenkittel arbeitete; der Schweiß lief mir über das Gesicht, und ich wischte es mit dem Hemdärmel ab. Er hatte sich meine Gewohnheiten am Arbeitsplatz gemerkt: In seiner Schilderung lag viel Humor, aber noch mehr Wohlwollen.

38

Der Arbeiter in Dornach sah malerisch und farbenfroh aus, dem Spießerauge ein Ärgernis; man sah keine sommerlichen Pikeeanzüge, dafür jedoch kurze Hosen, aufgekrempelte Ärmel, aufgeknöpfte Hemden, Jacken von phantastischer Machart, Russenkittel, Schürzen, Schweizer Nationaltrachten à la Wilhelm Tell, Stolen in allen Farben des Regenbogens, polnische Westen. Die jungen Menschen kamen aus verschiedenen Ländern und trugen ihre Nationaltracht: «europäische» Kleidung erwies sich bei der Arbeit als unpraktisch. Nebel, Feuchtigkeit, Regen, tief aufgeweichter Lehm wechselten mit Hitze und Staub; der Hügel war bedeckt von einer Schicht aus Spänen, Holzwolle und Sägemehl; eine Volkstracht hielt das alles aus, ein «europäischer» Anzug aber nicht. Einige von uns sahen ziemlich heruntergekommen aus; dem Doktor gefiel dieses bunte Bild auf der Baustelle; besonders gut gefiel ihm der Russenkittel.

39

Dornach ist für mich ein unendliches Kaleidoskop von Erinnerungen: Fange ich an, davon zu sprechen, kann ich schwer ein Ende finden; es steht vor mir Tag und Nacht, von Tag zu Tag. In den zweieinhalb Jahren Leben in

Dornach habe ich mich rückhaltlos den Menschen hingegeben. Wir führten ein seltsames Dasein, konzentriert auf den Raum von zwei kleinen Dörfern, durch den Krieg von der ganzen Welt abgeschnitten. Wir, Menschen aus neunzehn Nationen, durchdrangen uns gegenseitig in unserem verschiedenen Sein; und nicht nur die Wände unserer Behausungen verschwanden – es verschwanden auch die Grenzen der Träume, und wir begegneten uns in Träumen, von Freude oder Entsetzen über den anderen erfüllt. Nirgends gab es innigere Nähe, nirgends schlug das Schwert der Unterscheidung mit größerer Schärfe.

Dornach bleibt die Quintessenz menschlicher Schönheit und menschlicher Abscheulichkeit, die unter den mit nichts zu vergleichenden Formen, in Holz gehauen von Menschen, die ebenso wenig mit anderen zu vergleichen waren, mit elementarer Wucht aufeinanderprallten.

Dornach ist für mich in einer gewissen Weise das Jahr 1912: Eroberung eines riesigen Gebietes und – gleichzeitig – fast eine Flucht aus diesem Gebiet. Und wenn ich jetzt die dunklen Epen längst verschwundener Völker lese, von Versuchen, einen zyklopischen Bau zu errichten, dann fällt mir unwillkürlich Dornach ein, und ich ertappe mich bei dem Gedanken: «Das war Dornach.»

Trotzdem: Kein einziges Ereignis der Vergangenheit ist für mich weiter entfernt als Dornach, wo ich mich einst für immer niederlassen wollte. Das uns zugedachte Stückchen Land ist nur durch puren Zufall nicht in unseren Besitz übergegangen, und nur durch Zufall habe ich nicht angefangen, in Dornach zu bauen.

Aber jetzt, im Jahre 1928, auf die Dornacher Zeit zurückblickend, muss ich mir sagen: «Es gibt für mich keine Rückkehr, genauso wenig wie in die alte Wohnung im Arbat, wie in die eigene Kindheit: Das ist unmöglich und auch nicht normal.» *Ich möchte nicht mehr nach Dornach zurückkehren.*

Aber der mitgemachte «Feldzug 1912» kann in der Seele nicht ausgetilgt, die Freunde können nicht vergessen werden, der Dornacher Arbeitskern: die Geschwister von Heydebrand, Frau von Heydebrand (die Gattin des Malers), Rosenberg, von Orth, Geier, Fräulein Hanna, Luise Clason, Djubanek, Kittel, das Ehepaar Mitscher, Dr. Goesch (der später aus der Anthroposophischen Gesellschaft ausgetreten ist), die beiden Aisenpreis, Holzleitner, Lille, Englert, Ludwig, Wolffhügel, Günther, Lissau, Wegelin, Linde, Baronin von Eckardtstein, Strauss, Smits, Voss, die Eurythmistin Wolfram, Kučerova, Liedvogel, Fräulein Sonklar (heute Frau Leinhas), Fels, Blümel, Kiseljowa, Iljina, Dubach, Ligskij, Fridkin, Ellram, Bogojawlenskaja, Bergengrün, Trapesnikow, Kemper, das Ehepaar Neuscheller, Nielson, das Ehepaar Meyer, das Ehepaar Grosheintz, die Brüder von Bay, Miss Maryon, Miss Chalds, Miss Harris, Miss Ricardo, Lupschewitz, das Ehepaar Strakosch, das Ehepaar Pollak, Fadum, Rychter, Drexler, Druschke, Kačer, Gräfin Hamilton, Walther, Waller, das Ehepaar Lehrs, Madame Péralté, das Ehepaar de Jaager, Stuten, Ledeboer, auch die beiden Siedleckis, und – wie viele andere noch, von unseren ... «Älteren» ganz zu schweigen!

Wie könnte ich meine Dornacher «Feinde» vergessen? Wie könnte ich die Menschen vergessen, mit denen das Schicksal mich frontal zusammenstoßen ließ? Mit jedem von ihnen erlebte ich Momente, die von unauslöschlicher, über das Subjektive hinausragender Einsicht erfüllt waren.

Nirgends konnte man mit solcher Schärfe das schicksalhafte Zusammen- oder Auseinandergeführtwerden empfinden; nirgends spürte man so deutlich, wie in die eigene Hand gelegt, die karmischen Fäden: «Webe!»

Und ich wob so, dass für mich Dornach zum Schlüsselwort für ein Leben wurde, das ich ... in meiner früheren Inkarnation gelebt habe; während meine damaligen Freunde, die mit mir unter einem Dach lebten, diese Fäden so verwoben, dass für sie alles außerhalb Dornachs zur Reminiszenz einer ... früheren Inkarnation wurde.

Diese verantwortungsschweren karmischen Momente traten in verantwortungsschweren karmischen Momenten der Welt ein, vor den Augen des Doktors, unter seiner Beteiligung: in seinen eigenen karmischen Momenten.

Wollte ich nicht die Person Rudolf Steiners, sondern mich selbst in dem Moment «Dornach» beschreiben, würde ein Band phantastischer Erzählungen entstehen, der manches mit Andersens Märchen und manches mit den Alpträumen Edgar Allan Poes gemeinsam hätte; die «Schneekönigin» würde darin vorüberziehen und die «Kleine Seejungfer», und auch «Ole», der gemütvolle «Kleine Sandmann», würde darin erscheinen; aber unmittelbar neben ihnen würde der unheimliche Basawrjuk spuken.

Das alles habe ich in Dornach gesehen; aber in den persönlichen Phantasien lebten überpersönliche lichte und finstere Wesenheiten, deren «Rechtsstreit», deren Kampf hinter unseren wie Schilde vorgehaltenen Seelen der Kampf um die Zukunft des anthroposophischen Impulses in der Welt war, ein Kampf, dessen Ausgang uns unbekannt ist.

Dies alles mag seine Erhellung, seine Rechtfertigung und seinen Sinn an einer höheren geistigen Stätte finden, in die Rudolf Steiner, uns allen voraus, die Tafeln seiner Neuen Worte über das Kreuz von Golgatha in der Hand, hinaufragte.

Vor und nach Dornach liegen für mich die Wurzeln der Dornacher Tragödie genau dort, wo die Idee «Dornach» durch Steiner entsprang: im Thema *Golgatha* und im Thema des *Kreuzes.*

VI

Rudolf Steiner und das Thema Christus

«Das Mysterium von Golgatha ist das *einmalige* größte Ereignis innerhalb der Menschheits-Entwicklung.»

Rudolf Steiner *(Anthroposophische Leitsätze,* 1924–25)

«Das Ereignis von Golgatha ist eine freie kosmische Tat, die ... nur durch Menschen-Liebe erfasst werden kann.

Rudolf Steiner (Ebenda)

«... wie der herabgestiegene Christus die Durchseelung der Menschheit mit dem Ursprungs- ... Logos darstellt ...»

Rudolf Steiner (Ebenda)

«Die Sprache, die angestrebt wird durch die Anthroposophie, wird sich bewegen – mehr als bildlich ist das gemeint – im reinen Elemente des Lichtes, das ... von Herz zu Herz geht.»

Rudolf Steiner *(Gegenwärtiges Geistesleben und Erziehung*, 1923)

1

Der Doktor hat oft wiederholt: Man redet *über* den geistigen Weg, man redet *über* den Geist; man redet immerfort *über, über* und *über* etwas; das *über* ist zu wenig, man muss versuchen, den Geist konkret zu vermitteln. Das geistvolle Reden *über* den Geist treibt den Geist aus und ist ein Umweg zum Materialismus. Er selbst hat anders gesprochen.

Und ganz anders sprach er über den Christus.

Man könnte sogar sagen, er habe über den Christus geschwiegen und zuerst die Bedingungen zum Erleben des Christus-Impulses geschaffen, damit die Laute des Namens «Christus» als ein Ausatmen der eingeatmeten Christus-Kraft verströmen konnten. Um die Christus-Gedanken des Doktors zu verstehen, müsste man den Weg des Fastens und Betens gehen, Gedanken und Empfindungen hegen, die zur Taufe rüsten: er erwartete, dass das Wort vom Geist als Leben sich niederschlüge. Sein Reden von Christus war ein strenges Schweigen, es war Christus in ihm.

Er bereitete sich manchmal monatelang vor, ehe er das Wort «Christus» aussprach und einen Kurs ankündigte: «Christus und die geistige Welt»; wer sein Schüler war, der wusste von der Bedeutung einer solchen Ankündigung. Es war das Betreten neuer Erkenntnisstufen und der Aufruf: «Man muss wachen und beten!» Wir bereiteten uns vor – und verschliefen sein Gethsemane; wir wussten, dass wir etwas verschliefen, obwohl wir uns nach Kräften bemühten. Es erklang: «Ändert euren Sinn!» Es klang nicht als Wort, sondern in jenen «stillen» Augenblicken während des Vortrags, wenn der Donner verhallt war. Für einen Moment zerriss das Gewebe des Vortrags: er blickte aus seinen schwer zu beschreibenden, wie von Tränen erfüllten Augen in der Pause zwischen zwei Abschnitten des Vortrags, der manchmal überhaupt nicht von Christus, sondern von ... Fechner handelte, aber hinter «Fechner» stand etwas, das uns anschaute, weckte und uns durch seinen Blick: «Nein, nicht ich, sondern ... in mir ...» zu sich rief. So sprach der

«Geist» der Individualität, der in die Individualität eingezogen war und uns aus den weit geöffneten Augen ansah. Und wir errieten, dass er *schon* von Christus sprach, obwohl der angekündigte Kurs über das Thema «Christus» noch in ferner Zukunft lag.

Aber auch schlafend haben wir in solchen Augenblicken den Flug des Engels über dem Vortragsthema wahrgenommen: Der Engel war die Ahnung, dass dieser künftige Kurs Symbol von Ereignissen, Entdeckungen und einer Katharsis in unseren Seelen sein könnte, wenn unser Wille auf ein Damaskus des «Ich» gerichtet wäre.

Das war keine Phantasterei, das war eine Lebenstatsache für jeden, der wenigstens an einem winzigen Punkt Esoteriker war; er führte den Namen des Christus nicht im Munde, und man hätte manchmal argwöhnen können, dies sei eine Gewichtsverlagerung vom geistigen auf den weltlichen Fragenkomplex, aber wir wussten, wann er einfach nur schwieg und wann er wortlos von Christus sprach. Das Schweigen war Einatmen, das künftige Wort von Christus – Ausatmen; er erwartete, dass wir seine Wortgebärde, das unausgesprochen schon Anwesende errieten: Er rief uns auf, eine «Hütte zu machen».

So führte er uns manchmal wochenlang durch die Wüste des Schweigens.

So sprach er von Christus.

Und – wer sonst konnte so von Christus sprechen?

2

Nach der Rückkehr aus Dornach konnte ich mich an das religionsphilosophische Geschwätz in Moskau nicht mehr gewöhnen. Man braucht nicht mehr zu reden, wenn man einmal in der Luft das Wehen eines Widerhalls auf die reale und durchaus nicht «allegorische» Christus-Kraft in ihm gespürt hat, wenn er von ... sprach.

Die Nüchternsten unter uns blieben nicht mehr nüchtern: Wir warteten, und sahen uns schweigend an: «Ist das ... der Hahnenschrei? ... Ist nicht der Herr des Hauses nahe vor der Tür? ...» Mancher stürzte über dies: «Ist ... jetzt ... der Tag ...?» Wieder wurden «die Reiche gezeigt», ein Nachklang der Versuchung in der Wüste, der Glaube: «Das Reich Gottes ... ist ... herbeigekommen!» Wir wollten nicht glauben, dass es wiederum ein «Reich nicht von dieser Welt» sei. Darauf folgte eine plötzliche und stürmische Lockerung des Astralleibes, und die Menschen fielen um. Das häufige «Umfallen», das ich oben geschildert habe, trat zu Beginn des «Kurses» auf und hielt während seiner ganzen Dauer an; die Ursache war eine mangelnde Vorbereitung des Bewusstseins, die versäumte «Fastenübung»!

3

Beim Wiederlesen der Vorträge «Christus und die geistige Welt» und «Das fünfte Evangelium» muss ich mich fragen: «Wo ist dies alles geblieben? Großartige Perspektiven, ja. Aber das Wichtigste fehlt: das *Licht hinter dem Transparent* und der *Blick* vor der Perspektive.» Das *damals gegenwärtige Licht des Christus!*

Daher das «Umfallen».

4

Ich möchte erläuternd hinzufügen: Unter uns gibt es Fachphilosophen; sie werden einwenden, dass ich mit Erinnerungen dieser Art einer «Mystik» Vorschub leiste, dass die Anthroposophie ein nüchterner Appell an die klare Erkenntnis sei. Ich weiß das und bin im Begriff, die Notwendigkeit der klaren Erkenntnis darzulegen; in Leipzig habe ich mich selbst in den Arm gekniffen, um nicht «umzufallen» und habe sogar einen über mir zusammengesunkenen dicken Deutschen mit hinausgeschleppt.

Menschen, die den Doktor nie gesehen, dafür aber seine «Philosophie der Freiheit» studiert haben, fühlen sich berufen, über das «klare Denken» Gültiges auszusagen. Aber es entgeht ihnen, dass dieses «klare Denken» in uns Phänomene hervorrufen konnte, die dem Taborlicht verwandt waren.

Es ist besser, *nicht* «umzufallen» als «umzufallen»: darin zeigt sich ein Riss zwischen *Ich* und *Manas.* Immerhin ist es ein Symptom dafür, dass wir von den Kräften des Lichts gestreift worden sind. Wir können noch nicht über unsere höheren Organe frei verfügen, aber die Anlagen zu diesen Organen sind da; das ist eine Tatsache.

Es ist am besten, überhaupt nicht «umzufallen» und «jegliche Zunge» zu verstehen, als immer wieder «umzufallen».

Aber am schlimmsten ist es, wenn das Geschehnis an dem von der Schädelkapsel eingegrenzten Kopf mit seinem an den Knochen festgebackenen Gehirn abgleitet, einem Kopf, der nur fähig ist, Kapitel und Absätze der Erkenntnistheorie und abstrakte Thesen *über* den Geist hin und her zu blättern. Wir müssen auch die Kantsche verständige Vernunft pflegen, ich brauche das nicht zu betonen. Mir geht es um etwas anderes: Nachdem gezeigt wurde, dass die Vernunft eine Verbindung zwischen Gnoseologie und Christologie herstellen kann, muss ebenfalls gezeigt werden, dass dies allein nicht zureicht und zu jenem vom Doktor so entschieden verworfenen «über den Geist» – und nicht zum Geist selbst – gehört. Der Doktor verlangte Höheres: Takt und Geländeerfahrung in verschiedenen Bewusstseinszuständen und unerschütterliche Einsicht, dass es in der Vernunft weder einen vom Herzen abgeschnittenen Kopf noch ein kopfloses Herz gibt, sondern nur die aus dem Herzen strömende, heiße und liebende Hingabe an den Christus-Impuls.

Er sprach von dem Christus nicht aus dem Kopf, nicht aus dem Herzen, sondern aus einem Höheren. Aber dieses Höhere war weder mystische Kopflosigkeit noch die Herzlosigkeit der raffinierten Clownerie eines erkenntnistheoretischen Bilboquet. Erst dann werden wir die Vernunft, die durch ihn von dem Christus sprach, erfassen, wenn wir erleben können: «Hier spricht ein Mensch mit aller Kraft des Gedankens aus der vollen Glut des Herzens: von Herz zu Herz.»

Außerhalb dieser Kraft und dieser Glut, von der alle noch weit entfernt sind, ist das Geheimnis der durchchristeten Vernunft unauffindbar.

Er sprach nicht, er «glühte».

Die einen – fielen um, die anderen saßen bei den Vorträgen mit gezücktem Bleistift in der Hand und konstatierten selbst in solchen Momenten eine Beziehung zwischen Gnoseologie und Christologie.

Die «Tante» fiel um, der «Onkel» konstatierte.

Nur wenige bewältigten den Aufstieg zum «Intellectus».

Die «Tanten» hatten es besser: Luzifer nahm offen von ihren Seelen

Besitz; die «Onkel» hatten es schlechter: Während sie in Geist-erfüllten Momenten *über* den Geist theoretisierten, gerieten sie in die Fänge Ahrimans.

Sprach der Doktor zu uns von «Kopf» zu «Kopf» – konnten wir es aufnehmen. Aber zu anderen Zeiten wandte er sich an unsere Herzen. «Von Herz zu Herz» – mit welchem klaren, liebevollen Lächeln sprach er diese Worte aus, wenn er über das Jesuskind sprach, das in der Macht seiner Hilflosigkeit in der Krippe lag, an der das Schwert Ahrimans zerbrach. Dann hatte er selbst etwas von einem hilflosen Kind und fragte nicht nach seinen eigenen Spekulationen. Er war ganz Herz, vielmehr: Seine Vernunft war in sein Herz eingezogen und das vernünftige Herz blühte auf; das «Herz» – nicht eine «Vernunft mit Herz».

5

Ich möchte es wiederholen, damit es unmissverständlich klar wird: Er hatte sehr gescheite Dinge über die Gnosis und den Christus zu sagen; das ist bekannt. Aber jemand, der Steiner nicht selbst erlebt hat, kann sich kaum eine Vorstellung davon machen, was in unseren Herzen geschah: «Er war mehr Herz als Kopf.» Er war Inspiration und nicht bloße Imagination. Und seine Worte *von* Christus waren Inspirationen: Herzgedanken, die die Herzen stärker verwandelten als die Köpfe. So wie das Denken in Abstraktionen lebt, ohne selbst eine Abstraktion zu sein, so lebt das inspirierte Denken im Fühlen. Es ist am wenigsten die Fühllosigkeit phänomenologisierender Gedankenakrobatik, die in einer Sackgasse endet und dieses Ende auch noch mit einer anthroposophischen Begründung untermauert.

Wenn der Doktor über den Christus sprach, schwieg sein Kopf, er sprach aus dem Sonnenherzen. Die Worte seiner Christus-Zyklen sind ein Ausatmen: nicht Sauerstoff, sondern Kohlensäure, das Zeichen geheimnisvoller Lebensprozesse.

Das fast epileptische «Jetzt», in dem viele zusammenbrachen, war nichts als Unvermögen, das Jetzt zu orten: *Er* stand «nahe vor der Tür», aber nicht vor *dieser* Tür, der Tür aus Holz, nach der sich die Köpfe drehten: Man rannte mit dem Kopf gegen das Holz – und verlor das

Bewusstsein. Aber es gab eine andere Tür – das Herz – und zu *dieser* Tür rief er ...

«Unsinn! Von welchen Türen redet der eigentlich?»

Ich spreche von jenen Türen, durch die man nicht eintreten wird, solange man seine Welt nicht verändert. Davon muss anders gesprochen werden, ohne erkenntnistheoretische Verrenkungen, ohne Ahriman, ohne zu ahrimanisieren: ohne das in unseren Kreisen inzwischen übliche herablassende Lächeln.

So hat er gesprochen, und so sprach sein Schüler Bauer; ich hoffe, dass auch in der Christengemeinschaft so gesprochen wird.

Ohne die Sprache des Herzens – «Ihr seid unser Brief, in unser Herz geschrieben», sagt der Apostel – Schweigen.

6

Deshalb sprach er bei den esoterischen Stunden den zweiten Satz des Wahlspruchs: «In ... (Schweigen – und eines *anderen* Blick aus seinen Augen) ... morimur»* abgehackt, mit Strenge und Erregung, erfüllt von Jenem, was zwischen «In» und «morimur» steht. Und dieses Schweigen des Doktors versuche ich heraufzubeschwören, um zu erklären, was wir in Leipzig erlebten und was der gedruckte Kurs nicht enthält.

Ich weiß, es gab Meditationen, die den *Namen* in uns zum Leben erwecken sollten: statt des Namens scheinbar zufällige Lautverbindungen. Das Meditieren des Namens ist *ein* Weg: Der Doktor war jedoch kein «Namensfanatiker». Er rief zu Höherem auf: zum Preisen des Namens durch das Auslöschen des äußeren Wortlautes: zur Geburt des Wortes im Herzen.

In solcher Geburt stehend, rief er uns durch die Wüste zur Taufe im «In ...», zum Eintauchen in jenes Wasser, das den Menschen bis ins Knochenmark durchdringt, «... morimur» sprachen wir emportauchend, dieser Geburt entgegen.

Dies ist der Weg zu Steiner.

Dies ist Steiner.

* In Ihm sterben wir.

7

Jetzt muss ich darüber sprechen – nach einem fünfzehnjährigen Schweigen über dieses Gebiet meiner Erinnerungen. Vieles ist schon gesagt worden, über vieles braucht nicht mehr gesprochen werden: Es reift; und vieles wartet noch.

Das, was ich hier ausspreche, ist in der Sphäre *Der Doktor und die Gestalt des Christus* gereift. Die Zeit ist gekommen, einige unter uns haben lange genug geschwiegen: Wenn wir nicht Schwestern und Brüder werden – dann werden wir nicht mehr lange Freunde bleiben können. Wir müssen jetzt lernen, wann es an der Zeit ist, das Herz zu «öffnen», nachdem wir seinerzeit gelernt haben, das Herz zu «schließen». Ein Enthüllen ohne das Morimur ist kein Enthüllen; aber ein Verhüllen ohne Enthüllen bedeutet Tod!

Was sollen wir enthüllen?

Das Herz!

Man soll sich nicht an den Doktor mit dem «Gehirn» erinnern, das seinen Kuss empfangen hat; scheute er sich doch nicht, uns, seinen «Kindern», «väterliche» Hilflosigkeit zu zeigen.

«Ihr Lieben, lasset uns untereinander lieb haben!» – wehte in der Luft.

Er sprach wie Paulus, er schwieg wie Johannes.

Jetzt, da er nicht mehr unter uns ist, ist der Sinn unserer Erinnerung, das Mahl mit ihm zu teilen: Eine Philosophie der Anthroposophie wird in den kommenden Dezennien gewiss geschrieben werden; dann wird auch die Wirkung eintreten, von der er sprach: dass immer noch etwas von Jesus mitklang, wenn die Jünger *Seiner* Jünger sprachen.

8

Der Doktor und das Thema «Christus»: Letztlich führt alles von ihm Gesagte auf das Thema «Christus» hin. Alle von ihm zur Entfaltung gebrachten Gaben werden mit unendlicher Ehrfurcht dem Thema «Christus» dargebracht. Die vielgestaltige Entfaltung der anthroposophischen Kultur ist das «Schweigen» Steiners. Der von Stadt zu Stadt reisende Doktor, der von der sozialen Frage zur Kunst, von der Kunst zur Naturwissenschaft, von dort zu den Aufgaben der Pädagogik Brücken schlägt, ist der Doktor, der über das Eigentliche schweigt. Diese Kultur ist ein glanzvolles Gewebe von Ausblicken, von Landschaften, die schwindlig machen können; unwillkürlich fragt man sich: soll dieser ganze Glanz ein Feld für den Menschen sein? Man denkt an einen künftigen «Kulturträger»: den Herrn der Natur, den König, in einer Schale die Gaben der Erkenntnis darbringend. Aber dann begreift man dieses Schweigen vom Eigentlichen: über der Perspektive der Kulturepochen – das Wort seiner Worte: sein Wort vom Logos; die Gaben, die Gewänder, der Glanz – alles das ist nicht für das Ich des Menschen bestimmt: «Nicht ich, sondern Christus in mir.» Schon das geschriebene Zeichen des «Ich» – ist das Monogramm «I. Ch». Der Mensch – Herrscher und König – bringt den Ertrag der Kulturentwicklung der Krippe dar. Herrschertum und Königtum sind nicht Selbstzweck: der Doktor mit seinen Gaben – ein Zeigefinger, auf die Krippe weisend; und der Doktor neigt sich davor.

Wenn er über das Wunder der Kultur, die Geheimnisse der Geschichte und der Mysterien sprach, schien er ein in Purpur gekleideter, der Geheimnisse teilhaftiger Magus; in dem Augenblick, da alle Gaben zusammengetragen sind, ertönt «Ich», aber fast gleichzeitig kniet das «Ich» in freier, liebender Hingabe nieder: «Ich» wird zu «I. Ch», zu Jesus Christus; höhere Kräfte geleiten den König und Herrscher dieser Welt, das Königtum ist kein Eigenbesitz, das Hohepriestertum ist das Urbild; man stelle alles über die Kulturepochen, alles über das menschliche Ich Gesagte zusammen und betrachte es im Lichte der Aussagen über Christus: Es bedeutet die Verwandlung des Königs und Weisen in demutsvoller Anbetung; der Mensch, Weiser und König, opfert den Glanz der Selbstheit an der Krippe. Der Mensch wird ein Hirte!

9

Wenn er über den Christus sprach, waren wir Zeugen des Mysteriums der Verwandlung des Weisen in den Hirten. Wenn er über den Christus sprach, war er ein Hirte, wenn er über die Mysterienkulturen sprach, die im Gewebe der Kulturentwicklung sich verschlingen, war er ein Weiser. Und wenn man sonst gegen den Doktor sich auflehnen und an ihm zweifeln mochte –

wenn er über den Christus sprach, offenbarte sich sein innerstes, verborgenes Antlitz: das eines Hirten. Er, der Vielbewunderte und von der Menge bereitwillig «Gekrönte», stand machtlos da und legte selbst das «Ich» der neugeborenen Wahrheit zu Füßen.

Ich versuche damit den Ton seiner Aussagen über Christus zu charakterisieren, die aus dem Schweigen erwuchsen, die Aussagen über die Kulturentwicklung durchdringend; auf dem Gipfel der magischen Deutung der gesamten Geschichte stehend, enthüllte er mit höchster Schärfe die magischen, die mystischen Gesichtspunkte der Geschichte, und er tat es gewissermaßen kniend. Der enthüllte Urgrund der Geschichte ist der offene Schoß der Sophia, der Maria, der Seele, die das Kind gebiert. Die Hilflosigkeit dieses Kindes in seinen ersten Erdenminuten, die über Macht und Gewalt, über Luzifer und Ahriman siegt, schilderte er Weihnachten 1912 in Berlin in einer Weise, die kaum wiederzugeben ist.

Ich vergegenwärtige mir diese Worte, und ich vergegenwärtige mir das Antlitz des Doktors, während er diese Worte sprach: Die Hilflosigkeit des Hirten, der nur durch die Liebe zum Kind, in dessen Strahlenglanz er steht, diese Hilflosigkeit überwindet, spielte auf seinem Antlitz. Er war selbst wie ein Kind, das in seiner Preisgegebenheit gegen alle Versuchungen gefeit ist. Niemals werde ich ihn, einen dem Kinde hingegebenen Weisen, der ein Hirte geworden war, vergessen: schlicht und von Liebe erfüllt. Ich sehe ihn über dem Rednerpult, über den Rosen, mit einem weißen – weißen – weißen Gesicht: ein fremdes Weiß, ein Lichtschein, der kein farbiger Abglanz mehr war. Ein solch weißes, solch reines Licht habe ich vorher nicht einmal geahnt, geschweige denn gesehen. Purpurglut verströmten seine von dem Christus durchdrungenen Worte. In diesem Moment stand nicht der «Leiter» des Christus-Impulses vor uns – der «Leiter» ist immer noch ein Symbol, ein Kelch, ein Gefäß, ein Etwas, das den Impuls enthält, das ein Flussbett bildet, in dem es strömen kann.

Aber der, der an diesem unvergesslichen Abend (26. Dezember 1912) vor uns stand, dessen Haltung, dessen Lächeln nicht uns, sondern einem in unserer Mitte entstandenen unsichtbaren Zentrum, der Krippe, galt, konnte nicht mehr Mittler sein, denn Können, Kraft, Macht – das waren unangemessene Begriffe. Was sie bezeichnen, verwandelte sich in ein real verkörpertes Etwas, das nicht mehr Quelle von Impulsen, sondern einfach gegenwärtig war, eine einzige Gebärde des Staunens, der Freude und Liebe, ein Etwas, dem alles, was es umgibt, entgegenflog, es zu durchdringen strebte und sich dabei verwandelte. Die gängige Vorstellung von der Sonne ist die einer Scheibe und der nach allen Seiten herausbrechenden Strahlenpfeile: vom Zentrum zur Peripherie. Nun muss man sich ein Gegenbild vorstellen: Im Zentrum ist nichts, und die Punkte der Peripherie – Menschen und Dinge – bleiben nicht sie selbst, werden zu Strahlen, ergießen sich als Strahlen in das, was abstrakt «Zentrum» genannt wird, was in Wirklichkeit nicht «Zentrum», sondern das Ganze ist, in dem der Doktor und wir alle eine einzige weiße Sonne der Liebe zum Kinde sind. Oder in einem anderen Gleichnis: Wir alle, mit glänzenden Kleidern angetan, bringen die Gaben dar, und er, der sie uns gab, auf dass wir sie darbrächten, er steht mit leeren Händen da: hilfloser Hirte, neigt er sich und fordert nur hilflos auf, zu staunen: «Da seht, wer da liegt, wer uns in seiner Hilflosigkeit anvertraut ist, wessen Hilflosigkeit den Sieg über Luzifer und Ahriman bringt. Ein einziger Augenblick, der von der Liebe zu dem Kinde erfüllt ist, macht den Kampf mit Ahriman zur Vergangenheit; der Sieg ist da, wenn solche Liebe da ist.» Das alles sagte seine Gebärde, als er uns das Lukas-Evangelium auslegte.

Einen solchen weißen Lichtschein, wie er damals über ihm lag, habe ich vorher nie gesehen und auch nicht geahnt. Mir kamen die Worte der Offenbarung in den Sinn: «Wer überwindet, dem will ich einen weißen Stein geben und auf dem Stein einen neuen Namen geschrieben, welchen Namen niemand kennet, denn der ihn empfängt.»

Diese friedvolle, in sich ruhende Weiße der Stille! Nur einmal, beim Anblick des weißen Starez von Sarow, hatte mich die Sehnsucht danach gestreift: Und jetzt spürte ich das gleiche Wehen in der Luft; dieses Wehen kam nicht vom Doktor, obwohl er es war, der durch innere Anstrengung diesen Augenblick möglich machte.

10

Das lange Schweigen, das Fasten, die Wüste, in die er sich zurückzog, in die er uns wortlos und schon lange vor diesem Augenblick rief, trugen dazu bei, dass ich diesen Vortrag durch mein ganzes Leben als gnadenvollen Augenblick hindurchtrage. Später musste ich oft mit anhören, wie das Wort «Gnade» missbraucht wurde, etwa in dem, dass die «Lehre» des Doktors «nicht begnadet» sei! «Bewahre, das dir vertrauet ist und meide die ungeistlichen losen Geschwätze und das Gezanke der falsch berühmten Kunst», dachte ich und sah vor mir den Doktor beim Vortrag an jenem 26. Dezember.

Vorher und nachher schwieg er über das Thema «Christus». Die Vorträge zwischen Oktober und Dezember beschäftigten sich mit anderen Problemen. Er sprach oft über das Leben nach dem Tode und setzte sich engagiert mit den Theosophen auseinander. Darin war er unerbittlich; die Theosophen hielten den von ihm erhobenen Vorwurf der Gotteslästerung (nachdem der Inder Alcyon von ihnen als Christus verehrt wurde) für übertrieben. Vergeblich versuchten verschiedene Theosophen, die unseren Zweig besuchten, diese Vorwürfe zurückzuweisen. Zum Beispiel versuchte der Maler Fidus vor unserem Zweig Besant zu rechtfertigen und rief zur «Toleranz» und «christlichen Haltung» auf: Steiner rede, meinte er, nicht wie ein Christ. – In der Erwiderung Steiners klang unüberhörbar ein ungeduldig-bitterer Ton mit: «Aber Herr Fidus ...» Er wandte sich ihm zu, mit einer fast abwehrenden Handbewegung: In der Indifferenz dem Evangelium gegenüber, in der lauen Neutralität und Allumarmung (alle sind gleich gut: der Doktor, Besant, Leadbeater) verriet sich die mangelnde Liebe zu Dem, der das Zentrum der Liebe ist. Man erklärte den Doktor für einen aggressiven Jesuitenzögling, während er uns in tiefem Schweigen zum Erleben des christlichen Mysteriums führte – und gleichzeitig mit Blitz, Donner und Wetter, mit großer Leidenschaftlichkeit, die als Voreingenommenheit aufgefasst wurde, gegen den sentimentalen buddhistisch-brahmanischen gemischten Salat vorging.

11

Einige Tage nach diesem für mich einschneidenden Vortrag hörten wir in Köln den Zyklus «Die Bhagavad Gita und die Paulusbriefe», eine bedeutungsschwere Stellungnahme, ein Tribut der Anerkennung und der Bewunderung des Ostens; eine Würdigung Indiens, gegenübergestellt der Charakteristik des Apostels Paulus, die Unausgeglichenheit des «streitsüchtigen» Paulus akzentuierend, der nach der glanzvollen Entfaltung der indischen, ungleich ausgewogeneren und ausgeglicheneren «Weisheits»-Kulturen erschien. Ein Hinweis auf die Verwandlung des Schriftgelehrten und Weisen in Paulus, der die Ausgeglichenheit verliert und die Hirtenliebe des christlichen Menschen entwickelt. In seiner «Schwachheit» führt Paulus in die Zukunft der Johanneischen Liebe.

Ich war ergriffen: Die flammende Verteidigung des Apostels durch Steiner zeigte mir die Wurzel seiner eigenen «Hilflosigkeit». Ohne es zu merken, sprach er von sich selbst. Wäre ihm bewusst gewesen, wie sehr seine Apologie eine Selbstrechtfertigung war, hätte er die Bedeutung von Paulus nicht so betont und seine «Schwachheit» nicht so hervorgehoben. Aber in meinen Augen war diese «Hilflosigkeit» des Doktors in der Gesamtlinie seiner «christlichen» Haltung ein mächtiger Stützpunkt unerschütterlicher Sicherheit: Der Ausdruck dieser Hilflosigkeit ist ein Symptom des Damaskusweges. Die vorchristlichen «Weisen» haben dieses Erlebnis nicht gehabt. Die «Magiker» à la Leadbeater erlebten die Zerstörung der von Menschenhand gemachten Ikone durch Luzifer, deren Folge die Veränderung des Antlitzes Jesu Christi war: Es wurde zu Jeshu ben Pandira (nicht mehr Jesus aus Galiläa), es wurde zu Krishnamurti.

Das Wettern, die bissigen Sarkasmen, die zornigen Ausrufe gegen Besant – alles das war ein zum Schutz der Sache Christi erhobenes Schwert; ohne jedes Pathos führte der «ungerecht» sich ereifernde Steiner die Seelen aus der Versuchung zur Wahrheit.

12

Das Thema des Lukas-Evangeliums erklang in mir noch einmal, Weihnachten 1915 in Dornach, im Zusammenhang mit den Oberuferer Weihnachtsspielen. Es wurden zwei Mysterien, zwei verschiedene Geschichten, gespielt: In der einen, der unheimlichen, traten die Weisen aus dem Morgenlande, Herodes und der Teufel auf, in der anderen die Hirten auf dem Felde. Der Vortrag ging von der zweiten aus. Und wieder offenbarte sich dabei dieselbe arglose Herzlichkeit und Sanftmut – das Antlitz des Hirten. Er sprach über den «Besitzer» und den «Hirten»: Der Besitzer, der Herbergswirt, weist Maria und Joseph von seiner Tür. Maria gebiert in einem Stall, wohin die Hirten kommen. Zwei Typen werden erkennbar: der «Wirt» und der «Hirt», der die Seele vor dem Egoismus schützt, in welcher Form dieser auch immer auftreten mag. Und er rief dazu auf, demütig wie die Hirten die Krippe mit dem Kind anzubeten.

So war sein Antlitz vor dem Jesuskind, dem Kelch, in den der Logos sich ergießt. Die kindliche Klarheit verband sich darin mit einem Leiden, das ich nicht beschreiben kann und vor dem alle Worte versagen. Nur ein Mensch, der so wie der Doktor litt, konnte in manchen Augenblicken ein weißes Kindlein sein. Und auch als er später über Jesus von Nazareth sprach, der bis zum dreißigsten Lebensjahr in einer Schreinerwerkstatt sich verbarg, mit Leiden, wie sie noch kein Lebender gekannt hat, leuchtete hinter dem Schmerz dasselbe schlichte Lächeln. Mit einem unsicheren, fast verlegenen Lächeln sagte er auch, dass Jesus ein Zeichen in seinem Gesicht getragen habe; und als wir das Zeichen sahen, begannen wir Jesus zu lieben. Der verglühende schmelzende Schmerz, vor dem alle Leiden verblassten, weckte unsere Liebe; dieser Schmerz übte auf uns eine sanfte Anziehungskraft aus.

Das Thema der ungetrübten Liebe verflocht sich mit dem Thema unaussprechlichen Leidens. In unaussprechlichem schuldlosem Leiden sollte das Kind zu einem Kelch des Logos werden, der ein anderes, ebenso schuldloses Leiden auf sich nahm – um der ganzen Welt willen. Jesu Leiden beim Anblick der von Teufeln besessenen Nächsten kreuzte sich mit der Qual Christi, der schuldlos Grauen und Schmerz der Selbsteinengung in die Persönlichkeit Jesu auf sich nahm. Dieses Leidenskreuz bildet den Grund der drei Jahre währenden Biographie des Christus Jesus. Christus tauchte in die Persönlichkeit Jesu ein; Jesus, von der Christus-Kraft emporgetragen, wurde Jesus Christus. Der Doktor wies auf das Kreuz des zweifachen Leidens hin, auf die Qualen in beiden Relationen: Jesus Christus und Christus Jesus; die Persönlichkeit Jesu erlebte vor der Vereinigung mit dem Logos im Zentrum seines «Ich» das schwarze Weltenloch, adäquat dem kopernikanischen Universum. Jesus vor der Taufe = ein «Es», über dem das durch Ahriman entleerte Universum einbricht. So schritt dieses «Es» zur Taufe: unter das Doppelkreuz des «Jesus Christus», während der «Christus», der in Freiheit das Reich des Geisteslichtes verlassen hatte, um in das enge Loch der Persönlichkeit hineingezogen zu werden, Grauen und Schmerz einer mit nichts vergleichbaren Einengung erdulden musste, vor der jede Form des Wahnsinns – ein Nichts ist; er musste diese Qual erdulden, um «Christus Jesus» zu werden, um in Jesus leben zu können.

Zwei Kreuze: «Jesus Christus», «Christus Jesus», der Augenblick der Jordantaufe: Realisation beider Kreuze in einem Kreuz – dem Kreuz von Golgatha (das konkrete Hineingeborenwerden des Christus in die Erde). Steiner weist auf das – bis dahin noch nicht gezeigte – Sich-Kreuzen zweier Leidenswege in einem dritten hin. Zum ersten Mal weist er auf das Golgathakreuz aus einer Sicht, die selbst den Aposteln verborgen blieb: als Erschütterung göttlichen und menschlichen Geschicks. «Götter» und «Menschen» müssen vergehen, um zu einer neuen, nicht nur menschlichen und nicht nur göttlichen Möglichkeit aufzuerstehen, die alles rechtfertigt, was ist: nicht nur die Menschlichkeit des Menschen, sondern auch die Göttlichkeit Gottes. Die neue Form des Lebens, die einzig mögliche Form, jetzt noch ein Keim, wird in der Zukunft konkret geboren werden, ein Zeichen der Verkörperung von Diesem in Jenes und von Jenem in Dieses: Christus Jesus und die Welt, «Ich» und Natur, «Geist» und Geschichte und Theorie.

13

Wenn Steiner über Jesus Christus sprach, schwang die Liebe zum hilflosen Kindlein mit; wenn er aber von dem Christus sprach, keusch glühendes Leiden: Leiden aus Liebe, Liebe aus Leiden kreuzten sich.

Niemand bewirkte Ähnliches wie Rudolf Steiner, wenn er vor den Seelen der Menschen seine Christologie entwickelte. Da gab es keine Erkenntnis im landläufigen Sinne: Es war alle Formen überflutende Liebe und alle Formen überflutendes Leiden!

Ein Ausdruck seines Bewusstseinszustandes, der die Zuhörer aus ihrem Schlaf weckte, war das Zeichen, das sein Antlitz dann trug: ICH.

In strengem Schweigen stand er vor uns, im Vorhof seiner Worte über den Christus.

14

Die Gebärde strengen Schweigens richtete sich an ihn selbst und an uns: «Wachet und betet!» Vor sich selbst und vor uns stand er mit dieser Gebärde, im Vorhof der Worte über den Christus: Das strenge Schweigen verwandelte die Erschütterung in Anbetung. Das strenge Schweigen war die Bitte, sich vorzubereiten. Da vereinten sich in ihm der Hirte und der Weise. Die Anbetung vereinte sich mit der Erinnerung an die Geheimnisse der Wege, der Nachfolge ... des Sterns, und löste in uns Sehnsucht und Wehmut aus, Vorboten der Geburtswehen. Er ließ unsere Seele die Litanei anstimmen, die M. Collins angestimmt hatte: «Ich will die Geburt. Ich bin bereit, verbrannt und vernichtet zu werden, durch Feuer und durch Vernichtung hindurchzugehen, denn das ist die Geburt.»

Die Worte M. Collins: «Der Geburtswille wird bei den ersten bewussten Schritten des Schülers mit einem Gefühl begleitet, dass das Nichts sich auf tut.» Die Seele überkommt «Entsetzen und Bangen». Collins schreibt, die Leiden des «Schülers» an der Geburtsschwelle seien entsetzlich, da seine Lage ihm ausweglos erscheine. Sie ist bekannt als der «Ritus des Entsetzens».

Der Ritus des Entsetzens geht der Ich-Findung im Tempel voraus.

15

Die Worte Steiners über den Christus in seinen Christus-Vorträgen klingen für mich wie aus dem Inneren des Tempels. Im Inneren des Tempels geschieht das Mysterium. Die Empfindung, es sei bei uns «die Menge der himmlischen Heerscharen, die Gott lobten», bestimmte die Zyklen in Leipzig, Basel, Kristiania und Norrköpping. Die Einstimmung war das strenge Schweigen des Doktors. Eine solche, das «Markus-Evangelium» (zehn im September 1912 in Basel gehaltene Vorträge) einleitende Strenge war die Stimmung des im August desselben Jahres in München gehaltenen Zyklus «Von Ewigkeit und Augenblick»; dieser Zyklus enthält keine Aussagen über den Christus. Es ist die Weisheit der ersten Stufen, und es wird betont: Der Wille zum Geborenwerden «gart» in der Arbeit. Dieser Zyklus enthält keinerlei Sentiments, keinerlei Trost: Der Schritt des Ich auf den Astralplan wird beinahe so dargestellt, als würde man aufs Rad geflochten. Und der Seele entrang sich der Aufschrei: «Wozu überhaupt eine Einweihung, wenn sie Kamaloka ist?»

Mit einem solchen Kamalokagefühl gingen wir in München auseinander, um in Basel wieder zusammenzukommen, beinahe seufzend: «Mein Gott, warum hast du mich verlassen!» Die Seele musste sich fragen: «Wie kannst du einen Weg wollen, wenn dieser Weg die Seele zersprengt, und wenn deine Zukunft auf ihm – Versagen ist?» Die Worte von Collins über den Ritus des Entsetzens wurden immer fassbarer: die Einsamkeit ohne das höhere «Ich», ohne den Führer, ohne den Lehrer, ohne Gott. Dies alles rüttelte in uns die Münchener Devise Steiners wach: «Ändert Euren Weg!»

So war mein Eindruck nach dem ersten Kurs Steiners, den ich gehört habe. Ich erlebte Steiner als den «strengen Lehrer». Auch der Mensch, der mir in den Jahren vor der Begegnung mit Steiner nahestand, hatte den gleichen Eindruck. Wir beide hatten früher zusammen nach der Wahrheit des Lebens gesucht; die Frau, die uns darin unterwies, war eine Mutter, nicht aber ein «Lehrer». Das Schicksal entriss uns die Mutter, nach dem ersten Besuch beim Doktor sagte meine Bekannte auf dem Heimweg: «Der Doktor ist keine ‹Mutter›, sondern eine ‹Stiefmutter›, bei der wir lernen müssen.» Steiners Anspruch bedrückte uns. Mit solchem Anspruch führte er den Münchener Kurs durch, wo der Weg als Leidensweg dargestellt ist: Wir hatten keine Hoffnung, ihn durchzustehen. Wir erlebten eine Art Niederlage. Ich erinnerte mich an die Zeilen:

Wenn du, o Seele, Abschied nimmst,
Zum Untergang oder zur Liebe bereit ...

Die Wochen des Wartens auf den Basler Zyklus sprachen die Seele mit diesen Worten an.

Es war wie eine «Prüfung durch den Schmerz» für den Willen, «geboren zu werden», den der Doktor in mir geweckt hatte. Ich stand sie durch; da kam der Doktor mit dem «Markus-Evangelium», in dem die Stufen der Einweihung im Lebenslauf Jesu Christi gedeutet werden. Dabei war er ganz anders: Er wies auf das Geheimnis des Lebens und auf den Lebensgeist hin, und ich wurde wieder zum Leben erweckt. Die Erlebnisse während des Münchener Zyklus und danach erwiesen sich als unumgängliche Erschütterung, als Eingriff in das Gefüge der Elementarkräfte, notwendig für das Aufnehmen des «Markus-Evangeliums», das der Doktor als das Evangelium des elementarischen Leibes charakterisierte.* In diesem Kurs war er nicht nur Vortragender, sondern ebenso sehr Therapeut, der in der Vorhalle die notwendige Operation an Augen und Ohren vollzieht: damit das Auge zu sehen und das Ohr zu hören vermag.

16

Indem ich mich an den Leipziger Zyklus erinnere, erinnere ich mich auch an die vorangehende Zeit, die mit zu dem Kurs gehörte. Ohne sie hätten mir die Organe gefehlt, mit denen ich diesen Kurs aufnehmen konnte. Es war November und Dezember, es war Fastenzeit, jene Zeit, da der Wunsch erwacht, das eigene Allzumenschliche auszumerzen. Collins bezeichnet diesen Zustand als die «Prüfung durch das Feuer», die im «Verbrennen und Vernichten sämtlicher Zusätze der menschlichen Natur» besteht; sie ist die Vorstufe zum Wiedererlangen der «Menschheit» anstelle der «Tier-Menschheit». Dieser an die «Prüfung durch das Feuer» erinnernde Zustand wurde durch das Schweigen des Doktors hervorgerufen. Das Schweigen bereitete das Verstehen des Leipziger Zyklus vor; das Schweigen Steiners vor einem Zyklus war von ganz besonderer Art. Er reiste durch Deutschland mit einem Abriss des in Kristiania über den Christus Gesagten: Diese Wiederholung war eine Art Schweigen. In Kristiania zeigte er größte Offenheit der geistigen Welt und auch uns gegenüber. In Deutschland war das «Wie» des Themas völlig verändert. Er sprach mit herabgelassenem Visier; in seinem Tonfall schwang eine Forderung mit, die Worte waren wie ein Schwerthieb: «Tut Buße, ändert euren Sinn!»

Er schwieg über Dinge, die in Kristiania mit Offenheit ausgesprochen wurden. In Berlin, München, Stuttgart und Nürnberg erschien er mir als ein Ritter in schwerer Rüstung, der auf seinem Zug durch die anthroposophischen Zentren erschütterte und drohte, die Hoffnung nahm

* Des ätherischen Leibes.

und die Pforte schloss. Er wusste: Von hier aus wird man sich auf den Weg machen, nach Leipzig, mit letztem Bemühen, Augen und Ohren zu öffnen.

Es wurde Wirklichkeit: In Leipzig senkte sich die Aura der Liebe herab; die Lebensmächte waren gegenwärtig.

Wer in Leipzig dabei gewesen ist, der weiß: Dies ist keine gegenstandslose Schwärmerei von mir. Leipzig wurde zu einem Mysterientempel. Für die Menschen, die damals von weit hergereist kamen, ist die Aussage eines Menschen, der damals dem Doktor nahestand und Zeuge seiner strengen «Stille» war, nicht ohne Belang. Die Bedeutung des Zyklus liegt nicht im Text: Sie liegt in dem Schweigen der Zuhörer, die von den inneren Erlebnissen vor dem Kurs überwältigt waren: Der Wille zum «Erwachen», die «Prüfung durch den Schmerz» hatten in Leipzig die Atmosphäre der «Halle des Lernens» geschaffen. Die Halle des Lernens wurde durch die Seelenarbeit des Doktors und der Anwesenden errichtet, und sie begann zu leuchten – sie hätte auch nicht leuchten können. Unsere Seelen wiederholten in Leipzig die Litanei, die Mabel Collins anzustimmen versucht: «Im nächsten Jahr trete ich in das Heiligtum der Liebe ein, und ich werde die Gesetze der Liebe nicht übertreten ... Ich bitte, dass der Geist, der dann geboren wird ... von der Bruderschaft der Seelen in Liebe aufgenommen werde!»

Der Doktor führte uns nach Leipzig und machte es möglich, in der «Halle des Lernens» von dem Christus zu sprechen. Auch er selbst bereitete sich auf die Ereignisse dieses Kurses vor. Im November hieß es: «Der Doktor hält keine Sprechstunden, er leistet eine sehr verantwortungsvolle geistige Arbeit.»

17

Der Weg zu dem Kurs in Kristiania (Oktober 1913) war für alle, die Augen hatten, eine regelrechte Durststrecke, ein wochenlanges Ringen um die von ihm gestellte Frage: «Zerschellen – oder lieben?» Das Fest – das war der Kurs; und vorher betete er um den Kelch, und wir – wir kämpften mit dem Schlaf. Aber zu Beginn trieb er alle «Verkäufer» aus unseren Seelen aus. Voll Zorn griff er nach der Peitsche und «stieß um der Wechsler Tische»: Es begann die «Prüfung durch den Schrecken».

Die Litanei, die in den Tagen des Schreckens der Seele sich entringt, heißt: «Ich stehe am Abgrund des Nichts.» Collins fügt hinzu: «Das ist die Zeit, wenn der Hüter der Schwelle angerufen wird ...»* Es ist das Thema, das die Schwelle ankündigt; wenn Steiner gewahr wurde, dass das Thema in uns nicht zur Reife kam, «stieß» er «die Wechslertische um», entfesselte das Entsetzen vor der Leere, um unsere Schritte in die «Vorhalle» zu lenken. Wie hätte er von dem Christus und seinen kosmischen Leiden sprechen können, wenn in uns nicht wenigstens ein Spältchen sich geöffnet hätte?

Um der «Gute Hirte» sein zu können, musste er von Zeit zu Zeit auch ein «Hüter der Schwelle» sein, der vor den von ihm selbst gebahnten Weg tritt.

Die «Schwelle» vor einem Kurs wurde zuweilen durch den Kurs selbst errichtet.

18

Verblüffend ist der Kontrast zweier aufeinander folgender Kurse und der jeweiligen Erscheinung des Doktors. Der eine – «Das fünfte Evangelium», in Kristiania – ist das Äußerste dessen, was in unserer Zeit über den Christus gesagt werden kann; die wiederholten Zusammenfassungen – in zwei statt fünf Vorträgen – sind im Vergleich zu dem in Kristiania Ausgesprochenen destilliertes Schweigen – vor dem Leipziger «Wort». Ein anderer «Vorhallenkurs» ist der Münchener Zyklus «Die Schwelle der geistigen Welt», bei dem der Doktor als unerbittlicher, grausamer Wächter auftrat, uns alle von dem Weg zurückweisend und die Zurückgewiesenen sogar verfolgend. Dieser Zyklus verbindet sich für mich mit einem Bild, das mein «Ich» zutiefst erschütterte: links von mir – Luzifer, in voller Gestalt (durch die Verbissenheit meiner meditativen Übungen war ich ihm restlos verfallen), rechts – Ahriman, mich von außen fesselnd und in die Wechselstuben der Geldsorgen abdrängend. In der Mitte ein Gang, durch den ich hindurch musste; aber es war nur ein enger Spalt, den die Gestalt des Doktors, der mich mit dem Arm unsanft zurückstieß, völlig ausfüllte: Ich musste zurück in meine dunklen Regionen. Vielen ist er damals in München ebenso erschienen

* Besser gesagt die Tonalität der Schwelle, die lange vor der Begegnung hörbar ist.

(August 1913); dieses Zurückstoßen war gleichsam eine Verfolgung: Mit der Peitsche in der Hand jagte er uns.

19

Im September wurde eine gewaltige Wegstrecke zurückgelegt. Die Seele war dem «Abgrund des Nichts» so nahe wie nie zuvor: Wir stürzten uns in die Arbeit, bis uns der Todesschweiß ausbrach. Aus dem Abstand der Jahre erkenne ich heute, was ich damals nicht erkannte: Die Resultate waren beträchtlich, aber sie wurden durch Selbstzerfleischung erkauft. Ich weiß: Nicht nur meine Seele fühlte sich damals wie im Kamaloka; der Doktor rief Überdimensionales in uns auf – durch sein unerbittliches Schweigen von dem Christus und durch die Mahnung vor den Schrecken der Schwelle. Er hatte dafür München gewählt; in München war er – nach meinen Beobachtungen – immer am strengsten. Man erzählte, dass er Kristiania gewählt habe, um dort bis ins Letzte durchgeistigte Worte zu sprechen, da die Atmosphäre Norwegens besonders rein, Deutschland hingegen von einer kompakteren Aura überschattet sei.

In München – «Der Hüter der Schwelle», fünf Wochen später in Kristiania – die Krone des von ihm über den Christus Mitgeteilten, dazwischen lag die Karwoche, in der die Krönung seines Lebenswerks vorbereitet wurde: die Grundsteinlegung des Goetheanum.

20

Das erste Goetheanum ist eingerahmt von zwei – nein, nicht bloß Kursen – von zwei Ereignissen von größter Bedeutung: der Ton der «Schwelle», der mich trotz aller Anstrengungen zurückwarf, und «Das fünfte Evangelium», das mich dem Doktor nahe brachte, fast bis zu dem Gefühl, von ihm als Sohn angenommen zu sein. Die «Einsamkeit» und die «Geborgenheit» in der Anthroposophie senden Strahlen aus, einen *schwarzen* und einen *weißen,* die sich in der Mitte, zwischen München und Kristiania, zwischen Jungfrau und Skorpion (Adler), in der Waage (September) zum Kreuz meines

Lebens fügen. In dieser Waage liegt die Grundsteinlegung des Goetheanum, die «Halle des Lernens», die Gründung des Moskauer Zweigs (Beginn der Anthroposophie in Russland). Die gesamte Zukunft (die Linie Dornach–Moskau) ist die Linie der Waage in mir. Die Zukunft wurde in dem Zeitabschnitt zwischen München und Kristiania bestimmt, zwischen Jungfrau und Skorpion oder Adler. Nicht persönliche Faktoren bestimmen die Biographie: Das entstandene Dornach, das Leben dort, wäre für mich ohne das «Fünfte Evangelium» undenkbar (seit München schwankte ich, ob ich nach Dornach gehen sollte oder nicht).

Nicht nur in mir verschlangen sich die karmischen Knoten.

Nach der Rückkehr aus Kristiania begegnete ich meinem dreiunddreißigsten Lebensjahr mit der Überzeugung: Dieses Jahr bringt Entscheidendes: Dreiunddreißig Jahre, das bedeutet die Wendung zur Bewusstseinsseele; von nun an wird alles, was mit der Verstandesseele zusammenhängt, Gift und Zerstörung für mich.

21

«Das Fünfte Evangelium.» Der Kurstitel wurde in München bekannt gegeben. Was man darunter verstehen sollte, war uns allen unklar. Wir konnten nur annehmen, dass dieses «Fünfte Evangelium» der Auseinandersetzung mit der Evangelienkritik gewidmet sein würde. So meinte vermutlich die Mehrzahl der Anwesenden. Ein im traditionell-akademischen Sinne hochinteressantes Thema; aber doch etwas anderes als «Die Schwelle der geistigen Welt»; für die «Schwelle» kann man die Beschwernisse einer Reise nach München auf sich nehmen, sogar einer sehr weiten Reise; aber um einer «Kritik» willen bis nach Norwegen sich zu schleppen, dazu noch im Herbst, wenn man zum Saisonbeginn alle Hände voll zu tun hat – das ist schon etwas anderes. Das Blatt, auf dem man sich für den Kurs eintragen konnte, wies nur wenige Unterschriften auf. Für mich, der ich von dem Nichtzufälligen solcher Ankündigungen überzeugt war, war das angekündigte Thema ein Hoffnungsschimmer für die Lösung der Frage, die meine ganze Seele erfüllte: Ohne zu zögern erhob ich die Hand und meldete mich. Damit war mein Schicksal entschieden.

Was sollte man in der Zwischenzeit tun? Wir fuhren an einen Fjord; und ich danke dem Schicksal für meine damalige Entschlossenheit! Ich gehörte zu den wenigen, die beim Enthüllen anwesend sein durften – die Wiederholungen des Themas waren bereits ein Verhüllen.

In München kamen rund zweitausend Menschen zusammen; in Kristiania zwischen zwei- oder dreihundert. Sie durften anwesend sein, als der Doktor zum ersten Mal den Gipfel alles von ihm über den Christus Mitgeteilten enthüllte.

Und er selbst – nie habe ich ihn so erlebt. Normalerweise erschien er zu einem Kurs in der sicheren Gewissheit dessen, was er zu sagen hatte, und mit einem bestimmten, vorausblickend auf die Tage des Kurses verteilten Stoff. Innerhalb einzelner Abschnitte wuchs seine Beteiligung und zu dem Durchdachten kamen spontane Einfälle; und immer bestimmte die Sicherheit das erste Wort: Er hob den Arm über dem Rednerpult, wie ein Klavierspieler ihn über die Tasten erhebt.

In diesem Sinne kann ich sagen: Zu einem Kurs *«erschien»* er.

Anders war es in Kristiania: Während er in München «erschienen» war, streng und beherrscht, stürzte er hier beinahe herein, sprang mit einem Satz – in des Wortes direkter und nicht übertragener Bedeutung – zum Rednerpult hinauf, er war irgendwie zerzaust (man verzeihe diesen Ausdruck), mit einem seitlich sich sträubenden widerspenstigen Haarbüschel. Ich könnte nicht beschreiben, wie der objektive Gesamteindruck war, aber ich bin mir gewiss: Seine Haare sträubten sich widerspenstig. Sonst lag sein Haar glatt und gescheitelt, hier aber war kein Scheitel zu sehen.

Es ist nicht so wichtig, wie er auf einer in diesem Augenblick aufgenommenen Photographie ausgesehen hätte; wichtig ist jenes Bild von ihm, das im Bewusstsein der Anwesenden aufbewahrt blieb. Alle waren erschüttert, verwundert, erregt – durch sein Auftreten, durch den ersten Vortrag, obwohl dieser erste Vortrag erst ein Vorspiel war.

Er machte den Eindruck eines Menschen, der unter größten Anstrengungen einen Sinai erklommen und dort bestimmte Erlebnisse gehabt hat, der plötzlich durch unvorhersehbare Umstände erschüttert und vielleicht nicht durch das Geschaute, sondern durch die Stimme bezwungen wurde. Das Geschaute blieb, so wie es als solches war, er schilderte es «umgekehrt», so wie er es erlebt hatte.

Er hatte nur «forschen» wollen, wie schon so oft, und war nicht auf die besondere Stimme gefasst gewesen. Aber die Stimme ertönte, fegte die «Forschungsergebnisse» beiseite und setzte andere an ihre Stelle, die mit einem Schlag seiner eigenen Tätigkeit, der Tätigkeit der Gesellschaft und von uns allen einen neuen Sinn verliehen, in deren Licht die ganze Vergangenheit zu einem Vorgebirge zusammenschrumpfte: Alles wurde umgestoßen, die Geschicke der Historie, der Welt, des Augenblicks, des Doktors und unsere.

Wie vom Gewitter überrascht, lief der Mann, der auf dem Sinai «forschen» wollte, vom Sinai herab, er lief und lief, durch die Arabische Wüste und durch Europa, bis nach Norwegen, ohne sich eine Atempause zu gönnen, um in den Vortragssaal zu stürzen, wo wir in aller Seelenruhe auf ein «achtbares akademisches Thema» warteten. Erst als er an das Rednerpult stürmte, wurde er sich der Schwierigkeit bewusst, das alles wiederzugeben. Da schätzte er zum ersten Mal mit dem Blick das für eine Darstellung noch Ungeordnete ab. Bis dahin hatte er nur aus dem Impuls gehandelt, mit denen, die das Schicksal nach Norwegen geführt hatte, alles zu teilen. Mitteilen – das bedeutet: eine neue Bindung eingehen. Einschneidende Ereignisse, von einer zusammengewürfelten Gruppe von Menschen erlebt, schaffen zwischen diesen Menschen eine Bindung. Er selbst schildert im ersten Mysteriendrama die zufällige Begegnung verschiedener Menschen nach einem Vortrag von Benedictus: Sie wird eine karmische Begegnung.

Für mich war die Begegnung mit dem Doktor nach dem ersten Vortrag dieses Kurses *unsere erste Begegnung*. Der bis Kristiania zurückgelegte Weg war nur das Vorgebirge, das zwar recht eindrucksvoll ist, aber beim Betreten des Gletschers sofort aus dem Gedächtnis verschwindet. Nicht nur ich allein, eine ganze Anzahl von Menschen hatte in Kristiania dieselbe Empfindung: Dieser Kurs war eine Verpflichtung, eine Bindung. Wenn Steiner bis dahin verehrt, geachtet wurde, so wurde er nun ein bis ins Innerste erschütterter Bruder, er, der Lehrer, war auf unsere Teilnahme, ja, auf unser Mitgefühl angewiesen. Er rang um die Worte, er hatte die Gabe der Rede ... verloren!

Das Sonderbarste an dem bleichen Doktor mit seinem widerspenstigen, seitwärts abstehenden Haarbüschel war die Tatsache, dass er dank seiner Erregung – wie ein Mensch, der soeben ein übersinnliches Erlebnis hatte und noch in dessen Aura steht – oder, was auf dasselbe herauskommt, dank der atemlosen Eile, mit der er auf uns zulief, die Aura seines Erlebnisses mit herüberbrachte, die Worte aber, gleich Zacharias, der nach der Erscheinung im Tempel stumm wurde, unterwegs verlor und plötzlich sich mit Zeichen verständigen musste. Sein Sprechen – in den beiden ersten Vorträgen – war für seine Verhältnisse ein Stottern, die Erregung, die seiner sich bemächtigt hatte, verschlug ihm die Sprache. Das Erste, was wir erfassten – nicht mit dem Kopf, mit dem Herzen –, war diese Erregung, die ihn am Sprechen hinderte. Ich weiß noch ganz genau, wie er mitten im Satz abbrach, den Blick regungslos in eine Bühnenecke gerichtet (das Pult stand auf der Bühne), immer noch schauend und, ohne ihn zu beenden, um einen neuen Satz rang. Das Ganze war wie ein Selbstgespräch, es hatte nichts von einer Unterweisung.

Der Doktor war ein großer Pädagoge: Er beherrschte Dutzende von Kunstgriffen. Aber damals stand ihm kein einziger zur Verfügung; da war die Stummheit des Zacharias, da zerbrach vor uns die Aureole des Lehrers, ein «Lehrer» kann niemals so sprechen, wie der Doktor damals sprach. So spricht ein *Bruder,* dem es nicht mehr um die Beherrschung des Stoffes als Voraussetzung einer ordnungsgemäßen Vermittlung geht. Das Mitgebrachte lastete damals so schwer auf ihm, dass der Lehrer nur hilflos auf das Mitgebrachte hindeuten und sich sogar an uns lehnen musste, angesichts der enormen Distanz zwischen der eigenen Persönlichkeit und dem Thema.

Die Größe des Themas machte aus dem Herrn Doktor einen kleinen Menschen, einen von uns.

Hier gab es keinen Kunstgriff, hier gab es nur den Verzicht darauf: Niemals habe ich ihn so, als «der Kleinen einen», gesehen. Seine Gebärden sagten vernehmbar: «Herr, wofür widerfährt mir dies?» Doch in dieser offenkundigen «Kleinheit» (der Doktor als sich an uns lehnender Bruder) zeigte sich die Größe des Christen. Wenn der Wellenschlag der Probleme dieses Zyklus Nichtmitglieder erreichte, erhob sich stets dieselbe Kritik: «Wie anmaßend!» Und seine Gnosis wurde der Überheblichkeit geziehen. Die «Gnosis», seine Gnosis, war er selbst, es war die Weise, wie er uns das «Fünfte Evangelium» brachte, unwissend, wie es zu bringen, wie es auch nur zu berühren sei, vor uns allen die vergangenen Jahre des «freigeistigen Lebens», die Jahre des «Doktorats» offen bereuend, die ihm persönlich die Bewältigung des Auszusprechenden erschwerten; «ihm persönlich» – dem «Kleinsten» und dem Schwachen, einem unseresgleichen.

Glauben Sie mir, der ich seine Wahrhaftigkeit, seine Ehrlichkeit, seinen Widerwillen gegen jegliche Sentimentalität und Rhetorik kenne, glauben Sie mir: Seine Kleinheit und Schwäche vor dem Bild des Christus Jesus und vor uns – das ist die Wahrheit seiner Beziehung zum Thema «Christus» und die Wahrheit seines Bruderseins in jenem Augenblick.

Das alles war erschütternd, das alles veränderte sämtliche Konturen. Wir hatten ihn zwar schon einmal nicht als «Weisen» und «König» erlebt (Berliner Vortrag 1912), aber nun löste seine Gebärde vor dem Bild des Christus Jesus tiefste Erschütterung aus. Es war die Gebärde des Räubers, der am Kreuz ausruft: «Herr, gedenke an mich, wenn du in dein Reich kommst», und die Antwort empfängt: «Heute noch wirst du mit mir im Paradiese sein.» Wenn das Thema «Christus» von den «rechten» Dogmatikern dem durch die Antwort «Heute noch wirst du mit mir im Paradiese sein» erschütterten «Übeltäter» verübelt wird, so möchte ich erklären, dass für mich die Gebärde des «Übeltäters» vertrauenswürdiger ist als sämtliche Ökumenen, die die Stimme überhören.

Der «Übeltäter» hörte: «Du wirst mit mir im Paradiese sein!»

Kaum zu ertragen waren seine Worte von der eigenen Unwürdigkeit: in seiner Gebärde, nicht mehr in der Niederschrift. Vor Kristiania hatte er nie davon gesprochen. Die «Unwürdigkeit», die «Übeltaten» bezogen sich auf die «Vergangenheit». Der Lehrer hatte gleichsam dem Geschick zu entgehen versucht, das in Worte prägen zu müssen, was er im dritten, vierten und fünften Vortrag, *genötigt* durch die drohenden Perspektiven der Zukunft, in Worte geprägt hat; er wurde Instrument, das uns die Worte von dem Christus vermittelte. Er schien vor der Pflicht zu erschrecken, eigene Worte gebrauchen zu müssen; für ihn waren sie die Schale des Gral, und mit seiner Gebärde beschwor er alle, an dem Ereignis dieser Worte nicht achtlos vorüberzugehen, denn durch diese Worte verband er sein Schicksal mit dem unseren, wurde einer in unserem Kreis, der mit seinem Willen den Grund für die Geistestat schaffen musste, gleichsam die runde Tafel, auf der der Gral steht.

Es entstand eine Gebärde der Bruderschaft, in deren Mitte ein Bruder es wagte, das auf Sinai Erlebte zu erzählen. Das Wissen in den Seelen der Jünger des Christus hatte sich allmählich in den vier Evangelien abgesetzt, das, was bis jetzt noch nicht in Worten sich abgesetzt hatte, wies er in dem Herzschlag der Apostel auf und nannte es das «Fünfte Evangelium».

Wer auf die Quellen seiner Gnosis achtete, dem wurde bald klar, dass diese Gnosis in dem Wort beschlossen liegt: «Prüfet die Geister!» Und aus der Erfahrung meines ganzen Lebens formte sich ein deutliches bestimmtes «Ja!».

So ging ich eine Bindung mit dem Doktor ein: Das war eine sehr aktive Gebärde, sie setzte Handeln und nicht bloßes Aufnehmen seiner Worte voraus.

Das Handeln folgte wenige Tage später, zeichenhaft. Ich antwortete ihm; er nahm meine Worte wie etwas Selbstverständliches auf, etwas, das er vielleicht auch von anderen erwartet hatte. Man hätte, nachdem man ihn so, mit bittend ausgestreckter Hand, erlebt hatte, gegen alle Konvention sich von seinem Platz im Parterre erheben und durch eine persönliche Antwort allgemeine Verlegenheit auslösen müssen: «Ich nehme diese Hand!»

Es war kein eigentlicher Kurs, sondern eher der Versuch, eine bestimmte Situation zu schildern: Der Mensch baut Messinstrumente auf, um Material für die Durchführung eines Kurses zu sammeln. Aber dann tritt etwas Unvorhergesehenes ein, das die gesamte Versuchsanordnung über den Haufen wirft, wobei das durchs Teleskop beobachtete Bild aus dem berstenden Okular heraustritt und Sternenwelten in das Observatorium einbrechen. Der von Sternen umringte Astronom sieht sich «im siebten Himmel» und weiß nicht, ob er «im Leibe wohnt» oder «ferne wallt» (Paulus).

Auch am Rednerpult erinnerte er an Saulus, der zum Paulus geworden war.

Als er vor uns stand, fiel es ihm schwer, eine geeignete Form, einen geeigneten Anfang zu finden: Mit zerzaustem Haar blickt er unentwegt auf einen Punkt zwischen seinen Händen, die an etwas, das nur ihm allein sichtbar war, arbeiteten und formten, etwas, das die fehlenden Worte ersetzen könnte, er schritt, ohne von uns Notiz zu nehmen, auf dem Podium auf und ab – was er gewöhnlich nicht tat –, blieb nicht am Pult, sondern irgendwo am linken Bühnenrand stehen, starrte in eine Ecke, verstummte, sichtlich überrascht, für lange und brach mitten im Satz ab.

22

Die Form dieses Kurses ist vielmehr eine Un-Form: nur Rohstoff, Wiedergabe von soeben Gesehenem, locker, ausschnittweise, mit Vorbehalt: «Im Übrigen kann ich nicht beschwören, dass es sich wirklich genau so verhielt!» So spricht ein Mensch, der sich das Erlebte zum ersten Mal vergegenwärtigt.

In den Resümees, die er in Deutschland mehrfach vortrug, sprach er anders.

Das «Ungeformte» dieses Zyklus liegt darin, dass er die mitgeteilten Tatsachen nicht in der für die physische Wahrnehmung erforderlichen «Umkehrung», nicht in der üblichen «Form» anordnet, sondern sie so belässt, wie sie auf dem Astralplan erlebt werden: in vom Gesichtspunkt des Tagesbewusstseins aus umgekehrter Ordnung. Der erste Vortrag gibt den ersten Hinweis auf das bewusste Aufnehmen des Christus-Impulses, nicht von den geschichtlichen Tatsachen ausgehend, sondern von der Stimme des Christus in uns: «Heute wirst du mit mir im Paradiese sein!»

Das Fünfte Evangelium ist ein reales Zeugnis der Apostel, aber nicht im Aspekt einer Niederschrift, sondern im Aspekt eines vom Heiligen Geist erfüllten Bewusstseins.

Erster Vortrag: Wir werden in das Zentrum des Christus-Impulses hineingestellt und sehen von da aus die Geschichte des Christus-Impulses «umgekehrt»: von diesem Zentrum aus – zu den Aposteln hin, das heißt, vor uns enthüllen sich wie vor dem Christus Jesus die Herzen der Apostel: das Herz ist die Runde Tafel, um die sich zwölf Apostel mit dem Christus in ihrer Mitte versammeln; so spiegelte sich die «Umkehrung» im ersten Vortrag.

Zweiter Vortrag: Die Voraussetzung dieses Geschehens, das Pfingstereignis, die Quelle des Christus-Impulses. Die zwölf Apostel, über die der Heilige Geist gekommen ist, nebst einem Dreizehnten, Paulus aus Damaskus, diesem «Saulus», der ein «Paulus» werden konnte, war jeder Einzelne von uns; die Verbindung der «Zwölf» mit einem «Dreizehnten» in dem Christus-Impuls entsprach einer Verbindung der «Zwölf» mit jedem Einzelnen von uns. Ein Bild: die sich vollziehende Verwandlung historischer Erinnerungen an das «verschlafene» Leben mit dem Christus Jesus, das Schauen von Bildern, die für das gegenwärtige naturwissenschaftliche Bewusstsein «kaum wahr sein können», die aber auf einem anderen Plan «unbedingte Realität sind.» Die Quelle der vier Evangelien, gesehen als irdische Erinnerungen an das «Verschlafene» im Lichte der später verwandelten Erkenntnis, in einer Sphäre, wo auch ein Dreizehnter, ein Räuber, ein Verfolger, dasselbe Licht schaut. In unseren Tagen ist jeder Mensch potentiell ein «Sich-Erinnernder», ein Zeuge Golgathas, ein Räuber, ein Verfolger, und jedem wird gesagt: «Heute wirst du mit mir sein!»

Von hier aus, vom Standpunkt der «Erinnerung» (dritter Vortrag): Der erste Blick auf das Mysterium von Golgatha, nicht Gnosis, sondern der bewusste Weg zum Verständnis des Christus-Impulses. Das Golgatha-Kreuz ist das Kreuz aller Kreuze des Christus Jesus, von da aus, «umgekehrt» gesehen, öffnet sich der Blick auf das bis jetzt dem Bewusstsein verborgene Kreuz des Jesus, auf einen Weg, der dreißig Jahre dauerte, Sinnbild des Weges überhaupt. Jesus – die «Person» der Person, die Individualität, die die «Maske» der Person abreißt. Er ist das Urbild des Leidens, das zu der Befreiung von Karma führt. Das Leben des Jesus bis zu seinem dreißigsten Jahr ist bis jetzt verhüllt gewesen, denn erst jetzt kommt die menschliche Individualität zur Reife. Jesus bis zu seinem dreißigsten Jahr – das ist das unaufhaltsame Streben des Ich zur Wahrheit, das ist die Rebellion gegen die «Masken» (Personen) von Tradition, Lebensweise, Regeln; Jesus – das ist das Ausbrechen aus sämtlichen Masken, aus dem «Ich» zu einem «Etwas».

Die letzten Vorträge sind der Biographie des Jesus gewidmet und enthalten die Aufforderung, den Blick auf die eigene Seele zu richten. Das Leben des Jesus ist wie ein Vergrößerungsglas, das mir zum ersten Mal mein eigenes Ich zeigt: «Das bin ich, und nicht Jesus». Die biographischen Tatsachen des historischen Jesus lassen jedes Ich in seinem leidvollen Ringen um die Wahrheit ein künftiges Erwachen ahnen. «Jesus» – das ist die erste Wirklichkeit auch meiner – heute gerechtfertigten – Rebellion im Namen der Wahrheit.

In einer solchen Deutung der Person des Jesus liegt die Deutung der Geheimnisse der Person als solcher, und der «Aufhebung» der Verneinung in der Bejahung (des Kreuzes Christi). Jesus bestätigte die großen Verneiner in ihrem Höchsten (Maximum) und widerlegte sie in ihrem Niedrigsten (Minimum) durch seine Rebellion gegen das «Gesetz», das «Bild», gegen den blinden Glauben an ihn als einen Propheten, und sogar gegen die Inspiration, gegen die er sich sträubte, er litt, wenn man in ihm die Stimme der Offenbarung hören wollte.

Die Gestalt des Jesus, so vertraut und teuer in seiner alle anderen Verneiner (Nietzsche, Stirner) überhöhenden Verneinung, wird selbst überhöht durch die Bejahung, in der ein «Etwas», und nicht mehr ein Mensch, zum Jordan schreitet: zum «Ja» durch das «Nein». An den Anfang, der vor der Taufe, vor der Geschichte, vor dem Christentum liegt, führt das Ende des Kurses. Aber das eigentliche Ende – das sind wir, das ist das 20. Jahrhundert. Durch die Geschichte hindurch kehren wir nach Jerusalem zurück: Dieser entdeckte gemeinsame Grund, der Ab-Grund in jedem Einzelnen, wird als das im Leiden stumme «Etwas» in uns wachsen, uns ausfüllen; dieses «Etwas» schritt einst der Vereinigung mit dem Logos entgegen; in uns erwartet es die Wiederkunft.

Wir selbst in unserer Beziehung zur nahenden Wiederkunft Christi – das war das eigentliche Anliegen des Kurses.

23

So ordnete sich der «Rohstoff», der beim Rückwärtsschreiten aufgehäuft wurde («Ich», Geschichte, Ausgießung des Heiligen Geistes, der Christus Jesus), zum Kreis – das 20. und das 1. Jahrhundert. Der Zeitenkreis schloss sich in den Tagen Christi.

Zum ersten Mal verstand ich mich selbst, zum ersten Mal verstand ich Jesus; und zum ersten Mal verstand ich in der Darstellung des Doktors die Wiederkunft Christi als ein uns immanentes Ereignis.

24

In den fünf Vorträgen des Kurses «Das Fünfte Evangelium» führte Rudolf Steiner uns aus dem 20. durch die Geschichte in das 1. Jahrhundert, um uns sehen zu lassen: In unserer Zeit des erstarkten Bewusstseins ist es notwendig, die Möglichkeit eines Auslebens von Karma hier auf dieser Erde zu begreifen.

Jesus hat als Erster Karma ausgelebt und dadurch unsere Periode vorweggenommen. In der Mitte der Periode der Bewusstseinsseele erreicht die Menschheit das Alter des Jesus und deshalb können die Siegel von den dreißig Jahren seiner Biographie gelöst werden. Jesus ist das Tor zur Inspiration; die Inspiration ist das verglühende Leiden; dieses Leiden ist Karma. Jesus, die Person aller Personen, ist die erste, welche aus Freiheit die Kreuzigung auf sich nahm, die erste, welche zum Leben der Individualität auferstand, dem «ewigen Leben» (das persönliche ist lediglich ein Zeitabschnitt), dem freien Ausleben sämtlicher Variationen im Thema. Eine Variation ist vergänglich, das Thema ist ewig. Das endgültige Ausleben von Karma ist das Aufheben des Todes; die volle Herrschaft des Themas «Individualität» ist die Durchdringung sämtlicher Sphären des Lebens – oder die Auferstehung.

Als Jesus die Schwelle des Todes überschritt, löste er sich von Karma; die Kette der Wiederverkörperungen fiel, und er bleibt bei uns: bis an das Ende der Zeit!

Es erstand der in unzählige Stücke zersplitterte Adam in dem Zweiten Adam, der die Scherben des karmischen Mysteriums zusammengefügt und dessen Ich die Freiheit von Karma erlangt hat. In ihm sind alle Personen in der Person erstanden; aber diese Person ist nicht Persönlichkeit. Die Individualität ist die Summe persönlicher Variationen «minus» deren Karma, etwas durchgehend Bleibendes. Person «minus» Karma oder die Person, die sich auf Erden von Karma gelöst hat, ist ein paradoxes Ganzes, Summe aller möglichen Variationen; sie ist die Menschheit. In Jesus fielen zum ersten Mal Person und Individualität zusammen; schon in Jesus, nicht erst in dem Christus.

So zeigt uns Rudolf Steiner die Form des ewigen Lebens in Jesus, der nicht stirbt und der bei uns bleibt, in der schwer zu fassenden Gestalt des «Meisters Jesus», der in seinen unzähligen «Phantomen» anwesend ist, in den «Phantomen» Unzähliger, die aus Freiheit den wahrhaft menschlichen Weg gewählt haben. Er ist «Meister», weil er der «Erste» des sozial-individuellen und des individuell-personhaften Mysteriums ist, das allen gemeinsam und für jeden Einzelnen ein Besonderes ist. Unter «Phantom» wird jener Zustand des Ätherleibes verstanden, in dem er als Kristallisationsmittelpunkt physischer Formen wirkt; es ist die Bildekraft schlechthin. «Phantom» ist das Gefüge des Ätherleibes und die Kraftachse des physischen; im «Phantom» ist der physische Leib schon unsterblich, und der Ätherleib geht in die auferstandene mineralische Substanz ein. «Phantom» – das ist sowohl die materielle Form in ihrem Werden (zum geometrischen Volumen) als auch das unsterbliche Prinzip der Leiblichkeit, das die Materie zur Nichtmaterie zurückzuführen vermag.

Jesus war im «Phantom» von den Toten auferstanden, weil er Karma ausgelebt hatte. Jeder physische Leib ist im «Phantom» unsterblich. Die Ganzheit des «Phantoms» ist beim Sündenfall in die Vielfalt der tierischen, pflanzlichen und kristallinen Formen zerschellt, deren Stufung die naturwissenschaftliche Metamorphose im Symbol aufzeigt. Die Restitution des «Phantoms» in einem der Splitter kommt der prinzipiellen Restitution der gesamten Sphäre der Splitter gleich; und diese Sphäre der Splitter, der Sonderungen, ist der physische Plan. «Phantom» – das ist die Wirklichkeit dessen, was die neue Physik als Vierdimensionalität signalisiert. Die Mission des «Meisters Jesus», auf die Steiner hinweist, entspricht dem Umbruch in unseren Vorstellungen von Materie (Atom als Weltraumimagination); sie sind eine Projektion des in unserem Inneren aufsteigenden Bildes vom Letzten Gericht.

Nachdem Jesus Person und Individualität geworden war, wurde seine Auferstehung im «Phantom» möglich. Aber die Auferstehung des Einen bedeutet die Restitution des «Phantoms» aller; er wurde die offene Tür, die in unserem physischen Leib aufgestoßen wurde, zwischen dem Hier und Dort, dem Vorher und Nachher, dem Einen und Allen, denn das «Phantom» ist die komplexe Realität sämtlicher Leiber, der toten und lebendigen. Das, was bis zum dreißigsten Lebensjahr im Inneren der Person des Jesus als Loch erschien, das, was heute manchem modernen Physiker als Loch im mechanischen Äther erscheint, das, was die Antike mit der tragischen Maske des blinden Schicksals verdeckte, wurde in der Folge die Tür, durch die der Logos einziehen konnte. Wenn Jesus, Individualität in der Form der Person, im «Phantom» ein unter uns weilender Mensch und der physisch-ätherische Prototyp des Ich war, so ist der von dem Christus erfüllte Jesus ein Zeichen dafür, dass der Mensch zur Restitution des Kosmos berufen ist. Jesus Christus ist der Prototyp der Person, das Symbol der Individualität in seiner spezifisch menschlichen Bestimmung, weil der Christus das Ich aller «Iche» der ganzen Welt ist.

Durch das Vollenden der Bestimmung des Menschen, durch das Ausleben des Karma und durch die Macht des zur Liebe verglühenden Leidens restituiert Jesus die Unsterblichkeit des menschlichen «Phantoms»; als Jesus Christus wird er zum Führer der Menschheit auf ihrem Weg zur Befreiung des Weltalls. Durch das Mysterium von Golgatha tut sich für jeden das Weltengolgatha auf, so dass wir in den Landschaften unserer Freiheit des Weges fast nicht mehr wie «Menschen» wandeln: «Was will es für ein Ende nehmen?», ruft der Apostel aus. «Wappnet euch mit demselben Sinn» und «Es sind ihm untertan die Engel!» Dieses «die Engel sind ihm untertan» bedeutet nach meinem Verständnis einen Einfluss auf das Karma von Geistwesen zur Wiederherstellung der einst durch sie zerstörten Harmonie. Wenn wir in Jesus des Menschseins «Könige» sind, so werden wir in dem Christus einst die zehnte, künftige Hierarchie: die Hierarchie der *Liebe* und *Freiheit.* Vorher gibt es keine volle Übereinstimmung von Liebe und Freiheit; es gibt die Freiheit aus Liebe und es gibt Liebe aus Freiheit. Durch das Herabsteigen des Christus in Jesus und durch die Auferstehung im «Phantom» des Jesus, der zum «Meister» unseres Schicksals wird, ist uns der Ausblick auf die Architektonik neuer Welten («Jupiter» und «Venus») eröffnet, auf die Verwirklichung der Einheit von Liebe und Freiheit.

Und wenn uns jetzt Jupiter und Venus am Himmel leuchten, so steht zwischen ihnen, dem Auge unsichtbar, der uns führende Weihnachtsstern.

Freiheit aus Liebe – das ist das Größte, was wir in der Unfreiheit erreichen können; aus Liebe wird begehbar der Weg, der, die Unfreiheit in den Leiden des Karma aufhebend, aus der unfreien Liebe hinaus und zur Freiheit von Karma führt, das heißt zur Auferstehung von dem Tod im Leibe. Diese unsere Mission ist zum ersten Mal von Jesus verwirklicht worden. Der umgekehrte Weg führt zu uns hin: *Liebe aus Freiheit* – das ist das Herabsteigen des Logos in den zur Freiheit emporgewachsenen Jesus. Jesus erreicht die Freiheit in seinen Leiden; der Christus erreicht die menschliche unfreie Liebe. Der Christus in Jesus verliert die Freiheit, aber er liebt Jesus, seinen Kerker. In dieser Liebe erlangt Jesus nicht nur die Freiheit von Karma, sondern überwindet das Fortstreben aus der Unfreiheit; die Geburt des Christus in die Erde hinein und die Geburt von Jesus im Himmel kreuzen sich: im Kreuz.

Und so ist die Verwirklichung der Freiheit – der Christus, die Verwirklichung der Liebe – Jesus; Christus Jesus ist die Durchdringung der Liebe mit der Freiheit, Jesus Christus – die Durchdringung der Freiheit mit der Liebe.

Diese stammelnden Andeutungen sind lediglich meine Subjektion, einer von Tausenden von Blickpunkten vor den sich übereinander schichtenden Bedeutungen des «Fünften Evangeliums».

Dies alles zeigte mir der Doktor im «Fünften Evangelium» (ich glaube, ich spreche nicht nur für mich) mit geradezu mathematischer Sicherheit: in voller Bewusstheit. Hier handelt es sich nicht um Gnosis im üblichen Sinne, es handelt sich nicht um eine bloße Voraussetzung für ein Verständnis, sondern um ein reales Abtasten. Im «Fünften Evangelium» bin ich selbst ein «Apostel» unter «Aposteln», ein Mann, der seiner Reife entgegengeht: der Dreizehnte unter den Zwölf.

Das Betreten dieser Welt geschah im Angesicht des vor mir ausgebreiteten dreißigjährigen Lebens von Jesus. Statt eines «Unbekannten», den ich bis dahin durch das «Christus in mir» gelten lassen musste, fand ich «Ureigenes», das ich jedoch in den Jahrtausenden meiner Wiederverkörperungen verschlafen hatte; ein Aufklingen der «Erinnerung an die Erinnerung» in mir.

25

Und wie wurde das alles erzählt? –

Man sah Jerusalem vor sich, bis auf das kleinste Detail. Man sah die Häuser, man sah ihre Sockel, ich roch den Staub und hörte das Lachen der Menge in den von gleißendem Licht erfüllten Straßen, ich sah den Rabbi Hillel. Die Bilder wurden unmittelbare, lebendige Gegenwart; der Schleier fiel. Der «Grund der Liebe» tat sich in mir auf. Bestürzend selbstverständlich erlebte man den Seelenzustand der Jünger in dem Augenblick, als die «Erinnerung an die Erinnerung» in ihnen erwachte. Als sie gewahr wurden, dass der Grund ihrer Liebe zu Jesus ihr eigenes «Ich» in dem von neuem Leben erfüllten «Phantom», der wirkenden Bildekraft sämtlicher Verkörperungen, war. Da erinnerten sie sich: Einst waren sie alle zusammen unterwegs gewesen. Ein Jünger beginnt zu sprechen: Auf einmal ist er Jesus sehr ähnlich. Jesus geht schweigend weiter, niemand beachtet ihn. Schon damals sprach Jesus aus ihnen, und manchmal wusste man nicht genau, wer in der Schar Jesus war: Die Tür für den Christus stand schon damals offen.

Und ich, der Dreizehnte, erinnerte mich beim Zuhören auch, dass ich bereits damals anwesend gewesen sein musste, unabhängig von meiner damaligen Verkörperung; man hörte zweifach: von *dort* aus zu uns hin und von *uns* aus dorthin; die Tür stand offen.

Ich begriff, dass Jesus auch mein Siegel ist, sonst wäre das «Ich» nicht ein «Ich», sondern lediglich eine biologische Einheit.

Im 20. Jahrhundert klopft an meine Tür mein «Uranfang» und stellt mich vor die Wahl: Leiden aus Liebe oder Flucht in animalische Unbewusstheit. Das «Fünfte Evangelium» ist eine schicksalhafte Zäsur: Danach kann man entweder leiden oder ... vertieren, auf allen Vieren gehen.

Das ist der unzulängliche Versuch, die Wirkung des vierten und fünften Vortrags auf mich zu skizzieren.

26

Das Besondere dieses Kurses war der Wandel, den man im Laufe der Vorträge am Doktor beobachten konnte: Die ersten beiden Vorträge – Verwirrung und Ringen um Worte; der dritte Vortrag – Wiedererlangen des Gleichgewichts – er «stürzte» nicht mehr herein, er «erschien», und auch das widerspenstige Haarbüschel war verschwunden. Die beiden letzten Vorträge: endgültiges Bewältigen des Themas und Übergang zum Bericht. Der Grund der Erschütterung lag in den Tatsachen der Biographie von Jesus. Der erste, zweite und dritte Vortrag dienten der Vorbereitung des Reliefs, der Umorientierung in der Geschichte: Diese Biographie, in das 20. Jahrhundert projiziert, wurde unsere Biographie. Das 20. Jahrhundert wurde in das 1. Jahrhundert zurückgeworfen, um uns die Geschehnisse in Palästina aus der Perspektive des ersten Jahrhunderts zu zeigen. Alles zusammen wirkte wie ein Donnerschlag, wie ein Erwachen aus tiefem Schlaf.

Das Wunder war eingetreten. Jesus stand in unmittelbarer Nähe, erkennbar auch im nur Angedeuteten, als Zukunft: Die Zeit schloss sich in dem

Christus zum Kreis, sie floss von seinem ersten Kommen zum zweiten. Jesus, wie er uns gezeigt wurde, schritt als Erster unter den großen Rebellen und Märtyrern der Geschichte uns entgegen. Nietzsches drei Verwandlungen des Geistes ließen sich als Momente seiner Biographie verstehen: die Verwandlung des von den Lasten der Historie schwer beladenen Kamels in den alle Werte zerreißenden Löwen und die des Löwen in das Kind. «Kamel» ist Jesus unter den auf ihm lastenden Erwartungen eines neuen Gesetzes, «Löwe» ist Jesus als sämtliche Traditionen sprengender Revolutionär, das «Kind» ist sein tiefstes Antlitz, das Antlitz des «Übermenschen».

Mit der Ahnung der Nähe des Christus, der Nähe von Jesus, der vor der Tür steht, kündigt sich sein Wiedererscheinen an. Für mich begann es in jenem Moment, als die geisteswissenschaftliche Forschung den Doktor zu einer «bestürzenden» Begegnung mit Jesus führte, dem ersten Akt einer ganzen Kette von Akten.

Nachdem ich dies begriffen hatte, konnte ich auch die Gebärde des Doktors begreifen: «*Von jetzt an* bin nicht mehr ich der Lehrer: *Er* ist es!» Die Zukunft ging über seinem Rednerpult auf.

27

Das ging uns alle an; daraus ergab sich für jeden die Notwendigkeit, einen Schritt vorwärts zu tun.

Ein solcher Schritt des Doktors war das Bekenntnis persönlicher «Unzulänglichkeit» vor uns allen, vom Rednerpult herab, und das Eingehen einer neuen Verbindung mit uns – unser «Neues Testament».

Es war unmöglich, die Antwort schuldig zu bleiben.

Auf dem Heimweg nach dem dritten Vortrag war ich beinahe von Sinnen, so peinigend empfand ich diese Notwendigkeit einer «Antwort». Durch das Leben? Doch wie? Die Antwort brauchte auch ein «Wort», als ersten Buchstaben des Lebenswortes. Eine Bewegung, ähnlich dem Gang jenes «Etwas» zum Jordan, bemächtigte sich meiner Seele.

Alles in mir schien zu rufen: «Zum Jordan!» Auf der Stelle! Wenn nicht zum Jordan, dann wenigstens zum «I...», zu «Jesus». Das erste «I...» war das des Doktors, der das Ereignis seiner Erfahrung unseren Händen übergab; die

Antwort müsste in der Hingabe an seine Sache bestehen, bis auf den letzten Grund, in einem vernehmlichen «Ja» zum Doktor. Ich zweifelte nicht, dass die anderen antworten würden; es ging bloß um meine Antwort, die Antwort «Auf der Stelle» – ein Brief!

Ich schrieb den Brief, verschloss den Umschlag, brachte es aber nicht über mich, ihn am nächsten Tag zu überreichen – mir kam der Inhalt verrückt vor; er blieb in der Seitentasche meines Rocks.

Aber auf seltsame Weise griff das Schicksal ein.

Der unvergessliche letzte Vortrag: Völlig entrückt erlebte ich Jerusalem. Gegen das Ende des Vortrags stieß mich jemand, der mir damals nahestand, mit dem Ellbogen an: «Da, Marija Jakowlewna!» Sie saß, vom Podium abgewandt, mit geweiteten, tränenerfüllten Augen und schaute uns an; unsere Blicke begegneten sich.

Der Doktor hatte geendet.

Marija Jakowlewna trat zu uns; ich weiß nicht mehr, was sie sagte. Der Doktor, am anderen Ende des Saals, sah uns stehen, brach das Gespräch ab und ging rasch, beinahe im Laufschritt, quer durch den Saal auf uns zu; er fasste uns beide fest an der Hand, mit der einen Hand den einen, mit der anderen die andere, und fragte mich, das Gesicht nahe an unseren Gesichtern, mit dem Blick nach oben meine Augen suchend, erregt und atemlos: «Wie ist es? Wie ist es? ... Können Sie diesen Kurs bejahen?» Er meinte die «Gebärde» des Kurses. Als Marija Jakowlewna ihn so sah, strahlte sie: «Ach, ich freue mich so!» Sie winkte mit der Hand und ging. Da fiel mir ein, dass ich meine Antwort bereits in der Tasche trug; ich zog den Brief hervor, überreichte ihn dem Doktor: «Hier die Antwort!»

Mein Schicksal war entschieden.

28

Im Folgenden ein Merkmal jenes besonderen Zustandes, der bei dem einen oder anderen eintreten wird, oder bereits eingetreten ist; in der Mehrzahl der Fälle bleibt es ein unbewusster und nicht zu identifizierender Vorgang; unerkannt, schlägt sich dieser Zustand in Bildern einer nicht angemessenen Gegenständlichkeit nieder.

Diesen Zustand kann ich nur subjektiv beschreiben.

Plötzlich erscheint eine in sich selbst zerbröckelnde Welt. Die inhaltlichen Bezüge, der Sinn der Gegenstände, brechen wie Steine aus dem «Grund» der Gegenstände heraus und versinken in einem dunklen Nichts; Risse, Wüste, Leere, Reglosigkeit, Sinnlosigkeit, Beziehungslosigkeit.

Das «Ich» ist im Nichts, in einer leblosen Welt, die von dem Bewusstsein der Sinnlosigkeit grell erleuchtet ist.

Plötzlich ... –

– wird das Bewusstsein von einer außergegenständlichen Erregung eingeholt, sozusagen von rückwärts, von einem sozusagen unbegreiflichen Wissen, welches das Sein bis in seine verborgenste Wurzel ergreift. Es wird sozusagen von einem Boten eingeholt, der durch die Erinnerungsschichten ein Wissen hereinweht, so dass man sich in einer völlig neuen Situation befindet, mit einem daraus entspringenden Wiedererkennen, das wie ein Hammer niedersaust: Das «Ich» schält sich aus der Welt der Erinnerung heraus. Blitzartig geht die Erkenntnis auf: –

– In der Selbstwahrnehmung seit dem ersten Aufblitzen des Bewusstseins blieb unbeachtet das die Wahrnehmungen verbindende Ganze; wenn man lediglich ein Konglomerat, «Ohren, Nase, Auge» gesehen hätte – und nicht das «Gesicht»? Oder die Laute des Alphabets einzeln gehört – und nicht sich zusammenfügend im Wort?

Die Selbstwahrnehmung bezog sich auf einen breiten Fächer von Bildern, die sich zur «Erinnerung» fügten, aber ohne ein übergreifendes Ganzes, ohne ein ihnen zugrunde liegendes «Antlitz»; ich sah mich als Nachkomme von Nikolaj Bugajew und Aleksandra Jegorowa, 1880 geboren auf dem Arbat, aber bei allen Peripetien des Lebenslaufs blieb etwas Bestimmtes, etwas, das alles verändert, außerhalb des Wahrnehmungsfeldes. Man erinnerte sich an das erste: «Mama!» und an die Antwort: «Mein Sohn!» Aber man nahm noch nicht wahr, dass man nicht ein «Sohn», sondern nur ein «Ziehsohn» war. Und plötzlich, «dreiunddreißig» Jahre nach der Geburt, im Oktober 1913, entdeckte man dieses: «Zieh»-Sohn, eine Entdeckung, die alles veränderte, auf einen Schlag, sämtliche Bilder der Erinnerung. Sie fielen ab wie lose Hüllen, dahinter erschien das Antlitz des Ganzen, mit ihm die Revolution der Biographie: «Nicht Sohn – Zieh-Sohn, nicht in Moskau geboren – nirgends geboren: Seit Anbeginn der Zeit im Antlitz des ‹Ich› seiend.»

Dieses Antlitz ist Jesus.

Aber dies wird nicht vom Bewusstsein erfasst, sondern von etwas Höherem, das noch nicht in den Kopf eingezogen ist. Noch schwebt es über dem Kopf. Im Kopf aber gewinnt noch keine Einsicht Raum, nicht einmal im Herzen, sondern nur die Ergriffenheit durch das Wissen, das noch nicht voll erschlossene Wissen: –

– Geheime Türen tun sich in den Erinnerungen auf. Und durch diese Türen, wie durch einen langen Gang, aus dem Vorgeburtlichen, aus der Unsterblichkeit in der Vergangenheit, nähert sich Einer, dessen Nahen alle Verhältnisse verändert; die «wüste» Welt vor den Augen wird noch wüster, noch fremder, noch leerer. Das Wort, das sie erlösen kann, soll vom Menschen ausgesprochen werden. Aber noch ist der Mund stumm: Das Wissen von dem Kommenden ist noch nicht in das Zentrum des Bewusstseins gedrungen, ist noch nicht verinnerlicht. Man merkt nur:

Ich er-innere mich!

Man strengt sich an, man wirft einen Blick nach hinten, hinter sich: dasselbe Bild einer zerstückelten Welt.

Als Gegengewicht zu diesem Wissen, das uns einholt von hinten, leuchtet aus dem tiefsten Inneren, nicht aus dem Herzen, sondern aus einer noch tieferen Schicht, zu der eine Tür im Herzen sich auftat, das warme Licht der *ersten Liebe!* Die Dinge bekommen neue Namen. Man schaut dieses Licht mit dem ins Innere, in das Labyrinth des Ohres gekehrten Blick und sieht, wie aus dem Herzen, das nun zum ersten Mal zum Licht in der Welt wird, ein Wissen quillt, aber ein Wissen von der Zukunft.

So zeigt sich der Augenblick, der wie ein Blitz in den Kern des «Ich» einschlägt, als zwei Ströme, die gegeneinander schnellen, wie zwei Winde, die gegeneinander wehen und sich durchdringen.

Aber das Gesehene wird nicht voll erfasst.

Nicht voll erfasst kommt es, nicht voll erfasst geht es.

Die Vergangenheit – ein Korridor, in dem der Inhalt des «Früher» und der gegenständliche Anhaltspunkt der Erinnerungen ein Ornament an den Wänden geworden ist – führt direkt in den Uranfang, von dort naht der … Freund, den man vergessen und verschlafen hat. Ehe man einschlief, hatte man mit ihm gemeinsam ein Leben beschlossen, das den Arbat und die ganze Welt des «Geborenwerdens» in sich fassen sollte; aber es ist zu einem Blindekuhspiel geworden. Doch der Freund naht und wird die Binde von den Augen reißen.

Gleichzeitig sind die Türen zum innersten Leben des in der Gegenwart pulsierenden Herzens weit aufgetan: Die Adern, in denen das Blut kreist, werden zum Weltall, vom Licht der offenbaren Wahrheit durchströmt: «Ich und die Welt sind eins: im inneren Licht und in der inneren Wärme.»

Die Wanderschaft ist zu Ende, der Mummenschanz der Dinge ist vorüber!

Die Spur der uns einholenden wahren Vergangenheit trifft auf die Spur der wahren Zukunft, die gleich einer Sonne im Herzen aufgeht: Die Prüfungen sind zu Ende!

Aber das Auge sieht die zerbröckelnde Welt, und der Verstand, der wie eine Kappe abgenommen wurde, setzt in voller Nüchternheit seine Tätigkeit fort. Er stellt fest: Die Welt ist keineswegs verwandelt, sie ist vielmehr endgültig zerbrochen. Das Eingeholtwerden durch das «Wissen» hat nichts mit Ekstase zu tun, nichts mit «höherem Ich», es ist überhaupt nichts, was mit einem Wort sich belegen ließe – am allerwenigsten ist es «Mystik».

Das ist der Augenblick, in dem die Nüchternheit auf die Probe gestellt wird, der gefahrenvolle Moment, in dem man von den Assoziationen des jeweiligen Ich, von den Stempeln des Gelesenen, von festgefahrenen Gewohnheiten überfallen wird. Und man muss wissen: Im nächsten Moment – im Moment der Rückkehr in die alltägliche Wirklichkeit – stürzen sich auf das nicht voll erfasste Wissen unsere Krankheiten, nicht das Gesunde in uns; sie werden es umwinden wie Schlangen, sie werden an ihm haften bleiben, sie werden die Essenz des Lebens aussaugen und sie in schlimmstes Gift verwandeln.

Die Überwindung der Welt ist ein Kampf mit den Krankheiten; dieser Kampf ist die Dornenkrone.

Ich warne im Voraus: Mancher verkehrt das Geschehene in seiner Erinnerung zu einer Selbstvergöttlichung und führt sein Leben als ein zweiter Narziss weiter; mancher bildet sich ein, er sei der Antichrist, und bedauernswürdige Menschen mit sexuellen Wahnvorstellungen finden Anlässe, die ihrer Krankheit schmeicheln.

Dennoch: Zum Wesen unserer Zeit gehört der scheinbare Wahnsinn des Eingeholtwerdens durch einen solchen «Augenblick», in dem höchstes

Glück und tiefstes Unheil *eins* sind. Trotz Angst und Zittern müssen solche «Augenblicke» durchgestanden werden, ohne Verunreinigung, ohne Verunreinigung durch Assoziationen, falsche Gelehrsamkeit, falsche Mystik oder die eigene Krankheit, die sie umschleichen und umschlängeln. Ein solcher Augenblick muss vor Worten und Bildern bewahrt werden. Und dennoch: In ihm stellt sich die Beziehung zu unserem Nächsten her. Es ist an der Zeit, unter seinen Nächsten Wissende um jenes nicht voll Erfasste und Nichtwissende unterscheiden zu lernen; ein Wissender kann für einen anderen Wissenden nicht lange unerkannt bleiben, denn dieses Wissen öffnet mit Sicherheit die Augen der Menschen füreinander. Es ist das Prinzip, nach dem die Menschen geschieden werden, ehe sie in das ... Gelobte Land aufbrechen, ehe die besonderen, kaum zu beschreibenden Versuchungen und Leiden auf ihrem Weg durch die Wüste beginnen.

Wenn man nicht davon schweigen kann, dann muss man davon reden.

Reden und denken ist gefährlich; indessen ist es unvermeidlich, darüber zu reden und nachzudenken: in welchen Symbolen? In Symbolen, die der Realität tief immanent sind. Wir können ruhig Atheisten, Materialisten, Heiden, Kantianer, Marxisten, Christen sein, das spielt überhaupt keine Rolle, denn wir legen unsere Etiketten wie Kappen ab, sobald der «Augenblick» gekommen ist. Durch einen sogenannten «Zufall» kann der Christ ihn verschlafen und der Atheist von ihm eingeholt werden; sie wissen noch nicht, dass der «seltsame Zufall» die Menschen, die sich jenseits und diesseits der neuen Devise stellen, scheidet und bindet.

Auch ein Atheist, der von dem «Augenblick» eingeholt würde, könnte ihn behalten und später, beim Aufspüren seiner Bezüge, sämtliche sachdienliche Literatur durchsuchen, und sogar er müsste dann zugeben: Nur in den Evangelientexten lassen sich gewisse Übereinstimmungen mit dem «seltsamen Zufall» finden, in manchem Punkt für Punkt; der «Augenblick» (Schlüssel zu allen Augenblicken) als übersinnliche Erfahrung lässt sich, wenn auch nur ansatzweise, lediglich mit Hilfe des Evangeliums aufschließen. Dabei muss man hinzufügen, dass jeder von uns ein besonderer Schlüssel dazu ist, denn das Evangelium wird von einem Christen anders gelesen als von einem Marxisten. Vor allem hier wird unsere eigene Krankheit alles verfälschen und mit übelriechenden Verleumdungen verdecken; aber unser Wahrheitsgefühl, unser Mut und unsere Ehrlichkeit stützen sich unerschüttert auf die Nüchternheit jener Erfahrung – die «Nüchternheit» wird zwar abgelegt, hält aber sämtliche Beobachtungen ungetrübt fest.

Das Evangelium stellt eine Entsprechung des Erlebten dar, aber jenes wesenhaft Erlebte ist der Schlüssel zu den vier Evangelien: das «Fünfte!»

29

Ohne das unerforschliche Wesen des Erlebten zu berühren, wollen wir nüchtern seinen formalen Aspekt ins Auge fassen: Es ist ein Wissen von real Erlebtem, beglückendes, beseligendes Wissen, das plötzlich, unvermittelt uns überkommt, nicht angelesen. Um in der Erinnerung sich zu orientieren, braucht unser «Ich» ein «mystisches» Bild, oder eine «empirische Hypothese»: das «Ich» als offener Korridor, in dem zwei Boten aufeinander zu eilen, aus der Vergangenheit und aus der Zukunft, wie zwei Winde sich durchdringend. An der Stelle, wo sie aufeinander treffen, wird etwas einer Wolke Vergleichbares geboren.

Diese «Wolke» ist das aus dem Ich geborene Kind – das neue «Ich».

Es ist nicht eigentlich geboren, sondern dem gebärenden Ich geschenkt.

Dem Ich ist Jesus geschenkt. Dem Ich ist der Christus wiedergeschenkt. Jesus Christus ist wiedergeschenkt. Der Christus Jesus ist wiedergeschenkt; vierfache Wiederkehr – vier Arme des Kreuzes. Und im Mittelpunkt – das «Ich».

Das Johannes-Evangelium entfaltet sich als Entsprechung des Erlebten, der Schlüssel zur Erkenntnis des gnostischen Themas des Johannes ist Paulus.

Wir sehen: Das, was sich im «Evangelium» als das dreijährige kosmische Drama niedergeschlagen hat, sind in uns die aus dem «Augenblick» sich herauskristallisierenden Bilder.

Aber dies ist bereits ein sekundärer Reflex des «Augenblicks» an der Peripherie von Herz und Kopf. Das Primäre des «Evangeliums» ist unsere Erinnerung, das «Evangelium» selbst ist ein Schutzwall gegen den auf den «Augenblick» folgenden lauernden Wahnsinn.

Das Zurückgreifen auf das «Evangelium» bedeutet keineswegs blindes Vertrauen zur Tradition, zur Geschichte und deren Mythen, aber ebenso wenig ein Zerstückeln des Samenkorns der neuen Erfahrung durch das intellektuelle oder triebhafte Instrumentarium unserer eigenen Krankheiten, sondern eine Aufforderung, auf einen Rhythmus zu hören und in dem Neuen und Besonderen den eigenen Rhythmus wieder zu erkennen.

Zumal da die «seltsamen Zufälle», die uns jetzt zustoßen, sich vermutlich wiederholen werden: Ihnen muss das «Ich» gerüstet entgegentreten.

30

Zusammenfassend: –

– Den zwei Strömen – zwei sich durchdringenden Winden –,

– die mit seltsamer Plötzlichkeit im Menschen aufbrechen –

– entsteigt in den Bildern des *Boten* ein Wissen: –

– Der *Bote* aus dem Vorgeburtlichen, der unsere Erinnerungen verwandelt, ist die *Erinnerung,* die eigentliche Erinnerung und nicht eine «Erinnerung an die Erinnerung». Es ist das Leben von Jesus. In diesem «Augenblick» erlebt man das Außen etwa so: man ist ohne Vater, ohne Mutter, ohne Freunde, ohne die lebendige Welt überhaupt: «Die Tage, die Nächte, sie huschen wie Schatten vor dem Auge des Weisen vorüber ...» Aber der «Weise» findet das «Kind»: das eigene Selbst in der verwandelten Erinnerung, nicht in der Wohnung auf dem Arbat, sondern in den Ereignissen in Palästina, zwischen dem dreißigsten und dreiunddreißigsten Jahr, als ich von dem *Freund* in der Liebe unterwiesen, das heißt, geboren wurde. Aber damals war ich eingeschlafen. Und jetzt erinnerte ich mich: –

– «Palästina,

– Urbeginn, den wir als Urbeginn alles Seins erlebten; ‹Ich›, teilnehmend an der historischen Verleiblichung des ‹Urbeginns›, ‹Ich›, von Jesus, der im ‹Urbeginn› unser Bruder war, unterwiesen – als Kinder haben wir zusammen gespielt.»

Auch dieses Erlebnis hat eine Beziehung zum Text: «Über ein Kleines, so werdet ihr mich nicht sehen ... Aber ich will euch sehen, und euer Herz soll sich freuen, und eure Freude soll niemand von euch nehmen.» Es ist die

Freude der Erinnerung – an Gewesenes – und der Zuversicht auf baldiges Wiedersehen, auf baldige Erfüllung der Sehnsucht. Da wird es eigentlich klar, wieso ich, der ich einst in dem an mich gerichteten «Mein Sohn» den «Zieh»-Sohn überhörte, im Arbat mich verwurzelt glaubte und ihn als den Mittelpunkt des Hauses sah. Arbat, das waren die Tapeten; Jesu Nächste waren Vater und Mutter, und meine Mutter, hinter einer Wand, rief ihn.

So spricht der Bote, der hinter dem Rücken steht.

Und der Bote aus der Zukunft – aus dem Herzen – führt, nachdem er das Herz wortlos aufgeschlossen hat, in die Zukunft, wo «Ich und die Welt», «Ich und der Vater» Eins sind, in das «Haus, zu dem ich walle». «Das Haus, zu dem ich walle», ist mir schon vertraut, denn ich glaube dort gewesen zu sein: im «Augenblick», der mich überkam; er bleibt eine genau abgetastete Gewissheit.

Das ist das Wesen der Christus-Erfahrung, die an dem düsteren Punkt der winterlichen Pilgerfahrt den Menschen überkommt, in öden, wüsten Jahren, in denen die Erde splittert und in der Flamme des verbrennenden, sich nicht zu Ende erinnernden «Ich» aufgeht, oder in der Flamme der Erneuerung, aus der ein anderes «Ich» emporsteigt, denn jenes «Etwas» reift zur Vollendung heran. In der Leere der Zeit reift die Fülle der Zeit. Die Zeiten werden vom Schrott befreit, und Platz wird geschaffen, der den offenbaren Strom des einst geheim Strömenden aufnehmen kann.

So sehe ich den zweiten Strom, den zweiten Boten, der unter dem Herzen quillt und im «Ich», das alles wird, mündet. Es ist die Lohe durchchristeter Wärme – so sie nicht vernichtende Flamme ist.

Das «Ich» ist der Schauplatz der Begegnung des Erinnerns, das aller Erinnerung zugrunde liegt, mit dem Feuerbrand des Endes. «Mond» und «Sonne» fliegen der «Erde» zu: kein Mond, keine Sonne mehr über der Erde, und keine Erde: Die Erde ist erstarrt. Aber «Mond» und «Sonne» sind in der «Erde», und die Erde wird durch sie die *Neue Erde.* Der greise Verstand («Mond») und das Herz («Sonne») durchdringen sich im erschütterten «Ich», dem Schauplatz der Begegnung.

Und gleich darauf die sich niederschlagenden Subjektionen, Andeutungen, für jeden auf besondere Weise, flüchtig, blitzartig, so sehr «Subjektion», dass sie bereits formulierbar ist. Und nur ein Ignorant ohne jede Spur von Vernunft könnte mich dabei der «Lüge» bezichtigen: Die «Subjektion» ist «für mich».

Zwei Ströme, zwei Leben – des «Jesus» in mir, der dem «Christus» in mir entgegengeht: Eins werden von Vergangenheit und Zukunft im Bewusstsein, das auf die «seltsamen Abenteuer» folgt. Es öffnen sich neue Augen für eine Umwelt, auf der unverblasst der Widerschein des «Augenblicks» liegt: –

– Das Nachvollziehen der Ereignisse des Evangeliums in «umgekehrter» Reihenfolge verknüpft sich von da an mit dem Nachvollziehen derselben Ereignisse in der üblichen Chronologie.

– Der Augenblick der «offenen Erinnerung» *(«Ich erinnere alles von Urbeginn an»)* entspricht jenem Augenblick im Leben der Jünger, da der Grund der Liebe in ihre Seelen einzog und sie sich nicht an das Gewesene, sondern an das dem Gewesenen zugrunde Liegende erinnert und auch Jesus mit anderen Augen gesehen hatten. So charakterisiert Rudolf Steiner zum ersten Mal die Ergießung des Heiligen Geistes. Blitzähnliche Schnelle und «umgekehrte» Reihenfolge (dem von rückwärts uns einholenden Jesus entgegen) gehören zum Wesen dieses Erlebnisses.

Der Moment der Himmelfahrt, nacherlebt im Herabsteigen des Christus in die Ichheit, das bedeutet im Strom des einholenden Erinnerns die Selbstaufgabe des Jesus-Ich vor seinem Weg zum Jordan – im Gespräch mit seiner Mutter, in dem er nicht mehr «Sohn» ist, sondern «Freund» und «Bruder», in dem sie verjüngt erscheint: «Fünftes Evangelium».

Der Moment der Grablegung wird nacherlebt in der Auferstehung aus dem Grabe des trägen Gedächtnisses, das zerbrochen wird, und spiegelt sich im Jesus-Strom als Weg zur Jordantaufe.

Der Moment des Kreuztodes wird nacherlebt in der Vereinigung mit dem Christus: «Nicht ich, sondern Christus in mir!», und im Jesus-Strom als die Jordantaufe; ein «Etwas» trat seinen Kreuzweg an, um den Logos in sich aufzunehmen.

Die neunte, sechste, dritte Stunde – drei neue Gaben, und jede Gabe wird durch eine neue Wunde erkauft: die Gabe des Sehens, das Auge, die Gabe des Hörens, das Ohr, die Gabe des Sprechens, der Mund – jedes eine Wunde! Dreifach verwundet, dreifach geschlagen – kann ich diese dreifache Gabe tragen? Sprechen, Sehen, Hören – eine dreifache Versuchung, drei verschiedene Möglichkeiten, nach dem Überschreiten der Grenze des «Augenblicks» zu straucheln und den «Augenblick» im Erinnern zu veruntreuen, denn bei der Rückkehr in die Ichheit gewahrt man alle lauernden Gebrechen, und das «Neue Wissen» verwandelt sich in ein neues Gebrechen.

Der Einzug in Jerusalem wird in dem «Augenblick» als unser Auszug aus der Stadt dieser Welt nacherlebt. Er stieg in «diese» Stadt herab – und ich möchte herausfinden, auf meinem «Heimweg», in dem festen Entschluss: «Ich werde herauskommen!» Und ich vernehme bereits die Stimme: «Folge mir!» Die Entsprechung im Jesus-Strom ist die Rückkehr des Jesus aus der Wüste, das «Antreten seines Lehramtes» und die Begegnung mit Andreas: «Folget mir!»

Jetzt sehe ich das geschäftige Treiben in Moskau. 1912 sah ich das Treiben in den engen Sträßchen Kristianias: Damals hatte ein russischer Kreuzer im Hafen angelegt, überall sah man russische Matrosen – und ich war «auch ein Russe». Ein Studentenfest fand damals statt – und ich war auch Student gewesen. Damals konnte man in Kristiania keinen Spiritus für den Teekocher ohne einen Berechtigungsschein kaufen.

Aber der Kern – das war die Neue Weise zu leben, wo immer man auch sein mochte: in Kristiania, in Dornach oder in Moskau.

31

Ein *Kern,* der jahrelang ausgetragen werden muss: Dieses Wissen muss bewältigt, darf nicht veruntreut, muss in der richtigen Weise verschwiegen, in der richtigen Weise mitgeteilt werden – aber es ist unendlich schwer, in dem Punkt zu leben, in dem zwei Ströme, zwei Botschaften sich durchdringen, um den alles Versagen kreist, wie um eine frische bittersüße Wunde, von ihr angezogen, um sie immer von neuem aufzureißen.

Aber ich werde es immer wissen, weil ich es *weiß:* Jesus ist der *Freund,* den ich oft vergessen habe, der aber mich nie vergaß. Sein Siegel liegt auf jeder Person, denn die Begegnung mit Ihm geschieht in meinem restituierten Phantom, das in Sein Phantom eingeht; und einst wird es mir gelingen, mich um die eigene Achse zu drehen, der mich einholenden Botschaft entgegen, und nicht mehr auf die zerstückelte Welt zurückzublicken, sondern in einen Spiegel, in dem nicht mehr meine Person erscheint – denn das Ich ist nur Sein Schatten, Sein Spiegelbild. Der Spiegel, den ich dann vielleicht erblicken werde, ist die Tür:

«Ich bin die Tür!»

Und der Gute Hirte wird das Spiegelbild aus dem «Spiegel» durch diese Tür hinausführen.

32

In allen seinen Kursen hat Rudolf Steiner den Vorhang gehoben; ein Schleier vor dem Wissen von dem Christus war für uns bereits vor dem «Fünften Evangelium» gefallen.

Im «Fünften Evangelium» wurde der Schleier nicht vor dem Geheimnis des Christus, sondern zum ersten Mal vor dem Geheimnis von Jesus gelüftet. Aus der bis auf den Grund durchdrungenen Tiefe des persönlichen «Ich» erwächst die Biographie eines in unserer Gegenwart geborenen «Kindes», bis zum dreißigsten Lebensjahr: die «Krippe», die Kindheit und Jugend bis zu dem furchtbaren Zustand eines «Etwas», in dem dieses «Etwas» zum Jordan ging. Die Sackgasse des extremen europäischen Individualismus in allen Erscheinungen des Jahrhunderts (Stirner, Nietzsche) wird so zu einer positiven Notwendigkeit innerhalb des neutestamentlichen Weges der Wandlung: Sie öffnet sich in Richtung Jordan.

Friede auf Erden und den Menschen ein Wohlgefallen!

Vergessen wir es nicht.

33

Gewaltige Konsequenzen, die sich aus dem «Fünften Evangelium» ergaben und ein durch diese Konsequenzen erschütterter Doktor – dies bestimmte meinen Zustand in Kristiania, mit der schlagenden Präsenz eines physiologischen Vorgangs – als hätte Steiner uns das «Fünfte Evangelium» in die Hand gegeben, und wir wüssten nicht, was wir damit anfangen sollten –; meine Verwirrung trat in zwei Gebärden an den Tag: in dem geschriebenen Gestammel, das ich dem Doktor überreichte, und in dem stürmischen Drang zum «Goetheanum» (damals noch «Johannesbau»). Die letzte Handlung vor dem Kurs war die Grundsteinlegung gewesen. Unmittelbar anschließend eilte der Doktor von Dornach nach Kristiania. Dornach wurde von nun an zu seinem eigentlichen Wohnort (aus dem Norden zurückgekehrt, schloss er seine Berliner Zeit ab, zwischen Dornach und Berlin pendelnd). Die Worte, die in den Grundstein eingelassen worden waren, bildeten die Achse des Kurses in Kristiania. Kristiania und Dornach gehörten für mich zusammen, bis zur Verwirrung; diese Verwirrung brachte ich aus dem Norden zurück, mit dem Gestammel, das der Doktor im Norden mit einem «Ja!» angenommen hatte. Das «Negative» und das «Positive», beides in extremster Form, schlugen tiefe Wurzeln, aber die Verbindung von Norden und Dornach blieb: Die in Dornach zuerst gesprochenen Worte gingen ein in den ersten Stein, der in die Erde versenkt wurde; den Schiefer für die Kuppel, die den Bau krönte, brachte der Doktor aus dem Norden mit.

In Kristiania keimten meine späteren Dornacher Krisen.

Die Eindrücke überlagerten sich auf seltsame Weise.

Wie funkelt der Fjord zwischen den Vorträgen! Wie funkeln die Sterne nach dem Vortrag! Table d'hôte: Gespräche über Radieschen mit einem Lehrer, einem richtigen Kauz; das Leben aus dem Koffer; das Bähnchen nach Kristiania; die Geschäfte dort, die Scharen russischer Matrosen (von dem russischen Kreuzer), der Festzug (eine Studentenfeier), das Café, in dem Ibsen zu sitzen pflegte, Unterhaltungen mit Mitscher und Goesch über Rickert und die Romantik; ein Zusammenstoß mit Frau Reif nach ihrem Ausruf: «Wir sind durch ein Mysterium hindurchgegangen!» (Was denn für Mysterien, Mütterchen, wenn die Achsen des Alls über uns zusammenstürzen?) K. P. Christoforowa – und die sinnlose Assoziation: «Christoforowa in Kristiania.»

Die Weltachse war zerbrochen; die Zeiten erfüllten sich.

34

«Verrückt» lebte man in jenen Schicksalstagen: Was braucht man unterwegs? Was kommt in die Gepäckaufbewahrung? Wir sind unterwegs nach Bergen.

Der Doktor selbst war wie diese Blitzreise: Kristiania – Bergen – Kopenhagen – Berlin. Eine besondere Nuance trat an ihm hervor: Die Farbigkeit, die zu ihm gehörte, war nicht verblasst oder verwischt, sondern schien sich «aufzulösen». Auch seine Gesichtszüge wurden «unsichtbar»: Der Mund, die Nase, die Augen, alles schien vor dem Blick zurückzuweichen. Hut, Mantel, Schirm – das war wie immer, das sah man überall – auf dem Bahnsteig, beim Aussteigen, vor dem Waggonfenster, in den krummen Gassen (in Bergen sind die Häuschen in die Hocke gegangen und strecken die Nasen der Dächer in den Himmel).

Seltsam, mehr als seltsam: Er wirkte so, als wäre er es gar nicht – bloß seine leere ... Hülle. Das bedeutete, dass er in etwas vertieft war, das er am nächsten Tag – verfremdet – vor uns aufleuchten ließ. Es war keine gewöhnliche, es war eine bedeutsame Zerstreutheit (wie eine weite Ebene, die in Wirklichkeit eine getarnte Kampflinie ist), die, wie ich wusste, unzählige Möglichkeiten in sich barg und vor der sämtliche Möglichkeiten anderer offen dalagen. In solchen Zeiten geschah Merkwürdiges zwischen ihm und den Menschen seiner Umgebung.

Wenn er auf diese Weise «unsichtbar» war, entluden sich in seiner Nähe Blitze: Jäh, für den Bruchteil einer Sekunde, stieg über ihm ein unendlich großes Antlitz empor: vor den Waggonstufen, in der Garderobe beim Ablegen des Mantels.

Er war überall dabei: Das heißt, er war nicht überall anwesend, sondern ich selbst war ein Partikel in seinem Magnetfeld. Der Doktor war hier und dort: Hing ich meinen Gedanken nach – plötzlich war der Doktor da, trat ich aus dem Haus auf die Straße – stieß ich mit dem Doktor zusammen, der mit «abwesendem» Gesicht am Haus vorübereilte, mit Schirm und fliegendem Schal, als hätte er auf mich gewartet.

Er eilte vorüber, aber der Eindruck war überdeutlich, bis auf das kleinste Fältchen im Gesicht: So farbig war er nicht einmal in seinen farbigsten Tagen.

So sehe ich ihn in einem sonnenüberfluteten Gässchen in Bergen nach einem Ausflug in das umliegende Gebirge; so sehe ich ihn auf dem Schiff nach Kopenhagen; er geht in seinem Reisemantel auf dem Deck auf und ab, tritt von Zeit zu Zeit wortlos an eine der herumstehenden Gruppen heran oder fixiert jemand, der gerade in seinem Blickfeld steht, mit deprimierender Aufmerksamkeit. Er wirkt streng, es ist undenkbar, ihn anzureden, geschweige denn, ihn in eine Unterhaltung zu ziehen; er steht reglos da und hört zu, ohne eine Miene zu verziehen.

Er verwirrte mich die ganze Zeit und hinderte mich unterwegs daran, den Anblick der See zu genießen; er ging umher, schaute in die Ferne, ohne die Ferne zu sehen, und ging weiter, immer weiter: Was sucht er eigentlich?

Einen Tag später, in Kopenhagen, entlud sich das, was in ihm gesiedet hatte.

35

In Kristiania erschütterte mich das Thema und alles, was dahinter stand, aber auch der Doktor erschütterte mich durch seine neue Art, sich zu äußern, wie ein artesischer Brunnen, der aus großer Tiefe plötzlich in den Himmel springt. Etwas, das bis dahin in ihm geschwiegen hatte, begann zu rufen. Sein Rufen verstummte nicht während unserer Zickzackreise von Bergen nach Berlin. Er rief laut, für die ganze Welt vernehmbar: auf dem Schiff, in den winkligen Gassen der Stadt, im Eisenbahnwaggon, am Strand. Ein bis dahin nur geahnter Aspekt seines Lebens schien sich vor mir aufzutun, in dem das Problem *«Rudolf Steiner und Christus»* verankert war; er war schon immer da, ich hatte nur nicht gewusst, wie stark Steiner sich mit diesem Problem identifizierte – bis auf den Grund, ohne Rest, immer.

Sogar sein Gesicht veränderte sich, seitdem er auf das «Lehren» verzichtet und von den persönlichen Schwierigkeiten, dieses Thema auch nur zu berühren, gesprochen hatte. Wenn man vor einer Ikonostase steht, glaubt man, das durchbrochene Schnitzwerk ließe den Blick ungehindert durch – aber die Türen sind innen mit roter Seide bespannt, und es ist nichts zu sehen. Damals war jemand an die Tür getreten und hatte den Vorhang zurückgezogen; hinter den verschlossenen Türflügeln, zwischen den zurückgezogenen Vorhängen, schimmerte matt der Altar.

Etwas völlig Unerklärliches geschah mit meinem Steiner-Bild. Ich habe ihn durchaus nicht unentwegt angestarrt, ich habe ihn nicht fixiert – ich war mit mir selbst mehr als genug beschäftigt: Was würde aus mir werden? Aber ich habe ganz einfach in Doktor Steiner jemand ... Anderen wahrgenommen, und dieser Andere forderte von mir mit seinem Blick: «Fang an, in der Furcht des Herrn!» – dabei stand Doktor Steiner in seinem Reiseanzug auf dem Deck und arbeitete an seinem nächsten Vortrag. Wahrscheinlich dachte er dabei nicht im mindesten an mich. Aber auch mir ging es nicht um ... ihn.

Wir «sahen» einander: während er sich mit den Gegenwartsproblemen auseinandersetzte und ich die fernen Jahre meiner Morgenröte überdachte: 1901, 1902. In Kristiania tauchten sie zum ersten Mal als Erinnerungstableau vor mir auf. Auch vor ihnen wurde der Vorhang zurückgezogen: Schneestürme, Moskau, das purpurne Ewige Licht in der Kirche, Wladimir Solowjow und über allem – der Stern.

Das war es also, was wir damals nicht richtig verstanden hatten!

Mich selbst hatte ich damals nicht richtig verstanden.

Aber warum bloß geht Steiner nicht in seine Kabine?

36

Schwer zu ertragen sind die Wahrheiten, auf die er im «Fünften Evangelium» hinweist: schwer zu ertragen, weil sie alles sprengen und doch als logische Konsequenz aus unserer Lage sich ergeben – von der Erkenntnistheorie bis zur Eurythmie. So ist der Lauf der Welt: Jahrzehntelang hat man unter dem Mikroskop «winzige Lebewesen» tanzen gesehen, ohne auf die Idee zu kommen, dass sie die Ursache verschiedener Krankheiten sein könnten.

Aber eines Tages kam Pasteur und zeigte etwas: Das war alles.

Ähnlich verhält es sich mit dem «Fünften Evangelium». Alles war bereits da, alles lag in seinen Elementen vor; aber das Ganze wurde nicht gesehen, folglich wurden auch die Elemente nicht gesehen.

Seit fünfzehn Jahren ist das «Fünfte Evangelium» im Besitz von Tausenden von Menschen. Aber das Leben der westlichen Gesellschaft verläuft so, als existiere das «Fünfte Evangelium» nicht – Jiu-Jitsu der Verehrung, esoterisches Posieren, «Gebotene Vorsicht im Umgang mit dem Material». Die Nachschriften, nachdem sie mit gedämpfter Stimme verlesen worden sind, wandern aus Vorsicht auf das Bücherregal zurück. Es wird übersehen, dass in den vergangenen fünfzehn Jahren draußen auf der Straße Ereignisse sich gehäuft haben, von denen im «Fünften Evangelium» die Rede ist,

Ereignisse, die nicht identifiziert werden, weder von der Straße noch von den Anthroposophen, deren Bücherregale und Nachschriften die von Steiner 1913 geschaffene Atmosphäre bakteriell zersetzen. Die «Ereignisse», die «Momente» glotzen aus unserer gähnend leeren Seele, dem verödeten «Etwas», sie stehen draußen vor den Fenstern, sie verändern das Klima, sprengen die Fundamente und frappieren als die unglaublichsten Entdeckungen der Naturwissenschaft.

Was ist nicht alles in der Wissenschaft der letzten Jahre passiert! Einstein, Rutherford, Bohr, Röntgen, die Elektronenhülle des Atoms, das Aufdecken der Mechanik der Atomhülle! Die Unvereinbarkeit von Äther und Energie, von Relativ- und Absolutbewegung ist nur innerhalb eines vierdimensionalen oder Wellensystems aufzuheben. In der Vierdimensionalität gerinnt die Newtonsche Kraft zur ... Leiblichkeit (zur Materialität); in der Vierdimensionalität ist der Äther des Descartes nicht materiell, sondern «elementarisch». Aber steht nicht hinter der eindringenden «vierten Koordinatenachse» mit der im Durchdringungspunkt aufleuchtenden Sonne (Proton – «Erde») das von Jesus restituierte Phantom? Und sind nicht Physik und Chemie in den Symbolen Bohrs so etwas wie eine Ahnung von der ätherischen Wiederkunft und dem Zerfall des leeren Makrokosmos, der Grabstätten im planetarischen Raum und der sie erhaltenden Ordnungen? Das Ungeheure, das um uns aufsteht (katastrophale klimatische Verschiebungen, Weltkriege, der Goetheanum-Brand), sind nicht richtig verstandene Zeichen einer bereits entsiegelten Botschaft.

Das nicht verstandene «Fünfte Evangelium», der Untergang unserer gestrigen inneren und die Verfremdung unserer äußeren Welt, die «Michaelisation» der Naturwissenschaft – und wir, einen stenographierten Vortrag – Überschrift: «Das Fünfte Evangelium» – in der Hand, üben uns in esoterischer Etikette, um anschließend das Heft ins Bücherregal zurückzustellen, da die Welt bedauerlicherweise den Vorstellungen vom hohen Stil nicht entspricht.

Wenn wir so handeln, kapseln wir uns in einer leeren, zerfallenden Welt ein; Steiner hat 1913 in Kopenhagen vor uns dieses Bild entworfen: fünfzig Jahre später würde alles, was sich nicht an dem «Fünften Evangelium» orientieren, was dieses «Fünfte Evangelium» nicht weiterentwickeln kann – denn uns war aufgegeben, es weiter zu entwickeln – zerfallen. Traditionen, Wissen, Kultur, Mysterien, Esoterik würden zerfallen, wenn sie nicht den

Impuls des «Fünften Evangeliums» in sich aufnehmen könnten.

In ihm, wie in dem Punkt, in dem alle Koordinationsachsen sich begegnen, in dem Materie nicht mehr Materie ist, entspringt die vierte, die ätherische Achse, die Achse der Wiederkunft des Christus.

Das wurde vor fünfzehn Jahren ausgesprochen.

Ein Drittel dieser schicksalhaften fünfzig Jahre liegt bereits hinter uns; das «Fünfte Evangelium» steht immer noch auf dem Bücherregal, eine kümmerliche Nachschrift von zufällig aufgeschnappten Ausschnitten der Variante einer missglückten Nacherzählung.

Ist das nicht die Katastrophe der Sache Steiners?

37

Erst nach dem Seelenerlebnis von Kristiania wird die Tragödie Dornach verständlich: Das «Fünfte Evangelium», dem Grundstein eingefügt, war das Bekenntnis Steiners zur Dornacher Dornenkrone, ein «Ja» zu seiner und unserer «Jesus-Biographie». Nach dem «Höhenerlebnis» von Kristiania drängten wir nach Dornach, um Kreuz und Dornen auf uns zu nehmen.

Unmittelbar nach dem «Augenblick», noch in seinem Bannkreis, wurden wir mit den auf uns lauernden Krankheiten konfrontiert: Schlangen wanden sich um jeden von uns. Heute sehe ich es ganz deutlich: Die Zwischenstation in Berlin – auf dem Weg mit Steiner nach Dornach – war der Anfang verschiedener Krankheiten und der «Schläfrigkeit», bei jedem auf seine Art. Steiner reiste durch verschiedene Städte Deutschlands, um dort persönlich eine Zusammenfassung des «Fünften Evangeliums» zu geben. Aber in jedem Zentrum breitete sich dieselbe «Schläfrigkeit» aus. Schon drangen die Dornen in ihn ein, schon wurde das Enthüllen ein Verhüllen. Steiner musste mit aller Deutlichkeit sehen: Das «Fünfte Evangelium» wurde nicht richtig aufgenommen.

Die erste Folge – das Erdbeben bei der nächsten Generalversammlung in Berlin. Motto: «Affäre Boldt». Boldt war dabei Nebensache, die Hauptsache war das unterbewusste «Kreuzige ihn» in den Seelen der Zuhörer Steiners. Das Schicksal der Gesellschaft erhielt dabei den ersten dumpfen unterirdischen Stoß. Heute erst, nach vielen Jahren, begreife ich die Diskrepanz zwischen dem quälend Irrealen dieser Versammlung und dem Schein «Alles in Ordnung!».

Er verließ Berlin und kehrte nur noch «besuchsweise» nach Deutschland zurück.

«Dornach» brachte ihm immer tiefere Verwundungen bei, die er vor uns rücksichtsvoll kaschierte, denn wir wurden trotz allem immer schläfriger. Dementsprechend wurde er mit dem Thema «Christus» immer zurückhaltender. Dabei lagen die Wurzeln dieses Dornacher Themas schon vor Kristiania.

Schon damals zeichnete sich die für Dornach charakteristische Gespaltenheit ab: Schubert und Schumann, «Kreuz» und «Fratze». Sie fraß sich immer tiefer in jeden Einzelnen ein und führte 1915 zum ersten Mal zu einer offenen Krise der Gesellschaft; das unterdrückte Keifen bei der Generalversammlung in Berlin wuchs in Dornach zu einem grässlichen Geheul an. Es wurde abgewehrt, eine endgültige Katastrophe konnte vermieden werden.

Aber zum zweiten Mal ist wohl etwas Notwendiges versäumt worden, das in den Tagen, da die Kuppeln des Baus dem Schicksal übergeben wurden, von uns nicht hätte versäumt werden dürfen.

Hinter jeder zufälligen Kleinigkeit steht auf dem geistigen Plan ein verborgener Sinn. Die scheinbare Zufälligkeit, die «Kleinigkeit», ist keineswegs immer in Wahrheit eine Kleinigkeit.

Es war keine Kleinigkeit, dass in Dornach die esoterische Tradition zu Ende ging und der «Johannesbau» zum «Goetheanum» wurde. Nach allem, was geschehen war, konnte es nicht anders sein. Und dennoch: Der Bau, der aus der «Grundsteinlegung» (dem Nerv des «Fünften Evangeliums») emporgewachsen war, gekrönt mit dem Schiefer, den er *dort, damals, in den Bergen,* nachdem der Welt das Neue verkündigt worden war, gefunden hatte, und – «Goethe»? Wie groß Goethe auch sein mag, ich ... ich konnte dort nicht bleiben.

Aus der Entfernung die Tragödie der «Jesus-Biographie» (in ihm) verfolgend, konnte ich lediglich von außen konstatieren: eine Niederlage nach der anderen. Die Niederlage bei der Durchführung der Dreigliederung, die Niederlagen innerhalb der Gesellschaft, die ihn 1923 sogar aufschreien ließen. Wie konnte da der Bau hinter dem geschlossenen Vorhang («Goethe» – das ist auch ein Vorhang), den durch die Ablehnung der ihm zugrunde liegenden «Schriftzeichen» verursachten Erschütterungen standhalten?

Er brannte nieder.

Die «Schriftzeichen» der «geprägten Formen» wurden auf den weiten Schwingen der Flammen in das Ätherische emporgetragen, aus dem sie sich herausgebildet hatten; an ihre Stelle gehört ein Memento mori. Gebe Gott, dass das zweite Goetheanum wenigstens ein Goetheanum und nicht ein ... «Petrianum» wird.

So sind vielleicht nur die Anfangsworte des Grundsteinspruchs wirklich geworden: «Es walten die Übel ...»

Ich habe oben geschildert, wie der «Dornacher» Blick Steiners sich veränderte: wie er mit der lichten Schubert-Melodie uns ermutigen, vor dem nur ihm sichtbaren Unheimlichen schützen wollte, und wie sein Blick, an uns vorbei ins Dunkel gerichtet, sich mit dem Wahnsinn Schumanns füllte.

Die Spaltung war auf einer höheren Ebene aufgehoben: auf dem Weg des «Etwas» zum Jordan, in der realisierten Konsequenz, unser Versagen gegenüber dem «Fünften Evangelium» auf sich zu nehmen.

Hinter allem, allem stand sein Alpha und Omega:

der Christus Jesus.

38

Vier Monate habe ich gebraucht, um mich von dem Stoß, den mir das «Fünfte Evangelium» versetzte, zu erholen: Der Traum des «Erwachens» begann in Kristiania und dauerte bis Leipzig. Erst nach Leipzig gewann ich mein Gleichgewicht wieder, und es begann das Erwachen zum «Traum» des sogenannten Lebens.

Die unmittelbar auf den Kurs folgenden Tage, in denen unsere Reise mit Steiner nach Bergen und Kopenhagen stattfand, waren für mich eine Zeit der Übereinstimmung von innerer und äußerer Landschaft.

Am achten oder neunten Oktober gegen sieben Uhr morgens fuhren wir ab, in einem für uns reservierten Wagen; der Doktor und Marija Jakowlewna reisten im Nachbarwagen, in einem Abteil erster Klasse.

Zwischen Kristiania und Bergen liegt eine wunderbare Gegend. Gleich nach Kristiania beginnt der Anstieg in die Berge. Nach einer sechsstündigen Fahrt erreicht der Zug die Gletscher, die Schneekuppen werden zu unbedeutenden Erhebungen, und gegen ein Uhr mittags ist der höchste Punkt erreicht; weitere sechs Stunden geht es abwärts bis Bergen. Am höchsten Punkt sind die Felsen nackt, von purpurnem Moos bedeckt, das Gestein ist grün-blau, bis schiefergrau. Zuerst wachsen die Berge rasch in die Höhe, türmen sich beinahe senkrecht über dem Kopf; später wachsen sie langsamer, denn die Strecke wird immer steiler. Der Zug scheint am Berg hinaufzufliegen, man merkt es an den aufgerissenen Schlünden, die er überquert, an der wechselnden Färbung der Seen und des Himmels, an der stürmischen Abwärtsflucht der Wälder, dann der Sträucher, dann der Wiesen und dann der bemoosten Felsen; rotes Moos, grünblaues Gestein.

Und dann zeigen sich auf einmal von allen Seiten die weißen Zähne der Eisgipfel, sie beißen sich durch die absperrende Felskante und sind plötzlich da. Sogar die Seen, an deren Ufer die Bahnhöfe stehen, sind pures Eis; wenn man aus dem Wagen steigt, knirscht das Eis unter den Füßen.

Gegen zwölf wurden wir zu Tisch in den Speisewagen gebeten, wo ein vegetarisches Essen serviert war. Der Doktor kam mit Marija Jakowlewna; ich hatte ihn gemieden, seit ich ihm jenen verhängnisvollen Brief überreicht hatte. Der Brief war für mich verhängnisvoll, weil seine «expressionistische» Verworrenheit mich im Nachhinein zur Verzweiflung brachte. Er nahm Platz, immer noch «fremd» («da», aber auch «nicht da»); immer noch so streng, dass man hätte meinen können, er sei «zornig». Ich duckte mich unwillkürlich, um mich hinter den vor mir Sitzenden zu verstecken und seinem Blick auszuweichen. Aber Marija Jakowlewna – ich sehe ihre Reisetasche und Reisemütze noch vor mir – saß an ihrem Tischchen, stützte den Kopf in die Hand, suchte uns mit den Augen und nickte uns mit einem nachdenklichen, liebevollen Lächeln zu. Der Doktor arbeitete hastig mit Messer und Gabel, ohne auf das Essen zu achten; wir desgleichen.

Die vom Sonnenlicht überflutete Landschaft hinter den Fenstern blendete immer mehr, aus allen vier Himmelsrichtungen näherten sich die funkelnden Diamantspitzen des ewigen Eises; das Moos war ein einziger purpurner Schrei.

Wir ließen das Essen stehen und eilten in unser Abteil zurück; die Höhe machte sich durch freudig-klare Beschwingtheit bemerkbar. Die Qualen von München, die Anstrengungen, der Stoß von Kristiania – das alles gipfelte in einem hemmungslosen, unbezwingbaren und unerklärlichen Freudenausbruch. In diesen Minuten wusste ich zum ersten Mal mit jeder Faser: Inspiration – das sind die Gipfel; Karma – das ist der Abstieg.

In meinem Bewusstsein veränderte sich irgend etwas; ich dachte: «In Kristiania wurden wir über das Herabsteigen des Geistes auf das Golgathakreuz, das Kreuz aller Kreuze, unterrichtet, aber hier kann ich die vom Kreuz ausgehende Auftriebskraft des ausgegossenen Heiligen Geistes erleben».

Die Berge jubelten – wie Bach.

Plötzlich ging die Tür auf, Marija Jakowlewna (sie kam vom Doktor) trat ein, setzte sich uns gegenüber und lächelte; die Mitreisenden beobachteten uns verstohlen, als Marija Jakowlewna begann: «Man muss hier unwillkürlich an Ibsen denken. Erinnern Sie sich an Brand? Aber Brand hatte unrecht. Die Berge sind dem Sonnenlicht offen. Brand hat das nicht verstanden. ER ist ein Deus caritatis.» Das Lächeln, mit dem sie sich mir zuwandte, nahm mir die Zweifel: Ich brauchte mich wegen des Briefes nicht länger aufzuregen; der Brief war akzeptiert.

In diesem Moment fuhren wir in einen Tunnel ein, und als wir ihn verließen, blendete uns die Fülle des Lichts. Der Zug fuhr über einen schrecklichen Abgrund, in dessen Tiefe es brodelte und schäumte, und die Schneeriesen, wie die Weisen aus dem Morgenlande kniend um eine Alp versammelt, schienen ganz klein zu sein. Marija Jakowlewna erhob sich, lächelte schweigend und ging zum Doktor zurück.

Der Schaffner lief durch den Wagen und rief: «Die höchste Stelle!»

Hier war ein Bahnhof.

Ich sprang hinaus. Unter den Füßen knirschte das Eis, unmittelbar vor mir lag ein kleiner blauer See, mit einer durchsichtigen Eiskruste bedeckt; am Ufer lagen mehrere abgeworfene Rentiergeweihe. Der Abgrund des Himmels war von einem fast schwarzen Blau; mir schwindelte beinahe, als ich eine der abgeworfenen Stangen gegen die weißen Eiszähne emporhob, die in das Blau hineinragten; dieses Rentiergeweih begleitete mich die nächsten drei Jahre, bis ich es in Dornach zurückließ.

In Bergen erfuhren wir, dass Rudolf Steiner dort den grünblauen Schiefer für die Goetheanumkuppeln ausgesucht hatte. Ich erinnere mich ganz deutlich an die hochragenden, von purpurnem Moos überzogenen Felsen.

Während der Talfahrt nach Bergen wuchsen uns Felskolosse entgegen, die Schneegipfel gingen hinter ihrem Rücken in die Hocke; etwas drängte aus der Brust, am liebsten hätte ich laut gesungen oder rezitiert. Ich trat aus dem Abteil, aus dem Gang hinaus auf die Plattform und versank in den Anblick der Steinmassen, die wie von der Hand Michelangelos bearbeitet schienen. Neben mir, an der Seite, klapperte das Fenster in der Verbindungstür, dahinter schaukelte das Fenster in der Tür zum nächsten Wagen; dazwischen schaukelten die Lederbälge des «Harmonikazugs». Plötzlich wurde mir bewusst, dass ich laut vor mich hin gesprochen hatte, etwas Ähnliches wie «Es erfüllen sich die Zeiten», und – im Tonfall des Doktors. Im gleichen Moment fiel mein Blick auf das Fenster des Nachbarwagens, das zwischen den Galeriewänden schaukelte: Eben noch war es leer, jetzt erschien in ihm, wie in einem Rahmen, der Kopf des Doktors, mit dem Gesichtsausdruck, dem ich in all diesen Tagen ausgewichen war, um nicht von einer Lichtfülle geblendet zu werden, mit initiierenden Augen, in deren Blickfeld ausgerechnet mein Kopf geraten war, und diese Augen versengten mich.

Sein Gesicht veränderte sich nicht, als unsere Blicke sich trafen, er schien mich überhaupt nicht zu sehen, aber die Augen senkten sich, wie zwei Sternschnuppen auf ihrem Weg zur Erde. Ich stürzte zum Fenster, um aus seinem Blickfeld zu verschwinden, ich warf mich zur Seite wie vor einem Bolid, bloß um den Doktor, wenn er die Plattform beträte, nicht ansehen zu müssen.

Aber die Tür öffnete sich nicht.

Dann wagte ich noch einen Seitenblick: Im Rahmen des Türfensters war niemand zu sehen; die Trittbretter der Galerie vibrierten, die harmonikaartigen Wände schaukelten wie vorher.

Für mich blieb die Frage: Wen habe ich gesehen? War es ein sinnliches, war es ein außersinnliches Sehen?

Ich habe das «Antlitz» und nicht das Gesicht des Doktors gesehen; und auf diesem Antlitz eingezeichnet: «Nicht ich, sondern I. CH».

Das ist genau dieselbe Frage, zu der ich mich hier, stümperhaft, zu äußern versuche: «Rudolf Steiner und das Thema Christus.»

Es dämmerte im Schatten emporwachsender Riesen; Baumgruppen stiegen vor dem Rand der gelben und roten Herbstwälder die Berge hinan, und wir flogen abwärts.

Bergen!

Bergen blieb der «Traum» in dem Traum unseres Lebens oder ein «Erwachen» aus der Nüchternheit des Alltags. Was ich «geträumt», was ich «wachend» erlebt habe, will ich für mich behalten, bis die Reife mir einen klaren Text diktieren wird; wenn dieser Souffleur ausbleibt, werde ich es in einer künftigen Verkörperung zum Ausdruck bringen.

Ich möchte nur noch einmal betonen, dass alles, was in Bergen erlebt wurde, innerhalb der Sphäre lag: «Rudolf Steiner und das Thema Christus.»

Die ganze Reise Bergen–Kopenhagen stand – wegen meiner grenzenlosen Erschütterung – im Zeichen einer völligen Hilflosigkeit auf dem physischen Plan, und wäre nicht die gütige Aufmerksamkeit und Anteilnahme von K. P. Christoforowa gewesen, hätten wir die Reise wirklich nicht überstanden; sie hat sich auch in Berlin weiterhin um uns gekümmert und uns in der Pension bei sich aufgenommen, in der wir später ein endgültiges Unterkommen fanden.

Der nächste Schock war der Vortrag in Kopenhagen. Hier hörten wir eine drohende Warnung: In fünfzig Jahren liegt die Kultur Europas in Trümmern, bis zu einem möglichen Verschwinden der Bücher. Die Frage sicherer Bücherdepots muss beizeiten bedacht, es müssen Plätze gefunden werden, die sich zur Aufbewahrung von Büchern eignen. Die Zivilisation wird Kletten treiben, in deren Dickicht alles ersticken wird: Kulturtraditionen, Geschichte, historische Einweihungswege. Alles, was den Impuls des «Fünften Evangeliums» nicht aufnehmen kann, wird von Kletten überwuchert werden. Folgt man dem Impuls und geht dem Christus entgegen, so wird man ihm in seiner ätherischen Gestalt begegnen. «Tiermenschentum» und «Gottmenschentum» – das sind die zwei Typen der künftigen Menschheit. Einen Menschen der Mitte, wie wir ihn uns heute denken, wird es dann nicht mehr geben.

So sprach er, und die Macht seiner Worte war so überwältigend, dass viele seiner Zuhörer dabei zusammenklappten.

Für mich ist dieser Vortrag von besonderer Bedeutung. Nach dem Vortrag, schon auf dem Weg zur Garderobe, kam Marija Jakowlewna die Treppe herunter (der Vortrag fand im zweiten Stock statt), nahm mich bei der Hand und sagte mir, der Doktor habe den Brief verstanden, aber er wolle nicht mit

Worten darauf eingehen, denn solche Briefe würden nicht durch Reden beantwortet; und dann fügte sie hinzu, dass sie später einmal vielleicht mehr würde sagen können. Ich hatte sie niemals vorher so erlebt; sie warnte mich: «Werden Sie nicht krank.»

Ich aber ... wurde trotz allem ... krank.

Auf dem Heimweg nach dem Vortrag, mitten im dunklen Kopenhagen, hatte ich vergessen, wo wir abgestiegen waren (A. A. Turgenjewa war krank und musste zu Hause bleiben): Ich konnte mich weder an die Straße noch an die Hausnummer noch an den Namen des Hotels erinnern und stieß nach stundenlangem Irren durch die dunklen Straßen rein zufällig auf mein Haus.

Und ich verstand, dass ich ... «obdachlos» war, dass meine «Nächsten» mir «noch nicht» oder «nicht mehr» nahe waren. Von diesem Punkt der Kurve Berlin–Dornach–Moskau an regierte das Wort: «Ich bin nicht gekommen, Frieden zu senden, sondern das Schwert.»

Eine «Nähe» zerrann, andere «Nähen» reiften.

So stand es um mich um den 14. Oktober, zwölf Tage später wurde ich dreiunddreißig. An diesem Tag wurde mir bewusst, dass das dreiunddreißigste Lebensjahr ein bedeutungsschweres Jahr ist – das wurde es auch für mich.

Das Thema «Christus» im Werk Rudolf Steiners ist mit einem wesentlichen Punkt meiner Biographie verschmolzen. Ich glaube, dies ist kein Zufall: Der Christus ist der Hüter der Großen Schwelle, und Jesus ist der Meister des Karma. Wenn «Auge» und «Ohr» für dieses Thema geöffnet bleiben – als Vorbereitung auf das Schwellenerlebnis –, bleibt das Karma der Person nicht unverändert.

Der Doktor sprach von dem Christus so, dass unsere Augen und Ohren geöffnet wurden, und das, was sie wahrnahmen, wirkte wie Hefe, die das Karma veränderte. Er sprach – und das Karma veränderte sich.

So sprach er.

Wer anders hat *so* gesprochen?

40

Noch ein Zug:

Einmal sagte er (ich weiß nicht mehr wann und wo): Die Wahrheiten, die er tastend anzuschlagen strebe, würden, wenn die Zeit gekommen sei – und sie sei nahe –, entborgen werden; das, was er uns zu sagen habe, bedeute keine «Bundeslade», sondern nur die Ruder, mit denen wir uns vom Ufer abstoßen, Ruder, die wir fest anpacken müssten.

Wir müssen selbst rudern.

Diese Worte wurden von den «Älteren» durch die von ihnen persönlich empfangene Mitteilung des Doktors kommentiert.

Bald soll die bedeutende Inkarnation eines führenden Essäers, der kurz vor der Zeit Jesu gesteinigt wurde, ihr Wirken in der Welt aufnehmen; es ist Jeshu ben Pandira, den die Theosophen irrtümlicherweise mit Jesus von Nazareth verwechseln.

Das Zeichen, an dem diese Inkarnation erkannt werden kann: das Entsiegeln der Geheimnisse der Wiederkunft des Christus.

Ihm wird es zufallen, die «Suchenden» weiterzuführen.

Und wir müssen die Voraussetzungen schaffen, damit er verstanden werden kann: Wir müssen das «Fünfte Evangelium» fest in die Hand nehmen, damit es nicht «eingesargt» bleibt zwischen den Buchdeckeln von Pietät, Rhetorik und Hieratik, hinter denen wir uns gegen das Thema verschanzen.

Aber wie nimmt man es in die Hand? Wie spricht man darüber?

Vielleicht sogar «gnoseologisch».

Es ist erstaunlich, dass man in den vergangenen fünfzehn Jahren nicht erkannt hat, wie die Thesen des «Fünften Evangeliums» aus dem Herzen strömen und gleichzeitig von einer «ehernen Logik» geprägt sind. Die Lehre vom «Phantom» zum Beispiel ist heute aus vielen wissenschaftlichen Theorien herauszulesen, aus sämtlichen anthroposophischen Thesen des Doktors, und bestimmt seine wahrhaft christliche Auffassung der Idee von Karma.

Das muss *begriffen* werden.

Das ist Logik.

Gleichzeitig ist diese Lehre vom «Phantom» die einzig hinreichende Erklärung für die Erfahrung des Ich, das sich aus der Verstandesseele durch das Wahrnehmen der eigenen Wesenheit befreit und in seiner Autonomie nicht mehr Seele, sondern Geistselbst ist.

Das muss *erfahren* werden.

Das ist Empirie.

Die eigentliche, die tiefste Verbindung zwischen dem *Denker* und dem *Lehrer* Steiner ist der *Christ* Steiner.

Kutschino, 4. Januar 1929 (in zwölf Tagen).

Statt eines Nachworts

Ich hatte nicht vor, diesen bescheidenen «Erinnerungen» ein Nachwort hinzuzufügen. Aber das Schicksal selbst hat die Seiten dieses Nachworts diktiert. Das Schicksal – das ist der Tod von Dr. Carl Unger. In dem Kapitel über die Schüler Rudolf Steiners habe ich das Wirken des Verstorbenen flüchtig berührt. Hätte ich geahnt, dass der Augenblick des Entstehens meiner flüchtigen Skizze mit seinem vorzeitigen Tod zusammenfallen, dass sie ein Nachruf werden würde, hätte ich andere Worte der Würdigung gefunden: für den Toten, der, ein durch das ewige Leben Lebender, unsichtbar bei uns weilt! Und ich hätte selbstverständlich nichts mehr hinzugefügt, wenn ich den Abschnitt über Unger zum Beispiel vor einem Jahr geschrieben hätte.

Aber das Schicksal wollte es, dass ich (nach meiner Rechnung) meine Erinnerungen an Carl Unger in der Nacht vom 28. auf den 29. Dezember, ungefähr eine Stunde nach seinem tragischen Tod, begonnen und am 31. Dezember, ungefähr am Tag seiner Beerdigung, abgeschlossen habe. So wurde dieser Abschnitt ohne mein Wollen ein Nekrolog. Ich möchte betonen: Er kann kein wirklicher Nekrolog sein. Ich sah Dr. Unger gesund, voll Energie und seelischer Jugendlichkeit, er schien – Atem zu schöpfen, um in der Zukunft seinen Posten zu beziehen und die Anthroposophische Gesellschaft aus der Sackgasse, in die sie sich selbst hineinmanövriert hatte, herauszuführen. In diesem Sinne fügten sich die Erinnerungen an ihn in den Kontext: «Nach Frankreich zogen zwei Grenadier'»; die Grenadiere, das heißt die Kämpfer für die Anthroposophie, waren für mich Unger und Bauer.

Und jetzt hat Dr. Carl Unger seinen Posten bezogen: als unsichtbarer Helfer. Wer sich in den Begriff «Karma» eingelebt hat, der weiß, dass wir durch das Betreten des «Pfades» unser Schicksal verändern. Wer den heute «unsichtbar Lebenden» in seiner physischen Maske gekannt hat, der weiß, dass er in der konsequentesten Weise ein Mensch des «Pfades» war; folglich ist Unger ein Mensch, dessen karmische Abläufe beschleunigt sind und das «Geheime» der Person offenbaren.

Das «Geheime» der Person von Dr. Unger sehe ich in der Ausarbeitung einer Strategie, die zum Sieg über Ahriman – die Trägheit dieser Welt – führen soll, und seine Taktik als die Taktik Barclays, dessen Rückzüge die Voraussetzung für den Sieg eines künftigen Kutusow sind. Ich betonte, wie sehr sein jugendliches Feuer, seine Herzlichkeit, seine Empfänglichkeit für neue Ideen und der unverweslich jugendliche Kern hinter einer Maske von Trockenheit, Nüchternheit, Bedächtigkeit und Ratio mich frappierten – daraus resultierte seine Toleranz gegenüber den Ausfällen der «Jungen» gegen die «geistigen Greise». Das verborgene Feuer der Person Carl Ungers wurde durch sein Karma offenbar: Ein neuer Aspekt des Individuums wurde erkennbar, der Aspekt der in Freiheit gewählten Märtyrerkrone. Der ermordete Carl Unger antwortet auf alle Spekulationen der Anthroposophen, ob er noch zeitgemäß sei, mit seinem Karma, mit dem Karma eines Jüngers des «Pfades», er antwortet, indem er den Tod eines Märtyrers starb. Es ist kein Zufall, dass die Hand eines Besessenen sich ausgerechnet gegen ihn richtete. Wir können uns ein Bild von der Rolle solcher Besessenen machen, von dem «Arm», der sich bewusst gegen alles richtet, was sich ihm in den Weg stellt. Die Schüsse auf Unger sind Schüsse aus dem «wissenden Hintergrund», ebenso wie der Goetheanumbrand, wie vielleicht auch ...

Die Entscheidung in dem Streit um Unger fällte der Böse, die Bahn der Kugeln ist der deutende Finger des Teufels: Dieser Mann muss verschwinden!

Welch eine rhythmische Geste!

Aber dem «Teufel» wird kein Erfolg beschieden sein: «Und da es das fünfte Siegel auftat, sah ich unter dem Altar die Seelen derer, die erwürget waren um des Wortes Gottes willen und um des Zeugnisses willen, das sie hatten ... und ward zu ihnen gesagt, dass sie ruheten noch eine kleine Zeit.» Und weiter: «Diese sind gekommen aus großer Trübsal und haben ihre Kleider gewaschen und haben ihre Kleider helle gemacht im Blute des Lammes.» Es ist unvorstellbar, dass es Menschen gibt, die mit geschlossenen Augen durch die Welt gehen und gegen den Impuls der Anthroposophie Rudolf Steiners lästerten und immer noch lästern, weil er von *dieser Welt* sei, und die ihre Scheuklappen nicht ablegen und nicht erkennen wollen, wie sehr *diese Welt* im Argen liegt. Ich meine damit die geistreichen Vertreter von «Geist und Kultur», die da heißen Berdjajew, Bulgakow, Forsch, Medtner, die Sozialdemokraten, Intelligenzler, Snobs, Materialisten, Mystiker, Theosophen, Pastoren, orthodoxe Popen, Dekadente, die Dessoirs, die Leisegangs und so weiter (ihr Name ist Legion), deren Worte heiß, deren Werke lau sind, von denen es heißt: «Du aber bist weder kalt noch warm ... Du sprichst: ‹Ich bin reich› ... und weißt nicht, dass du bist elend und jämmerlich, arm, blind und bloß.»

Leider betreffen diese Worte nicht nur die «äußeren» Feinde der Anthroposophie, sondern ebenso die «inneren». In der Anthroposophischen Gesellschaft selbst ist der Vorwurf der «Unpopularität» und Unzeitgemäßheit Ungers populär geworden. Ist nicht das Schicksal der Gesellschaft entschieden, wenn der lauterste und edelmütigste Mensch, dem jeder Beigeschmack von «Mystizismus», billigem Okkultismus, anthroposophischem «Mittelalter» und den dazugehörigen morschen «Kreuzzugsideen» absolut unerträglich war, ein Schüler der «Philosophie der Freiheit» und ein Philosoph der Freiheit, nüchterner und realistischer als wir alle, von einem Anthroposophen, einem Wahnsinnigen umgebracht wird, aus Angst, Dr. Unger könne ihn behexen?

Ein wohlbekanntes Bild, bekannt seit zwanzig Jahren. Seit zwanzig Jahren taucht von Zeit zu Zeit ein Anthroposoph auf, der trotz aller Ermahnungen und Zornausbrüche Steiners der zersetzenden Wirkung der falsch verstandenen Anthroposophie erliegt und unter den Symptomen einer «mystischen» Krankheit zusammenbricht. Ich habe viele solcher «Kranken», solcher Besessenen kennengelernt, Exanthroposophen und Menschen, die durch eigenes jämmerliches Versagen gegenüber dem Impuls der Anthroposophie im Laufe der Zeit Exanthroposophen wurden (Goesch, Ellis, Minzlowa, Polman-Mooy usw.). An ihren Früchten wird man sie erkennen.

Die Früchte?

Ungenießbar.

Aber immer noch ist man der Verquickung von falscher Esoterik und von Vereinsmeierei in der «Gesellschaft» die im Namen Rudolf Steiners auftritt, nicht an die Wurzel gegangen. Es ist zum Schicksal dieser Gesellschaft geworden, aus ihrer Mitte «Mörder» auszuschicken, die ihre Hand gegen die Verfechter der gerechten Sache erheben. Die Wurzeln aller bösen Wurzeln ist das Speichern anthroposophischen Materials in Köpfen, die von der Erkenntnistheorie, von der Idee und den Kriterien der wirklichen Wahrheit nicht durchgepflügt worden sind, die die Freiheit nur nach der Schablone kennen, wobei sie Rudolf Steiner zu einer solchen Schablone machen und Götzendienst mit ihm treiben.

Der Tod Ungers ruft bei mir eine instinktive Reaktion gegen die äußeren und inneren Feinde der Anthroposophie hervor. Ich frage die ersten: Wie lange noch werdet ihr, von *dieser Welt* bestätigt und bestärkt, die ihr den Ruhm, die Würde und das Recht gepachtet habt – und daher «im Recht» seid –, wie lange noch werdet ihr wider die lautere Sache der Liebe und Freiheit lästern? Und ich frage die zweiten, das heißt die «Anthroposophen»: Wie lange noch werden sogar aus eurer Mitte «Mörder» der Vertreter einer Sache kommen, die ihr ständig im Munde führt? Werft über Bord «Mystik», «Okkultismus», «Kreuzzüge», «mystische Leiden» und sämtliches Geraune von Inkarnation und Karma, die lediglich zu einer Entfremdung zwischen der Gesellschaft und der Sache, der sie zu dienen vorgeben, führen! Es ist höchste Zeit für einen frischen Luftzug durch die «anthroposophischen Häupter», die heute über das Werk Rudolf Steiners die siedende Brühe ihrer höchst überflüssigen Gefühle kippen, und morgen aus ihrem Mief jene «unglücklichen Besessenen», die in eine Heilanstalt und nicht in die Anthroposophische Gesellschaft gehören, in die Welt ausschicken!

Ist denn das so schwer einzusehen, dass das Medium, in dem Psychosen, Verleumdungen, Verrat und ähnliche Auswüchse keimen, nichts anderes ist als die Angst vor frischer Luft innerhalb der Anthroposophischen Gesellschaft, gegen die Steiner so unüberhörbar deutlich vorging, ein Ausdruck der Angst vor frischer Luft in dem Kopf jedes einzelnen, der Angst vor *klarem, jeder «Mystik» barem Denken?*

Das Karma Ungers ist das Karma des Goetheanum, das in einer gewissen Weise vom «Anthroposophen» in Brand gesteckt worden ist, und das Karma des Goetheanum gehört zum Karma Rudolf Steiners, der das Kreuz unserer Krankheiten auf sich nahm.

Kutschino, 29. Januar 1929

ANDREJ BELYJ – EINE BIOGRAPHISCHE SKIZZE

«Riesengroße, weit aufgerissene Augen, lodernde Feuer in dem bleichen, erschöpften Gesicht. Eine übermäßig hohe Stirn mit einer kleinen Insel zu Berge stehender Haare. Wenn er liest, gleicht er einer weissagenden Sibylle. Er fuchtelt beim Lesen mit den Armen, um den Rhythmus, nicht der Verse, sondern seiner geheimen Gedanken, zu betonen. Das ist schon recht sonderbar, und zuweilen wirkt Belyj denn auch wie ein großartiger Clown. Aber in seiner Nähe werden alle von einer quälenden Unruhe, dem Gefühl eines elementaren Unbehagens erfasst ... Andrej Belyj ist genial ... Warum küssen nicht die einen den Saum seines Gewandes, warum steinigen ihn nicht die anderen? Warum klingt sogar jenes flammende Wort ‹Genie›, wenn von Belyj die Rede ist, wie ein Titel ...? Belyj hätte Prophet sein können ...» So beschreibt Ilja Erenburg den symbolistischen Dichter, Philosophen, Kritiker und Theoretiker des Verses Andrej Belyj im Jahre 1919. In seinen Memoiren setzt er später hinzu: «Wenn ich heute an das Schicksal dieses wahrhaft ungewöhnlichen Menschen denke, finde ich keine Erklärung mehr. Wahrscheinlich sind die Wege großer ... Künstler unergründlich.»

Seinen Zeitgenossen war Belyj ein unheimlicher, oft unverständlicher – immer aber faszinierender Geist. Hierin gleichen sich die Zeugnisse von Berdjajew, Blok, Brjusow, Mandelstam, Pasternak, Stepun und vieler anderer bedeutender Zeitgenossen. Dass er ein großer Lyriker, vor allem aber ein genialer Prosaiker war, auch darin ist man großenteils einig. Seine neue Sprache, seine neue Sehweise haben die junge Sowjetliteratur entscheidend mitgeprägt. –Die sowjetische Literaturpolitik hat sein Werk – mit wenigen Ausnahmen – unterdrückt und verschwiegen, obgleich sich die «Prawda» in einem Nekrolog bemüht hatte nachzuweisen, dass Belyj «als ein sowjetischer Schriftsteller» gestorben sei. Der Respekt vor der Verehrung, die Belyj zu Lebzeiten genoss, mag der Grund dafür gewesen sein, dass er selbst bis zu seinem frühen Tode 1934 von Verfolgungen einigermaßen verschont geblieben war, während seine Frau mehrmals in Haft genommen wurde. Verbindlich aber war das Urteil, das Trotzkij in seinem Werk «Literatur und Revolution» (1924) über Belyj fällte, indem er von ihm sagte, schon sein Pseudonym (Belyj – der Weiße) beweise, wie sehr er im Gegensatz zur Revolution stehe – denn ihr Kampf sei der der Roten gegen die Weißen gewesen.

Im Urteil der westlichen Literaturwissenschaft wird Belyj durchweg eine bedeutende Stellung eingeräumt, ja er wird in die große Tradition der russischen Romanciers, neben Gogol und Dostojewskij, gestellt. Dem westlichen literarischen Publikum ist er trotz etlicher Übersetzungen so gut wie unbekannt.

Wie Belyjs Persönlichkeit verwirrend gewirkt hat, so war sein Leben unstet gewesen. Freundschaft verwandelte sich in Feindschaft, Anhängerschaft in Gegnerschaft und umgekehrt. Seine Haltung zum Sowjetregime ist unklar, seine Beziehung zu Rudolf Steiner und der Anthroposophie im letzten Lebensjahrzehnt umstritten. Obgleich neben Wjatscheslaw Iwanow der bedeutendste Theoretiker des russischen Symbolismus, bleiben seine philosophisch-kulturkritischen Abhandlungen unbeachtet und unverstanden. Damit sind aber auch seine dichterischen Werke, seine wertvollen Memoiren in der Gefahr, in ihrem ideellen Gehalt nicht verstanden oder missverstanden zu werden. Belyj selbst hat freilich den Zugang zu seinem Werk durch die Kompliziertheit und Eigenwilligkeit seiner Diktion, durch das Überraschende, Ungewohnte seiner Bilder nicht erleichtert.

Sein Werk ist nur unvollständig veröffentlicht. Einige größere Arbeiten sind teils unvollendet geblieben, teils gar verloren gegangen.

In seiner Heimat apokryph, im Westen weitgehend unbekannt, wissenschaftlich erst anfänglich untersucht, in seinen philosophischen Bestrebungen abgelehnt oder unverstanden – ein im Leben gescheitertes Genie: So bietet sich Belyj demjenigen, der ihn durch die Optik der Freunde, Feinde, Biographen, Wissenschaftler kennenlernt.

Andrej Belyj (Pseudonym für Boris Nikolajewitsch Bugajew) wurde 1880 in Moskau geboren.* Sein Vater war ein bekannter Mathematiker, Professor

* Näheres zur Biographie Belyjs bis 1912 sowie zur Geschichte des russischen Symbolismus in Andrej Belyjs Werk «Im Zeichen der Morgenröte – Erinnerungen an Aleksandr Blok», Zbinden Verlag, Basel 1974. Siehe auch: «Andrej Belyj. Symbolismus – Anthroposophie: Ein Weg», Rudolf Steiner Verlag, Dornach 1997.

an der Moskauer Universität. Unter seinem Einfluss begann Belyj nach Absolvierung des Gymnasiums das Studium der Naturwissenschaften, für das er zwar Begabung, jedoch wenig Neigung mitbrachte. Im Anschluss an das mit Auszeichnung abgelegte Examen studierte er slawische Philologie sowie Philosophie. Sein größtes Interesse jedoch galt der schönen Literatur. So hatte er sich schon mit 22 Jahren auf diesem Felde Ruhm erworben.

Im Jahre 1912 begegnete er in Köln Rudolf Steiner. Die Beschäftigung mit Steiners Anschauungen hatte allerdings schon um 1906 begonnen, als Belyj durch theosophische Kreise auf ihn aufmerksam geworden war. Es war im Übrigen in den Kreisen der literarischen und philosophischen Elite Russlands nichts Ungewöhnliches, sich mit Steiner zu befassen. Andrej Belyj erwähnt in seinen Briefen an Aleksandr Blok existenzgefährdende Schwierigkeiten um den Verlag Musaget (in dessen Rahmen unter anderem Hessen, Jakowenko, Karsawin, Losskij, Stepun wirkten), deren Anlass neben anderem auch Auseinandersetzungen um Steiner waren. Wjatscheslaw Iwanow hatte sich um den Beitritt zur Anthroposophischen Gesellschaft bemüht. L. L. Kobylinskij (Ellis) war eine Zeitlang persönlicher Schüler Steiners. Berdjajew und Bulgakow beschäftigten sich mit dessen Anschauungen ebenso wie der Goetheanist E. K. Medtner, der ein gegen Steiners Goethe-Auffassung gerichtetes Werk verfasste. Balmont und M. A. Woloschin sowie dessen Frau standen Steiner nahe (Balmont zeitweise). Mereshkowskij hat Steiner kennengelernt, ohne freilich dessen Ansichten zu teilen.

Die Jahre 1912 bis 1916 verbringt Belyj mit wenigen Unterbrechungen in Steiners Nähe, hört dessen Vorträge (nach seinem Zeugnis über 400), meditiert nach Steiners Anweisungen, arbeitet an dem Roman «Kotik Letajew», verfasst ein Buch über Steiner und Goethe, schnitzt am «Johannes-Bau», dem später abgebrannten «Goetheanum» (Dornach, Schweiz). 1916 kehrt Belyj nach Russland zurück, seine Frau Assja, geb. Turgenjewa bleibt in Dornach. In den Wirren des Krieges, während der Hungersnot des Kriegskommunismus entfaltet er eine intensive Vortragstätigkeit, von der er in Briefen an Assja und einen deutschen Freund, Michael Bauer, berichtet. Er begründet zusammen mit Iwanow, Razumnik und anderen die Freie Philosophische Assoziation, in deren Rahmen er Vorträge hält, beteiligt sich am Leben des 1913 gegründeten Zweiges der Anthroposophischen Gesellschaft in Moskau («Lomonossow-Zweig»), ist Leiter des Literaturstudios des Proletkultes in Moskau. Dem schon 1921 verstorbenen Dichterfreund errichtet Belyj in seinen «Erinnerungen an Aleksandr Blok» (deutsche Übersetzung: «Im Zeichen der Morgenröte») ein Denkmal von tiefem Einfühlungsvermögen und hohem literarischem Rang – zugleich Deutung von Bloks Leben und Werk wie detailreiche Geschichte des russischen Symbolismus.

Im Herbst 1921 erhält Belyj nach langem Bemühen die ersehnte Genehmigung zur Ausreise aus der russischen Sowjetrepublik – Blok war sie versagt geblieben, obgleich sie für ihn die Rettung hätte bedeuten können – und fährt nach Berlin. Hier erwartet ihn eine bittere Enttäuschung: Assja Turgenjewa hat sich von ihm abgewandt. Belyj beginnt zu trinken, zieht nachts durch die Tanzdielen Berlins. Von der Trostlosigkeit in Belyjs äußeren Lebensverhältnissen, seiner Hilflosigkeit, seiner inneren Zerissenheit, seiner Verwirrung hat die Dichterin Marina Zwetajewa einen erschütternden Bericht gegeben.

Und dennoch bleibt Belyj der faszinierende Redner, der geistreiche, genialische Gesprächspartner, dem man gebannt zuhört, auch wenn man ihn nicht versteht. Die dichterische und redaktionelle Produktivität ist außerordentlich.

Der Bruch im Verhältnis zu Assja Turgenjewa wirkte sich auch auf Belyjs Beziehung zu Steiner aus – auch hier gab es einen tiefen Riss. Er schimpft über Steiner vor Freunden und meidet den Kontakt zur anthroposophischen Gesellschaft. Auch sein Verhältnis zu den russischen Emigrantenkreisen leidet unter seiner Verfassung. Berlin, der dekadente Westen, die Emigranten scheinen ihm «Leichengeruch» auszuströmen – im revolutionären Russland sieht er in jener Zeit den Keim einer neuen jungen Kultur. So kehrt er 1923 mit seiner späteren zweiten Frau Klawdija Wassiljewa nach Russland zurück.

Die folgenden Jahre sind dokumentarisch schlecht belegt.

Eine Reihe wichtiger Romane («Moskau», «Masken»), Memoiren, Zeitschriftenartikel, wichtige Arbeiten über Literatur erscheinen, und immer noch hält er Vorträge. Doch schwer lastet der Druck der Zensur auf seiner Tätigkeit. Trotz der Bewunderung des Publikums, die er genießt (Nadeschda Mandelstam spricht von einem regelrechten Belyj-Kult), fühlt er sich vereinsamt. Die auch von ihm zunächst begrüßte Revolution hatte ein System hervorgebracht, zu dem er keine Beziehung finden konnte. Einem Besucher gegenüber äußert er im Jahre 1926 auf die Frage, ob er noch eine Hoffnung in die Zukunft Russlands setze, selbst die Luft sei schon «ahrimanisiert».

Die so oft diskutierte und vielfach als endgültig bezeichnete Abkehr von Steiner in den Jahren 1921/22 ist indessen nur eine vorübergehende gewesen. Sowohl seine späteren Memoiren (durch verschlüsselte, für den Kenner jedoch deutliche Hinweise), als auch persönliche Zeugnisse von Besuchern und Freunden, insbesondere aber die 1975 zum ersten Mal in der vorliegenden Übersetzung von Swetlana Geier veröffentlichten «Erinnerungen an Rudolf Steiner» aus den Jahren 1928/29 belegen dies eindeutig genug. Belyj mag ein innerlich freieres Verhältnis zu Steiner gewonnen haben, von einer Abwendung kann keine Rede sein. Die vielfach angeführten Versuche Belyjs, seine frühe Nähe zu marxistischen Anschauungen, seine positive Haltung zum Sowjetstaat unter Beweis zu stellen, können als Abwehr- und Schutzmaßnahmen gesehen werden, als der Versuch, durch Konzessionen an die Zensur dennoch einiges von dem an die Öffentlichkeit zu bringen, was ihn wirklich bewegte. Möglicherweise hat sein früher Tod (8. Januar 1934) Belyj vor Verfolgung und Verhaftung, vor dem Schicksal Babels, Gumiljows, Mandelstams bewahrt.

Als Belyj im Jahre 1913 seinen Roman «Petersburg» veröffentlichte, hatte sein künstlerisches Schaffen einen Höhepunkt erreicht. Zwar war es P. B. Struwe gewesen, der die Annahme des Romans zur Publikation in der Zeitschrift «Wesy» ablehnte, andere, darunter vor allem Wjatscheslaw Iwanow, erkannten jedoch früh den hohen Rang dieses ungewöhnlichen Werkes. Belyj war zu diesem Zeitpunkt längst eine unbestrittene, wenn auch immer umstrittene Größe im Kulturleben Russlands geworden.

«Petersburg» steht aber zugleich an einem Wendepunkt in Belyjs geistiger Biographie. Die schicksalhafte Begegnung mit Rudolf Steiner in Köln fällt in die Zeit der Arbeit an diesem Roman. War die endgültige Wendung zur Anthroposophie ein Bruch in seinem geistigen Weg, wie es manchem seiner Freunde in Russland scheinen mochte? Hat Belyj einfach «alles ausprobiert», wie Erenburg sagt? Oder lässt sich das Aufgreifen der Anthroposophie als der Schritt zur «Verwandlung» sehen, als Metamorphose des bis dahin Belyj bestimmenden Strebens und Suchens? Er selbst hat dies so gesehen, jedoch nicht allein für sich – für die ganze Bewegung des russischen Symbolismus erblickt er die Erfüllung in

Steiners Anschauungen und Werken. Steiner ist für Belyj der Vollender des eigentlichen Zieles des Symbolismus – des «Verwandelns des Lebens», indem Steiner leistete, was den Symbolisten versagt blieb: das Übergehen von der Theorie zur Praxis, von der Weltanschauung zur Selbst- und Weltverwandlung.

Dennoch erscheint Belyjs Gang, äußerlich betrachtet, sprunghaft wechselnd, als unvermittelte Zickzackbewegung, weder vor- noch rückwärts führend. Anders allerdings stellt es sich dar, wenn man die Entwicklung seiner zentralen Motive betrachtet und die Wendungen seines Weges inhaltlich untersucht.

Als Schüler schon, intellektuell frühreif, befasst sich Belyj mit dem Buddhismus und predigt dessen Lehren. Durch den rationalistisch denkenden Vater angehalten, studiert er, wie schon erwähnt, Naturwissenschaften und eignet sich die hier gültigen Erkenntnismethoden an. Zugleich schreibt er seine «dekadenten Symphonien», verbringt einen Großteil seiner Zeit in den literarisch-philosophischen Zirkeln des aufblühenden Symbolismus. Die Namen Wladimir Solowjow und Marx, Kant und Böhme, Nietzsche und Rickert, schließlich Steiner bezeichnen Stationen eines Weges der Entwicklung zwischen Gegensätzen, der schon im Elternhaus begonnen hatte: Die Mutter, gemüthaft und sensibel, vermittelt ihm religiöse Inhalte; der Vater, Anhänger von Spencer, Leibnizianer, ist bemüht, dem Kind ein rationalistisch-wissenschaftsgläubiges Weltbild zu vermitteln. Der Gegensatz zwischen Rationalismus und Irrationalismus, zwischen naturwissenschaftlicher Erkenntnismethode und mystischer Erfahrung, zwischen religiösem Empfinden und kantischem Kritizismus bestimmte im weiteren Verlauf seine geistige Konstitution, die Dualität war Signum seines philosophischen Suchens und seines künstlerischen Schaffens. In der Wendung nach außen wandelt sich das innerliche Erlebnis der Gegensätzlichkeit – Belyj erkennt die «Spaltung» als verursachendes Moment der Kulturkrise seiner Zeit, sie wird zum Grundbefund seiner Kulturkritik.

Ein Grundmotiv seines geistigen Ringens, das sich durch seine philosophisch-kulturkritischen ebenso wie durch seine künstlerischen Werke verfolgen lässt, ist das Bemühen, die Wurzeln dieses Phänomens «Spaltung» freizulegen. Es wird zum existentiellen Grunderlebnis des Dichters: Es ist die Spaltung im kindlichen Bewusstsein zwischen Phantasie und Wirklichkeit, die Spaltung im Elternhaus, das Auseinanderklaffen von «Leben» und dem in Konventionen erstarrten bürgerlichen Scheinleben, von Dichtung und Leben, Intelligentsija und Volk, von Wissenschaft und Wirklichkeit ...

Die Analyse dieses Phänomens nimmt einmal philosophische Formen an: Belyj beschreibt den Zerfall der *ganzen* Wahrheit der Philosophie in die unverbundenen Teilgebiete wissenschaftlicher Einzeldisziplinen; die Versuche der Einzelwissenschaften jedoch, ihren jeweiligen begrenzten Erkenntnisausschnitt zum Fundament einer Welterklärung zu machen, verwirft er von erkenntnistheoretischen Positionen aus, löst die klassische Erkenntnistheorie wiederum auf, indem er die von ihr vorausgesetzte Subjekt-Objekt-Spaltung zu überwinden versucht. In künstlerischer Form wird die Auseinandersetzung fortgeführt: Seine Dichtung, seine Romane kreisen thematisch beständig um Spaltungserscheinungen gesellschaftlicher Natur, im Bewusstsein, in geschichtswirksamen okkulten Kräften (Kräfte der Erstarrung, Verwesung, Reaktion – Kräfte der Bewegung, Zerstörung, Revolution).

Die Suche nach dem eigentlich Ursächlichen führt Belyj zu der Erkenntnis, dass alle diese Phänomene nur Symptome der eigentlichen Krankheit sind. Der wahre Schauplatz des Kampfes der Gegensätze ist das Bewusstsein. Die «Krisis der Kultur» wird ihm zur «Krisis des Bewusstseins», präziser dann zur «Krisis des Denkens». Es ist die Vorherrschaft des analytischen Verstandes, dessen Wesen die Spaltung ist, die in den bezeichneten Symptomen lediglich zur Erscheinung kommt.

Auf der anderen Seite stehen die Versuche zur *Überwindung* der Spaltung, des «Abgrundes», der sich unheildrohend zwischen den Gegensätzen aufgetan hat, der Zersplitterung.

Damit ist der Sinn, die Aufgabe des Symbolismus, wie Belyj ihn versteht, bezeichnet: Wiedervereiniger des Getrennten, Heiler des Gespaltenen zu sein. Zugleich folgt aus diesem Bestreben die Notwendigkeit der Eroberung «neuer» Formen des Denkens, eines Denkens, das aus seinem ganzheitlichen Charakter, aus seinem Wesen als Einheit von Vorstellung, Gefühl und Willen die Ganzheit des Bewusstseins, der Kultur, der Gesellschaft wieder hervorzubringen vermag. Dieser Ansatz hat in Russland Tradition: bei den Slawophilen (Chomjakow, Kirejewskij), in Apollon Grigorjews «organischer Kritik», bei Solowjow, später in der Richtung von Berdjajews und Losskijs Intuitionismus lässt er sich verfolgen, jeweils freilich mit einer anderen Akzentsetzung. Diese Beziehungen können hier nicht näher charakterisiert werden, ebenso wenig wie jene, die zweifellos zu Bergsons Lebensphilosophie und der späteren Existenzphilosophie festzustellen sind. Belyj erscheint jedenfalls ganz verflochten in eine Richtung des russischen Denkens, die – oft in bewusstem Gegensatz zum sogenannten «westlichen Denken» – Erkenntnis immer versteht als eine Sache des *ganzen* Menschen, nicht als das Produkt einer isolierten menschlichen Fähigkeit, nämlich des Verstandesdenkens.

Der zentrale Begriff in Belyjs Versuchen, eine Theorie des Symbolismus zu entwickeln, ist das «SYMBOL». Es ist die Einheit von Form und Inhalt; es ist das Ganze, in dem allein sich der Sinn offenbart. Alle Formen des menschlichen Schaffens enthalten als Zweck das Streben nach dem Ganzen, nach dem Sinn; er kommt in ihnen jedoch immer nur bedingt zur Erscheinung: in der wissenschaftlichen Erkenntnis als Verstandesbild (Emblem) der Wirklichkeit, im künstlerischen Schaffen in der Vereinigung von innerem Erleben (Inhalt) und materiellem Mittel (Form) als «Symbol» (klein geschrieben). In immer höheren Formen der Erkenntnis und des Schaffens streben beide aufeinander zu. Ihren Schnittpunkt haben sie im Unendlichen, das SYMBOL ist transzendent. Diese Richtung nahmen Belyjs Gedanken in dem am weitesten ausgearbeiteten Entwurf einer Theorie des Symbolismus, der «Emblematik des Sinns» von 1909.

Erkenntnis ist für Belyj nicht fixiert auf Erkennen mittels der von Kant beschriebenen Instrumente des Denkens. Es gibt eine Stufenleiter der Erkenntnisformen. Die Steigerung des Erkennens bedeutet eine Erweiterung des Bewusstseins, ist damit zugleich Verwandlung des Menschen. Erst diese führt zum «Verwandeln des Lebens» – Erkennen und Tat, Theorie und Praxis sind in eins zusammengeführt. Belyj empfindet allerdings, dass seine Gedanken in der Forderung nach jener Synthese abstrakt geblieben sind, die Bewusstseinserweiterung als Zielgeschehen, nicht aber als konkreter Weg gefunden war. Die Synthese von Theorie und Praxis, Denken und Handeln war selbst nur theoretisch, nicht real. So erklärt sich sein Ruf nach dem «Weisen».

Als Belyj Steiner begegnet, glaubt er die Antwort auf beide Fragen gefunden zu haben: Welches ist der Weg? Wo ist der Mensch, der in ihm lebt?

Steiner hatte, so sieht es Belyj, in seinen philosophischen Werken («Grundlinien einer Erkenntnistheorie der Goetheschen Weltanschauung», «Philosophie der Freiheit» und andere) die Beschreibung eines Denkens gegeben, wie er es forderte. Hier entwickelt Steiner den Gedanken, dass eine phänomenologische Betrachtung des Denkens die Subjekt-Objekt-Spaltung als durch die Natur des Denkens selber zugleich bedingt und aufhebbar erweist. «Begriff» und «Wahrnehmung» als zwei getrennt erlebte Seiten *einer* Wirklichkeit, werden im Erkenntnisakt vereinigt und konstituieren damit «Wirklichkeit». Dabei erscheint das Denken als objektive, vom Subjekt jedoch selbst hervorgebrachte Wahrnehmung dessen, was in den Wahrnehmungsobjekten geistiger Natur ist. Die Tatsache des Denkens selbst gilt Steiner als Grundlegung für den Nachweis der Existenz einer geistigen Welt. Insoweit leistet die Erkenntnistheorie Steiners in den Augen Belyjs zweierlei: Einmal führt sie den philosophischen Nachweis der Existenz einer übersinnlichen Welt; zum anderen zeigt sie den Erkenntnisakt – im Gegensatz zur Kantischen Anschauung – als reale Synthese der durch das menschliche Bewusstsein zunächst aufgespaltenen Wirklichkeit. Das Denken, das diese Synthese zu leisten imstande ist, wird von Steiner dem analytischen Verstandesdenken entgegengesetzt und seiner Methode nach beschrieben. In seiner höchsten Form ist es die aufgehobene Subjekt-Objekt-Spaltung, gleichzeitig die Überwindung der inneren Spaltung der menschlichen Psyche in Denken, Fühlen und Wollen.

Die bedeutendste und originellste Leistung Steiners sieht Belyj darin, dass jener nicht nur eine Erkenntnistheorie entwickelt hat, die zum Erleben einer geistigen Welt in Gedankenform führe, sondern zugleich höhere Formen des Bewusstseins beschrieben, eine «Bewusstseinstheorie» entwickelt habe. Steiner hatte auf der Basis einer neuen Anthropologie und Psychologie drei Stufen des Erkennens auf dem Wege der Bewusstseinserweiterung unterschieden (Imagination, Inspiration und Intuition) und in den praktischen Anweisungen zur Selbstverwandlung durch Konzentration, Kontemplation und Meditation auch den Weg, den «Pfad der Erkenntnis» selbst beschrieben. Die Schilderungen der Ergebnisse von Steiners eigenen Erfahrungen, die auf diesem Wege zu erlangen waren, trafen auf Belyjs Forderung nach Wirklichkeit, nach konkreter Erfahrung auf. Steiner selbst war für Belyj in seinem Schaffen das lebendige Beispiel, «Symbol» seines

Weltanschauens, indem er Erkenntnis und Tat – Anthroposophie als Wissen und schöpferisches Umgestalten der Wirklichkeit (Belyj: erschaffendes Wissen, Wissen*schaft*) – vereinigte.

1917, im Jahr der Revolution, schreibt Belyj: «Der ökonomische Materialismus ist die Abstraktion der Revolution des Geistes ... die Diktatur der arbeitenden Massen vollendet ihr letztes Stadium; aber sie geht natürlich aus den Bedingungen des Kapitals hervor: Die soziale Revolution in diesem Sinne ist nicht die Revolution; und sie ist bourgeois ... Die Revolution des Geistes ist ein Komet, der zu uns kommt aus einer anderen Wirklichkeit.» Die «Überwindung des Zwanges im Reiche der Freiheit» erscheint Belyj nur möglich, wenn sie ansetzt in einem verwandelten Bewusstsein, das, selbst ganzheitlich, auch die Spaltung in der sozialen Wirklichkeit überwindet. In diesem Sinne also ist für Belyj der Marxismus bourgeois, denn er setzt nicht bei der Verwandlung des Bewusstseins an, sondern sucht eine neue Gesellschaftsordnung gerade aus jenem Bewusstsein zu schaffen, das selbst Ursache der Zeitkrise ist.

Andererseits begrüßte Belyj die bolschewistische Revolution, weil sie die erstarrten Formen der überkommenen Kultur und Gesellschaftsordnung aufbrach. Die wirkliche Revolution aber war ihm eine geistige, aus der die Verwandlung der Wirklichkeit hervorgehen sollte. Dass aus der Anthroposophie konkrete Ansätze zu einer neuen Bewegungskunst (Eurythmie) hervorgingen, dass sie zu einer Neugestaltung auch der anderen Künste führte (z. B. auch der Architektur durch die Errichtung der beiden Goetheanum-Bauten), zu einer neuen Medizin, einer neuen Landwirtschaft, dass Steiner 1919 eine Bewegung zur Umgestaltung des gesamten gesellschaftlichen Lebens («soziale Dreigliederung») und gleichzeitig einen neuen Schultypus (Waldorfschule) ins Leben rief – dies alles lässt Belyj die Anthroposophie Steiners als jene geistige Revolution erscheinen, die zur Schaffung einer neuen Kultur führen konnte.

Das vorliegende Buch über Rudolf Steiner zeigt freilich auch Belyjs Pessimismus über den Fortgang dieser «Revolution». Einige kritische Bemerkungen lassen erkennen, dass er die Hindernisse nicht nur in der Umwelt sieht, sondern auch innerhalb jener Bewegung Steiners selber. Belyj rückt Steiner in eine überzeitliche Dimension, indem er ihn als einen der großen geistigen Anreger in der Geschichte sieht, dessen Erkenntnisse und Taten über ihre aktuelle Bedeutung hinaus Keime einer künftigen neuen Kultur zu sein vermöchten.

Die «Erinnerungen an Rudolf Steiner» werden im Leser einiges Befremden oder gar Bestürzung hervorrufen. Er möge hier zuweilen Belyjs eigener Worte gedenken: «Dreißig Jahre lang begleitete mich der Refrain: Hat seine Überzeugungen verraten. Die Literatur vernachlässigt ... Hat den Künstler in sich verbrannt, ist wie Gogol krank geworden! ... Ein Wesen von unüberbietbarem Leichtsinn, ein Lyriker! ... Ein leichenhafter Rationalist! ... Ein Mystiker! ... Ist Materialist geworden! ... Ich habe mancherlei Anlass gegeben, so über mich zu denken: durch Klügeleien (aus voreiliger Übersteigerung der Themen), durch die Technizismen der Kontrapunktik bei der Orchestrierung der Weltanschauung, die ich als vielstimmige Symphonie sah; so geht es dem Komponisten, der, seiner Instrumente entbehrend, außerstande ist, den Wechselgesang der Waldhörner, Flöten, Geigen und Pauken mit seiner eigenen, kläglichen, erkälteten Kehle zu singen.»

Wenngleich Belyjs geistiger Weg durchaus verwirrend erscheinen mag – das Hin und Her seiner Windungen erweist sich bei näherem Zusehen gleichsam als die Schleifen einer Serpentine, die ihn dennoch stetig seinem Ziel zuführte.

Wenzel Michael Götte

ANMERKUNGEN

Die vorliegenden Erinnerungen an Rudolf Steiner wurden Belyj zufolge von Weihnachten 1928 bis in die ersten Januartage 1929 niedergeschrieben (mit einem Nachtrag am 20. 1. 1929) und erschienen 1975 bei Zbinden in Basel in der hier neu aufgelegten Übersetzung von Swetlana Geier überhaupt zum ersten Mal im Druck. Eine erste russische Ausgabe der «Vospominanija o Štejnere» erschien 1982 in Paris bei La Presse Libre; in Russland wurden sie erst im Jahr 2000 im Rahmen von Belyjs «Sobranie sočinenij» (Gesammelte Werke) im Moskauer Verlag Respublika veröffentlicht, zusammen mit «Rudol'f Štejner i Gete v mirovozzrenii sovremennosti» («Rudolf Steiner und Goethe in der Weltanschauung der Gegenwart»). Zur Zeit ihrer Niederschrift begannen im Westen eben die ersten Erinnerungen an Rudolf Steiner herauszukommen, welche Belyj sicher nicht gekannt hat. Er hat ganz aus seinem eigenen Erleben und Erinnern, nicht aus vorhandener Literatur geschöpft. Dadurch kann nicht ausbleiben, dass sich an einigen Stellen im rein Faktischen Abweichungen ergeben gegenüber demjenigen, was andere berichten oder tatsächlich vorliegt. Es wurde aber – ganz im Sinne der Einleitungsworte dieses Buches – nicht als Aufgabe betrachtet, diese Abweichungen hier systematisch nachzuweisen oder gar zu korrigieren. In den folgenden Hinweisen ist das nur vereinzelt geschehen, wo es besonders nötig erschien.

Swetlana Geiers Übersetzung wurde in dieser Neuausgabe nicht verändert, die Rechtschreibung jedoch behutsam der heute geltenden angepasst und die Schreibung russischer Namen entsprechend ihren späteren Übersetzungen vereinheitlicht. Offensichtliche Fehler sind korrigiert, die von Belyj jedem Hauptkapitel vorangestellten und bisher fehlenden Mottos hinzugefügt, die inkonsequente Zählung der Unterkapitel dem Manuskript gemäß berichtigt und die spärlichen Fußnoten, die es aufweist, aufgenommen worden.

Auf Angaben zu den erwähnten Personen wurde in den nachfolgenden, überarbeiteten und erweiterten Anmerkungen verzichtet, im ebenfalls durchgesehenen und ergänzten Personenregister sind einzig, so weit bekannt, die Lebensdaten aufgeführt. Biografische Einzelheiten lassen sich heute leicht im Internet abrufen; für Personen aus der anthroposophischen Bewegung sei auf die hervorragende Dokumentation der Forschungsstelle Kulturimpuls (http://biographien.kulturimpuls.org/) verwiesen.

Russische Titel werden nachstehend in wissenschaftlicher Umschrift wiedergegeben, Personennamen dagegen wie im Text in der Duden-Transkription.

Zitate, die nicht nachgewiesen werden konnten, sind in den Anmerkungen nicht aufgeführt.

Für die Übersetzung der Fußnoten und Hilfe bei Übersetzungen in den Anmerkungen dankt der Herausgeber Henrieke Stahl, Professorin für slawische Literaturwissenschaft am Fachbereich II der Universität Trier.

AB: «Andrej Belyj. Symbolismus – Anthroposophie: Ein Weg. Texte – Daten – Bilder», hrsg., eingeleitet und mit Anmerkungen und einer Bibliografie versehen von Taja Gut, Rudolf Steiner Verlag, Dornach 1997.

B *Beiträge zur Rudolf Steiner Gesamtausgabe,* Rudolf Steiner Verlag Dornach.

GA Band der Rudolf Steiner Gesamtausgabe, die im Rudolf Steiner Verlag Basel (vormals Dornach) erscheint, wo auch ein Gesamtverzeichnis erhältlich ist oder über dessen Website www.steinerverlag.com als PDF-Datei heruntergeladen werden kann.

Zum Rohstoff meiner Erinnerungen

8 *Jahre ... in der Nähe von Doktor Steiner:* Belyj hört mit seiner Gefährtin Assja Turgenjewa, von Brüssel kommend, am 6. Mai 1912 in Köln einen ersten Vortrag von Steiner, und sie werden anderntags von diesem zu einem persönlichen Gespräch empfangen. Vom Juli 1912 bis zu seiner Rückkehr nach Moskau Mitte August 1916 hält Belyj sich mit wenigen Unterbrüchen in Steiners Nähe auf.

9 *Dorthin, wo von Tod:* Aus Belyjs Gedicht «Verzweiflung» («Otčajanie», 1908), aus dem Zyklus «Russland». – *Ich liebe, ich liebe:* Aus Belyjs Gedicht «Nach Russland» («K Rossii», 1918). – *die zehnte Hierarchie:* Gemäß Steiner bildet der Mensch neben den neun

Engelhierarchien eine zehnte; vgl. beispielsweise «Grundelemente der Esoterik» (GA 93a), S. 98.

12 *Augenblick meiner ersten Begegnung:* Vgl. die Schilderung im Brief vom 1./14. 5. 1912 an A. Blok in AB, S. 39–46.

13 *Alles, was wir in unserem Schaffen:* Aus Belyjs Essay «Die Emblematik des Sinns» («Ėmblematika smysla», 1909) im Essayband «Symbolismus» («Simvolizm», 1910).

14 *Wo zwei sich so:* Vgl. Matth. 18, 20. – *über diese Begegnung geschrieben:* In: «Aus den Erinnerungen» («Iz vospominanij»), in *Beseda* Nr. 2, Berlin Juli–August 1923.

15 *Sprich von Welten:* Ungenaues Zitat aus Belyjs Gedicht «An Balmont» («Balmontu»), in «Gold im Azur» («Zoloto v lazuri», 1903). – *Zarathustra ... ein «leichtfüßiger Tänzer»:* Vgl. Friedrich Nietzsche, «Also sprach Zarathustra», IV, «Vom höheren Menschen», 18: «Zarathustra der Tänzer, Zarathustra der Leichte, der mit den Flügeln winkt, ein Flugbereiter, [...] bereit und fertig, ein Selig-Leichtfertiger [...]». – *mit Taubenfüßen:* Ebd., II, «Die stillste Stunde»: «Die stillsten Worte sind es, welche den Sturm bringen. Gedanken, die mit Taubenfüßen kommen, lenken die Welt.»

16 *Bild des «Kamels»:* Vgl. Nietzsche, «Von den drei Verwandlungen», ebd., I. – *Der Weise ist der Feinste:* A. Belyj: «Symbolismus als Weltanschauung» («Simvolizm kak miroponimanie», 1904).

17 *der Künstler ... kein Führer:* A. Belyj: «Die Maske» («Maska», 1904), in «Arabesken» («Arabeski», 1911). – *Leichte Last:* Vgl. Christi Wort in Matth. 11, 30: «denn mein Joch ist sanft, und meine Last ist leicht.»

I Rudolf Steiner und sein Wirken

19 *die Voraussetzung soll man:* R. Steiner: «Wie erlangt man Erkenntnisse der höheren Welten?» (GA 10, S. 10). – *Weder durch einseitiges:* «Goethes Naturwissenschaftliche Schriften», 4. Bd., 2. Abt., «Deutsche National-Litteratur», hg. von Joseph Kürschner, 117. Band, Goethes Werke XXXVI.2. Mit Einleitungen, Fußnoten und Erläuterungen im Text herausgegeben von Rudolf Steiner, Stuttgart [1897] (Reprint Rudolf Steiner Verlag, Dornach 1975, GA 1e, S. 344). Es ist nicht ganz klar, ob Belyj diese Stelle meint; wörtlich aus dem Russischen zurückübersetzt lautet das Motto, das sich so in der Goethe-Ausgabe nicht findet: «Man erklärt die Welt nicht durch die Bedeutung der Erscheinungen, sondern indem man sie im Tun nacherschafft.» – *Wer eine allgemein:* Ebd., S. 349. – *Je nach seiner Organisation:* Ebd. – *so wahr ist es:* R. Steiner: «Gegenwärtiges Geistesleben und Erziehung» (GA 307, S. 248)

22 *Wahrheit und Wissenschaft:* GA 3. – *Michaelslehre:* Vgl. «Anthroposophische Leitsätze» (GA 26).

23 *im «Fünften Evangelium»:* Gemeint ist Steiners Vortragszyklus «Aus der Akasha-Forschung. Das fünfte Evangelium» in Kristiania (Oslo) 1913, an dem Belyj teilnahm (vgl. Kapitel VI), heute in GA 148. – *Zyklus XXIII:* Steiners Vortragszyklus «Von der Initiation. Von Ewigkeit und Augenblick. Von Geisteslicht und Lebensdunkel» in München, August 1912, heute in GA 138. – *«Backstein» in Buchform:* «Apporter sa pierre à l'édifice nouveau» – jeder schriftstellerische Beitrag als Baustein für den «Zukunftspalast»; ein in progressiven Kreisen des 19. Jahrhunderts viel zitiertes Wort des französischen Sozialisten Victor Considérant aus «Destinée Sociale», Paris 1834. – *opferte ... gute zehn Jahre:* Steiner gab ab 1887 im Rahmen von Joseph Kürschners «Deutscher National-Litteratur» Goethes naturwissenschaftliche Schriften heraus und arbeitete von 1889 bis 1897 im Weimarer Goethe- und Schiller-Archiv ebenfalls an der Herausgabe der naturwissenschaftlichen Schriften für die Sophien-Ausgabe mit.

24 *Goethes Weltanschauung:* GA 6. – *Aktivität eines ... Publizisten:* Neben zahlreichen Artikeln und Kritiken in verschiedenen Zeitschriften ist vor allem Steiners Tätigkeit als Herausgeber und Redakteur des *Magazins für Litteratur* und der *Dramaturgischen Blätter* in Berlin zu erwähnen (1897–1900). Das publizistische Werk findet sich gesammelt in GA 29–32. – *Begründer der Theosophischen Sektion in Deutschland:* Rudolf Steiner war angefragt worden, die Sektion zu leiten, die dann am 20. Oktober 1902 in Berlin gegründet wurde. Anwesend war Annie Besant, die Präsidentin der Theosophischen Gesellschaft, die Rudolf Steiner die Stiftungsurkunde persönlich überreichte. Bei dieser Gründungsversammlung wurde Rudolf Steiner zum Generalsekretär der Deutschen Sektion gewählt.

25 *Luzifer – Gnosis:* In der von Steiner 1903 begründeten und herausgegebenen theosophischen Zeitschrift *Luzifer* (ab 1904 *Lucifer – Gnosis*) erschienen frühe grundlegende Schriften und Aufsätze von ihm, letztere sind heute gesammelt in GA 34. – *Sterns des Ostens:* Innerhalb der Theosophischen Gesellschaft in Adyar gegründeter Orden, durch den die Inkarnation des kommenden Weltlehrers Maitreya Buddha (dem wiederkommenden Christus gleichgesetzt) im Jüngling Krishnamurti vorbereitet werden sollte, was maßgeblich zur Trennung Steiners von der Theosophischen Gesellschaft beitrug. – *Seine «theosophischen» Zyklen:* Bis zur Gründung der Anthroposophischen Gesellschaft Ende 1912/Anfang 1913 wirkte Steiner innerhalb der Theosophischen Gesellschaft.

28 *Medizinisch-Therapeutische Institut:* 1921 in Arlesheim von der Ärztin Ita Wegman in Zusammenarbeit mit Steiner gegründetes «Klinisch-therapeutisches Institut» (heute Ita Wegman Klinik). – *Christengemeinschaft:* Steiner half 1922 einer Anzahl von Theologen und Pfarrern (u. a. Friedrich Rittelmeyer und Emil Bock) eine Bewegung für religiöse Erneuerung zu gründen und richtete für sie den Kultus ein.

31 *Sutta-Nipata:* (Pali) einer der ältesten Teile der buddhistischen kanonischen Literatur. – *Gita:* (Sanskrit) gemeint ist wohl die «Bhagavad-Gītā», das grundlegende philosophische Lehrgedicht des Hinduismus.

32 *den Hellenen eine «Torheit»:* Vgl. 1. Kor. 1, 23: «... predigen wir Christus als gekreuzigt, den Juden ein Ärgernis und den Nationen eine Torheit ...».

33 *Vortragender an der Freien Arbeiterbildungsschule:* Steiner unterrichtete 1899–1904 an der von Wilhelm Liebknecht gegründeten Arbeiterbildungsschule in Berlin Geschichte, Literatur, Rhetorik und naturwissenschaftliche Fächer.

34 *Gelerterstwo:* (Russisch) «Gelehrtentum».

35 *Hauslehrer und Erzieher:* 1884–1890 wohnte Steiner als Hauslehrer bei der Wiener Kaufmannsfamilie Specht, deren vier Knaben er betreute; dem zweitältesten, Otto, der durch eine Gehirnbeeinträchtigung als bildungsunfähig galt, verhalf er ins Gymnasium.

38 *Vorträge für Landwirte:* Der Kurs zur Grundlegung der biologisch-dynamischen Landwirtschaft fand im Juni 1924 in Koberwitz bei Breslau statt; siehe GA 327. – *«Seemann und Tischler»:* Peter der Große – «Seemann und Zimmermann» – nach einem Gedicht von Puschkin.

39 *Helsingfors:* Schwedischer Name für Helsinki; der erwähnte Vortragszyklus in GA 136. – *Klassenstunden:* Von Steiner eingerichtete «Esoterische Schule» zur Vertiefung des spirituellen Übungsweges.

40 *Kristiania:* Bis 1925 Bezeichnung für Oslo; der erwähnte Vortragszyklus in GA 137. – *Verhandlungen mit Adyar:* In Adyar (Indien) war der Sitz der Theosophical Society und des «Stern des Ostens». – *«Der Fruchtkorb»:* Vegetarisches Speisehaus und Pension in München, auf Steiners Anregung hin entstanden. – *seines Mysteriendrama:* Die

ersten drei Mysteriendramen von Steiner, «Die Pforte der Einweihung», «Die Prüfung der Seele» und «Der Hüter der Schwelle» (heute in «Vier Mysteriendramen», GA 14) gelangten zusammen mit Edouard Schurés «Heiligem Drama von Eleusis» im August 1912 in München zur Aufführung. – *Von der Initiation:* Vortragszyklus (GA 138) anlässlich der Münchner Aufführungen. – *Zyklus in Basel:* «Das Markus-Evangelium» (GA 139).

41 *Das Leben zwischen dem Tode:* GA 141. – *«Naturwissenschaft und Geistesforschung»:* Die öffentlichen Vorträge von 1913 zum Thema «Geisteswissenschaft und Naturwissenschaft in ihrem Verhältnis zu den Lebensrätseln» sind noch nicht innerhalb der GA ediert. – *Austritts aus der Theosophischen Gesellschaft:* Zunehmende Ablehnung von Steiners christlich orientiertem Ansatz durch die Theosophische Gesellschaft führte 1913 zum Ausschluss seiner Sektion; auf die informelle Gründung der Anthroposophischen Gesellschaft am 28.12.1912 folgte am 3.2.1913 die konstituierende Generalversammlung in Berlin. – *«Die Bhagavad Gita und die Paulusbriefe»:* GA 142.

42 *«Symbolismus», «Arabesken», «Grüne Wiese»:* Belyjs Essaysammlungen «Simvolizm» (1910), «Arabeski» (1911) und «Lug zelenyj» (1910). – *«Die Mysterien des Morgenlandes ...»:* GA 144. – *«Welche Bedeutung hat die okkulte ...»:* GA 145. – *«Die Schwelle der geistigen Welt»:* GA 17. *«Ein Weg zur Selbsterkenntnis ...»:* GA 16. – *das vierte Mysteriendrama:* «Der Seelen Erwachen», in GA 14.

43 *Pause ... in Wolhynien:* Von März bis Mitte Mai hielt sich Belyj mit Assja Turgenjewa in Bogoljuby und Petersburg auf, wo er an seinem Roman «Petersburg» weiterarbeitete. – *Vortragszyklus über die Mysteriendramen:* «Die Geheimnisse der Schwelle» (GA 147). – *Ljan:* Damals Vorort von Kristiania (Oslo), heute südöstlicher Stadtteil. – *«Aus der Akasha-Forschung ...»:* GA 148.

44 *«Christus-Zyklus»:* GA 148. – *Vorträge im Architektenhaus:* Steiner hielt von 1903 bis 1918 jedes Wintersemester im Berliner Architektenhaus an der Wilhelmstraße wöchentlich öffentliche Vorträge (GA 52–67). – *«Christus und die geistige Welt ...»:* GA 149. – *Broschüre über Steiner:* Emil Boldt: «Sexual-Probleme im Lichte der Natur- und Geisteswissenschaft», 1911 bei Max Altmann, Leipzig. Protokoll der II. Generalversammlung der Anthroposophischen Gesellschaft in B, Nr. 116, Dornach 1996, S. 16–61.

45 *«Der menschliche und kosmische Gedanke»:* GA 151.

47 *Johannesbauvereins:* Rechtsträger des Goetheanumbaus, der zunächst – nach einer der Hauptfiguren in den Mysteriendramen – Johannesbau hieß. – *Sashen:* Altes russisches Längenmaß, 2,13 m.

48 *«Rätsel der Philosophie»:* GA 18, ursprünglich in zwei Bänden unter dem Titel «Welt- und Lebensanschauungen im neunzehnten Jahrhundert» 1900/1901 erschienen. – *«Inneres Wesen des Menschen ...»:* GA 153.

50 *Zyklus über nationale Kulturen:* In GA 156 und 157.

51 *Haus Grosheintz:* Der Zahnarzt Emil Grosheintz stellte Rudolf Steiner 1912 seinen Landbesitz auf dem Dornacher Hügel für den Bau des ersten Goetheanum zur Verfügung; Steiner entwarf für ihn das «Haus Duldeck», das dem Goetheanum gegenüberliegt (heute Sitz des Rudolf Steiner Archivs).

52 *ein Verlag und mehrere Zeitschriften:* Der Verlag «Der Kommende Tag», 1920, die Zeitschriften *Die Drei* und *Das Goetheanum,* 1921 gegründet.

53 *dreiwöchiger Hochschulkurs:* GA 322. – *«Anthroposophie in Kunst ...»:* GA 76. – *Lehrgang für die Studierenden:* GA 77a. – *Studienwoche für bildende Künste:* GA 77b. – *Tagung ... in Den Haag:* GA 82. – *England ... eine Reihe von Vorträgen:* In GA 211. –

neue Vortragsreise durch Deutschland: 2. durch die Konzertdirektion Wolff und Sachs organisierte Vortragstour vom 12. bis 22. Mai 1922. – *Kongress der Anthroposophischen Gesellschaft:* Vorträge in GA 83. – *der Nationalökonomische Kurs:* GA 340. – *«Die geistig-seelischen Grundkräfte ...»:* GA 305. – *«Philosophie, Kosmologie und Religion»:* GA 215.

54 *Kurs für Theologen:* GA 344. – *«Medizinische Woche»:* Vorträge in GA 314. – *Vortragsreihe über Pädagogik:* Pädagogischer Jugendkurs, GA 217. – *Goetheanumbrand:* Das erste, aus Holz gebaute Goetheanum wurde in der Silvesternacht 1922 durch Brandstiftung zerstört. – *«Der Entstehungsmoment der Naturwissenschaft ...»:* GA 326. – *Hochschulwoche ... in Stuttgart:* Vom 25. bis 29. März fand in Stuttgart keine Hochschulwoche, sondern eine «Künstlerisch-pädagogische Tagung der Freien Waldorfschule» statt, Steiners Vorträge dazu in GA 304a. – *Von Oktober ab war ich:* Belyj hatte nach Krieg und Revolution erst am 20. 10. 1921 wieder aus Russland ausreisen können; er hielt sich bis zum 23. 10. 1923 in Berlin auf und kehrte dann nach Moskau zurück. – *Es nahte September:* Marie Steiner: «Am Vorabend des Michaelitages», in: *Was in der Anthroposophischen Gesellschaft vorgeht,* 2. Jahrgang, Nr. 40, 4. Oktober 1925. – *Sprachkursus:* GA 282. – *Kursus für Pastoral-Medizin:* GA 318. – *Vorträge für die Arbeiter:* Vom 2. 8. 1922 bis 24. 9. 1924 ging Steiner in lockeren Vorträgen auf Fragen der Arbeiter am Bau des zweiten Goetheanum ein (GA 347–354).

55 *was ihn aufs Lager niederstreckte:* Am 28. 9. 1924 musste Steiner krankheitsbedingt erstmals einen Vortrag – seinen letzten – vorzeitig abbrechen; in der Folge war er zunehmend ans Bett gefesselt. Er starb am 30. 3. 1925.

56 *Dramatischen Kurs:* GA 282. – *«allen Alles»:* Vgl. 1. Kor. 9, 22: «Ich bin allen alles geworden, damit ich auf alle Weise einige errette.»

58 *seinen sozialen Ideen:* In den letzten Jahren des 1. Weltkriegs arbeitete Steiner mit großem Einsatz Grundlagen für eine Neugestaltung Europas aus, die sogenannte «Dreigliederung des sozialen Organismus». Vgl. dazu GA 23, 24 und 328–341. – *«Unverhoffte Freude»:* Anspielung auf den Titel von Aleksandr Bloks zweitem Gedichtband «Nečajannaja radost'» (1907). – *dem «Leid», das er mir ungewollt zufügte:* Wohl Anspielung auf Steiners Abraten Assja Turgenjewa gegenüber, zu Belyj zurückzukehren. Siehe oben S. 100.

II Der Mensch Rudolf Steiner

61 *Anthroposophie ... tritt im Menschen:* GA 26, S. 14. – *Deshalb wäre es so gut:* GA 307, S. 249. – *aber es ist wahr:* Ebd. – *Nein, das Mitleid:* Marie Steiner: «Aus Rudolf Steiners Leben und Tod» in: *Was in der Anthroposophischen Gesellschaft vorgeht. Nachrichten für deren Mitglieder*, Dornach, 3. 1. 1926. Wieder abgedruckt in: «Erinnerungen von Marie Steiner», Dornach 1949, Heft 1, S. 18. – *Sie lieben sie immer noch:* Siehe oben S. 100. – *Die Liebe ... ist eine gebende Fähigkeit:* Ist so nicht zu finden.

63 *Gestalt Steiners in meiner «Heimkehr»:* «Vozvraŝenie na rodinu» (1922), Auszug aus «Aufzeichnungen eines Sonderlings» («Zapiski čudaka», 1922), in denen Belyj seinen Dornacher Aufenthalt und die Rückkehr 1916 nach Moskau beschreibt. – *«Der Beginn des Jahrhunderts»:* «Načalo veka», 1930 geschriebener, 1933 veröffentlichter 2. Band von Belyjs dreibändigen Erinnerungen.

68 *verfasst sogar eine Schrift gegen Steiner:* Ellis' Traktat: «Vigilemus!», Moskau 1914. – *Fall Minzlowa:* Die russische Theosophin und frühe Schülerin Steiners, die sich später von ihm abwandte, verschwand 1910 spurlos. Vgl. Andrej Belyj: «Im Zeichen der Morgenröte», Zbinden, Basel 1974, S. 539–542. – *Fall Sprengel:* Die Theosophin Alice Sprengel spielte in Steiners Mysteriendramen die Rolle der «Theodora», was offen-

bar bei ihr Wahnvorstellungen bewirkte, u. a., dass Steiner ihr ein symbolisches Eheversprechen gegeben habe. Als er Weihnachten 1914 Marie von Sivers heiratete, wurde Sprengel vollends in seelische Verwirrungen gestürzt. Das Ehepaar Gertrud und Heinrich Goesch benutzte dies, um Steiner in der Anthroposophischen Gesellschaft persönlich anzugreifen, was nach langen Verhandlungen schließlich zum Ausschluss aller drei Personen führte. Siehe dazu GA 253.

69 *letztes Wiedersehen:* Am 30. 3. 1923 in Stuttgart.

70 *Tagung in Stuttgart:* Siehe Anm. zu S. 54. – *erzählte mir auch eine Freundin:* Belyjs spätere zweite Frau Klawdija Nikolajewna Bugajewa; sie schildert die Episode in ihren Erinnerungen «Wie eine russische Seele Rudolf Steiner erlebte», Pforte Verlag, Basel, 1987, S. 49 f., und datiert sie auf Februar 1923.

71 *«Gabe der Tränen»:* Nach Isaak dem Syrer eine gnadenvolle Gabe Gottes.

72 *neue Lehrer:* Der spirituelle Führer Benedictus. – *Wenn eine Inspiration in uns:* Vgl. GA 147, S. 110: «Gehen Sie auf die Straße, erleben Sie etwas, was Ihnen wie zufällig erscheint, es ist inspiriert aus der geistigen Welt herein von Ihrem anderen Selbst. – Also, es gibt etwas wie Inspiration in der geistigen Welt, und die Inspiration offenbart sich auf dem physischen Plan und bewirkt die Tatsachen, die Ihr Schicksal sind im Kleinen und im Großen.»

73 *Herr Bugajew:* Belyjs bürgerlicher Name lautete Boris Nikolajewitsch Bugajew. – *meine Angstzustände:* Geschildert von Belyj in «Material k biografii (intimnyi)» («Material zur Biografie [intim]»), 1923/24 bis 1928 geschrieben, auf Deutsch erschienen unter dem Titel: «Geheime Aufzeichnungen. Erinnerungen an das Leben im Umkreis Rudolf Steiners (1911–1915)», übersetzt und herausgegeben von Christoph Hellmundt, Dornach, 2. verbesserte und erweiterte Aufl. 2002. – *Manas:* (Sanskrit) Geist, Denken. Als fünftes (höheres) Wesensglied des Menschen von Rudolf Steiner später auch «Geistselbst» genannt.

74 *Verstandesseele ... Empfindungsseele:* Steiner differenziert den Begriff der Seele; während der Mensch die Empfindungsseele mit dem Tier gemein hat, bedient sich die Verstandesseele oder Gemütsseele des Denkens. – *Zentralpräsidium:* Der Vorstand der 1913 gegründeten Anthroposophischen Gesellschaft; Steiner gehörte ihm nicht an.

75 *Marie Steiner trat aus dem Präsidium aus:* Nach öffentlichen Angriffen von Edouard Schuré, der ihr politische Agitation im 1. Weltkrieg unterstellte, riet Rudolf Steiner ihr im August 1916, aus dem Zentralvorstand zurückzutreten. – *A. A. Turgenjewa:* Belyjs damalige Lebensgefährtin, die Grafikerin und spätere Eurythmistin Assja Turgenjewa, die er 1909 kennengelernt und mit der er nach gemeinsamen Auslandsreisen Steiner aufgesucht hatte. Ende Januar 1913 zogen sie auf ihr Drängen hin nach Dornach, wo die Entfremdung zwischen den beiden begann, die 1922 zur endgültigen Trennung führte. Ihre Ziviltrauung am 23. 3. 1914 in Bern geschah aus rein praktischen Gründen. – Natalija Pozzo war Assjas ältere Schwester.

78 *In tiefem Bass:* Aus Belyjs Gedicht «Na gorach» («In den Bergen»), in «Gold im Azur» («Zoloto v lazuri», 1903).

80 *präsentierte ich Steiner:* Im Rudolf Steiner Archiv Dornach ist ein ganzes Konvolut mit meist farbigen Meditations-Zeichnungen Belyjs erhalten; einige Beispiele finden sich in AB, S. 219–224. Mit den *«Thronen»* sind die «Geister des Willens» aus der 1. Engelhierarchie gemeint.

81 *ein Dekadent:* Der Décadent, als überfeinerter Spätling einer zerfallenden Kultur, wurde als positiver Begriff gegen Ende des 19. Jahrhunderts aus dem Französischen übernommen und vermischte sich mit dem des Symbolisten. – *Soll ich nicht strau-*

cheln: Ungenaues Zitat aus Walerij Brjusows Gedicht: «Treppe» («Lestniza», 1902) aus dem Band «Urbi et orbi» (1903).

82 *des ‹sechsten Zeitraumes›:* Gemeint ist die – nach Steiner – auf unsere gegenwärtige folgende sechste, sogenannte slawische Kulturepoche. – *«und den Abgrund zeigt an der Schmerz ...»:* Ungenaues Zitat aus Fjodor Tjutschews Gedicht: «Tag und Nacht» («Den' i noč'»). – *«So finde ich im Niedergang ...»:* Aus Rudolf Steiner: «Wintersonnenwende» (1906), in «Wahrspruchworte» (GA 40), S. 97. Da wörtlich: «So finde im Niedergang ...».

83 *Bilder zu Khunrath:* Heinrich Khunrath, «Amphitheatrum sapientiae aeternae. Schauplatz der ewig allein wahren Weisheit», Hamburg 1595; 2. Aufl. 1609.

84 *ein Herr, der sich ... beklagte:* Zweifellos ist hier Belyj selber gemeint. – *ein gutes Buch geschrieben:* «Rudolf' Štejner i Gete v mirovozzrenii sovremennosti» («Rudolf Steiner und Goethe in der Weltanschauung der Gegenwart», 1915), Belyjs Antwort auf die Schrift seines früheren Freundes Emilij Medtner, «Razmyšlenija o Gete» («Betrachtungen über Goethe», 1915), in der dieser Steiner heftig kritisiert. Medtner war zu dieser Zeit bei C. G. Jung in Analyse, hielt sich zudem oft auch in Dornach auf. – Steiners Bemerkung fällt im Gespräch, auf das in Anm. zu S. 91 hingewiesen wird.

85 *leichtfüßiger Tänzer:* Vgl. Anm. zu S. 15.

91 *Dieses Gespräch findet:* Vgl. Belyjs Wiedergabe dieses Gesprächs in seinem Brief an M. I. Sisow vom Herbst 1915 in AB, S. 60–65.

92 *den «Ehernen Reiter»:* «Mednyj Vsadnik», Poem von A. Puschkin (1833). – *«Buch vom großen Zorn»:* Akim Lwowitsch Wolynskij: «Kniga velikago gneva», deutsch Frankfurt am Main, 1905. – *«Der Juden König»:* Großfürst Konstantin Konstantinowitsch von Russland: «Car' Iudejskij», 1914 («Der König der Juden. Religiöses Drama in vier Akten und fünf Bildern», deutsch Dresden etc. 1914. – *Zeitschrift mit der Übersetzung der Erinnerungen Mereshkowskijs:* D. Mereshkowskij Erinnerungsessay: «Cvety meščanstva» («Blumen der Spießigkeit») erschien auf Russisch in *Reč'* Nr. 35, Februar 1908.

93 *Er war Mereshkowskij ... in Paris begegnet:* An Steiners ursprünglich für Russen geplanten Vortragsreihe «Kosmogonie» (GA 94) im Mai/Juni 1906 in Paris nahm auch Mereshkowskij teil. Vgl. die Schilderung Margarita Woloschins in «Die grüne Schlange», Stuttgart 2009. S. 231–233. – *Bei meinem Aufenthalt in Berlin:* Belyj hielt sich vom 20. 10. 1921 bis zum 23. 10. 1923 in Berlin auf.

94 *vor dem Krieg gezeichnete Karte:* Steiner spricht von dieser Karte u. a. im Vortrag vom 4. Dezember 1916. Siehe «Zeitgeschichtliche Betrachtungen», Band I (GA 173a), S. 31; ebenso Band III (GA 173c), S. 80 und 519, sowie Kartenbeilagen.

96 *der soeben eröffneten Hochschule:* Die «Freie Hochschule für Geisteswissenschaft», die von Rudolf Steiner im Zuge der Neubegründung der Anthroposophischen Gesellschaft an der Weihnachtstagung 1923/24 eingerichtet wurde, sollte die bis zum Ausbruch des 1. Weltkriegs bestehende «Esoterische Schule» in neuer Form fortführen und erweitern.

97 *eines Brand:* Brand, ein kompromissloser Pfarrer, ist die titelgebende Figur eines Stücks von Henrik Ibsen (1866). – *«Der Kommende Tag»:* Aus der Dreigliederungsbewegung hervorgegangener anthroposophischer Verlag zu Beginn der 1920er Jahre.

98 *Ahriman:* Steiners Bezeichnung für Wesenheiten, die eine Seite des ihm zufolge dualistischen Bösen ausmachen: das verknöchernde, an die Erde fesselnde Prinzip kalter Intelligenz, Mephistopheles oder biblisch Satan gleichzusetzen, Gegenpol

zum berauschenden, begeisternden, weltflüchtigen Luzifer. – *kurzer Artikel des Pfarrers:* Eduard Riggenbach, reformierter Pfarrer von 1911 bis 1919 in Arlesheim, hielt dort am 14. 2. 1914 einen Vortrag «Was wollen die Theosophen?», der anschließend in der Beilage zum *Tagblatt für das Birseck, Birsig- und Leimental* abgedruckt wurde. Steiners Erwiderung erschien dort in der Nr. 50 vom 28. 2. 1914. Siehe GA 35, S. 440–451 (Text der Erwiderung) und 170–172 (Nachbemerkung dazu).

100 *Ein Ehemann beklagte sich:* Belyj spricht hier von sich. – *«Die Philosophie der Freiheit»:* Steiners philosophisches Hauptwerk von 1893 (GA 4).

102 *«Rudolf Steiner und Goethe»:* Siehe Anm. zu S. 84. – *Naturwissenschaft, von der ich mich:* Belyj hat in Moskau an der Naturwissenschaftlichen Abteilung der Fakultät für Physik und Mathematik studiert und dort am 22. Mai 1903 das Staatsexamen abgelegt.

104 *«Die Steigerung des Lichts ...» – «Rudolf Steiner im Kreise unserer ...»:* Kapitel 5 und 2 des erwähnten Buchs.

108 *unter Rebellen, Anarchisten:* Steiner in seiner frühen Berliner Zeit, 1897–1905.

109 *unserer letzten Begegnung:* Siehe Anm. zu S. 69.

110 *Seine Berliner Wohnung:* Motzstraße 17 (heute 30), im Oktober 1903 zusammen mit Marie von Sivers bezogen. – *im Philosophisch-Anthroposophischen Verlag:* Von Marie von Sivers am 1. 8. 1908 als Philosophisch-Theosophischen Verlag in Berlin zur Herausgabe von Steiners Werk gegründet; Umbenennung ab 1915.

113 *auf fünfzehn Schritte Entfernung:* Vgl. Marina Zwetajewas Schilderung (in: «Der andere Rudolf Steiner», hrgs. von Wolfgang G. Vögele, Dornach, [3]2011, S. 290): «Dieser Jüngling – ist tausend Jahre alt. Das Gesicht: ein Netz feinster Falten. Feinarbeit der Zeit. Einen Schritt zurück – und er ist wieder der Jüngling. Aber ich stehe – und vor mir ein Alter aus der Hand Leonardos.»

115 *Zweigräume in der Geisbergstraße:* Der Berliner Zweig zog von der Motzstraße 17 in die am 5. 5. 1909 eingeweihten Räume an der Geisbergstraße 2, 1919 dann an die Potsdamerstraße 39a. – *demselben Sekretariat, das im Jahre 1923:* Nach dem Brand des Goetheanum wuchs 1923 Steiners Unmut über das «Schlafen» der Anthroposophischen Gesellschaft und ihres Vorstands. Vgl. etwa den Brief an Edith Maryon vom 25. 3. 1923: « Für die Gesellschaft habe ich eigentlich nur zu sagen, dass ich am liebsten nichts mehr mit ihr zu tun haben möchte. Alles, was deren Vorstände tun, widert mich an. » (Briefwechsel Rudolf Steiner – Edith Maryon 1912–1924, GA 263/1, S. 117.) – *Teufel der alten Weihnachtsspiele:* Die sogenannten Oberuferer Weihnachtsspiele.

117 *Siverko:* Der kalte Nordwind.

118 *Johannes Thomasius:* Hauptfigur in Steiners Mysteriendramen, in den Aufführungen 1910–1913 von Mieta Waller gespielt.

119 *Ljan:* Siehe Anm. zu S. 43.

120 *Beerdigung der Mutter:* Caroline von Sivers-Baum wurde am 23. 7. 1923 in München bestattet. – *von Sivers, der Steiner ablehnte:* Es muss sich um Marie Steiners älteren Bruder Wladimir von Sivers gehandelt haben, dessen Lebensdaten unbekannt sind. Er war Marineoffizier und später Konsul in Dänemark. Der Vater und die beiden anderen Brüder sind früher verstorben.

121 *ein scharfes Buch:* Siehe Anm. zu S. 84. – *sprach er mit Berdjajew:* Anlässlich des Vortragskurses «Die okkulten Grundlagen der Bhagavad Gita» (GA 146) vom 28. 5. bis 5. 6. 1913.

123 *in der Berliner «Philharmonie»:* Vortrag vom 12. Mai 1922 zum Thema «Anthroposo-

phie und Geisteserkenntnis», Auftakt zur 2. durch die Konzertdirektion Wolff und Sachs organisierten Vortragstour. – *Starzen:* (Russisch, Pluralform von Starez) die «Ältesten», Mönche, die außerhalb eines Klosters, manchmal als Einsiedler lebten, und einen eigenen Weg der mystischen Erfahrung gingen. Das russische Starzentum ging auf die Tradition der urchristlichen Askese zurück und bot durch die persönliche Bindung eines Schülers an seinen Starez einen Entwicklungsweg in «tätiger Demut».

124 *Michail Tschechow:* Der russische Schauspieler und Regisseur, Freund Belyjs, entwickelte eine neue, durch Steiner angeregte Methodik; sein «Hamlet» 1924 am von ihm geleiteten Moskauer Künstlertheater MChAT-2 war eine seiner berühmtesten Rollen.

125 *Dom von Monreale:* Belyj weilte auf seiner Auslandreise zusammen mit Assja Turgenjewa in der zweiten Dezemberhälfte 1910 in dem bei Palermo, Sizilien, gelegenen Städtchen. – *Kairuan:* Auf derselben Reise besuchten sie die südlich von Tunis gelegene Stadt gegen Ende Februar 1911.

III Rudolf Steiner als Vortragender und Pädagoge

127 *Und wenn ich dasjenige:* Vortrag Ilkley, 6. August 1923, in «Gegenwärtiges Geistesleben und Erziehung» (GA 307), S. 36. – *Ich glaube genügend:* GA 10, S. 14. – *Der Geistesforscher:* GA 9, S. 176. – *darf der Mensch:* GA 10, S. 86. – *Tritt nun der Eingeweihte:* Ebd., S. 29.

129 *Eurythmeum:* Auf Anregung Rudolf und Marie Steiners von Alice Fels 1922 begründete erste Eurythmieschule in Stuttgart. – *Jenaer Heilanstalt:* Nach dem Tod des Pioniers in Heilpädagogik, Johannes Trüper, der 1890 auf der Jenaer Sophienhöhe ein Heilerziehungsheim und Jugendsanatorium gegründet hatte, wandten sich ehemalige Mitarbeiter (Siegfried Pickert, Franz Löffler und Albrecht Strohschein) an Steiner und errichteten eine anthroposophische Heilanstalt für seelenpflegebedürftige Kinder auf dem Lauenstein.

130 *Morgenröte:* Russisch «sarja», ein Leitsymbol im russischen Symbolismus von Belyj und Blok, das über Wladimir Solowjow mit der abendländischen mystischen Tradition verknüpft ist.

131 *Herr, hier ist gut sein:* Matth. 17, 4.

133 *«Christus und die geistige Welt»:* GA 149. – *«Das fünfte Evangelium»:* GA 148. – *«Die Bhagavad Gita und die Paulusbriefe»:* GA 142. – *des Berges Tabor:* Der Tabor in Galiläa gilt als Berg der Verklärung Christi und Ort der Erscheinung des Auferstandenen vor den Jüngern.

136 *Vorträge im Architektenhaus:* Siehe Anm. zu S. 44.

139 *Gedanken, die mit Taubenfüßen:* Siehe Anm. zu S. 15. – *Im leisen Hauch:* Aus Solowjows Gedicht «V strane moroznych v'jug ...» («Im Land der eisigen Schneestürme ...»), 1882.

140 *weißen Donners:* Weiß als die Farbe des Geistes im Sinne der symbolistischen Farbendeutung; auch das Pseudonym «Belyj» bedeutet «weiß».

142 *Leipziger Zyklus:* «Christus und die geistige Welt. Von der Suche nach dem heiligen Gral» (GA 149). – *Zyklus von Kristiania:* GA 148.

143 *Chlestakow:* Hauptheld aus Gogols Komödie «Der Revisor».

144 *«Von der Initiation ...»:* München, 25.–31. 8. 1912, GA 138.

145 *Erwachen des Astralleibes:* Steiners Bezeichnungen für Wesensglieder des Menschen; der Äther- oder Lebensleib (Bildekräfteleib) bildet und erhält den physischen Leib; der Astralleib ist Träger des seelischen Lebens. – *Zyklus: «Das Markus-Evangelium»:* Basel, 15.–24. 9. 1912, GA 139.

146 *seine Charakteristik von Buddha:* Ebd., im Vortrag vom 18. 9. 1912. – *des Lichtäthers:* Steiner gliedert den sog. Ätherbereich, den Übergangsbereich von der physischen in die nichtsinnliche Welt, in vier Zustände: Wärme-, Licht- Klang- und Lebensäther.

147 *Vorträge ... im Berliner Zweig:* 10 Vorträge zwischen 5. 11. 1912 und 1. 4. 1913, in: «Das Leben zwischen dem Tode und der neuen Geburt im Verhältnis zu den kosmischen Tatsachen», GA 141.

148 *Kamaloka:* (Sanskrit) «Ort der Begierden», Läuterungsphase nach dem Tod.

149 *«Kotik»:* «Kotik Letajew», Belyjs in der Dornacher Zeit entstandener, erstmals 1917/18 im Petersburger Almanach *Skify* publizierter Roman, der seinen vorgeburtlichen Zustand und die frühe Kindheit in dichterischen Rhythmen evoziert. – *«Krisis des Lebens»:* «Krizis žizni», erster Teil der drei «Krisen» betitelten philosophischen Untersuchungen – «Na perevale» («Auf dem Pass»), 1918 im Verlag Alkonost in Petersburg veröffentlicht.

151 *bei dem Wiener Kurs:* 9.–14. April, «Inneres Wesen des Menschen und Leben zwischen Tod und neuer Geburt» (GA 153).

158 *nach vierjährigem Schweigen:* Nach seiner Rückkehr nach Moskau begann Belyj 1917 eine stetig sich steigernde Vortragstätigkeit in verschiedensten Zusammenhängen.

159 *«Kotik Letajew»:* Siehe Anm. zu S. 149.

161 *«Der Mensch im Lichte des Okkultismus»:* «Der Mensch im Lichte von Okkultismus, Theosophie und Philosophie» (GA 137).

164 *Es gibt ein Sein:* Ungenaues Zitat aus Evgenij Baratynskijs Gedicht «Poslednjaja smert'» («Der letzte Tod»), 1827.

166 *der Doktor in seinem Buch:* Gemeint ist die an die Symbolik der Freimaurerei anschließende zweite, «erkenntniskultische Abteilung» der Esoterischen Schule, die 1904–1914 bestand. Steiner erwähnt sie im 36. Kapitel seines «Lebensgangs» (GA 28), S. 446–452. Zu Geschichte und Inhalten siehe GA 265.

171 *«Wie erlangt man ...»:* Gemeint ist Rudolf Steiners Schrift «Wie erlangt man Erkenntnisse der höheren Welten?» (GA 10).

173 *für eine ganze «Belyj-Ausstellung»:* Eine solche besorgte erstmals Guido Magnaguagno im Kunsthaus Zürich (21. 5. bis 1. 8. 1999) zusammen mit Wandtafelzeichnungen von Rudolf Steiner und Exponaten von Emma Kunz und Joseph Beuys unter dem Titel «Richtkräfte für das 21. Jahrhundert».

174 *«Geschichte der Bewusstseinsseele»:* «Istorija stanovlenija samosoznajuščej duši» («Geschichte des Werdens der Selbstbewusstseinsseele»), bisher nur in Auszügen erschienen. Eine deutsche Übersetzung ist in Vorbereitung. – *an dem ich 1929 arbeitete:* Da Belyj die Arbeit am vorliegenden Buch Anfang Januar 1929 abschloss, handelt es sich möglicherweise um ein Versehen oder eine spätere Einfügung. Er schrieb an der umfangreichen «Geschichte» 1925–1931.

181 *Die Aufführung der Mysteriendramen:* Beginnend mit «Die Pforte der Einweihung» am 20. 8. 1912.

183 *geistig stark behindertes Kind:* Siehe Anm. zu S. 35. – *Hochschule für die Absolventen:* Siehe dazu die Nachschriften der «Konferenzen mit den Lehrern der Freien Waldorfschule 1919–1924» (GA 300a–c), insbesondere GA 300c.

184 *Jede Idee, die dir:* GA 10, S. 28.

185 *Michael-Impuls:* Steiner zufolge wechseln sich die Erzengel in der Führung der Menschheit ab; im letzten Drittel des 19. Jahrhunderts ist abermals eine Michael-Epoche angebrochen, in der der Mensch im Zeichen der Freiheit sein Denken wieder vergeistigen soll. Siehe dazu GA 26. Im Leitsatz 107, S. 86 heißt es dort: «Wie Michael von diesem Zeitpunkte der Weltentwicklung seinen Weg *bloß zeigt,* so dass ihn der Mensch in Freiheit wandeln kann, das unterscheidet *diese* Michael-Führung von allen früheren Erzengel-Führungen, ja von allen früheren Michael-Führungen selbst.» – *Richte jede deiner Taten:* GA 10, S. 29.

186 *Und er ist es auch nicht gewesen:* Im Zuge der radikalen Neubegründung der Anthroposophischen Gesellschaft an der Weihnachtstagung 1923/24 übernimmt Rudolf Steiner deren Leitung erstmals persönlich. – *Fahrt zu ihm nach Köln:* Siehe Anm. zu S. 8 und 12.

187 *dass man dem Kaiser Zins:* Vgl. Matth. 22, 17. – *Herr, was soll ich tun?:* Anspielung auf den Reichen, der Jesus fragt: «Guter Lehrer, was soll ich tun, damit ich ewiges Leben erbe?», Mark. 10, 17.

188 *der «Symphonien» und «Gedichte»:* Belyjs rhythmische Prosa «Severnaja Simfonija (1-aja, geroičeskaja)» («Nördliche Sinfonie [erste, heroische]»], 1900 geschrieben, 1904 im Moskauer Skorpion Verlag erschienen; «Simfonija (2-aja, dramatičeskaja)» («Sinfonie [zweite, dramatische]«), 1901 geschrieben und 1902 im erwähnten Verlag erschienen; «Vozvrat. III Simfonija» (»Rückkehr. 3. Sinfonie»), 1902 geschrieben und 1905 im Grif Verlag, Moskau, erschienen; «Kubok Metelej (Četvertaja Simfonija)» («Kelch der Schneestürme [Vierte Sinfonie]»), 1902/05–07 entstanden und 1908 im Skorpion Verlag, Moskau, erschienen. – Der erste Gedichtzyklus, «Prizyvy» («Rufe») erschien im März 1903 im 3. Band des Almanachs «Severnye cvety», Verlag Skorpion, Moskau. Im Jahr darauf erschien im selben Verlag der erste Gedichtband, «Zoloto v lazuri» («Gold im Azur»).

190 *Ich habe wahrhaft geschaudert*: Vgl. GA 307, S. 249: «Jetzt ist ja der Büchertisch am Eingang des Saales schon fort, aber es ist wahr, ich schauderte ja selbst jeden Tag, wenn ich hereinkam und die Flut von Literatur sah – ich wäre froh, wenn es weniger gäbe [...].» – *am liebsten hätte:* GA 307, S. 248.

191 *das Ideal des Doktors:* «Und wenn ich dasjenige, was eigentlich nach einer bestimmten Seite hin Waldorfschul-Erziehung will, in ein paar Worten zusammenfassen will, so möchte ich, zunächst präliminarisch selbstverständlich nur, heute sagen: Es handelt sich darum, die Doktorenerziehung zu einer Menschheitserziehung zu machen.» GA 307, S. 6.

192 *Der Geistesforscher tritt seinem Schüler:* GA 9, S. 176.

193 *Des Lehrers Autorität:* GA 10, S. 14. – *diejenigen Menschen auch:* GA 10, S. 20.

194 *Die Wahrheit ist eine individuelle:* Vgl. z. B. GA 6, S. 66: «[...] in jedem großen Menschen spricht sie [die Wahrheit] eine eigene Sprache, die nur dieser *einen* Persönlichkeit zukommt. Aber es ist immer die eine Wahrheit, die da spricht.» – *Nur in seiner eigenen Seele:* GA 10, S. 19.

IV Die Schüler Rudolf Steiners

197 *Selbst der Irrende:* GA 9, S. 186. – *Um die Tatsachen zu erforschen:* GA 10, S. 7. – *Nur in seiner eigenen Seele*: GA 10, S. 19. – *Was nämlich der Einzuweihende:* GA 10, S. 71. – *Der Eingeweihte ist:* GA 9, S. 139. – *dass diejenigen Menschen:* GA 10, S. 20.

201 *In einem Gedicht nenne ich ihn:* In «Iz Njurenberga» («Aus Nürnberg»), dessen erster Vers lautet: «Reč' tvoja – proročeskie vzryvy» («Deine Rede – prophetische Explosionen»), im Gedichtband «Korolevna i rycari. Skazki» («Die Königstochter und die Ritter. Märchen»), Verlag Alkonost, St. Petersburg 1919.

202 *Amwrosij Optinskij:* Seit 1839 Mönch in der Einsiedelei Optina, wo er von Tolstoj, Solowjow und Dostojewskij besucht wurde. Dostojewskijs Gespräch mit Amwrosij wurde entscheidend für die Konzeption der Gestalt des Starez Sosima im Roman «Die Brüder Karamasow». – *den Doktor nicht verstehen konnte:* In der ersten Berlinerzeit 1921/22; der Brief an Bauer findet sich abgedruckt in AB, S. 95–104, im Original deutsch geschrieben und mit 24.–25.–26. 12. 1921 datiert.

203 *«Martha»:* Vgl. Luk. 10, 38–42. – *«Nathanael»:* Vgl. Joh. 1, 48.

206 *eine «Maria»:* Siehe Anm. zu S. 203.

210 *«Göttinger Seele»:* Die von Puschkin in «Evgenij Onegin» geprägte Bezeichnung für einen russischen Dichter, der unter einem starken Einfluss der deutschen Philosophie steht.

212 *Solowjows «Russland und die Ökumene»:* Das von Solowjow auf Französisch geschriebene, 1889 in Paris herausgebene Werk «La Russie et l'église universelle» erschien 1911 auf Russisch in Moskau. – *Erster Minister von Bayern:* Hugo Graf von und zu Lerchenfeld auf Köfering und Schönberg. – *soziale Dreigliederung:* Siehe Anm. zu S. 58. – *«Isgoj»:* Ein aus der Erbfolge ausgeschlossener Fürst im alten Russland.

214 *«Herr, gedenke an mich!»:* Die Worte eines Mitgekreuzigten, vgl. Luk. 23, 42.

215 *krank, fiebernd:* Christian Morgenstern erkrankte früh an Tuberkulose, an der bereits seine Mutter gestorben war.

216 *«Lasst uns eine Hütte machen!»:* Vgl. Matth. 17, 4. – *Das blaue Blitzen:* 1. Strophe von Belyjs Gedicht «Kristianu Morgenšternu. Staršemu bratu v Antroposofii» («An Christian Morgenstern. Dem älteren Bruder in der Anthroposophie»), 1918, im Gedichtband «Zvezda» («Der Stern»), 1922. In der von Michael Bauer begonnenen, von Margareta Morgenstern nach dessen Tod vollendeten Biografie «Christian Morgensterns Leben und Werk» wird das Gedicht ganz zitiert. Vgl. Bd. 3 von Michael Bauers «Gesammelten Werken», Stuttgart 1985, S. 360 f. – *Steh auf in mir:* Letzte Strophe des genannten Gedichts. – *Ein Ruf –:* Aus Belyjs Poem «Christos Voskres» («Christus ist auferstanden»), 1918.

218 *Übersetzung von «Petersburg»:* Die erste deutsche Ausgabe von Belyjs wichtigstem Roman erschien 1919 bei Georg Müller in München in der Übersetzung von Nadja Strasser. – *«clairvoyance pour clairvoyance»:* (Franz.) Hellsehen um des Hellsehens willen.

220 *in «weißen Kleidern»:* Vgl. Offb. 3, 4 f. – *Uehli ..., dem künftigen Vorsitzenden:* Ernst Uehli bildete 1921–1923 zusammen mit Carl Unger und Emil Leinhas den Zentralvorstand der deutschen Landesgesellschaft.

221 *Hammer, den Steiner 1923:* Uehli sollte die Mitglieder der Anthroposophischen Gesellschaft über die unterschiedlichen Aufgaben dieser und der «Christengemeinschaft» (siehe Anm. zu S. 28) unterrichten, was er, wie sich am 16. 1. 1923 in Stuttgart herausstellte, vergessen hatte. Er trat am Tag danach aus dem Zentralvorstand aus.

222 *Borija:* Zärtlichkeitsform für Boris, Belyjs eigentlichen Vornamen. – *gulliajt:* (Russ.), eig. guljat', spazieren. Rychter «verunstaltete die russische Sprache entsetzlich», wie Belyj in einem nicht übersetzen Einschub erläutert.

223 *Tätigkeit für den Denkmalschutz:* Trapesnikow war nach der Machtergreifung der Bolschewiken Mitbegründer und Leiter der «Organisation zum Schutz der Denk-

mäler von Kunst und Altertum», durch die nicht nur Häuser und Kunstsammlungen, sondern auch Menschen gerettet wurden. – *Der Johannesbau:* Siehe Anm. zu S. 47.

225 *Christengemeinschaft:* Siehe Anm. zu S. 28. – *jedes trägt den Vermerk:* Adolf Arenson hat im Auftrag Rudolf und Marie Steiners viele der Vortragsnachschriften für die Drucklegung korrigiert, welche in Berlin von Marie Steiner im Philosophisch-Anthroposophischen Verlag herausgegeben wurden.

226 *eigenständige erkenntnistheoretische Basis:* Unger hat zahlreiche Werke veröffentlicht, darunter «Die Grundlehren der Geisteswissenschaft auf erkenntnistheoretischer Grundlage» in 2 Bänden, Berlin 1910. Seine Schriften wurden 1965 ff. in 3 Bänden im Verlag Freies Geistesleben in Stuttgart wieder aufgelegt.

227 *Taktik des Barclay de Tolly:* Der russische Generalfeldmarschall und Kriegsminister Fürst Michail Bogdanowitsch (Michael Andreas) Barclay de Tolly hatte in etlichen Kriegen das Oberkommando. Gegen Napoleon in dessen Russlandfeldzug 1912 wandte er die sogenannte Taktik der verbrannten Erde an, musste aber den Oberbefehl an General Fürst Michail Illarionowitsch Kutusow-Smolenski abtreten.

229 *Niederlage der Stuttgarter:* Steiner schlug angesichts einer wachsenden Differenz zwischen jüngeren Mitgliedern, die nach Taten drängten, und gestandenen Vertretern der Gesellschaft an einer Tagung Ende Februar in Stuttgart die Bildung einer zweiten, losen Vereinigung vor (vgl. GA 257). Unger, von den Jüngeren in seiner streng philosophischen Grundhaltung als hemmend empfunden, machte ihnen ohne Weiteres Platz, was den Konflikt aber nicht löste. – *Cunctator:* (Lat.) Zauderer. – *griff man im Jahre 1926:* In den Auseinandersetzungen innerhalb der Anthroposophischen Gesellschaft nach Steiners Tod am 30. 3. 1925 trat Unger entschieden für die Anerkennung Marie Steiners als rechtsgültige Erbin ein, wie Steiner es testamentarisch verfügt hatte. Walter Johannes Stein und andere fanden aber nach der Neubegründung der Anthroposophischen Gesellschaft und Steiners Tod, dass dessen Nachlass der Gesellschaft gehören sollte. Aus Protest gegen die Weigerung Steins, seine Forderungen zurückzuziehen oder aber aus dem Vorstand der Deutschen Landesgesellschaft auszutreten, trat Unger am 2. 1. 1929 aus dem Vorstand und der Landesgesellschaft aus – zwei Tage vor seinem gewaltsamen Tod (siehe dazu: «Statt eines Nachworts», S. 423 ff. – *Nach Frankreich zogen:* Heinrich Heine, «Die Grenadiere», Romanze von 1916, im Original zitiert nach der Übersetzung von M. Lermontow.

231 *das erkenntnistheoretische Buch Ungers:* Siehe Anm. zu S. 226.

234 *des Buches Sohar:* Sefer ha-Sohar (hebr.), «Buch des Glanzes», kabbalistische Grundschrift, von Ernst Müller, der der Anthroposophie nahestand, 1932 ins Deutsche übersetzt.

235 *Schule von Toni Völker:* Seit 1906 Leiterin des Stuttgarter Kerning-, später Michael-Zweigs. – *des «Lichts auf dem Weg»:* Titel der deutschen Übersetzung (1904) von «Light on the Path», London 1885, dem von Steiner sehr geschätzten spirituellen Büchlein der englischen Theosophin Mabel Collins (eig. Kenningdale Cook), die sich 1913 der Anthroposophischen Gesellschaft anschloss.

238 *Menschenweihehandlungen:* Bezeichnung für den messeartigen Ritus der Christengemeinschaft.

240 *Scala:* Berühmte Varieté-Bühne in Berlin, seit 1920. – *Ka-De-We:* 1907 eröffnetes luxuriöses «Kaufhaus des Westens».

243 *Montsalvatsch:* Munsalvaesche, Name der Gralsburg in Wolfram von Eschenbachs «Parzival».

248 *Der Engel flog:* Die ersten Zeilen aus M. Lermontows Gedicht: «Angel» («Der Engel», 1831.

249 *Arbat:* Straße, an der Belyj aufwuchs, zugleich Name für den Stadtteil im historischen Zentrum Moskaus. – *Über Brahma:* Aus Belyjs Poem «Pervoe svidanie» («Erste Begegnung»), 1921.

251 *Buch über Paracelsus:* Von Elise Wolfram gibt es zwei Schriften über Paracelsus: «Der esoterische Christ Paracelsus», Leipzig 1911, und: «Die okkulten Ursachen der Krankheiten. Volumen Paramirum des Paracelsus», Leipzig 1912. – *ich glaube, sie hieß Diener:* Gemeint ist Maude Künstler-Capon.

252 *viele Mathematiker gekannt:* Belyjs Vater, Nikolaj Wassiljewitsch Bugajew, war ein bedeutender Mathematiker und Professor an der Physikalisch-Mathematischen Fakultät der Moskauer Universität.

253 *Hypatia*: Griechische spätantike Mathematikerin, Astronomin und Philosophin; von einer «christlichen» Meute ermordet.

255 *Dissertation über die Goethe-Arbeiten Steiners:* «Die moderne naturwissenschaftliche Vorstellungsart und die Weltanschauung Goethes, wie sie Rudolf Steiner vertritt», Konstanz 1919. Dissertation ursprünglich unter dem Titel «Historisch-kritische Beiträge zur Entwicklung der neueren Philosophie» in Wien vorgelegt.

256 *Der Wind bläst, wo er will:* Vgl. Joh. 3, 8.

258 *A. W. S.:* Möglicherweise ist Albrecht Wilhelm Sellin gemeint. – *Chladnische Figuren:* Nach dem Physiker Ernst Florens Friedrich Chladni benannte Klangfiguren, die sich auf einer mit Sand bestreuten, in Schwingung versetzten dünnen Platte bilden.

259 *Schule von Athen:* Vgl. Apg. 17, 15–34. – *Florentinische Akademie:* Im Florenz der Renaissance unter Cosimo de Medici offener humanistischer Gesprächskreis um Marsilio Ficino. Später auch als «Platonische Akademie» bezeichnet.

261 *gegen die Steiner am 10. Dezember 1922 in Dornach:* Am 10. 12. 1922 befand sich Steiner noch in Stuttgart. Die Vorträge von der Delegiertentagung Ende Februar 1923 finden sich in GA 257. – *im Zusammenhang mit ... dem Symbolismus geschrieben:* Vor allem in «Počemu ja stal simvolistom i počemu ja ne perestal im byt' vo vsech fasach moego idejnogo i chudožestvennogo razvitija» («Warum ich Symbolist wurde und warum ich nicht aufhörte, es zu sein in allen Phasen meiner ideellen und künstlerischen Entwicklung»), 1928 geschrieben, auf Russisch erstmals vollständig 1994 in Moskau publiziert. Deutsch unter dem Titel «Ich, ein Symbolist» in der Übersetzung von Sigrun Bielfeldt in Frankfurt am Main 1987 erschienen. – *Torricellischen Leere:* Vakuum im Quecksilberbarometer, nach dessen Erfinder, Evangelista Torricelli benannt.

262 *neuen Vorstandes:* Anlässlich der Weihnachtstagung 1923 (siehe Anm. zu S. 96 und 186) wurden die genannten Personen von Rudolf Steiner in den Vorstand der neu begründeten Allgemeinen Anthroposophischen Gesellschaft berufen.

264 *Wachsmuth, dessen Buch:* In Frage kommen seine Werke: «Die ätherischen Bildekräfte in Kosmos, Erde und Mensch. Ein Weg zur Erforschung des Lebendigen» (2 Bde.), Stuttgart 1924 und 1927, und «Die ätherische Welt in Wissenschaft, Kunst und Religion. Vom Weg des Menschen zur Beherrschung der Bildekräfte», Dornach 1927. – *seine Dreigliederungsideen:* Siehe Anm. zu S. 58. – *«Geburt der Tragödie ...»:* Titel eines Werks von Nietzsche (1872).

V Rudolf Steiner und Dornach

265 *das Haus der Sprache:* Vortrag Dornach, 17. 6. 1914, GA 286, S. 74. – *Gebäude, die jetzt:* Ebd., S. 63. – *das lebendige Negativ:* Vortrag Dornach, 7. 6. 1914, ebd., S. 57. – *Denken Sie sich:* Ebd. – *der wird unseren Bau:* Vortrag Dornach, 28. 6. 1914, ebd., S. 83. – *Was die Götter:* Vortrag Dornach, 17. 6. 1914, ebd., S. 64. – *belauschen wir:* Ebd., S. 70.

266 *der eigentlichen Aufgabe:* Ebd., S. 62.

268 *Villa Hansi:* Steiners Bezeichnung für das sogenannte «Haus Sprecher» am Unteren Zielweg 36, das ihm und Marie Steiner ab Ostern 1914 als Wohnhaus diente; heute Sitz der Albert-Steffen-Stiftung.

270 *Orchesterprobe für den «Faust»:* Ab Ostern 1915 wurden einzelne «Faust»-Szenen in der Schreinerei am Goetheanum in eurythmisch-dramatischer Gestaltung im Hinblick auf eine spätere Gesamtaufführung dargeboten. Jan Stuten komponierte die Musik dazu.

272 *Trennung von der Theosophischen Gesellschaft:* Siehe Anm. zu S. 25.

273 *standesamtliche Trauung:* Am 24. 12. 1914.

274 *ich würde ... über den Balken balancieren:* Belyj war ein großer Gleichgewichtskünstler, der auch in späteren Jahren noch hoch auf dem Balkongeländer eines mehrstöckigen Hauses balancieren konnte (siehe dazu AB, S. 15).

276 *Dieses Jahr brachte ihm ... nur Dornen:* Die Kriegsumstände erschwerten sowohl Steiners Vortragsreisen als auch das Zusammenleben in der multinationalen Dornacher Kolonie, zudem schwelten innere Konflikte. Vgl. GA 163, S. 141–143, 150–152.

277 *in der Grundsteinlegung:* Die Grundsteinlegung zum 1. Goetheanum fand am 20. 9. 1913 statt. Vgl. Steiners Ansprache in GA 268, S. 244–351. – *«In der Nacht»:* Aus «Fantasiestücke» op. 12, Nr. 5, 1837; *«Phantasie»:* Wahrscheinlich Fantasie C-Dur, op. 17 für Klavier, 1836; *«Dichterliebe»:* Lieder nach Gedichten von Heinrich Heine, op. 48, 1840, Werke von Schumann. – *Paulus, der Apostel der Freiheit:* Vgl. Gal. 5, 13: «Denn ihr seid zur Freiheit berufen worden». – *Hochzeit zu Kana:* Vgl. Joh. 2, 1–11. – *sein Schweiß wie Blutstropfen:* Vgl. Luk. 22, 44.

278 *sagte er unmissverständlich:* Vgl. etwa den Vortrag Dornach, 9. April 1921 (GA 217a, S. 60): «... ich kann Ihnen die Versicherung geben, dass es noch viel, viel schlimmer kommen wird. Ich habe das zu unseren Freunden hier des Öfteren gesagt – vor sehr, sehr langer Zeit schon –, ich habe neulich ein Stück aus einem Feuilleton vorgelesen, in dem steht: ‹[...] es wird schon einiger Klugheit Steiners bedürfen, versöhnend zu wirken, damit nicht eines Tages ein richtiger Feuerfunke der Dornacher Herrlichkeit ein unrühmliches Ende bereitet.›» – *«Nimm diesen Kelch von mir!»:* Jesu Worte in Gethsemane, vgl. z. B. Matth. 26, 39. – *«Du bist die Ruh'»:* Lied von Schubert nach einem Gedicht von Friedrich Rückert, op. 59, Nr. 3, 1823. – *«Die Kleine, die Reine ...»:* Verkürzt zitierte Zeile aus Schumanns Lied «Die Rose, die Lilie», aus dem Zyklus «Dichterliebe», op. 48 Nr. 3. – *Das Wandern hielt mich:* Aus «Rast» in Schuberts Liederzyklus «Winterreise» D 911 Op. 89, Nr. 10.

279 *wie Podkoljosin:* Hauptheld in der Komödie «Die Heirat» von Gogol, der sich mit einem Sprung aus dem Fenster vor dem Verheiraten rettet.

280 *Ich grolle nicht:* Aus Schumanns Zyklus «Dichterliebe», op. 48 Nr. 7.

282 *Gefahren des druidischen Einweihungsweges:* Vgl. GA 266b, S. 56.

285 *dritte, sechste und neunte Stunde:* Anspielung auf die Kreuzigung Jesu, vgl. Mark. 15, 25; 33 f. – *bitterlich geweint:* Anspielung auf die Verleugnung durch Petrus, vgl. Matth. 26, 75. – *persönliche ... Erlebnisse:* Belyj schildert sie ausführlich in den «Ge-

heimen Aufzeichnungen» (siehe Anm. zu S. 73). – *Luzifer ... Ahriman:* Vgl. Anm. zu S. 98.

287 *schickte er mich:* Im Herbst 1915 macht Belyj auf Anraten Steiners eine Schweizerreise und beginnt «Kotik Letajew» zu schreiben (siehe Anm. zu S. 149). – *Pud:* Russisches Gewichtsmaß, rund 16,38 kg. – *«die Füße gewaschen»:* Anspielung auf die Fußwaschung, Joh. 13, 1–17.

290 *Der Theaterkurs:* Gemeint ist wohl der «Dramatische Kurs», GA 282.

291 *die Lust ist zwingender:* Russisches Sprichwort. – *jeder von uns hatte seinen «Mars»:* Die 2 x 7 Säulen des großen Kuppelraums (Zuschauerraum) waren den sieben alten Planeten zugeordnet; vgl. dazu GA 284 und 287.

292 *«Friede auf Erden ...»:* Vgl. Luk. 2, 14. – *«keiner wider seinen Bruder ...»:* Vgl. Sach. 7, 10.

294 *Die Umstände meiner Fahrt:* Davon berichtet er in «Zapiski čudaka», vgl. Anm. zu S. 63.

304 *«Du wirst mich dreimal verleugnen»:* Vgl. Matth. 26, 34.

311 *Sohn eines kleinen Eisenbahnbeamten:* Johann Steiner war Telegrafist, dann Stationsvorsteher bei der österreichischen Südbahn. – *«ramolli»:* (Franz.) Vertrottelter Alter.

312 *M. A. Tschechow:* Siehe Anm. zu S. 124.

315 *«Haus des Liedes»:* Von Pierre d'Alheim, einem französischen Journalisten, Romancier und Musikwissenschaftler, zusammen mit seiner Frau, Marija Aleksejewna Olenina-d'Al'heim, 1908 in Moskau gegründetes Zentrum zur Förderung neuer Musik durch Konzerte und Lesungen.

316 *Warschau, Brest-Litowsk, Iwangorod:* Von den deutschen Truppen und ihren Verbündeten im 1. Weltkrieg im August 1915 erobert.

318 *von Steiner getrennt:* Der Ingenieur Joseph Englert war zuständig für den Bau des ersten Goetheanum. Er war Mitglied der Anthroposophischen Gesellschaft und im Vorstand des «Johannesbauvereins», wo er auch das Amt des Kassiers betreute. Eine Vertrauenskrise führte dazu, dass Englert 1919 aus dem Vorstand und der bautechnischen Leitung ausschied. In der Folge wandte er sich auch von der Anthroposophie ab.

320 *zwei Kuppeln zu verbinden:* «Technisch war es gar nicht so leicht auszuführen, Kugelflächen so aneinander zu fügen, dass die Sache technisch bestehen kann. Und ich darf hier wohl erwähnen, dass es uns gelungen ist, durch die Einsicht und die Anstrengung eines uns befreundeten und geschätzten Basler Ingenieurs [Englert] dieses Problem zu lösen, das ja in der Architektur vorher nicht gelöst worden ist.» (Rudolf Steiner, Vortrag Basel, 10. 4. 1915, vorgesehen für GA 289) – *Johannes-Bauvereins:* Siehe Anm. zu S. 47.

323 *an die Minzlowa erinnert:* Die Russin Anna Rudolfowna Minzlowa war früh eine Zeitlang Schülerin Rudolf Steiners, dessen Anschauungen sie in russischen Künstlerkreisen verbreitete, bevor sie sich von ihm abwandte. Von chaotischer Natur, besaß sie hellseherische Fähigkeiten und ein tiefes okkultes Wissen. Sie hatte Belyj mit Steiners Zyklen bekannt gemacht und mit ihrer Idee eines esoterischen Ritterordens starken Einfluss auf ihn ausgeübt. 1910 hielt sie ihre esoterische Mission für gescheitert und verschwand, wie sie vorausgesagt, spurlos. Ihr Schicksal ist bis heute nicht aufgeklärt. Vgl. Andrej Belyj: «Im Zeichen der Morgenröte». S. 503, 506 ff. und 537 ff.

324 *Als die Engländer in Bern:* Des Kriegs wegen musste Belyj über Frankreich, England und Norwegen nach Russland zurückreisen.

325 *allgemeine Mobilmachung:* Am 2. 8. 1914.

327 *um diese Zeit wurde bei Basel gekämpft:* Vermutlich die Schlacht bei Mulhouse, 19. 8. 1914.

328 *Gempen:* Die zur gleichnamigen Gemeinde gehörende markante Scharten- oder Gempenfluh oberhalb von Dornach.

330 *fünf Vorträge über das Wesen der Kultur:* Gemeint sind offenbar die Vorträge vom 10. bis 25. 10. 1914, GA 287. – *Herman Grimm der «ideale Schweizer»:* «... wir reden eigentlich, indem wir von dem Charakteristischen bei Herman Grimm sprechen, von charakteristisch Bernerisch-Schweizerischem.» Vortrag Dornach, 14. 11. 1914, in GA 158, S. 69.

332 *Technik des Glasschleifens:* Durch Steiner angeregtes Verfahren, durch schraffurartiges Radieren des Glases eine Lichtgravur in die farbigen Scheiben des Goetheanum zu bringen. Vgl. GA 286.

333 *«Pan»:* (Poln.) Herr.

334 *das Haus, das Dr. Grosheintz:* Siehe Anm. zu S. 51.

335 *Begründung dieser Verfahrensweise:* Beispielsweise: «Denken Sie sich einen Teil unseres lebendigen geisteswissenschaftlichen Wortes an diese Wände anstoßend, diese Wand in seinem ureigentlichen Wortsinne so aushöhlend – dann entsteht die Form, die dem Worte entspricht. Daher sind diese Innenformen auch so gebildet. [...] Wenn sie einmal ganz fertig sein werden, dann werden sie aus der Fläche herausgearbeitet sein [...].» (GA 286, S. 57.). Vgl. auch GA 287.

336 *Bedeutung der Pause:* Vgl. dazu GA 280–282.

337 *Wir backen unseren Bau:* Vgl. z. B. GA 286, S. 57: «Wenn man verstehen will, was in unserem Innenraum sein wird, in diesen zwei zusammengehörenden Halb- oder Dreiviertelbauten, so möge man sich erinnern an das Prinzip des Gugelhupftopfes, des Topfes, in dem man einen Napfkuchen bäckt.» – *wie Nikisch:* Arthur Nikisch, ungarischer Dirigent.

342 *Stil des Goetheanum ins tägliche Leben:* Vgl. Reinhold J. Fäth: «DornachDesign. Möbelkunst 1911 bis 2011», Basel 2011.

345 *Seelenkalenders:* «Anthroposophischer Seelenkalender», Zyklus von 52 mantrischen Wochensprüchen, beginnend mit Ostern, den Rudolf Steiner geschaffen und erstmals innerhalb des «Kalenders 1912/13», Berlin 1912, veröffentlicht hat. Heute als Einzelausgabe und in GA 40. Imme von Eckardtsteins Zeichnungen sind dem Kalender, nicht den Wochensprüchen zugeordnet.

347 *Lesen der gedruckten Nachschrift:* Vgl. die Besprechung der Schnitzarbeiten am 12. 10. 1914 in GA 287; möglicherweise bezieht sich Steiners Bemerkung S. 82 auf Belyjs Form: «Hier hat es eine wirklich patzige Breite [...]. Die Korpulenz muss ihm dadurch genommen werden, dass wir die Kante wegschlagen.»

350 *«tschorrrt»:* Russischer Fluch: «Zum Teufel!».

353 *Sashen:* Siehe Anm. zu S. 47.

354 *schilderte er [...] das Leben in Dornach:* In den in GA 155 enthaltenen Vorträgen nicht zu finden, möglicherweise handelt es sich um den dort nicht edierten Vortrag vom 16. 7. 1914 über den «Johannesbau».

356 *«Schneekönigin» ...:* «Die Schneekönigin», «Der Sandmann», «Die kleine Seejungfer», «Turmwächter Ole» (oder «Ole Luk-Oie»), Märchen von Hans Christian Andersen. – *Basawrjuk:* Zauberer aus Gogols Erzählung «Johanninacht».

VI Rudolf Steiner und das Thema Christus

359 *Das Mysterium von Golgatha:* GA 26, S. 166. – *Das Ereignis von Golgatha:* Ebd., S. 176. – *wie der herabgestiegene Christus:* Ebd., S. 166. – *Sprache, die angestrebt wird:* GA 307, S. 253.

361 *«Christus und die geistige Welt»:* Leipzig, 28. 12. 1913 bis 2. 1. 1914, GA 149. – *«Ändert euren Sinn!»:* Wörtliche Übersetzung der Aufforderung Johannes des Täufers, Matth. 3, 2 («metanoeite»); meist mit «Tut Buße!» wiedergegeben. – *«Nein, nicht ich, sondern ...»:* Vgl. Gal. 2, 20: «und nicht mehr lebe ich, sondern Christus lebt in mir».

362 *«Hütte zu machen»:* Vgl. Anm. zu S. 216. – *religionsphilosophische Geschwätz:* Anspielung auf die Diskussionen der Petersburger und Moskauer Religionsphilosophischen Gesellschaft. – *«die Reiche gezeigt»:* Vgl. die Versuchung Jesu in der Wüste, etwa Matth. 4, 8 f.

363 *«Das Reich Gottes ...»:* Vgl. Matth. 3, 2. – *«Das fünfte Evangelium»:* Siehe Anm. zu S. 23. – *Taborlicht:* Siehe Anm. zu S. 133. – *Manas:* Siehe Anm. zu S. 73.

364 *Bilboquet:* Altes französisches Spiel, Auffangen einer Kugel mit Loch auf einem spitz auslaufenden Stab.

365 *Inspiration und nicht bloße Imagination:* Steiner bezeichnet die Stufenfolge höherer Erkenntnis mit: Imagination – Inspiration – Intuition.

366 *«Ihr seid unser Brief ...»:* 2. Kor. 3, 2. – *«In ... morimur»:* Rosenkreuzerspruch, von Rudolf Steiner 1907 auch als «Wahrheitsspruch der modernen Geisteswissenschaft» bezeichnet (GA 284, S. 95) und in zahlreichen Vorträgen zitiert: «Ex Deo nascimur. In Christo morimur. Per Spiritum Sanctum reviviscimus.» («Aus Gott sind wir geboren. In Christus sterben wir. Durch den heiligen Geist werden wir wiedergeboren.»)

367 *«Ihr Lieben, lasset uns ...»:* 1. Joh. 4, 7.

369 *schilderte er Weihnachten 1912:* Vortrag Berlin, 24. (nicht 26.!) 12. 1912, in GA 143.

370 *«Wer überwindet ...»:* Offb., 2, 17. – *des weißen Starez von Sarow:* Serafim Sarowskij, einer der letzten großen Heiligen Russlands. Belyj beschäftigte sich 1902 intensiv mit ihm; vgl. AB, S. 136.

371 *«Bewahre, das dir vertrauet ...»:* 1. Tim. 6, 20. – *Inder Alcyon:* Krishnamurti, siehe Anm. zu S. 25. – *aggressiven Jesuitenzögling:* Die Präsidentin der Theosophical Society, Annie Besant, hatte im Dezember 1921 anlässlich der Generalversammlung in Adyar behauptet, Steiner sei von Jesuiten erzogen worden und hätte sich nie von diesem Einfluss befreien können. Er nahm dazu in einem autobiografischen Vortrag in Berlin am 4. 2. 1913 Stellung. Vgl. B, Nr. 83/84, Dornach 1984. – *«Die Bhagavad Gita und die Paulusbriefe»:* 28. 12. 1912 bis 1. 1. 1913, GA 142.

372 *Jeshu ben Pandira:* Gemäß Steiner «eine große Individualität, die seit Buddhas Zeiten [...] fast in jedem Jahrhundert einmal verkörpert war, um die Menschheit vorwärts zu bringen.» Er wird in Zukunft zum Buddha aufrücken. Vgl. GA 130, S. 119.

375 *«Wachet und betet!»:* Vgl. etwa Matth. 26, 41. – *«Ich will die Geburt ...»:* Nicht wörtliche Widergabe aus Mabel Collins: «Wenn die Sonne nordwärts geht», autorisierte Übersetzung von A. Dunkhase, Leipzig. Siehe darin Kap. 1, «Die Formel», S. 11; Kap. 2, S. 16. Eine Online-Fassung der englische Originalausgabe, «When the Sun Moves Northward. The Way Of Initiation», London 1912, ist abrufbar unter: http://tinyurl.org/EuV7hB (14. 5. 2011). – *«die Menge der himmlischen ...»:* Luk. 2, 13. – *Zyklen in Leipzig, Basel, Kristiania und Norrköpping:* GA 149, 139, 148, 155. – *«Markus-Evangelium»:* GA 139. – *«Von Ewigkeit und Augenblick»:* GA 138.

376 *Kamaloka:* Siehe Anm. zu S. 148. – *«Mein Gott, warum ...»:* Matth. 27, 46. – *Auch der Mensch, der mir:* Assja Turgenjewa. – *die Frau, die uns darin:* Wahrscheinlich A. R. Minzlowa oder K. P. Christoforowa, die Leiterin des Moskauer Theosophischen Kreises. – *Wenn du, o Seele:* Aus Belyjs Gedicht «Kogda» («Wenn»), 1907, im Gedichtband «Urna» («Die Urne»), 1909.

378 *«Im nächsten Jahr trete ich ...»:* Mabel Collins, a. a. O. (siehe Anm. zu S. 375), Kap. 2, «Die Formel», S. 20 f. – *«stieß um der Wechsler Tische»:* Vgl. Matth. 21, 12.

379 *«Das ist die Zeit ...»:* Mabel Collins, a. a. O., Kap. 2, S. 16. – *«Die Schwelle der geistigen Welt»:* Der genaue Titel lautet: «Die Geheimnisse der Schwelle», GA 147.

380 *Skorpion (Adler):* Das Tierkreiszeichen Skorpion hat auch den Adler als Symbol.

381 *Grundsteinlegung des Goetheanum ... Gründung des Moskauer Zweigs:* Beides fand am selben Tag, am 20. 9. 1913, statt. – *Bewusstseinsseele ... Verstandesseele:* Steiner gliedert die Seele (aufsteigend) in Empfindungs-, Verstandes- und Bewusstseinsseele. Die drei Glieder entsprechen auch Entwicklungsschritten des Menschen und der Menschheit (vgl. GA 9).

384 *gleich Zacharias:* Vgl. Luk. 1, 22.

385 *Berliner Vortrag 1912:* Es handelt sich vermutlich um den Vortrag vom 24. 12., GA 143.

386 *«Prüfet die Geister!»:* 1. Joh. 4, 1.

387 *Erster Vortrag:* Die 5 Vorträge, GA 148, fanden am 1., 2., 3., 5. und 6. 10. 1913 statt.

390 *Periode der Bewusstseinsseele:* Entspricht der 5. sog. nachatlantischen Kulturperiode, die gemäß Steiner zu Beginn des 15. Jhdts. ihren Anfang genommen hat und bis Mitte des 4. Jahrtausends dauert (vgl. GA 26, S. 121); siehe auch Anm. zu S. 381. – *Gestalt des «Meisters Jesus»:* Gemäß Steiner einer der vier Meister, die mit der theosophischen Bewegung besonders verbunden sind. Vgl. Vortrag Basel, 21. 9. 1909, GA 114. – *«Phantomen»:* Formgestalt des Menschen, geistiges Urbild seines individuellen physischen Leibes, auch Auferstehungsleib Christi.

392 *«Was will es für ein Ende nehmen?»:* Vgl. 1. Petr. 4, 17. – *«Wappnet euch ...»:* 1. Petr. 4, 1. – *«Es sind ihm untertan die Engel!»:* 1. Petr. 3, 22. – *«Jupiter» und «Venus»:* Steiners Bezeichnungen für die künftigen «Verkörperungen» oder Zustände der Erde.

395 *Nietzsches drei Verwandlungen:* Siehe Anm. zu S. 16.

396 *Ich schrieb den Brief:* Abgedruckt in AB, S. 58.

402 *«Über ein Kleines ...»:* Joh. 16, 19–22.

404 *Selbstaufgabe des Jesus-Ich:* Vgl. Steiners Schilderung in GA 148, S. 83 ff.

406 *«Ich bin die Tür!»:* Joh. 10, 7.

407 *Grundsteinlegung:* Siehe Anm. zu S. 381. – *Die Worte, die in den Grundstein:* Wiedergegeben in Rudolf Grosse: «Die Weihnachtstagung als Zeitenwende», Dornach 1976, S. 33 f., 42–45.

410 *fernen Jahre meiner Morgenröte:* Siehe dazu: Andrej Belyj: «Im Zeichen der Morgenröte. Erinnerungen an Aleksandr Blok», aus dem Russischen von Swetlana Geier, Basel 1974.

412 *«Affäre Boldt»:* Siehe Anm. zu S. 44.

413 *der «Johannesbau» zum «Goetheanum» wurde:* Im Basler Vortrag vom 18. 10 1917 äußert Steiner erstmals öffentlich den Wunsch, dass er «den Bau in Dornach draußen, der dieser Weltanschauung gewidmet ist, am liebsten Goetheanum nennen würde» (GA 72, S. 50). Offiziell hieß das erste Goetheanum bis Anfang November 1918 Johannesbau.

414 *«Es walten die Übel ...»:* Aus dem sog. makrokosmischen Vaterunser, erstmals bei der Grundsteinlegung gesprochen. – *dauerte bis Leipzig:* Siehe Anm. zu S. 361.

416 *Deus caritatis:* Gott der Liebe.

418 *Vortrag in Kopenhagen:* Vortrag vom 14. 10. 1913, in GA 152.

419 *«Ich bin nicht gekommen, Frieden ...»:* Matth. 10, 34. – *14. Oktober, zwölf Tage später:* Belyj wurde 1880 am 14. Oktober alten / 26. Oktober neuen Stils geboren.

421 *Geistselbst:* Siehe Anm. zu S. 73.

Statt eines Nachworts

423 *Tod von Dr. Carl Unger:* Am 4. Januar 1929 fuhr Unger nach Nürnberg, um einen Vortrag mit dem Titel «Was ist Anthroposophie?» zu halten. Kurz vor Beginn der Veranstaltung wurde er von einem an Verfolgungswahn leidenden Mitglied der Anthroposophischen Gesellschaft, Wilhelm Krieger, durch drei Schüsse getötet. – *in der Nacht vom 28. auf den 29. Dezember:* Die von Belyj angegebenen Daten stimmen weder mit dem europäischen noch mit dem russischen Kalender überein. – *am 31. Dezember ... abgeschlossen:* Im Manuskript steht, wohl versehentlich, Januar.

424 *«Und da es das fünfte Siegel ...»:* Offb. 6, 9–11. – *«Diese sind gekommen ...»:* Offb. 7, 14.

425 *«Du aber bist weder kalt ...»:* Offb. 3, 15–17.

PERSONENREGISTER

So weit bekannt, sind jeweils Geburts- und Todesjahr in Klammern beigefügt. Mit * versehene Seitenzahlen kennzeichnen Erwähnungen ohne Namensnennung; Fragezeichen stehen bei Unklarheit, welche Person gleichen Namens gemeint ist; kursive Zahlen beziehen sich auf das Nachwort von Wenzel Götte und die Anmerkungen.